Reihenherausgeber:
Prof. Dr. Holger Dette · Prof. Dr. Wolfgang Härdle

AF136584

Statistik und ihre Anwendungen

Weitere Bände dieser Reihe finden Sie unter http://www.springer.com/series/5100

Fred Böker · Stefan Sperlich · Walter Zucchini

Statistikübungen für Bachelor- und Masterstudenten

Ein Arbeitsbuch mit einer Einführung in R

2. Auflage

Stefan Sperlich
Universität Genf
Genf, Schweiz

Fred Böker
Walter Zucchini
Georg-August-Universität Göttingen
Göttingen, Deutschland

ISBN 978-3-642-34787-0   ISBN 978-3-642-34788-7 (eBook)
DOI 10.1007/978-3-642-34788-7

Die Deutsche Nationalbibliothek verzeichnet diese Publikation in der Deutschen Nationalbibliografie; detaillierte bibliografische Daten sind im Internet über http://dnb.d-nb.de abrufbar.

Springer Gabler
© Springer-Verlag Berlin Heidelberg 2013

Gedruckt auf säurefreiem und chlorfrei gebleichtem Papier

Springer Gabler ist eine Marke von Springer DE.
Springer DE ist Teil der Fachverlagsgruppe Springer Science+Business Media
www.springer-gabler.de

Vorwort

Wie im Titel angedeutet, richtet sich dieses Buch an Anfänger im Fach Statistik. Es ist insbesondere für Bachelor- und Masterstudenten aller Disziplinen geeignet, selbst wenn die meisten Beispiele aus dem Bereich der Wirtschaftswissenschaften genommen wurden. In der umfangreichen Aufgabensammlung im ersten Teil werden alle wesentlichen Konzepte statistischer Methoden, inklusive ihrer Ideen und insbesondere auch ihre Anwendung wiederholt und geübt. Die Probleme beschränken sich daher auf viele, aber zumeist recht einfache Beispiele aus der Praxis, die die Anwendung der Methoden verdeutlichen sollen. Das Buch ist mathematisch informell gehalten und dient dem Selbststudium.

Das vorliegende Werk entstand aus den vorlesungsbegleitenden Unterlagen der Statistik-Grundvorlesungen an der Wirtschaftswissenschaftlichen Fakultät der Georg-August-Universität Göttingen. Der Umfang des abgeprüften Lehrstoffes ist auf eine Veranstaltung mit ca. 42 Stunden Vorlesung und 42 Stunden Übungen ausgerichtet. Außerdem liegen noch ca. 13 Stunden praktische Computerübung, für gewöhnlich mit der statistischen Programmiersprache **R** , der Veranstaltung zugrunde.

Dieses Buch kann sowohl als eigenständiges Arbeitsbuch, als auch als Begleitung zu dem ebenfalls in Springer erschienenem Lehrbuch *Statistik für Bachelor- und Masterstudenten von Zucchini, Schlegel, Nenadić und Sperlich* angesehen und genutzt werden.

Der erste Teil des Buches besteht aus einer umfangreichen Aufgabensammlung, die nach 13 Themen untergliedert ist, die inhaltlich den Kapiteln des oben genannten Lehrbuches entsprechen. Diese Untergliederung soll das zielgerichtete Studium nach verschiedenen Inhalten und Gebieten wie zum Beispiel der deskriptiven Statistik, Hypothesentests oder der Regressionsanalyse erleichtern.

Jedes Kapitel enthält sowohl Aufgaben zum Berechnen, Herleiten oder Interpretieren als auch das Verständnis fördernde, einfache multiple-choice Aufgaben zum Ankreuzen. Die ausführlichen Lösungen zu allen Problemstellungen finden Sie im zweiten Teil des Buches, das der Themeneinteilung des ersten Teils folgt.

Im Anhang (Anhang B in dieser Version) befindet sich eine ausführliche Einführung in die Statistiksoftware **R** , die wir zum Erstellen einiger Aufgaben, aller Grafiken und vieler Lösungen verwendet haben. Es ist vorgesehen, die meisten dieser Programme im Internetportal der Springerverlages öffentlich zur Verfügung zu stellen. Da R selbst gratis im Internet zur Verfügung steht und sich jeder unentgeltlich auf seinem eigenen Rechner installieren kann, können Sie somit fast alle Aufgaben nachrechnen und die Lösungsschritte in den Programmen noch einmal nachvollziehen.

Am einige Jahre dauernden Prozess, in dem dieses Buch gewachsen ist, haben viele Personen mitgewirkt, sowohl bei den Lösungen als auch dem Bereitstellen von Daten. Wir danken für ihre Beiträge und Hilfe insbesondere allen Mitwirkenden des Instituts für Statistik und Ökonometrie der Georg-August Universität Göttingen.

Änderungen in der zweiten Auflage

Die wesentliche Änderung gegenüber der ersten Auflage ist die Formelsammlung im Anhang des Übungsbuches (Anhang C), die die wichtigsten im Übungsbuch verwendeten Formeln enthält und bisher nur online verfügbar war. Ebenso wurden am Ende der Lösungen die Tabellen der hier verwendeten Wahrscheinlichkeitsverteilungen angefügt (Anhang A). Weiterhin wurden zahlreiche Fehler im Übungsbuch korrigiert. Wir danken allen, die uns auf diese Fehler aufmerksam gemacht haben. Insbesondere danken wir all unseren Tutorinnen und Tutoren in Göttingen für zahlreiche Verbesserungsvorschläge. Für Hinweise auf noch vorhandene Fehler per mail an `fboeker@uni-goettingen.de` sind wir weiterhin sehr dankbar.

Göttingen und Genève,   *Fred Böker*
Dezember 2012   *Stefan Sperlich*
                                                      Walter Zucchini

Inhaltsverzeichnis

Kapitel 1
Aufgabensammlung

Dieser erste Teil des Buches besteht aus der umfangreichen Aufgabensammlung, die wie eingangs gesagt nach 13 Sektionen untergliedert ist.

Selbstverständlich folgt die Gliederung der Lösungen, die allesamt im zweiten Teil dieses Buches aufgeführt werden, exakt derjenigen der Aufgabensammlung im ersten Teil.

Obgleich die Bereitstellung der in **R** verfassten Programme in erster Linie zum besseren Verständnis der Aufgaben und Nachrechnen der Lösungen sowie dem Erlernen der Benutzung der Statistiksoftware R dienen soll, werden auch die meisten derjenigen Programme zur Verfügung gestellt, die zum Verfassen der Aufgabenstellung und der dort, also im ersten Teil, erscheinenden Grafiken benutzt worden sind.

1.1 Einführende Konzepte und Grundbegriffe

[**1.1**] Die folgende Abbildung zeigt den Zusammenhang zwischen der Flugstrecke (in nautischen Meilen) und der Flugdauer in Minuten für 100 zufällig ausgewählte inneramerikanische Flüge (mit einer Flugstrecke von maximal 1 500 Meilen) der Fluggesellschaft American Airlines im Februar 2006.

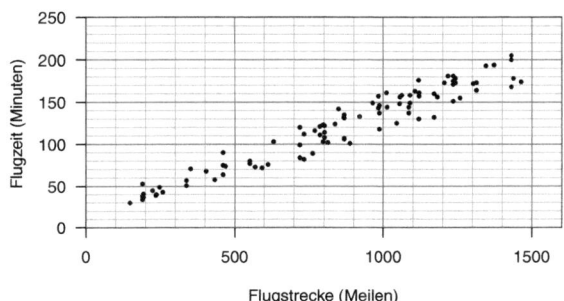

a) Sagen Sie mit Hilfe der Abbildung die Flugzeit voraus, wenn die Flugstrecke 300, 500, 1 000 bzw. 1 300 Meilen beträgt.

b) Wie groß war die Flugstrecke in etwa, wenn der Flug 100 bzw. 150 Minuten dauerte?

c) Geben Sie für die Flugstrecke von 800 bzw. 1 000 Meilen ein ungefähres Intervall an, in dem alle bisherigen Flugzeiten enthalten waren.

d) Zeichnen Sie eine geeignete Gerade durch die Punktwolke, so dass die Punkte *möglichst nah* an der Geraden liegen. Zeichnen Sie anschließend zwei Parallelen zu der eingezeichneten Geraden, so dass alle eingezeichneten Punkte zwischen diesen Parallelen liegen. Interpretieren Sie diese Darstellung mit eigenen Worten.

[**1.2**] Die folgende Abbildung zeigt ein Histogramm der Brenndauer von 30 Glühbirnen. Beantworten Sie die Fragen ungefähr mit Hilfe der Grafik.

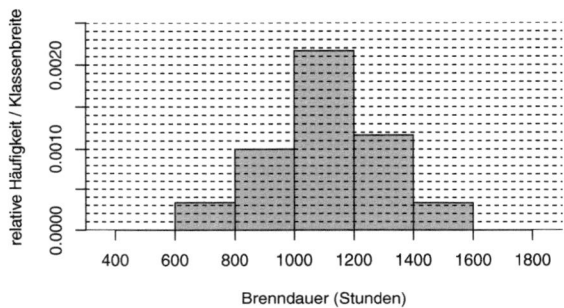

a) Wie groß war der Anteil der Glühbirnen mit einer Brenndauer i) größer als 1 200 ii) kleiner als 1 000 iii) zwischen 1 000 und 1 400 Stunden?

b) Wie groß ist jeweils die absolute Anzahl der Glühbirnen?

[1.3]   Deterministische und stochastische Modelle: Wahr oder Falsch?

a) Ein Modell ist als vereinfachte Beschreibung der Realität zu verstehen. (   ) Genauer: Ein Modell ist die Beschreibung eines quantitativ erfassbaren Phänomens.

b) Ein Modell ist die korrekte, d.h. fehlerfreie Wiedergabe der Realität. (   )

c) In stochastischen Modellen kann man nur Wahrscheinlichkeitsaussa- (   ) gen über das Eintreten gewisser Ereignisse machen.

d) Treten bei den in einem Modell betrachteten Phänomenen zufällige (   ) Schwankungen auf, so ist ein stochastisches Modell zur Beschreibung erforderlich.

e) Man spricht von deterministischen Modellen, wenn sich die mit dem (   ) Modell verbundene Unsicherheit quantifizieren und somit steuern (determinieren) lässt.

[1.4]   Modelle, deterministisch, stochastisch; Beispiele: Wahr oder Falsch?

a) Die Beziehung zwischen der Fahrtstrecke und der Fahrtdauer eines   (   )
    Linienbusses ist zufällig, da es zur gleichen Fahrtstrecke verschiedene
    Fahrtdauern geben kann.

b) Der Zusammenhang zwischen dem Umsatz eines Betriebes und der   (   )
    Anzahl der Beschäftigten ist deterministisch.

c) Das maximale Fassungsvermögen (in ml) einer Konservendose ist   (   )
    durch den Umfang und die Höhe der Dose eindeutig bestimmt.

d) Läuft ein Förderband mit konstanter Geschwindigkeit, so ist der   (   )
    vom Förderband zurückgelegte Weg eindeutig durch die Laufzeit des
    Förderbandes bestimmt.

e) Über die Verkaufszahlen eines neuen Produkts im nächsten Monat   (   )
    können nur mit Unsicherheit verbundene Aussagen gemacht werden.

[1.5]   Grundgesamtheit und Stichprobe: Wahr oder Falsch?

a) Als Grundgesamtheit wird die Menge von Objekten, Personen oder   (   )
    anderen Dingen bezeichnet, über die man Informationen gewinnen
    möchte.

b) Eine Stichprobe aus einer Grundgesamtheit sollte repräsentativ sein,   (   )
    d.h. sie sollte die Verhältnisse in der Grundgesamtheit in etwa wieder-
    geben.

c) Statistische Aussagen über eine Grundgesamtheit sind nur dann   (   )
    möglich, wenn man alle Elemente der Grundgesamtheit beobachten
    kann.

d) Der Auswahl der Stichprobe kommt keine entscheidende Bedeutung   (   )
    zu.

e) Je größer die Stichprobe ist, desto genauer sind die Informationen, die   (   )
    aus ihr gezogen werden können.

f) Aussagen, die aus einer Stichprobe geschlossen werden, dürfen nie-   (   )
    mals auf die Grundgesamtheit verallgemeinert werden.

[1.6]   Einfache Zufallsauswahl: Wahr oder Falsch?

Unter allen Einsendern einer Leserumfrage der Zeitschrift *Moderner Wohnen* sollen
100 Geschenke verlost werden, so dass jeder Teilnehmer an der Leserumfrage die
gleiche Chance hat, beschenkt zu werden.

a) Die 100 ausgewählten Leser bilden eine repräsentative Stichprobe al-   (   )
    ler Menschen, die an *Moderner Wohnen* interessiert sind.

b) Die oben genannten Bedingungen sind erfüllt, wenn man die ersten   (   )
    und die letzten 50 Einsender beschenkt.

c) Die 100 ausgewählten Einsender bilden eine repräsentative Stichprobe ( )
   unter allen Einsendern.

d) Man könnte die 100 Einsender, die beschenkt werden sollen ( )
   auswählen, indem man alle Antwortkarten in eine große Lostrommel
   gibt und nacheinander 100 Karten zufällig zieht, wobei vor jeder Ziehung gründlich gemischt wird.

e) Bei der einfachen Zufallsauswahl hat jedes Mitglied der Grundgesamt- ( )
   heit die gleiche Chance, in die Stichprobe zu gelangen.

[**1.7**]   Im Göttinger Tageblatt wird an jedem Samstag die *Frage der Woche* gestellt. So wurde z.B. am 12.04.2008 die Frage gestellt: *Was sagen Sie zur geplanten
Rentenerhöhung?* Leser können dann im Internet eine der drei folgenden Antworten
ankreuzen:

○ Richtig, die Inflation frisst sonst die Renten auf.
○ Falsch, die Beitragszahler sind jetzt schon gekniffen.
○ Weiß nicht, Rentenformel und Riester-Faktor versteht doch kein Mensch.

Diskutieren Sie in diesem Zusammenhang die Begriffe Grundgesamtheit, Stichprobe, Repräsentativität usw.

[**1.8**]   **Zufallsvariablen: Wahr oder Falsch?**

a) Die Brenndauer einer Glühbirne ist eine Zufallsvariable.   ( )

b) Beträgt die Brenndauer einer Glühbirne 1 342 Stunden, so sagt man, ( )
   dass 1 342 die Realisation einer Zufallsvariablen ist.

c) Bevor die Glühbirne aus a) durchgebrannt ist, hat die Zufallsvariable ( )
   X = *Brenndauer meiner Glühbirne* unendlich viele mögliche Werte.

d) Falls X eine Zufallsvariable ist, so hat X keinen einzelnen Wert, son- ( )
   dern X kann mehrere mögliche Werte annehmen.

e) Realisation einer Zufallsvariablen bedeutet dasselbe wie Zufallsvaria- ( )
   ble.

[**1.9**]   Die folgende Abbildung zeigt Ihnen eine um $x = 10$ symmetrische Dichtefunktion einer Zufallsvariablen X.

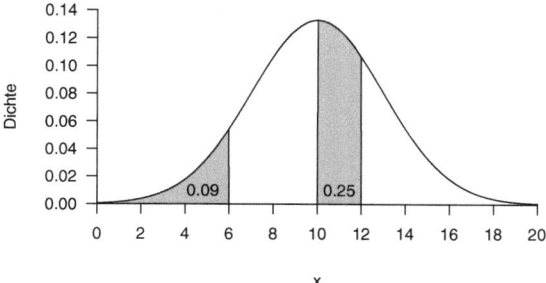

Bestimmen Sie die Wahrscheinlichkeiten: a) $P(6 < X \leq 8)$; $P(12 < X \leq 14)$
b) $P(X \geq 14)$; $P(8 < X \leq 10)$ c) $P(X \geq 6)$; $P(X \leq 14)$ d) $P(X \geq 8)$; $P(X \leq 12)$.

[1.10]   Die folgenden Abbildungen zeigen eine Dichtefunktion als Modell für die
Brenndauer von Glühbirnen.

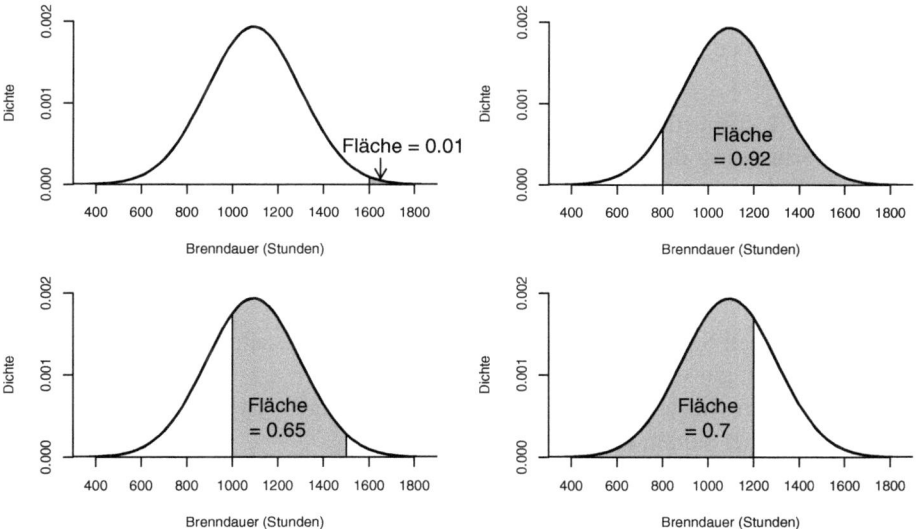

Beantworten Sie die folgenden Fragen mit Hilfe der obigen Abbildungen. Wie groß
ist die Wahrscheinlichkeit, dass die Brenndauer a) kleiner als 1 600 b) kleiner als
800 c) größer als 1 200 d) kleiner oder gleich 1 000 oder größer als 1 500 e) kleiner
oder gleich 1 000 Stunden ist oder zwischen 1 500 und 1 600 Stunden liegt?

[1.11]   In der folgenden Abbildung ist eine um $x = 20$ symmetrische Dichtefunktion einer Zufallsvariablen dargestellt.

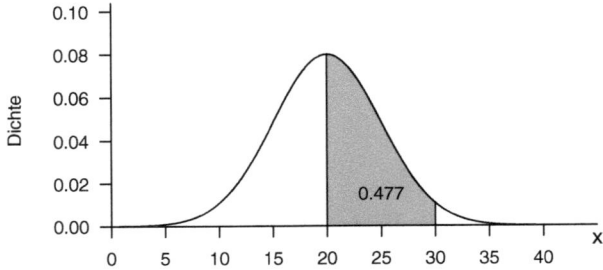

Die Fläche der grauen Fläche ist in der Abbildung angegeben. Berechnen Sie die Wahrscheinlichkeiten, dass die Zufallsvariable einen Wert annimmt, der a) kleiner als 20 b) kleiner oder gleich 30 c) größer als 30 d) kleiner als 10 ist, e) zwischen 10 und 30 liegt.

1.2 Deskriptive Statistik

[2.1]   Das Institut für Niederdeutsche Sprache[1] ließ im Jahr 2007 eine Umfrage über die Verbreitung der plattdeutschen Sprache durchführen. Geben Sie bei den folgenden dort u.a. gestellten Fragen an, um welche Merkmalsart es sich bei der Antwort handelt.

a) Sagt Ihnen das Wort „Plattdeutsch"oder auch „Niederdeutsch" etwas? – Anwort: Ja/Nein

b) Wie gut können Sie Plattdeutsch verstehen? – Antwort: sehr gut, gut, mäßig, nur einige Wörter, gar nicht

c) Wie oft hören Sie etwas auf Platt in Ihrem Alltag? – Antwort: sehr oft, oft, manchmal, eher selten, nie

d) Mit wem sprechen Sie heutzutage Platt, wenn auch nur gelegentlich? – Antwort: mit dem Ehepartner/Lebenspartner, den Kindern, den Eltern, ...

e) Haben Sie in den letzten 12 Monaten plattdeutsche Bücher gekauft oder geschenkt bekommen? – Antwort: gekauft, geschenkt bekommen, weder gekauft noch geschenkt bekommen

f) (Nur an die, die in den letzten 12 Monaten plattdeutsche Bücher gekauft haben.) Wie viele plattdeutsche Bücher haben Sie in den letzten 12 Monaten gekauft? – Antwort: 1, 2, 3, . . .

g) (Nur an die, die Plattdeutsch gelernt haben.) Wie alt waren Sie, als Sie Plattdeutsch gelernt haben? – Antwort: Alter

---

[1] Frerk Möller (2008): Plattdeutsch im 21. Jahrhundert, Bestandsaufnahmen und Perspektiven, Schriften des Instituts für Niederdeutsche Sprache Nr. 34, Verlag Schuster, Leer

[2.2] Merkmale: Wahr oder Falsch?

a) Ein diskretes Merkmal kann nur endlich viele Werte annehmen. (   )

b) Jedes Merkmal, das mehr als endlich viele Werte annehmen kann, ist (   )
stetig.

c) Qualitative und rangskalierte Merkmale sind diskret. (   )

d) Quantitative Merkmale können diskret oder auch stetig sein. (   )

e) Das Merkmal *Brenndauer einer Glühbirne* ist stetig, während das (   )
Merkmal *Anzahl der Tippfehler auf einer Folie* diskret ist.

f) Rangskalierte Merkmale sind stets quantitativ. (   )

g) Rangskalierte Merkmale besitzen eine Ordnung. (   )

h) Ein Merkmal mit endlichen vielen Ausprägungen ist diskret. (   )

[2.3] Die folgende Abbildung zeigt ein Säulendiagramm der relativen Häufigkeiten in einer Stichprobe der Größe $N = 100$ aus der Altersverteilung der 20 bis 30-jährigen Personen in Göttingen aus dem Jahre 1993.

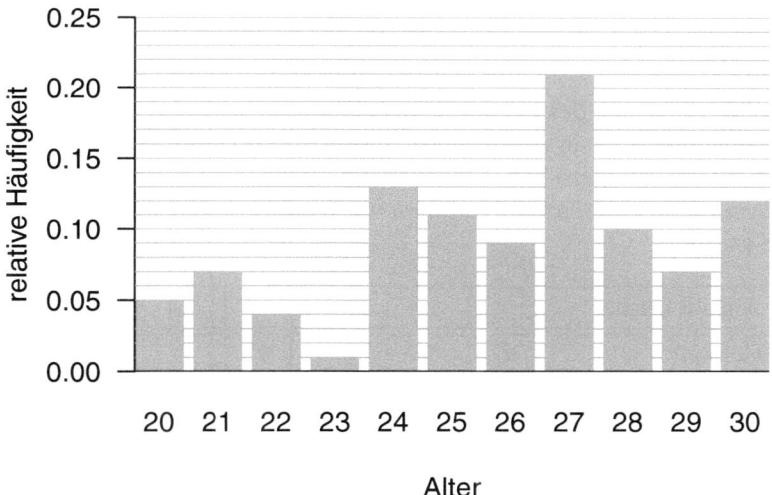

a) Legen Sie eine Tabelle an, die für jedes Alter $20, 21, \ldots, 30$ die absoluten Häufigkeiten N_i, die relativen Häufigkeiten N_i/N, die kumulativen Häufigkeiten K_i und die kumulativen relativen Häufigkeiten K_i/N enthält.

b) Berechnen Sie den Mittelwert und die Varianz in dieser Stichprobe.

c) Bestimmen Sie den Modalwert, den Median, sowie das erste und dritte Quartil.

d) Zeichnen Sie die Treppenkurve der kumulierten absoluten und relativen Häufigkeiten.

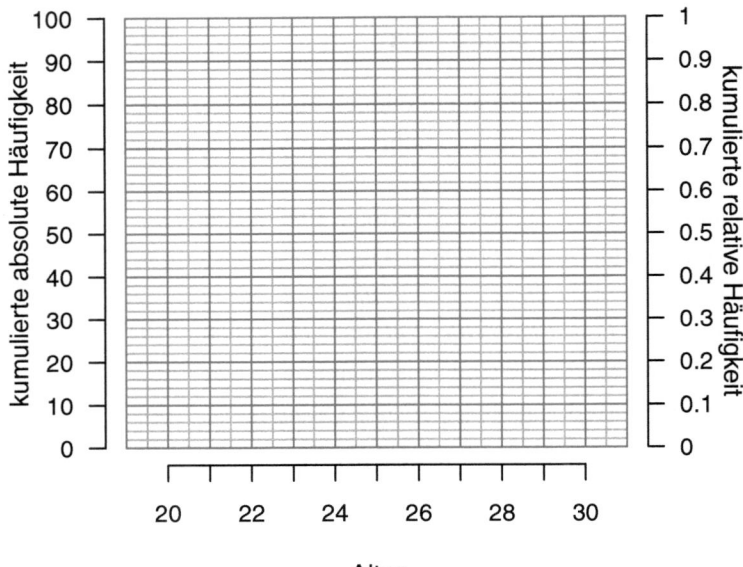

Alter

e) Bestimmen Sie die Anteile der Personen, die i) jünger als 24;   ii) älter als 27;
   iii) älter als 24 und nicht älter als 26;   iv) 24 oder älter, jedoch jünger als 27;
   v) 24 oder älter, jedoch nicht älter als 27 sind.

[**2.4**]   Bei der Umfrage des Instituts für Niederdeutsche Sprache (siehe Aufg. 1)
wurde all denjenigen, die in den letzten 12 Monaten ein plattdeutsches Buch gekauft (geschenkt bekommen) hatten, die Frage gestellt: *Und wie viele plattdeutsche
Bücher haben Sie in den letzten 12 Monaten gekauft (geschenkt bekommen)?* Die
Ergebnisse waren:

Anzahl Bücher		1	2	3	4	N
Gekauft	N_i	5	9	5	3	
	N_i/N					
	K_i					
	K_i/N					
Geschenkt	N_i	19	8	2	1	
	N_i/N					
	K_i					
	K_i/N					

a) Vervollständigen Sie die obige Tabelle, indem Sie die relativen, kumulierten und
   relativen kumulierten Häufigkeiten berechnen.

b) Zeichnen Sie mit Hilfe der folgenden linken Grafik jeweils ein Säulendiagramm der relativen Häufigkeiten.

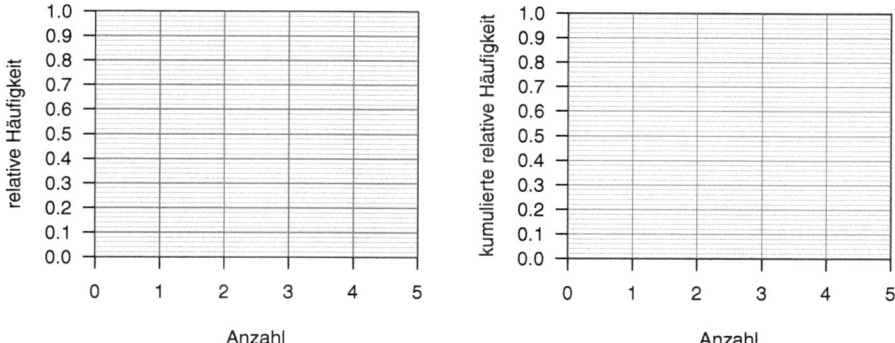

c) Zeichnen Sie mit Hilfe der obigen rechten Grafik jeweils die Treppenkurve der kumulierten relativen Häufigkeiten.

d) Bestimmen Sie die Anteile der Personen, die i) mehr als ein Buch; ii) mindestens drei; iii) nicht mehr als zwei; iv) höchstens drei Bücher gekauft (geschenkt bekommen) haben.

e) Bestimmen Sie für die Anzahl der gekauften bzw. geschenkten Bücher die folgenden Kennzahlen: Mittelwert, Median, Varianz und Standardabweichung.

[2.5] Beim Wertungsturnier der 1. Bundesliga im Formationstanzen am 7. Februar 2009 in Göttingen erreichten die Teilnehmer im großen Finale in der offenen Wertung die folgenden Platzziffern:

Wertungsrichter	1	2	3	4	5	6	7
TC Ludwigsburg	2	1	1	1	1	1	1
Braunschweiger TSC	1	2	2	2	2	2	2
Siemenstadt Berlin	4	3	5	5	5	5	4
Casino Nürnberg	3	4	3	3	3	4	3
Schwarz-Gold Göttingen	5	5	4	4	4	3	5

a) Um welchen Merkmalstyp handelt es sich?   b) Berechnen Sie für jeden Verein: Mittelwert, Median, Modalwert, Spannweite, Varianz, Standardabweichung

[2.6] In einem Spiel erhalten alle Spieler am Ende des Spiels Punkte. Am Ende eines Spielabends erreichten die vier Spieler folgende Gesamtpunkte: Doris: 12, Svea: 12, Fabian: 16 und Fred: 8.
Berechnen Sie den Mittelwert, den Modalwert, den Median, die Spannweite, die Varianz und die Standardabweichung zunächst für alle Spieler/innen, dann jeweils nur für die männlichen bzw. nur für die weiblichen Spielerinnen.

[**2.7**]   Betrachten Sie die beiden Datensätze:

	x_1	x_2	x_3	x_4	x_5
Datensatz I:	5	9	7	8	6
Datensatz II:	15	19	17	18	16

a) Berechnen Sie für beide Datensätze die Varianz nach der Formel
$\sigma^2 = \left(\frac{1}{N} \sum_{i=1}^{N} x_i^2 \right) - \mu^2$. Verwenden Sie dazu die folgende Arbeitstabelle:

	x_1	x_2	x_3	x_4	x_5	$\sum$	$\sum /N$	σ^2
Datensatz I:	5	9	7	8	6			–
x_i^2								
Datensatz II:	15	19	17	18	16			–
x_i^2								

b) Was fällt Ihnen auf? Überrascht Sie das Ergebnis? Wodurch unterscheiden sich die beiden Datensätze?

c) Berechnen Sie die Varianz noch einmal nach der ursprünglichen Definition
$\sigma^2 = \frac{1}{N} \sum_{i=1}^{N} (x_i - \mu)^2$. Verwenden Sie dazu die folgende Arbeitstabelle:

	x_1	x_2	x_3	x_4	x_5	$\sum$	$\sum /N$	σ^2
Datensatz I:	5	9	7	8	6			–
$x_i - \mu$							–	–
$(x_i - \mu)^2$							–	
Datensatz II:	15	19	17	18	16			–
$x_i - \mu$							–	–
$(x_i - \mu)^2$							–	

d) Können Sie jetzt das Ergebnis erklären?

e) Wie groß sind die Varianzen der beiden folgenden Datensätze? Begründen Sie Ihre Antwort.

	x_1	x_2	x_3	x_4	x_5
Datensatz III:	0	4	2	3	1
Datensatz IV:	11	15	13	14	12

[**2.8**]   Betrachten Sie die beiden Datensätze:

	x_1	x_2	x_3	x_4	x_5
Datensatz I:	5	9	7	8	6
Datensatz II:	10	18	14	16	12

a) Berechnen Sie für beide Datensätze die Varianz nach der Formel
$\sigma^2 = \left(\frac{1}{N} \sum_{i=1}^{N} x_i^2 \right) - \mu^2$. Verwenden Sie dazu die folgende Arbeitstabelle:

	x_1	x_2	x_3	x_4	x_5	$\sum$	$\sum/N$	σ^2
Datensatz I:	5	9	7	8	6			–
x_i^2								
Datensatz II:	10	18	14	16	12			–
x_i^2								

b) Was fällt Ihnen auf? Überrascht Sie das Ergebnis? Wodurch unterscheiden sich die beiden Datensätze?

c) Berechnen Sie die Varianz noch einmal nach der ursprünglichen Definition
$\sigma^2 = \frac{1}{N} \sum_{i=1}^{n} (x_i - \mu)^2$. Verwenden Sie dazu die folgende Arbeitstabelle:

	x_1	x_2	x_3	x_4	x_5	$\sum$	$\sum/N$	σ^2
Datensatz I:	5	9	7	8	6			–
$x_i - \mu$							–	–
$(x_i - \mu)^2$							–	
Datensatz II:	10	18	14	16	12			–
$x_i - \mu$							–	–
$(x_i - \mu)^2$							–	

d) Können Sie jetzt das Ergebnis erklären?

e) Wie groß sind die Varianzen der beiden folgenden Datensätze?

	x_1	x_2	x_3	x_4	x_5
Datensatz III:	15	27	21	24	18
Datensatz IV:	20	36	28	32	24

[**2.9**]   Im Göttinger Tageblatt wird am 13.02.2008 über eine Verkehrskontrolle berichtet. Am Vortag wurden in der Zeit von 11:00 bis 15:30 Uhr an vier Kreuzungen zwischen der Zentraluniversität und universitären Einrichtungen im Nordbereich der Universität insgesamt 499 Fahrradfahrer kontrolliert. Es wurden dabei 309 Verwarnungen mit kleineren Geldstrafen und 21 Ordnungswidrigkeiten mit Geldstrafen von mehr als 35 Euro festgestellt.

a) Um welche Art von Merkmal handelt es sich hier?
b) Bringen Sie die möglichen Ausprägungen in eine Reihenfolge.
c) Stellen Sie die absoluten und relativen Häufigkeiten als Säulendiagramm dar.
d) Wie groß ist der Anteil der Fahrradfahrer, die i) eine Verwarnung erhielten oder sogar eine Ordnungswidrigkeit begangen haben?   ii) ohne Beanstandung kontrolliert wurden oder die höchstens eine Verwarnung erhalten haben?

[**2.10**]   Die folgende Abbildung zeigt die Summenkurve der kumulierten relativen Häufigkeiten für 200 Realisierungen einer Zufallsvariablen X.

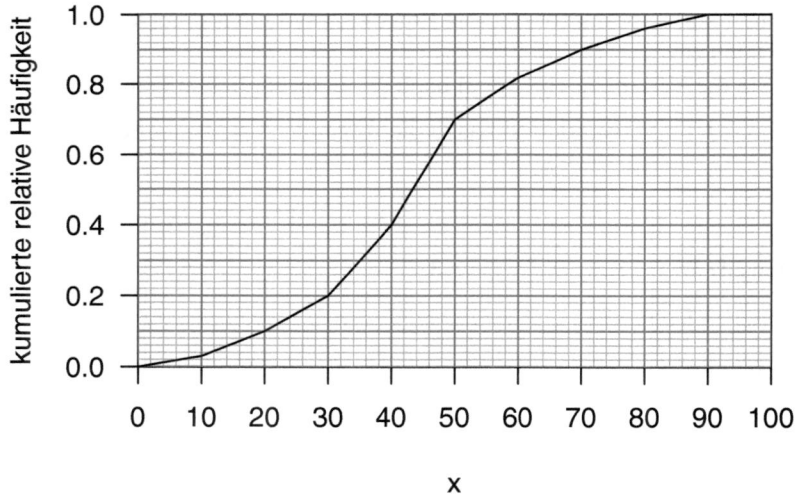

Lösen Sie die folgenden Aufgaben mit Hilfe der Grafik.

a) Bestimmen Sie den Median, das erste und dritte Quartil, und diskutieren Sie den Bezug zum Boxplot.
b) Bestimmen Sie jeweils den Anteil und die Anzahl der Beobachtungen, die i) kleiner als $20, 40, 50, 70$ ii) größer als $20, 40, 50, 70$ sind, iii) zwischen 20 und 50, zwischen 40 und 70 liegen.
c) Bestimmen Sie den $20, 40$ und 70-Prozentpunkt der Beobachtungen.

[**2.11**]   In ihrer Ausgabe vom 23. Februar 1996 veröffentlichte „Die Zeit"unter dem Titel „Wer liest die Zeitung?"Ausschnitte aus der Media-Analyse 1995 über ihre Leser.

Alter von... bis unter	Anteile „Zeit"-Leser
14-20	5%
20-30	19%
30-40	22%
40-50	20%
50-60	20%
60-	14%

a) Berechnen Sie das arithmetische Mittel[2] μ des Alters der „Zeit"-Leser.

b) Berechnen Sie die Varianz σ^2 und die Standardabweichung des Alters der „Zeit"-Leser.

c) In welchen Klassen liegen die drei Quartile Q_1, Q_2 und Q_3.

d) Zeichnen Sie ein Histogramm mit einer geeigneten Skala an der y-Achse, so dass die Gesamtfläche des Histogramms 1 ist.

e) Berechnen Sie die (geschätzten) Wahrscheinlichkeiten, dass ein zufällig ausgewählter „Zeit"-Leser
i) jünger als 25   ii) älter als 55   iii) zwischen 25 und 45 Jahre alt ist.

f) Zeichnen Sie die Summenkurve der kumulierten relativen Häufigkeiten in die folgende Grafik ein.

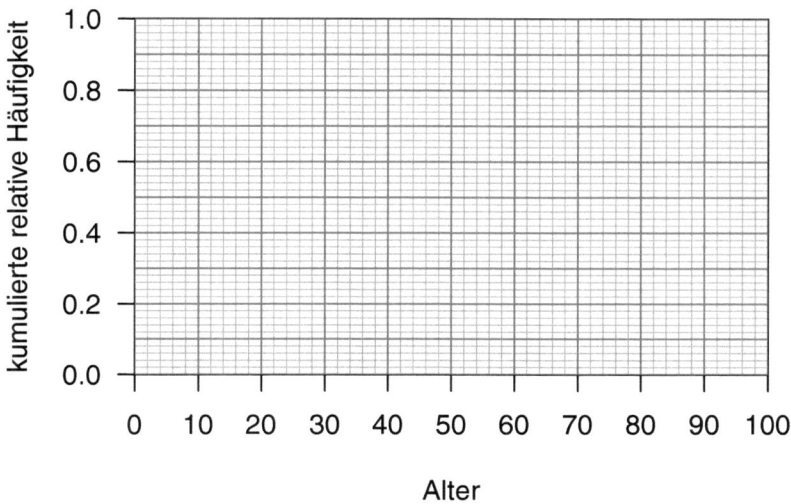

---

[2] Die letzte Klasse ist nach oben nicht beschränkt. Verwenden Sie für alle Berechnungen das Intervall von 60-80. Siehe zu diesem Problem auch Aufg. 12 und 23.

g) Bestimmen Sie jetzt die drei Quartile mit Hilfe der Summenkurve.
h) Bestimmen Sie die in e) bestimmten Wahrscheinlichkeiten jetzt auf grafische
   Weise mit Hilfe der Summenkurve.

[**2.12**]   Auf den Internetseiten der Wirtschaftswissenschaftlichen Fakultät der
Universität Göttingen wurde über eine Erhebung *Die soziale Lage der Göttinger
Studierenden* aus dem Jahre 2003 berichtet. Auf die Fragen nach der **Wohnform**
und nach den **Mieten** gab es die folgenden Antworten in Prozent:

Wohnform	Anteil [%]
Bei Eltern/Verwandten	8.1
Zur Untermiete	1.0
Wohnung (allein)	27.6
Wohnung (mit Partner)	15.7
Wohngemeinschaft	26.7
Wohnheim	21.0

Miete in Euro	Anteil [%]
[100, 125)	4.8
[125, 150)	11.9
[150, 175)	7.5
[176, 200)	21.5
[200, 300)	41.2
[300, 400)	9.7
[400, 500)	1.0
≥ 500	0.2

a) Um welche Merkmalstypen handelt es sich hier?
b) Betrachten Sie die beiden Grafiken.

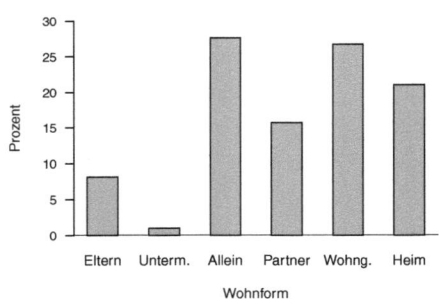
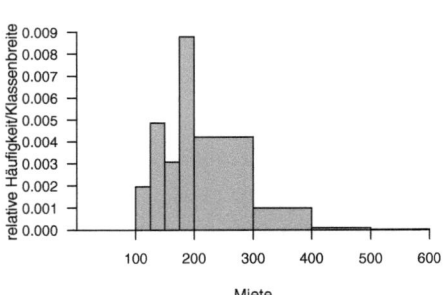

i) Ordnen Sie diesen die Begriffe „Histogramm" bzw. „Säulendiagramm" zu
   und begründen sie Ihre Wahl mit den Definitionen.
ii) Beachten Sie, dass es bei den Mieten offensichtlich fehlende Werte gibt, denn
   die Summe aller Anteile ist nicht 100%. Diskutieren Sie, wie man die Gra-
   fik(en) dahingehend korrigieren müsste.
iii) Diskutieren Sie weiter, wie Sie mit der Klasse *über 500* umgehen wollen.

c) Bestimmen Sie den Modalwert bzw. die Modalklasse für die Mieten.

d) Bestimmen Sie den Anteil der Studierenden, die i) mehr als 250; ii) höchstens 350; iii) mehr als 125 und weniger als 301 Euro Miete bezahlen.

e) Zeichnen Sie die Summenkurve für die Mieten und bestimmen Sie damit die drei Quartile und die obigen Anteile erneut auf grafische Weise.

[2.13] Deskriptive Verfahren: Wahr oder Falsch?

a) Methoden der deskriptiven Statistik sind nur für diskrete Merkmale ( )
   geeignet, da man stetige Merkmale nicht auflisten kann.

b) Zu den deskriptiven statistischen Verfahren gehören insbesondere *gra-* ( )
   fische Darstellungen.

c) Säulendiagramme sind für diskrete Daten geeignet. ( )

d) Relative Häufigkeiten eines diskreten Merkmals mit endlich vielen ( )
   Ausprägungen werden als Säulendiagramm dargestellt.

e) Der Median eines gruppierten stetigen Merkmals kann mit der Sum- ( )
   menkurve der kumulierten relativen Häufigkeiten bestimmt werden.

f) Die deskriptiven Verfahren für diskrete und stetige Merkmale sind ( )
   identisch.

[2.14] Boxplot: Wahr oder Falsch?

a) Ein Boxplot ist eine geeignete grafische Darstellung um die Verteilung ( )
   eines Merkmals in verschiedenen Teilpopulationen zu vergleichen.

b) Die Mitte der Box beim Boxplot entspricht dem Modalwert. ( )

c) Die Länge der Box beim Boxplot ist gleich dem Quartilsabstand, d.h. ( )
   der Differenz aus dem 75%- und dem 25%-Quantil.

d) Beim Boxplot liegen etwa die Hälfte der Beobachtungen außerhalb der ( )
   Box. Von diesen wiederum liegt etwa die Hälfte oberhalb, die andere
   Hälfte unterhalb der Box.

e) Beim Boxplot liegen ungefähr 2/3 der Beobachtungen in der Box. ( )

f) Ein Boxplot stellt ausschließlich die Daten zwischen dem ersten und ( )
   dritten Quartil dar.

[2.15] Häufigkeiten: Wahr oder Falsch?

Betrachten Sie eine Grundgesamtheit mit N Mitgliedern, an denen ein Merkmal mit den Ausprägungen $i = 1, 2, \ldots, I$ beobachtet wird.

a) Die Summe der absoluten Häufigkeiten ist gleich N. ( )

b) Die Summe der relativen Häufigkeiten ist gleich 1. ( )

c) Die Summe der kumulierten relativen Häufigkeiten ist I. ( )

d) Die Werte der kumulierten relativen Häufigkeiten liegen in $[0, 1]$.   ( )

e) Die Folge der kumulierten relativen Häufigkeiten ist nichtfallend.   ( )

f) Die relative Häufigkeit gibt an, wie oft einzelne Werte eines Merkmals ( )
    beobachtet wurden.

g) Relative Häufigkeiten sind stets kleiner oder gleich 1.   ( )

h) Absolute und relative Häufigkeiten diskreter Merkmale werden als ( )
    Säulendiagramme dargestellt.

[2.16]   Statistiken: Wahr oder Falsch?

a) Für ein diskretes Merkmal ist der Modalwert der Wert mit der größten ( )
    Häufigkeit.

b) Für ein stetiges Merkmal, das nur in Gruppen vorliegt, ist die Modal- ( )
    klasse die Klasse mit dem höchsten Rechteck im Histogramm, wenn
    bei unterschiedlichen Klassenbreiten die y-Achse so skaliert wird, dass
    durch die Klassenbreite dividiert wird.

c) Median, Mittelwert und Spannweite sind alle Lageparameter zur Be- ( )
    schreibung der Verteilung eines Merkmals.

d) Die Varianz kann als mittlere quadratische Abweichung vom Mittel- ( )
    wert aufgefasst werden.

e) Die Standardabweichung ist das Quadrat der Varianz.   ( )

f) Für gruppierte Daten lassen sich Mittelwert und Varianz nur approxi- ( )
    mativ berechnen.

g) Der Median ist stark abhängig von einzelnen extremen Werten und ist ( )
    daher ein Streuungsparameter.

h) Der Modalwert ist immer eindeutig bestimmt.   ( )

i) Die Summe der Abweichungen vom Mittelwert ist stets Null.   ( )

j) Die Varianz ist das Quadrat der Summe der Abweichungen vom Mit- ( )
    telwert.

[2.17]   In der Zeitschrift *PSYCHOLOGIE HEUTE* aus März 2008 schreibt *Roy F. Baumeister* in dem Artikel *Wozu sind Männer gut?* auf S. 22: *Männer unterliegen dem Würfelspiel der Natur sehr viel stärker als Frauen. Sie sind das extreme Geschlecht. Das betrifft nicht nur den Intelligenzquotienten, sondern auch andere Maße, sogar die Körpergröße: Die männliche Verteilungskurve der Körpergröße ist flacher als die weibliche: Es gibt viele große Männer und viele richtig kleine.* Auf S. 23 als Überschrift: *Männer sind das extreme Geschlecht: Je weiter man sich vom Mittelwert entfernt, desto häufiger findet man Männer.*
Wir wollen diese Aussage für die Körpergröße überprüfen. Aus der Studierendenbefragung aus dem WS 1999/2000 liegen uns die Körpergröße von weiblichen bzw.

männlichen Studierenden vor. Sie sind mit **R** in den Datensätzen `Groessef` (Frauen) und `Groessem` (Männer) gespeichert.

Überlegen Sie sich, mit welchen Graphiken oder welchen Kennzahlen man diese Aussage überprüfen kann.

Folgende Berechnungen wurden mit **R** durchgeführt (Mit dem Befehl `sort` werden die Daten der Größe nach geordnet.):

```
>sort(Groessef)
  [1] 153 154 158 158 158 158 158 159 160 160 160 160 161 162 162 162 163 164
 [19] 165 165 165 166 166 166 166 166 167 167 167 167 167 167 167 168 168 168
 [37] 168 168 168 168 169 169 169 169 169 170 170 170 170 170 170 170 170 170
 [55] 170 170 170 170 170 170 170 171 171 171 171 172 172 172 172 172 172 172
 [73] 172 172 173 174 174 174 174 174 174 175 175 175 175 175 176 176 177 177
 [91] 177 178 178 178 178 178 178 178 180 180 180 180 181 181 183 186 190 193
>sort(Groessem)
  [1] 151 164 168 170 170 170 171 172 172 173 173 174 175 175 175 175 175 175
 [19] 175 175 175 176 176 176 176 176 176 176 176 177 178 178 178 178 178 178
 [37] 178 178 178 179 179 179 179 179 179 180 180 180 180 180 180 180 180 180
 [55] 180 180 181 181 182 182 182 183 183 183 183 183 183 183 183 184 184 184
 [73] 184 184 184 184 184 185 185 186 186 186 186 186 186 187 187 187 187 187
 [91] 188 188 188 189 189 189 189 190 190 190 190 190 190 190 190 190 190 190
[109] 190 191 192 193 193 193 193 194 194 195 195 196 196 196 196 197 198 201

> length(Groessef);sum(Groessef);sum(Groessef^2)
[1] 108                 [1]  18392     [1]  3137408
> length(Groessem);sum(Groessem);sum(Groessem^2)
[1] 126                 [1]  23019     [1]  4213015
```

a) Bestimmen Sie jeweils das Maximum, das Minimum und die Spannweite.

b) Bestimmen Sie die Quartile, d.h. das 25%-Quantil, den Median und das 75%-Quantil.

c) Bestimmen Sie jeweils den Quartilsabstand, d.h. die Differenz aus dem 75%-Quantil und dem 25%-Quantil.

d) Berechnen Sie jeweils die Varianz und die Standardabweichung.

e) Es sollen Histogramme mit der Klassenbreite 5 gezeichnet werden. Erstellen Sie dazu jeweils für i) weibliche Studierende und ii) männliche Studierende eine Arbeitstabelle mit absoluten Häufigkeiten N_i, relativen Häufigkeiten N_i/N, kumulativen Häufigkeiten K_i und kumulativen relativen Häufigkeiten K_i/N.

f) Zeichnen Sie die Histogramme der absoluten Häufigkeiten.

g) Zeichnen Sie die Histogramme der relativen Häufigkeiten, so dass die Gesamtfläche unter dem Histogramm 1 ist.

h) Zeichnen Sie die Summenkurven der kumulierten relativen Häufigkeiten in die folgende Grafik ein.

i) Zeichnen Sie die Boxplots der beiden Variablen nebeneinander.

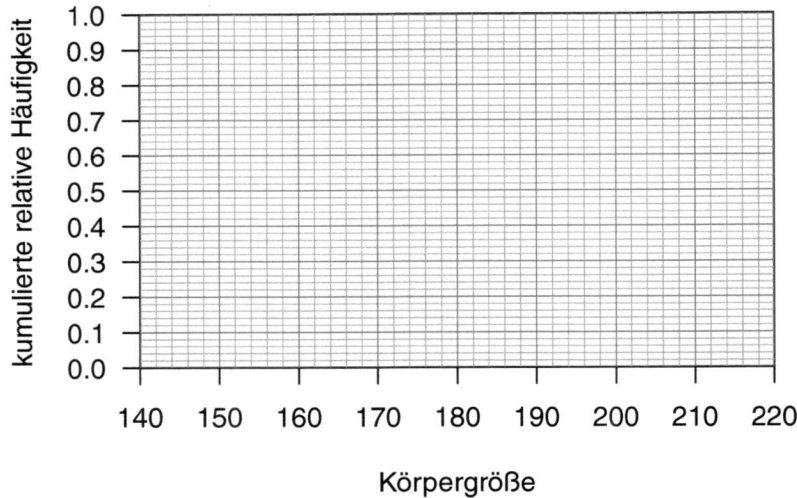

Körpergröße

[**2.18**] Der *Extra Tip* veröffentlichte am 21.09.2008 zu Beginn der neuen Spiel-
zeit der 1. Basketball-Bundesliga Daten über die Mannschaft der BG 74 Göttingen:

Spieler	1	2	3	4	5	6	7	8	9	10	11	12	13	14
Größe in cm	189	200	201	207	188	190	195	193	183	208	201	188	183	204
Alter	26	22	24	25	24	25	22	23	23	27	23	24	18	30
Nationalität	*US*	*US*	*US*	*D*	*D*	*US*	*D*	*US*	*US*	*US*	*US*	*US*	*D*	*D*

a) Bestimmen Sie für jedes der drei Merkmale (so weit möglich) i) absolute und
   relative Häufigkeiten, ii) kumulierten absolute und kumulierte relative Häufigkeiten, iii) Mittelwert und Median, iv) Modalwert, v) Minimum, Maximum
   und Spannweite, vi) Varianz und Standardabweichung.
b) Bestimmen Sie den Anteil der Spieler mit einer Körpergröße i) kleiner als 200,
   ii) größer oder gleich 200, iii) kleiner als 195, iv) größer als 195, v) kleiner
   oder gleich 199, vi) größer oder gleich 199 cm.
c) Bestimmen Sie den Anteil der Spieler mit einem Alter   i) von mindestens 21,
   ii) höchstens 21, iii) von mindestens 25, iv) höchstens 25 Jahren.
d) Bestimmen Sie den Anteil der Spieler, die   i) älter als 25 Jahre und größer als
   200 cm, ii) jünger als 24 Jahre und größer als 195 cm sind.
e) Welcher Anteil der deutschen Spieler ist größer als 200 cm?
f) Welcher Anteil der Spieler ist aus Deutschland und größer als 200 cm?
g) Welcher Anteil der Spieler aus den USA ist jünger als 23 Jahre?
h) Welcher Anteil der Spieler ist aus den USA und jünger als 23 Jahre?

[**2.19**] Die folgende Tabelle enthält die in der Klausur *Fortgeschrittene Mathe-matik für Wirtschaftswissenschaftler* am 11.02.2009 erreichten Punktzahlen nach Semestern aufgeschlüsselt:

Semester/Kandidat:	1	2	3	4	5	6
3.	27	33.5	35	24.5	23.5	23
4.	27	15.5	16.5	21	22	–
5.	16	24	18.5	18	26.5	–
6. oder 7.	19.5	25.5	27	25	22.5	–

Mit **R** wurden die folgenden Berechnungen durchgeführt:

```
> summary(Sem3)
   Min. 1st Qu.  Median    Mean 3rd Qu.    Max.
  23.00   23.75   25.75   27.75   31.88   35.00
> summary(Sem4)
   Min. 1st Qu.  Median    Mean 3rd Qu.    Max.
   15.5    16.5    21.0    20.4    22.0    27.0
> summary(Sem5)
   Min. 1st Qu.  Median    Mean 3rd Qu.    Max.
   16.0    18.0    18.5    20.6    24.0    26.5
> summary(Sem6o7)
   Min. 1st Qu.  Median    Mean 3rd Qu.    Max.
   19.5    22.5    25.0    23.9    25.5    27.0
```

Zeichnen Sie Boxplots in die folgende Grafik. Lassen sich Unterschiede zwischen den vier Gruppen erkennen?[3]

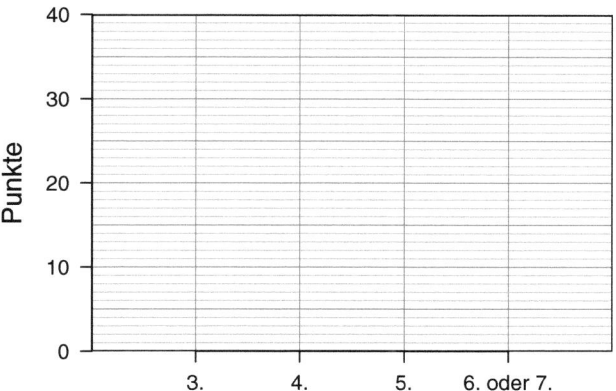

[**2.20**] Die folgenden Daten beziehen sich auf die Klausur *Mathematik für Wirt-schaftswissenschaftler* im Februar 2009.

---

[3] Eine genauere Antwort erhalten Sie in Aufg. 10 in Kap. 12.

Note	Punkte	N_i	N_i/N	x_i^M	$N_i x_i^M$	$N_i(x_i^M)^2$
5.0	$[0,31]$	83		15.5		
4.0	$[32,35]$	32		33.5		
3.7	$[36,40]$	34				
3.3	$[41,44]$	33				
3.0	$[45,49]$	28				
2.7	$[50,53]$	25				
2.3	$[54,58]$	27				
2.0	$[59,62]$	21				
1.7	$[63,67]$	27				
1.3	$[68,72]$	15				
1.0	$[73,90]$	29				
Summe	−	354	1	−		

a) Vervollständigen Sie die obige Tabelle[4] und berechnen Sie damit den Mittelwert und die Varianz der Punkte.

b) Berechnen Sie auch den Mittelwert der Noten.

[**2.21**] Die folgenden Daten beziehen sich auf die Klausur *Mathematik für Wirtschaftswissenschaftler* im Februar 2007. Es gab zwei Varianten der Klausur, die mit A und B bezeichnet waren. Der hochgestellte Index *A* bezieht sich auf die A-Klausur, *B* auf die B-Klausur. Die Punktzahlen wurden in den **R**-Objekten KlausurA bzw. KlausurB gespeichert. Es wurden die folgenden Berechnungen mit **R** durchgeführt:

```
> summary(KlausurA)
   Min. 1st Qu.  Median    Mean 3rd Qu.    Max.
   8.00   32.75   44.00   46.09   61.00   90.00
> summary(KlausurB)
   Min. 1st Qu.  Median    Mean 3rd Qu.    Max.
   7.00   32.00   44.00   44.32   57.00   80.00
```

Zeichnen Sie die Boxplots in die folgende Grafik. Zeichnen Sie dabei die senkrechten Striche bis zum Minimum bzw. bis zum Maximum. Beschreiben Sie, wodurch sich die beiden Datensätze unterscheiden.

---

[4] x_i^M steht für die Mitte des Intervalls.

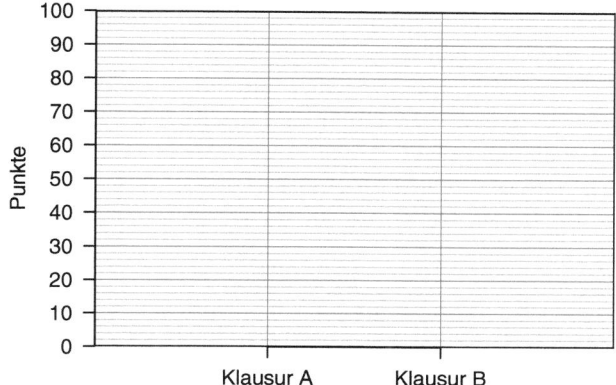

[**2.22**] Das Göttinger Tageblatt berichtet am 4. März 2009 über eine Anfrage der SPD-Fraktion im Ortsrat Roringen. Diese wollte wissen, was die Einrichtung einer Blitzanlage am Roringer Berg (Bundesstraße 27) erbracht hat. Diese wurde am 28. April 2008 in Betrieb genommen. Die erlaubte Geschwindigkeit ist $60km/h$. Im Jahre 2008 gab es nach Auskunft der Stadt Göttingen folgende Überschreitungen:

Überschreitung	Strafe	N_i	N_i/N	K_i	K_i/N
11 − 15	20	3 204			
16 − 20	30	1 806			
21 − 25	40	963			
26 − 30	50	536			
31 − 40	75	436			
41 − 50	100	99			
51 − 60	150	24			
61 − 70	275	6			
> 70	375	3			
Summe	−	7 077			

a) Berechnen Sie die relativen Häufigkeiten und die absoluten (bzw. relativen) kumulierten Häufigkeiten.
b) Bestimmen Sie den Median (für die Strafe) und die Modalklasse.
c) Bestimmen Sie den Mittelwert und die Varianz für die Überschreitung und die Strafe. Verwenden Sie für die letzte Klasse den Wert 100 als Obergrenze.
d) Zeichnen Sie für die Überschreitung ein normiertes Histogramm.
e) Zeichnen Sie die Summenkurve der kumulierten relativen Häufigkeiten.

[**2.23**]   In der Zeitschrift *Forschung und Lehre, Heft 3/09* berichtet Prof. Dr. M. Ferrari, Universität Erlangen-Nürnberg, über eine im Zusammenhang mit der elektronisch durchgeführten Evaluation der Lehre durchgeführte Befragung der Studierenden an der Philosophischen Fakultät und am Fachbereich Theologie. Es gab die folgenden Antworten zu den Fragen:
Wie viele Stunden pro Woche jobben Sie während der Vorlesungszeit?
Wie viele Stunden pro Woche haben Sie zuletzt während der vorlesungsfreien Zeit gejobbt?

Stunden	Vorlesungszeit	Vorlesungsfreie Zeit
$0-4$	40.3%	25.5%
$4-8$	19.6%	14.4%
$8-12$	21.9%	16.5%
≥ 12	18.3%	43.7%

a) Zeichnen Sie jeweils ein normiertes Histogramm. Überlegen Sie zunächst, wie Sie mit der letzten Klasse ≥ 12 umgehen.
b) Zeichnen Sie die Summenkurven der kumulierten relativen Häufigkeiten.
c) Bestimmen Sie Median, Quartile, Modalklasse, Mittelwert und Varianz.

[**2.24**]   Im Vorkurs *Mathematik für Wirtschaftswissenschaftler* vor Beginn des Sommersemesters 2009 wurde am Anfang und am Ende ein Test geschrieben, in dem jeweils 18 Punkte erreicht werden konnten. Die Ergebnisse der Teilnehmer, die an beiden Tests teilgenommen haben, wurden in die **R**-Objekte Vortest bzw. Nachtest geschrieben.

```
> table(Vortest)
Vortest
   0 0.5    1 1.5    2 2.5    3 3.5    4 4.5    5 5.5    6 6.5    7 7.5
   8    2    7    1   10    4   10    4    5    2    6    2    2    2    4    1
   8 8.5   10   11
   1    1    2    1
> summary(Vortest)
   Min. 1st Qu.  Median    Mean 3rd Qu.    Max.
  0.000   2.000   3.000   3.487   5.000  11.000
> c(length(Vortest),sum(Vortest),sum(Vortest^2),var(Vortest))
[1]   75.000000  261.500000 1410.750000    6.743063
> table(Nachtest)
Nachtest
   4    7    8    9   10 10.5   11 11.5   12 12.5   13 13.5
   1    1    2    4    2    2    2    4    2    1    7    5
  14 14.5   15 15.5   16 16.5   17 17.5   18
  13    2    6    1    7    2    4    2    5
> summary(Nachtest)
   Min. 1st Qu.  Median    Mean 3rd Qu.    Max.
   4.00   12.00   14.00   13.62   16.00   18.00
> c(length(Nachtest),sum(Nachtest),sum(Nachtest^2),var(Nachtest))
```

```
[1]     75.00000  1021.50000 14530.75000     8.35027
```

a) Berechnen Sie für den Vortest und den Nachtest jeweils Mittelwert, Varianz (ohne die **R**-Ausgabe für die Varianz zu benutzen) und die Standardabweichung.

b) Erhalten Sie für die Varianz dasselbe Ergebnis wie mit dem **R**-Befehl `var`? Wenn
   nein, woran liegt das? Wie berechnet **R** die Varianz?

c) Zeichnen Sie die Boxplots für Vor- und Nachtest nebeneinander. Interpretieren
   Sie die Boxplots.

d) Wie groß ist der Anteil der Studierenden, die im i) Vortest weniger als $5, 8$ bzw.
   10; ii) Nachtest mehr als $12, 14$ bzw. 16 Punkte hatten?

[2.25]   Betrachten Sie den in **R** unter x gespeicherten Datensatz:

```
> x
 [1] 108 185 143 153 135 189 110 191 191 112
> c(sum(x),sum(x^2))
[1]    1517 241299
> summary(x)
   Min. 1st Qu.  Median    Mean 3rd Qu.    Max.
  108.0   117.8   148.0      ??   188.0   191.0
```

Bestimmen Sie die   a) in der Ausgabe von `summary` fehlende Kennzahl `Mean`,
b) Länge der Box eines Boxplots, c) Spannweite, d) Varianz σ^2.
e) Welche Ausgabe erhalten Sie mit dem **R**-Befehl `var(x)`?

1.3 Wahrscheinlichkeiten

[3.1]   Ergebnismenge, Ereignisse: Wahr oder Falsch?

a) Die Menge aller möglichen Ausgänge eines Zufallsexperiments ist die   (   )
   Ergebnismenge Ω.

b) Falls Ω endlich ist, besitzen alle Elemente von Ω, d.h. die sogenannten   (   )
   Elementarereignisse, dieselbe Wahrscheinlichkeit.

c) Die leere Menge wird in der Wahrscheinlichkeitsrechnung das sichere   (   )
   Ereignis genannt.

d) Ein zufälliges Ereignis ist eine Teilmenge der Ergebnismenge.   (   )

e) Bei einer endlichen Ergebnismenge kann man alle möglichen Wahr-   (   )
   scheinlichkeiten berechnen, wenn man die Wahrscheinlichkeiten aller
   Elementarereignisse kennt.

f) Für Elementarereignisse $\{e\}$ gilt grundsätzlich $P(\{e\}) = 0$.   (   )

[3.2]   Wahrscheinlichkeiten: Wahr oder Falsch?

Es seien A und B Ereignisse, d.h. Teilmengen der Ergebnismenge Ω.

a) Für jedes Ereignis A gilt $P(A \cup \bar{A}) = P(A) + P(\bar{A}) = 1$.   (   )

b) Die Wahrscheinlichkeit $P(A)$ ist der Grenzwert der relativen Häufig-   (   )
    keiten $h_n(A)$ für das Eintreten des Ereignisses A in n Versuchen, wenn
    $n \to \infty$.

c) Es gilt immer $P(A \cup B) = P(A) + P(B)$.   (   )

d) $P(A \cap B) \leq P(A)$ (   )

e) $P(A \cup B) + P(A \cap B) = P(A) + P(B)$ (   )

f) $P(A \cap B) = P(A) \cdot P(B)$ (   )

g) $P(\bar{A}) \leq P(A)$ (   )

h) Für $A \subset B$ gilt immer $P(A) < P(B)$.   (   )

[3.3]   Symmetrisches Zufallsexperiment: Wahr oder Falsch?

a) Jedes Zufallsexperiment mit einer endlichen Ergebnismenge heißt   (   )
    symmetrisch.

b) Wenn $\Omega = \{e_1, e_2, \ldots, e_n\}$ ein symmetrisches Zufallsexperiment be-   (   )
    schreibt, so gilt $P(\{e_i\}) = i/n$ für $i = 1, \ldots, n$.

c) Wenn $\Omega = \{e_1, e_2, \ldots, e_n\}$ ein symmetrisches Zufallsexperiment be-   (   )
    schreibt und wenn $P(\{e_1, e_2, e_3\}) = 1/4$ gilt, so ist $n = 12$.

d) Der Wurf eines fairen Würfels entspricht einem symmetrischen Zu-   (   )
    fallsexperiment mit $n = 6$.

e) Für symmetrische Zufallsexperimente stimmt die Wahrscheinlichkeit   (   )
    eines Ereignisses A mit der Anzahl der Elemente in A überein.

f) Für symmetrische Zufallsexperimente sind alle Elementarereignisse   (   )
    gleichwahrscheinlich.

[3.4]   Im Internet werden unter https://millionenklick.web.de täglich wie beim
Lotto 6 aus 49 Zahlen gezogen. Zusätzlich wird eine Superzahl, d.h. eine der Ziffern
$0, 1, 2, \ldots 9$ gezogen. Alle Fragen beziehen sich nur auf die Ziehung der Superzahl.

a) Ist die Ziehung der Superzahl ein symmetrisches Zufallsexperiment?
b) Wie viele Elementarereignisse gibt es?
c) Wie groß ist die Wahrscheinlichkeit für ein Elementarereignis?
d) Wie groß ist die Wahrscheinlichkeit, dass

    i)   eine Ziffer gezogen wird, die kleiner oder gleich 5 bzw. größer als 5 ist?
    ii) eine positive Zahl gezogen wird, die durch $2, 3, 4$ bzw. 5 teilbar ist?
    iii) in zwei aufeinander folgenden Ziehungen jeweils eine 3 gezogen wurde?

iv) in drei aufeinander folgenden Ziehungen jeweils eine positive Zahl gezogen wurde, die durch 3 teilbar ist?

e) Stellen Sie sich vor, dass Sie die 6 Zahlen aus 49 alle richtig getippt haben. Um an den Hauptgewinn, 3 333 Euro monatliches Zusatzeinkommen für 25 Jahre, zu kommen, brauchen Sie nur noch die richtige Superzahl. Sie sind so aufgeregt, dass Sie nicht mehr hinschauen können. Sie haben die 3 getippt. Ein Freund verrät Ihnen das richtige Ergebnis in folgenden Schritten. Geben Sie jeweils die bedingte Wahrscheinlichkeit an, dass Sie den Hauptgewinn gewonnen haben. Beachten Sie, dass alle vorher gegebenen Informationen gültig bleiben.

i) Die Zahl ist positiv.   iii) Die Zahl ist durch 3 teilbar.
ii) Die Zahl ist ungerade.   iv) Die Zahl ist kleiner als 6.

[3.5]   Zeichnen Sie ein Venn-Diagramm mit der Grundmenge Ω und den beiden Mengen A und B, so dass folgende Teilmengen sichtbar werden:

$$\Omega \qquad A \setminus B \qquad A \cap B \qquad B \setminus A \qquad A \cup B \qquad \overline{A \cup B}$$

a) Überzeugen Sie sich von der Gültigkeit folgender Formeln:
   i) $P(A) = P(A \cap B) + P(A \setminus B)$ ii) $P(B) = P(A \cap B) + P(B \setminus A)$
   iii) $P(A \cup B) = P(A) + P(B \setminus A)$ iv) $P(A \cup B) = P(B) + P(A \setminus B)$
   v) $P(A \cup B) = P(A \setminus B) + P(A \cap B) + P(B \setminus A)$
b) Berechnen Sie $P(A)$, wenn i) $P(A \setminus B) = 0.3$; $P(A \cap B) = 0.1$
   ii) $P(B) = 0.5$; $P(B \setminus A) = 0.4$; $P(A \setminus B) = 0.2$ iii)$P(A \cup B) = 0.8$; $P(B \setminus A) = 0.2$
   iv) $P(A \cup B) = 0.8$; $P(B) = 0.5$; $P(A \cap B) = 0.2$
   v) $P(A \cup B) = 0.8$; $P(A \setminus B) = P(B \setminus A) = 0.2$

[3.6]   Häufigkeiten: Wahr oder Falsch?

Es bezeichne $h_n(A)$ die relative Häufigkeit des Ereignisses A in n Wiederholungen eines Zufallsexperiments.

a)   Absolute Häufigkeiten sind stets kleiner als 1.   (   )

b)   Für die relative Häufigkeit von zwei disjunkten Ereignissen A und B (   )
     gilt immer: $h_n(A \cup B) = h_n(A) + h_n(B)$.

c)   Relative Häufigkeiten pendeln sich mit wachsendem Stichprobenum-   (   )
     fang auf einen festen endgültigen Wert ein.

d)   Absolute Häufigkeiten erfüllen die Axiome einer Wahrscheinlichkeit,   (   )
     d.h. sie haben alle Eigenschaften einer Wahrscheinlichkeit.

e) $0 \le h_n(A) < 1$.   (   )

[3.7]   Bedingte Wahrscheinlichkeiten: Wahr oder Falsch?

a) $P(A|B) \leq \dfrac{P(A)}{P(B)}$ ( )

b) $P(A \cap B) = P(A|B) \cdot P(B)$ ( )

c) $P(A \cap B) = P(A) \cdot P(B)$, falls $P(A|B) = P(A)$ ( )

d) $P(A|B) + P(\bar{A}|B) = 1$ ( )

e) $P(A \cap B) = P(A|B) \cdot P(A)$ ( )

f) Obwohl $P(A \cap B) > 0$, ist es möglich, dass eine der beiden bedingten   ( )
    Wahrscheinlichkeiten $P(A|B)$ oder $P(B|A)$ nicht definiert ist, da $P(A)$
    oder $P(B)$ Null sein könnte.

[3.8]   Unabhängigkeit: Wahr oder Falsch?

a) Zwei Ereignisse A und B heißen unabhängig, wenn $P(A \cap B) = P(A) \cdot$ ( )
    $P(B)$.

b) Die Ereignisse A und Ω sind unabhängig.   ( )

c) Wenn $P(A|B) = P(A)$, so sind die Ereignisse A und B unabhängig.   ( )

d) Die Umkehrung der Aussage im vorangehenden Punkt gilt nicht.   ( )

e) Im Fall der Unabhängigkeit ist $P(A) = P(A|B) = P(B|A) = P(B)$.   ( )

[3.9]   Die bedingten Wahrscheinlichkeiten $P(A|B)$ und $P(B|A)$ sind definiert
durch $P(A|B) = \dfrac{P(A \cap B)}{P(B)}$ bzw. $P(B|A) = \dfrac{P(A \cap B)}{P(A)}$.

a) Drücken Sie die folgenden Wahrscheinlichkeiten mit Hilfe der bedingten Wahr-
    scheinlichkeiten aus: i) $P(A \cap B)$ mit $P(A|B)$; ii) $P(A \cap B)$ mit $P(B|A)$
    iii) $P(A)$; iv) $P(B)$

b) Zeigen Sie: $\dfrac{P(A|B)}{P(B|A)} = \dfrac{P(A)}{P(B)}$. Lösen Sie dies nach $P(A|B)$ bzw. $P(B|A)$ auf.

[3.10]   Das Meinungsforschungsinstitut polis/USUMA befragte Anfang Mai
2008 im Auftrag des Nachrichtenmagazins „Focus" 1002 repräsentativ ausgewählte
Bürger. Auf die Frage *Ist der Muttertag noch zeitgemäß?* antworteten mit „Ja˝

a) 68%   d) 75% in Ostdeutschland
b) 82% der bis 34-Jährigen   e) 66% in Westdeutschland
c) 58% der über 35-Jährigen   f) 39% der Mütter

Fassen Sie all diese Zahlen als geschätzte Wahrscheinlichkeiten auf. Bei welchen Zahlen handelt es sich um bedingte Wahrscheinlichkeiten, bei welchen um unbedingte Wahrscheinlichkeiten? Geben Sie für jeden Fall das Ereignis A und gegebenenfalls auch B an.

[**3.11**]   Der *Spiegel* berichtet in Heft 29/2007 von folgender Umfrage vom 3. und 4. Juli 2007: *„Immer wieder werden der Dalai Lama und Papst Benedikt als Vorbilder für Jugendliche genannt. Wer wäre für Sie ein Vorbild?"* Von 1 000 Befragten nannten 44% den Dalai Lama und 42% Papst Benedikt (14% gaben keine Antwort auf diese Frage). Wir fassen diese Zahlen als geschätzte Wahrscheinlichkeiten auf und schreiben:

$$P(\text{Dalai Lama}) = 0.44 \qquad P(\text{Papst Benedikt}) = 0.42$$

Unter den Anhängern bestimmter Parteien sahen die Antworten in Prozent so aus:

	CDU/CSU	SPD	FDP	Linke	Grüne
Dalai Lama	32	51	62	44	86
Papst Benedikt	58	36	28	39	8
Keine Antwort	10	13	10	17	6

Wir fassen diese Zahlen als bedingte Wahrscheinlichkeiten auf, gegeben die Parteianhängerschaft, z.B. ist

$$P(\text{Dalei Lama}|\text{CDU/CSU}) = 0.32 \quad P(\text{Papst Benedikt}|\text{CDU/CSU}) = 0.58$$

a) Wir wollen jetzt die Wahrscheinlichkeit ausrechnen, dass jemand den Dalai Lama als Vorbild hat und gleichzeitig Anhänger der CDU/CSU ist.

$$P(\text{Dalai Lama und CDU/CSU}) = P(\text{Dalai Lama}|\text{CDU/CSU}) \cdot P(\text{CDU/CSU})$$

Dazu brauchen wir die Wahrscheinlichkeit $P(\text{CDU/CSU})$, die uns durch eine Umfrage etwa zur gleichen Zeit (28.06. - 10.07.2007) gegeben ist. Das Institut für Demoskopie (Allensbach) stellte die Sonntagsfrage: *„Wenn am nächsten Sonntag Bundestagswahlen wären ...".* Es wurden etwa 2 000 Personen befragt, wobei sich die folgenden Antworten in Prozent ergaben:

CDU/CSU	SPD	FDP	Linke	Grüne	Sonstige
37.0	28.3	9.4	12.5	9.7	3.1

Wir fassen diese Zahlen als Wahrscheinlichkeiten auf:

$$P(\text{CDU/CSU}) = 0.37 \qquad P(\text{ SPD }) = 0.283 \qquad \dots$$

Damit erhalten wir
$P(\text{Dalai Lama und CDU/CSU}) = P(\text{Dalai Lama}|\text{CDU/CSU}) \cdot P(\text{CDU/CSU}) = 0.32 \cdot 0.37 = 0.1184 = 11.84\%$ und

$P(\text{Papst Ben. und CDU/CSU}) = P(\text{Papst Ben.} | \text{CDU/CSU}) \cdot P(\text{CDU/CSU}) = 0.58 \cdot 0.37 = 0.2146 = 21.46\%$

Vervollständigen Sie die folgende Tabelle der gemeinsamen Wahrscheinlichkeiten in Prozent:

	CDU/CSU	SPD	FDP	Linke	Grüne
Dalai Lama	11.84				
Papst Benedikt	21.46				

b) Jetzt interessieren uns die Wahrscheinlichkeiten, dass ein *Anhänger* des Dalai Lama bzw. des Papstes Benedikt eine bestimmte Partei wählt, d.h. z.B, die bedingte Wahrscheinlichkeit:

$$P(\text{CDU/CSU}|\text{Dal. L.}) = \frac{P(\text{CDU/CSU und Dal. L.})}{P(\text{Dalai Lama})} = \frac{0.1184}{0.44} = 0.2691 = 26.91\%$$

$$P(\text{CDU/CSU}| \text{Papst}) = \frac{P(\text{CDU/CSU und Papst})}{P(\text{Papst})} = \frac{0.2146}{0.42} = 0.5110 = 51.10\%$$

Vervollständigen Sie die folgende Tabelle der bedingten Wahrscheinlichkeiten, dass eine Person, die den Dalai Lama bzw. den Papst als Vorbild betrachtet, die folgenden Parteien wählt:

gegeben Vorbild	CDU/CSU	SPD	FDP	Linke	Grüne
Dalai Lama	26.91				
Papst Benedikt	51.10				

c) Im gleichen Spiegel wurde auch die folgende Frage gestellt: „*Politiker haben vorgeschlagen, den Bau neuer Atomkraftwerke in Deutschland zu prüfen, auch wegen deren geringer Schadstoffemissionen. Sind Sie für den Bau neuer Atomkraftwerke?*" Von 1 000 Befragten sagten 35% *Ja* und 62% *Nein*. (3% gaben keine Antwort.)

Unter den Anhängern bestimmter Parteien sahen die Anteile der *Nein*-Antworten so aus:

	CDU/CSU	SPD	FDP	Linke	Grüne
Nein	43	74	45	57	92

Wie wählen die Nein-Sager? Gehen Sie genau so vor wie oben, indem Sie zunächst die gemeinsamen Wahrscheinlichkeiten $P(\text{Nein und Partei})$

	CDU/CSU	SPD	FDP	Linke	Grüne
Nein					

und dann die bedingten Wahrscheinlichkeiten $P(\text{Partei}|\text{Nein})$ bestimmen:

gegeben	CDU/CSU	SPD	FDP	Linke	Grüne
Nein					

[**3.12**] Von den 18 Tutoren für die Übungen zu den Vorlesungen in Mathematik und Statistik im WS 2008/2009 hatten drei am 7. Januar Geburtstag – sicherlich ein sehr seltenes Ereignis. Nehmen Sie an, dass der Geburtstag eines Menschen zufällig über das ganze Jahr verteilt ist, d.h. jeder Tag ist als Geburtstag eines Menschen gleich wahrscheinlich. Das Jahr habe 365 Tage.

a) Wie groß ist die Wahrscheinlichkeit, dass ein zufällig ausgewählter Mensch am 7. Januar Geburtstag hat?

b) Wie groß ist die Wahrscheinlichkeit, dass zwei zufällig ausgewählte Menschen, die nicht Zwillinge sind, beide am 7. Januar Geburtstag haben?

c) Wie groß ist die Wahrscheinlichkeit, dass drei zufällig ausgewählte Menschen, unter denen keine Zwillinge sind, alle am 7. Januar Geburtstag haben.

d) Wie groß ist die Wahrscheinlichkeit, dass von den 11 Mathematik-Tutoren genau zwei gleichzeitig am 7. Januar Geburtstag haben?

e) Wie groß ist die Wahrscheinlichkeit, dass von den 18 Tutoren genau drei gleichzeitig am 7. Januar Geburtstag haben?[5]

[**3.13**] Sie werfen zweimal mit einem fairen Würfel. X_1 sei das Ergebnis des ersten, X_2 das Ergebnis des zweiten Wurfs und $S = X_1 + X_2$ sie die Summe der beiden Ergebnisse. Berechnen Sie die folgenden bedingten Wahrscheinlichkeiten:

a) $P(S = 4 | X_1 = 2)$, d) $P(S = 4 | X_1 \leq 2)$, g) $P(S = 6 | X_1 > 2)$,
b) $P(S \leq 4 | X_1 = 2)$, e) $P(S \leq 4 | X_1 \leq 2)$, h) $P(S \leq 6 | X_1 > 2)$,
c) $P(S > 4 | X_1 = 2)$, f) $P(S > 4 | X_1 \leq 2)$, i) $P(S > 6 | X_1 > 2)$.

[**3.14**] Sie nehmen an einem Gewinnspiel teil, indem Sie mit verbundenen Augen den in der Abbildung gezeigten Pfeil eines Glücksrades drehen. Bleibt der Pfeil in dem schraffierten Feld stehen, haben Sie gewonnen. Dieses schraffierte Tortenstück bildet einen Winkel von 30° mit der positiven y-Achse. Nehmen Sie an, dass der Pfeil völlig zufällig, d.h. gleichverteilt über den ganzen Kreis stehen bleibt.

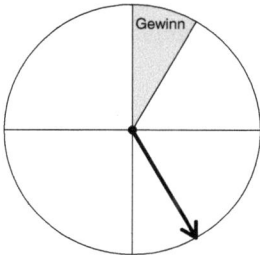

---

[5] Ein interessanteres, jedoch schwierigeres Problem ist: Wie groß ist die Wahrscheinlichkeit, dass 3 von 18 Personen am selben Tag Geburtstag haben?

Der Gewinnspielbetreiber macht es spannend und verrät Ihnen, während Ihre Augen noch verbunden sind, nur Teilinformationen. Sie haben in Statistik etwas über bedingte Wahrscheinlichkeiten gehört und rechnen blitzschnell die Wahrscheinlichkeit eines Gewinns aus, wenn er Ihnen folgende Teilinformationen verrät:

a) Der Pfeil ist nicht im linken oberen Kreisviertel stehen geblieben.
b) Der Pfeil ist in der rechten Kreishälfte stehen geblieben.
c) Der Pfeil ist im rechten oberen Viertel stehen geblieben.
d) Der Winkel des Pfeils mit der positiven y-Achse gegen den Uhrzeigersinn ist $\leq 60°$.   e) Er ist sogar $\leq 45°$.   f) Er ist $20°$.

[**3.15**]   Nehmen Sie an, dass Sie drei Glühbirnen gekauft haben. Die Brenndauern dieser drei Glühbirnen seien unabhängig verteilt. Die Wahrscheinlichkeit, dass eine Glühbirne länger als 800 Stunden brennt, sei 0.92. Berechnen Sie die Wahrscheinlichkeit, dass

a) keine Glühbirne länger als 800 Stunden brennt.
b) alle Glühbirnen länger als 800 Stunden brennen.
c) nur eine Glühbirne länger als 800 Stunden brennt.
d) nur eine Glühbirne weniger als 800 Stunden brennt.

[**3.16**]   Sie werfen gleichzeitig mit drei fairen Würfeln. Berechnen Sie die Wahrscheinlichkeit, dass

a) alle drei Würfel eine 6 zeigen.
b) kein Würfel eine 6 zeigt.
c) alle drei Augenzahlen gerade sind.
d) genau ein Würfel eine 6 zeigt.
e) die Summe der Augenzahlen 17 ist.
f) die Summe der Augenzahlen 5 ist.

[**3.17**]   In einem Produktionsprozess treten drei Fehlerarten A_1, A_2 und A_3 unabhängig voneinander mit den Wahrscheinlichkeiten $0.01, 0.02$ bzw. 0.03 auf. Dabei beziehen sich die Wahrscheinlichkeiten auf einen Produktionszeitraum von 12 Stunden. Wie groß ist die Wahrscheinlichkeit, dass

a) keine der drei Fehlerarten auftritt?
b) alle drei Fehlerarten auftreten?
c) mindestens eine Fehlerart auftritt?
d) höchstens zwei Fehlerarten auftreten?
e) genau eine Fehlerart auftritt?
f) genau zwei Fehlerarten auftreten?

[**3.18**]   Nehmen Sie an, dass Sie drei Glühbirnen einer bestimmten Sorte gekauft haben. Der Hersteller hat auf der Packung eine Dichtefunktion angegeben mit drei Bereichen, in denen er die Brenndauern der Glühbirnen mit *kurz, mittel* bzw. *lang* bezeichnet. Er gibt dazu jeweils die entsprechenden Wahrscheinlichkeiten an.

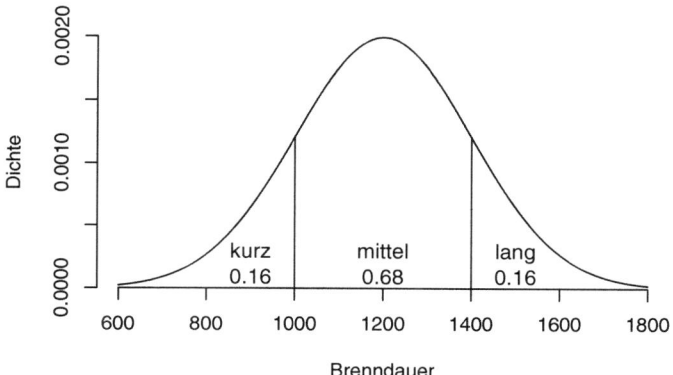

Nehmen Sie an, dass die Brenndauern der drei Glühbirnen unabhängig verteilt sind. Wie groß ist die Wahrscheinlichkeit, dass alle drei Glühbirnen
a) nur *kurz* brennen? b) eine *mittlere* Brenndauer haben? c) *lang* brennen? beziehungsweise keine der drei Glühbirnen d) nur *kurz* brennt? e) *lang* brennt? f) die von Ihnen mit 1 markierte Glühbirne eine *kurze*, die mit 2 markierte eine *mittlere* und die mit 3 markierte Glühbirne eine *lange* Brenndauer hat?

1.4 Verteilungen und ihre Eigenschaften

[4.1]   Verteilung einer stetigen Zufallsvariablen: Wahr oder Falsch?

a) Eine Zufallsvariable ist eine Funktion, die jedem möglichen Ergebnis   (   ) eines Zufallsexperiments die Wahrscheinlichkeit zuweist.

b) Die Verteilung einer stetigen Zufallsvariablen wird durch ihre Dichte-   (   ) funktion oder ihre Verteilungsfunktion beschrieben.

c) Die Funktionswerte $f_X(x)$ bzw. $F_X(t)$ der Dichte- bzw. Verteilungs-   (   ) funktion einer stetigen Zufallsvariablen X müssen immer im Intervall $[0,1]$ liegen.

d) Die Verteilungsfunktion einer stetigen Zufallsvariablen an der Stelle t (   ) kann als Fläche unterhalb der Dichtefunktion von $-\infty$ bis t interpretiert werden.

e) Für stetige Zufallsvariablen erhält man Wahrscheinlichkeiten, indem   (   ) man Flächen unterhalb der Verteilungsfunktion berechnet.

f) Die Gesamtfläche unterhalb einer Dichtefunktion ist immer 1.   (   )

g) Die Dichtefunktion $f_X(x)$ einer stetigen Zufallsvariablen X gibt für   (   ) jeden Wert x die Wahrscheinlichkeit an, mit der dieser Wert angenommen wird.

h) Für eine stetige Zufallsvariable X gilt $P(\{X = x\}) = 0$ für alle x.   (   )

i) Die Wahrscheinlichkeit, dass eine Zufallsvariable Werte in einem In-   (   ) tervall I annimmt, wird durch die Fläche unterhalb der Dichtefunktion über dem Intervall I berechnet.

[4.2]   Verteilung einer diskreten Zufallsvariablen: Wahr oder Falsch?

a) Für die Wahrscheinlichkeitsfunktion $P_X(x)$ einer diskreten Zufallsva- (   )
    riablen X gilt immer $\sum_x x P_X(x) = 1$.

b) Die Wahrscheinlichkeitsfunktion $P_X(x)$ einer diskreten Zufallsvaria- (   )
    blen X gibt für jeden möglichen Wert der Zufallsvariablen X die Wahr-
    scheinlichkeit $P(X \leq x)$ an.

c) Für die Verteilungsfunktion $F_X(t)$ einer diskreten Zufallsvariablen X (   )
    gilt für alle $t \in \mathbb{R}$: $F_X(t) = \sum_{x \leq t} P(X = x)$

d) Für die Wahrscheinlichkeitsfunktion $P_X(x)$ einer diskreten Zufallsva- (   )
    riablen X gilt $\sum_x P_X(x) = 1$.

e) $P(X = x) > 0$ für alle reellen Zahlen x.   (   )

f) Die Verteilungsfunktion $F_X(t)$ einer diskreten Zufallsvariablen X kann (   )
    mit wachsendem t nicht kleiner werden.

g) Für jede Zufallsvariable X gilt $P(a < X < b) = P(a \leq X \leq b)$ (   )

[4.3]   Erwartungswert, Varianz, Standardabweichung: Wahr oder Falsch?

a) Der Erwartungswert einer Zufallsvariablen ist im diskreten Fall der (   )
    Schwerpunkt der Wahrscheinlichkeitsfunktion und im stetigen Fall der
    Schwerpunkt der Dichtefunktion.

b) Kann eine diskrete Zufallsvariable mindestens zwei Werte mit positi- (   )
    ver Wahrscheinlichkeit annehmen, so ist ihre Varianz positiv.

c) Für den Erwartungswert einer Zufallsvariablen X gilt $E(X) \geq 0$.   (   )

d) Die Varianz einer Zufallsvariablen X ist die erwartete quadratische (   )
    Abweichung der Zufallsvariablen X vom Erwartungswert $E(X)$.

e) Der Erwartungswert $E(X)$ einer Zufallsvariablen X kann als Mittel- (   )
    wert von sehr vielen Realisationen der Zufallsvariablen X interpretiert
    werden und damit ist $E(X)$ selbst eine Zufallsvariable.

f) Die Varianz macht Aussagen über die Breite einer Verteilung.   (   )

g) Den Erwartungswert einer Zufallsvariablen erhält man, indem man die (   )
    Dichtefunktion über ihren gesamten Definitionsbereich integriert.

h) Jede beliebige reelle Zahl kann als Erwartungswert oder als Varianz (   )
    einer Zufallsvariablen auftreten.

[4.4]   Schiefe, Kurtosis, Value at Risk: Wahr oder Falsch?

a) Die Schiefe der Verteilung einer Zufallsvariablen X ist $E[(X - \mu)^4]$. (   )

b) Die Schiefe einer Zufallsvariablen ist $\alpha_3 = \dfrac{E[(X-\mu)^3]}{\sigma^3}$.   (   )

c) Falls $\alpha_3 > 0$, ist die Verteilung rechts schief und links steil.   (   )

d) Die Schiefe einer Zufallsvariablen X ist definiert als $\alpha_3 = E(X-\mu)^3$,   (   )
    wobei $\mu = EX$ ist.

e) Die Schiefe einer normalverteilten Zufallsvariablen ist 0, da die Dich-   (   )
    tefunktion symmetrisch um $\mu = EX$ ist.

f) Falls der 95%-Value at Risk einer Tagesrendite 1.87% ist, ist die   (   )
    Fläche unterhalb der Dichtefunktion links von -1.87 gleich 5%, d.h.
    im Durchschnitt ist mein Verlust nur in 5% der Fälle größer als 1.87%.

g) Mit Value at Risk ist immer der 95%-Value at Risk gemeint.   (   )

[**4.5**] Die folgende Abbildung zeigt die Wahrscheinlichkeitsfunktion einer Zufallsvariablen X.

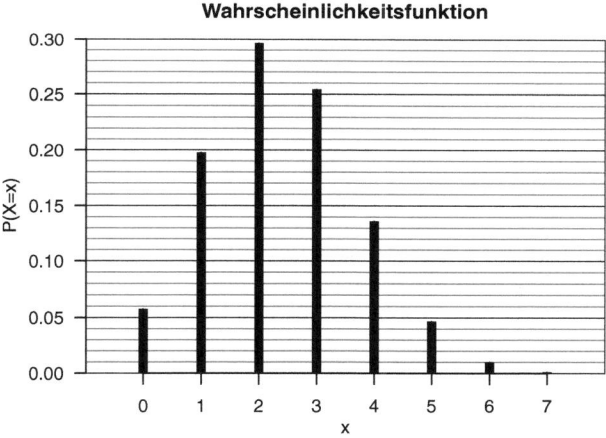

a) Schreiben Sie so genau wie möglich die Wahrscheinlichkeitsfunktion von X (mit
    zwei Stellen nach dem Dezimalpunkt) auf.
  Berechnen Sie
b) die Verteilungsfunktion von X und stellen Sie diese grafisch dar.
c) $E(X)$ und Var(X).
d) i) $P(X \geq a)$ für $a = 2, 4, 6$,   iv) $P(a \leq X \leq b)$ für $a = 2; b = 6$,
    ii) $P(X > b)$ für $b = 2, 4, 6$,   v) $P(a < X \leq b)$ für $a = 2; b = 6$,
    iii) $P(a < X < b)$ für $a = 2; b = 6$,   vi) $P(a \leq X < b)$ für $a = 2; b = 6$.
e) Die folgende **R**-Ausgabe zeigt die Werte der Verteilungsfunktion an den Stellen
    $0, 1, 2, \ldots, 8$.
    ```
    0.06 0.26 0.55 0.81 0.94 0.99 1.00 1.00 1.00
    ```
    Überprüfen Sie damit noch einmal alle in dieser Aufgabe berechneten Wahr-
    scheinlichkeiten.

[4.6]   Betrachten Sie die folgende Wahrscheinlichkeitsfunktion:

x	0	1	2	3	4	sonst
$P_X(x)$	1/16	4/16	6/16	4/16	1/16	0

a) Zeigen Sie, dass dies tatsächlich eine Wahrscheinlichkeitsfunktion ist.
b) Stellen Sie die Wahrscheinlichkeitsfunktion grafisch dar.
c) Wo liegt der Schwerpunkt der Wahrscheinlichkeitsfunktion? Wie groß ist der Erwartungswert?
d) Berechnen Sie den Erwartungswert, die Varianz, die Schiefe und die Kurtosis.
e) Berechnen Sie: $P(X > 0)$; $P(X < 4)$; $P(1 < X \leq 3)$; $P(2 \leq X < 4)$; $P(X < 2)$; $P(X \geq 2)$; $P(X > 2)$.
f) Berechnen Sie die Verteilungsfunktion $F_X(t) = P(X \leq t)$.
g) Geben Sie an, wie man die oben berechneten Wahrscheinlichkeiten mit Hilfe der Verteilungsfunktion berechnen kann. Führen Sie die Berechnungen zur Überprüfung noch einmal durch.
h) Stellen Sie die Verteilungsfunktion grafisch dar.

[4.7]   In einem Münzwurfspiel wird ein Einsatz von 1 Euro erhoben. Es wird dreimal eine faire Münze geworfen. Nach jedem Wurf wird 1 Euro ausgezahlt, wenn "ZAHL" oben landet. Die Zufallsvariable X sei der *Gewinn* des Spielers nach den drei Würfen.

a) Bestimmen Sie die Wahrscheinlichkeitsfunktion und die Verteilungsfunktion von X und stellen Sie erstere grafisch dar.
   Hinweis: Zur Bestimmung der Wahrscheinlichkeitsfunktion schreiben Sie am besten alle möglichen Ausgänge des Spiels auf und zählen dann die Möglichkeiten mit $0, 1, 2$ bzw. 3 *Erfolgen* (Erfolg = Zahl oben) ab.
b) Bestimmen Sie den Erwartungswert $E(X)$ und die Varianz Var(X).
c) Mit welchem Gewinn können Sie ungefähr rechnen, wenn Sie das Spiel 800-mal spielen?
d) Die Zufallsvariable Y sei der Gewinn des Spielleiters pro Spiel. Bestimmen Sie die Wahrscheinlichkeitsfunktion $P_Y(y)$ und stellen Sie diese grafisch dar.
e) Berechnen Sie $E(Y)$ und Var(Y). Ist das Ergebnis plausibel? Welcher Zusammenhang besteht zwischen den Zufallsvariablen X und Y?
f) Angenommen der Spielleiter merkt, dass er auf lange Sicht nur Verluste hat. Was geschieht mit $E(X)$ und $Var(X)$, wenn er den Einsatz auf 2 bzw. 3 Euro erhöht? Stellen Sie sich dazu die veränderten Wahrscheinlichkeitsfunktionen von X grafisch dar.
g) Welchen Einsatz muss der Spielleiter mindestens nehmen, damit er keinen Verlust macht?

[4.8]   Die Zufallsvariable X, die nur die Werte $1, 2, 3, 4$ und 5 annehmen kann, besitze die folgende unvollständig gegebene Wahrscheinlichkeitsfunktion $P_X(x)$:

x	1	2	3	4	5
$P_X(x)$	0.2	0.3		0.2	0.1

Bestimmen Sie

a) $P_X(3)$ b) $F_X(t)$ c) $P(1 < X \le 3); P(2 \le X < 5); P(2 \le X \le 3); P(1 < X < 5)$
d) $P(X \ge 2); P(X > 3)$ e) $E(X); E(X^2); \mathrm{Var}(X)$ und die Standardabweichung.

[**4.9**]   Die Dichtefunktion einer Zufallsvariablen X sei gegeben durch

$$f_X(x) = \begin{cases} 3x^{-4} & x \ge 1 \\ 0 & \text{sonst} \end{cases}$$

Hinweis: $\displaystyle\int x^a \, dx = \frac{1}{a+1} x^{a+1} \; (a \ne -1)$ und $\displaystyle\lim_{x \to \infty} x^{-a} = 0 \quad a \in (0, \infty)$.
Berechnen Sie

a) den Erwartungswert $E(X)$, die Varianz $\mathrm{Var}(X)$ und die Standardabweichung.
b) die Verteilungsfunktion $F_X(t)$.
c) $P(X \le 3/2); P(X \ge 3/2); P(3/2 \le X \le (3+\sqrt{3})/2)$.

[**4.10**]   Für eine Konstante a sei

$$f_X(x) = \begin{cases} ax^4 & 0 < x < 1 \\ 0 & \text{sonst} \end{cases}$$

a) Bestimmen Sie den Wert der Konstanten a, so dass $f_X(x)$ die Dichtefunktion
   einer Zufallsvariablen X ist[6]. Führen Sie die folgenden Berechnungen mit diesem
   Wert von a durch.
b) Berechnen Sie die folgenden Wahrscheinlichkeiten mit Hilfe der Dichtefunktion:
   $P(X < 0.5)$ $P(X > 0.7)$ $P(0.6 < X < 0.8)$
c) Berechnen Sie die Verteilungsfunktion $F_X(t)$.
d) Berechnen Sie obige Wahrscheinlichkeiten erneut mit der Verteilungsfunktion.
e) Die Werte dieser Verteilungsfunktion an der Stelle q können in **R** mit der Funktion `pbeta(q,5,1)` berechnet werden. Überprüfen Sie damit Ihre Ergebnisse.
f) Dichte und Verteilungsfunktion sind im folgenden Bild grafisch dargestellt.

---

[6] Beachten Sie den Hinweis in Aufg. 9.

Dichtefunktion   **Verteilungsfunktion**

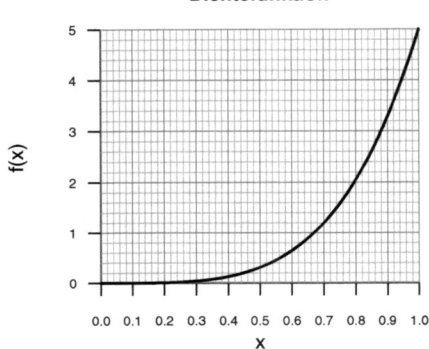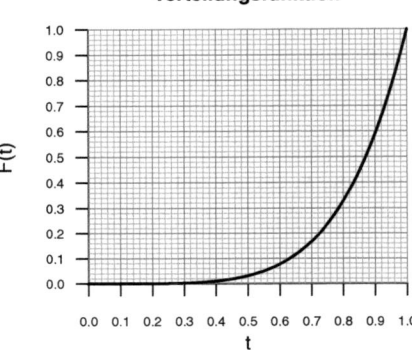

Schraffieren Sie die in b) berechneten Wahrscheinlichkeiten als Flächen unter der Dichte. Überprüfen Sie Ihre Berechnungen mit Hilfe der rechts dargestellten Verteilungsfunktion.

g) Berechnen Sie $E(X)$, $\text{Var}(X)$ und die Standardabweichung von X.

[**4.11**]   Die Dichtefunktion einer stetigen Zufallsvariablen X sei

$$f_X(x) = \begin{cases} \frac{1}{4}xe^{-x/2} & x > 0 \\ 0 & \text{sonst} \end{cases}$$

Hinweis: Beachten Sie die Regel der partiellen Integration, die eventuell mehrfach hintereinander anzuwenden ist: $\int x^k e^{-x/2}\, dx = -2x^k e^{-x/2} + 2k \int x^{k-1} e^{-x/2}\, dx; \; k \in \mathbb{N}$. Ferner: $\lim\limits_{x \to \infty} x^k e^{-x/2} = 0$

a) Bestimmen Sie die Verteilungsfunktion $F_X(t)$.
b) Bestimmen Sie die Wahrscheinlichkeiten $P(X \leq 2)$; $P(X > 5)$; $P(2 \leq X \leq 5)$.
c) Stellen Sie die Dichtefunktion und die Verteilungsfunktion mit **R** grafisch dar und bestimmen Sie

   i) obige Wahrscheinlichkeiten grafisch mit Hilfe der Verteilungsfunktion,
   ii) t, so dass $F_X(t) = p$ für $p = 0.25, 0.5$ bzw. 0.75.

   Diskutieren Sie an Hand der Dichtefunktion, was Sie berechnen.

d) Bestimmen Sie Erwartungswert, Varianz und Standardabweichung von X.
e) Der **R**-Ausdruck

```
> round(pgamma(0:15,2,0.5),4)
 [1] 0.0000 0.0902 0.2642 0.4422 0.5940 0.7127 0.8009 0.8641
 [9] 0.9084 0.9389 0.9596 0.9734 0.9826 0.9887 0.9927 0.9953
```

berechnet die Verteilungsfunktion $F_X(t)$ für $t = 0, 1, 2, \ldots 15$. Berechnen Sie damit die Wahrscheinlichkeiten i) $P(X \leq a)$ für $a = 3, 5, 7$ ii) $P(X > b)$ für $b = 4, 6, 8$;   iii) $P(X \in (a,b])$ für $(a,b] = (3,5], (2,4], (4,9]$.

[**4.12**] Die folgenden Fragen sollen grafisch gelöst werden. Machen Sie sich immer an der Dichtefunktion deutlich, welche Flächen Sie gerade berechnen bzw. welche Flächen gegeben sind. Die folgende Abbildung zeigt links die Dichtefunktion und rechts die Verteilungsfunktion einer Zufallsvariablen X.

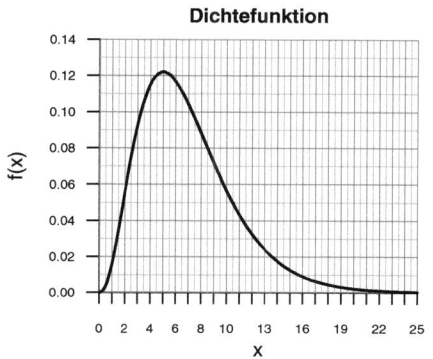
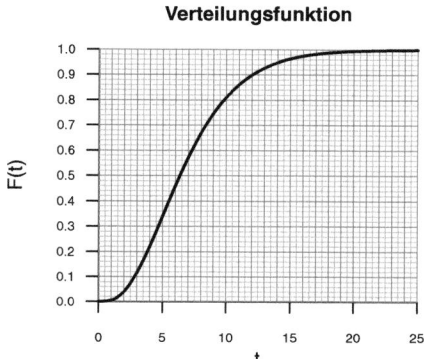

a) Wo ungefähr liegt der Schwerpunkt der Dichtefunktion?
b) Wie groß ist die Wahrscheinlichkeit, eine Beobachtung zu erhalten, die
   i) größer als der Schwerpunkt   ii) kleiner als der Schwerpunkt ist?
c) Bestimmen Sie die folgenden Wahrscheinlichkeiten grafisch:
   i) $P(X \leq a)$ für $a = 3, 5, 9, 10, 15$;   ii) $P(X \geq b)$ für $b = 2, 4, 8, 10, 12$;
   iii) $P(X \in (a, b])$ für $(a, b] = (5, 10], (5, 15], (8, 16]$.
d) Bestimmen Sie t_1, so dass $P(X \leq t_1) = \alpha$ für $\alpha = 0.05, 0.10, 0.15$ und 0.20.
e) Bestimmen Sie t_2, so dass $P(X \geq t_2) = \alpha$ für $\alpha = 0.05, 0.10, 0.15$ und 0.20.
f) Bestimmen Sie t_1 und t_2, so dass $P(X \leq t_1) = P(X \geq t_2) = \alpha/2$ für $\alpha = 0.05, 0.10$ und 0.2. Wie groß ist dann $P(t_1 \leq X \leq t_2)$?

[**4.13**] Für jedes $c > 0$ ist die Funktion $F_X(x) = e^{cx}$ für $-\infty < x \leq 0$ strikt positiv und monoton steigend und es gilt $F_X(0) = 1$, d.h. F_X kann als Verteilungsfunktion einer stetigen Zufallsvariablen X aufgefasst werden.

a) Bestimmen Sie die Dichtefunktion $f_X(x)$.
b) Bestimmen Sie für $c = 1$ und $a = -4, -3, -2, -1$ die Wahrscheinlichkeiten
   i) $P(X \leq a)$;   ii) $P(X \geq a)$;   iii) $P(-4 \leq X \leq -1)$ und $P(-2 < X < -1)$.

[**4.14**] Es sei $a > 1$ eine Konstante. Betrachten Sie die Funktion

$$f_X(x) = \begin{cases} 1/x & 1 \leq x \leq a \\ 0 & \text{sonst} \end{cases}$$

a) Für welches a ist $f_X(x)$ eine Dichtefunktion?
b) Bestimmen Sie die zugehörige Verteilungsfunktion $F_X(t)$.
c) Berechnen Sie $P(X < 2)$; $P(X > 2.5)$ und $P(1.5 < X \leq 2.7)$.
d) Die folgenden Abbildungen zeigen die Dichte- und die Verteilungsfunktion.
   Überprüfen Sie Ihre in c) berechneten Wahrscheinlichkeiten auf grafische Weise
   mit Hilfe der Verteilungsfunktion und skizzieren Sie die Wahrscheinlichkeiten
   als Flächen unterhalb der Dichtefunktion.

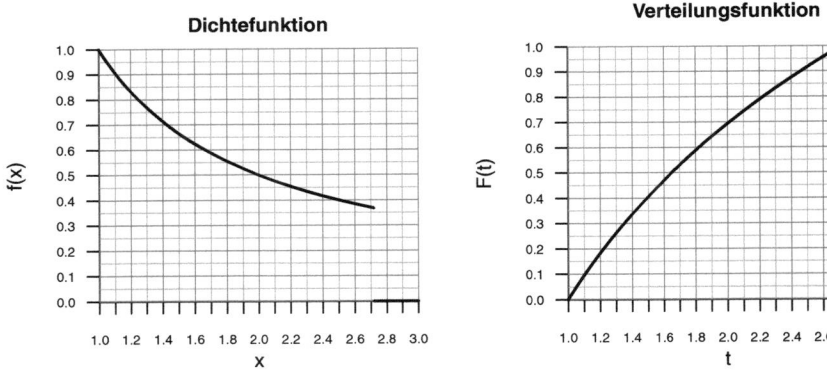

[**4.15**]   Während des Göttinger Weihnachtsmarktes 2008 wurde vom Geographi-
schen Institut, Abteilung Humangeographie, der Universität Göttingen eine Befragung durchgeführt. Ergebnisse wurden von Thomas Wieland unter dem Titel *Der
Göttinger Weihnachtsmarkt 2008* in der Reihe *Göttinger Statistik Aktuell Nr. 27*,
herausgegeben vom *Fachdienst Statistik und Wahlen der Stadt Göttingen*, publiziert.
Es wurde u.a. gefragt: Wie viel Geld geben Sie schätzungsweise bei diesem Aufenthalt in der Innenstadt *auf dem Weihnachtsmarkt* aus (in Euro)? Für die folgenden
Berechnungen werden nur die Daten von denjenigen verwendet, die wirklich Geld
ausgeben wollen. (Von 743 Befragten machten 6 keine Angaben zu dieser Frage,
während 33 kein Geld ausgeben wollten.) Die Daten wurden in **R** unter dem Namen
AusgabWM gespeichert.

```
hist(AusgabWM,prob=T,plot=FALSE)
$breaks
 [1] 0 10 20 30 40 50 60 70 80 90 100 110 120 130 140 150
$counts
 [1] 433 196 43 12 12  2  3  1  0  1  0  0  0  0  1
$intensities
 [1]  0.062 0.028 0.006 0.002 0.002 0.000 0.000 0 0 0 0 0 0 0
$mids
 [1] 5  15  25  35  45  55  65  75  85  95 105 115 125 135 145
```

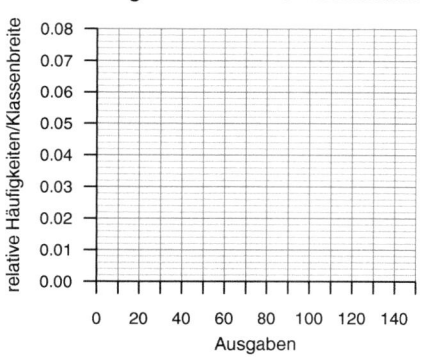

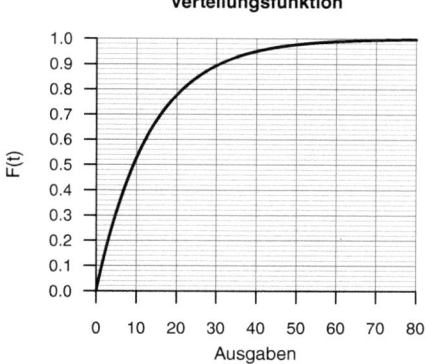

a) Zeichnen Sie das Histogramm in die linke Grafik.

b) Das Histogramm lässt vermuten, dass eine Exponentialverteilung als Modell für die Daten geeignet ist. Wir verwenden dazu als Parameter den Wert $\lambda = 0.075$. Einige Werte der Dichtefunktion wurden mit dem folgenden **R**-Befehl berechnet:

```
> x<-seq(0,80,by=10)
> round(dexp(x,0.075),digits=3)
[1] 0.075 0.035 0.017 0.008 0.004 0.002 0.001 0.000 0.000
```

Zeichnen Sie die Dichtefunktion über das Histogramm.

c) Berechnen Sie mit Hilfe der Dichtefunktion

$$f_X(x) = \begin{cases} 0.075e^{-0.075x} & x \geq 0 \\ 0 & \text{sonst} \end{cases}$$

die Wahrscheinlichkeiten i) $P(X \leq 20)$, ii) $P(10 < X \leq 30)$, ii) $P(X > 50)$.

d) Vergleichen Sie die eben berechneten Wahrscheinlichkeiten mit den Anteilen der Beobachtungen in diesen Bereichen.

e) Die Abbildung oben rechts zeigt die Verteilungsfunktion der angepassten Exponentialverteilung. Bestimmen Sie mit Hilfe dieser Abbildung die Wahrscheinlichkeiten i) $P(X \leq 5)$, ii) $P(15 < X \leq 25)$, iii) $P(X > 40)$.

f) Es wurde auch gefragt: Wie viel Geld geben Sie schätzungsweise bei diesem Aufenthalt in der Innenstadt *außerhalb des Weihnachtsmarktes* aus (in Euro)? Für diese Ausgaben ist auch eine Exponentialverteilung geeignet mit dem Parameter $\lambda = 0.023$. Die Verteilungsfunktion dieser Verteilung kann wie folgt mit **R**-Befehlen berechnet werden:

```
> x<-seq(0,150,by=10)
> x
 [1]   0  10  20  30  40  50  60  70  80  90 100 110 120 130 140 150
> round(pexp(x,0.023),digits=2)
 [1] 0.00 0.21 0.37 0.50 0.60 0.68 0.75 0.80 0.84 0.87 0.90
[12] 0.92 0.94 0.95 0.96 0.97
```

Bestimmen Sie damit i) $P(X \leq 20)$, ii) $P(10 < X \leq 30)$, iii) $P(X > 50)$.

[**4.16**]   Die Verteilungsfunktion einer Zufallsvariablen X sei

$$F_X(t) = \begin{cases} 0 & t < 0 \\ t^2 & 0 \leq t \leq 1 \\ 1 & t > 1 \end{cases}$$

a) Berechnen Sie: $P(X < 0.3)$; $P(X > 0.5)$; $P(0.5 < X < 0.7)$
b) Überprüfen Sie die oben berechneten Wahrscheinlichkeiten mit Hilfe der linken Grafik, die die Verteilungsfunktion zeigt.

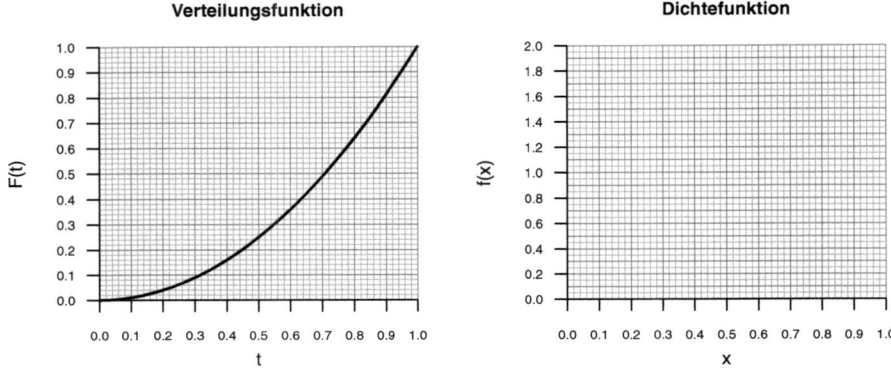

c) Für welches t gilt $F_X(t) = 0.25, 0.50, 0.75$ bzw. 0.90? Beantworten Sie diese Frage mit Hilfe der obigen Abbildung.
d) Bestimmen Sie die Umkehrfunktion der Verteilungsfunktion: $t = F_X^{-1}(p)$.
e) Welche Fragen können Sie mit Hilfe der Umkehrfunktion beantworten?
f) Berechnen Sie den Wert der Umkehrfunktion für $p = 0.05, 0.1, 0.25$ und 0.5.
g) Der Wert der Umkehrfunktion an der Stelle $0 \leq p \leq 1$ kann für diese Verteilung mit dem **R**-Befehl[7] qbeta(p,2,1) berechnet werden. Überprüfen Sie Ihre Berechnungen mit **R**.
h) Bestimmen Sie die zugehörige Dichtefunktion f_X, indem Sie die Ableitung der Verteilungsfunktion bilden.
i) Skizzieren Sie die Dichte in der obigen rechten Grafik und skizzieren Sie die in a) berechneten Wahrscheinlichkeiten als Flächen unterhalb der Dichte.

[**4.17**]   Betrachten Sie die Dichtefunktion

$$f_X(x) = \begin{cases} 3(1-x)^2 & 0 \leq x \leq 1 \\ 0 & \text{sonst} \end{cases}$$

a) Zeigen Sie, dass es sich tatsächlich um eine Dichtefunktion handelt.

---

[7] Es handelt sich hier um eine Betaverteilung mit den Parametern $\alpha = 2$ und $\beta = 1$.

b) Berechnen Sie $P(X \leq 0.3)$, $P(X > 0.5)$ und $P(0.25 < X \leq 0.75)$.

c) Zeigen[8] Sie: Die Verteilungsfunktion ist

$$F_X(t) = \begin{cases} 0 & -\infty < t < 0 \\ 1 - (1-t)^3 & 0 \leq t \leq 1 \\ 1 & 1 < t < \infty \end{cases}$$

d) Die Verteilungsfunktion[9] kann in **R** mit `pbeta(q,1,3)` berechnet werden. Berechnen Sie damit nochmals die Wahrscheinlichkeiten aus b).

e) Verwenden Sie die Umkehrfunktion der Verteilungsfunktion, die in **R** mit `qbeta` bezeichnet wird zur Beantwortung: Für welche t gilt $F_X(t) = 0.25, 0.5, 0.75$?

[**4.18**]   Die Zufallsvariable X besitze die Dichtefunktion

$$f_X(x) = \begin{cases} 1/2 & -1 \leq x \leq 1 \\ 0 & \text{sonst} \end{cases}$$

a) Zeigen Sie, dass dies tatsächlich eine Dichtefunktion ist. Bestimmen Sie dann
b) die Verteilungsfunktion von X;   c) EX^k für $k = 1, 2$ und 3;   d) Var(X);
e) die Verteilungsfunktion $F_Y(y)$ von $Y = X^2$, d.h. die Wahrscheinlichkeit $P(X^2 \leq y)$ für alle $y \in \mathbb{R}$.;   f) die Dichtefunktion von $Y = X^2$, indem Sie $F_Y(y)$ nach y ableiten.

[**4.19**]   Die folgende Abbildung zeigt links die Dichtefunktion und in der Mitte die Verteilungsfunktion der Tagesrendite einer Aktie. Die linke Hälfte der Verteilungsfunktion (Bereich von -5 bis 0) ist rechts vergrößert dargestellt.

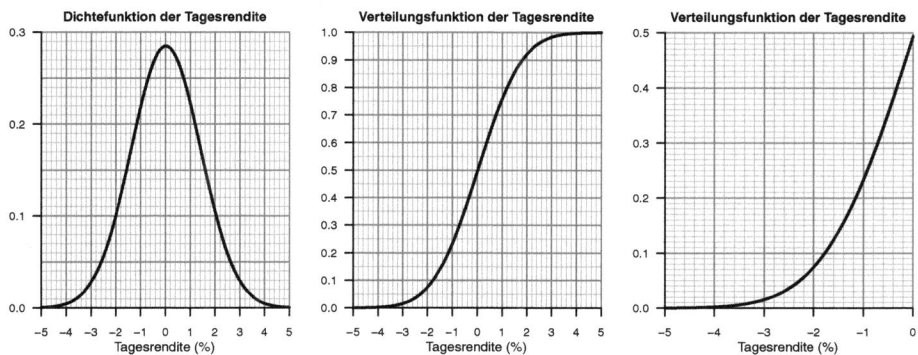

a) Bestimmen Sie den $90\%, 95\%$ und 99% Value at Risk.

b) Skizzieren Sie die Bedeutung Ihrer Berechnungen aus a) in der Abbildung der Dichtefunktion.

---

[8] Sie haben zwei Möglichkeiten dies zu zeigen: Integrieren oder Differenzieren!

[9] Die hier gegebene Verteilung ist eine Betaverteilung mit $\alpha = 1$ und $\beta = 3$.

c) Interpretieren Sie Ihre Ergebnisse, wenn der Tageswert ihrer Wertpapiere $5\,000$ Euro ist. Welcher Verlust wird mit welcher Wahrscheinlichkeit nicht eintreten?

[4.20]   Der Erwartungswert einer stetigen Zufallsvariablen X mit der Dichtefunktion $f_X(x)$ ist definiert durch

$$E(X) = \int_{-\infty}^{\infty} x \cdot f_X(x)\,dx$$

Ist $g(X)$ eine Funktion der Zufallsvariablen X, z.B. $g(X) = X^2$ oder $g(x) = 2X+4$, so definiert man

$$E\big(g(X)\big) = \int_{-\infty}^{\infty} g(x) \cdot f_X(x)\,dx$$

a) Zeigen Sie: Für jede Konstante a gilt: $E(a) = a$ und $\mathrm{Var}(a) = 0$.
   Hinweis: Verwenden Sie die Definition von $E\big(g(x)\big)$ mit $g(x) = a$.
b) Zeigen Sie, dass für jede Konstante a und jede Dichtefunktion $f_X(x)$ allgemein gilt: $E(aX) = aE(X)$ und $\mathrm{Var}(aX) = a^2\mathrm{Var}(X)$.
c) Zeigen Sie, dass für jede Konstante b und jede Dichtefunktion f allgemein gilt: $E(X+b) = E(X)+b$ und $\mathrm{Var}(X+b) = \mathrm{Var}(X)$.
d) Geben Sie eine allgemeine Formel für $E(aX+b)$ und $\mathrm{Var}(aX+b)$ an, wobei a und b beliebige Konstanten sind.
e) Gelten die allgemeinen Resultate in d) auch für diskrete Zufallsvariablen?

[4.21]   Die folgende Abbildung zeigt Dichte- und Verteilungsfunktion, wenn

$$f_X(x) = \begin{cases} xe^{-x} & x \geq 0 \\ 0 & \text{sonst} \end{cases}$$

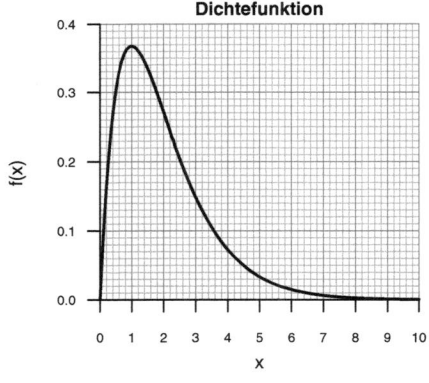

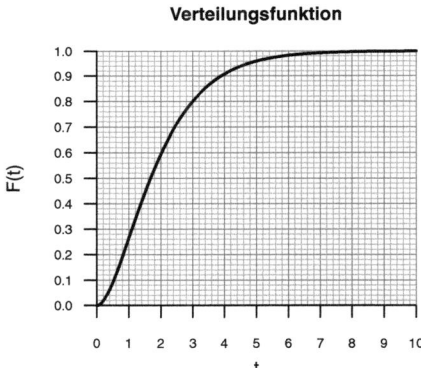

a) Zeigen[10] Sie, dass dies tatsächlich eine Dichtefunktion ist.

---

[10] Verwenden Sie hier und im folgenden wiederholt, dass $\int_0^{\infty} x^n e^{-x}\,dx = n! = 1\cdot 2\cdot\ldots\cdot n$.

b) Berechnen Sie den Erwartungswert, die Varianz, die Schiefe und die Kurtosis.[11]

c) Bestimmen Sie mit Hilfe der obigen Abbildung $P(X \leq E(X))$ und $P(X \geq E(X))$.

d) Ebenfall grafisch: Für welches t gilt $P(X \leq t) = 0.25$ bzw. 0.5 und 0.75?

[**4.22**] Betrachten Sie die Dichtefunktion der Exponentialverteilung[12] mit dem Parameter $\lambda > 0$:

$$f_X(x) = \begin{cases} \lambda e^{-\lambda x} & x \geq 0 \\ 0 & \text{sonst} \end{cases}$$

a) Zeigen Sie, dass dies tatsächlich eine Dichtefunktion ist.

b) Berechnen Sie den Erwartungswert, die Varianz, die Schiefe und die Kurtosis[13].

1.5 Diskrete Verteilungen

[**5.1**] **Bernoulli-Verteilung: Wahr oder Falsch?**

a) Die Bernoulli-Verteilung ist diskret mit zwei möglichen Werten.   ( )

b) Die Bernoulli-Verteilung ist ein Spezialfall der Binomialverteilung.   ( )

c) Für die Bernoulli-Verteilung $Be(\pi)$ gilt $E(X) = \text{Var}(X) = \pi$.   ( )

d) Für die Bernoulli-Verteilung $Be(\pi)$ mit $0 < \pi < 1$ gilt $E(X) > \text{Var}(X)$.   ( )

e) Für die Verteilungsfunktion $F_X(t)$ einer $Be(\pi)$–verteilten Zufallsvaria-   ( )
    blen X gilt für $0 \leq t < 1$: $F(t) = P(X = 0) = 1 - \pi$.

[**5.2**] **Binomialverteilung: Wahr oder Falsch?**

a) Ist $X \sim b(10, \pi)$, so kann X nur die Werte $0, 1, 2, \ldots, 10$ annehmen.   ( )

b) Eine binomialverteilte Zufallsvariable X kann als Anzahl der Erfolge   ( )
    in n unabhängigen Bernoulli-Versuchen mit konstanter Erfolgswahr-
    scheinlichkeit π aufgefasst werden.

c) Für die Anzahl X der Erfolge in n unabhängigen Bernoulli-Versuchen   ( )
    gilt $0 < X < n$.

d) Die Wahrscheinlichkeitsfunktion einer Binomialverteilung mit den   ( )
    Parametern n und $\pi = 0.5$ ist symmetrisch.

---

[11] Verwenden Sie die binomischen Formeln: $(a-b)^3 = a^3 - 3a^2b + 3ab^2 - b^3$ und $(a-b)^4 = a^4 - 4a^3b + 6a^2b^2 - 4ab^3 + b^4$ und dann die vorige Fußnote.

[12] Diese Verteilung wird in Kap.6 behandelt. Für $n = 0, 1, \ldots$ gilt $\int\limits_0^\infty x^n \lambda e^{-\lambda x} dx = \frac{n!}{\lambda^n}$.

[13] Siehe Hinweis zu Aufg. 21.

e) Für große n hat die Wahrscheinlichkeitsfunktion der Binomialver- ( )
teilung mit den Parametern n und $\pi = 0.7$ eine glockenförmige,
annähernd symmetrische Gestalt, ähnlich der Dichtefunktion einer
Normalverteilung.

f) Für die $b(n, \pi)$-Verteilung gilt $E(X) = n\pi$ und $\mathrm{Var}(X) = n(1 - \pi)$. ( )

g) Die Anzahl der Erfolge in n abhängigen oder unabhängigen Bernoulli- ( )
Versuchen ist stets binomial verteilt.

[5.3]   Binomialverteilung mit R: Wahr oder Falsch?

a) `rbinom(10,12,0.5)` liefert 12 binomialverteilte Zufallszahlen mit ( )
Werten zwischen 0 und 10.

b) `dbinom(0:4,4,0.5)` berechnet die Wahrscheinlichkeitsfunktion für ( )
die Anzahl *Kopf* beim vierfachen Wurf einer fairen Münze.

c) `dbinom(c(0,1),12,0.3)` und `dbinom(c(12,11),12,0.7)` erzeu- ( )
gen dieselben Ausgaben.

d) `sum(dbinom(c(0,1),12,0.3)` und `pbinom(1,12,0.3)` erzeugen ( )
dieselben Ausgaben.

e) Die Eingabe `dbinom(4,2,0.5)` erzeugt die Ausgabe 0. ( )

f) Mit der Eingabe `sum(dbinom(0:2,4,0.5))` wird der Wert der Vertei- ( )
lungsfunktion der Binomialverteilung mit den Parametern $n = 4$ und
$\pi = 0.5$ an der Stelle 2 berechnet.

g) Der mit `sum(dbinom(0:2,4,0.5))` berechnete Wert ist > 0.5. ( )

h) Mit `qbinom` werden Werte der Verteilungsfunktion berechnet. ( )

[5.4]   An einer Veranstaltung können maximal 50 Personen teilnehmen. Eine Anmeldung wird erfahrungsgemäß (unabhängig von den anderen Anmeldungen) mit
einer Wahrscheinlichkeit von 0.1 annulliert. Folgende Berechnungen wurden mit **R**
durchgeführt:

```
round(dbinom(45:51,51,0.9),digits = 3)
0.157 0.185 0.177 0.133 0.073 0.026 0.005
round(dbinom(45:52,52,0.9),digits = 3)
0.117 0.160 0.184 0.172 0.127 0.068 0.024 0.004
round(dbinom(45:53,53,0.9),digits = 3)
0.077 0.121 0.162 0.183 0.168 0.121 0.064 0.022 0.004
round(dbinom(45:54,54,0.9),digits = 3)
0.046 0.082 0.125 0.164 0.181 0.163 0.115 0.060 0.020 0.003
```

a) Wie viele Anmeldungen A dürfen maximal angenommen werden, wenn die
Wahrscheinlichkeit einer Überbuchung nicht größer als 0.01 (0.05 bzw. 0.10)
sein soll?

b) Geben Sie zu Ihren Antworten jeweils an, wie groß die tatsächliche Wahrscheinlichkeit einer Überbuchung ist, wenn Sie die von Ihnen bestimmte Maximalzahl an Anmeldungen einhalten.

c) Wie groß wäre die Wahrscheinlichkeit einer Überbuchung, wenn Sie jeweils einen mehr nehmen würden?

[5.5] Eine Veranstaltung rentiert sich nur, wenn mindestens 50 Personen teilnehmen. Eine Anmeldung wird erfahrungsgemäß mit einer Wahrscheinlichkeit von 0.1 (unabhängig von den anderen Anmeldungen) annulliert. Wie viele Anmeldungen A müssen mindestens vorhanden sein, wenn die Wahrscheinlichkeit einer Unterbesetzung nicht größer als $\alpha = 0.10$ (0.05, 0.01 bzw. 0.005) sein soll? Folgende Berechnungen wurden dazu durchgeführt:

```
round(pbinom(49,55:65,0.9),3)
0.476 0.326 0.207 0.121 0.067 0.034 0.017 0.008 0.003 0.001 0.001
round(pbinom(50,55:65,0.9),3)
0.655 0.493 0.343 0.220 0.131 0.073 0.038 0.019 0.009 0.004 0.002
```

[5.6] Beim gleichzeitigen Werfen mit mehreren Würfeln oder Münzen spricht man von einem Pasch, wenn alle Würfel oder Münzen dasselbe Ergebnis zeigen. Die Zufallsvariablen X_i in den Situationen 1.) - 3.) zählen jeweils, wie oft Sie einen Pasch erzielt haben: 1.) Sie werfen viermal mit zwei fairen Münzen. Sie werfen einen Pasch, wenn Sie zweimal Zahl werfen. 2.) Sie werfen viermal mit drei fairen Münzen. Sie werfen einen Pasch, wenn Sie dreimal Zahl werfen 3.) Sie werfen viermal mit zwei fairen Würfeln. Sie werfen einen Pasch, wenn Sie zweimal die Sechs würfeln.

a) Geben Sie die Verteilungen der X_i an, sowie deren Parameter, den Erwartungswert und die Varianz.

b) Vervollständigen Sie die folgende Tabelle. Dabei sind π und n die Parameter der gewählten Verteilung.

		x	0	1	2	3	4
π	n	$\binom{n}{x}$					
		$P(X_1 = x)$					
		$P(X_2 = x)$					
		$P(X_3 = x)$					

c) Stellen Sie sich die Wahrscheinlichkeitsfunktionen (nebeneinander) grafisch dar.

d) Berechnen Sie mit den Ergebnissen aus b) die folgenden Wahrscheinlichkeiten:

i	$P(X_i \leq 0)$	$P(X_i \leq 1)$	$P(X_i \leq 2)$	$P(X_i \leq 3)$	$P(X_i \leq 4)$
1					
2					
3					

i	$P(X_i > 0)$	$P(X_i \geq 2)$	$P(1 \leq X_i \leq 3)$	$P(1 < X_i \leq 3)$	$P(0 < X_i < 3)$
1					
2					
3					

[**5.7**] Im Internet werden unter https://millionenklick.web.de täglich wie beim Lotto 6 aus 49 Zahlen gezogen. Zusätzlich wird eine Superzahl, d.h. eine der Ziffern $0, 1, 2, \ldots 9$ gezogen. In den Ziehungen vom 15.09.2008 -24.09.2008 gab es für die Superzahl die folgenden Ergebnisse.

15.09.	16.09.	17.09.	18.09.	19.09.	20.09.	21.09.	22.09.	23.09.	24.09.
5	0	4	0	0	0	9	3	4	7

Darunter sind einige Ereignisse, die man wohl kaum erwarten würde, z.B. dass viermal die Null gezogen wurde und dabei sogar dreimal direkt nacheinander. Wir wollen in der Aufgabe Wahrscheinlichkeiten ausrechnen, dass solche „seltenen" Ereignisse eintreten können. Stellen Sie sich die Frage: Wie groß ist die Wahrscheinlichkeit, dass dieses Ereignis (beginnend mit dem morgigen Tag) wieder eintritt?

a) Wie groß ist für jede der Ziffern $0, 1, 2, \ldots, 9$ die Wahrscheinlichkeit, dass sie in einer Ziehung gezogen wird.

b) Die folgenden Ereignisse sind eingetreten: i) Die Null ist in 10 Ziehungen 4-mal gezogen worden.   ii) Die Eins ist überhaupt nicht gezogen worden.   iii) Die Vier ist 2-mal gezogen worden.   iv) Die Drei ist einmal gezogen worden. Berechnen Sie jeweils die Wahrscheinlichkeit, dass dieses Ereignis in den nächsten 10 Ziehungen (beginnend mit dem morgigen Tag) wieder eintritt.

c) Auch die folgenden Ereignisse sind eingetreten:
   i) Die Null ist 3-mal nacheinander gezogen worden. (siehe 18.09.-20.09.)
   ii) Unter den ersten 6 Ziehungen war 4-mal die Null.
   iii) Die Drei und die Vier sind nacheinander gezogen worden. (22.09.-23.09.)
   iv) Drei, Vier und Sieben sind nacheinander gezogen worden. (22.09.-24.09.)
   Berechnen Sie jeweils die Wahrscheinlichkeit, dass diese Ereignisse (beginnend mit dem morgigen Tag) wieder eintreten?

d) Wie groß ist die Wahrscheinlichkeit, dass (beginnend mit dem morgigen Tag) nacheinander die Eins, die Zwei und die Drei gezogen werden?

e) Wie groß ist der Erwartungswert, die Varianz und die Standardabweichung für die Anzahl der Nullen in 10 Ziehungen.

[**5.8**]   In der Klausur zur Vorlesung *Fortgeschrittene Mathematik für Wirtschafts-wissenschaftler* im Februar 2009 waren von 24 Studierenden zwei Linkshänder. Laut einem Eintrag bei Wikipedia beträgt der Anteil π der Linkshänder in der Bevölkerung 10 bis 15%. Beantworten Sie die folgenden Fragen jeweils für $\pi = 0.10$ und $\pi = 0.15$. Wie groß ist die Wahrscheinlichkeit unter 24 zufällig ausgewählten Personen   a) genau 2,   b) höchstens 2,   c) mindestens 2,   d) mehr als 2 Linkshänder anzutreffen?

[**5.9**]   Ein Unternehmen weiß aus langjähriger Erfahrung, dass bei der Herstellung eines bestimmten Produktes 10% mindestens einen Fehler aufweisen. Das Unternehmen führt umfangreiche Qualitätsverbesserungsmaßnahmen durch. Anschließend wird eine Stichprobe der Größe $n = 100$ untersucht. Es werden 6 fehlerhafte Produkte gefunden. Das Unternehmen stellt sich die Frage, ob die Qualität nachhaltig verbessert wurde. Ein Statistiker gibt zu bedenken, dass solch ein Stichprobenergebnis auch bei unveränderter Qualität möglich ist und liefert die folgenden Berechnungen für die Binomialverteilung:

```
> round(dbinom(0:10,100,0.1),digits=3)
0.000 0.000 0.002 0.006 0.016 0.034 0.060 0.089 0.115 0.130 0.132
```

a) Welche Verteilung besitzt die Anzahl der fehlerhaften Produkte in einer Stichprobe der Größe 100, wenn sich die Qualität nicht verändert hat?
b) Wie groß ist der Erwartungswert, die Varianz und die Standardabweichung bei unveränderter Qualität?
c) Wie groß ist die Wahrscheinlichkeit genau 6, höchstens 6, weniger als 10, mehr als 10 fehlerhafte Produkte zu erhalten, wenn die Qualität unverändert ist? Verwenden Sie für Ihre Berechnungen die obige Ausgabe.

[**5.10**]   **Hypergeometrische Verteilung: Wahr oder Falsch?**

a)   Ist $X \sim h(20, 20, 10)$-verteilt, so kann X nur die Werte $0, 1, 2, \ldots, 10$ (   ) annehmen.
b)   Der Parameter n darf nicht größer als $N_e + N_m$ sein.   (   )
c)   Für eine hypergeometrisch verteilte Zufallsvariable gilt stets $X < N_e$.   (   )
d)   Die hypergeometrische Verteilung hat wie die Binomialverteilung   (   ) zwei Parameter.
e)   Zieht man gleichzeitig 4 Kugeln aus einer Urne mit 10 Kugeln, von   (   ) denen drei rot sind, so ist die Anzahl der roten Kugeln hypergeometrisch verteilt mit den Parametern $N_e = 3$, $N_m = 7$ und $n = 4$.
f)   Zieht man gleichzeitig 4 Kugeln aus einer Urne mit 10 Kugeln, von   (   ) denen drei rot sind, ist der Parameter $N_m = 1$, da man immer eine Kugel ziehen wird, die nicht rot ist, d.h. es ist immer ein Misserfolg dabei.

[5.11]   Ziehen mit und ohne Zurücklegen: Wahr oder Falsch?

Eine Grundgesamtheit bestehe aus N_e Erfolgen und N_m Misserfolgen. Es werde n-mal aus dieser Grundgesamtheit gezogen.

a) Wird mit Zurücklegen gezogen, so ist die Anzahl der Erfolge exakt   (   )
   binomialverteilt mit den Parametern n und $\pi = N_e/(N_e + N_m)$.

b) Es werde mit Zurücklegen gezogen, es sei $N_e = N_m$ und n sehr groß.   (   )
   Dann ist die Anzahl der Erfolge annähernd $N(n/2, n/4)$-verteilt.

c) Wird ohne Zurücklegen gezogen, so ist die Anzahl der Erfolge exakt   (   )
   hypergeometrisch verteilt.

d) Unabhängig von den Werten der Parameter N_e und N_m ist die hyper-   (   )
   geometrische Verteilung immer gut durch eine Binomialverteilung zu
   approximieren, wenn nur n groß genug ist.

e) Sind die Voraussetzungen für eine Approximation der hypergeome-   (   )
   trischen Verteilung durch die Binomialverteilung erfüllt, so gilt $\pi = N_e/(N_e + N_m)$.

[5.12]   Es wurden mit **R** folgende Berechnungen durchgeführt:

```
round(phyper(0:8,20,30,8),4)
0.0109 0.0867 0.2969 0.5995 0.8468 0.9640 0.9954 0.9998 1.0000
round(phyper(0:8,6,14,8),4)
0.0238 0.1873 0.5449 0.8627 0.9819 0.9993 1.0000 1.0000 1.0000
```

Verwenden Sie diese **R**-Ausgabe zur Beantwortung der Fragen b) und c).

a) Geben Sie jeweils den Namen der Verteilung, für die die obigen Berechnungen
   durchgeführt wurden, mit allen Parametern und den möglichen Werten an.
b) Geben Sie jeweils die Werte der Wahrscheinlichkeitsfunktion an.
c) Berechnen Sie jeweils die folgenden Wahrscheinlichkeiten:

   i) $P(X > 2)$; $P(X > 6)$ iv) $P(2 \leq X < 5)$; $P(4 \leq X < 7)$
   ii) $P(X \geq 2)$; $P(X \geq 6)$ v) $P(2 < X \leq 5)$; $P(4 < X \leq 7)$
   iii) $P(2 \leq X \leq 5)$; $P(4 \leq X \leq 7)$ vi) $P(2 < X < 5)$; $P(4 < X < 7)$

[5.13]   Im Internet werden unter `https://millionenklick.web.de` täglich wie
beim Lotto 6 aus 49 Zahlen gezogen.

a) Wie groß ist die Wahrscheinlichkeit, dass Ihre Lieblingsziffer, z.B. die 24 bei
   einer Ziehung unter den gezogenen Zahlen ist.

   i) Mit welcher bekannten Verteilung (und welchen Parametern dieser Vertei-
      lung) können Sie diese Frage beantworten?
   ii) Drücken Sie die Wahrscheinlichkeit durch einen Bruch aus, indem Sie alle
       Binomialkoeffizienten berechnen und dabei geschickt kürzen.

b) Man kann die in a) gesuchte Wahrscheinlichkeit auch anders berechnen, indem man sich überlegt, die 24 ist unter den gezogenen 6 Zahlen, wenn sie
i) als 1. Zahl gezogen wird oder   ii) als 2. Zahl gezogen wird, d.h. im ersten Zug nicht gezogen und im zweiten Zug gezogen wird, oder   iii) als 3. Zahl gezogen wird, d.h. im ersten Zug nicht gezogen und im zweiten Zug nicht gezogen wird und im dritten Zug gezogen wird, oder   iv) als 4. Zahl gezogen wird oder
v) als 5. Zahl gezogen wird oder   vi) als 6. Zahl gezogen wird.
Berechnen Sie die Wahrscheinlichkeiten für alle sechs Möglichkeiten und addieren Sie dann diese sechs Zahlen.

c) Man kann die in a) gesuchte Wahrscheinlichkeit auch mithilfe der folgenden Schritte berechnen:

   i) Es sei Y die Zufallsvariable, die angibt, wie oft Ihre Lieblingszahl in 49 Ziehungen gezogen wurde, d.h. Y ist die Anzahl der Erfolge in 49 Ziehungen, d.h. $Y \sim b(49, \pi)$, wobei π die von uns gesuchte Wahrscheinlichkeit ist.
   ii) Wie groß ist die erwartete Anzahl der Erfolge, d.h. $E(Y)$? *Einerseits*: $49 \cdot \pi$. *Andererseits*: In 49 Ziehungen werden $49 \cdot 6$ Zahlen gezogen. Wie oft erwarten Sie dann Ihre Lieblingszahl, wenn Sie davon ausgehen, dass jede Zahl mit der gleichen Wahrscheinlichkeit gezogen wird?
   iii) Setzen Sie die beiden Zahlen gleich und lösen Sie nach π auf.

d) In 10 Ziehungen gab es die folgenden Ergebnisse.

15.09.2008	1	5	28	33	35	48
16.09.2008	10	13	18	22	36	43
17.09.2008	5	14	26	36	43	44
18.09.2008	4	6	8	41	42	43
19.09.2008	5	12	14	24	28	36
20.09.2008	3	11	15	26	36	45
21.09.2008	6	8	15	21	23	44
22.09.2008	1	13	21	25	35	42
23.09.2008	2	13	15	20	21	48
24.09.2008	2	10	12	16	21	22

Die folgenden Ereignisse sind alle eingetreten. Berechnen Sie jeweils die zugehörige Wahrscheinlichkeit.
i) Ihre Lieblingsziffer, die 24, wurde bei 10 Ziehungen nur einmal gezogen.
ii) Die 49 wurde nicht gezogen.   iii) Die 21 wurde viermal gezogen.

e) Welche Verteilung verwenden Sie, um die Wahrscheinlichkeiten in d) zu bestimmen? Geben Sie die Parameter, den Erwartungswert und die Variannz an.

[**5.14**] Für die Wahrscheinlichkeitsfunktion der hypergeometrischen Verteilung mit den Parametern $N_e = 250, N_m = 750$ und $n = 8$ für $x = 0, 1$ und 2 wurden die folgenden Berechnungen durchgeführt:

```
> round(dhyper(0:2,250,750,8),4)
[1] 0.0992 0.2670 0.3127
```

a) Durch welche diskrete Verteilung mit zwei Parametern können Sie die hier gegebenen Verteilung approximieren?
b) Berechnen Sie die obigen Wahrscheinlichkeiten mit Hilfe der approximativen
   Verteilung.
c) Berechnen Sie für die obige Verteilung und für die approximative Verteilung die
   Werte der Verteilungsfunktion an den Stellen $t = 0, 1$ und 2.

[**5.15**]   Bei der Warenausgangskontrolle wurde an 4 von 20 Produkten von au-
ßen nicht sehbare Fehler festgestellt. Versehentlich gingen alle 20 Produkte ohne
Fehlerkennzeichnung in den Verkauf einer Filiale dieses Unternehmens. Stellen Sie
sich vor: Sie sind der erste Kunde, der aus dieser Lieferung 5 Produkte kauft.

a) Geben Sie für die Zufallsvariable *Anzahl der fehlerhaften Produkte in Ihrem Einkauf* den Namen der Verteilung und die Parameter an.
b) Berechnen Sie die Wahrscheinlichkeitsfunktion und die Verteilungsfunktion.
   Stellen Sie dann beide Funktionen grafisch dar.
c) Wo ungefähr liegt der Schwerpunkt der Wahrscheinlichkeitsfunktion und somit
   der Erwartungswert?
d) Berechnen Sie den Erwartungswert, die Varianz und die Standardabweichung.
e) Welche Verteilung besitzt die *Anzahl der fehlerfreien Produkte in Ihrem Einkauf*?

[**5.16**]   **Poissonverteilung: Wahr oder Falsch?**

Die folgenden Aussagen beziehen sich auf eine Poissonverteilung mit Parameter
$\lambda > 0$.

a) Ist $X \sim \text{Po}(10)$-verteilt, sind nur die Werte $0, 1, 2, \ldots, 10$ möglich.   ( )
b) Für eine poissonverteilte Zufallsvariable gilt $E(X) = \text{Var}(X)$.   ( )
c) Mit wachsendem Wert des Parameters λ wird die Wahrscheinlich-   ( )
    keitsfunktion der Poissonverteilung breiter und flacher.
d) Die möglichen Werte einer poissonverteilten Zufallsvariable X sind   ( )
    $1, 2, 3 \ldots$.
e) $P(X > 0) = 1 - e^{-\lambda} > 0$.   ( )
f) Für großes λ hat die Wahrscheinlichkeitsfunktion eine glockenförmi-   ( )
    ge, annähernd symmetrische Gestalt, ähnlich der Dichtefunktion einer
    Normalverteilung.
g) Es gilt $E(X) = \lambda$ und $\text{Var}(X) = \lambda^2$.   ( )
h) Die Poissonverteilung hat einen Parameter λ, wobei $\lambda = 1/E(X)$ gilt.   ( )
i) Die Wahrscheinlichkeitsfunktion ist symmetrisch um λ.   ( )

[5.17]   Poissonverteilung mit R: Wahr oder Falsch?

Die folgenden Aussagen befassen sich mit **R**-Befehlen zur Poissonverteilung mit Parameter $\lambda > 0$.

a) $P(X \geq 3)$ kann mit `1-ppois(2,lambda)` berechnet werden, wobei für ( )
    `lambda` der Parameter der Poissonverteilung einzugeben ist.

b) `sum(dpois(0:2,lambda=2))` und `ppois(2,2)` ergeben denselben ( )
    Wert, nämlich $P(X \leq 2)$, wenn $\lambda = 2$.

c) `qpois(ppois(2,2),2)` ergibt die Ausgabe 2, denn `qpois` ist die Um- ( )
    kehrfunktion von `ppois`.

d) `ppois(qpois(4,2),2)` ergibt die Ausgabe 4. ( )

e) `qpois(1.2,2)` gibt eine Fehlermeldung, da das erste Argument in ( )
    `qpois` nicht größer als 1 sein darf, da es eine Wahrscheinlichkeit ist.

f) Alle R-Befehle mit `dpois` und `ppois` liefern Werte in $[0,1]$. ( )

[5.18]   Man stelle sich vor, es wurde für die Zeit X zwischen zwei starken Erdbeben als Modell eine Exponentialverteilung mit dem Parameter $\lambda = 0.04$ verwendet. Dabei wurde die Zeit in Tagen gemessen. Die Anzahl der starken Erdbeben in t Tagen ist dann poissonverteilt mit dem Parameter $\lambda \cdot t$. Sei N_t die Anzahl der starken Erdbeben in t Tagen.

a) Geben Sie den Parameter, den Erwartungswert und die Varianz von N_t für $t = 7, 14, 21, 28$ Tage an.

b) Berechnen Sie die folgenden Wahrscheinlichkeiten:

t	$\lambda \cdot t$	$P(N_t = 0)$	$P(N_t = 1)$	$P(N_t = 2)$	$P(N_t = 3)$
7					
14					
21					
28					

c) Stellen Sie sich die vier in b) berechneten Wahrscheinlichkeitsfunktionen (nebeneinander) grafisch dar.

d) Berechnen Sie die folgenden Werte der Verteilungsfunktionen:

t	$\lambda \cdot t$	$P(N_t \leq 0)$	$P(N_t \leq 1)$	$P(N_t \leq 2)$	$P(N_t \leq 3)$
7					
14					
21					
28					

e) Berechnen Sie die folgenden Wahrscheinlichkeiten:

t	$\lambda \cdot t$	$P(N_t > 1)$	$P(N_t \geq 1)$	$P(N_t > 2)$	$P(N_t \geq 3)$
7					
14					
21					
28					

f) Berechnen Sie die folgenden Wahrscheinlichkeiten:

t	$\lambda \cdot t$	$P(1 \leq N_t \leq 3)$	$P(1 \leq N_t < 3)$	$P(1 < N_t \leq 3)$	$P(1 < N_t < 3)$
7					
14					
21					
28					

[**5.19**] In einer Umfrage des Instituts für Niederdeutsche Sprache[14] wurden alle Personen, die in den letzten 12 Monaten mindestens ein plattdeutsches Buch geschenkt bekommen hatten, gefragt, wie viele plattdeutsche Bücher sie in den letzten 12 Monaten insgesamt geschenkt bekommen hatten. Für die Anzahl der in den letzten 12 Monaten geschenkt bekommenen plattdeutschen Bücher wurde auf die folgende Weise ein Modell konstruiert. Sei Y die Anzahl der in letzten 12 Monaten geschenkt bekommenen plattdeutschen Bücher. Dann ist $Y \sim X + 1$, wobei $X \sim Po(1/2)$, d.h. $X = Y - 1$ ist poissonverteilt mit dem Parameter $\lambda = 1/2$. Bestimmen Sie

a) $P(Y = 1) = P(X = 0)$ b) $P(Y = y) = P(X = y - 1)$ für $y = 2, 3, \ldots 6$
c) $P(Y \leq t)$ für $t = 1, 2, \ldots, 6$ d) $P(Y > s)$ für $s = 1, 2, \ldots, 6$
e) $P(Y \geq s)$ für $s = 1, 2, \ldots, 6$ f) $E(Y)$ und $\text{Var}(Y)$.

[**5.20**] Die Zufallsvariable X_0 sei poissonverteilt mit dem Parameter $\lambda > 0$, d.h.

$$P_{X_0}(x) = \begin{cases} \frac{\lambda^x}{x!} e^{-\lambda} & x = 0, 1, 2, \ldots \\ 0 & \text{sonst} \end{cases}$$

Stellen Sie sich vor, dass Sie den Wert dieser Zufallsvariablen nur beobachten können, wenn er größer als 0 ist. (Wenn Sie z.B. die Besucher des Weihnachtsmarktes fragen: *Wie oft besuchen Sie in diesem Jahr den Weihnachtsmarkt?* werden alle Antworten größer als 0 sein.) Wir wollen die Zufallsvariable, die wir in dieser Situation beobachten können, X_1 nennen. Die möglichen Werte von X_1 sind:

---

[14] Quelle: Siehe Aufg. 1 in Kap. 2

$1, 2, 3, \ldots$. Wir nehmen nun an, es sei $P_{X_1}(x) = P(X_1 = x)$ für $x > 0$ die bedingte Wahrscheinlichkeit

$$P(X_0 = x | X_0 > 0) = \frac{P(X_0 = x, X_0 > 0)}{P(X_0 > 0)} = \frac{P(X_0 = x)}{P(X_0 > 0)} \qquad x = 1, 2, 3, \ldots$$

a) Geben Sie die Wahrscheinlichkeitsfunktion für X_1 an und zeigen Sie, dass der erhaltene Ausdruck tatsächlich eine Wahrscheinlichkeitsfunktion definiert.
   Hinweis: $1 = \sum_{x=0}^{\infty} P_{X_0}(x) = P_{X_0}(0) + \sum_{x=1}^{\infty} P_{X_0}(x)$.
b) Bestimmen Sie $P_{X_1}(x)$ mit $\lambda = 0.5$ für $x = 1$ und $x = 2$.
c) Bestimmen Sie zunächst allgemein $E(X_1)$ und dann $E(X_0)$ und $E(X_1)$ für $\lambda = 0.5$. Ist das Ergebnis plausibel?

[5.21] Mit **R** wurden die folgenden Berechnungen durchgeführt:

```
> round(dbinom(0:3,40,0.1),4)
[1] 0.0148 0.0657 0.1423 0.2003
> round(dbinom(0:3,80,0.05),4)
[1] 0.0165 0.0695 0.1446 0.1978
> round(dbinom(0:3,160,0.025),4)
[1] 0.0174 0.0714 0.1456 0.1966
```

a) Was wird berechnet? Um welche Verteilungen handelt es sich?
b) Durch welche diskrete Verteilung können die hier gegebenen Verteilungen approximiert werden?
c) Berechnen Sie die obigen Wahrscheinlichkeiten mit Hilfe der approximativen Verteilung.
d) Berechnen Sie für die drei obigen Verteilungen und für die approximative Verteilung die Werte der Verteilungsfunktion an den Stellen $t = 0, 1, 2$ und 3.

[5.22] Die Zufallsvariable X sei $Po(\lambda)$-verteilt, z.B. die Anzahl der Fehler, die im Rahmen einer Qualitätskontrolle festgestellt wurden. Man spricht von einem Zufallsstreubereich $x_{un} \leq x \leq x_{ob}$ zur Wahrscheinlichkeit $P = 1 - \alpha$, wenn x_{un} das kleinste x mit $F(x) > \alpha/2$ und x_{ob} das kleinste x mit $F(x) \geq 1 - \alpha/2$, wobei F die Verteilungsfunktion der $Po(\lambda)$-Verteilung ist. Hierbei handelt es sich um einen zweiseitig abgegrenzten Zufallsstreubereich. Die Idee ist: Man möchte wissen, ob der Prozess unter Kontrolle ist, d.h. wenn die erwartete Anzahl der Fehler unverändert λ ist, sollte die Anzahl fehlerhafter Teile mit einer Wahrscheinlichkeit von mindestens $1 - \alpha$ im Intervall $[x_{un}, x_{ob}]$ liegen.
Ein einseitig nach unten abgegrenzter Zufallsstreubereich hat die Gestalt: $x_{un} \leq x$, wobei x_{un} das kleinste x mit $F(x) > \alpha$ ist.
Ein einseitig nach oben abgegrenzter Zufallsstreubereich hat die Gestalt: $0 \leq x \leq x_{ob}$, wobei x_{ob} das kleinste x mit $F(x) \geq 1 - \alpha$ ist.

Betrachten Sie den Fall $\lambda = 5$. Die Verteilungsfunktion wurde wie folgt berechnet:

```
> round(ppois(0:14,5),3)
 [1] 0.007 0.040 0.125 0.265 0.440 0.616 0.762 0.867 0.932 0.968
[15] 0.986 0.995 0.998 0.999 1.000
```

Bestimmen Sie

a) den zweiseitig abgegrenzten Zufallsstreubereich für $P = 1 - \alpha = 0.95$ und 0.99.

b) die einseitig abgegrenzten Zufallstreubereiche für $P = 1 - \alpha = 0.95$ und 0.99.

1.6 Stetige Verteilungen

[6.1]   Die Zufallsvariable X sei rechteckverteilt im Intervall $[0,60]$.

a) Denken Sie sich ein Beispiel für eine Zufallsvariable mit dieser Verteilung aus.

b) Stellen Sie die Dichte- und Verteilungsfunktion grafisch dar.

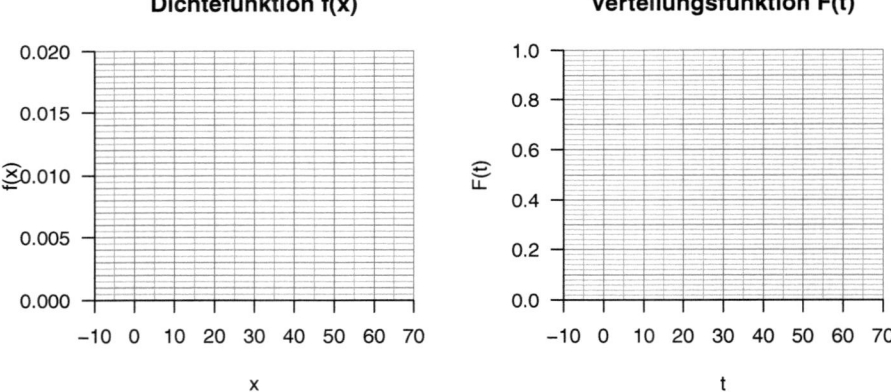

c) Geben Sie die Formeln für die Dichte- und die Verteilungsfunktion an.

d) Geben Sie den Erwartungswert und die Varianz an.

e) Berechnen Sie die folgenden Wahrscheinlichkeiten auf grafische Weise.
   $P(X < 10);$ $P(X > 50);$ $P(20 < X \leq 30)$ (mit der Dichte);
   $P(X < 15);$ $P(X > 45);$ $P(20 < X \leq 35)$ (mit der Verteilungsfunktion).
   Überprüfen Sie Ihre Ergebnisse mit Hilfe der Formel. Mit welchen **R**-Befehlen können Sie diese Wahrscheinlichkeiten berechnen?

f) Bestimmen Sie auf grafische Weise t_p, so dass $F(t_p) = p$, wenn $p = 1/6, 1/4, 1/3$.

g) Bestimmen Sie die Umkehrfunktion der Verteilungsfunktion, indem Sie die Gleichung $F(t_p) = p$ für $p \in [0,1]$ nach t_p auflösen. Überprüfen Sie mit dieser Umkehrfunktion die Ergebnisse aus f).

[6.2]   Rechteckverteilung: Wahr oder Falsch?

a) Der Erwartungswert einer Rechteckverteilung im Intervall $[a,b]$ ist ge-   (   )
nau die Mitte des Intervalls $[a,b]$.

b) Auch die Varianz einer Rechteckverteilung im Intervall $[a,b]$ liegt im   (   )
Intervall $[a,b]$.

c) Die Verteilungsfunktion einer rechteckverteilten Zufallsvariablen mit   (   )
den Parametern a und b ist im Intervall $[a,b]$ eine Gerade mit der Steigung $1/(b-a)$.

d) Die Dichtefunktion der Rechteckverteilung mit Werten im Intervall   (   )
$[a,b]$ ist über diesem Intervall eine waagerechte Gerade $y = b - a$, d.h.
die Dichtefunktion bildet ein Rechteck über $[a,b]$ mit der Höhe $b - a$.

e) Für die Rechteckverteilung im Intervall (a,b) gilt: Je größer die Länge   (   )
des Intervalls, desto kleiner ist die Varianz.

f) Die Rechteckverteilung verdankt ihren Namen dem Graphen ihrer   (   )
Verteilungsfunktion.

g) Die Wahrscheinlichkeit, dass eine $U(a,b)$-verteilte ZV in $[a_1,b_1] \subset$ (   )
$[a,b]$ fällt, hängt nur von der Länge, nicht von der Lage des Intervalls
$[a_1,b_1]$ ab.

[6.3]   Für die Zeit X, gemessen in Tagen, zwischen zwei starken Erdbeben, d.h.
Erdbeben der Stärke 7.0 oder größer, werde als Modell eine Exponentialverteilung
mit dem Parameter $\lambda = 0.04$ verwendet.

a) Geben Sie den Erwartungswert und die Varianz von X an.
b) Berechnen Sie mit Hilfe der Dichtefunktion die Wahrscheinlichkeiten, dass
i) $X \leq 25, X \leq 50$ bzw. $X \leq 75$,   ii) $X > 60, X > 90$ bzw. $X > 120$,
iii) $25 < X < 50$.
c) Geben Sie die Verteilungsfunktion an und berechnen Sie die obigen Wahrscheinlichkeiten mit Hilfe der Verteilungsfunktion.
d) Geben Sie eine Formel für die Wahrscheinlichkeit an, dass die Zeit zwischen
zwei starken Erdbeben größer als t ist und berechnen Sie diese Wahrscheinlichkeiten für $t = 30, 60, 100, 200$ und 365.

[6.4]   Betrachten Sie eine Exponentialverteilung mit dem Parameter λ. Die Verteilungsfunktion ist dann

$$F_X(t) = \begin{cases} 1 - e^{-\lambda t} & t \geq 0 \\ 0 & \text{sonst} \end{cases}$$

a) Bestimmen Sie einen Ausdruck für die Überlebensfunktion (Survival-Funktion)
$S(t) = P(X > t)$.

b) Bestimmen Sie einen Ausdruck für die Quantilfunktion, d.h. die Umkehrfunktion der Verteilungsfunktion, indem Sie die Gleichung $F_X(t_p) = p$, $p \in [0,1)$ nach t_p auflösen.

c) Zeigen Sie mit Hilfe der in b) gefundenen Quantilfunktion, dass

   i) $t_{0.25} = \dfrac{\log 4 - \log 3}{\lambda}$,   ii) $t_{0.5} = \dfrac{\log 2}{\lambda}$,   iii) $t_{0.75} = \dfrac{\log 4}{\lambda}$.

d) Bestimmen Sie mit Hilfe der oben gefundenen Formeln t_p für $p = 1/4, 1/2$ und $3/4$, wenn $\lambda = 0.1$. Zeichnen Sie die gefundenen Punkte in die beiden folgenden Grafiken ein und machen Sie sich damit die Bedeutung dieser Punkte klar.

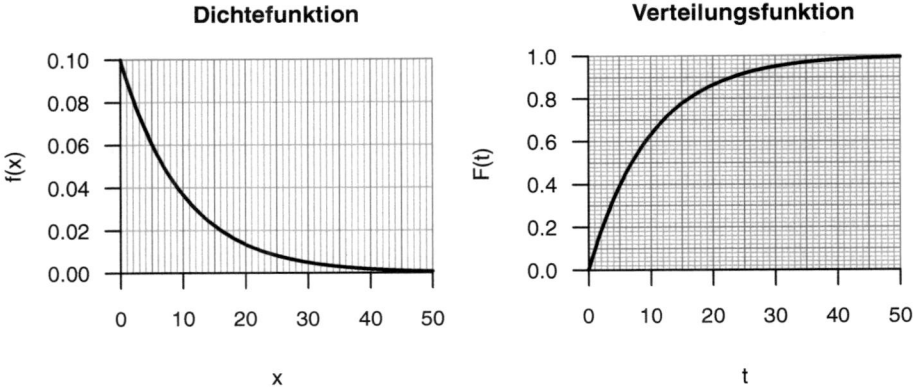

e) Verwenden Sie die oben gegebenen Resultate, um λ zu bestimmen, wenn Ihnen die folgenden Grafiken der Verteilungsfunktion einer Exponentialfunktion gegeben sind.

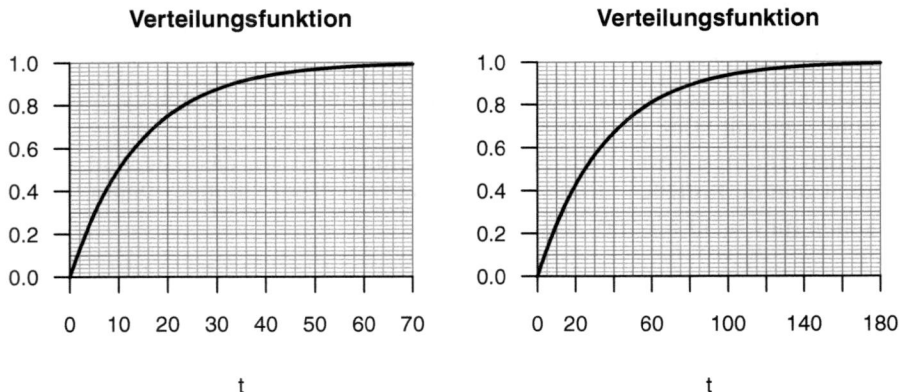

[6.5]   Exponentialverteilung: Wahr oder Falsch?

a) Ist X exponentialverteilt, so gilt $P(X \in [0,1]) > P(X \in [a, a+1])$ für (   )
    alle $a > 0$, da die Dichte streng monoton fallend ist und die entspre-
    chenden Flächen kleiner werden.

b) Ist $X \sim \text{Exp}(\lambda)$, so gilt $P(X = 0) = f_X(0) = \lambda \cdot e^{-\lambda \cdot 0} = \lambda$.   (   )

c) Die Dichtefunktion der Exponentialverteilung ist für $x \geq 0$ eine streng (   )
    monoton fallende Funktion mit $f_X(0) = \lambda$.

d) Ist $X \sim \text{Exp}(\lambda)$, so gilt: $F_X(t) = 1 - e^{-\lambda t}$ für $-\infty < t < \infty$.   (   )

e) Für die Exponentialverteilung mit dem Parameter λ gilt: Je größer der (   )
    Erwartungswert, desto größer ist die Varianz.

f) Die Exponentialverteilung tritt häufig im Zusammenhang mit einem (   )
    Poisson-Prozess auf.

g) Bei einem Poisson-Prozess sind die Zeiten bis zum Eintritt eines Er- (   )
    eignisses exponentialverteilt.

[6.6]   Die folgende Abbildung zeigt die Dichtefunktion und die Verteilungsfunktion der Standardnormalverteilung $N(0,1)$.

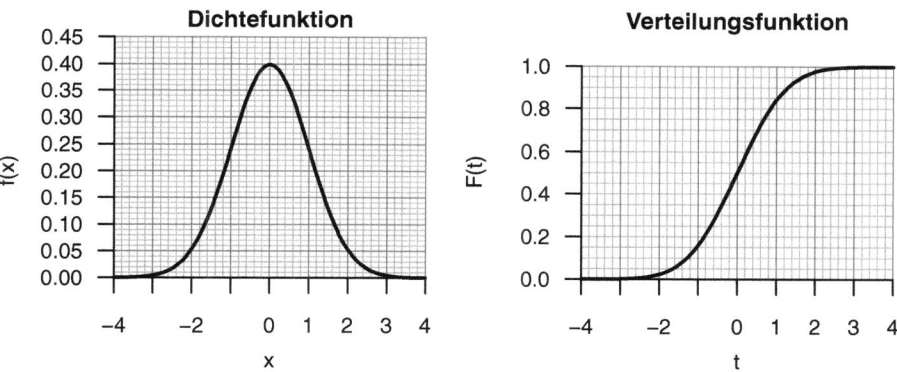

Die folgenden Fragen sollen grafisch gelöst werden. Machen Sie sich immer an der
Dichtefunktion deutlich, welche Flächen Sie gerade berechnen bzw. welche Flächen
gegeben sind.

a) Berechnen Sie die Wahrscheinlichkeiten

   i) $P(X \leq a)$ für $a = -2.0, -1.5, -1.0, -0.5, 0, 0.5, 1.0, 1.5, 2.0, 2.5, 3.0$.
  ii) $P(X \geq b)$ für $b = -2, -1, 0, 1, 2$.
 iii) $P(X \in (a, b])$ für $(a, b] = (-2, 1], (-1, 2], (-3, 2], (-2, 3], (-2, 2], (-1, 1]$.

b) Bestimmen Sie t_1, so dass $P(X \leq t_1) = \alpha$ für $\alpha = 0.05, 0.10, 0.15$ und 0.20.
c) Bestimmen Sie t_2, so dass $P(X \geq t_2) = \alpha$ für $\alpha = 0.05, 0.10, 0.15$ und 0.20.

d) Bestimmen Sie t_1 und t_2, so dass $P(X \leq t_1) = P(X \geq t_2) = \alpha/2$ für $\alpha = 0.05, 0.10$ und 0.2. Wie groß ist dann $P(t_1 \leq X \leq t_2)$?

e) Kontrollieren Sie Ihre Ergebnisse mit Hilfe der Tabelle der Standardnormalverteilung oder einer Software. **Hinweis**: Die Umkehrfunktion der Verteilungsfunktion kann in **R** mit `qnorm` berechnet werden.

[6.7] Für die Blockzeiten der American Airlines Flüge von Dallas/Fort Worth nach Philadelphia wurde als Modell eine Normalverteilung mit $\mu = 183$ und $\sigma^2 = 14^2 = 196$ verwendet. Die folgende Abbildung zeigt diese Dichtefunktion. Lösen Sie die folgenden Aufgaben mit Hilfe der Tabelle der Standardnormalverteilung und skizzieren Sie die Wahrscheinlichkeiten als Flächen unterhalb der Dichtefunktion.

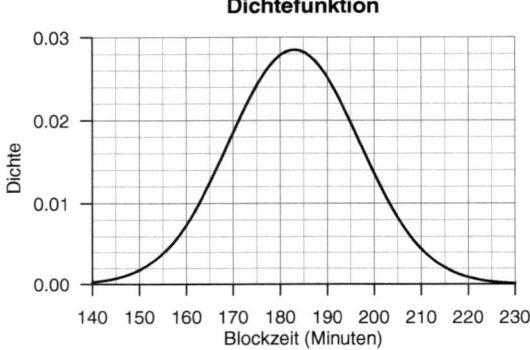

a) Berechnen Sie

    i) $P(X \leq 197)$; $P(X \leq 211)$ iii) $P(169 < X \leq 197)$

    ii) $P(X > 169)$; $P(X > 155)$ iv) $P(155 < X \leq 211)$

b) Bestimmen Sie t, so dass die Blockzeit mit Wahrscheinlichkeit 0.95 kleiner oder gleich t ist.

c) Für welches t gilt $P(X > t) = 0.90$?

d) Bestimmen Sie t_1 und t_2, so dass $P(X < t_1) = P(X > t_2) = 0.05$. Wie groß ist dann $P(t_1 \leq X \leq t_2)$?

[6.8] In der Qualitätskontrolle werden Qualitätsregelkarten zur Überwachung von Qualitätsmerkmalen eingesetzt. Kann man davon ausgehen, dass ein Merkmal $N(\mu_0, \sigma_0^2)$-verteilt ist, berechnet man untere und obere Warngrenzen, sowie untere und obere Eingriffsgrenzen nach den Formeln

$$EG_U = \mu_0 - z_{0.005} \cdot \sigma_0/\sqrt{n} \qquad EG_O = \mu_0 + z_{0.005} \cdot \sigma_0/\sqrt{n}$$

$$WG_U = \mu_0 - z_{0.025} \cdot \sigma_0/\sqrt{n} \qquad WG_O = \mu_0 + z_{0.025} \cdot \sigma_0/\sqrt{n}$$

Dabei ist $z_{0.005}$ der Punkt für den gilt $\Phi(z_{0.005}) = 1 - 0.005 = 0.995$, wenn Φ die Verteilungsfunktion der Standardnormalverteilung ist. Entsprechend gilt $\Phi(z_{0.025}) = 1 - 0.025 = 0.975$.

Aufgabe einer Qualitätsregelkarte für den Mittelwert ist es, jede Veränderung oder Störung des Mittelwertes möglichst schnell zu bemerken. In regelmäßigen Abständen wird dem laufenden Prozess eine Stichprobe der Größe n entnommen. Der Mittelwert der Stichprobe wird in die Qualitätsregelkarte eingetragen. Werden die Warngrenzen über- oder unterschritten, wird gewarnt. Bei Über- oder Unterschreitung der Eingriffsgrenzen wird in den Prozess eingegriffen.

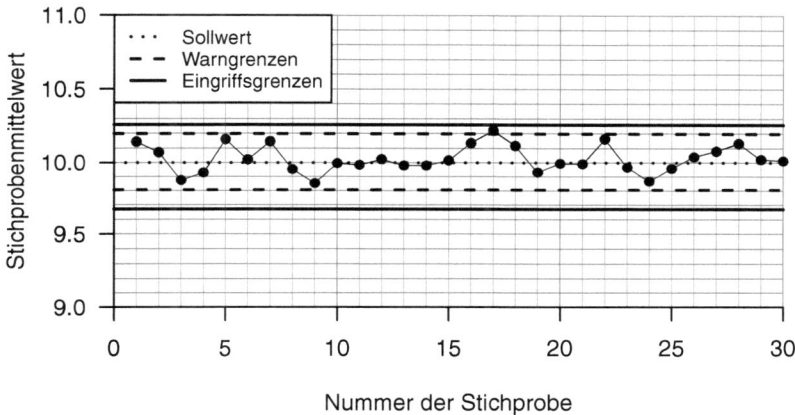

a) Bestimmen Sie mit Hilfe der Tabelle oder mit **R** die Punkte $z_{0.005}$ und $z_{0.025}$.
b) Berechnen Sie Warn- und Eingriffsgrenzen, wenn $n = 9, \mu_0 = 10, \sigma_0 = 0.3$.

[6.9] Die Zufallsvariable X sei $N(15,25)$-verteilt. Bestimmen Sie mit Hilfe der Ausgabe

```
> round(pnorm(seq(-2,2,by=0.5)),4)
0.0228 0.0668 0.1587 0.3085 0.5000 0.6915 0.8413 0.9332 0.9772
```

die Wahrscheinlichkeiten: $P(X \leq 20)$, $P(12.5 < X \leq 22.5)$ und $P(X > 10)$.

[6.10] Für die unten stehenden Berechnungen soll nur die folgende **R**-Ausgabe verwendet werden.

```
> round(pnorm(1)-pnorm(-1),4)
[1] 0.6827
> round(pnorm(2)-pnorm(-2),4)
[1] 0.9545
> round(pnorm(3)-pnorm(-3),4)
[1] 0.9973
```

a) Die folgende Abbildung zeigt die Dichtefunktion der Standardnormalverteilung. Skizzieren Sie die oben berechneten Wahrscheinlichkeiten als Flächen unterhalb der Dichtefunktion.

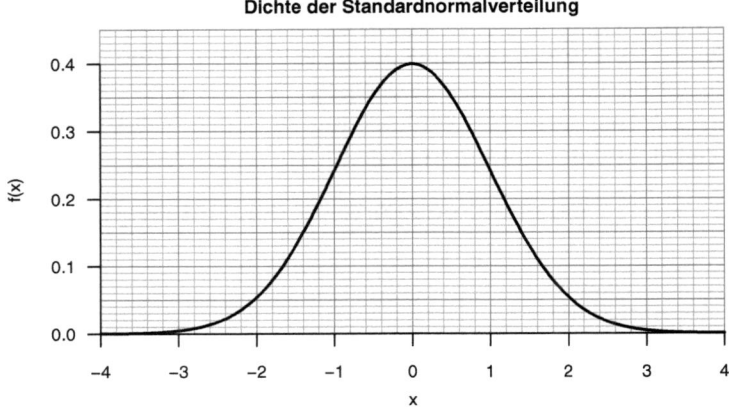

b) Es sei Φ die Verteilungsfunktion der Standardnormalverteilung. Geben Sie die folgenden Werte an:

  i) $\Phi(1) - \Phi(-1)$; $\Phi(2) - \Phi(-2)$; $\Phi(3) - \Phi(-3)$
  ii) $\Phi(t)$ für $t = -3, -2, -1, 0, 1, 2, 3$.

c) Es gelte $Z \sim N(0,1)$. Berechnen Sie die folgenden Wahrscheinlichkeiten:

  i) $P(-1 < Z < 1)$; $P(0 < Z < 1)$; $P(Z > 1)$; $P(Z > -1)$; $P(Z \leq -1)$; $P(|Z| > 1)$
  ii) $P(-2 < Z < 2)$; $P(0 < Z < 2)$; $P(Z > 2)$; $P(Z > -2)$; $P(Z \leq -2)$; $P(|Z| > 2)$
  iii) $P(-3 < Z < 3)$; $P(0 < Z < 3)$; $P(Z > 3)$; $P(Z > -3)$; $P(Z \leq -3)$; $P(|Z| > 3)$
  iv) $P(1 < Z < 2)$; $P(1 < |Z| < 3)$; $P(-1 < Z < 2)$; $P(-3 < Z < -2)$

d) Berechnen Sie die folgenden Wahrscheinlichkeiten:

  i) $P(17 < X < 23)$; $P(14 < X < 26)$; $P(20 < X < 29)$; $P(X > 17)$, wenn $X \sim N(20, 9)$.
  ii) $P(8 \leq X \leq 12)$; $P(6 \leq X \leq 14)$; $P(X \leq 8)$; $P(X > 10)$, wenn $X \sim N(10, 4)$.
  iii) $P(-5 \leq X \leq 5)$; $P(-5 \leq X \leq 10)$; $P(-5 \leq X \leq 15)$, wenn $X \sim N(5, 25)$.

[6.11]   Für die Normalverteilung gelten die sogenannten 3σ-Regeln:

• 68% der Fläche unterhalb der Dichte liegen zwischen $\mu - \sigma$ und $\mu + \sigma$.
• 95% der Fläche unterhalb der Dichte liegen zwischen $\mu - 2\sigma$ und $\mu + 2\sigma$.
• 99% der Fläche unterhalb der Dichte liegen zwischen $\mu - 3\sigma$ und $\mu + 3\sigma$.

Wie ist das bei der Rechteckverteilung? Berechnen Sie die folgenden Wahrscheinlichkeiten, wenn $X \sim U(a,b)$.
a) $P(\mu - \sigma < X < \mu + \sigma)$ b) $P(\mu - 2\sigma < X < \mu + 2\sigma)$

[6.12] Normalverteilung: Wahr oder Falsch?

a) Für die Standardnormalverteilung gilt $P(-\mu < X < \mu) \approx 0.68$. (   )

b) Die Dichtefunktion ist symmetrisch um $x = \mu$. (   )

c) Für die Standardnormalverteilung gilt $P(X \leq -1) = P(X \geq 1)$. (   )

d) $P(X \leq \mu) = 0.5$ (   )

e) Je größer σ^2, desto schmaler und höher wird die Dichtefunktion. (   )

f) Der Parameter μ bestimmt nur die Lage, nicht die Gestalt der Dichte- (   )
funktion.

g) Falls $Z \sim N(0,1)$ und $X \sim N(\mu, \sigma^2)$, so gilt für alle möglichen Werte (   )
von μ und σ^2: $P(-1 \leq Z \leq 1) = P(\mu - \sigma < X < \mu + \sigma) \approx 0.68$.

h) Die Dichtefunktion ist für alle μ symmetrisch um $x = 0$. (   )

[6.13] Die Zufallsvariable X sei binomialverteilt mit den Parametern $n = 150$
und $\pi = 0.4$. Berechnen Sie die folgenden Wahrscheinlichkeiten mit Hilfe der Approximation durch die Normalverteilung, jeweils mit und ohne Stetigkeitskorrektur.
Wenn F_b die Verteilungsfunktion der exakten Binomialverteilung mit den Parametern n und π ist und F_N die Verteilungsfunktion der approximierenden Normalverteilung mit $\mu = n \cdot \pi$ und $\sigma^2 = n\pi(1-\pi)$ ist, so gilt:

$$F_b(t) \approx F_N(t) = \Phi\left(\frac{t-\mu}{\sigma}\right) \qquad \text{bzw.} \qquad F_b(t) \approx F_N(t+0.5) = \Phi\left(\frac{t+0.5-\mu}{\sigma}\right)$$

Schreiben Sie alle zu berechnenden Wahrscheinlichkeiten zunächst mit F_b und F_N
und schließlich mit Φ. Runden Sie jeweils auf zwei Stellen nach dem Dezimalpunkt,
bevor Sie die Verteilungstabelle benutzen. Berechnen Sie dann mit **R** die exakten
und approximativen Wahrscheinlichkeiten. Berechnen Sie für $a = 48, 54, 66, 72$

a) $P(X < a)$ c) $P(X > a)$ e) $P(48 \leq X \leq 72)$ g) $P(54 \leq X < 72)$
b) $P(X \leq a)$ d) $P(X \geq a)$ f) $P(48 < X \leq 66)$ h) $P(54 < X < 66)$

[6.14] Die Zufallsvariable X sei binomialverteilt mit $n = 100$ und $\pi = 0.5$. Berechnen Sie die folgenden Wahrscheinlichkeiten mit Hilfe der Approximation durch
die Normalverteilung mit Stetigkeitskorrektur.

a) $P(X \leq 40); P(X < 45)$ c) $P(45 < X \leq 52); P(47 < X < 53)$
b) $P(X > 52); P(X \geq 55)$ d) $P(49 \leq X \leq 58); P(43 \leq X < 54)$

[6.15]   Approximation von Verteilungen: Wahr oder Falsch?

a) Man sollte niemals eine diskrete Verteilung durch eine stetige Vertei-   (   )
    lung approximieren.

b) Für große λ lässt sich die Poissonverteilung durch eine Normalvertei-   (   )
    lung approximieren.

c) Wenn $X \sim b(n, \pi)$, so gilt $P(X \leq t) \approx \Phi\left(\dfrac{t - n\pi}{n\pi(1 - \pi)}\right)$, wenn die   (   )
    Voraussetzungen für eine Approximation durch die Normalverteilung
    erfüllt sind.

d) Die Approximation der Binomialverteilung durch die Normalvertei-   (   )
    lung gilt für große n und ist genau dann besonders gut, wenn π sehr
    klein oder sehr groß ist.

e) Die Approximation der Binomialverteilung durch die Normalvertei-   (   )
    lung kann durch die Stetigkeitskorrektur verbessert werden.

f) Approximiert man die Binomialverteilung mit den Parametern n und   (   )
    π durch die Normalverteilung mit Stetigkeitskorrektur, so gilt mit $\mu =$
    $n\pi$ und $\sigma^2 = n\pi(1 - \pi)$: $P(X \leq t) \approx \Phi\left(\dfrac{t + 0.5 - \mu}{\sigma}\right)$

[6.16]   Die Zufallsvariable X besitzt eine Lognormalverteilung, wenn ihr (natürlicher) Logarithmus $Y = \log(X)$ normalverteilt ist, d.h. $Y = \log X \sim N(\mu, \sigma^2)$.

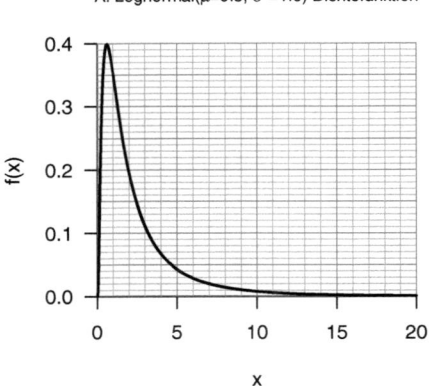

A: Lognormal(μ=0.5, σ^2=1.0) Dichtefunktion

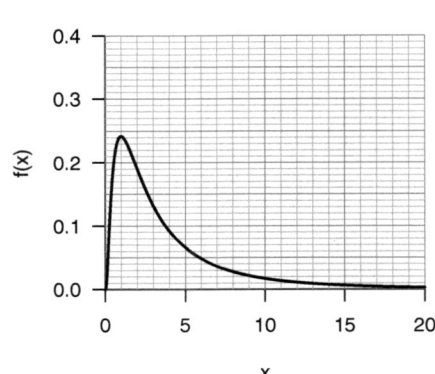

B: Lognormal(μ=1.0, σ^2=1.0) Dichtefunktion

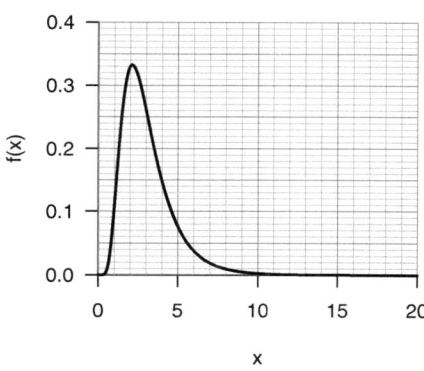
C: Lognormal(μ=1.0 ,σ²=0.25) Dichtefunktion

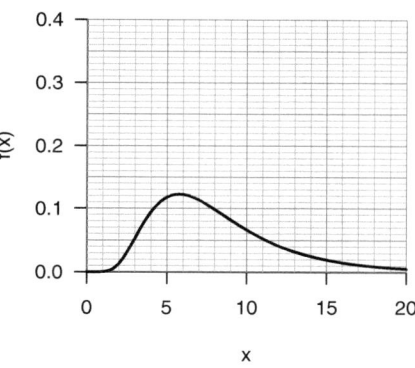
D: Lognormal(μ=2.0 ,σ²=0.25) Dichtefunktion

Die obigen Abbildungen zeigen vier verschiedene Dichtefunktionen der Lognormalverteilung.

a) Für die Lognormalverteilung gilt $E(X) = e^{\mu + \sigma^2}$; $\mathrm{Var}(X) = e^{2\mu + \sigma^2}(e^{\sigma^2} - 1)$
$\alpha_3 = \sqrt{e^{\sigma^2} - 1}(e^{\sigma^2} + 2)$; $\alpha_4 = e^{4\sigma^2} + 2e^{3\sigma^2} + 3e^{2\sigma^2} - 3$, wobei α_3 die Schiefe und α_4 die Wölbung ist.

   i) Berechnen Sie diese vier Kennzahlen für jede der oben dargestellten Verteilungen.
   ii) Kennzeichnen Sie den Erwartungswert in jeder der obigen Grafiken.

b) Zeigen Sie: Für die Verteilungsfunktion der Lognormalverteilung mit den Parametern μ und σ^2 gilt:

$$F_X(t) = \Phi\left(\frac{\log t - \mu}{\sigma}\right) \qquad t > 0$$

Dabei ist Φ die Verteilungsfunktion der Standardnormalverteilung.

c) Berechnen Sie mit der in b) gegebenen Formel und der Tabelle der Standardnormalverteilung (oder mithilfe von **R**) die folgenden Wahrscheinlichkeiten. Kennzeichnen Sie die berechneten Wahrscheinlichkeiten als Flächen unterhalb der Dichtefunktion in den obigen Abbildungen.

   i) $P(X \leq 5)$ für A, B, C, D   vi) $P(X > e^{-0.5})$ für A
   ii) $P(X > 10)$ für A, B, C, D
   iii) $P(X \leq e^{0.5})$ für A   vii) $P(X \leq 1)$ für B
   iv) $P(X > e)$ für B und C   viii) $P(X \leq e^{0.75})$ für C
   v) $P(X \leq e^2)$ für D   ix) $P(X > e^{1.75})$ für D

d) Die folgenden Abbildungen zeigen die Verteilungsfunktionen der vier betrachteten Verteilungen.

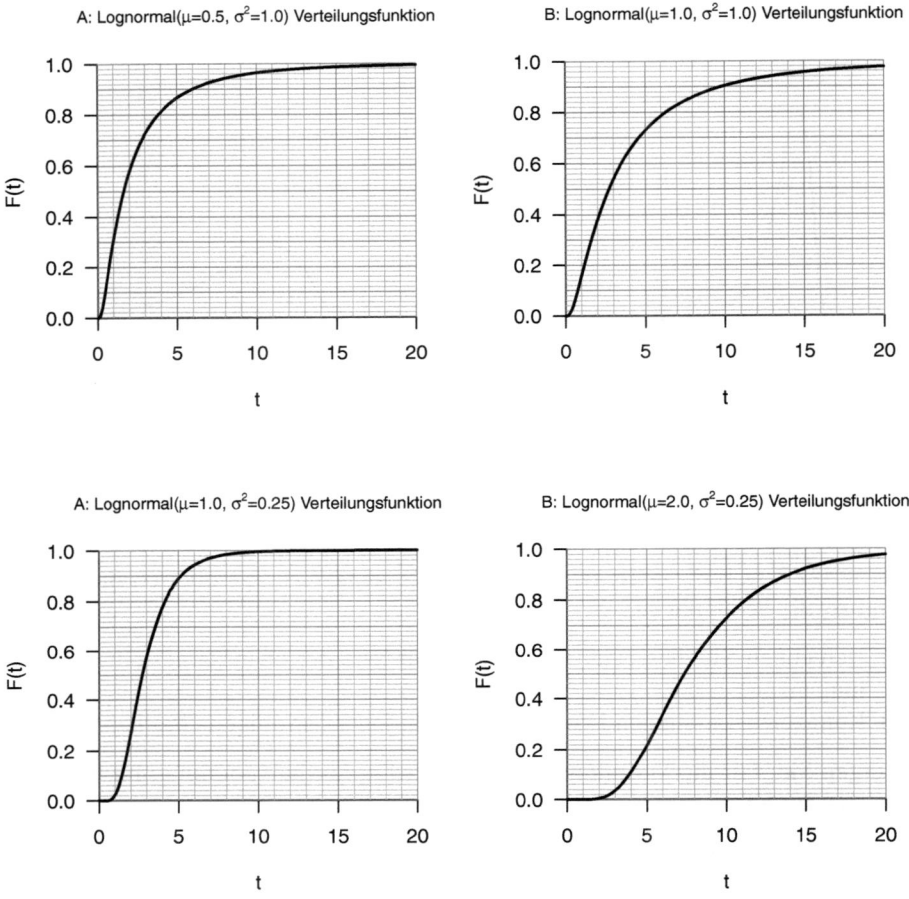

i) Überprüfen Sie einige der von Ihnen in c) berechneten Wahrscheinlichkeiten mit Hilfe der Abbildungen.

ii) Bestimmen Sie mit Hilfe der Abbildungen für alle vier Verteilungen dasjenige t, für das $F(t) = 0.25, 0.50$ bzw. 0.75 gilt.

[6.17]   Lognormalverteilung: Wahr oder Falsch?

a) Ist $\log(X)$ normalverteilt, so ist X lognormalverteilt.   (   )

b) Eine Lognormalverteilung hat zwei Parameter μ und σ^2.   (   )

c) Beide Parameter der Lognormalverteilung müssen größer als 0 sein.   (   )

d) Die Dichtefunktion der Lognormalverteilung kann sehr schief sein.   (   )

e) Ist Y lognormalverteilt, so ist e^Y normalverteilt   (   )

1.7 Modellanpassung und Parameterschätzung

[7.1] Histogramm als Schätzer: Wahr oder Falsch?

a) Ein normiertes Histogramm ist nichtnegativ und die Summe aller (   )
    Flächen ist Eins.

b) Ein normiertes Histogramm kann verwendet werden, um gewisse (   )
    Wahrscheinlichkeiten zu schätzen.

c) Die Wahl der Klassen für ein Histogramm und insbesondere die An- (   )
    zahl der Klassen ist unbedeutend für die Güte und damit die Aussage-
    kraft eines Histogramms.

d) Ein normiertes Histogramm kann als Schätzer der Dichtefunktion auf- (   )
    gefasst werden.

e) Man sollte immer möglichst viele Klassen für ein Histogramm ver- (   )
    wenden, denn es gilt: Je größer die Anzahl der Klassen, desto genauer
    ist die Schätzung der Dichtefunktion.

f) Man sollte für ein Histogramm möglichst immer eine hohe Klassen- (   )
    anzahl verwenden, da man dann viele Einzelheiten der Stichprobe er-
    kennen kann.

[7.2] Methode der Momente u. Maximum Likelihood: Wahr oder Falsch?

a) Die Methode der Momente kann nur zur Schätzung von $E(X)$ und (   )
    $\text{Var}(X)$ verwendet werden.

b) Soll der Parameter θ in einer Verteilung mit einem Parameter nach (   )
    der Methode der Momente geschätzt werden, so schreibt man θ als
    Funktion des Erwartungswertes $E(X)$ und erhält dann den Schätzer $\hat{\theta}$,
    indem man in der gefundenen Funktion $E(X)$ durch $\bar{x}$ ersetzt.

c) Die Methode der Momente kann auch für Verteilungen mit zwei Pa- (   )
    rametern verwendet werden. Man schreibt dann den Erwartungswert
    und die Varianz jeweils als Funktion der Parameter θ_1 und θ_2, löst
    diese Gleichungen nach θ_1 und θ_2 auf und ersetzt schließlich den Er-
    wartungswert und die Varianz durch ihre Schätzer $\bar{x}$ bzw. S^2.

d) Es gelte $EX = 2/\theta$ für eine Verteilung mit dem Parameter θ. Dann (   )
    gilt für den Schätzer nach der Methode der Momente $\hat{\theta} = 2/\bar{x}$.

e) Im vorangehenden Punkt gilt (unabhängig von der Dichte- bzw. Wahr- (   )
    scheinlichkeitsfunktion) auch für den ML-Schätzer: $\hat{\theta}_{ML} = 2/\bar{x}$.

f) Die Schätzer nach der Methode der Momente und der Maximum- (   )
    Likelihood-Methode sind immer dieselben.

g) Hängt die Dichtefunktion $f(x;\theta)$ einer stetigen Zufallsvariablen X (   )
von einem Parameter θ ab und sind unabhängige Beobachtungen
x_1, x_2, x_3, x_4 gegeben, so ist die Likelihoodfunktion $L(\theta) = f(x_1;\theta) \cdot$
$f(x_2;\theta) \cdot f(x_3;\theta) \cdot f(x_4;\theta)$.

h) Hängt die Wahrscheinlichkeitsfunktion $P(x;\theta)$ einer diskreten Zu-   (   )
fallsvariablen X von einem Parameter θ ab und sind unabhängige Beobachtungen x_1, x_2, x_3, x_4 gegeben, so ist die Likelihoodfunktion die
Wahrscheinlichkeit (als Funktion von θ), genau diese vier Beobachtungen x_1, x_2, x_3, x_4 zu erhalten.

[**7.3**]   Die Dichte einer Zufallsvariablen X mit dem Parameter $\alpha > 1$ sei

$$f_X(x) = \begin{cases} \alpha x^{-\alpha-1} & x \geq 1 \\ 0 & \text{sonst} \end{cases}$$

a) Bestimmen Sie[15] den Erwartungswert EX.
b) Bestimmen Sie den Schätzer $\hat{\alpha}$ nach der Methode der Momente.
c) Bestimmen Sie den Schätzer $\hat{\alpha}$ nach der Maximum-Likelihood-Methode.
d) Bestimmen Sie beide Schätzer, wenn Ihnen die folgenden Daten gegeben sind:
1.93, 1.03, 1.34, 1.06, 1.13, 5.05 .
e) Die Daten wurden mit dem Parameter $\alpha = 2$ simuliert. Bestimmen Sie für beide
Fälle den Fehler des Schätzers $\hat{\alpha} - \alpha$.

[**7.4**]   Die Dichtefunktion einer stetigen Zufallsvariablen X sei

$$f(x) = \begin{cases} \lambda^2 x e^{-\lambda x} & x \geq 0 \\ 0 & \text{sonst} \end{cases}$$

a) Bestimmen Sie den Schätzer von λ nach der Methode der Momente [16].
b) Zeigen Sie, dass der Schätzer von λ nach der Maximum-Likelihood-Methode
mit dem in a) bestimmten Schätzer übereinstimmt.
c) Bestimmen Sie $\hat{\lambda}$, wenn die folgenden 20 Beobachtungen gegeben sind:

1.50	3.78	4.27	6.31	0.79	11.03	6.32	3.50	2.76	3.81
18.21	8.42	5.55	2.29	4.26	5.16	10.34	4.40	1.68	0.76

---

[15] Beachten Sie: $\int x^a\, dx = \dfrac{1}{a+1} x^{a+1}$ $(a \neq -1)$ und $\lim\limits_{x \to \infty} x^{-a} = 0$ $a \in (0, \infty)$
[16] $E(X) = 2/\lambda$

[**7.5**]   Die Zufallsvariable X besitze die folgende Wahrscheinlichkeitsfunktion:

$$P_X(x) = \begin{cases} \frac{\lambda^x}{x!} \cdot \frac{e^{-\lambda}}{1-e^{-\lambda}} & x = 1,2,3,\ldots \\ 0 & \text{sonst} \end{cases}$$

Dabei ist $\lambda > 0$ ein Parameter. Es gilt $EX = \dfrac{\lambda}{1-e^{-\lambda}}$.

a) Bestimmen eine Gleichung[17] für den Schätzer $\hat{\lambda}$ nach der Methode der Momente.
b) Zeigen Sie: Man kann $\hat{\lambda}$ auf grafische Weise bestimmen, indem man den Graphen der Funktion $y = e^{-\lambda}$ mit einer geeigneten Geraden zum Schnitt bringt und dann $\hat{\lambda}$ als Abszissen-Koordinate des Schnittpunktes abliest (siehe Grafik unten). Um welche Gerade handelt es sich?
c) Bestimmen Sie $\hat{\lambda}$ auf grafische Weise, wenn $\bar{x} = 2$ bzw. 3 oder 4 ist.

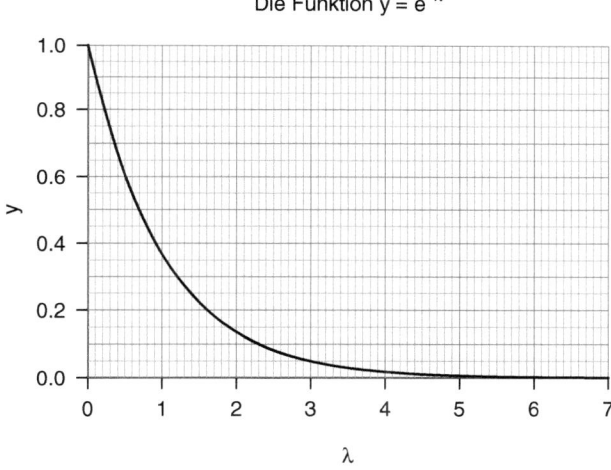

Die Funktion $y = e^{-\lambda}$

d) Nehmen Sie an, Sie haben in einer Stichprobe die Beobachtungen 1, 2, 3 und 4 mit den folgenden Häufigkeiten erhalten:

x	N_i	N_i/N	$x \cdot N_i/N$	$\hat{P}_X(x)$
1	274			
2	222			
3	171			
4	59			
Σ	726			

i) Vervollständigen Sie obige Tabelle, indem Sie zunächst die relativen Häufigkeiten berechnen und dann den Mittelwert $\bar{x}$ mithilfe der vierten Spalte.

---

[17] Gesucht ist eine Gleichung der Gestalt $e^{-\hat{\lambda}} = \ldots$

ii) Geben Sie die Steigung der Geraden an, die Sie bei der grafischen Methode zur Bestimmung von $\hat{\lambda}$ in die Abbildung unter b) einzeichnen müssen.

iii) Die eben erwähnte Gerade ist in der unteren Abbildung bereits eingezeichnet. Lesen Sie $\hat{\lambda}$ aus der Grafik ab.

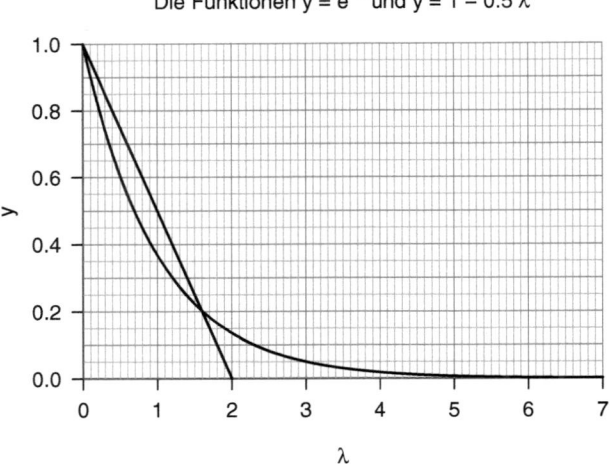

Die Funktionen $y = e^{-\lambda}$ und $y = 1 - 0.5\,\lambda$

iv) Approximieren Sie mit diesem $\hat{\lambda}$ die Wahrscheinlichkeiten $P_X(x)$ für $x = 1, 2, 3$ und 4. Bestimmen Sie auch $\hat{P}(X > 4)$.

[7.6]   Schätzer: Wahr oder Falsch?

a) Ein Schätzer eines Parameters ist eine Zufallsvariable.   (   )

b) Ein Schätzer eines Parameters heißt erwartungstreu, wenn er den Parameter immer genau richtig, d.h. ohne Fehler schätzt.   (   )

c) Der mittlere quadratische Fehler ist für erwartungstreue Schätzer gleich der Varianz des Schätzers.   (   )

d) Es ist durchaus möglich, dass ein erwartungstreuer Schätzer einen größeren mittleren quadratischen Fehler hat als ein anderer nicht erwartungstreuer Schätzer.   (   )

e) Ein Schätzer heißt erwartungstreu, wenn seine Varianz Null ist, denn dann ist der Schätzer konstant gleich dem zu schätzenden Parameter.   (   )

f) Hat man für ein Schätzproblem zwei Schätzer mit unterschiedlicher Varianz zur Auswahl, so ist immer der Schätzer mit der kleineren Varianz vorzuziehen.   (   )

g) Der mittlere quadratische Fehler ist die Summe aus dem Bias und dem Standardfehler.   (   )

[**7.7**]   Am Tage des WM-Halbfinales Deutschland gegen Spanien am 7. Juli 2010 fielen einem Statistik-Dozenten auf dem Weg zur Arbeit viele Autos mit Deutschland-Fahnen auf. Spontan beschloss er anhand der nächsten 20 Fahrzeuge den Anteil π der Fahrzeuge mit Deutschland-Fahne zu schätzen. Die Anzahl der Erfolge in diesen 20 Versuchen war $X = 2$. Bestimmen Sie a) den Schätzer $\hat{\pi}$, b) den geschätzten Standardfehler und c) den geschätzten mittleren quadratischen Fehler von $\hat{\pi}$.

[**7.8**]   In einer Nachrichtenmeldung über Gammelfleisch vom 11.02.2008 hieß es: Vier von 39 Proben aus einem bestimmten Betrieb rochen faulig. Gehen Sie davon aus, dass die Proben unabhängig gezogen wurden. Sei π die Wahrscheinlichkeit, dass eine Probe faulig riecht. Berechnen Sie $\hat{\pi}$. Schätzen Sie die Varianz, den Standardfehler und den mittleren quadratischen Fehler von $\hat{\pi}$.

[**7.9**]   In der Zeitschrift *UNICUM BERUFE, Nr. 2/2008* wird über eine Umfrage unter Unternehmen zum Thema *flexible Arbeitsformen* berichtet. Die Zahlen der Tabelle geben die Zustimmung zu den vorne stehenden Fragen in Prozent an.

Aussage	Zustimmung
Die Akzeptanz von flexiblen Arbeitsformen steigt	73
Freiberufler erweitern die Perspektiven der Arbeitnehmer	59
Ein stärkerer Wandel fördert Projektstrukturen in der Arbeitswelt	56
Die Bereitschaft, Freiberufler jenseits der IT einzusetzen, steigt	52
Unternehmen versuchen Personalkosten durch Freiberufler schlank zu halten	49

Als kritischer Leser fragen Sie sich, wie genau diese Zahlen sind. Die Anzahl der befragten Unternehmen wird in dem Artikel leider nicht genannt. Wie groß ist die geschätzte Standardabweichung in %, wenn die Anzahl der befragten Unternehmen $10, 100, 1\,000$ oder $10\,000$ war?

[**7.10**]   In der Umfrage des Instituts für Niederdeutsche Sprache[18] gaben 775 von 800 Befragten an, dass Ihnen das Wort „Plattdeutsch" oder „Niederdeutsch" etwas sagt. All diesen wurde die Frage gestellt: *„Wenn Sie an Plattdeutsch oder Niederdeutsch denken, welchen der folgenden Eigenschaften stimmen Sie zu?"* Die Tabelle enthält die Anteile der Zustimmungen in % und die jeweiligen Schätzer $\hat{\pi}$.

---

[18] Siehe Aufg. 1 in Kap. 2

Eigenschaft	Zustimmung in %	$\hat{\pi}$	$\widehat{SE}(\hat{\pi})$
heimatlich	91	0.91	
humorvoll	85	0.85	
gemütlich	79	0.79	
typisch norddeutsch	75	0.75	
gehört zum Ohnsorg-Theater	67	0.67	
stirbt aus	62	0.62	
sprechen auch junge Leute wieder	55	0.55	
kenne ich aus Talk op Platt	41	0.41	
nicht zeitgemäß	30	0.30	
grob	27	0.27	
nur für alte Menschen	21	0.21	

a) Berechnen Sie die geschätzten Standardfehler von $\hat{\pi}$.

b) Für welchen der hier gegebenen Werte von $\hat{\pi}$ ist $\widehat{SE}(\hat{\pi})$ am größten?

c) Für welchen Wert von $\hat{\pi}$ wird $\widehat{SE}(\hat{\pi}) = \sqrt{\hat{\pi}(1-\hat{\pi})/n}$ am größten?
   Hinweis: Maximieren Sie die Funktion $f(\hat{\pi}) = \hat{\pi}(1-\hat{\pi}) = \hat{\pi} - (\hat{\pi})^2$, indem Sie die erste Ableitung Null setzen und dann noch die zweite Ableitung untersuchen.

d) Wie groß kann in diesem Beispiel ($n = 775$) der geschätzte Standardfehler maximal werden?

e) Wie groß ist der maximale Standardfehler, wenn $n = 30, 50, 100, 500$ bzw. $1\,000$?

f) Wie groß muss Stichprobenumfang n mindestens sein, wenn der maximal tolerierbare Standardfehler SE_{max} gegeben ist?

g) Wenden Sie die in f) erhaltene Formel an, wenn der Standardfehler maximal $0.05, 0.04, 0.03, 0.02$ bzw. 0.01 sein darf.

[**7.11**]   Die *Orchideenfreunde in Südniedersachsen (OFSN e. V.)* veranstalteten am Samstag 30. und Sonntag 31. August 2008 ihre Orchideenbörse im Neuen Botanischen Garten in Göttingen und waren an der Frage interessiert: *Aus welcher Quelle haben Sie* (der Besucher) *von der Orchideenbörse erfahren?* Die Antwortmöglichkeiten waren: Radio, Zeitung, Blick (wöchentlich erscheinendes Anzeigenblatt), Anzeige in der *Eule*, in *Hallo am Sonntag*, Plakat, Handzettel, Bekannte, Internet, Sonstiges.
Befragt wurden verschiedene Leute, allerdings nicht mehr als vier, aber immer nur zwei gleichzeitig, locker über den Tag hinweg bis gegen 14:30 Uhr, wer gerade Zeit hatte. Der Besucherstrom war von Beginn der Veranstaltung bis Samstag 15:50 Uhr vom Eindruck der Beobachter her gleichbleibend stark. Zum angegebenen Zeitpunkt riss der Besucherstrom ab und wurde immer weniger. Am Samstag wurden die Ergebnisse auf zwei Zetteln (Z1 und Z2), am Sonntag nur noch auf einem Zettel (Z3) notiert. Die Ergebnisse sind in der folgenden Tabelle zusammengefasst:

Quelle	Samstag, Z1	Samstag, Z2	Sonntag, Z3
Radio	0	0	0
Zeitung	42	26	11
Blick	6	0	1
Eule	4	0	0
Hallo am Sonntag	1	0	0
Plakat	8	2	1
Handzettel	6	1	0
Bekannte	4	2	0
Internet	2	0	0
Sonstiges	6	1	0
Gesamt	79	32	13

a) Berechnen Sie für jede Zeile die kumulative Summe der Häufigkeiten aus Z1 und Z2 bzw. aus allen drei Zetteln. Für die Zeilen *Radio* und *Zeitung* ist dies bereits geschehen.

Quel.	Z1	$\hat{\pi}$	$\widehat{SE}(\hat{\pi})$	Z1 + Z2	$\hat{\pi}$	$\widehat{SE}(\hat{\pi})$	Z1 + Z2 + Z3	$\hat{\pi}$	$\widehat{SE}(\hat{\pi})$
Rad.	0			0			0		
Zeit.	42			68			79		
Blick	6								
Eule	4								
Hallo	1								
Plak.	8								
Hand.	6								
Bek.	4								
Inter	2								
Sonst	6								
Ges.	79			111			124		

b) Berechnen Sie dann den geschätzten Anteil $\hat{\pi}$ nach

   i) den ersten 79 Befragungen (nur Zettel 1, Z1),
   ii) 111 Befragungen (den beiden ersten Zetteln, Z1 + Z2),
   iii) allen 124 Befragungen (Z1 + Z2 + Z3).

c) Berechnen Sie jetzt jeweils den geschätzten Standardfehler von $\hat{\pi}$ und beantworten Sie die folgenden Fragen:

   i) Hat sich der geschätzte Anteil wesentlich verändert, nachdem Zettel 2 und Zettel 3 hinzugefügt wurden?

ii) Hat sich der geschätzte Standardfehler wesentlich verändert, nachdem Zettel 2 und Zettel 3 hinzugefügt wurden?

iii) Hat sich der zusätzliche Aufwand der zweiten und dritten Befragung, d.h. der Zettel $Z2$ und $Z3$ gelohnt?

d) Der Standardfehler ist maximal, wenn $\hat{\pi} = 0.5$. Berechnen Sie für diesen Fall den Standardfehler, wenn $n = 79, 111$ bzw. 124 und beantworten Sie die folgenden Fragen:

i) Um wie viel verringert sich der maximale Standardfehler bei Vergrößerung des Stichprobenumfangs von 79 auf 111 bzw. von 111 auf 124?

ii) Hat sich der zusätzliche Aufwand der Orchideenfreunde gelohnt, wenn Sie mit einem maximalen geschätzten Standardfehler von 0.1 zufrieden sind?

[7.12]   Für die Anzahl der in den letzten 12 Monaten gekauften plattdeutschen Bücher (laut Institut für Niederdeutsche Sprache, siehe Aufg. 1 in Kap. 2.) wurde auf folgende Weise ein Modell konstruiert. Die Frage wurde in der Umfrage nur dann gestellt, wenn tatsächlich mindestens ein Buch in den letzten 12 Monaten gekauft wurde. Folglich kann die Anzahl der gekauften Bücher nur die Werte $1, 2, 3, \dots$ annehmen. Es sei jetzt X die um 1 verringerte Anzahl der gekauften Bücher. Somit kann X die Werte $0, 1, 2, \dots$ annehmen. Die Beobachtungen für X sind somit:

Anzahl Bücher -1	0	1	2	3
Häufigkeit	5	9	5	3

Es wurde an diese Daten eine Poissonverteilung mit dem Parameter λ angepasst. Berechnen Sie $\hat{\lambda}$, die geschätzte Varianz, den geschätzten Standardfehler und den geschätzten mittleren quadratischen Fehler von $\hat{\lambda}$.

[7.13]   Für die Anzahl der in den letzten 12 Monaten geschenkt bekommenen plattdeutschen Bücher wurde genau so wie in der vorigen Aufgabe ein Modell angepasst. Es sei jetzt X die um 1 verringerte Anzahl der geschenkten Bücher. Somit kann X die Werte $0, 1, 2, \dots$ annehmen. Die Beobachtungen für X sind somit:

Anzahl Bücher -1	0	1	2	3
Häufigkeit	19	8	2	1

Es wurde an diese Daten eine Poissonverteilung mit dem Parameter λ angepasst. Berechnen Sie $\hat{\lambda}$, die geschätzte Varianz, den geschätzten Standardfehler und den geschätzten mittleren quadratischen Fehler von $\hat{\lambda}$.

[7.14] Verteilung des Stichprobenmittelwertes: Wahr oder Falsch?

a) Je größer der Stichprobenumfang, desto breiter wird die Dichtefunkti- (   )
on des Stichprobenmittelwertes.

b) Ist $\bar{x}$ der Mittelwert in einer Stichprobe der Größe n aus einer normal- (   )
verteilten Grundgesamtheit mit Erwartungswert μ und Varianz σ^2, so
ist $\bar{x}$ ebenfalls normalverteilt mit Erwartungswert μ und Varianz σ^2/n.

c) Unabhängig von der Verteilung einer Grundgesamtheit mit Erwar- (   )
tungswert μ und Varianz σ^2, gilt für den Mittelwert in einer Stichprobe der Größe n aus dieser Grundgesamtheit immer $E(\bar{x}) = \mu$ und
$\mathrm{Var}(\bar{x}) = \sigma^2/n$.

d) Der Mittelwert $\bar{x}$ in einer Stichprobe aus einer beliebigen Grundge- (   )
samtheit mit Erwartungswert μ und Varianz σ^2 ist asymptotisch normalverteilt.

e) Der Mittelwert $\bar{x}$ in einer Stichprobe aus einer beliebigen Grundge- (   )
samtheit mit Erwartungswert μ hat keinen Bias.

f) Der zentrale Grenzwertsatz gilt nur für eine normalverteilte Grundge- (   )
samtheit.

[7.15] Konfidenzintervall, allgemein: Wahr oder Falsch?

a) Die Grenzen eines Konfidenzintervalls hängen vom Zufall ab. (   )

b) Je größer das Konfidenzniveau, desto breiter das Konfidenzintervall. (   )

c) Die Länge eines Konfidenzintervalls hängt ausschließlich von α ab. (   )

d) Vergrößert man den Stichprobenumfang, so werden Konfidenzinter- (   )
valle bei gleichem Konfidenzniveau im Allgemeinen kürzer.

e) Je kleiner α, desto kürzer ist das Konfidenzintervall. (   )

f) Die Lage eines Konfidenzintervalls variiert mit der Stichprobe. (   )

g) Die Länge eines Konfidenzintervalls kann durchaus von der Stichpro- (   )
be abhängen.

[7.16] Konfidenzintervall für den Erwartungswert: Wahr oder Falsch?

a) Berechnet man für 100 verschiedene Stichproben Konfidenzintervalle (   )
für μ zum Niveau 0.90, so sollten etwa 90 Konfidenzintervalle den
wahren Wert von μ enthalten.

b) Konfidenzintervalle für den Erwartungswert einer Zufallsvariablen (   )
sind nur für normalverteilte Grundgesamtheiten berechenbar.

c) Ist die Varianz einer Grundgesamtheit bekannt, so verwendet man bei (   )
der Berechnung von Konfidenzintervallen für den Erwartungswert μ
Quantile der Standardnormalverteilung.

d) Ist die Grundgesamtheit nicht exakt normalverteilt, so gilt das angege- (   )
   bene Konfidenzniveau nur ungefähr.

e) Die Länge eines Konfidenzintervalls für den Erwartungswert hängt bei (   )
   gegebenem Stichprobenumfang n und bei bekannter Varianz nicht von
   der Stichprobe ab.

[**7.17**]   Bei der Befragung auf dem Göttinger Weihnachtsmarkt[19] wurde u.a. gefragt: Wieviel Geld geben Sie schätzungsweise bei diesem Aufenthalt in der Innenstadt <u>außerhalb</u> des Weihnachtsmarktes aus (in Euro)? Es wurde auch der Berufsstatus abgefragt mit den Antwortmöglichkeiten: Berufstätig, Student, Arbeitslos, im Ruhestand, Sonstiges. Die Ausgaben wurde in **R** unter den Namen ALLE,
BERUF, STUD, ABLOS, RUHE, SONST gespeichert.

```
> cbind(length(ALLE),length(BERUF),length(SSTUD))
[1] 659   306    213
> cbind(length(ABLOS),length(RUHE),length(SONST))
[1] 14    49     67
> round(cbind(mean(ALLE),mean(BERUF),mean(STUD)),2)
[1] 22.69   29.09   10.46
> round(cbind(mean(ABLOS),mean(RUHE),mean(SONST)),2)
[1] 20.07   46.86   14.18
> round(cbind(var(ALLE),var(BERUF),var(STUD)),2)
[1] 1916.79   2605.65   426.98
> round(cbind(var(ABLOS),var(RUHE),var(SONST)),2)
[1] 786.23   4754.21   519.09
```

a) Berechnen Sie für alle Gruppen Konfidenzintervalle für den Mittelwert μ bei
   unbekannter, also geschätzter Varianz σ^2 für $1 - \alpha = 0.95$ und $1 - \alpha = 0.99$.
   Im Folgenden bezeichnet S_* die Wurzel aus $S_*^2 = \frac{1}{n-1} \sum_{i=1}^{n} (x_i - \bar{x})^2$. Genau dieser
   erwartungstreue Schätzer der Varianz wird in **R** mit var berechnet.

Gruppe	ALLE	BERUF	STUD	ABLOS	RUHE	SONST
$\bar{x}$						
S_*						
n						
$t_{n-1,0.025}$						
C_-						
C_+						
$t_{n-1,0.005}$						
C_-						
C_+						

---

[19] Quelle: Siehe Aufg. 15 in Kap. 4.

b) Stellen Sie die Konfidenzintervalle in der folgenden Abbildung grafisch dar. Die eingezeichnete senkrechte Linie ist der Mittelwert aller Beobachtungen.

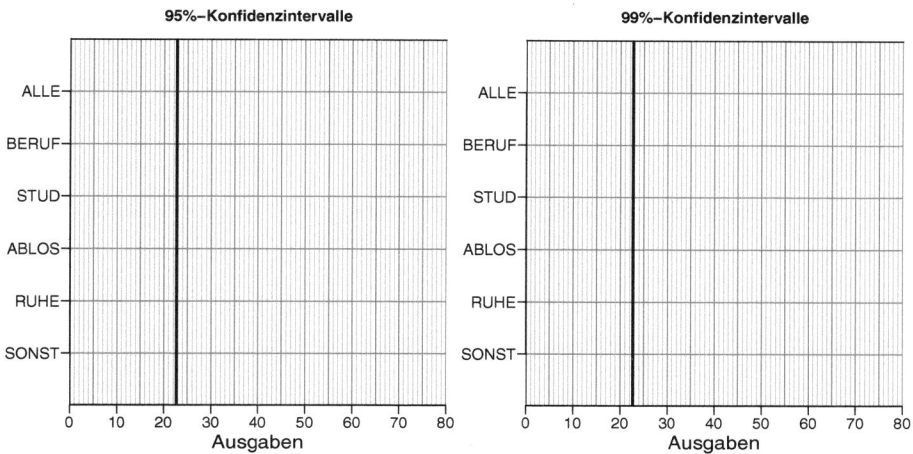

c) Welche Konfidenzintervalle enthalten den Mittelwert aller Beobachtungen?
d) Falls Sie Bedenken haben, die Formel für Konfidenzintervalle für Mittelwerte bei unbekannter Varianz anzuwenden, weil die Daten nicht normalverteilt sind (sie sind tatsächlich eher exponentialverteilt), führen Sie den folgenden R-Befehl aus:

```
hist(apply(matrix(rexp(49*100,0.0213),ncol=49,nrow=100),1,mean))
```

Der Befehl `rexp(49*100,0.0213)` erzeugt 4900 exponentialverteilte Zufallszahlen mit dem Parameter $\lambda = 0.0213 \approx 1/46.86$. Beachten Sie 46.86 ist der Mittelwert in der Gruppe der Ruheständler und 49 ist der Stichprobenumfang in dieser Gruppe. Diese Zahlen werden durch den Befehl `matrix` in eine Matrix mit 49 Spalten und 100 Zeilen geschrieben. Jede Zeile kann als Stichprobe der Größe 49 aufgefasst werden. Die Funktion `apply` wendet auf jede Zeile (wegen des Arguments MARGIN=1) die Funktion `mean` an, d.h. es wird für jede Zeile der Matrix der Mittelwert berechnet, so dass wir 100 Mittelwerte zur Verfügung haben. Mit der Funktion `hist` wird ein Histogramm dieser Mittelwerte gezeichnet.

[7.18] **Konfidenzintervall für Varianz und Anteilswert: Wahr oder Falsch?**

a) Für die Berechnung eines Konfidenzintervalls für die Varianz σ^2 zum   (   )
Niveau $1 - \alpha$ wird nur der obere Prozentpunkt $\chi^2_{n-1,\alpha}$ benötigt.

b) Konfidenzintervalle für die Varianz σ^2 sind symmetrisch um $\hat{\sigma}^2$.   (   )

c) Für die Berechnung eines Konfidenzintervalls für die unbekannte Varianz σ^2 zum Konfidenzniveau $1 - \alpha = 0.9$ bei $n = 80$ benötigt man   (   )
$\chi^2_{79,0.95}$ und $\chi^2_{79,0.05}$.

d) Die Mitte eines Konfidenzintervalls für den Anteilswert π ist durch $\hat{\pi}$ (   )
   bestimmt und daher nicht vom Zufall abhängig.

e) Bei Konfidenzintervallen für den Anteilswert π werden grundsätzlich   (   )
   Quantile der Binomialverteilung benötigt.

f) Der wahre Anteilswert π liegt mit Wahrscheinlichkeit $1 - \alpha$ im Kon-   (   )
   fidenzintervall zum Niveau $1 - \alpha$, während $\hat{\pi}$ immer im Konfidenzintervall liegt.

[**7.19**] Ein Bernoulliexperiment mit unbekannter Erfolgswahrscheinlichkeit $\pi = P(X = 1)$ wurde 16-mal durchgeführt mit den folgenden Ergebnissen:

$$0\ 0\ 0\ 1\ 0\ 0\ 1\ 0\ 0\ 0\ 0\ 0\ 0\ 1\ 1\ 0$$

Bestimmen Sie ein Konfidenzintervall für π zum Niveau 0.95.

[**7.20**] In der Umfrage des Instituts für Niederdeutsche Sprache[20] gaben 775 von 800 Befragten an, dass Ihnen das Wort „Plattdeutsch" oder „Niederdeutsch" etwas sagt. All diesen wurde die Frage gestellt: „*Wenn Sie an Plattdeutsch oder Niederdeutsch denken, welchen der folgenden Eigenschaften stimmen Sie zu?*" Die folgende Tabelle[21] enthält die Anteile der Zustimmungen $\hat{\pi}$ und den geschätzten Standardfehler $\widehat{SE}(\hat{\pi})$.

Eigenschaft	$\hat{\pi}$	$\widehat{SE}(\hat{\pi})$	90%	95%
heimatlich	0.91	0.0103		
humorvoll	0.85	0.0128		
gemütlich	0.79	0.0146		
typisch norddeutsch	0.75	0.0156		
gehört zum Ohnsorg-Theater	0.67	0.0169		
stirbt aus	0.62	0.0174		
sprechen auch junge Leute wieder	0.55	0.0179		
kenne ich aus Talk op Platt	0.41	0.0177		
nicht zeitgemäß	0.30	0.0165		
grob	0.27	0.0159		
nur für alte Menschen	0.21	0.0146		

---

[20] Siehe Aufg. 1 in Kap. 2
[21] Siehe auch Aufg. 10.

a) Berechnen Sie (möglichst mit **R**) die 90%- bzw. 95%-Konfidenzintervalle für den Anteilswert π und schreiben Sie die Ergebnisse in die entsprechenden Spalten der obigen Tabelle.

b) Für welchen der in der obigen Tabelle gegebenen Werte von $\hat{\pi}$ sind die Konfidenzintervalle am breitesten?

c) Für welchen Wert von $\hat{\pi}$ liefern die Formeln $C^- = \hat{\pi} - z_{\alpha/2} \cdot \sqrt{\hat{\pi}(1-\hat{\pi})/n}$ und $C^+ = \hat{\pi} - z_{\alpha/2} \cdot \sqrt{\hat{\pi}(1-\hat{\pi})/n}$ die größte Breite[22] $C^+ - C^-$ des Konfidenzintervalls?

d) Wie breit können in diesem Beispiel ($n = 775$) die Konfidenzintervalle für $1 - \alpha = 0.90$ bzw. $1 - \alpha = 0.95$ maximal werden?

e) Wie breit sind die Konfidenzintervalle für $1 - \alpha = 0.90$ bzw. $1 - \alpha = 0.95$ höchstens, wenn $n = 30, 50, 100, 500$ bzw. $1\,000$ ist?

f) Wie groß muss der Stichprobenumfang mindestens sein, wenn die Breite der Konfidenzintervalle für $1 - \alpha = 0.90$ bzw. $1 - \alpha = 0.95$ maximal $0.1, 0.05$ bzw. 0.02 sein darf?

[**7.21**] Der Stern berichtet in Nr. 38 vom 11.09.2008 über eine Umfrage zur Situation der SPD nach der Bekanntgabe, dass Frank-Walter Steinmeier Kanzlerkandidat und Franz Münterfering Parteivorsitzender werden soll. Es wurden vier Fragen mit zwei bzw. drei Antwortmöglichkeiten gestellt. Die Prozentzahlen bei den relativen Häufigkeiten der Antworten variieren zwischen 6% und 54%. Es wurden 1 002 Personen befragt. In einer Fußnote heißt es: *Fehlertoleranz +/− 3 Prozentpunkte*, wobei nicht erklärt wird, was eine Fehlertoleranz ist.

a) Diskutieren Sie, was mit dem Begriff *Fehlertoleranz* gemeint sein könnte?

b) Berechnen Sie den maximalen Standardfehler, wenn $n = 1\,002$ ist.[23]

c) Das Wievielfache des maximalen Standardfehlers ist gleich 3%?

d) Für welches der üblichen Konfidenzniveaus $1 - \alpha$ ist die halbe Breite des Konfidenzintervalls ungefähr 3%?

[**7.22**] Bei der Korrektur einer Klausur interessieren die Fragen: *Wie ist die Klausur ausgefallen? Wie hoch ist die Durchfallquote?* Bei der Korrektur der Mathe-Klausur am 19.02.2009 wurden nach 27 korrigierten Klausuren eine erste Schätzung der Durchfallquote gewagt: 5 von 27 Studierenden hatten weniger als 32 Punkte und damit nicht bestanden.

a) Berechnen Sie je ein Konfidenzintervall für die Durchfallquote zu den Konfidenzniveaus $1 - \alpha = 0.9, 0.95$ und 0.99.

b) Warum werden die Konfidenzintervalle länger, wenn $1 - \alpha$ größer wird?

---

[22] Siehe Aufg. 10.

[23] Der Standardfehler von $\hat{\pi}$ ist am größten, wenn $\hat{\pi} = 0.5$ ist (Aufg. 10).

c) Was passiert, wenn Sie den Stichprobenumfang erhöhen, während der Anteilswert konstant bleibt, d.h. wenn z.B. von 270 Studierenden 50 nicht bestanden
   hätten? Berechnen Sie für diesen Fall ein Konfidenzintervall für die Durchfallquote zum Konfidenzniveau 0.99.

[**7.23**]   Verwenden Sie für diese Aufgabe die Daten aus Aufg. 17.

a) Berechnen Sie für alle Gruppen Konfidenzintervalle für die Varianz[24] σ^2 für $1 -
   \alpha = 0.95$. Verwenden Sie zur Bestimmung der Quantile der χ^2-Verteilung die
   folgende Ausgabe in R:

```
> Prozente<-c(0.005,0.01,0.025,0.05,0.95,0.975,0.99,0.995)
> round(qchisq(Prozente,659),digits=2)
[1] 569.24 577.50 589.76 600.44 719.83 732.03 746.39 756.27
> round(qchisq(Prozente,658),digits=2)
[1] 568.32 576.56 588.81 599.49 718.79 730.98 745.32 755.20
> round(qchisq(Prozente,306),digits=2)
[1] 246.04 251.41 259.43 266.48 347.80 356.35 366.47 373.47
> round(qchisq(Prozente,305),digits=2)
[1] 245.14 250.50 258.51 265.54 346.73 355.27 365.38 372.37
> round(qchisq(Prozente,213),digits=2)
[1] 163.59 167.94 174.47 180.23 248.05 255.31 263.93 269.91
> round(qchisq(Prozente,212),digits=2)
[1] 162.72 167.06 173.57 179.30 246.97 254.22 262.82 268.79
> round(qchisq(Prozente,14),digits=2)
[1]   4.07   4.66   5.63   6.57 23.68 26.12 29.14 31.32
> round(qchisq(Prozente,13),digits=2)
[1]   3.57   4.11   5.01   5.89 22.36 24.74 27.69 29.82
> round(qchisq(Prozente,49),digits=2)
[1] 27.25 28.94 31.55 33.93 66.34 70.22 74.92 78.23
> round(qchisq(Prozente,48),digits=2)
[1] 26.51 28.18 30.75 33.10 65.17 69.02 73.68 76.97
> round(qchisq(Prozente,67),digits=2)
[1] 40.94 43.04 46.26 49.16 87.11 91.52 96.83 100.55
> round(qchisq(Prozente,66),digits=2)
[1] 40.16 42.24 45.43 48.31 85.96 90.35 95.63 99.33
```

Gruppe	ALLE	BERUF	STUD	ABLOS	RUHE	SONST
n						
S_*^2						
$nS^2 = (n-1)S_*^2$						
$\chi^2_{n-1,\alpha/2}$						
C_-						
$\chi^2_{n-1,1-\alpha/2}$						
C_+						

---

[24] Beachten Sie, dass mit dem **R**-Befehl `var` der erwartungstreue Schätzer S_*^2 berechnet wird.

b) Berechnen Sie für alle Gruppen Konfidenzintervalle für die Varianz σ^2 für $1 - \alpha = 0.99$.

Gruppe	ALLE	BERUF	STUD	ABLOS	RUHE	SONST
$nS^2 = (n-1)S_*^2$						
$\chi^2_{n-1,\alpha/2}$						
C_-						
$\chi^2_{n-1,1-\alpha/2}$						
C_+						

c) Stellen Sie die Konfidenzintervalle in der folgenden Abbildung grafisch dar. Die eingezeichnete senkrechte Linie ist der Mittelwert aller Beobachtungen.

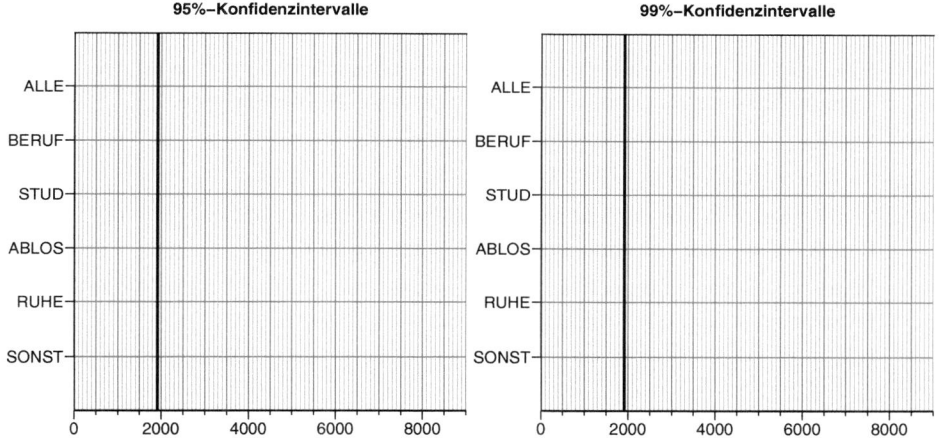

d) Beachten Sie, welche Konfidenzintervalle den Mittelwert aller Beobachtungen enthalten.

[7.24]   In **R** wurde unter dem Namen `Milch` die Milchmenge[25] in kg von 9 Kühen eines Betriebes über eine Laktation (ca. 300 Melktage) gespeichert.

```
> Milch
[1] 5535 5659 4853 5020 5691 5564 5090 5217 6371
> cbind(mean(Milch),var(Milch))
[1] 5444.444   211893.0
```

a) Berechnen Sie Konfidenzintervalle für μ zu den Niveaus $1 - \alpha = 0.90$ und 0.95.

b) Nehmen Sie an, Sie hätten denselben Mittelwert und dieselbe geschätzte Varianz für $n = 25$ bzw. $n = 60$ erhalten. Berechnen Sie erneut Konfidenzintervalle für $1 - \alpha = 0.95$.

---

[25] Bruns, Erich; Institut für Tierzucht und Haustiergenetik, Universität Göttingen; Persönliche Mitteilung

   i) Berechnen Sie die Breite der Konfidenzintervalle für $n = 9, 25$ bzw. $n = 60$.

  ii) Wie verändert sich die Breite?

c) Berechnen Sie Konfidenzintervalle für die Varianz zu den Niveaus $1 - \alpha = 0.9$ und 0.98. Beachten Sie: $nS^2 = (n-1)S_*^2$. Welches Konfidenzintervall ist breiter?

d) Nehmen Sie an, Sie hätten dieselbe geschätzte Varianz für $n = 25$ erhalten. Berechnen Sie erneut ein Konfidenzintervalle für $1 - \alpha = 0.9$. Wie hat sich die Breite gegenüber $n = 9$ verändert?

1.8 Hypothesentests

[8.1]   Hypothesentest allgemein: Wahr oder Falsch?

a) Bei einem klassischen Hypothesentest kann man nur dann eine relativ ( )
sichere Aussage machen, wenn die Hypothese verworfen wird.

b) Mit einem klassischen Signifikanztest kann man entscheiden, ob Hy- ( )
pothesen richtig oder falsch sind.

c) Wird bei einem klassischen Signifikanztest die Nullhypothese verwor- ( )
fen, so kann man ziemlich sicher sein, dass sie nicht gilt.

d) Wird bei einem klassischen Signifikanztest die Nullhypothese nicht ( )
verworfen, so kann man ziemlich sicher sein, dass sie gilt.

e) Wenn die Alternativhypothese wahr ist, ist es sehr unwahrscheinlich, ( )
dass die Nullhypothese nicht verworfen wird.

f) Wenn die Nullhypothese nur knapp falsch ist, ist im allgemeinen die ( )
Wahrscheinlichkeit einer falschen Entscheidung sehr groß.

g) Kann beim klassischen Signifikanztest die Nullhypothese nicht ver- ( )
worfen werden, bedeutet dies nicht, dass diese richtig ist.

[8.2]   Hypothesentest, Fehler erster und zweiter Art: Wahr oder Falsch?

a) Der Fehler zweiter Art oder β-Fehler tritt ein, wenn die Nullhypothese ( )
nicht verworfen wird, wenn sie wahr ist.

b) Man begeht keinen Fehler, wenn man die Nullhypothese verwirft, ( )
wenn sie falsch ist.

c) Bei einem klassischen Hypothesentest wählt man im Allgemeinen nur ( )
die Wahrscheinlichkeit des α-Fehlers klein.

d) Bei geschickter Wahl des Ablehnungsbereiches lassen sich α- und β- ( )
Fehler gleichzeitig klein halten.

e) Man spricht von einem Fehler 2. Art oder β-Fehler, wenn die Nullhy- ( )
pothese nicht verworfen wird, obwohl sie falsch ist.

f) Beim klassischen Signifikanztest fällt die Prüfgröße unter der Nullhy- (   )
    pothese mit Wahrscheinlichkeit α in den Ablehnungsbereich und mit
    Wahrscheinlichkeit β in den Nicht-Ablehnungsbereich.

g) Beim klassichen Signikanztest muss man damit rechnen, dass der β- (   )
    Fehler sehr groß wird, wenn die Nullhypothese nur "knapp" falsch ist.

[8.3]   P-Wert: Wahr oder Falsch?

a) Der P-Wert gibt die Wahrscheinlichkeit an, dass die Prüfgröße in den (   )
    vorher festgelegten Ablehnungsbereich fällt.

b) Der P-Wert gibt die Wahrscheinlichkeit an, dass die Prüfgröße in den (   )
    Ablehnungsbereich fällt, wenn man den gerade für die PG berechne-
    ten Wert als kritischen Wert, d.h. als Grenze des Ablehnungsbereiches
    verwendet.

c) Ist der P-Wert groß, so kann man die Nullhypothese als statistisch ab- (   )
    gesichert betrachten.

d) Ist der P-Wert sehr klein, so kann man ziemlich sicher sein, dass die (   )
    Alternative gilt.

e) Ist der P-Wert 0.14, so wird die Nullhypothese bei $\alpha = 0.1$ verworfen. (   )

f) Würde man die Nullhypothese bei einem P-Wert von 0.0932 verwer- (   )
    fen, so wäre die Wahrscheinlichkeit für den Fehler erster Art 0.0932.

g) Bei einem klassischen Hypothesentest kann man nur dann eine sichere (   )
    Aussage machen, wenn der P-Wert sehr groß ist.

[8.4]   Test über den Anteilswert: Wahr oder Falsch?

In einem Test über den Parameter π einer Binomialverteilung ergab sich für die
standardisierte Prüfgröße Z der Wert $Z = -1.85$. Mit **R** ergab sich die folgende
Ausgabe:
```
>round(qnorm(c(0.01,0.05,0.1)),3)
-2.326 -1.645 -1.282
```
a) Die Nullhypothese $\pi \leq \pi_0$ wird bei $\alpha = 0.1$ abgelehnt.   (   )

b) Die Nullhypothese $\pi = \pi_0$ gegen $\pi \neq \pi_0$ wird bei $\alpha = 0.1$ abgelehnt. (   )

c) Testet man die Nullhypothese $\pi \geq \pi_0$ gegen ihr Komplement, so liegt (   )
    der P-Wert zwischen 0.01 und 0.05.

d) Ist die Nullhypothese $\pi \leq \pi_0$, so kann man den P-Wert mit (   )
    `pnorm(-1.85)` berechnen.

[8.5]   Test über die Varianz: Wahr oder Falsch?

Bei einem Test über die Varianz in einer normalverteilten Grundgesamtheit und
Stichprobenumfang $n = 30$ ergab sich für die Prüfgröße $PG = 16.5$. Mit **R** wurden
die folgenden Werte der Verteilungsfunktion der PG unter H_0 und ihrer Umkehrfunktion berechnet:

```
round(pchisq(16.5,29),3)
0.031
round(pchisq(16.5,30),3)
0.022
round(qchisq(c(0.001,0.01,0.05,0.1,0.9,0.95,0.99,0.999),df = 29),3)
10.986 14.256 17.708 19.768 39.087 42.557 49.588 58.301
round(qchisq(c(0.001,0.01,0.05,0.1,0.9,0.95,0.99,0.999),df = 30),3)
11.588 14.953 18.493 20.599 40.256 43.773 50.892 59.703
```

a)   Bei einem linksseitigen Ablehnungsbereich, ist der P-Wert 0.031.   (   )

b)   Bei einem rechtsseitigen Ablehnungsbereich ist der P-Wert $1 -$ (   )
     $0.022 = 0.978$.

c)   Ist die Alternativhypothese $H_1 : \sigma^2 < \sigma_0^2$, so ist der Ablehnungsbereich   (   )
     für $\alpha = 0.01$ gegeben durch $[0, 14.256]$.

d)   Ist die Alternativhypothese $H_1 : \sigma^2 > \sigma_0^2$, so liegt der Wert der PG für   (   )
     $\alpha = 0.05$ nicht im Ablehnungsbereich.

e)   Die Nullhypothese $H_0 : \sigma^2 = \sigma_0^2$ kann für $\alpha = 0.1$ nicht verworfen   (   )
     werden, wenn die PG im Intervall $(17.708; 42.557)$ liegt.

[8.6]   R-Ausgabe eines t-Tests: Wahr oder Falsch?

Mit **R** wurde der folgende t-Test durchgeführt:

```
t.test(x)
        One Sample t-test
data:  x
t = -0.2951, df = 99, p-value = 0.7685
alternative hypothesis: true mean is not equal to 0
95 percent confidence interval:
 -0.2441177  0.1809039
sample estimates:
  mean of x
-0.03160692
```

a)   Man kann dem angegebenen Konfidenzintervall ansehen, dass die   ( )
     Nullhypothese bei $\alpha = 0.05$ abgelehnt wird.

b) $P(PG > -0.2951) = 0.7685$ (   )

c)   Der Datensatz x enthielt 100 Beobachtungen.   (   )

d) Der Ablehnungsbereich ist zweiseitig.   (   )

e) Wäre die Alternativhypothese $\mu < 0$, so könnte man den P-Wert mit   (   )
    `pt(-0.2951,99)` berechnen.

f) Die unter `mean of x` stehende Zahl liegt genau in der Mitte des   (   )
    darüber stehenden Konfidenzintervalls.

g) $\bar{x}$ liegt mit Wahrscheinlichkeit 0.95 in $(-0.2441177, 0.1809039)$. (   )

h) Falls $T \sim t_{99}$, so gilt $P(T < -0.2951) = P(T > 0.2951) = 0.7685/2$. (   )

[**8.7**] Stellen Sie in den folgenden Situationen jeweils die Nullhypothese und
die Alternativhypothese auf und führen Sie dann den Test durch. Berechnen Sie
die Prüfgröße, geben Sie den Ablehnungsbereich für die drei üblichen Signifikanzniveaus $\alpha = 0.10, 0.05$ und 0.01 an und ziehen Sie dann eine Schlussfolgerung.
Berechnen Sie jeweils den *P*-Wert.

a) In einer Umfrage unter Studienanfängern zu Beginn der Statistik I-Vorlesung im
    WS 2000/2001 gaben 55% der männlichen Studierenden an, dass sie in Sport
    die Note *sehr gut* hatten. Von 104 weiblichen Studierenden hatten 35 die Note
    sehr gut. Lässt sich statistisch absichern, dass der Anteil unter den weiblichen
    Studierenden mit der Note sehr gut kleiner als 55% ist?

b) In Mathematik hatten 47% der männlichen Studierenden die Note *gut* oder *sehr
    gut*. Bei den weiblichen Studierenden waren es 64 von 106. Lässt sich statistisch
    absichern, dass der Anteil unter den weiblichen Studierenden mit der Note gut
    oder *sehr gut* größer als 47% ist?

c) In Deutsch hatten 50% der männlichen Studierenden die Note *gut* oder *sehr gut*.
    Bei den weiblichen Studierenden waren es 68 von 106. Lässt sich statistisch ab-
    sichern, dass der Anteil unter den weiblichen Studierenden mit der Note gut oder
    sehr gut verschieden von 50% ist?

d) Nehmen Sie an, dass in Aufgabenteil a) 52 von 104 weiblichen Studierenden an-
    gaben, dass sie die Note *sehr gut* in Sport hatten. Berechnen Sie für diesen Fall
    erneut die Prüfgröße und bestimmen Sie den P-Wert mit Hilfe der Standardnor-
    malverteilung.

[**8.8**] Stellen Sie in den folgenden Situationen jeweils die Nullhypothese und die
Alternative auf und führen Sie dann den Test durch. Berechnen Sie die Prüfgröße,
geben Sie den Ablehnungsbereich für die drei üblichen Signifikanzniveaus $\alpha =$
$0.10, 0.05$ und 0.01 an und ziehen Sie dann eine Schlussfolgerung. Berechnen Sie
dazu auch den *P*-Wert. Ablehnungsbereich und *P*-Wert sind mit **R** zu bestimmen.

a) In einer Umfrage unter Studienanfängern zu Beginn der Statistik I-Vorlesung
    im WS 2000/2001 ergab sich für das Gewicht der männlichen Studierenden der
    Mittelwert 77 kg. Die Varianz war 157. Das Gewicht der weiblichen Studieren-
    den ist in `Gewichtf` gespeichert. Für n, $\bar{x}$ und $S_*^2 = \frac{1}{n-1} \sum_{i=1}^{n} (x_i - \bar{x})^2$ (nicht
    $S^2 = \frac{1}{n} \sum_{i=1}^{n} (x_i - \bar{x})^2$) ergeben sich mit dem **R**-Befehl

`length(Gewichtf);mean(Gewichtf);var(Gewichtf)` die Werte
`98 59.57143 87.46392`. Lässt sich jeweils statistisch absichern, dass das erwartete Gewicht der Frauen kleiner als 77 und die zugehörige Varianz kleiner als 157 ist?

b) Der Mittelwert des Gewichts aller Studierenden ist 69 und die Varianz ist 195. Lässt sich jeweils statistisch absichern, dass das erwartete Gewicht der Frauen verschieden von 69 und die zugehörige Varianz verschieden von 195 ist?

c) Bei der Körpergröße ergab sich für die weiblichen Studierenden der Mittelwert 170 und für die Varianz 50. Die Körpergröße der männlichen Studierenden ist in `Groessem` gespeichert. Mit dem **R**-Befehl (vergleiche a)):
`length(Groessem);mean(Groessem);var(Groessem)` erhalten wir
`126 182.6905 61.30343`. Lässt sich jeweils statistisch absichern, dass die erwartete Körpergröße der Männer größer als 170 und die zugehörige Varianz größer als 50 ist? In *PSYCHOLOGIE HEUTE*[26] wurde behauptet, dass die Verteilungskurve der Körpergröße bei Männern flacher und damit breiter als bei Frauen ist. Der hier beim Test über die Varianz gewählte Wert 50 war ungefähr die Varianz in der Stichprobe der Frauen.)

[**8.9**]   In der Studierenden-Befragung aus dem WS 1999/2000 sollte die Körpergröße des Dozenten geschätzt werden. Die mit **R** erzeugte Datei `GroeDoz` enthält ein +, wenn die Körpergröße des Dozenten überschätzt wurde, bzw. ein −, wenn die Körpergöße des Dozenten unterschätzt wurde.

```
GroeDoz
  [1] + - - - + - - - - - - - - - - - + - + + - - + + + - - + + + - - -
 [36] - - - + - + - - - - - + - - - - + + + + - - - - + - - - - -
 [71] - - - - - + - + + + - + - - + - - + - - + - + - - + - - - + +
[106] + + + - - + - + - + - - - + - + - + - - - - + + - - - + + + +
[141] - - - - - - - - - - - - - + - + + - - - - + - + - - -
[176] + - - - - - + + + - + - + - - - + - + + + - - + + - - - - - + -
[211] + - - - - - - + - + - - - + - + - - + - - - +
```

Prüfen Sie die folgenden drei Nullhypothesen mit einem exakten Test, d.h. drücken Sie die Hypothesen jeweils durch eine Hypothese über den Parameter π einer geeigneten Binomialverteilung aus. Verwenden Sie als Prüfgröße[27] die Anzahl der +-Zeichen (das sind 74 von insgesamt 237 Zeichen). Geben Sie jeweils den Ablehnungsbereich für $\alpha = 0.01, 0.05, 0.10$ und den P-Wert an.

a) H_0: Es wird genau so oft „überschätzt" wie „unterschätzt".

b) H_0: Es wird häufiger „überschätzt".

c) H_0: Es wird häufiger „unterschätzt".

Verwenden Sie die folgende **R**-Ausgabe (Verteilungsfunktion für $X = 71, 72, ..., 170$, wenn X binomialverteilt ist mit $n = 237$ und $\pi = 0.5$):

---

[26] Siehe Aufg. 17 in Kap. 2.

[27] Dieses Testverfahren ist als Vorzeichentest bekannt. Für große Stichproben kann man auch normalisieren und die standardisierte $N(0, 1)$-Verteilung verwenden.

```
> x<-71:170; y<-pbinom(x,237,0.5); names(y)<-x; round(y,4)
     71      72      73      74      75      76      77      78      79      80
 0.0000  0.0000  0.0000  0.0000  0.0000  0.0000  0.0000  0.0000  0.0000  0.0000
     81      82      83      84      85      86      87      88      89      90
 0.0000  0.0000  0.0000  0.0000  0.0000  0.0000  0.0000  0.0000  0.0001  0.0001
     91      92      93      94      95      96      97      98      99     100
 0.0002  0.0003  0.0006  0.0009  0.0014  0.0021  0.0031  0.0046  0.0067  0.0096
    101     102     103     104     105     106     107     108     109     110
 0.0135  0.0187  0.0256  0.0344  0.0455  0.0594  0.0764  0.0969  0.1211  0.1493
    111     112     113     114     115     116     117     118     119     120
 0.1816  0.2179  0.2580  0.3017  0.3484  0.3975  0.4483  0.5000  0.5517  0.6025
    121     122     123     124     125     126     127     128     129     130
 0.6516  0.6983  0.7420  0.7821  0.8184  0.8507  0.8789  0.9031  0.9236  0.9406
    131     132     133     134     135     136     137     138     139     140
 0.9545  0.9656  0.9744  0.9813  0.9865  0.9904  0.9933  0.9954  0.9969  0.9979
    141     142     143     144     145     146     147     148     149     150
 0.9986  0.9991  0.9994  0.9997  0.9998  0.9999  0.9999  1.0000  1.0000  1.0000
    151     152     153     154     155     156     157     158     159     160
 1.0000  1.0000  1.0000  1.0000  1.0000  1.0000  1.0000  1.0000  1.0000  1.0000
    161     162     163     164     165     166     167     168     169     170
 1.0000  1.0000  1.0000  1.0000  1.0000  1.0000  1.0000  1.0000  1.0000  1.0000
```

[**8.10**]   Das Göttinger Tageblatt berichtet am 15. März 2008 über die Verkehrs-
unfall-Statistik 2007. U. a. werden die Zahlen der folgenlosen Alkohol / Drogenfahrten in Stadt und Landkreis Göttingen (ohne BAB) berichtet. In den Jahren 2004
- 2006 waren 23% der folgenlosen Alkohol / Drogenfahrten Drogenfahrten. Im Jahr
2007 waren unter 1 044 folgenlosen Alkohol / Drogenfahrten 433 Drogenfahrten.
Lässt sich statistisch absichern, dass der Anteil der Drogenfahrten gegenüber den
Vorjahren gestiegen ist, d.h. größer als 23% ist? Formulieren Sie die Nullhypothese und die Alternativhypothese. Berechnen Sie die Prüfgröße und den P-Wert. Zu
welcher Entscheidung kommen Sie?

[**8.11**]   Im Rahmen einer repräsentativen Bevölkerungsbefragung[28] (Februar
2008) zum Kohlekraftwerk in Mainz wurden je 500 Bewohner in Mainz und Wiesbaden befragt. Auf die Frage *Beziehen Sie Ökostrom?* antworteten in Wiesbaden
92 von 500 mit *Ja*. In Mainz lag der Anteil der *Ja*-Antworten bei 49%. Lässt sich
statistisch absichern, dass der Anteil der Ökostrom-Bezieher in Wiesbaden geringer
als 49% ist? Formulieren Sie die Null- und die Alternativhypothese. Berechnen Sie
Prüfgröße und P-Wert. Welchen Schluss ziehen Sie aus den Ergebnissen?

[**8.12**]   Bei der schon in Aufg. 11 erwähnten Befragung antworteten auf die Frage *Glauben Sie, dass in 25 Jahren der gesamte Stromverbrauch durch Erneuerbare
Energien abgedeckt werden könnte, wenn man heute entsprechend intensiv in diese
Richtung forschen und investieren würde?* in Wiesbaden und Mainz 22% mit *Ja*.
Bundesweit lag der Anteil der *Ja*-Antworten bei 16.7%. Lässt sich statistisch absichern, dass der Anteil der *Ja*-Antworten in Wiesbaden und Mainz verschieden von
16.7% ist? Formulieren Sie die Nullhypothese und die Alternative. Berechnen Sie
die Prüfgröße und den P-Wert. Welchen Schluss ziehen Sie aus den Ergebnissen?

---

[28] Dr. Henry Puhe, SOKO-Institut, 33602 Bielefeld

[**8.13**]   Die Wahrscheinlichkeit, dass nach 14 zufälligen Ziehungen aus einer Urne mit 20 Kugeln die einzige rote Kugel noch da ist, beträgt 0.3. Ein Dozent war überrascht über dieses Ergebnis. Vom Gefühl — ohne zu rechnen oder zu überlegen — hatte er eine viel kleinere Wahrscheinlichkeit erwartet. Er stellte daher die Vermutung auf, dass solche Wahrscheinlichkeiten eher unterschätzt werden. Um diese Vermutung zu bestätigen, machte er folgendes Experiment. Er schilderte 12 Personen die Situation und bat sie, ohne zu rechnen oder zu überlegen, spontan die von ihnen gefühlsmäßig erwartete Wahrscheinlichkeit auf einen Zettel zu schreiben. Es ergaben sich die folgenden Ergebnisse, wobei die Zahlen auf zwei Dezimalstellen gerundet wurden:

Wahrscheinlichkeit	0.17	0.70	0.30	0.05	0.05	0.00	0.33	0.05	0.02	0.10	0.08	0.15
Tendenz: $+/-$	$-$	$+$	$+$	$-$	$-$	$-$	$+$	$-$	$-$	$-$	$-$	$-$

a) Wie ist die Anzahl der '+' bzw- '$-$'-Zeichen verteilt, wenn genau so häufig unterschätzt wie überschätzt wird?

b) Stellen Sie eine geeignete Nullhypothese auf, um die Vermutung zu bestätigen.

c) Bestimmen Sie mit der Verteilung aus a) unter Verwendung von **R** die Ablehnungsbereiche für $\alpha = 0.01, 0.05, 0.10$ und den P-Wert.

[**8.14**]   Die Prüfgröße in einem Hypothesentest sei binomialverteilt mit den Parametern $n = 15$ und $\pi = 0.5$. Sie sehen das Balkendiagramm der Verteilungsfunktion:

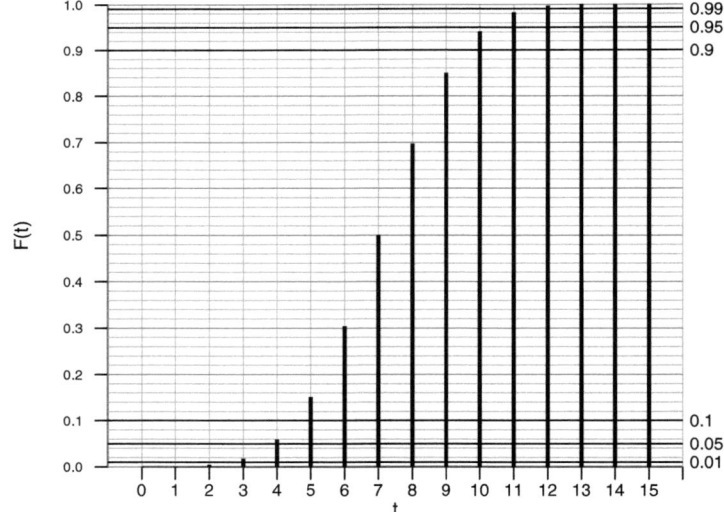

Bestimmen Sie mit Hilfe dieser Abbildung den

a) linksseitigen Ablehnungsbereich für $\alpha = 0.01, 0.05$ und 0.10. Zu welcher Null- und Alternativhypothese gehört dieser linksseitige Ablehnungsbereich?
b) rechtsseitigen Ablehnungsbereich für dieselben Werte von α. Zu welcher Null- und Alternativhypothese gehört dieser rechtsseitige Ablehnungsbereich?
c) zweiseitigen Ablehnungsbereich für $\alpha = 0.10$. Zu welcher Null- und Alternativhypothese gehört dieser zweiseitige Ablehnungsbereich?
d) P-Wert, wenn i) $PG = 5$ bei linksseitigem, ii) $PG = 10$ bei rechtsseitigem, iii) $PG = 5$ bei beidseitigem Ablehnungsbereich.

[**8.15**]   Die Prüfgröße in einem Hypothesentest sei binomialverteilt mit den Parametern $n = 10$ und $\pi = 0.5$. Die folgende Abbildung zeigt ein Balkendiagramm der Wahrscheinlichkeitsfunktion.

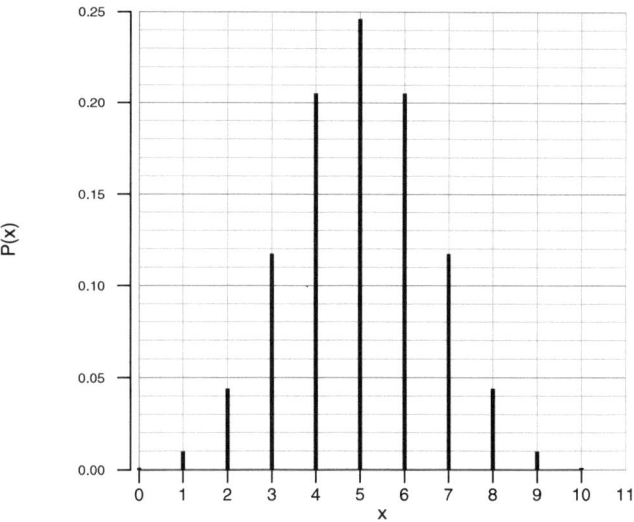

Bestimmen Sie mit Hilfe dieser Abbildung den

a) linksseitigen Ablehnungsbereich für $\alpha = 0.05$ und 0.10.
b) rechtsseitigen Ablehnungsbereich für dieselben α-Werte.
c) zweiseitigen Ablehnungsbereich für $\alpha = 0.01$ und 0.05.
d) den P-Wert, wenn i) $PG = 2$ bei linksseitigem, ii) $PG = 7$ bei rechtsseitigem, iii) $PG = 9$ bei beidseitigem Ablehnungsbereich.

[**8.16**]   Die Prüfgröße in einem Hypothesentest sei unter der Nullhypothese $N(0,1)$-verteilt. Die beiden folgenden Abbildungen zeigen die Dichte- bzw. die Verteilungsfunktion einer $N(0,1)$-verteilten Zufallsvariablen.

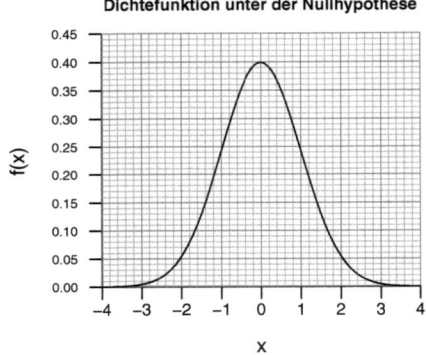
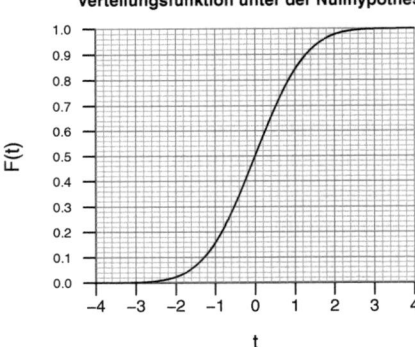

a) Bestimmen Sie in den folgenden Situationen jeweils den Ablehnungsbereich mit Hilfe der grafischen Darstellung der Verteilungsfunktion. Skizzieren Sie dann den Ablehnungsbereich in der grafischen Darstellung der Dichtefunktion. Vergleichen Sie schließlich Ihre Ergebnisse mit denen aus der Tabelle oder mit **R**.

i) Linksseitiger Ablehnungsbereich für $\alpha = 0.10$.

ii) Rechtsseitiger Ablehnungsbereich für $\alpha = 0.01$.

iii) Beidseitiger Ablehnungsbereich für $\alpha = 0.10$.

iv) Test über einen Anteilswert mit Nullhypothese $\pi \geq \pi_0$ und $\alpha = 0.05$. Es wird die standardisierte Prüfgröße $(X - n\pi_0)/\sqrt{n\pi_0(1 - \pi_0)}$ verwendet, wobei X die Anzahl der Erfolge ist.

b) Bestimmen Sie in den folgenden Situationen jeweils den P-Wert mit Hilfe der grafischen Darstellung der Verteilungsfunktion. Skizzieren Sie dann den P-Wert in der grafischen Darstellung der Dichtefunktion. Vergleichen Sie schließlich Ihre Ergebnisse mit denen aus der Tabelle oder mit **R**.

i) Linksseitiger Ablehnungsbereich; $PG = -1.3$.

ii) Rechtsseitiger Ablehnungsbereich; $PG = 0.8$.

iii) Beidseitiger Ablehnungsbereich; $PG = -1.5$.

iv) Test über den Mittelwert μ bei bekannter Varianz σ^2 mit $H_0 : \mu = \mu_0$ gegen $H_1 : \mu \neq \mu_0$. Für die Prüfgröße $Z = \frac{(\bar{x} - \mu_0)\sqrt{n}}{\sigma}$ ergebe sich der Wert $Z = 1.8$.

[**8.17**]   Die Prüfgröße in einem Hypothesentest sei unter der Nullhypothese χ_9^2-verteilt. Die beiden folgenden Abbildungen zeigen die Dichte- bzw. die Verteilungsfunktion einer χ_9^2-verteilten Zufallsvariablen.

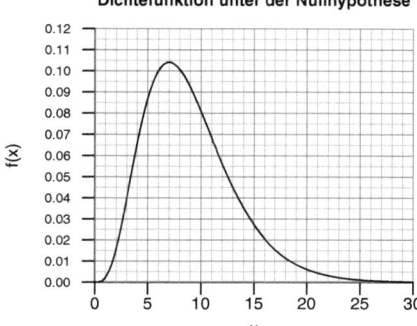

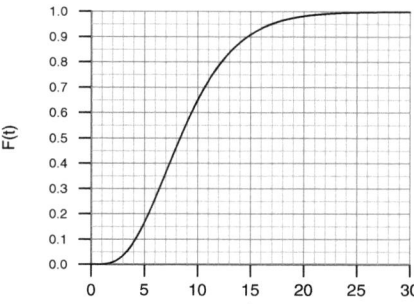

a) Bestimmen Sie in den folgenden Situationen jeweils den Ablehnungsbereich mit Hilfe der grafischen Darstellung der Verteilungsfunktion. Skizzieren Sie dann den Ablehnungsbereich in der grafischen Darstellung der Dichtefunktion. Vergleichen Sie schließlich Ihre Ergebnisse mit denen aus der Tabelle oder mit **R**.

   i) Linksseitiger Ablehnungsbereich; $\alpha = 0.05$.
   ii) Rechtsseitiger Ablehnungsbereich; $\alpha = 0.01$.
   iii) Beidseitiger Ablehnungsbereich; $\alpha = 0.10$.
   iv) Test über die Varianz σ^2 mit Nullhypothese $\sigma^2 \geq \sigma_0^2$ und $\alpha = 0.10$.

b) Bestimmen Sie in den folgenden Situationen jeweils den P-Wert mit Hilfe der grafischen Darstellung der Verteilungsfunktion. Skizzieren Sie dann den P-Wert in der grafischen Darstellung der Dichtefunktion. Vergleichen Sie schließlich Ihre Ergebnisse mit denen aus der Tabelle oder mit **R**.

   i) Ablehnungsbereich links, $PG = 7$.
   ii) Ablehnungsbereich rechts, $PG = 19$.
   iii) Ablehnungsbereich beidseitig, $PG = 15$.
   iv) Test über die Varianz mit $H_0 : \sigma^2 = \sigma_0^2$ gegen $H_1 : \sigma^2 \neq \sigma_0^2$ und $PG = 10$.

[8.18] Nach den Klausuren zu *Mathematik für Wirtschaftswissenschaftler* besteht die Möglichkeit einer Klausureinsicht. Der Dozent hat die Vermutung, dass eher diejenigen kommen, die nicht bestanden haben. In der ersten Klausur im Wintersemester 2008/2009 war die Durchfallquote 23%. Zur Klausureinsicht kamen 17 Studierende. Von diesen hatten 6 nicht bestanden. Lässt sich die oben formulierte Vermutung statistisch absichern?

a) Formulieren Sie eine geeignete Nullhypothese und die dazu gehörige Alternative.
b) Verwenden Sie als Prüfgröße die Anzahl X der Erschienenen, die nicht bestanden hatten, d.h. $X = 6$. Bestimmen Sie den Ablehnungsbereich für $\alpha = 0.10$ und $\alpha = 0.05$ mit dem folgenden Ausdruck, der die gerundeten Wahrscheinlichkeiten $P(X \leq k)$ für $k = 0, 1, ..., 17$ wiedergibt, wenn $X \sim b(17, 0.23)$ ist:

```
> x<-0:17; y<-round(pbinom(x,17,0.23),3)
> names(y)<-x; y
```

```
     0     1     2     3     4     5     6     7     8     9
 0.012 0.071 0.214 0.427 0.650 0.823 0.926 0.975 0.993 0.998
    10    11    12    13    14    15    16    17
 1.000 1.000 1.000 1.000 1.000 1.000 1.000 1.000
```

c) Bestimmen Sie den P-Wert mit dem obigen Ausdruck.

d) Welche Schlussfolgerung ziehen Sie aus dem Ergebnis?

[**8.19**]   Bei der schon in Aufg. 15 in Kapitel 1.4 erwähnten Befragung auf dem Göttinger Weihnachtsmarkt 2008 wurde u.a. gefragt: Wieviel Geld geben Sie schätzungsweise bei diesem Aufenthalt in der Innenstadt *außerhalb des Weihnachtsmarktes* aus (in Euro)? Es wurde auch der Berufsstatus abgefragt mit den Antwortmöglichkeiten: Berufstätig, Student, arbeitslos, im Ruhestand, Sonstiges. Die Ausgaben wurde unter den Namen ALLE, BERUF, STUD, ABLOS, RUHE, SONST gespeichert, wodurch wir folgende Informationen über Stichprobengrößen, Mittelwerte und Varianzen $S_*^2 = \frac{1}{n-1}\sum_{i=1}^n (x_i - \bar{x})^2$ (nicht $S^2 = \frac{1}{n}\sum_{i=1}^n (x_i - \bar{x})^2$) (gerundet) erhalten:

```
> length(ALLE); length(BERUF); length(STUD)
[1] 659    306    213
> length(ABLOS); length(RUHE); length(SSONST)
[1] 14    49    67
> round(c(mean(ALLE),mean(BERUF),mean(SSTUD)),digits=2)
[1] 22.69    29.09    10.46
> round(c(mean(ABLOS),mean(RUHE),mean(SONST)),digits=2)
[1] 20.07    46.86    14.18
> round(c(var(SALLE),var(BERUF),var(STUD)),digits=2)
[1] 1916.79    2605.65    426.98
> round(c(var(ABLOS),var(SRUHE),var(SONST)),digits=2)
[1] 786.23    4754.21    519.09
```

a) Prüfen Sie für alle Teilgruppen die Hypothese $\mu = \mu_0 = 22.69$. Verwenden Sie die folgende Tabelle. Dabei bezeichnet FG die Anzahl der Freiheitsgrade, d.h. den Parameter der t-Verteilung unter Gültigkeit der Nullhypothese und $A_{0.05}$ den Ablehnungsbereich für $\alpha = 0.05$. Verwenden Sie bei der Berechnung des P-Wertes für große Stichprobenumfänge n entweder **R** oder die Standardnormalverteilung. Für $n = 14$ und $n = 49$ verwenden Sie die folgende Ausgabe:

```
> x<-seq(-0.5,0,by=0.05); y<-pt(x,13); names(y)<-x; round(y,3)
 -0.5 -0.45  -0.4 -0.35  -0.3 -0.25  -0.2 -0.15  -0.1 -0.05      0
0.313 0.330 0.348 0.366 0.384 0.403 0.422 0.442 0.461 0.480 0.500

> x<-seq(2,2.5,by=0.05); y<-1-pt(x,48); names(y)<-x; round(y,3)
    2  2.05   2.1  2.15   2.2  2.25   2.3  2.35   2.4  2.45   2.5
0.026 0.023 0.021 0.018 0.016 0.015 0.013 0.011 0.010 0.009 0.008
```

Gruppe	BERUF	STUD	ABLOS	RUHE	SONST
$\bar{x}$					
S_*					
n					
$PG = T$					
FG					
$A_{0.05}$					
P-Wert					

b) Betrachten Sie die folgenden Darstellungen der Konfidenzintervalle zu den Konfidenzwahrscheinlichkeiten $1 - \alpha = 0.95$ und $1 - \alpha = 0.99$. Die stark eingezeichnete senkrechte Linie ist der Mittelwert aller Beobachtungen, d.h. $\mu_0 = 22.69$. Beachten Sie, welche Konfidenzintervalle für $1 - \alpha = 0.95$ den Mittelwert aller Beobachtungen μ_0 enthalten. Welche Schlussfolgerung ziehen Sie in diesem Fall beim Testen?

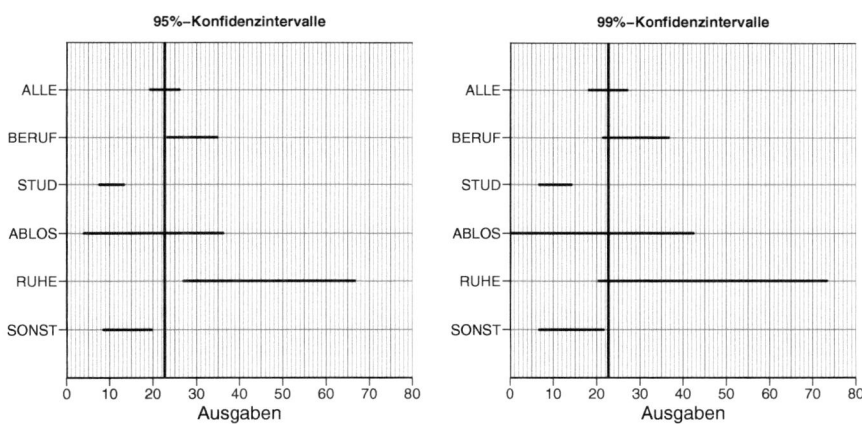

c) Betrachten Sie jetzt die rechte Abbildung. Für welche Gruppen wird die Hypothese $\mu = \mu_0$ für $\alpha = 0.01$ verworfen, für welche nicht?

d) Testen Sie für die Gruppe BERUF und RUHE die Hypothese $H_0 : \mu \leq \mu_0 = 22.69$ gegen $H_1 : \mu > \mu_0$.

   i) Berechnen Sie den Wert der Prüfgröße $PG = T$.
   ii) Bestimmen Sie den P-Wert. Verwenden Sie dabei die folgenden Abbildungen, die die Dichte- und Verteilungsfunktion der Prüfgröße unter der Nullhypothese zeigen. Erkennen Sie noch Unterschiede zwischen den unteren und oberen Abbildungen?

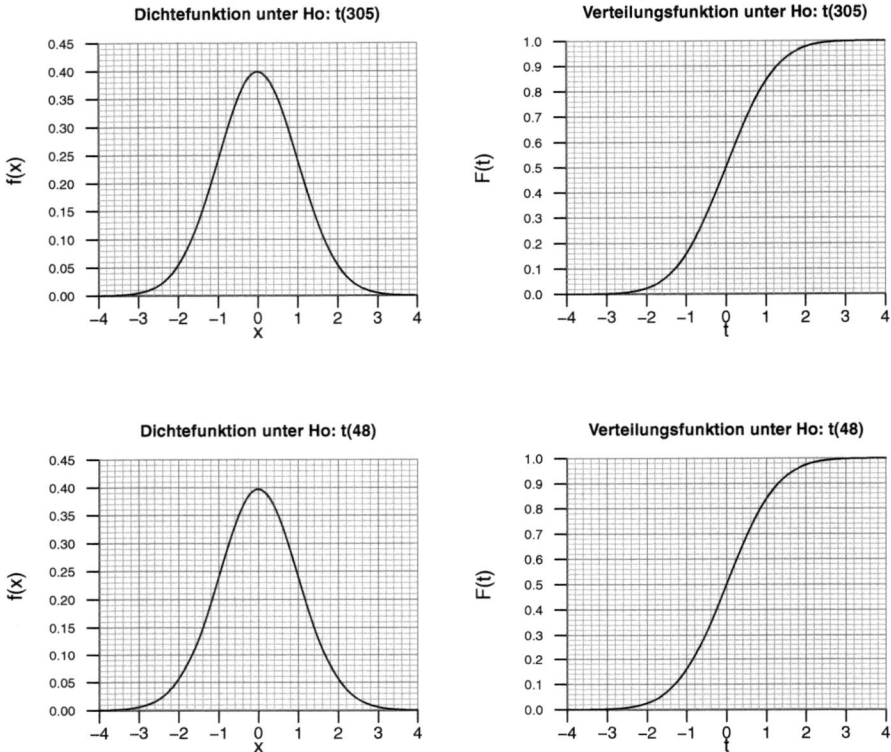

e) Testen Sie für die Gruppe STUD und ABLOS die Hypothese $H_0 : \mu \geq \mu_0 = 22.69$ gegen $H_1 : \mu < \mu_0$.

  i) Berechnen Sie den Wert der Prüfgröße T.
  ii) Geben Sie den Ablehnungsbereich für $\alpha = 0.05$ und $\alpha = 0.01$ an.
  iii) Bestimmen Sie den P-Wert. Verwenden Sie dabei die folgenden Abbildungen, die die Dichte- und Verteilungsfunktion der Prüfgröße unter der Nullhypothese zeigen. Erkennen Sie noch Unterschiede zwischen den unteren und oberen Abbildungen?

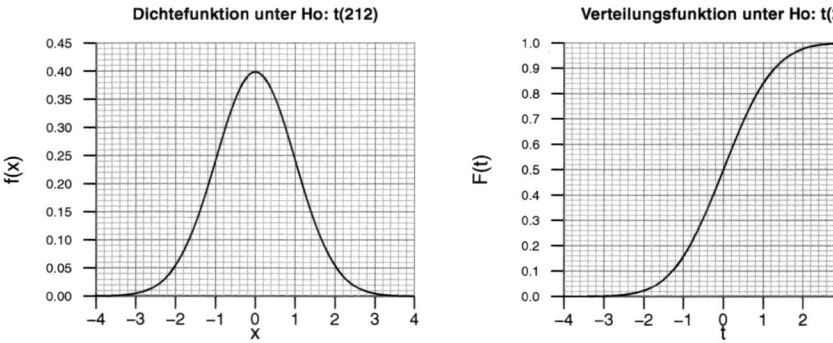

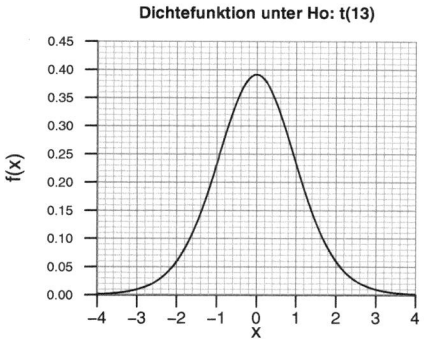

Dichtefunktion unter Ho: t(13)

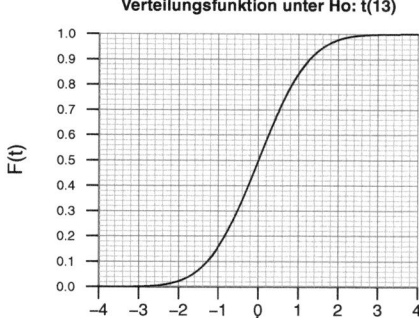

Verteilungsfunktion unter Ho: t(13)

[**8.20**] Für die Daten aus Aufg. 19 sollen jetzt Hypothesen über die Varianz geprüft werden. Dazu können und müssen die dort in der Aufgabenstellung angegebenen Größen übernommen werden.

a) Prüfen Sie unter Verwendung der folgenden Tabelle für die im folgenden angegebenen Teilgruppen die jeweils angegebene Hypothese, wobei in allen Fällen $\sigma_0^2 = 1916.79$.

   i) BERUF, ABLOS: $H_0 : \sigma^2 = \sigma_0^2$ gegen $\sigma^2 \neq \sigma_0^2$.
   ii) STUD, SONST: $H_0 : \sigma^2 \geq \sigma_0^2$ gegen $\sigma^2 < \sigma_0^2$.
   iii) RUHE: $H_0 : \sigma^2 \leq \sigma_0^2$ gegen $\sigma^2 > \sigma_0^2$.

Gruppe	BERUF	STUD	ABLOS	RUHE	SONST
S_*^2					
n					
nS^2					
PG					
FG					
H_0	$\sigma^2 = \sigma_0^2$	$\sigma^2 \geq \sigma_0^2$	$\sigma^2 = \sigma_0^2$	$\sigma^2 \leq \sigma_0^2$	$\sigma^2 \geq \sigma_0^2$
$A_{0.05}$					
$A_{0.01}$					
P-Wert					

Verwenden Sie bei der Bestimmung der Ablehnungsbereiche $A_{0.05}$ und $A_{0.01}$ für $\alpha = 0.05$ und $\alpha = 0.01$ die folgende gerundete **R**-Ausgabe:

```
> x<-c(0.005,0.01,0.025,0.05,0.95,0.975,0.99,0.995)
> y<-qchisq(x,306);names(y)<-x;round(y,3)
   0.005    0.01   0.025    0.05    0.95   0.975    0.99   0.995
 246.036 251.405 259.434 266.477 347.796 356.352 366.474 373.472
> y<-qchisq(x,305);names(y)<-x;round(y,3)
   0.005    0.01   0.025    0.05    0.95   0.975    0.99   0.995
```

```
245.140 250.499 258.514 265.544 346.730 355.273 365.379 372.368
> y<-qchisq(x,213);names(y)<-x;round(y,3)
   0.005     0.01    0.025     0.05     0.95    0.975     0.99    0.995
163.593 167.943 174.473 180.225 248.048 255.313 263.934 269.912
> y<-qchisq(x,212);names(y)<-x;round(y,3)
   0.005     0.01    0.025     0.05     0.95    0.975     0.99    0.995
162.718 167.056 173.568 179.305 246.968 254.218 262.821 268.788
> y<-qchisq(x, 14);names(y)<-x;round(y,3)
 0.005   0.01  0.025   0.05   0.95  0.975   0.99  0.995
 4.075  4.660  5.629  6.571 23.685 26.119 29.141 31.319
> y<-qchisq(x, 13);names(y)<-x;round(y,3)
 0.005   0.01  0.025   0.05   0.95  0.975   0.99  0.995
 3.565  4.107  5.009  5.892 22.362 24.736 27.688 29.819
> y<-qchisq(x, 49);names(y)<-x;round(y,3)
 0.005   0.01  0.025   0.05   0.95  0.975   0.99  0.995
27.249 28.941 31.555 33.930 66.339 70.222 74.919 78.231
> y<-qchisq(x, 67);names(y)<-x;round(y,3)
   0.005     0.01    0.025     0.05     0.95    0.975     0.99    0.995
 40.935  43.038  46.261  49.162  87.108  91.519  96.828 100.554
> y<-qchisq(x, 66);names(y)<-x;round(y,3)
   0.005     0.01    0.025     0.05     0.95    0.975     0.99    0.995
 40.158  42.240  45.431  48.305  85.965  90.349  95.626  99.330
```

Stellen Sie den P-Wert für die Gruppe der Arbeitslosen in den folgenden Abbildungen grafisch dar.

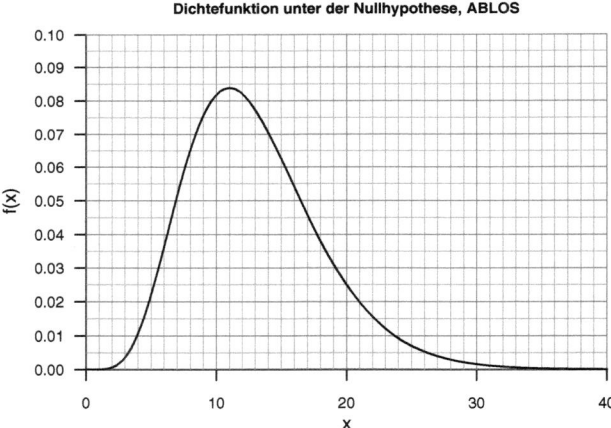

b) Betrachten Sie die beiden folgenden Abbildungen, die Konfidenzintervalle für die Varianz σ^2 für $1 - \alpha = 0.95$ bzw. $1 - \alpha = 0.99$ zeigen.

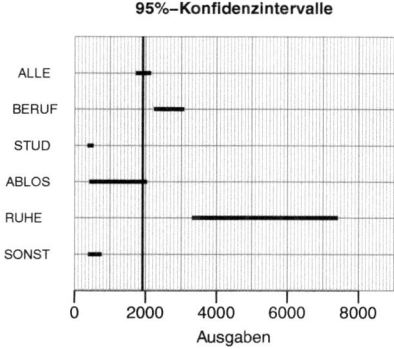
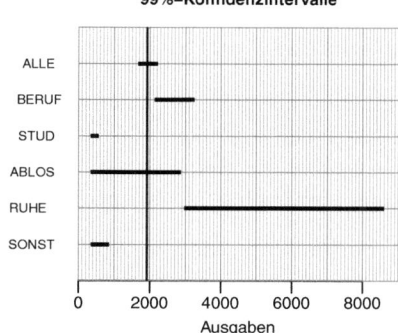

Sind die Ergebnisse der Tests für die Hypothese $\sigma^2 = \sigma_0^2$ aufgrund dieser Konfidenzintervalle zu erwarten? Für welche weiteren Gruppen ist die Hypothese $\sigma^2 = \sigma_0^2$ bei $\alpha = 0.05$ bzw. $\alpha = 0.01$ zu verwerfen?

[**8.21**]   In der Göttinger Sonntagszeitung *Extra Tip* wird über eine Anfrage der Grünen im Rat der Stadt Göttingen über die Anzahl der Verkehrunfälle mit Personenschäden innerhalb der Verwaltungsgrenze der Stadt Göttingen (außer Bundesautobahn) berichtet. Der Baudezernent der Stadt Göttingen wird mit den Worten zitiert: *Das Verkehrsunfallgeschehen der Stadt Göttingen zeigt im Betrachtungszeitraum 1989 bis 2007 keine tendenzielle Zunahme der Unfälle mit Personenschäden.* Der Sprecher der Grünen wird mit folgenden Worten zitiert: *Es gibt für die Stadt Göttingen eine ganz klare Tendenz, dass die Unfallzahlen mit Personenschäden immer weiter zunehmen.* Die zugrunde liegenden Daten wurden von der Polizeiinspektion Göttingen, Sachbereich Verkehr, zur Verfügung gestellt. Sie sind in der folgenden Abbildung grafisch dargestellt.

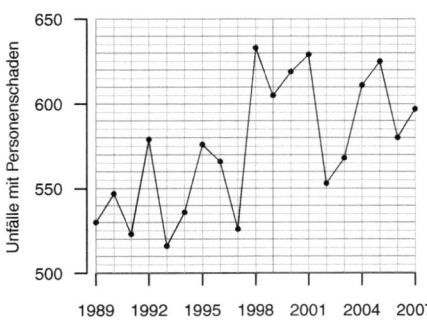
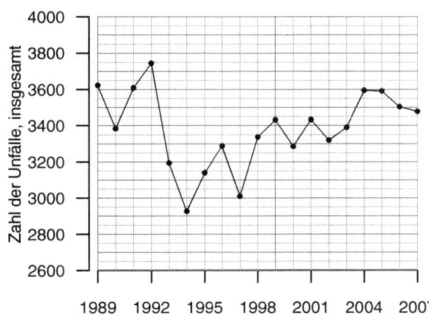

Wenn es keine tendenzielle Zunahme der Unfälle mit Personenschäden seit 1989 gegeben hat, sollte die Anzahl der Unfälle in den Folgejahren nach 1989 mit gleicher Wahrscheinlichkeit größer bzw. niedriger als die Unfallzahl von 1989 sein, d.h. die

Anzahl der Jahre mit einer höheren Unfallzahl als 1989 sollte binomialverteilt sein mit $n = 18$ und $\pi = 0.5$.

a) Zeichnen Sie ein +-Zeichen in die Grafik, wenn die Anzahl der Unfälle mit Personenschäden größer ist als 1989.

b) Sie wollen die Behauptung, dass die Anzahl der Unfälle mit Personenschäden zugenommen hat, statistisch absichern.

   i) Formulieren Sie die Nullhypothese und die Alternativhypothese. Verwenden Sie die Anzahl der + Zeichen als Prüfgröße. Welchen Wert hat Ihre Prüfgröße?

   ii) Bestimmen Sie den Ablehnungsbereich für $\alpha = 0.05$ und $\alpha = 0.01$, indem Sie die folgende Ausgabe verwenden (gerundete Werte der Wahrscheinlichkeitsfunktion der Binomialverteilung mit $n = 18$ und $\pi = 0.5$). Bestimmen Sie auch den P-Wert mit dieser Ausgabe. Welchen Schluss ziehen Sie aus den Ergebnissen?

```
> round(dbinom(0:18,18,0.5),3)
 [1] 0.000 0.000 0.001 0.003 0.012 0.033 0.071 0.121 0.167 0.185
[11] 0.167 0.121 0.071 0.033 0.012 0.003 0.001 0.000 0.000
```

c) Die rechte Grafik der obigen Abbildung zeigt die Anzahl der Unfälle insgesamt. Kann man behaupten, dass die Anzahl der Unfälle seit 1989 abgenommen hat? Gehen Sie genau so vor wie oben, d.h. zeichnen Sie ein '+' in die Graphik ein, wenn die Anzahl der Unfälle höher war als 1989. Verwenden Sie die Anzahl der '+'-Zeichen als Prüfgröße.

[8.22]   In der Qualitätskontrolle werden Qualitätsregelkarten zur Überwachung von Qualitätsmerkmalen eingesetzt. Kann man davon ausgehen, dass ein Merkmal $N(\mu_0, \sigma_0^2)$-verteilt ist, berechnet man untere und obere Warngrenzen, sowie untere und obere Eingriffsgrenzen nach den Formeln

$$EG_U = \mu_0 - z_{0.005} \cdot \frac{\sigma_0}{\sqrt{n}} \qquad EG_O = \mu_0 + z_{0.005} \cdot \frac{\sigma_0}{\sqrt{n}}$$

$$WG_U = \mu_0 - z_{0.025} \cdot \frac{\sigma_0}{\sqrt{n}} \qquad WG_O = \mu_0 + z_{0.025} \cdot \frac{\sigma_0}{\sqrt{n}}$$

Dabei ist $z_{0.005}$ der Punkt für den gilt $\Phi(z_{0.005}) = 1 - 0.005 = 0.995$, wenn Φ die Verteilungsfunktion der Standardnormalverteilung ist. Entsprechend gilt $\Phi(z_{0.025}) = 1 - 0.025 = 0.975$.

Aufgabe einer Qualitätsregelkarte für den Mittelwert ist es, jede Veränderung oder Störung des Mittelwertes möglichst schnell zu bemerken. In regelmäßigen Abständen wird dem laufenden Prozess eine Stichprobe der Größe n entnommen. Der Mittelwert der Stichprobe wird in die Qualitätsregelkarte eingetragen. Werden die Warngrenzen über- oder unterschritten, wird gewarnt. Bei Über- oder Unterschreitung der Eingriffsgrenzen wird in den Prozess eingegriffen.

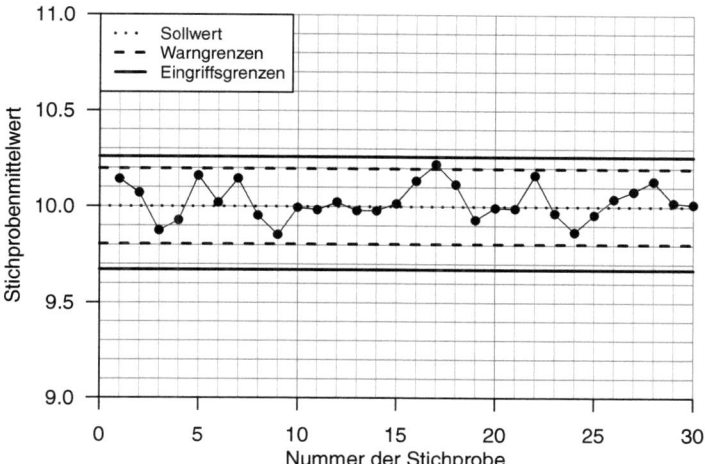

Qualitätsregelkarte für den Mittelwert

a) Bestimmen Sie die Punkte $z_{0.005}$ und $z_{0.025}$ mit Hilfe der Tabelle A2.
b) Berechnen Sie die Warn- und Eingriffsgrenzen für $n = 9, \mu_0 = 10$ und $\sigma_0 = 0.3$.
c) In welchem Zusammenhang steht dieses Vorgehen mit einem Hypothesentest?
d) Mit welcher Wahrscheinlichkeit wird irrtümlich gewarnt bzw. eingegriffen?

[**8.23**]   Im Vorkurs *Mathematik für Wirtschafswissenschaftler* vor Beginn des Sommersemesters 2009 wurde am Anfang und am Ende ein Test geschrieben, in dem jeweils 18 Punkte erreicht werden konnten. Für die 75 Teilnehmer, die an beiden Tests teilgenommen haben, wurden die Ergebnisse in den **R**-Objekten Eingangstest und Ausgangstest gespeichert. Nach den Erfahrungen der vorausgegangenen Vorkurse war der Mittelwert im Ausgangstest mehr als dreimal so groß wie der Mittelwert im Eingangstest. Wenn X_A die Punktzahl im Ausgangstest und X_E die Punktzahl im Eingangstest, besagt die Erfahrung, dass

$$EX_A > 3EX_E \iff EX_A - 3EX_E = E(X_A - 3X_E) > 0$$

Wir wollen prüfen, ob diese Erfahrung auch für das aktuelle Ergebnis statistisch abzusichern ist. Wir haben dazu folgende Ausgabe eines in **R** durchgeführten Tests:

```
t.test(Ausgangstest-3*Eingangstest,mu=0)
        One Sample t-test
data:  Ausgangstest - 3 * Eingangstest
t = 3.8998, df = 74, p-value = 0.00021
alternative hypothesis: true mean is not equal to 0
95 percent confidence interval:
 1.545436 4.774564
sample estimates:
mean of x
    3.16
```

a) Welcher Test wird hier durchgeführt? Welche Verteilung und welche Parameter hat die Prüfgröße?
b) Nennen Sie die Null- und die Alternativhypothese, die hier geprüft wird.
c) Wird die Nullhypothese bei $\alpha = 0.10, 0.05$ und 0.01 abgelehnt?
d) Wie ist der folgende Teil der Ausgabe zu interpretieren?

```
95 percent confidence interval:
 1.545436 4.774564
```

e) Wie müsste die Alternativhypothese für das oben geschilderte Problem lauten?
f) Wie groß ist die Irrtumswahrscheinlichkeit, wenn behauptet wird *Auch bei diesem Vorkurs war die Punktzahl im Ausgangstest mehr als dreimal so hoch wie im Eingangstest.*?

[8.24] Die folgende Abbildung zeigt einen Boxplot der Milchmenge[29] in kg (über eine Laktation, ungefähr 300 Melktage) von insgesamt 500 Kühen aus 18 Betrieben unterschiedlicher Größe. In Betrieb 7 scheint die Streuung sehr klein zu sein. Wir wollen prüfen, ob sich dies statistisch absichern lässt.

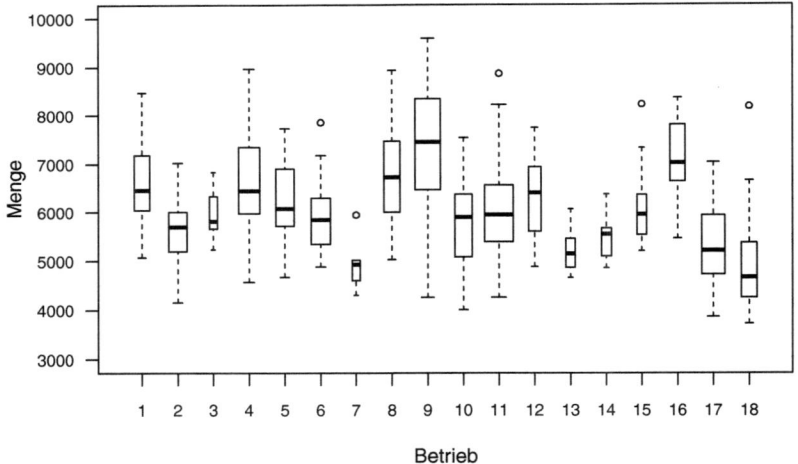

a) Die gemessenen Milchmengen in Betrieb 7 waren $4\,936, 4\,916, 4\,305, 5\,018, 4\,599, 5\,935$. Es sei $\sigma_0^2 = 1\,284\,955$ (dies ist die Varianz von allen 500 Beobachtungen). Kann man statistisch absichern, dass die Varianz in Betrieb 7 kleiner als σ_0^2 ist? Formulieren Sie eine geeignete Nullhypothese und die zugehörige Alternative.
b) Wann wird die Nullhypothese verworfen, wenn $\alpha = 0.05$ ist?
c) Berechnen Sie die Prüfgröße und geben Sie deren Verteilung unter H_0 an.

---

[29] Bruns, Erich; Institut für Tierzucht und Haustiergenetik, Universität Göttingen; Persönliche Mitteilung

d) Bestimmen Sie den P-Wert (so genau wie es geht), wenn folgende **R**-Ausgabe der Verteilungsfunktion der PG für 1.0, 1.1, 1.2, ..., 2.0 gegeben ist:

```
> x<-seq(1,2,by=0.1); y<-pchisq(x,5); names(y)=x; round(y,3)
    1   1.1   1.2   1.3   1.4   1.5   1.6   1.7   1.8   1.9     2
0.037 0.046 0.055 0.065 0.076 0.087 0.099 0.111 0.124 0.137 0.151
```

e) Die folgende Abbildung zeigt die Dichte und Verteilungsfunktion unter der Nullhypothese. Bestimmen Sie den P-Wert auf grafische Weise und skizzieren sie ihn als Fläche unterhalb der Dichtefunktion.

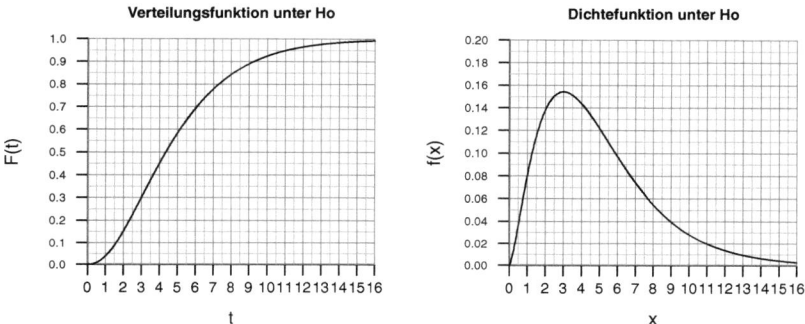

f) Welche Schlussfolgerung ziehen Sie, wenn Ihnen ein Signifikanzniveau $\alpha = 0.05$ bzw. 0.10 vorgegeben ist?

[**8.25**]   Der Boxplot in Aufg. 24 zeigt, dass in Betrieb 9 die Streuung sehr groß zu sein scheint. Wir wollen prüfen, ob sich dies statistisch absichern lässt.

a) Die Milchmengen in Betrieb 9 `MKG9` werden unten angegeben zusammen mit S_*^2. Es sei $\sigma_0^2 = 1\,284\,955$ (dies ist die Varianz von allen 500 Beobachtungen). Kann man behaupten, dass die Varianz in Betrieb 9 größer als σ_0^2 ist? Formulieren Sie eine geeignete Nullhypothese und die zugehörige Alternative.

```
 [1] 8426 7928 7366 7720 7927 8294 7478 7306 8689 8285 5848
[12] 7431 6893 8445 6955 9233 9590 4755 9584 7044 4969 4259
[23] 7519 5932 6701 4469 6397 7881 6884 7542 8116 8255 6963
[34] 4520 6242 5174 8467 7309 8681 7651 6535 5988 6357 6105
[45] 8395 7986 6920 7460 8245 7264 8893 6578 8925 8842 7000
[56] 8712 6254 8485 8871 5948
> var(MKG9)
[1] 1690277
```

b) Berechnen Sie die Prüfgröße und geben Sie deren Verteilung unter H_0 an.

c) Wird die Nullhypothese verworfen, wenn $\alpha = 0.05$ ist?

d) Approximieren Sie den P-Wert mit folgender **R**-Ausgabe

```
>round(pchisq(seq(77,78,by=0.1),59),digits=3)
 [1] 0.942 0.943 0.944 0.945 0.946 0.947 0.947 0.948 0.949
[10] 0.950 0.951
```

[**8.26**]   Der Boxplot in Aufg. 24 zeigt ebenso, dass die Box für Betrieb 9 relativ hoch liegt. Wir wollen prüfen, ob sich statistisch absichern lässt, dass die Milchmenge in diesem Betrieb größer ist als im Mittel aller Betriebe. Die Milchmengen in Betrieb 9 sind in Aufg. 25 gegeben, Mittelwert und S_*^2 sind

```
> mean(MKG9); var(MKG9)
[1] 7314.85    1690277
```

a) Es sei $\mu_0 = 6160.05$ (dies ist der Mittelwert von allen 500 Beobachtungen). Kann man behaupten, dass der Erwartungswert in Betrieb 9 größer als μ_0 ist? Formulieren Sie eine geeignete Nullhypothese und die zugehörige Alternativhypothese.
b) Berechnen Sie die Prüfgröße und geben Sie deren Verteilung unter H_0 an.
c) Wird die Nullhypothese verworfen, wenn $\alpha = 0.05$ ist?
d) Bestimmen Sie den P-Wert mit Tabelle A3 oder mit **R**.

1.9 Paare von Zufallsvariablen

[**9.1**]   **Gemeinsame Wahrscheinlichkeitsfunktion: Wahr oder Falsch?**

a)   Bildet man bei einer gemeinsamen Wahrscheinlichkeitsfunktion die   (   )
     Summe über alle möglichen Werte von x bei festem y, so ergibt sich
     die Randwahrscheinlichkeit von y.

b)   Für eine gemeinsame Wahrscheinlichkeitsfunktion $P(x,y)$ gilt $0 \leq$ (   )
     $P(x,y) \leq 1$ für alle (x,y).

c)   Die gemeinsame Verteilung zweier diskreter Zufallsvariablen wird   (   )
     durch eine gemeinsame Wahrscheinlichkeitsfunktion $P(x,y)$ beschrieben.

d)   Die gemeinsame Wahrscheinlichkeit $P(x,y)$ ist die Wahrscheinlichkeit   (   )
     $P(X = x, Y = y)$.

e) $\sum_x P(x,y) = 1$.   (   )

f)   Bildet man die im vorangehenden Punkt genannte Summe, so ergibt   (   )
     sich die Randwahrscheinlichkeitsfunktion von Y.

g)   Hält man in der gemeinsamen Wahrscheinlichkeitsfunktion $P(x,y)$ die   (   )
     Variable x konstant, so ergibt sich die bedingte Wahrscheinlichkeitsfunktion von Y, gegeben $X = x$.

h) $\sum_x P(y|x) = 1$ (   )

i) $\sum_x P(x|y) = 1$ (   )

j)   Kann ein Paar von diskreten Zufallsvariablen mindestens zwei Wertepaare mit positiver Wahrscheinlichkeit annehmen, so gilt $0 \leq P(x,y) <$ (   )
     1 für alle möglichen Wertepaare (x,y).

[9.2]   Gemeinsame, Rand- und bedingte Dichten: Wahr oder Falsch?

a)   Man erhält $P(a < X \leq b|Y = c)$, indem man die gemeinsame Dichte   (   )
     $f(x,y)$ über das Intervall $(a,b]$ integriert.

b)   Die Randdichten sind durch die gemeinsame Dichte eindeutig be-   (   )
     stimmt.

c)   Die Randdichte von Y ist dann zu benutzen, wenn wir nur an der Ver-   (   )
     teilung von Y interessiert sind.

d)   Die bedingte Dichtefunktion von X, gegeben $Y = 3$ ist gleich   (   )
     $f(x,3)/f_Y(3)$.

e)   Für eine gemeinsame Dichtefunktion $f(x,y)$ gilt $0 \leq f(x,y) \leq 1$ für   (   )
     alle (x,y).

f)   Das Gesamtvolumen unter einer gemeinsamen Dichte ist Eins.   (   )

g)   Die Wahrscheinlichkeit, dass zwei Zufallsvariablen in einen Bereich   (   )
     A der (x,y)-Ebene fallen, kann als Volumen unterhalb der Dichte über
     dem Bereich A aufgefasst werden.

h)   Die bedingte Dichte ist in der Regel schmaler als die Randdichte.   (   )

i)   Schneidet man die gemeinsame Dichte an der Stelle $x = x_0$ durch, so   (   )
     ergibt sich die bedingte Dichte.

j)   Die Fläche unter der im vorangehenden Punkt gebildeten Schnittkurve   (   )
     ist gleich dem Wert der Randdichte von X an der Stelle x_0.

k)   Die gemeinsame Dichte von X und Y ist das Produkt aus der bedingten   (   )
     Dichte von X, gegeben Y und der Randdichte von Y.

[9.3]   Gemeinsame Verteilungsfunktion: Wahr oder Falsch?

a)   Die gemeinsame Verteilungsfunktion $F(s,t)$ ist bei festem s eine   (   )
     (nicht notwendig streng) monoton wachsende Funktion von t.

b)   Die gemeinsame Verteilungsfunktion zweier stetiger Zufallsvariablen   (   )
     kann als Flächeninhalt aufgefasst werden.

c)   Kann die Zufallsvariable X nur Werte kleiner als 1 annehmen, so ist   (   )
     $F_{XY}(s,t) = 1$ für $s > 1$.

d)   Für $s \to \infty$ und $t \to \infty$ strebt $F(s,t)$ gegen 1.   (   )

e)   Für $s \to -\infty$ und $t \to -\infty$ strebt $F(s,t)$ gegen 0.   (   )

[9.4]   Kovarianz und Korrelationskoeffizient: Wahr oder Falsch?

a)   Die Kovarianz zweier Zufallsvariablen X und Y ist definiert durch: (   )
     $\mathrm{Kov}(X,Y) = E[(X - EX)(Y - EY)]$

b)   Für $X = Y$ ist $\mathrm{Kov}(X,Y) = \mathrm{Var}(X)$.   (   )

c) Der Absolutbetrag der Kovarianz ist stets kleiner oder gleich 1.   (   )

d) Die Korrelation ist ein Maß für den linearen Zusammenhang.   (   )

e) Wenn ρ sehr nahe bei 1 liegt, dann liegt der größte Teil der Beobach-   (   )
    tungspaare annähernd auf einer Geraden.

f) Der Korrelationskoeffizient ρ ist ein nichtnegatives Maß für den linea-   (   )
    ren Zusammenhang zweier Zufallsvariablen X und Y.

g) Ist der Korrelationskoeffizient $\rho = 0$, so sind X und Y unkorreliert,   (   )
    jedoch nicht notwendig unabhängig.

h) Ist ρ nahe bei 1, so bedeutet dies, dass besonders häufig große Werte   (   )
    der einen mit kleinen Werten der anderen Variablen auftreten.

i) Ist die Kovarianz zweier Zufallsvariablen gleich Null, so auch der Kor-   (   )
    relationskoeffizient.

[9.5]   Unabhängigkeit: Wahr oder Falsch?

Welche der folgenden Aussagen sind WAHR? Kreuzen Sie sie an.

a) Zwei stetige Zufallsvariablen sind unabhängig, wenn die gemeinsame   (   )
    Dichtefunktion das Produkt der Randdichten ist.

b) Zwei stetige Zufallsvariablen X und Y sind unabhängig, wenn die be-   (   )
    dingte Dichtefunktion von X, gegeben $Y = y$ gleich der Randdichte
    von X ist.

c) Wenn zwei Zufallsvariablen unabhängig sind, so ist ihre Kovarianz   (   )
    gleich Null.

d) Die Umkehrung der Aussage c) ist im allgemeinen nicht wahr.   (   )

e) Wenn die Zufallsvariablen X und Y unabhängig sind, so gilt $E(X|Y =$ (   )
    $y) = E(X)$.

f) Für zwei unabhängige Zufallsvariablen gilt $E(XY) = EX \cdot EY$.   (   )

g) Wenn $E(XY) = EX \cdot EY$, so gilt $\text{Kov}(X,Y) = 0$, und damit sind X und   (   )
    Y unabhängig.

h) Für X und Y unabhängig gilt $E(X|Y) = EX$ und $\text{VAR}(X|Y) = \text{Var}(X)$.   (   )

[9.6]   Gemeinsame Normalverteilung: Wahr oder Falsch?

Die folgenden Aussagen beziehen sich auf zwei Zufallsvariablen X und Y mit einer
gemeinsamen Normalverteilung.

a) Die gemeinsame Dichte ist stets das Produkt der zugehörigen Rand-   (   )
    dichten.

b) Gilt $\rho = 0$, so sind X und Y unabhängig verteilt.   (   )

c) Die Punktwolke von Realisationen von X und Y liegt annähernd auf   (   )
    einer Geraden mit positiver Steigung, wenn ρ nahe bei 1 liegt.

d) Bei gleicher Varianz von X und Y und $\rho = 0$ bilden die Höhenlinien ( )
   der gemeinsamen Dichte konzentrische Kreise um (EX, EY).

e) Die bedingten Verteilungen sind ebenfalls Normalverteilungen. ( )

f) Die zweidimensionale Normalverteilung hat drei Parameter: Erwar- ( )
   tungswert, Varianz und Korrelation.

g) Ist der Parameter ρ größer als Null, so sind die Höhenlinien der Dichte ( )
   nach rechts oben aufwärts geneigt.

h) Das Zentrum der Höhenlinien einer zweidimensionalen Standardnor- ( )
   malverteilung liegt im Ursprung, d.h. bei $(0,0)$.

i) Die Höhenlinien einer zweidimensionalen Standardnormalverteilung ( )
   sind immer konzentrische Kreise.

j) Die Maximum-Likelihood-Schätzer für die Parameter μ_X und μ_Y sind ( )
   die Mittelwerte $\bar{x}$ und $\bar{y}$.

k) Die Maximum-Likelihood-Schätzer der Varianzen σ_X^2 und σ_Y^2 sind ge- ( )
   geben durch $\frac{1}{n-1}\sum_{i=1}^{n}(X_i - \bar{X})^2$ bzw. $\frac{1}{n-1}\sum_{i=1}^{n}(Y_i - \bar{Y})^2$, wobei n die
   Stichprobengröße und $\bar{X}$ der Durchschnitt ist.

[**9.7**] Die folgende Tabelle enthält die gemeinsame Wahrscheinlichkeitsfunktion
der Zufallsvariablen X und Y.

$x \backslash y$	0	1	2	3	$P_X(x)$
0	3/32	2/32	2/32	1/32	
1	2/32	2/32	1/32	3/32	
2	2/32	1/32	3/32	2/32	
3	1/32	3/32	2/32	2/32	
$P_Y(y)$					32/32 = 1

a) Bestimmen Sie die folgenden Wahrscheinlichkeiten:
   i) $P(X = 0; 1 \leq Y \leq 3)$; $P(X = 1; 1 < Y \leq 3)$; $P(X = 2; 0 \leq Y < 2)$
   ii) $P(1 < X < 3; Y = 0)$; $P(1 \leq X < 3; Y = 1)$; $P(0 \leq X \leq 2; Y = 2)$
   iii) $P(X \leq 2; Y \geq 2)$; $P(X < 2; Y > 2)$; $P(X < 1; Y \geq 1)$; $P(X \leq 2; Y > 0)$
   iv) $P(1 \leq X \leq 3; 1 < Y \leq 3)$; $P(0 < X < 3; 1 \leq Y < 3)$;
       $P(0 \leq X < 2; 0 < Y \leq 2)$

b) Berechnen Sie die Randwahrscheinlichkeitsfunktionen von X und Y. Tragen Sie
   die Ergebnisse in die obige Tabelle ein.

c) Bestimmen Sie einige der möglichen bedingten Wahrscheinlichkeitsfunktionen.

d) Schreiben Sie die Werte der gemeinsamen Verteilungsfunktion

$$F(s,t) = \sum_{x \leq s} \sum_{y \leq t} P(x,y)$$

in die folgende Tabelle. Verwenden Sie für alle Werte der Verteilungsfunktion als gemeinsamen Nenner die Zahl 32.

$s \setminus t$	0	1	2	3
0				
1				
2				
3				

e) Berechnen Sie nun mit Hilfe der gemeinsamen Verteilungsfunktion
   $P(X \leq 2, Y \leq 1)$; $P(X \leq 2, Y < 3)$; $P(X < 2, Y \leq 2)$; $P(X < 2, Y < 2)$
f) Berechnen Sie Kov(X, Y) und den Korrelationskoeffizienten ρ. Beachten Sie, dass hier $E(X) = E(Y)$ und Var$(X) =$ Var(Y).
g) Sind X und Y unabhängig verteilt?

[**9.8**]   Die folgende Tabelle enthält die gemeinsame Wahrscheinlichkeitsfunktion der Zufallsvariablen X und Y.

$x \setminus y$	0	1	2
0	3/12	2/12	2/12
1	2/12	1/12	2/12

a) Bestimmen Sie die folgenden Wahrscheinlichkeiten:

   i) $P(X = 0, 1 \leq Y \leq 2)$; $P(X = 1, 0 < Y \leq 2)$; $P(X = 1, 0 \leq Y < 2)$
   ii) $P(X > 0, Y > 0)$; $P(X < 1; Y \leq 1)$; $P(0 \leq X \leq 1, Y = 2)$

b) Berechnen Sie die Randwahrscheinlichkeitsfunktionen von X und Y.
c) Geben Sie alle bedingten Wahrscheinlichkeitsfunktionen an.
d) Schreiben Sie die gemeinsame Verteilungsfunktion in die folgende Tabelle. Verwenden Sie für alle Werte als gemeinsamen Nenner die Zahl 12.

$s \setminus t$	0	1	2
0			
1			

e) Berechnen Sie Kov(X, Y) und den Korrelationskoeffizienten ρ.
f) Sind X und Y unabhängig verteilt?

[**9.9**]   Die beiden diskreten Zufallsvariablen X und Y seien unabhängig mit den folgenden Wahrscheinlichkeitsfunktionen

$$P_X(x) = \begin{cases} 0.6 & x = 0 \\ 0.4 & x = 1 \\ 0 & \text{sonst} \end{cases} \qquad P_Y(y) = \begin{cases} 0.5 & y = 0 \\ 0.3 & y = 1 \\ 0.2 & y = 2 \\ 0 & \text{sonst} \end{cases}$$

Schreiben Sie die gemeinsame Wahrscheinlichkeitsfunktion in die Tabelle.

$x \backslash y$	0	1	2
0			
1			

[**9.10**]   Die Zufallsvariable X nehme die drei Werte $0, 1$ und 2 jeweils mit der Wahrscheinlichkeit $1/3$ an. Die bedingten Wahrscheinlichkeitsfunktionen von Y, gegeben $X = x$ seien wie folgt:

$$P_{Y|X}(y|0) = \begin{cases} 1/2 & y = 0 \\ 1/4 & y = 1 \\ 1/4 & y = 2 \\ 0 & \text{sonst} \end{cases} \quad P_{Y|X}(y|1) = \begin{cases} 1/4 & y = 0 \\ 1/2 & y = 1 \\ 1/4 & y = 2 \\ 0 & \text{sonst} \end{cases} \quad P_{Y|X}(y|2) = \begin{cases} 1/4 & y = 0 \\ 1/4 & y = 1 \\ 1/2 & y = 2 \\ 0 & \text{sonst} \end{cases}$$

a) Schreiben Sie die Werte der gemeinsamen Wahrscheinlichkeitsfunktion $P_{XY}(x,y)$ sowie die Randwahrscheinlichkeitsfunktion $P_Y(y)$ in die folgende Tabelle. Sind X und Y unabhängig?

$x \backslash y$	0	1	2	$P_X(x)$
0				1/3
1				1/3
2				1/3
$P_Y(y)$				1

Bestimmen Sie
b) die gemeinsame Verteilungsfunktion von X und Y.
c) die Kovarianz und den Korrelationskoeffizienten von X und Y.
d) die bedingte Wahrscheinlichkeitsfunktion $P_{X|Y}(x|1)$.
e) die bedingten Erwartungen $E(X|Y = 1); E(Y|X = 2)$ und die zugehörigen bedingten Varianzen.

[9.11]   Die folgende Tabelle enthält die gemeinsame Wahrscheinlichkeitsfunktion der beiden diskreten Zufallsvariablen X und Y.

$x \backslash y$	0	1	2	$P_X(x)$
0	0.3	0.2	0.1	
1	0.2	0.1	0.1	
$P_Y(y)$				1

Bestimmen Sie

a) $P(X > 0, Y \leq 1); P(X > 0, Y > 0)$ und $P(X < 1, Y < 2)$.
b) die beiden Randwahrscheinlichkeitsfunktionen.
c) die bedingte Wahrscheinlichkeitsfunktion $P_{Y|X}(y|x = 1)$.
d) die bedingte Wahrscheinlichkeitsfunktion $P_{X|Y}(x|y = 1)$.
e) die bedingten Erwartungswerte $E(Y|X = 1)$ und $E(X|Y = 1)$.
f) die gemeinsame Verteilungsfunktion, indem Sie folgende Tabelle benutzen.

$s \backslash t$	0	1	2
0			
1			

g) $\text{Kov}(X, Y)$ und den Korrelationskoeffizienten ρ.
h) Sind X und Y unabhängig verteilt? Begründen Sie Ihre Antwort.

[9.12]   Die gemeinsame Dichtefunktion der Zufallsvariablen X und Y sei

$$f_{XY}(x,y) = \begin{cases} ye^{-yx} & 0 < x < \infty,\ 0 < y < 1 \\ 0 & \text{sonst} \end{cases}$$

a) Bestimmen Sie die Randdichten[30] von X und Y. Wie ist Y verteilt?
b) Bestimmen Sie die beiden bedingten Dichten.
c) Wie ist X bei gegebenem $Y = y$, z.B. $y = 1/2$ verteilt?
d) Bestimmen Sie die bedingte Erwartung und die bedingte Varianz von X, gegeben $Y = 2/3$ bzw. gegeben $Y = 1/3$.
e) Bestimmen Sie die bedingte Dichte, bedingte Erwartung und die bedingte Varianz von Y, gegeben $X = 1$.
f) Wie würden Sie die folgenden Wahrscheinlichkeiten berechnen?

---

[30] Verwenden Sie bei der Bestimmung der Randdichte von X die Regel der partiellen Integration:
$\int y e^{-yx}\, dy = -\frac{y}{x} e^{-yx} + \frac{1}{x} \int e^{-yx}\, dy$

i) $P(X < 1, Y \geq 0.5)$ und $P(X \leq 2, Y < 0.3)$,

ii) $P(X < 1)$ und $P(X \leq 2)$,

iii) $P(Y \geq 0.5)$ und $P(Y < 0.3)$,

iv) $P(X < 1 | Y = 0.5)$ und $P(X \leq 2 | Y = 0.3)$.

g) Sind X und Y unabhängig verteilt?

h) Beantworten Sie die folgende Frage ohne Berechnung: Sind X und Y eher positiv oder negativ korreliert? Betrachten Sie die bedingten Verteilungen.

i) Bestimmen Sie für Y den Erwartungswert und die Varianz.

[**9.13**]   Die Dichte von Y bzw. die bedingte Dichte von X, gegeben $Y = y$ seien[31]

$$f_Y(y) = \begin{cases} e^{-y} & 0 < y < \infty \\ 0 & \text{sonst} \end{cases} \qquad f_{X|Y}(x|y) = \begin{cases} ye^{-yx} & 0 < x < \infty \\ 0 & \text{sonst} \end{cases}$$

Bestimmen Sie

a) die Verteilung von X, wenn $Y = y$, z.B. $Y = 2$ gegeben ist;

b) $E(X|Y = 2)$ und $\text{Var}(X|Y = 2)$;   c) $f_{XY}(x,y)$;

d) $F_{XY}(s,t)$ und damit e) $P(X \leq 1, Y \leq 1)$ und $P(X \leq 2, Y \leq 3)$;

f) $f_X(x)$;   g) $E(X)$; $\text{Var}(X)$;   h) $f_{Y|X}(y|x)$.

i) Sind X und Y positiv oder negativ korreliert?

[**9.14**]   Die gemeinsame Dichtefunktion zweier Zufallsvariablen X und Y sei

$$f_{XY}(x,y) = \begin{cases} ax^3(1-y)^2 & 0 < x < 1, \, 0 < y < 1 \\ 0 & \text{sonst} \end{cases}$$

Bestimmen Sie

a) die Konstante a;   b) $f_X(x)$ und $f_Y(y)$ (Unabhängigkeit: Ja oder Nein?);

c) $F_X(s)$; $F_Y(t)$; $F_{XY}(s,t)$;   d) $P(X < 1/2, Y < 1/4)$; $P(X > 1/3, Y < 1/2)$,

e) $\text{cov}(X,Y)$;   f) $f_{X|Y}(x|y)$ und $f_{Y|X}(y|x)$.

[**9.15**]   Die Zufallsvariablen X und Y seien unabhängig und es gelte

$$P(X > 0; Y > 0) = 0.28 \quad \text{und} \quad P(X > 0) = 0.7$$

Bestimmen Sie

a) $P(Y > 0)$; $P(X \leq 0)$ und $P(Y \leq 0)$.

b) $P(X > 0, Y \leq 0)$; $P(X \leq 0, Y > 0)$ und $P(X \leq 0, Y \leq 0)$

---

[31] **Hinweise**: $\displaystyle\int_0^\infty \frac{x^n}{(1+x)^2} = \frac{1}{n+1}$ und $\displaystyle\int_0^\infty y^n e^{-ay} \, dy = \frac{n!}{a^{n+1}}$ für $a > 0$.

[**9.16**]   Die Zufallsvariable X besitze die Dichtefunktion

$$f(x) = \begin{cases} 1/2 & -1 \leq x \leq 1 \\ 0 & \text{sonst} \end{cases}$$

Es sei $Y = X^2$.

a) Welche Werte kann Y annehmen, wenn $X = 0.5$ ist?
b) Welche Werte kann X annehmen, wenn $Y = 0.09$ ist?
c) Bestimmen Sie $P(X > 0.8)$ und $P(Y < 0.25)$. **Hinweis**: Nach Aufg. 1.4.18 gilt

$$F_Y(y) = \begin{cases} 0 & y < 0 \\ \sqrt{y} & 0 \leq y \leq 1 \\ 1 & y > 1 \end{cases}$$

d) Wie groß ist $P(X > 0.8, Y < 0.25)$?
e) Sind X und Y unabhängig verteilt?
f) Berechnen Sie die Kovarianz von X und Y. **Hinweis**: In Aufg. 1.4.18 wurden schon die Momente EX^k für $k = 1, 2$ und 3 berechnet.

[**9.17**]   Für die Bedienzeiten (Dauer der Bedienung) an einem Schalter oder Service-Center wird häufig eine Exponentialverteilung mit dem Parameter $\lambda > 0$ angenommen. Wir wollen im folgenden stets annehmen, dass die erwartete Bedienzeit 5 Minuten beträgt.

a) Sei B_1 die Bedienzeit. Geben Sie λ, die Dichte $f_{B_1}(x)$, die Verteilungsfunktion $F_{B_1}(t)$ und $\text{Var}(B_1)$ an. Berechnen Sie dann $P(B_1 \leq 3), P(B_1 \leq 10), P(B_1 > 1)$ und $P(B_1 > 5)$.
b) Es werde jetzt an einem zweiten Schalter bedient. Die beiden Schalter stehen nicht in Kontakt miteinander, so dass die Bedienungen völlig unabhängig von einander ablaufen. Die Bedienzeit B_2 sei ebenfalls exponentialverteilt mit dem gleichen Parameter λ. Geben Sie die gleichen Wahrscheinlichkeiten für B_2 an.
c) Geben Sie die gemeinsame Dichtefunktion von B_1 und B_2 an.
d) Geben Sie die gemeinsame Verteilungsfunktion von B_1 und B_2 an.
e) Berechnen Sie

$P(B_1 \leq 3, B_2 \leq 3)$ und $P(B_1 \leq 10, B_2 \leq 10)$
$P(B_1 \leq 3, B_2 \leq 10)$ und $P(B_1 \leq 10, B_2 \leq 3)$
$P(B_1 \leq 3, B_2 > 1)$ und $P(B_1 > 5, B_2 \leq 10)$

und jetzt:

$P(B_1 \leq 3) \cdot P(B_2 \leq 3)$ und $P(B_1 \leq 10) \cdot P(B_2 \leq 10)$

$$P(B_1 \leq 3) \cdot P(B_2 \leq 10) \text{ und } P(B_1 \leq 10) \cdot P(B_2 \leq 3)$$
$$P(B_1 \leq 3) \cdot P(B_2 > 1) \text{ und } P(B_1 > 5) \cdot P(B_2 \leq 10)$$

Was fällt Ihnen auf?

f) Im Zusammenhang mit Bedienzeiten ist häufig die kürzere und die längere der beiden Bedienzeiten von Interesse. Sei X_1 die kürzere der beiden Bedienzeiten und X_2 die längere der beiden Bedienzeiten, d.h.

$$X_1 = \min(B_1, B_2) \qquad X_2 = \max(B_1, B_2)$$

Offensichtlich gilt dann $X_1 \leq X_2$ und der Definitionsbereich von X_1 und X_2 ist in der folgenden Skizze dargestellt.

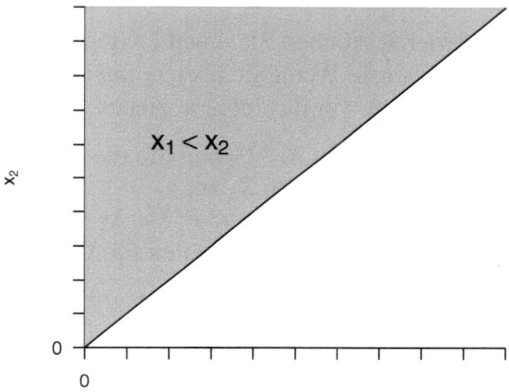

Die gemeinsame Verteilungsfunktion von X_1 und X_2 ist dann

$$F_{X_1 X_2}(x_1, x_2) = \begin{cases} 2F_B(x_1)F_B(x_2) - (F_B(x_1))^2 & \text{für } 0 \leq x_1 \leq x_2 \\ 0 & \text{sonst} \end{cases}$$

Dabei bezeichnet F_B die identische Verteilungsfunktion von B_1 bzw. B_2, d.h.

$$F_B(x) = \begin{cases} 0 & \text{für } x \leq 0 \\ 1 - e^{-\lambda x} & x > 0 \end{cases}$$

Berechnen Sie

$$P(X_1 \leq 3, X_2 \leq 3) \text{ und } P(X_1 \leq 10, X_2 \leq 10)$$
$$P(X_1 \leq 3, X_2 \leq 10) \text{ und } P(X_1 \leq 3, X_2 \leq 5)$$
$$P(X_1 \leq 10, X_2 \leq 3) \text{ und } P(X_1 \leq 15, X_2 \leq 10)$$

g) Die gemeinsame Dichtefunktion von X_1 und X_2 ist

$$f_{X_1 X_2}(x_1, x_2) = \begin{cases} 2\lambda^2 e^{-\lambda x_1} e^{-\lambda x_2} & \text{für } 0 \leq x_1 \leq x_2 \\ 0 & \text{sonst} \end{cases}$$

Überzeugen Sie sich anhand der Skizze des Definitionsbereiches, dass man die Randdichten durch die folgenden Formeln erhält:

$$f_{X_1}(x_1) = \int_{x_1}^{\infty} f_{X_1 X_2}(x_1, x_2)\, dx_2 \qquad f_{X_2}(x_2) = \int_{0}^{x_2} f_{X_1 X_2}(x_1, x_2)\, dx_1$$

Bestimmen Sie die Randdichten und beachten Sie dabei:

$$\int_{0}^{b} e^{-\lambda x}\, dx = \frac{1}{\lambda}\left(1 - e^{-\lambda b}\right) \qquad \int_{a}^{\infty} e^{-\lambda x}\, dx = \frac{1}{\lambda} e^{-\lambda a}$$

Wenn Sie über x_1 integrieren, können Sie einen Faktor, der nur von x_2 abhängt, vor das Integral ziehen. Ebenso: Wenn Sie über x_2 integrieren, können Sie einen Faktor, der nur von x_1 abhängt, vor das Integral ziehen.

   i) Welche bekannte Verteilung hat X_1? Geben Sie die Verteilungsfunktion, den Erwartungswert und die Varianz von X_1 an.
  ii) Berechnen Sie $P(X_1 \leq 3)$, $P(X_1 > 5)$ und $P(3 < X_1 \leq 10)$.
 iii) Berechnen Sie dieselben Wahrscheinlichkeiten für X_2.

h) Zeigen Sie, dass die bedingte Dichte von X_2, gegeben $X_1 = x_1$ gegeben ist durch

$$f_{X_2|X_1}(x_2|x_1) = \lambda e^{-\lambda(x_2 - x_1)} \quad \text{für} \quad x_1 \leq x_2 < \infty$$

i) Geben Sie die Verteilungsfunktion von X_2, also F_{X_2} an.
j) Berechnen Sie die bedingten Wahrscheinlichkeiten
   $P(X_2 \leq 5|X_1 = 4)$, $P(X_2 > 10|X_1 = 5)$ und $P(4 < X_2 \leq 5|X_1 = 3)$.

[9.18] Betrachten Sie folgenden Datensatz aus Rinne[32]. Dabei sollten 25 Kunden auf einer Skala von 0 bis 20 angeben, wie wichtig ihnen bestimmte Merkmale beim Kauf eines Autos waren. Folgende Merkmale sollen hier von Interesse sein:

X1 - Anschaffungspreis   X2 - Betriebskosten
X3 - Umfang der Serienausstattung   X4 - Styling der Karosserie
X5 - Prestige der Marke   X6 - Fahrkomfort
X7 - Raumangebot

	X1	X2	X3	X4	X5	X6	X7		X1	X2	X3	X4	X5	X6	X7
1	7	7	6	7	11	8	9	14	6	7	7	2	6	5	3
2	4	9	4	9	11	5	9	15	14	11	13	4	5	7	3
3	10	10	7	6	6	3	4	16	12	11	11	14	8	10	9
4	5	5	7	15	17	13	19	17	9	7	8	10	7	9	8
5	12	11	12	11	11	13	12	18	8	4	7	4	6	5	6

---

[32] Rinne, Horst (2000), Statistische Analyse multivariater Daten, Oldenbourg Verlag, München, dort S. 140.

```
 6  12 14 10  9  9 10  9          19  9 10  9 10 12 10  8
 7  12 11 10  5  6  8  5          20 10  9  9  6  8  9  8
 8   5  8  7 11 14  9 14          21  8 10  8 10  9 11 11
 9   3  6  6 16 20 13 16          22  9 12 10  8  7  6  5
10  12 12 10  0  3  4  0          23 15 18 17 14 14 17 14
11   8  9  9 10 11 11 11          24 10 11 10  8 11 10 12
12  14 14 11  8 10 11  7          25 12 13 12 10  8 10  9
13   4  4  7 10 13  8 15
```

Bestimmen Sie die geschätzten Korrelationskoeffizienten für X1 und X3, sowie für X2 und X6. Halten Sie diese Ergebnisse für plausibel? Begründen Sie Ihre Antwort.

1.10 Anpassungs- und Unabhängigkeitstest

[10.1] Anpassungstest, allgemein: Wahr oder Falsch?

a) Wird beim χ^2-Anpassungstest die Nullhypothese nicht verworfen, so ( ) kann man sicher sein, dass die vermutete Verteilung richtig ist.

b) Die Nullhypothese beim χ^2-Anpassungstest wird verworfen, wenn ( ) die beobachteten Häufigkeiten nahezu identisch mit den erwarteten Häufigkeiten sind.

c) Wenn keine Parameter zu schätzen sind, hat die Prüfgröße im χ^2- ( ) Anpassungstest $K - 1$ Freiheitsgrade, wobei K die Anzahl der verwendeten Klassen ist.

d) Wird in einem χ^2-Anpassungstest die Nullhypothese geprüft, dass die ( ) vorliegenden Daten normalverteilt sind, wobei die Parameter aus den Daten zu schätzen sind, so hat die Prüfgröße bei 10 verwendeten Klassen 7 Freiheitsgrade.

e) Der P-Wert beim χ^2-Anpassungstest gibt die Wahrscheinlichkeit an, ( ) einen größeren Wert als den gerade für die Prüfgröße berechneten Wert zu erhalten.

f) Mit dem χ^2-Anpassungstest kann die Nullhypothese geprüft werden, ( ) dass eine bestimmte Verteilung als Modell für die vorliegenden Daten geeignet ist.

g) Die Parameter der zu überprüfenden Verteilung müssen bekannt sein. ( )

h) Unter der Nullhypothese stimmen die beobachteten Häufigkeiten ( ) annähernd mit den erwarteten Häufigkeiten überein. Die Prüfgröße nimmt daher unter der Nullhypothese eher kleine Werte an.

i) Die Wahl der Klassen hat keinen Einfluss auf das Ergebnis des Tests. ( )

j) Mit dem χ^2-Anpassungstest kann man nachweisen, dass eine ange- ( ) passte Verteilung richtig ist.

k) Die PG im χ^2-Anpassungstest hat immer $K - 1$ Freiheitsgrade, wobei ( ) K die Anzahl der verwendeten Klassen ist.

[10.2] Interpretation einer Softwareausgabe: Wahr oder Falsch?

Es soll geprüft werden, ob ein Würfel fair ist. Dazu wurde dieser 36-mal geworfen.
Der Test ergab:

```
chisq.test(c(3,3,8,5,11,6))
        Chi-squared test for given probabilities
data:  c(3, 3, 8, 5, 11, 6)
X-squared = 8, df = 5, p-value = 0.1562
```

a) Unter der Nullhypothese erhält man für die Prüfgröße mit Wahrschein-   (   )
    lichkeit 0.1562 einen Wert, der kleiner als 8 ist.

b) Die Nullhypothese ist bei $\alpha = 0.20$ abzulehnen.   (   )

c) Der **R**-Befehl `qchisq(0.1562,5)` sollte ungefähr den Wert 8 ergeben. (   )

d) Der P-Wert kann mit `1-pchisq(8,5)` berechnet werden.   (   )

e) Die erwartete Häufigkeit für jede Klasse ist gleich `df = 5`.   (   )

f) Die Summe der Quadrate der Differenzen aus den beobachteten und   (   )
    erwarteten Häufigkeiten ist 48.

[10.3] Vor der Landtagswahl in Niedersachsen am 27.01.2008 gab es verschie-
dene Umfragen. Die Umfrageergebnisse der ARD (17.01.2008, 1000 Befragte), des
ZDF (18.01.2008, 1100 Befragte), des NDR (7.01.2008, 1000 Befragte) und der
Bild am Sonntag (5.01.2008, 800 Befragte) finden Sie in der folgenden Tabelle[33].
Die Zahlen sind jeweils Angaben in Prozent.

Partei	CDU	SPD	FDP	Grüne	Die Linke	Sonstige
ARD	44	34	7	7	5	3
ZDF	46	33	7	7	5	2
NDR	45	33	7	8	3	4
BILD	45	32	8	9	4	2

Die Landtagswahl ergab dann die folgenden Anzahlen an Stimmen für die Parteien:

Partei	CDU	SPD	FDP	Grüne	Die Linke	Sonstige
Stimmen	1 455 687	1 035 894	279 557	273 934	243 106	138 415

Es soll mit einem χ^2-Anpassungstest geprüft werden, ob die Vorhersagen geeignete
Modelle für das Wahlverhalten sind, d.h. folgen die tatsächlichen Wahlergebnisse
einer der obigen vier prognostizierten Verteilungen?

a) Führen Sie jeweils einen χ^2-Anpassungstest durch. Geben Sie den Wert der PG
    an und bestimmen Sie die Ablehnungsbereiche für die gängigen Siginifikanzni-
    veaus $\alpha = 0.10, 0.05$ und 0.01.

---

[33] Quelle: www.wahlrecht.de/umfragen/landtage/niedersachsen.htm

b) Zu welchem Schluss kommen Sie? Können diese Prognosen als geeignete Modelle aufgefasst werden?

c) Bringen Sie diese Prognosen unter Verwendung des χ^2-Kriteriums in eine Reihenfolge gemäß der Anpassungsqualität.

[**10.4**] In einer alten Klausuraufgabe aus dem Jahre 1995 fand sich eine angebliche Stichprobe der Größe $n = 100$ aus der Altersverteilung der $20 - 30$-jährigen Einwohner Göttingens im Jahr 1993. Diese Zahlen stehen in der zweiten Zeile der folgenden Tabelle. Es lässt sich nicht mehr nachvollziehen, ob es sich um eine zufällige Stichprobe aus der Altersverteilung handelt oder ob diese Daten frei erfunden wurden. Die tatsächliche Altersverteilung ist jedoch verfügbar und die Anteile stehen in der dritten Zeile der Tabelle.

Alter	20	21	22	23	24	25	26	27	28	29	30
Anzahl	5	7	4	1	13	11	9	21	10	7	12
Anteile	0.037	0.053	0.074	0.090	0.102	0.115	0.118	0.113	0.109	0.098	0.092

a) Wie lässt sich überprüfen, ob diese Stichprobe echt ist? Formulieren Sie eine geeignete Nullhypothese.

b) Führen Sie den Test durch, d.h. berechnen Sie die Prüfgröße, geben Sie die Ablehnungsbereiche für die üblichen Signifikanzniveaus $\alpha = 0.10, 0.05$ und 0.01 an. Bestimmen Sie auch den P-Wert. Welche Schlussfolgerung ziehen Sie?

[**10.5**] In Aufg. 4 in Kap. 7 war die folgende Stichprobe gegeben:

```
 1.50  3.78  4.27  6.31  0.79 11.03  6.32  3.50  2.76  3.81
18.21  8.42  5.55  2.29  4.26  5.16 10.34  4.40  1.68  0.76
```

Es wurde dort vorausgesetzt, dass die Daten einer Verteilung mit der folgenden Dichtefunktion entstammen:

$$f(x) = \begin{cases} \lambda^2 x e^{-\lambda x} & 0 < x \\ 0 & \text{sonst} \end{cases}$$

Dies ist die Gamma-Verteilung mit den Parametern 2 und λ, wobei der Erwartungswert $2/\lambda$ ist. Schätzen Sie λ nach der Methode der Momente und gehen Sie dann wie folgt vor:

a) Prüfen Sie die Nullhypothese, dass die Daten solch einer Verteilung entstammen. Verwenden Sie vier Klassen gleicher Wahrscheinlichkeit, d.h. mit der Wahrscheinlichkeit 0.25. Mit dem folgenden **R**-Befehl wurden die Quartile dieser Verteilung berechnet, wobei `lambdadach` der Wert von $\hat{\lambda}$ ist.

```
round(qgamma(c(0.25,0.5,0.75),2,lambdadach),3)
2.530 4.417 7.086
```

b) Tatsächlich wurden die Daten mit $\lambda = 0.5$ simuliert. Überprüfen Sie die Nullhypothese, dass die Daten dieser Verteilung entstammen. Verwenden Sie wieder vier Klassen gleicher Wahrscheinlichkeit. Mit **R** ergibt sich:

```
round(qgamma(c(0.25,0.5,0.75),2,0.5),3)
1.923 3.357 5.385
```

c) Sollte man besser mehr Klassen verwenden? Wenn nein: Warum nicht?

[**10.6**]   Im WS 2007/2008 wurden die Studierenden in den Statistik-Kleinübungen gebeten, zufällig eine der 10 Ziffern $0, 1, 2, \ldots, 9$ aufzuschreiben. Es ergaben sich folgende Häufigkeiten:

Ziffer	0	1	2	3	4	5	6	7	8	9
Häufigkeit	1	2	7	10	10	13	9	21	10	10

a) Es soll die Nullhypothese geprüft werden, dass die 10 Ziffern mit der gleichen Wahrscheinlichkeit genannt werden. Berechnen Sie die Prüfgröße und geben Sie die Verteilung der Prüfgröße unter H_0 mit ihren Freiheitsgraden an.
b) Bestimmen Sie mit Tabelle A4 die Ablehnungsbereiche für $\alpha = 0.10, 0.05$ und 0.01. Bei welchen Signifikanzniveaus wird die Nullhypothese verworfen?
c) Verwenden Sie jetzt die folgende **R**-Ausgabe und beantworten Sie erneut die Frage: Bei welchen Signifikanzniveaus wird die Nullhypothese verworfen?

```
alpha<-c(0.10,0.05,0.01,0.005,0.001,0.0005,0.0001)
round(qchisq(1-alpha,9),3)
14.684 16.919 21.666 23.589 27.877 29.666 33.720
```

d) Zwischen welchen Werten liegt der *P*-Wert? Welche Schlussfolgerung ziehen Sie in diesem Testproblem.

[**10.7**]   In Aufg. 19 in Kap. 5 wurde ein Modell für die Anzahl der in den letzten 12 Monaten geschenkt bekommenen plattdeutschen Bücher verwendet. Dies wurde wie folgt konstruiert. Die Frage wurde in der Umfrage nur dann gestellt, wenn tatsächlich mindestens ein Buch in den letzten 12 Monaten geschenkt bekommen wurde. Folglich kann die Anzahl der geschenkt erhaltenen Bücher nur die Werte $1, 2, 3, \ldots$ annehmen. Man setzte dann X gleich der um 1 verringerten Anzahl der geschenkt erhaltenen Bücher. Somit kann X die Werte $0, 1, 2, \ldots$ annehmen. Die Beobachtungen für X sind somit:

Anzahl Bücher − 1	0	1	2	3	Summe
Beobachtete Häufigkeiten	19	8	2	1	30
Wahrscheinlichkeit nach Modell					
Erwartete Häufigkeiten					
Beobachtet - Erwartet					– –
(Beobachtet - Erwartet)^2					– –
(Beobachtet - Erwartet)^2/Erwartet					

Es soll an diese Daten eine Poissonverteilung mit dem Parameter λ angepasst werden. Dazu ist λ aus den Beobachtungen zu schätzen. Das Modell soll danach mit einem χ^2-Anpassungstest überprüft werden.

a) Berechnen Sie die Prüfgröße, indem Sie die obige Tabelle ausfüllen. (Beachten Sie, dass die erwarteten Häufigkeiten nicht zu klein werden dürfen. Bilden Sie also die Klassen entsprechend.)
b) Nennen Sie die Verteilung der Prüfgröße unter der Nullhypothese und bestimmen Sie damit die Ablehnungsbereiche für $\alpha = 0.1, 0.05$ und 0.01.
c) Welche Schlussfolgerung ziehen Sie aus dem Test?
d) Schätzen Sie den P-Wert mit Hilfe der folgenden Ausgabe ab. Beachten Sie, dass die Zahl vor den Zeilen die Anzahl der Freiheitsgrade angibt.

```
> x<-seq(0,1,0.1)
> p<-rbind(pchisq(x,1),pchisq(x,2),pchisq(x,3),pchisq(x,4))
> rownames(p)<-1:4;colnames(p)<-x;round(p,3)

    0    0.1   0.2   0.3   0.4   0.5   0.6   0.7   0.8   0.9     1
1   0  0.248 0.345 0.416 0.473 0.520 0.561 0.597 0.629 0.657 0.683
2   0  0.049 0.095 0.139 0.181 0.221 0.259 0.295 0.330 0.362 0.393
3   0  0.008 0.022 0.040 0.060 0.081 0.104 0.127 0.151 0.175 0.199
4   0  0.001 0.005 0.010 0.018 0.026 0.037 0.049 0.062 0.075 0.090
```

[10.8] Die linke der beiden folgenden Abbildungen zeigt ein Histogramm der Anmeldeuhrzeiten der Teilnehmenden am Vorkurs Mathematik an der Wirtschaftswissenschaftlichen Fakultät der Universität Göttingen vor dem Sommersemester 2009 (Anmeldungen bis 16.09. berücksichtigt). Die beiden ersten Klassen enthalten die Beobachtungen $1:59$ Uhr und $2:43$ Uhr. Es liegt die Vermutung nahe, dass diese beiden Personen die Nacht noch vor sich hatten und eher dem *Vortag* zuzurechnen sind. Zu diesen beiden Beobachtungen haben wir 24 addiert und dann das rechte Histogramm erhalten.

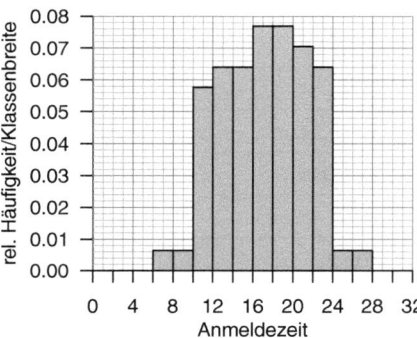

Jetzt stellt sich die Frage: Sind die Beobachtungen normalverteilt? Wir haben die Minuten in Bruchteile einer ganzen Stunde umgerechnet und dann die folgenden der Größe nach sortierten Beobachtungen erhalten, mit denen wir die folgenden Berechnungen angestellt haben:

```
> AnmeldZeit
 [1]   7.56   9.22 10.01 10.07 10.09 10.35 10.47 11.04 11.20 11.35
[11]  11.41 12.03 12.05 12.27 12.44 12.52 12.53 13.02 13.16 13.30
[21]  13.46 14.04 14.32 14.37 15.15 15.20 15.25 15.29 15.34 15.41
[31]  15.51 16.07 16.12 16.15 16.26 16.28 16.48 16.50 16.56 17.00
[41]  17.24 17.33 17.54 18.04 18.34 18.44 18.59 19.03 19.07 19.07
[51]  19.14 19.28 19.30 19.44 19.59 20.07 20.08 20.20 20.44 20.53
[61]  21.00 21.01 21.04 21.21 21.56 21.59 22.04 22.06 22.06 22.08
[71]  22.08 22.26 22.26 22.58 23.10 23.31 25.59 26.43
```

```
> n<-length(AnmeldZeit); n
[1] 78
> MittelZeit<-round(mean(AnmeldZeit),digits=2); MittelZeit
[1] 16.93
> VarZeit<-round(77*var(AnmeldZeit)/78,digits=2); VarZeit
[1] 18.12
> StandZeit<-round(sqrt(77*var(AnmeldZeit)/78),digits=2);StandZeit
[1] 4.26
```

a) Geben Sie die geschätzten Parameter einer angepassten Normalverteilung an.

b) Prüfen Sie mit einem χ^2-Anpassungstest, ob eine Normalverteilung ein geeignetes Modell für diese Daten ist. Berechnen Sie die Prüfgröße mit der folgenden Arbeitstabelle. Verwenden Sie dabei die gegebene Klasseneinteilung und zur Berechnung der erwarteten Häufigkeiten die folgenden Wahrscheinlichkeiten. Beachten Sie, dass wir für die Berechnung der Wahrscheinlichkeiten die auf zwei Stellen gerundeten Schätzer des Mittelwertes und der Varianz verwendet haben. Runden Sie auch die erwarteten Häufigkeiten auf zwei Stellen nach dem Dezimalpunkt und rechnen Sie mit diesen gerundeten Werten weiter.

```
> x<-c(10,14,18,22)
> round(pnorm(x,MittelZeit,StandZeit),digits=2)
[1] 0.05 0.25 0.60 0.88
> round(pnorm(x,MittelZeit,StandZeit),digits=2)*n
[1]  3.90 19.50 46.80 68.64
```

Zeit	$t \leq 10$	$10 < t \leq 14$	$14 < t \leq 18$	$18 < t \leq 22$	$t > 22$
Beob. Häuf.					
Erw. Häuf.					
Beob. - Erw.					
(Beob. - Erw.)^2					
(Beob. - Erw.)^2/Erw.					

Nennen Sie die Verteilung der Prüfgröße mit Freiheitsgraden und bestimmen Sie mit dieser Verteilung die Ablehnungsbereiche für $\alpha = 0.10, 0.05$ und 0.01, sowie den P-Wert.

c) Das Ergebnis eines χ^2-Anpassungstests ist immer auch abhängig von der gewählten Klasseneinteilung. Gerne verwendet man Klassen gleicher Wahrscheinlichkeit. Verwenden Sie die folgende **R**-Ausgabe, um 10 Klassen mit gleicher Wahrscheinlichkeit für die an die Daten angepasste Normalverteilung zu bestimmen.

```
> round(qnorm((1:9)/10),MittelZeit,StandZeit),digits=2)
 [1] 11.47 13.34 14.70 15.85 16.93 18.01 19.16 20.52 22.39
```

Verwenden Sie die oben bestimmte Klasseneinteilung und bestimmen Sie erneut die Prüfgröße, deren Verteilung, die Ablehnungsbereiche für $\alpha = 0.10, 0.05$ und 0.01, sowie den P-Wert.

[**10.9**] Von einem Zufallszahlengenerator wird behauptet, dass er $N(0,1)$-verteilte Zufallszahlen generiert. Aufgrund der von Ihnen gezeichneten Histogramme zweifeln Sie die Wahrheit dieser Behauptung an. Sie wollen mit dem χ^2-Anpassungstest nachweisen, dass die Behauptung nicht stimmt.

a) Bestimmen Sie mit Tabelle A1 oder **R** die Klassengrenzen, wenn Sie 10 Klassen gleicher Wahrscheinlichkeit für die $N(0,1)$-Verteilung verwenden wollen. Geben Sie die unter H_0 erwarteten Häufigkeiten und die Verteilung der Prüfgröße unter H_0 an und mit Tabelle A4 die Ablehnungsbereiche für $\alpha = 0.10, 0.05$ und 0.01.
b) Berechnen Sie die Prüfgröße, wenn Sie 100 Zufallszahlen erzeugt und die folgenden Häufigkeiten erhalten haben: 13 10 15 6 9 6 7 16 10 8 Bestimmen Sie den P-Wert. Welche Schlussfolgerung ziehen Sie?
c) Kommen Sie zu einem anderen Schluss, wenn Sie die Häufigkeiten 15 13 9 8 9 9 4 12 9 12 verwenden? (Die Zufallszahlen wurden mit demselben Generator erzeugt.)
d) Gehen Sie ab jetzt von der folgenden Situation aus: Sie haben eine Stichprobe von 100 Beobachtungen gezogen. Das Histogramm hat Ähnlichkeit mit der Dichtefunktion einer Normalverteilung. Sie schätzen den Mittelwert und die Varianz aus den Daten:

$$\hat{\mu} = 25.345 \qquad \hat{\sigma}^2 = 4.763$$

Sie wollen sicher gehen und führen einen χ^2-Anpassungstest durch. Sie verwenden die oben geschätzten Werte für μ und σ^2 und berechnen mit diesen 10 Klassen gleicher Wahrscheinlichkeit. Sie zählen die Häufigkeiten aus und erhalten genau die gleichen Werte wie in a). Was bleibt gleich? Was ändert sich?
Geben Sie den Wert der Prüfgröße, die Verteilung der Prüfgröße unter H_0, die Ablehnungsbereiche für $\alpha = 0.10, 0.05$ und 0.01 mit Hilfe der Tabelle A4 und den P-Wert an. Welche Schlussfolgerung ziehen Sie?

[**10.10**] Die Zufallsvariablen X_1 und X_2 seien unabhängig und jeweils binomialverteilt mit den Parametern n_1 und n_2 und derselben Erfolgswahrscheinlichkeit π. Dann ist die Summe $X_1 + X_2$ auch binomialverteilt mit den Parammetern $n_1 + n_2$ und der Erfolgswahrscheinlichkeit π. Wie ist es in der folgenden Situation?

Zwei Mitarbeiter des Finanzdienstleistungsunternehmens MLP führten im Zentralen Hörsaalgebäude der Universität Göttingen folgendes *Golfspiel* durch. Mit einem Golfschläger sollte ein Golfball in ein Golfloch geschlagen werden. Jeder Spieler hatte drei Versuche. Gezählt wurde die Anzahl der Erfolge, d.h. der Treffer. Die Anzahl der Erfolge in drei Versuchen ist dann binomialverteilt mit den Parametern $n = 3$ und der Erfolgswahrscheinlichkeit π. Bei 96 Spielern wurden die folgenden Ergebnisse beobachtet:

Erfolge	0	1	2	3
Beobachtet	37	30	19	10

Es gab also $30 + 19 \cdot 2 + 10 \cdot 3 = 98$ Erfolge in $96 \cdot 3 = 288$ Versuchen. Die geschätzte Erfolgswahrscheinlichkeit ist $98/288 \approx 0.34$. Haben wir nun 96 Realisationen einer $b(3, 0.34)$-verteilten Zufallsvariablen vorliegen? Wir wollen diese Frage nicht theoretisch, sondern mit einem χ^2-Anpassungstest prüfen.

a) Nutzen Sie die folgende Tabelle zur Berechnung der Prüfgröße.

Erfolge	0	1	2	3
Beobachtet	37	30	19	10
Wahrscheinlichkeit				
Erwartet				
Beobachtet - Erwartet				
(Beobachtet - Erwartet)^2				
(Beobachtet - Erwartet)^2/Erwartet				

Bestimmen Sie den Ablehnungsbereich für $\alpha = 0.05$ und $\alpha = 0.01$ sowie den P-Wert. Welchen Schluss ziehen Sie aus den Ergebnissen?

b) Woran liegt es, dass die Hypothese verworfen werden muss? Haben wir nur eine schlechte Stichprobe erwischt? Ist an unseren theoretischen Überlegungen etwas falsch? Haben wir wirklich 96 Realisationen einer Zufallsvariablen mit derselben Verteilung?

[**10.11**] Es soll geprüft werden, ob ein vorliegender Datensatz exponentialverteilt ist. Dazu wurde der Parameter aus den Daten geschätzt. Mit der so geschätzten Verteilung wurden 5 Klassen gleicher Wahrscheinlichkeit gebildet. Für diese Klassen liegen die folgenden beobachteten Häufigkeiten vor:

Klasse	1	2	3	4	5
Beobachtete Häufigkeit	13	9	5	11	2

Berechnen Sie den Wert der Prüfgröße[34]. Zu welchem Schluss kommen Sie bei $\alpha = 0.05$ bzw. bei $\alpha = 0.01$? Bestimmen Sie den P-Wert mit Hilfe der folgenden **R**-Ausgabe, die die Werte der Verteilungsfunktion der χ^2-Verteilungen mit $2, 3, 4$ und 5 Freiheitsgraden an den Stellen $1, 2, \ldots, 12$ enthält.

```
> v<-matrix(NA,4,12);rownames(v)<-2:5;colnames(v)<-1:12
> for (i in 1:4) v[i,]<-pchisq(1:12,i+1)
> round(v,3)

      1     2     3     4     5     6     7     8     9    10    11    12
2 0.393 0.632 0.777 0.865 0.918 0.950 0.970 0.982 0.989 0.993 0.996 0.998
3 0.199 0.428 0.608 0.739 0.828 0.888 0.928 0.954 0.971 0.981 0.988 0.993
4 0.090 0.264 0.442 0.594 0.713 0.801 0.864 0.908 0.939 0.960 0.973 0.983
5 0.037 0.151 0.300 0.451 0.584 0.694 0.779 0.844 0.891 0.925 0.949 0.965
```

[10.12] χ^2-Unabhängigkeitstest: Wahr oder Falsch?

a) Der χ^2-Unabhängigkeitstest kann auch als Anpassungstest aufgefasst werden. ( )

b) Es wird die Hypothese der Unabhängigkeit geprüft. ( )

c) Kann die Nullhypothese nicht verworfen werden, hat man große Sicherheit, dass die Zufallsvariablen unabhängig verteilt sind. ( )

d) Es werden die beobachteten mit den unter Unabhängigkeit erwarteten Häufigkeiten verglichen. ( )

e) Die Nullhypothese wird bei kleinen Werten der PG verworfen. ( )

f) Der P-Wert ist in diesem Fall die Wahrscheinlichkeit, unter H_0 einen noch größeren Wert (als den gerade berechneten) für PG zu erhalten. ( )

g) Die PG hat $rs - 1$ Freiheitsgrade, wobei r die Anzahl der möglichen Werte von X und s die Anzahl der möglichen Werte von Y ist. ( )

[10.13] Interpretation einer Software-Ausgabe: Wahr oder Falsch?

Die Zufallsvariable X hat den Wertebereich $1, 2, 3, 4$, während Y nur die Werte $1, 2, 3$ annehmen kann. Die folgende Matrix

```
> Haufxy
     [,1] [,2] [,3] [,4]
[1,]    5   12    9   12
[2,]    7    3   14    8
[3,]   16    8    7    6
```

zeigt die gemeinsame Häufigkeitstabelle. Mit **R** wurde der χ^2-Unabhängigkeitstest durchgeführt. In der folgenden Ausgabe wurde der Wert für `df` (=FG) entfernt.

---

[34] Der Wert der Prüfgröße ist in diesem Fall eine ganze Zahl.

```
> chisq.test(Haufxy)

        Pearson's Chi-squared test

data:  Haufxy
X-squared = 16.7925, df = ?, p-value = 0.01008
```

a) Die korrekte Anzahl der Freiheitsgrade ist df = 11.   (   )

b) Die Nullhypothese ist für $\alpha = 0.01$ abzulehnen.   (   )

c) Der p-value gibt die Wahrscheinlichkeit an, dass die Prüfgröße unter (   )
    der Nullhypothese einen Wert annimmt, der größer als 16.7925 ist.

d) Aus der Tabelle der χ^2-Verteilung erhält man als untere Grenze des (   )
    Ablehnungsbereiches für $\alpha = 0.05$ den Wert 12.59.

e) Erwartete Häufigkeit für das Ereignis $\{X = 3, Y = 2\}$ ist $\frac{30}{3} \cdot \frac{32}{4} = 80$. (   )

f) Erwartete Häufigkeit für das Ereignis $\{X = 1, Y = 1\}$ ist $(28 \cdot 38)/107$. (   )

g) Wenn $X \sim \chi_6^2$, so gilt $P(X < 16.7925) = 1 - 0.01008$.   (   )

h) Die Nullhypothese ist: Alle Ereignisse $\{X = i, Y = j\}$ für $i = 1,2,3,4$ (   )
    und $j = 1,2,3$ haben die gleiche Wahrscheinlichkeit, nämlich $1/12$.

[**10.14**] Die folgenden Daten beziehen sich auf die Umfrage unter Sudienanfängern zu Beginn der Statistik I Vorlesung im WS 2000/2001. Mit **R** wurden die folgenden Kontingenztafeln erzeugt:

```
table(Mathe,Deutsch)  # Noten Mathe Deutsch
      Deutsch
Mathe 1   2   3   4   5
    1  9  17  12   2   0
    2 10  46  25   2   0
    3  5  25  33   5   0
    4  2  16  14   5   1
    5  0   1   3   0   0
table(Kunst,Sport)     # Noten Kunst Sport
      Sport
Kunst 1   2   3   4   5
    1 19  19   1   1   0
    2 38  52  12   0   0
    3 24  16   7   2   0
    4  8   3   3   0   0
    5  6   2   0   0   1
    6  0   0   0   1   0
table(Geschlecht,Mathe) # Geschlecht 0=männlich 1= weiblich
          Mathe
Geschlecht 1   2   3   4   5
         0 18  40  40  24   2
         1 21  43  27  14   1
table(Geschlecht,Sport)
          Sport
```

```
Geschlecht 1   2   3   4   5
           0 67  40  13   1   0
           1 35  56   9   3   1
```

Führen Sie für diese Tabellen einen χ^2-Test auf Unabhängigkeit durch. Berechnen Sie die Prüfgröße und bestimmen Sie jeweils den Ablehnungsbereich für $\alpha = 0.10, 0.05$ und 0.01 sowie den P-Wert. Welche Schlüsse ziehen Sie?[35]

[10.15]   Das Institut für Niederdeutsche Sprache[36] ließ im Jahr 2007 eine Umfrage über die Verbreitung der plattdeutschen Sprache durchführen. Auf die Frage *Wie gut können Sie plattdeutsch verstehen?* ergab sich bei Männern und Frauen die folgende Häufigkeitstabelle:

Qualität\Geschlecht	Männer	Frauen	Gesamt
sehr gut	55	67	122
gut	120	112	232
mäßig	130	129	259
nur einige Wörter	47	65	112
gar nicht	21	28	49
Gesamt	373	401	774

Es soll die Hypothese der Unabhängigkeit geprüft werden. Berechnen Sie die Prüfgröße unter Verwendung der unten stehende Tabelle. Runden Sie dabei alle Einträge auf zwei Stellen nach dem Dezimalpunkt und rechnen Sie dann mit diesen gerundeten Ergebnissen weiter. Schreiben Sie die unter der Hypothese der Unabhängigkeit erwarteten Häufigkeiten in die zwei ersten freien Spalten der folgenden Tabelle, die Differenzen aus den beobachteten und erwarteten Häufigkeiten in die folgenden zwei Spalten usw.

	Erwartet		Beob. - Erw.		(Beob. - Erw.)^2/Erw.	
Qualität\Geschlecht	Männer	Frauen	Männer	Frauen	Männer	Frauen
sehr gut						
gut						
mäßig						
nur einige Wörter						
gar nicht						

Geben Sie die Verteilung der Prüfgröße mit Freiheitsgraden an. Bestimmen Sie die kritischen Werte, d.h. die unteren Grenzen der Ablehnungsbereiche für $\alpha = 0.1$, 0.05 und 0.01. Zu welchem Schluss kommen Sie? Geben Sie auch den P-Wert an.

---

[35] Sollte man eventuell Klassen zusammenfassen, da die erwarteten Häufigkeiten zu klein sind?

[36] Siehe Aufg. 1 in Kap. 2

[**10.16**]   In einer Studie zur Untersuchung der Größenverhältnisse in Partnerschaften zwischen Männern und Frauen[37] wurden den Probanden sechs verschiedene Silhouetten von Körperhöhenverhältnissen bei Paaren gezeigt. Unter anderem wurde nach den idealen Vorstellungen gefragt. Die folgende **R**-Ausgabe zeigt die Antworten auf diese Fragen bei Männern und Frauen:

```
> table(SEX,SDSIDEAL)
      SDSIDEAL
SEX     Figure F Figure E Figure D Figure C Figure B Figure A
  Frau  1        2        21       43       30       6
  Mann  0        4        24       40       21       6
```

a) Schreiben Sie die unter der Nullhypothese der Unabhängigkeit erwarteten Häufigkeiten in die folgende Tabelle.

	Bild F	Bild E	Bild D	Bild C	Bild B	Bild A
Frau						
Mann						

b) Sind die erwarteten Häufigkeiten groß genug?
c) Fassen Sie die beiden ersten Kategorien (`Figure F` und `Figure E`) zusammen und berechnen Sie die erwarteten Häufigkeiten neu.
d) Führen Sie den Unabhängigkeitstest mit dem Siginifikanzniveau $\alpha = 0.10$ durch.

[**10.17**]   In Börsenkreisen gilt der Monat Dezember als guter Anlagemonat. Dazu berichtete Dr. Berndt Fernow (Landesbank Baden-Württemberg) am 5. Juni 2010 auf der Jahresversammlung des Fördervereins für mathematische Statistik und Versicherungsmathematik die folgenden Zahlen über Gewinne und Verluste des DAX in den letzten 29 Jahren.

		Juli - November	
		Verlust	Gewinn
Dezember	Verlust	6	1
	Gewinn	5	17

Sind die Gewinne bzw. Verluste des DAX im Dezember unabhängig von den Gewinnen bzw. Verlusten in den Monaten Juli - November? Berechnen Sie die Prüfgröße und bestimmen Sie den Ablehnungsbereich für $\alpha = 0.05$ bzw. 0.01. Welchen Schluss ziehen Sie aus dem Ergebnis? Geben Sie auch den P-Wert an.

---

[37] Fink, Bernhard, Courant Forschungszentrum Evolution des Sozialverhaltens, Universität Göttingen, persönliche Mitteilung

1.11 Einfache Regressionsanalyse

[11.1]   Es soll der Zusammenhang zwischen Milchmenge (in kg) und der Eiweiß-menge (in kg) untersucht werden. Es steht folgende Stichprobe[38] zur Verfügung; Milchmenge (x) während einer Laktation (ca. 300 Tage) und die zugehörige Ei-weißmenge (y):

	1	2	3	4	5	6	7	8	9	10	11	12	13	14	15
x	5831	6192	6401	7480	5603	6911	6461	6582	6951	5481	7741	4884	5271	5577	7184
y	208	201	217	256	196	208	208	203	227	186	260	159	179	183	228

Passen Sie mit Hilfe der Methode der kleinsten Quadrate eine Gerade der Form $y = \theta_1 + \theta_2 x$ an die Daten an, d.h. bestimmen Sie die Schätzer $\hat{\theta}_1$ und $\hat{\theta}_2$.

[11.2]   Von fünf Schweinen liegen Messwerte[39] der Speckdicke y in mm und des Gewichts x in kg vor.

Schwein	1	2	3	4	5	Summe	Mittelwert
Gewicht x	105	108	115	122	125	575	115
Speckdicke y	10.4	11.5	12.2	11.9	14.0	60.0	12

a) Zeichnen Sie die Beobachtungspaare in das Koordinatensystem (s.u.) ein.
b) Die beiden folgenden Geraden

      Gerade 1: $y = -2.95 + 0.13x$ Gerade 2: $y = -11.0 + 0.20x$

gehen jeweils durch den Mittelwert der Speckdicke 12 und den Mittelwert des Gewichts 115. Zeichnen Sie die beiden Geraden in Grafik ein.

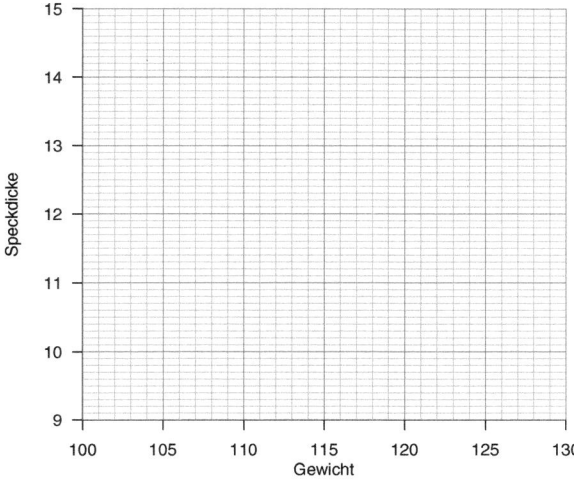

---

[38] Bruns, Erich; Inst. Tierzucht und Haustiergenetik, Universität Göttingen, Persönliche Mitteilung
[39] Quelle: Bruns, Erich und Becker, Heiko: Versuchsplanung und -auswertung (Vorlesungsskript), Universität Göttingen, Institut für Tierzucht und Haustiergenetik

c) Welche Gerade liegt nach Ihrem Augenmaß „näher" an den Beobachtungen?

d) Bestimmen Sie für beide Geraden und alle Beobachtungspaare jeweils den y-Wert auf der Geraden, den Abstand von der Geraden und den quadrierten Abstand von der Geraden. Bestimmen Sie dann für jede Gerade die Summe der quadrierten Abstände von der Geraden. Welche Gerade *„passt besser"*?

e) Bestimmen Sie jetzt die beste Gerade nach der Methode der kleinsten Quadrate.

[**11.3**]   Der *Spiegel, Nr. 15, 2006* veröffentlichte für 14 Staaten einen Kündigungsschutz-Index mit den möglichen Werten von 0 (wenig restriktiv) bis 6 (restriktiv) und die Arbeitslosenquote 2005 in Prozent, standardisiert (Quelle: OECD Economic Outlook 2004).

Staat	Kündigungsschutz-Index	Arbeitslosenquote
USA	0.55	5.1
Großbritannien	1.04	4.7
Irland	1.33	4.3
Australien	1.47	5.1
Schweiz	1.60	4.5
Japan	1.79	4.4
Dänemark	1.83	4.8
Österreich	2.16	5.2
Niederlande	2.26	4.7
Italien	2.44	7.7
Deutschland	2.48	9.5
Schweden	2.62	6.3
Frankreich	2.89	9.5
Spanien	3.07	9.2

a) Zeichnen Sie die Beobachtungspaare in die folgende Grafik.

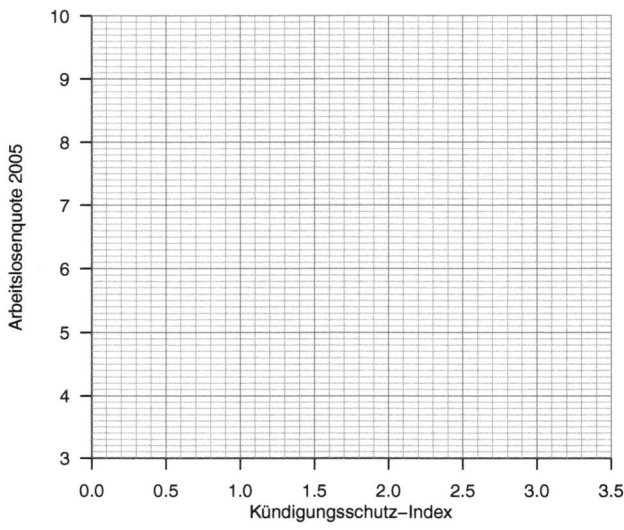

b) Die Daten erhielten in **R** die Namen Kuend bzw. Ablos. Es wurden die folgenden Summen berechnet:

```
sum(Kuend); sum(Ablos); sum(Kuend*Ablos); sum(Kuend^2)
27.63  85  181.686  61.0655
```

Führen Sie eine einfache lineare Regressionsrechnung durch und zeichnen Sie die angepasste Gerade in die Grafik ein.

c) Diskutieren Sie jetzt die Güte der Anpassung. Halten Sie das Modell einer Geraden geeignet für diese Daten oder sollten man eine kompliziertere Funktion, etwa eine Parabel anpassen?

[11.4] Betrachten Sie das Modell $y_i = \theta x_i + e_i$; $i = 1, 2, \ldots, n$.

a) Interpretieren Sie das Modell. Ist es eine Gerade, Parabel oder spezielle Gerade?
b) Bestimmen Sie den Schätzer $\hat{\theta}$ nach der Methode der kleinsten Quadrate.
c) Berechnen Sie $\hat{\theta}$, wenn die folgenden Beobachtungen gegeben sind:

x_i	-2	-1	0	1	2
y_i	-3.8	-2.4	-0.2	1.8	3.9

d) Stellen Sie die Beobachtungen und die angepasste Funktion grafisch dar.

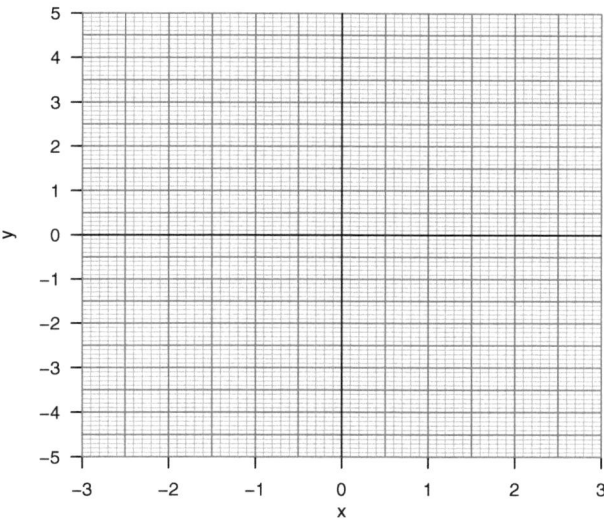

[11.5] Betrachten Sie das Modell $y_i = \theta x_i^2 + e_i$; $i = 1, 2, \ldots, n$.

a) Interpretieren Sie das Modell. Ist es eine Gerade, Parabel oder spezielle Parabel?
b) Bestimmen Sie den Schätzer $\hat{\theta}$ nach der Methode der kleinsten Quadrate.

c) Berechnen Sie $\hat{\theta}$, wenn die folgenden Beobachtungen gegeben sind:

x_i	-2	-1	0	1	2
y_i	4.9	1.2	-0.3	0.3	4.2

d) Stellen Sie die Beobachtungen und die angepasste Funktion grafisch dar.

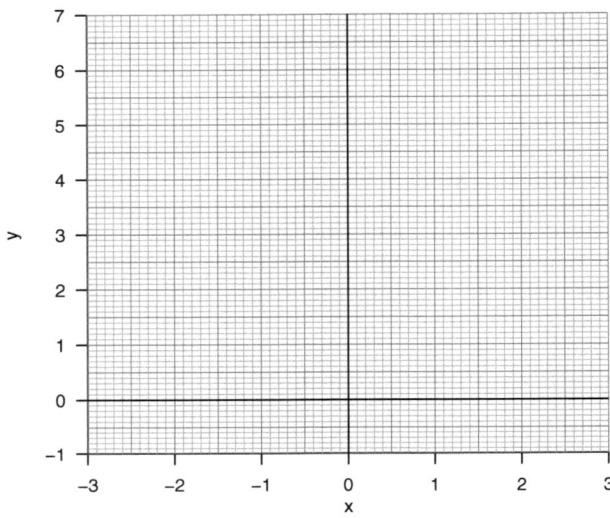

[**11.6**]   Betrachten Sie das Modell $y_i = \theta_1 x_i + \theta_2 x_i^2 + e_i; \quad i = 1, 2, \ldots, n.$

a) Interpretieren Sie das Modell. Ist es eine Gerade, Parabel oder spezielle Parabel?
b) Bestimmen Sie die Schätzer $\hat{\theta}_1$ und $\hat{\theta}_2$ nach der Methode der kleinsten Quadrate.

   i) Wenn Sie die Summe der Quadrate der Residuen nach θ_1 und θ_2 ableiten, ergeben sich zwei lineare Gleichungen in θ_1 und θ_2, die sogenannten Normalgleichungen. Geben Sie diese in der folgenden Gestalt an:

$$a\theta_1 + b\theta_2 = c \qquad d\theta_1 + e\theta_2 = f$$

   ii) Lösen Sie jetzt das Gleichungssystem nach θ_1 und θ_2 auf, indem Sie eine allgemeine Lösungsformel für zwei lineare Gleichungen mit zwei Unbekannten anwenden, z.B.

$$\theta_1 = \frac{ce - bf}{ae - bd} \qquad \theta_2 = \frac{af - cd}{ae - bd}$$

c) Berechnen Sie $\hat{\theta}_1$ und $\hat{\theta}_2$, wenn die folgenden Beobachtungen gegeben sind:

x_i	-3	-2	-1	0	1	2
y_i	2.7	0.2	-1.3	0	0.2	7.9

d) Stellen Sie die Beobachtungen und die angepasste Funktion grafisch dar.

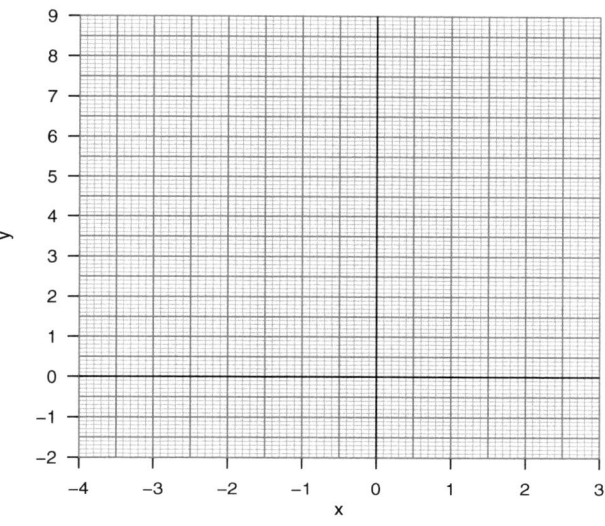

[**11.7**]   Betrachten Sie das Modell $y_i = \theta_1 + \theta_2 \log(x_i) + e_i;\ i = 1, 2, \ldots, n.$

a) Um was für einen Funktionstyp handelt es sich?
b) Bestimmen Sie Schätzer $\hat{\theta}_1$ und $\hat{\theta}_2$ nach der Methode der kleinsten Quadrate.[40]
c) Berechnen Sie $\hat{\theta}_1$ und $\hat{\theta}_2$, wenn die folgenden Beobachtungen gegeben sind:

x_i	1	2	3	4	5
y_i	0.6	2.3	3.2	3.7	4.2

d) Stellen Sie die Beobachtungen und die angepasste Funktion grafisch dar.

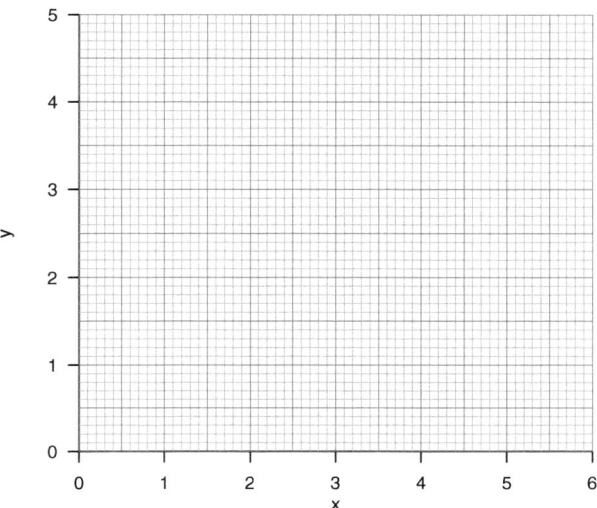

---

[40] **Hinweis:** Die angepasste Funktion ist eine linear in $\log(x)$. Sie erhalten die Schätzer, indem Sie in den Formeln für $\hat{\theta}_1$ und $\hat{\theta}_2$ der einfachen linearen Regression x_i durch $\log(x_i)$ ersetzen.

[**11.8**] Sie wollen an gegebene Daten $(x_i, y_i); i = 1, 2, \ldots, n$, wobei $y_i > 0$ ist, die Funktion $y = \theta_1 e^{\theta_2 x}$ anpassen.

a) Um was für einen Funktionstyp handelt es sich? Was erhalten Sie, wenn Sie die Gleichung auf beiden Seiten logarithmieren?

b) Bestimmen Sie für die Gleichung aus b) zunächst die Schätzer von $\log(\theta_1)$ und θ_2, indem Sie die entsprechenden Formeln für $\hat{\theta}_1$ und $\hat{\theta}_2$ der einfachen linearen Regression anwenden. Bestimmen Sie anschließend eine Formel für $\hat{\theta}_1$.

c) Berechnen Sie $\hat{\theta}_1$ und $\hat{\theta}_2$, wenn die folgenden Beobachtungen gegeben sind:

x_i	-2	-1	0	1	2
y_i	0.3	1.3	1.9	5.9	14.8

d) Stellen Sie die Beobachtungen und die angepasste Funktion grafisch dar.

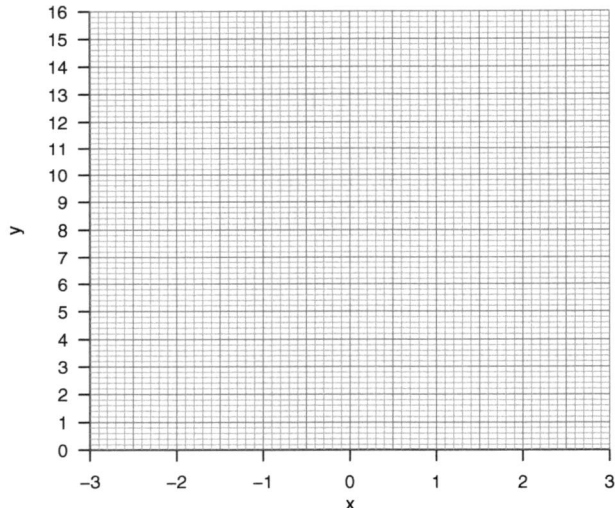

[**11.9**] Die folgenden Daten beziehen sich auf die Klausuren *Mathematik für Wirtschaftswissenschaftler* im WS 2007/2008 erzielten Punkte. Teilnehmer, die einen *Freiversuch* gesetzt haben, können an der Wiederholungsklausur teilnehmen, auch wenn sie die erste Klausur schon bestanden haben. Das bessere Ergebnis wird gewertet. Es wurden 10 Studierende zufällig ausgewählt, die an beiden Klausuren teilgenommen haben, obwohl sie die erste Klausur schon bestanden hatten. Gegeben sind die Punktzahlen in der 1. und 2. Klausur. Die Klausur ist mit 32 Punkten bestanden.

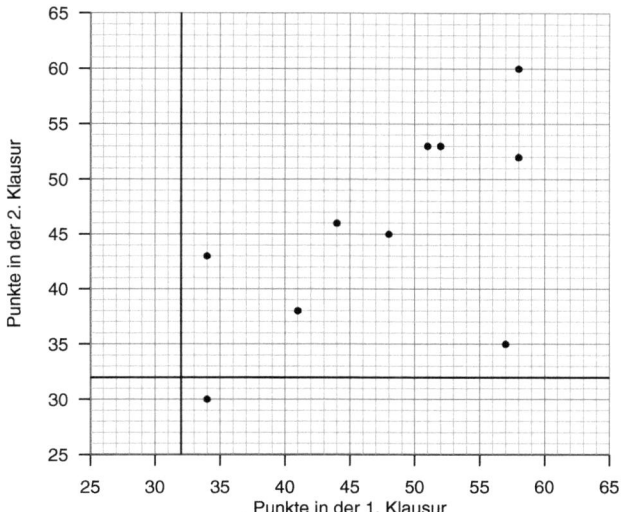

Kandidat	1	2	3	4	5	6	7	8	9	10
1. Klausur	34	57	41	58	48	52	51	58	34	44
2. Klausur	43	35	38	52	45	53	53	60	30	46

a) Schätzen Sie die beste Gerade nach der Methode der kleinsten Quadrate und zeichnen Sie diese Gerade in die obige Abbildung ein.
b) Stellen Sie in der Abbildung die Residuen grafisch dar.
c) Sagen Sie das Ergebnis der 2. Klausur voraus, wenn in der 1. Klausur 40 Punkte erreicht wurden.
d) Wie groß ist der geschätzte Standardfehler für diese Voraussage?
e) Bestimmen Sie ein Vorhersageintervall für diese Vorhersage zur Konfidenzwahrscheinlichkeit $1 - \alpha = 0.90$.

[**11.10**] Im Vorkurs *Mathematik für Wirtschafstwissenschaftler* vor Beginn des Sommersemesters 2009 wurde am Anfang und am Ende ein Test geschrieben, in dem jeweils 18 Punkte erreicht werden konnten. Für die 75 Teilnehmer, die an beiden Tests teilgenommen haben, zeigt die folgende Abbildung links die Punkte im Eingangstest und im Ausgangstest zusammen mit der nach der Methode der kleinsten Quadrate angepassten Geraden. In der Mitte sehen wir ein Histogramm der Residuen und rechts eine weitere Darstellung der Residuen. Die nach rechts fallende graue Linie ist eine obere Schranke für die Residuen im angepassten Modell.

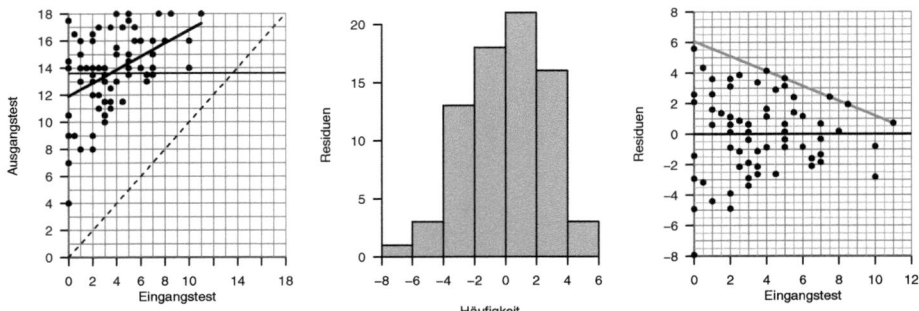

a) Beurteilen Sie die Anpassung durch die Gerade.
b) Halten Sie eine Regressionsrechnung hier für angebracht?
c) Ist die eingezeichnete waagerechte Gerade in der Höhe des Mittelwerts der Punkte im Ausgangstest besser geeignet?
d) Betrachten und beurteilen Sie die Darstellung der Residuen.
e) Mit **R** wurden die folgenden Berechnungen durchgeführt:

```
> summary(lm(Ausgangstest~Eingangstest))
Call:
lm(formula = Ausgangstest ~ Eingangstest)
Residuals:
     Min      1Q   Median       3Q      Max
 -7.9142 -1.8604   0.1396   2.0066   5.5858
Coefficients:
                Estimate Std. Error t value Pr(>|t|)
(Intercept)      11.9142     0.5074  23.483  < 2e-16 ***
Eingangstest      0.4892     0.1170   4.182 7.94e-05 ***
---
Residual standard error: 2.613 on 73 degrees of freedom
Multiple R-Squared: 0.1933,     Adjusted R-squared: 0.1822
F-statistic: 17.49 on 1 and 73 DF,  p-value: 7.935e-05
```

Interpretieren und diskutieren Sie diese Ergebnisse:

i) Wie groß ist die Steigung und der Achsenabschnitt der angepassten Geraden? Stimmt dies mit der Grafik überein?
ii) Wie groß ist die Residualvarianz?
iii) In welchen Grafiken ist der mit `2.613` angegebene `Residual standard error` „zu sehen"?
iv) Wie viel Prozent der Variation werden durch die Regression erklärt?
v) Wie groß ist der Korrelationskoeffizient zwischen den beiden Variablen?
vi) Welche Nullpothese prüft die `F-statistic`?
vii) Mit welcher Wahrscheinlichkeit erhält man unter der Nullpothese einen kleineren Wert als 17.49 für die `F-statistic`?

[**11.11**]   Folgende Daten beziehen sich auf die 2008 veröffentlichte Pisastudie:

```
> Pisa
   Land Lesen Mathe Natur
1    SN   512   523   541    # Sachsen
2    BY   511   522   533    # Bayern
3    TH   500   509   530    # Thüringen
4    BW   500   516   523    # Baden Württemberg
5    RP   499   500   516    # Rheinland-Pfalz
6    HE   492   500   507    # Hessen
7    NW   490   493   503    # Nordrhein Westfalen
8    BE   488   495   508    # Berlin
9    ST   487   499   518    # Sachsen Anhalt
10   BR   486   500   514    # Brandenburg
11   SH   485   497   510    # Schleswig Holstein
12   NI   484   489   506    # Niedersachsen
13   MV   480   500   515    # Mecklenburg Vorpommern
14   HH   476   488   497    # Hamburg
15   HB   474   478   485    # Bremen
16   SL   497   498   512    # Saarland
```

In den folgenden Abbildungen sind die Punktzahlen gegeneinander abgetragen.

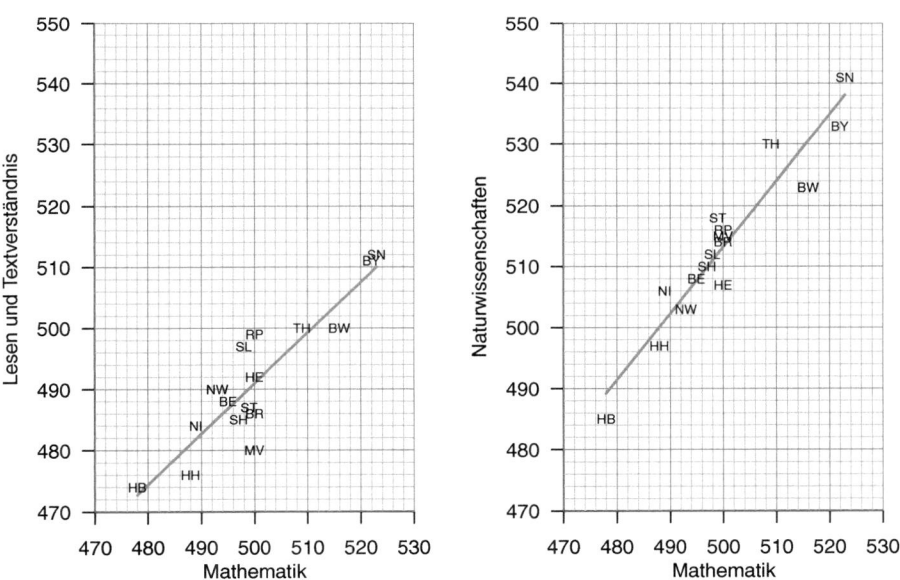

Folgende Berechnungen wurden mit **R** durchgeführt:

```
> summary(lm(Lesen~Mathe))  # summarize linear regression
Call:
lm(formula = Lesen ~ Mathe)
Residuals:
    Min      1Q  Median      3Q     Max
-10.950  -3.650   1.231   2.040   8.050
```

```
Coefficients:
            Estimate Std. Error t value Pr(>|t|)
(Intercept)  76.8329    55.4604   1.385    0.188
Mathe         0.8282     0.1108   7.475 2.99e-06 ***
---
Residual standard error: 5.178 on 14 degrees of freedom
Multiple R-Squared: 0.7997,    Adjusted R-squared: 0.7854
F-statistic: 55.88 on 1 and 14 DF,  p-value: 2.988e-06

> summary(lm(Natur~Mathe))  # summarize linear regression
Call:
lm(formula = Natur ~ Mathe)
Residuals:
    Min      1Q  Median      3Q     Max
-7.5748 -3.3365  0.5744  2.8137  7.0492
Coefficients:
            Estimate Std. Error t value Pr(>|t|)
(Intercept) -31.42409   47.48049  -0.662    0.519
Mathe         1.08915    0.09485  11.483 1.64e-08 ***
---
Residual standard error: 4.433 on 14 degrees of freedom
Multiple R-Squared: 0.904,    Adjusted R-squared: 0.8972
F-statistic: 131.8 on 1 and 14 DF,  p-value: 1.643e-08

> sum(Mathe); sum (Mathe^2)
[1] 8007   4009187
```

a) Sagen Sie die Werte für *Lesen* und *Naturwissenschaften* voraus, wenn die Punktzahl in *Mathematik* 510 beträgt.

b) Berechnen Sie jeweils den geschätzten Standardfehler der Vorhersage.

c) Berechnen Sie jeweils ein Prognoseintervall zur Konfidenzwahrscheinlichkeit 0.95 und 0.99.

[**11.12**]   Seit 1981 befragt das ifo Institut für Wirtschaftsforschung an der Universität München im vierteljährlichen Turnus Experten aus einer Vielzahl von Ländern zur Konjunkturentwicklung und zu anderen Wirtschaftsdaten in ihrem jeweiligen Beobachtungsgebiet. An der jüngsten Erhebung im Januar 2009 nahmen 1 035 Experten aus 92 Ländern teil. Die Unternehmen werden gebeten, ihre gegenwärtige Geschäftslage zu beurteilen und ihre Erwartungen für die nächsten sechs Monate mitzuteilen. Sie können ihre Lage mit "gut", "befriedigend" oder "schlecht" und ihre Geschäftserwartungen für die nächsten sechs Monaten als "günstiger", "gleich bleibend" oder "ungünstiger" kennzeichnen. Der Saldowert der gegenwärtigen Geschäftslage ist die Differenz der Prozentanteile der Antworten "gut" und "schlecht", der Saldowert der Erwartungen ist die Differenz der Prozentanteile der Antworten "günstiger" und "ungünstiger". Das Geschäftsklima ist ein transformierter Mittelwert aus den Salden der Geschäftslage und der Erwartungen. Zur Berechnung der Indexwerte werden die transformierten Salden jeweils auf den Durchschnitt des Jahres 1995 normiert. (Quelle: http://www.cesifo-group.de)

Die linke Abbildung zeigt die Entwicklung für den Index Klima vom III. Quartal 2007 bis zum I. Quartal 2009.

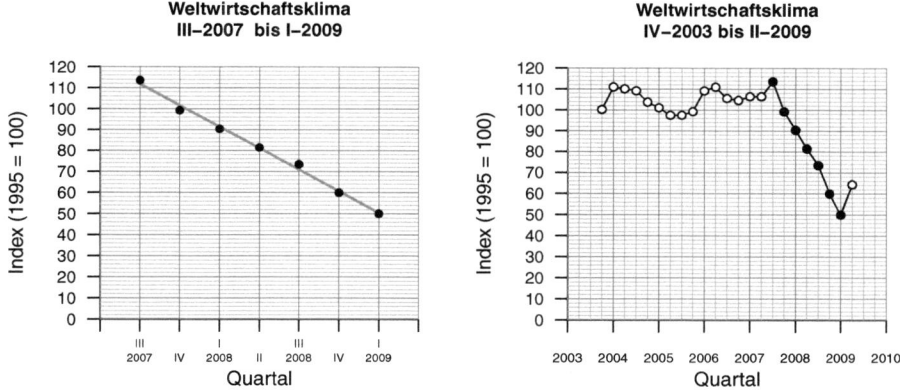

a) Bestimmen Sie die in der Abbildung eingezeichnete Gerade $\hat{y} = \hat{\theta}_1 + \hat{\theta}_2 x$, die nach der Methode der kleinsten Quadrate angepasst wurde. Als unabhängige Variable wurde die Zeit mit den Werten $1, 2, \ldots 7$ verwendet. Die Werte des Index für das Weltwirtschaftsklima sind: $113.6, 99.3, 90.4, 81.4, 73.4, 60.0, 50.1$.

b) Bestimmen Sie die Residuen sowie deren Summe der Quadrate $SQ(Res)$.

c) Bestimmen Sie auch die Summe der quadratischen Abweichungen $\sum_{i=1}^{7}(y_i - \bar{y})^2$ der y_i von ihrem Mittelwert, die sogenannte $SQ(Total)$.

d) Berechnen Sie $SQ(Regression)$.

e) Berechnen Sie R^2. Welcher Anteil der Variation wird durch die Regression erklärt? Welcher Anteil bleibt unerklärt?

f) Wie groß ist der geschätzte Korrelationskoeffizient zwischen beiden Variablen?

g) Kann man aufgrund dieser Regressionsgeraden auch auf die zukünftigen und vorausgegangen Beobachtungen schließen? Die rechte Abbildung zeigt auch frühere Beobachtungen und den Wert für das 2. Quartal 2009, der einen Tag nach Aufgabenstellung veröffentlicht wurde.

h) Bestimmen Sie $\widehat{Var}(\hat{\theta}_1)$ und $\widehat{Var}(\hat{\theta}_2)$.

i) Bestimmen Sie für θ_1 und θ_2 je ein Konfidenzintervall zum Niveau $1 - \alpha = 0.90$.

[11.13]   Die folgende Abbildung zeigt die Körpergrößen von Vätern und Söhnen[41]. Es wurde dabei nach der Methode der kleinsten Quadrate eine Gerade und eine Parabel angepasst.

---

[41] Quelle: Fink, Bernhard, Courant Forschungszentrum Evolution des Sozialverhaltens, Universität Göttingen, persönliche Mitteilung

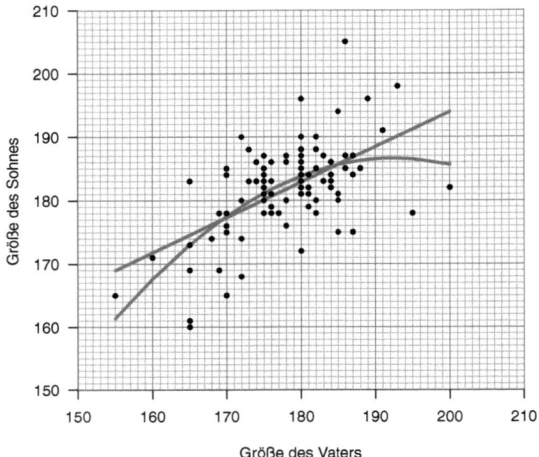

Mit **R** wurden die folgenden Berechnungen durchgeführt, wobei `Sohn` die Körpergröße der Söhne und `Vater` die Körpergröße der Väter enthält.

```
Vater2<-Vater^2
M1<-lm(Sohn~Vater+Vater2)
M2<-lm(Sohn~Vater)
> anova(M2,M1)
Analysis of Variance Table
Model 1: Sohn ~ Vater
Model 2: Sohn ~ Vater + Vater2
  Res.Df    RSS Df Sum of Sq      F   Pr(>F)
1     91 3322.2
2     90 3058.8  1     263.4 7.7515 0.006541 **
---
```

a) Übertragen Sie die Ergebnisse der **R**-Ausgabe in die folgende Arbeitstabelle und berechnen Sie die fehlenden Größe. Beachten Sie dabei, dass es Ungenauigkeiten durch Rundungen geben kann.

Modell	FG	SQ	DQ	F
Differenz				
M_1				
M_2				

b) Welche Verteilung hat die Prüfgröße unter der Nullhypothese.

c) Für welches Modell würden Sie sich entscheiden?

[**11.14**]   In der Zeitschrift *Forschung und Lehre*, Heft 7, 2009 wird über die Anzahl der Promotionen von Fachhochschulabsolventen in Deutschland berichtet (Quelle: HRK)

Zeitraum	1996/1997	1999/2000	2002/2003	2005/2006
Anzahl	16	109	220	403
t	1	2	3	4

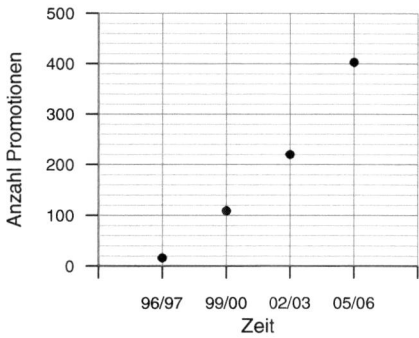 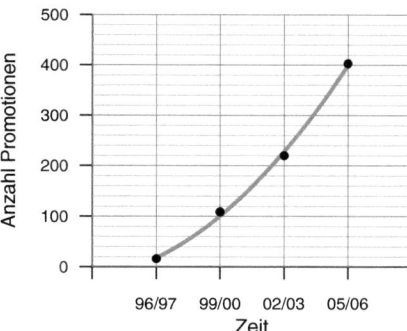

a) Bestimmen Sie die beste Gerade nach der Methode der kleinsten Quadrate und zeichnen Sie diese in die linke Grafik ein. Bestimmen Sie dann die Residuen und mit diesen $SQ(Res)$.

b) Es stellt sich die Frage, ob die in der rechten Abbildung eingezeichnete Parabel besser geeignet ist, die Daten zu beschreiben. Für das Modell der Parabel wurden die Residuen berechnet:

```
> lm(y~x+x2)$residuals
    1    2    3    4
 -2.7  8.1 -8.1  2.7
```

Bestimmen Sie auch für dieses Modell die Summe der Quadrate der Residuen.

c) Berechnen Sie die F-Prüfgröße mit folgender Arbeitstabelle:

Modell	FG	SQ	DQ	F
Differenz				
M_1				
M_2				

d) Bestimmen Sie den Ablehnungsbereich für $\alpha = 0.10.$ und den P-Wert mit Hilfe der folgenden **R**-Ausgabe:

```
> round(pf(seq(13,14,by=0.1),1,1),3)
 [1] 0.828 0.828 0.829 0.830 0.830 0.831 0.831 0.832 0.833 0.833 0.834
```

Welchen Schluss ziehen Sie aus den Ergebnissen?

[**11.15**] Mit **R** wurde eine Regressionsanlayse mit 16 Wertepaaren (x, y) durchgeführt. Es stellt sich die Frage, ob eine kubische Funktion besser geeignet ist als
eine Gerade. Für die Gerade gibt **R** den geschätzten Standardfehler wie folgt an:

```
Residual standard error: 2.7 on 14 degrees of freedom
```

Für die kubische Funktion erhalten wir:

```
Residual standard error: 2.1 on 12 degrees of freedom
```

a) Berechnen Sie die F-Prüfgöße, indem Sie folgende Tabelle ausfüllen:

Modell	FG	SQ	DQ	F
Differenz				
M_1				
M_2				

b) Bestimmen Sie den Ablehnungsbereich für $\alpha = 0.05$ und $\alpha = 0.01$. Welche
   Schlüsse würden Sie in diesen beiden Fällen ziehen?

c) Was können Sie aufgrund der Ergebnisse aus b) über den P-Wert aussagen?

[**11.16**] Die folgende Abbildung zeigt die Körpergröße (`manngroe`) und das
Körpergewicht (`manngew`) von männlichen Studierenden[42].

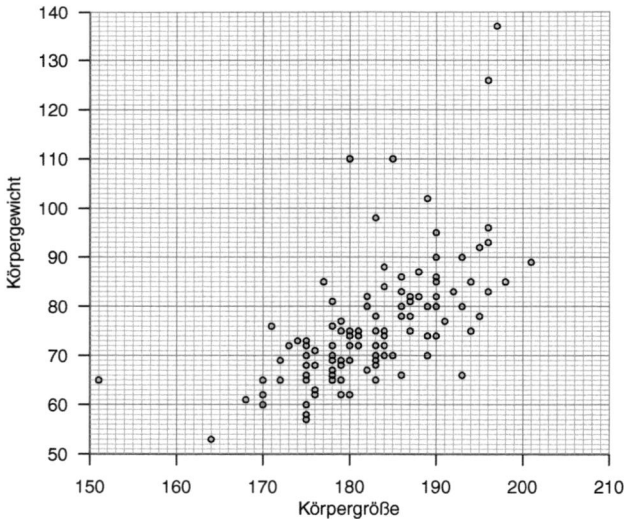

Mit **R** wurden die folgenden Berechnungen durchgeführt:

---
[42] Befragung der Studierenden in Statistik I im WS 2000/01

```
length(manngroe); sum(manngroe); sum(manngroe^2)
125  22846  4183086
sum(manngew); sum(manngew^2); sum(manngew*manngroe)
9569  751977  1756670
```

a) Passen Sie eine Gerade in der Form $y = \hat{\theta}_1 + \hat{\theta}_2 \cdot x$ an und zeichnen Sie diese in die Grafik ein.

b) Sagen Sie das Gewicht voraus, wenn die Körpergröße 180 bzw. 190 cm beträgt.

c) Berechnen Sie dazu auch jeweils den geschätzten Standardfehler der Vorhersage und geben Sie ein Prognoseintervall[43] zur Konfidenzwahrscheinlichkeit $1 - \alpha = 0.95$ für die Vorhersage an. Verwenden Sie dazu die Summe der Quadrate der Residuen bei Anpassung einer Geraden, 11 488.16, und die folgende **R**-Ausgabe:

```
round(qt(c(0.85,0.9,0.95,0.975,0.99,0.995,0.9995),123),2)
1.04 1.29 1.66 1.98 2.36 2.62 3.37
```

d) Mit Hilfe von **R** wurde nun eine Parabel an die Daten angepasst. Sie erhalten folgende (leicht gekürzte) Ausgabe:

```
manngroe2<-manngroe^2
Call:
lm(formula = manngew ~ manngroe + manngroe2)
Coefficients:
            Estimate Std. Error t value Pr(>|t|)
(Intercept) 486.332537 267.343931   1.819   0.0713 .
manngroe     -5.574582   2.948208  -1.891   0.0610 .
manngroe2     0.018201   0.008124   2.240   0.0269 *
---
Residual standard error: 9.51 on 122 degrees of freedom
Multiple R-Squared: 0.4327,      Adjusted R-squared: 0.4234
F-statistic: 46.53 on 2 and 122 DF,  p-value: 9.592e-16
```

Geben Sie die Gleichung der geschätzten Parabel an.

e) Füllen Sie die folgende Arbeitstabelle zur Berechnung der Prüfgröße des F-Tests zur Modellauswahl aus. Nutzen Sie die **R**-Ausgabe aus d) und die oben angegebene Summe der Quadrate der Residuen.

Modell	FG	SQ	DQ	F
Differenz				
M_1				
M_2				

i) Bestimmen Sie den Ablehnungsbereich für $\alpha = 0.05$ mit folgender **R**-Ausgabe:

```
> p<-(95:99)/100
> mat<-rbind(qf(p,1,122),qf(p,2,122),qf(p,122,1))
> rownames(mat)<-c("FG=1,122","FG=2,122","FG=122,1")
> colnames(mat)<-p;round(mat,2)
```

---

[43] Es geht hier um die Genauigkeit der Vorhersage für Y gegeben x, nicht für den Erwartungswert.

```
            0.95    0.96    0.97     0.98     0.99
FG=1,122    3.92    4.31    4.82     5.56     6.85
FG=2,122    3.07    3.31    3.61     4.04     4.78
FG=122,1  253.27  395.92  704.13  1584.70  6339.82
```

ii) Zu welchem Schluss kommen Sie? Geben Sie ein möglichst kleines Intervall an, in dem der P-Wert liegt.

[**11.17**]   Der in dieser Aufgabe verwendete Datensatz enthält die Körpergröße (x) und das Gewicht (y) von männlichen Studierenden. Es wurden dazu die folgenden Berechnungen durchgeführt.

```
x2 <-x*x
Parabel<-lm(y ~ x+x2)
Gerade<-lm(y ~ x)
anova(Gerade,Parabel)
Analysis of Variance Table
Model 1: y ~ x
Model 2: y ~ x + x2
   Res.Df      RSS   Df  Sum of Sq       F   Pr(>F)
1     122  11361.5
2     121  10848.4    1      513.1  5.7228  0.01828 *
```

Übertragen Sie die Ergebnisse aus der **R**-Ausgabe in die folgende Arbeitstabelle. Rechnen Sie dabei die Durchschnittsquadrate *DQ* nicht aus, sondern geben Sie nur an, wie diese berechnet werden.

Modell	FG	SQ	DQ	F
Differenz				
M_1				× × ×
M_2			× × ×	× × ×

[**11.18**]   In der Göttinger Sonntagszeitung *Extra Tip* wird über eine Anfrage der Grünen im Rat der Stadt Göttingen über die Anzahl der Verkehrunfälle mit Personenschäden innerhalb der Verwaltungsgrenze der Stadt Göttingen (außer Bundesautobahn) berichtet. Der Baudezernent der Stadt Göttingen wird mit den Worten zitiert: *Das Verkehrsunfallgeschehen der Stadt Göttingen zeigt im Betrachtungszeitraum 1989 bis 2007 keine tendenzielle Zunahme der Unfälle mit Personenschäden.* Der Sprecher der Grünen wird mit folgenden Worten zitiert: *Es gibt für die Stadt Göttingen eine ganz klare Tendenz, dass die Unfallzahlen mit Personenschäden immer weiter zunehmen.* Die zugrunde liegenden Daten wurden von der Polizeiinspektion Göttingen, Sachbereich Verkehr, zur Verfügung gestellt. Sie sind in der folgenden Abbildung grafisch dargestellt.

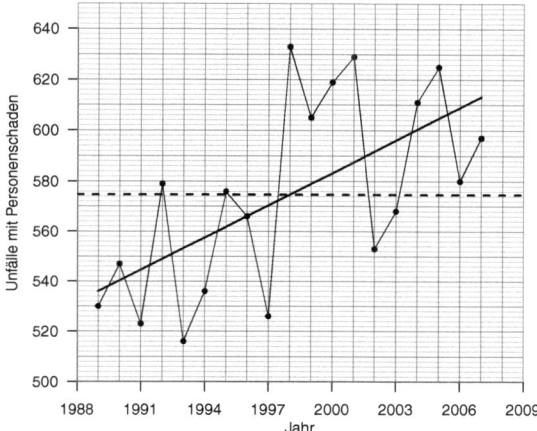

Die waagerechte Gerade verläuft in Höhe des Mittelwerts der Unfallzahlen und entspricht somit der Position der Stadt Göttingen. Die steigende Gerade wurde nach der Methode der kleinsten Quadrate angepasst und entspricht somit der Position der Grünen.

a) Welche Gerade halten Sie für besser geeignet, die Daten zu beschreiben?

b) Mit **R** wurde die folgende lineare Regression durchgeführt:

```
> summary(lm(formula = PersonSchad1 ~ Jahr1))
Call:
lm(formula = PersonSchad1 ~ Jahr1)
Residuals:
     Min       1Q    Median       3Q       Max
-44.3947 -24.8947  -0.1053  23.1579   58.3158
Coefficients:
              Estimate Std. Error t value Pr(>|t|)
(Intercept) -7995.684    2605.505  -3.069  0.00695 **
Jahr1           4.289       1.304   3.289  0.00433 **
---
Residual standard error: 31.13 on 17 degrees of freedom
Multiple R-Squared: 0.3889,     Adjusted R-squared: 0.353
F-statistic: 10.82 on 1 and 17 DF,  p-value: 0.004329
```

i) Geben Sie die Gleichung der angepassten Geraden an.

ii) Was wird mit `t value` getestet? Wie viele Freiheitsgrade hat die zugehörige t-verteilte Prüfgröße?

iii) Was wird mit der `F-statistic` geprüft? Ist die Behauptung der Grünen durch diesen Test statistisch abzusichern? Wie groß ist die Irrtumswahrscheinlichkeit, wenn die Grünen diese Behauptung aufstellen?

iv) Welcher Anteil der Variation wird durch die Regression erklärt?

c) Zum Zeitpunkt der Anfrage im Rat lag die Zahl der Unfälle mit Personenschaden für 2008 noch nicht vor. Inzwischen ist sie bekannt. Es waren 551.

i) Zeichnen Sie diesen Wert zusätzlich in die obige Grafik ein.

ii) Berechnungen mit **R** mit diesem zusätzlichen Wert führten zu:

```
> summary(lm(formula=PersonSchad~Jahr))
Call:
lm(formula = PersonSchad ~ Jahr)
Residuals:
     Min      1Q  Median      3Q     Max
 -54.214 -23.224  -2.015  27.850  61.169
Coefficients:
              Estimate Std. Error t value Pr(>|t|)
(Intercept) -6098.184   2588.963  -2.355   0.0300 *
Jahr            3.338      1.295   2.577   0.0190 *
---
Residual standard error: 33.41 on 18 degrees of freedom
Multiple R-Squared: 0.2695,     Adjusted R-squared: 0.2289
F-statistic: 6.641 on 1 and 18 DF,  p-value: 0.01900
```

Zeichnen Sie die geschätzte beste Gerade in die obige Grafik ein und beachten Sie, wie sich die Gerade durch diese eine zusätzliche Beobachtung verändert.

iii) Wie ändern sich die übrigen Resultate?

- Wie groß ist jetzt die Irrtumswahrscheinlichkeit bei der Behauptung, dass die Anzahl der Unfälle mit Personenschaden gestiegen ist?
- Wieviel Prozent der Variation werden jetzt durch die Regression erklärt?
- Wie viele Freiheitsgrade haben die Prüfgrößen jetzt?

[11.19]   Lineare Regression: Wahr oder Falsch?

a) Für die Freiheitsgrade eines Modells gilt: $FG = n - p$, wobei n die ( )
Anzahl der Beobachtungen und p die Anzahl der Parameter ist.

b) Mit dem F-Test wird die Nullhypothese geprüft, dass das einfachere ( )
von zwei Modellen gilt.

c) Die Nullhypothese im F-Test wird verworfen, wenn die PG (Teststa- ( )
tistik) klein ist.

d) Wird die Nullhypothese im F-Test verworfen, kann man ziemlich si- ( )
cher sein, dass das kompliziertere Modell besser geeignet ist.

e) Der residual standard error bei **R**-Ausgaben ist die Qua- ( )
dratwurzel aus DQ(RES), dem Durchschnittsquadrat der Residuen.

f) Schaut man sich für verschiedene Modelle die zugehörigen DQ(RES) ( )
an, so sollte man das kompliziertere Modell verwenden, wenn für dieses das DQ(RES) deutlich kleiner ist.

g) Das Quadrat des Korrelationskoeffizienten ist in der einfachen linearen ( )
Regression gleich dem Bestimmheitsmaß R^2.

h) Das Bestimmheitsmaß ist gleich dem Quotienten aus SQ(Res) und ( )
SQ(Total), d.h. aus der Summe der Quadrate der Residuen und der
Summe der Quadrate Total.

[11.20] F-Test: Modellvereinfachung: Wahr oder Falsch?

Bei der Überprüfung einer Modellvereinfachung M_2 gegenüber einem Modell M_1 durch einen F-Test ergab sich die folgende unvollständige Arbeitstabelle.

Modell	FG	SQ	DQ	F
Differenz				2
M_1	20		10	
M_2		240		

a) Der kritische Wert der F-Prüfgröße bei $\alpha = 0.01$ ist 5.85.   ( )

b) Wenn M_2 zwei Parameter hat, so ist der Stichprobenumfang $n = 24$.   ( )

c) Unter H_0 ist die Prüfgröße $F_{2,20}$-verteilt.   ( )

d) Der Test spricht dagegen, dass die Modellvereinfachung M_2 gilt.   ( )

e) Das Modell M_1 hat zwei Parameter mehr als M_2.   ( )

f) Der P-Wert kann in **R** mit `1-pf(2,2,20)` berechnet werden.   ( )

g) Bei allen Signifikanzniveaus $\alpha \leq 0.1$ kann H_0 nicht verworfen werden.   ( )

h) Die Testergebnisse sprechen eindeutig für das Modell M_1.   ( )

[11.21] Interpretation zur Modellauswahl: Wahr oder Falsch?

Der in dieser Aufgabe verwendete Datensatz enthält die Körpergröße (x) und das Gewicht (y) von männlichen Studierenden. Mit **R** wurden die folgenden Berechnungen durchgeführt.

```
x2 <-x*x
Parabel<-lm(y ~ x+x2)     # quadratische Regression
Gerade<-lm(y ~ x)         # einfache lineare Regression
anova(Gerade,Parabel)
Analysis of Variance Table
Model 1: y ~ x
Model 2: y ~ x + x2
  Res.Df      RSS  Df Sum of Sq       F     Pr(>F)
1    122  11361.5
2    121  10848.4   1     513.1  5.7228    0.01828 *
```

a) Die F-Prüfgröße berechnet sich aus $\frac{513.1}{11361.5/122}$.   ( )

b) Bei $\alpha = 0.05$ kann die Nullhypothese nicht abgelehnt werden.   ( )

c) Man würde in diesem Fall eine Parabel oder ein noch höheres Polynom anpassen.   ( )

d) Die geschätzte Varianz für das Modell der Parabel ist 10848.4/121.   ( )

e) Das Modell für die Parabel ist $y_i = \theta_1 x_i + \theta_2 x_i^2 + e_i$.   ( )

[11.22]   Modellauswahl: Wahr oder Falsch?

Im Rahmen einer Modellauswahl ergab sich die folgende Tabelle der Summen der Quadrate und Durchschnittsquadrate der Residuen. Die hier gegebene Tabelle enthält zusätzlich eine Spalte *PG*. Es wird jeweils die Prüfgröße des *F*-Tests berechnet, wobei jeweils das einfachere Modell gegen das darunter stehende komplizertere Modell getestet wird.

Modell	p	SQ(Res)	n-p	DQ(Res)	PG
Konstante	1	2.154	11	0.196	98.24
Gerade	2	0.199	10	0.020	13.67
Parabel	3	0.079	9	0.009	3.92
Kubik	4	0.053	8	0.007	

Mit **R** wurden die folgenden Quantile der F-Verteilung ausgegeben:

```
p<-c(0.01,0.05,0.1,0.9,0.95,0.99)
mat<-rbind(qf(p,1,8),qf(p,1,9),qf(p,1,10))
rownames(mat)<-c("1,8","1,9","1,10");colnames(mat)<-p
round(mat,3)
     0.01 0.05  0.1   0.9  0.95   0.99
1,8     0 0.004 0.017 3.458 5.318 11.259
1,9     0 0.004 0.017 3.360 5.117 10.561
1,10    0 0.004 0.017 3.285 4.965 10.044
```

a)   Alle Nullhypothesen sind bei $\alpha = 0.10$ abzulehnen.   (   )

b)   Der *P*-Wert für den ersten Test ($PG = 98.24$) ist kleiner als 0.01.   (   )

c)   Die Freiheitsgrade der *F*-Verteilung im zweiten Test ($PG = 13.67$)   (   )
     sind $v_1 = 11$ und $v_2 = 10$.

d)   Der *P*-Wert für den dritten Test ($PG = 3.92$) kann mit   (   )
     (`1-pf(3.92,1,8)`) berechnet werden.

e)   Für alle drei Tests gilt: Für $\alpha = 0.05$ ist der kritische Wert, d.h. die   (   )
     untere Grenze des Ablehnungsbereiches gegeben durch 0.004.

[11.23]   Güte der Anpassung an einem Beispiel: Wahr oder Falsch?

Die Abbildung zeigt die zu Aufg. 3 gehörigen Daten mit einer angepassten Geraden.

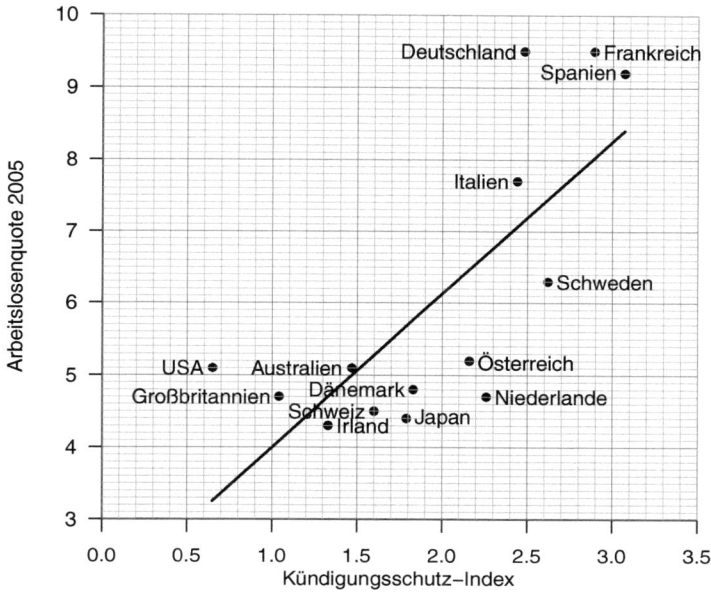

a) Die Abbildung lässt vermuten, dass eine Parabel eventuell eine bessere ( )
Anpassung ergibt.

b) Die Residuen weisen ein gewisses Muster auf: Sie sind zunächst über- ( )
wiegend positiv, in der Mitte dann negativ und am rechten Ende eher
positiv. Das sollte bei einer guten Anpassung nicht der Fall sein.

c) Bei einer guten Anpassung sollten die Residuen rein zufällig um die ( )
angepasste Gerade schwanken.

d) Die Abweichung von der angepassten Gerade nimmt mit wachsendem ( )
Wert der Index-Variablen zu. Bei einer guten Anpassung sollte das
nicht der Fall sein.

e) Es ist nicht zu vermuten, dass die Summe der Quadrate der Residuen ( )
kleiner wird, wenn man eine Parabel anpasst.

[11.24]   **Interpretation einer Softwareausgabe: Wahr oder Falsch?**

In der Zeitschrift *Foschung und Lehre*, Heft 7, 2009 wird über die Anzahl der Promotionen von Fachhochschulabsolventen in Deutschland berichtet (Quelle: HRK,
siehe auch Aufg. 14). Die Abbildung zeigt die Daten mit der angepassten Geraden.

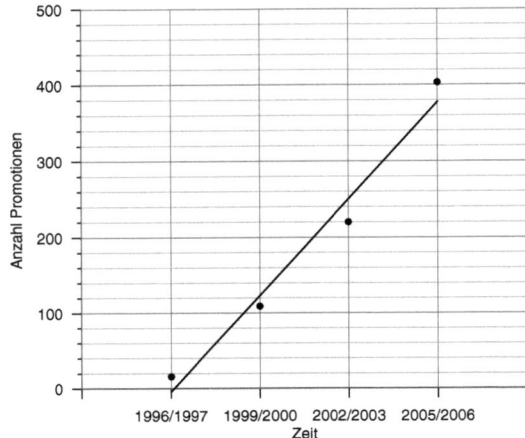

Mit **R** wurden die folgenden Berechnungen zur Bestimmung der besten Geraden $\hat{y} = \hat{\theta}_1 + \hat{\theta}_2 x$ durchgeführt, wobei die Ausgabe hier gekürzt wieder gegeben ist:

```
> summary(lm(y~x))
Coefficients:
            Estimate Std. Error t value Pr(>|t|)
(Intercept)  -131.00      40.35  -3.247   0.0832 .
x             127.20      14.73   8.633   0.0132 *
---
Residual standard error: 32.95 on 2 degrees of freedom
Multiple R-Squared: 0.9739,     Adjusted R-squared: 0.9608
F-statistic: 74.53 on 1 and 2 DF,   p-value: 0.01315
```

a) Die geschätzte Varianz der Residuen ist 32.95.   (   )

b) Durch die Regression werden 97.39% der Variation erklärt.   (   )

c) Der geschätzte Korrelationskoeffizient ist 0.9739.   (   )

d) Mit der `F-statistic: 74.53` und dem `t-value 8.633` werden in   (   )
    diesem Fall dieselben Nullhypothesen geprüft.

e) $\widehat{\mathrm{Var}}(\hat{\theta}_1) = 40.35$ (   )

f) $\widehat{SE}(\hat{\theta}_2) = 14.73$ (   )

g) Der `t value` ist der Quotient aus `Estimate` und `Std. Error`. (   )

1.12 Varianzanalyse

[12.1]   Von der Werbung abhängige Verkaufszahlen: Wahr oder Falsch?

Die folgenden Daten enthalten die wöchentlichen Verkaufszahlen eines Joghurtpro-
dukts in einem Supermarkt in Abhängigkeit von der Werbung wobei keine Anzeige
durch 1, kleine Anzeige mit 2 und große Anzeige als 3 kodiert ist. Die Daten wurden

in **R** eingegeben, um eine Tabelle der Varianzanalyse zu erstellen. Die Bezeichnung für den P-Wert wurde für diese Aufgabe abgeändert.

```
sales  = c(15,28,18,30,25,19,18,34,32,22,44,15,16,29,
                           27,23,35,46,45,22,33)
adtype = c(1,1,1,1,1,1,1,2,2,2,2,2,2,2,3,3,3,3,3,3,3)
anova(aov(sales~factor(adtype)))
Analysis of Variance Table
Response: sales
               Df   Sum Sq Mean Sq F value  P value
factor(adtype)  2   434.57  217.29  2.7378   0.0916
Residuals      18  1428.57   79.37
```

Für die Varianzanalyse wurden die beiden Modelle betrachtet

$$M_1: \quad y_{ij} = \mu_i + e_{ij} \quad i=1,\ldots,I \quad j=1,\ldots,J$$
$$M_2: \quad y_{ij} = \mu + e_{ij} \quad i=1,\ldots,I \quad j=1,\ldots,J$$

a) Die Prüfgröße F hat unter der Nullhypothese 2 Freiheitsgrade im ( )
   Zähler und 18 Freiheitsgrade im Nenner.

b) Der P-Wert ist in diesem Fall die Wahrscheinlichkeit, unter der Null- ( )
   hypothese einen Wert größer als $F = 2.7378$ zu erhalten.

c) $SQ(Total) = SQ(Res,M_2) = SQ(M_1) + SQ(Res,M_1) = 1863.14$ ( )

d) Die für das Modell M_2 geschätzte Varianz der Residuen ist 217.29. ( )

e) $SQ(M_1) = \sum_{i=1}^{I} \sum_{j=1}^{J} (\bar{y}_{i.} - \bar{y}_{..})^2 = 434.57$ ist der Teil der Variation, der ( )
   durch das Modell M_1 erklärt wird.

f) Die Nullhypopthese kann für alle $\alpha < 0.0916$ nicht verworfen werden. ( )

g) Das Modell M_2 hat 20 Freiheitsgrade. ( )

[12.2] Unvollständige Tabelle der Varianzanalyse: Wahr oder Falsch?

Bei einer Varianzanalyse mit $I = 5$ Gruppen ergab sich die folgende unvollständige Arbeitstabelle.

Modell	FG	SQ	DQ	F
Differenz				
M_1	20		10	
M_2		240		

a) Die Prüfgröße hat den Wert $PG = 1$. ( )

b) Der Stichprobenumfang ist $n = 24$. ( )

c) Die Verteilung der Prüfgröße unter H_0 hat die Parameter $v_1 = 4$ und ( )
   $v_2 = 20$.

d) $SQ(Total) = 240$.   (   )

e) Ungefähr 83% der Variation werden durch das Modell M_1 erklärt.   (   )

f) Die Nullhypothese kann bei allen gängigen Siginifikanzniveaus nicht   (   )
    verworfen werden.

g) Der Test spricht nicht dagegen, dass die Mittelwerte in den I Gruppen   (   )
    gleich sind.

[12.3] Interpretation einer Varianzanalysetabelle: Wahr oder Falsch?

Mit Hilfe einer Varianzanalyse soll bei einem medizinischem Experiment die Aus-
wirkung verschiedener Medikamente i ($i = 1, ..., 4$) auf die Länge von Hasenföten
untersucht werden. Die gemessenen Daten führen zu folgender Varianzanalyseta-
belle (Ausgabe in **R**)

```
Analysis of Variance Table
Response: Laenge
                  Df   Sum Sq Mean Sq F value Pr(>F)
factor(Medikament)   3   122.05   40.68  1.4092 0.2446
Residuals          100  2887.00   28.87
```

a) Es liegen insgesamt 104 Beobachtungen vor.   (   )

b) Die Summe der Quadrate für das Modell M_2 ist $3\,009.05$.   (   )

c) Unter der Nullhypothese gilt $P(PG < 1.4092) = 0.2446$.   (   )

d) Die Prüfgröße ist F-verteilt mit 100 und 103 Freiheitsgraden.   (   )

e) Die Verteilungsfunktion der F-Verteilung mit 3 und 100 Freiheitsgra-   (   )
    den hat an der Stelle 1.4092 den Wert $1 - 0.2446 = 0.7554$.

[12.4] Die beiden Modelle der einfachen Varianzanalyse: Wahr oder Falsch?

Wir betrachten weiterhin eine einfache Varianzanalyse mit den beiden oben defi-
nierten Modellen M$_1$ und M$_2$. (Siehe Aufg. 1.)

a) In der einfachen Varianzanalyse wird die Streuung innerhalb der Grup-   (   )
    pen, d.h. die Abweichungen der y_{ij} vom Gruppenmittelwert $\bar{y}_{i.}$, ver-
    glichen mit der Streuung zwischen den Gruppen, d.h. mit den Abwei-
    chungen der Gruppenmittelwerte $\bar{y}_{i.}$ vom Gesamtmittelwert $\bar{y}_{..}$.

b) Ist die Streuung innerhalb der Gruppen groß im Verhältnis zur Streu-   (   )
    ung zwischen den Gruppen, so wird die mit dem F-Test geprüfte Null-
    hypothese verworfen.

c) Mit dem F-Test wird die Nullhypothese geprüft, dass Modell M_1 gilt.   (   )

d) $SQ(Res, M_2) = SQ(Total) = \sum_{i=1}^{I} \sum_{j=1}^{J} (y_{ij} - \bar{y}_{..})^2$ (   )

e) In der Varianzanalyse wird der Zusammenhang zwischen zwei diskre-   (   )
    ten Merkmalen untersucht.

f) In der Varianzanalyse wird geprüft, ob die Erwartungswerte einer Va- ( )
   riablen in den verschiedenen Teilgesamtheiten der Grundgesamtheit
   identisch sind.

g) Die Anzahl der Freiheitsgrade der beiden Modelle ist gleich der An- ( )
   zahl der Beobachtungen minus Anzahl der Parameter.

h) Die Hypothese gleicher Erwartungswerte wird bei kleinen Werten der ( )
   Prüfgröße verworfen.

i) Die Varianzanalyse kann nur bei gleicher Beobachtungszahl innerhalb ( )
   der Gruppen angewendet werden.

[**12.5**] Gegeben seien die Beobachtungen y_{ij}:

$j\backslash i$	1	2	3
1	10	10	14
2	13	12	12
3	12	12	13
4	13	10	13

Es sollen folgende Modelle für die Analyse der Daten in Erwägung gezogen werden:

$$M_1 : y_{ij} = \mu_i + e_{ij} \qquad i = 1,2,3 \quad \text{und} \quad j = 1,2,3,4$$
$$M_2 : y_{ij} = \mu + e_{ij} \qquad i = 1,2,3 \quad \text{und} \quad j = 1,2,3,4$$

mit den üblichen Annahmen.

a) Bestimmen Sie die Schätzer der μ_i in Modell M_1 und für μ in Modell M_2.
b) Berechnen Sie die Prüfgröße F, indem Sie die folgende Tabelle ausfüllen.

Modell	FG	SQ	DQ	F
Differenz				
M_1				
M_2				

c) Bestimmen Sie den Ablehnungsbereich A für $\alpha = 0.05$.
d) Welches Modell würden Sie verwenden, wenn $\alpha = 0.05$ gegeben ist?
e) Wie groß (ungefähr) ist der P-Wert?

[12.6]   In einer mit **R** durchgeführten Varianzanalyse ergab sich folgende hier nur verkürzt dargestellte Ausgabe:

```
Analysis of Variance Table
Response: y
                 Df  Sum Sq Mean Sq F value Pr(>F)
factor(Gruppe)    3   126
Residuals       100  2800
```

a) Berechnen Sie die in der Ausgabe fehlenden Werte für Mean Sq und F.
b) Bestimmen Sie den P-Wert mit Hilfe der folgenden **R**-Ausgabe:

```
> round(pf(seq(0.1,2,by=0.1),3,100),2)
 [1] 0.04 0.10 0.17 0.25 0.32 0.38 0.45 0.50 0.56 0.60 0.65
     0.69 0.72 0.75 0.78 0.81 0.83 0.85 0.87 0.88
```

c) Für welches Modell würden Sie sich entscheiden, wenn die Irrtumswahrscheinlichkeit nicht größer als 0.1 sein darf?
d) Füllen Sie die folgende Arbeitstabelle zur Berechnung der Prüfgröße F aus.

Modell	FG	SQ	DQ	F
Differenz				
M_1				
M_2				

[12.7]   Es soll im Folgenden untersucht werden, ob die während einer Laktation (ca. 300 Tage) abgegebene Milchmenge von Kühen abhängig ist vom Betrieb[44]. Dazu wurde in 5 Betrieben die Milchmenge (in kg) von jeweils 6 Kühen beobachtet. Die Daten sind in der nachstehenden Tabelle abzulesen.

Kuh	Betrieb 1	Betrieb 2	Betrieb 3	Betrieb 4	Betrieb 5
1	5849	4916	5518	5535	5200
2	6830	4305	5031	5659	5545
3	5233	5018	5253	4853	6114
4	5752	4599	4656	5020	5442
5	6332	5935	6059	5691	5940
6	5653	4936	4939	5564	6356

Führen Sie eine Einweg-Varianzanalyse durch und überprüfen Sie, ob der Betrieb einen Einfluss auf die Milchmenge hat. Bestimmen Sie dazu auch den P-Wert.

Modell	FG	SQ	DQ	F
Differenz				
M_1				
M_2				

---

[44] Datenquelle: siehe Aufgabe 24 in Kap. 7.

[**12.8**]   Um zu untersuchen, ob die produzierte Milchmenge abhängig vom Betrieb[45] ist, wurden 4 Großbetriebe ausgewählt. Führen Sie anhand der nachfolgenden Daten eine Einweg-Varianzanalyse durch, um die Frage zu beantworten. Bestimmen Sie dazu auch den P-Wert. Die Milchmengen der einzelnen Betriebe sind in den **R**-Objekten B1, B2, B3, B4 gespeichert.

Modell	FG	SQ	DQ	F
Differenz				
M_1				
M_2				

```
>BAlle <- c(B1,B2,B3,B4)              # Milchmengen aller Betriebe
>length(BAlle)                        # Anzahl Beobachtungen=Kühe
 [1] 210
>M1<-mean(B1); SQ1<-sum((B1-M1)^2) # SQ Betrieb 1
>M2<-mean(B2); SQ2<-sum((B2-M2)^2) # SQ Betrieb 2
>M3<-mean(B3); SQ3<-sum((B3-M3)^2) # SQ Betrieb 3
>M4<-mean(B4); SQ4<-sum((B4-M4)^2) # SQ Betrieb 4
>MAlle<-mean(BAlle); SQAlle<-sum((BAlle-Ma)^2) # SQ alle Betr.
>c(SQ1+SQ2+SQ3+SQ4,SQAlle)
 [1] 209109102 324642134
```

[**12.9**]   Vier Wuchsstoffpräparate[46] wurden zur Unkrautbekämpfung beim Weizen eingesetzt. Mit jedem Präparat wurden 5 Versuchsparzellen (Wiederholungen) behandelt. Gemessen wurde der Ernteertrag in dt/ha (Dezitonnen pro Hektar).

Behandlung	1	2	3	4	5	$y_{i.}$	$\bar{y}_{i.}$
Unbehandelt	34	36	31	31	18		
Präparat 1	33	38	45	35	22		
Präparat 2	37	38	42	32	23		
Präparat 3	38	36	38	32	30		
Präparat 4	35	31	41	42	26		

a) Bestimmen Sie

---

[45] Datenquelle: siehe Aufgabe 24 in Kap. 7.

[46] Quelle: Bruns, Erich und Becker, Heiko: Versuchsplanung und -auswertung (Vorlesungsskript), Universität Göttingen, Institut für Tierzucht und Haustiergenetik bzw. Institut für Nutzpflanzenwissenschaften

i) die Mittelwerte $\bar{y}_{1.}, \bar{y}_{2.}, \ldots, \bar{y}_{5.}$ und $\bar{y}_{..}$;

ii) die Residuen $\hat{e}_{ij} = y_{ij} - \bar{y}_{i.}$ für M_1: $y_{ij} = \mu_i + e_{ij}$ $i, j = 1, 2, \ldots, 5$;

iii) die Residuen $\hat{e}_{ij} = y_{ij} - \bar{y}_{..}$ für M_2: $y_{ij} = \mu + e_{ij}$ $i, j = 1, 2, \ldots, 5$;

iv) die Summe der Quadrate der Residuen für M_1 und M_2, d.h. $SQ(Res; M_1)$ und $SQ(Res; M_2)$, sowie die Freiheitsgrade für beide Modelle;

v) die F-Prüfgröße mithilfe der Tabelle der Varianzanalyse:

	FG	$SQ(Res)$	$DQ(Res)$	F (oderPG)
Differenz				
Modell 1				
Modell 2				

b) Wie ist die Prüfgröße verteilt? Bestimmen Sie den Ablehnungsbereich für $\alpha = 0.05$ und $\alpha = 0.01$. Lässt sich aufgrund der Ergebnisse ein Unterschied im Ernteertag feststellen?

c) Berechnen Sie die Prüfgröße auch nach der Formel

$$F = PG = \frac{\frac{1}{I-1}\sum_{i=1}^{I}\sum_{j=1}^{J}(\bar{y}_{i.} - \bar{y}_{..})^2}{\frac{1}{n-I}\sum_{i=1}^{I}\sum_{j=1}^{J}(y_{ij} - \bar{y}_{i.})^2}$$

d) Die folgende Abbildung zeigt die Dichte- und Verteilungsfunktion der Prüfgröße unter der Nullhypothese. Bestimmen Sie den P-Wert und skizzieren Sie ihn als Fläche unterhalb der Dichtefunktion.

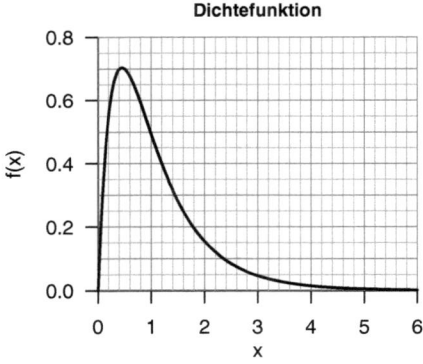
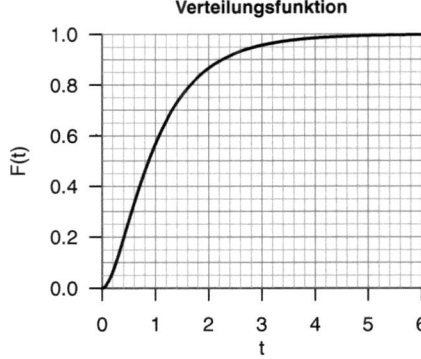

[**12.10**] Die folgende Tabelle enthält die in der Klausur *Fortgeschrittene Mathematik für Wirtschaftswissenschaftler* am 11.02.2009 erreichten Punktzahlen nach Semestern aufgeschlüsselt:

Sem./Kand.	1	2	3	4	5	6	J_i	$y_{i.}$	$\bar{y}_{i.}$
3.	27	33.5	35	24.5	23.5	23			
4.	27	15.5	16.5	21	22	–			
5.	16	24	18.5	18	26.5	–			
6. oder 7.	19.5	25.5	27	25	22.5	–			

Die folgende Abbildung zeigt die Boxplots für die vier Gruppen:

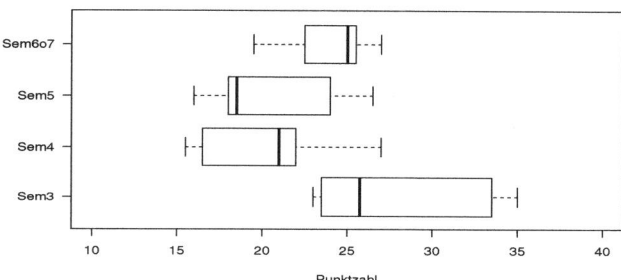

a) Bestimmen Sie

   i) die Mittelwerte $\bar{y}_{i.}$ für $i = 1,\ldots 4$ und $\bar{y}_{..}$;

  ii) die Residuen $\hat{e}_{ij} = y_{ij} - \bar{y}_{i.}$ für das Modell 1: $y_{ij} = \mu_i + e_{ij}$; $i = 1,\ldots 4; j = 1,\ldots J_i$ bzw. $\hat{e}_{ij} = y_{ij} - \bar{y}_{..}$ für das Modell 2: $y_{ij} = \mu + e_{ij}$; $i = 1,\ldots 4; j = 1,\ldots J_i$;

 iii) für beide Modelle die Summe der Quadrate der Residuen $SQ(Res; M_1)$ und $SQ(Res; M_2)$, sowie die Freiheitsgrade für beide Modelle;

 iv) die F-Prüfgröße mithilfe der Tabelle der Varianzanalyse:

	FG	$SQ(Res)$	$DQ(Res)$	F (oderPG)
Differenz				
Modell 1				
Modell 2				

b) Wie ist die Prüfgröße verteilt? Bestimmen Sie den Ablehnungsbereich für $\alpha = 0.05$ und $\alpha = 0.01$. Lässt sich aufgrund der Ergebnisse ein Unterschied zwischen den Gruppen feststellen?

c) Berechnen Sie die Prüfgröße auch nach der Formel in Aufgabe 9 c).

d) Die folgende Abbildung zeigt die Dichte- und Verteilungsfunktion der Prüfgröße unter der Nullhypothese. Bestimmen Sie den P-Wert und skizzieren Sie ihn als Fläche unterhalb der Dichtefunktion.

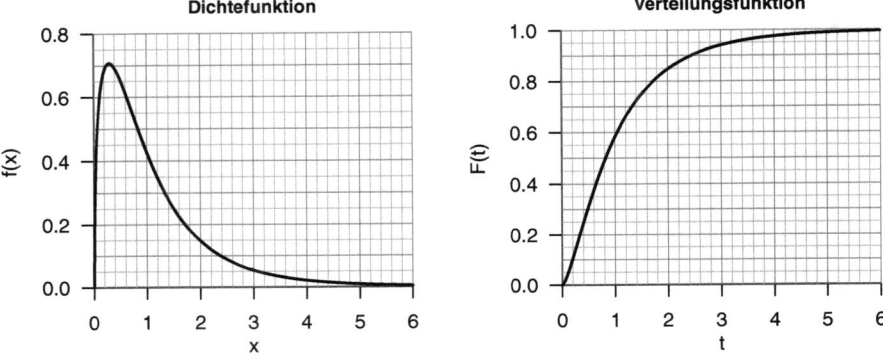

[12.11] Im Vorkurs *Mathematik für Wirtschafstwissenschaftler* vor Beginn des Sommersemesters 2009 wurde am Anfang und am Ende ein Test geschrieben, in dem jeweils 18 Punkte erreicht werden konnten. Für die 75 Teilnehmer, die an beiden Tests teilgenommen haben, wurde die Differenz der Punktzahlen aus dem Nach- und Vortest berechnet und in `Verbesserung` gespeichert. In `gruppe` wurde eine modifizierte Gruppennummer gespeichert, so dass Außenstehende nicht auf die tatsächliche Gruppe schließen können. Im folgenden sehen Sie Boxplots und eine Anova-Tabelle zur Analyse der 10 Gruppen.

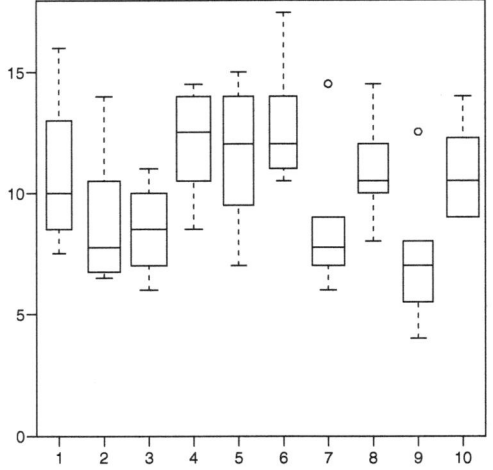

```
Analysis of Variance Table
Response: Verbesserung
                Df Sum Sq Mean Sq F value    Pr(>F)
factor(gruppe)   9 226.14   25.13  4.0574 0.0003661
Residuals       65 402.53    6.19
```

a) Interpretieren Sie den Boxplot. Gibt es Unterschiede zwischen den Gruppen.
b) Welche Hypothese wird mit dem `F value` geprüft?

c) Würden Sie die Hypothese ablehnen, wenn Ihnen $\alpha = 0.0005$ bzw. $\alpha = 0.0001$ vorgeschrieben ist?

d) Wie groß ist die Irrtumswahrscheinlichkeit, wenn Sie die Hypothese bei diesem `F value` verwerfen?

e) Die folgende Abbildung zeigt die Dichtefunktion der Prüfgröße unter der Nullhypothese. Skizzieren Sie den P-Wert.

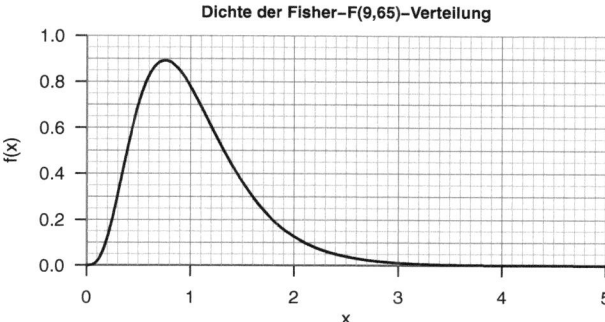

f) Füllen Sie die aus der Vorlesung bekannte Tabelle der Varianzanalyse aus:

	FG	$SQ(Res)$	$DQ(Res)$	F (oder PG)
Differenz				
Modell 1				
Modell 2				

1.13 Zeitreihen und Indizes

[13.1] Zeitreihe, additives und multiplikatives Modell: Wahr oder Falsch?

a) Man spricht von einer Zeitreihe, wenn eine Variable zu verschiedenen ( )
aufeinanderfolgenden Zeitpunkten beobachtet wird.

b) Verwendet man ein additives Modell für eine Zeitreihe, so ist der be- ( )
obachtete Wert der Variablen gleich der Summe aus dem Trend und
der Saisonkomponente.

c) Bei einer Zeitreihe mit steigendem Trend ist oft ein multiplikatives ( )
Modell für die Beschreibung der Daten geeignet, wenn die Saisonschwankungen mit der Zeit deutlich größer werden.

d) Wird das multiplikative Modell verwendet, so folgen die Logarithmen ( )
der Zeitreihe einem additiven Modell.

e) Das Ziel einer logarithmischen oder anderen Transformation der Daten ist es, die Saisonschwankungen konstant zu machen.   ( )

f) Saisonkomponente und Saisonfaktor bedeuten dasselbe.   ( )

[13.2] Logarithmen der Steuereinnahmen: Wahr oder Falsch?

Die unten stehende Abbildung zeigt die Zeitreihe der Logarithmen der monatlichen Steuereinnahmen in Deutschland von Jan. 1992 bis Dez. 2007 zusammen mit dem Trend, der mit Hilfe eines geeigneten Filters berechnet wurde. Die Tabelle zeigt einen Ausschnitt aus der Tabelle der Saisonkomponenten und Saisonfaktoren.

Monat	Saison-komponente	Saison-faktor	Prozent
Januar	-0.116	0.890	89.0 %
Februar	-0.104	0.901	90.1 %
März	0.013	1.013	101.3 %
⋮	⋮	⋮	⋮
Oktober	-0.143	0.867	86.7 %
November	-0.145	0.865	86.5 %
Dezember	0.570	1.769	176.9 %

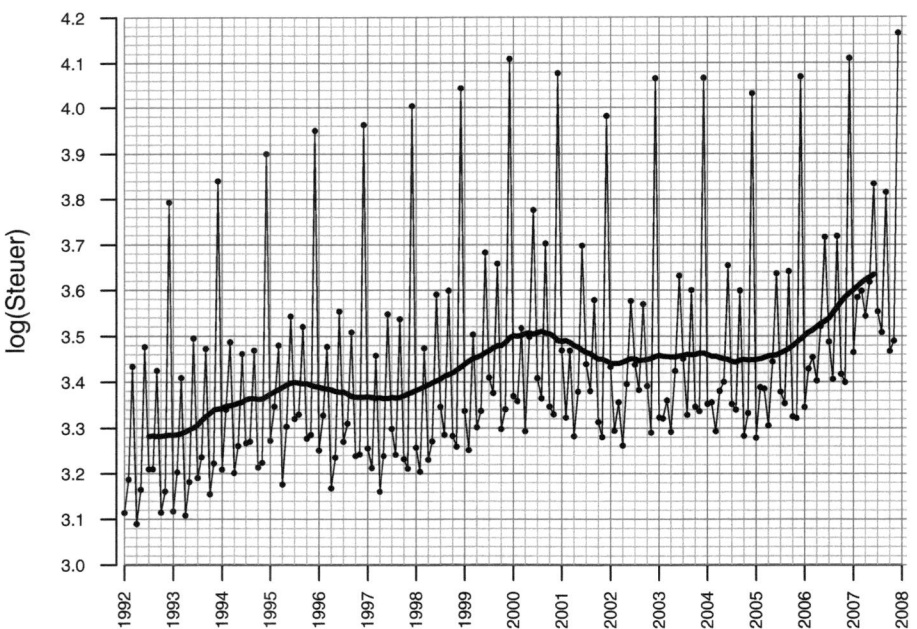

log(Steuereinnahmen) und gefilterte Reihe (Trend)
Jan. 1992 – Dez. 2007

a) Die Abbildung zeigt, dass für die Logarithmen der Steuereinnahmen ( )
ein additives Modell geeignet ist.

b) Für die Berechnung des Trends ist in diesem Fall ein einfacher glei- ( )
tender Durchschnitt mit $a = 12$ geeignet.

c) Ist S_t die in der Tabelle angegebene Saisonkomponente, so berechnet ( )
sich der danebenstehende Saisonfaktor zu e^{S_t}.

d) Der Saisonfaktor für Dezember ist wie folgt zu interpretieren: Der ( )
Wert der ursprünglichen Zeitreihe (Steuereinnahmen) im Dezember
liegt etwa um 76.9% über dem Trend.

e) Ist die Zeitreihe x_t der logarithmierten Steuereinnahmen zerlegt in $x_t =$ ( )
$T_t + S_t + e_t$, so ist die Zeitreihe der Steuereinnahmen zerlegt in $e^{x_t} =$
$e^{T_t} \cdot e^{S_t} \cdot e^{e_t}$.

[**13.3**] Die folgende Tabelle enthält die Jahreshöchstpreise von Gold am London
Bullion Market in US-Dollar pro Unze (Quelle: Wikipedia). Die Preise wurden hier
auf ganze Dollar gerundet.

a) Stellen Sie die Zeitreihe in der folgenden Abbildung grafisch dar.

Jahr	Höchstpreis	a =1	a = 3	a= 5
1990	424			
1991	404			
1992	360			
1993	407			
1994	398			
1995	397			
1996	416			
1997	368			
1998	315			
1999	326			
2000	317			
2001	293			
2002	349			
2003	417			
2004	456			
2005	538			
2006	726			
2007	842			
2008	1024			

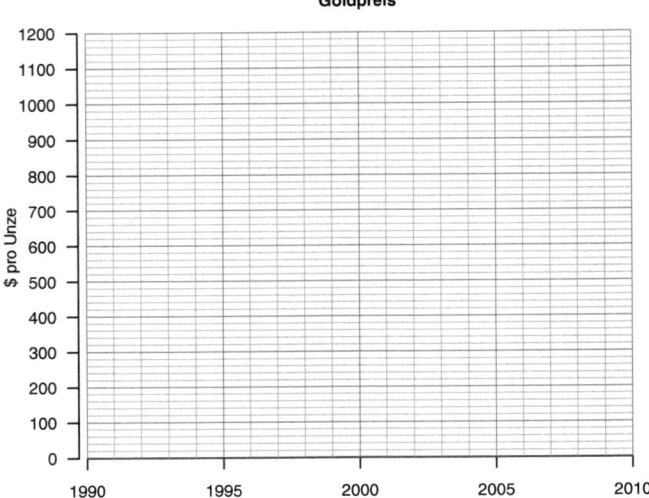

b) Berechnen Sie die gleitenden Durchschnitte für $a = 1, 3$ und 5, und zeichnen Sie den Trend ebenfalls in die Grafik mit ein.

[**13.4**] Am 29. März 2008 wurde im ZDF zum 175. Mal *Wetten, dass ...* gesendet. Aus diesem Anlass veröffentlichte das Göttinger Tageblatt zwei Zeitreihen zu dieser Sendung: Die Sehbeteiligung (Jahresdurchschnitt in Millionen) und der Marktanteil (Jahresdurchschnitt in Prozent). Stellen Sie beide Reihen grafisch dar, berechnen Sie jeweils die fehlenden Werte der gleitenden Durchschnitte für $a = 1, 2$ und 3, und zeichnen Sie diese ebenfalls in die Grafik ein.

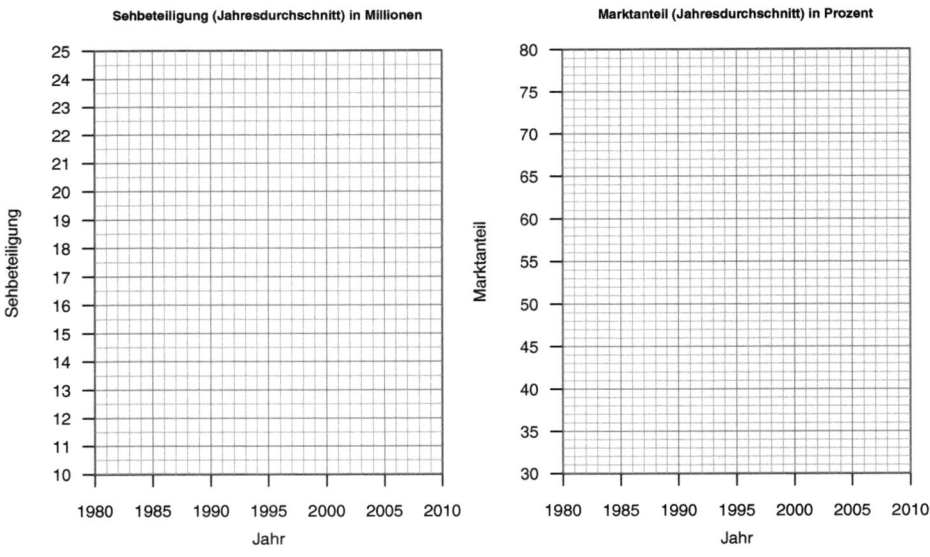

Jahr	Sehb.	$a=1$	$a=2$	$a=3$	Markta.	$a=1$	$a=2$	$a=3$
1981	14.92							
1982	17.56							
1983	18.84							
1984	17.63							
1985	21.12							
1986	20.69	20.88	19.58	19.28				
1987	20.84	19.72	19.70	19.26				
1988	17.64	18.90	19.21	19.01				
1989	18.23	18.18	18.25	18.66	70.9			
1990	18.67	17.60	17.82	17.80	71.2	68.93		
1991	15.89	17.74	17.22	16.92	64.7	64.17	61.54	
1992	18.65	16.40	16.51	16.35	56.6	55.20	56.50	56.61
1993	14.67	16.00	15.51	15.96	44.3	48.87	50.84	53.23
1994	14.68	14.33	15.43	15.49	45.7	44.30	47.34	49.94
1995	13.64	14.60	14.77	15.35	42.9	45.27	45.66	47.49
1996	15.49				47.2			
1997	15.39	15.26	15.01	14.79	48.2	47.63	47.04	46.51
1998	14.91	15.30	15.04	14.84	47.5	48.37	47.40	47.00
1999	15.61	14.77	14.95	14.88	49.4	47.20	47.78	47.40
2000	13.78	14.82	14.65	14.77	44.7	47.73	47.28	47.43
2001	15.07	14.25	14.61	14.58	49.1	46.50	47.26	47.11
2002	13.89	14.56	14.30	14.35	45.7	47.40	46.58	46.36
2003	14.72	14.22	14.22	13.98	47.4	46.37	46.08	45.30
2004	14.06				46.0			
2005	13.34				42.2			
2006	12.98				42.0			
2007	12.08				39.5			

[**13.5**] Die folgende Abbildung zeigt den monatlich berechneten ifo Geschäftsklima-Index (2000 = 100) für die gewerbliche Wirtschaft in Deutschland von Januar 1991 bis März 2009 (links) und nur den Abschnitt ab 2005 mit Trend (rechts)

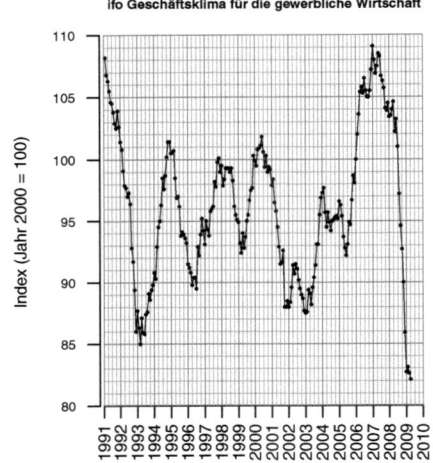

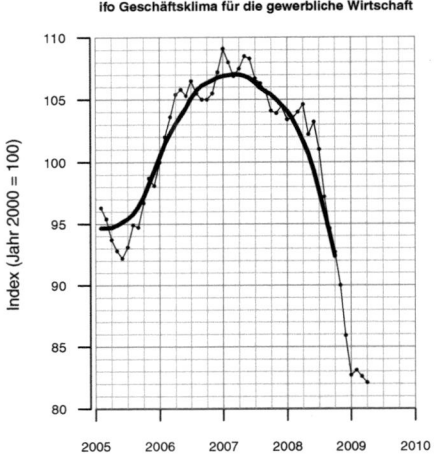

Sie finden die Daten dieser Reihe im Internet unter

```
http://www.cesifo-group.de/portal/page/portal/ifoHome/
a-winfo/d1index/20indexwes/_INDEXWESLIST
```

Die Daten ab Januar 2008 sind:

```
[205] 103.5 104.0 104.6 102.2 103.2 101.0  97.2  94.6  92.7
[214]  90.0  85.9  82.7  83.1  82.6  82.1
```

Der Trend wurde mit dem zentrierten Filter für monatliche Daten berechnet. Inzwischen sind die Daten für April und Mai 2009 bekannt: 83.7 bzw. 84.2 für Mai. Zeichnen Sie diese beiden Daten in die Grafik ein zusammen mit den beiden nächsten Werten für den Trend.

[13.6] Das Göttinger Tageblatt berichtet am 15. März 2008 über die Entwicklung der Leiharbeitnehmerverhältnisse im Landkreis Göttingen. Es wurde jeweils am Quartalsende die Anzahl der Leiharbeitnehmerverhältnisse ermittelt:

2003			2004				2005				2006				2007	
II	*III*	*IV*	*I*	*II*	*III*	*IV*	*I*	*II*	*III*	*IV*	*I*	*II*	*III*	*IV*	*I*	*II*
691	743	537	605	729	715	575	730	876	898	829	863	1192	1545	1462	1504	1629

a) Stellen Sie die Zeitreihe und die natürlichen Logarithmen der Zeitreihe grafisch dar. Verwenden Sie dazu die (gerundete) **R**-Ausgabe:

```
> x<-c(691,743,537,605,729,715,575,730,876,898,829,863,1192,
       1545,1462,1504,1629)
>round(log(x),2)
 [1] 6.54 6.61 6.29 6.41 6.59 6.57 6.35 6.59 6.78 6.80 6.72
[12] 6.76 7.08 7.34 7.29 7.32 7.40
```

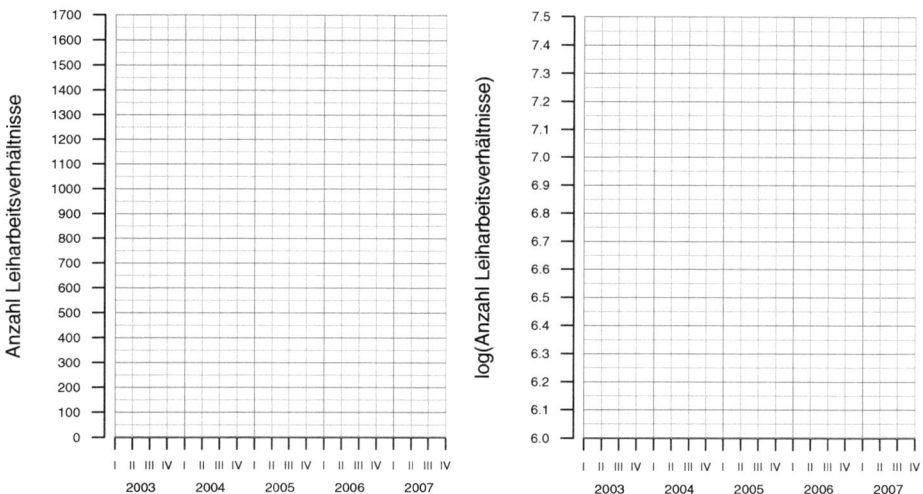

b) Passen Sie sowohl das additive als auch das multiplikative Modell an, d.h. berechnen Sie jeweils den Trend mit einem geeigneten Filter, die Saisonkomponenten und die Residuen.

c) Berechnen Sie für das multiplikative Modell auch die Saisonfaktoren. Geben Sie die Saisonfaktoren auch in Prozent an. Was bedeuten die Prozentzahlen?

[13.7] Die folgende Tabelle enthält die Anzahl der täglichen Wort-Anfragen beim Online-Wörterbuch LEO (http://dict.leo.org/)

Tag	Monat		Jahr	Anzahl	in Mio	T_t	$x_t - T_t$	e_t
Mo	Aug	18	2008	8 804 810	8.8			
Di	Aug	19	2008	9 166 882	9.2			
Mi	Aug	20	2008	9 286 948	9.3			
Do	Aug	21	2008	8 855 458	8.9			
Fr	Aug	22	2008	7 091 353	7.1			
Sa	Aug	23	2008	2 923 084	2.9	7.2	-4.3	0.300
So	Aug	24	2008	3 962 010	4.0	7.2	-3.2	0.025
Mo	Aug	25	2008	9 048 118	9.0	7.3	1.7	0.050
Di	Aug	26	2008	9 322 135	9.3	7.3		
Mi	Aug	27	2008	9 444 234	9.4	7.3	2.1	-0.275
Do	Aug	28	2008	9 198 770	9.2	7.3	1.9	0.040
Fr	Aug	29	2008	7 365 556	7.4	7.3	0.1	0.175
Sa	Aug	30	2008	2 773 922	2.8	7.4	-4.6	0.000
So	Aug	31	2008	3 985 565	4.0	7.5		
Mo	Sep	1	2008	9 185 580	9.2	7.6	1.6	-0.050
Di	Sep	2	2008	9 823 344	9.8	7.6	2.2	0.050
Mi	Sep	3	2008	10 245 704	10.2	7.7		
Do	Sep	4	2008	9 910 162	9.9	7.8	2.1	0.240

Fr	Sep	5	2008	7 606 304	7.6	7.9	-0.3	-0.225
Sa	Sep	6	2008	3 094 485	3.1	8.0	-4.9	-0.300
So	Sep	7	2008	4 780 219	4.8	8.0	-3.2	0.025
Mo	Sep	8	2008	10 093 619	10.1	8.0		
Di	Sep	9	2008	10 182 114	10.2	8.0	2.2	0.050
Mi	Sep	10	2008	10 332 184	10.3	8.1	2.2	-0.175
Do	Sep	11	2008	9 806 537	9.8	8.1	1.7	-0.160
Fr	Sep	12	2008	7 855 018	7.9	7.9	0.0	0.075
Sa	Sep	13	2008	3 338 575	3.3	7.9		
So	Sep	14	2008	4 897 611	4.9	7.9	-3.0	0.225
Mo	Sep	15	2008	9 113 485	9.1	7.9	1.2	-0.450
Di	Sep	16	2008	10 206 414	10.2	8.0	2.2	0.050
Mi	Sep	17	2008	10 342 101	10.3	8.0	2.3	-0.075
Do	Sep	18	2008	9 873 709	9.9			
Fr	Sep	19	2008	8 105 652	8.1			
Sa	Sep	20	2008	3 217 839	3.2			
So	Sep	21	2008	5 187 866	5.2			

Die folgende linke Abbildung entspricht der auf der oben erwähnten Internetseite gezeigten Grafik. Es ist eine deutliche Abhängigkeit vom Wochentag zu erkennen, so dass wir die Saisonkomponenten berechnen wollen.

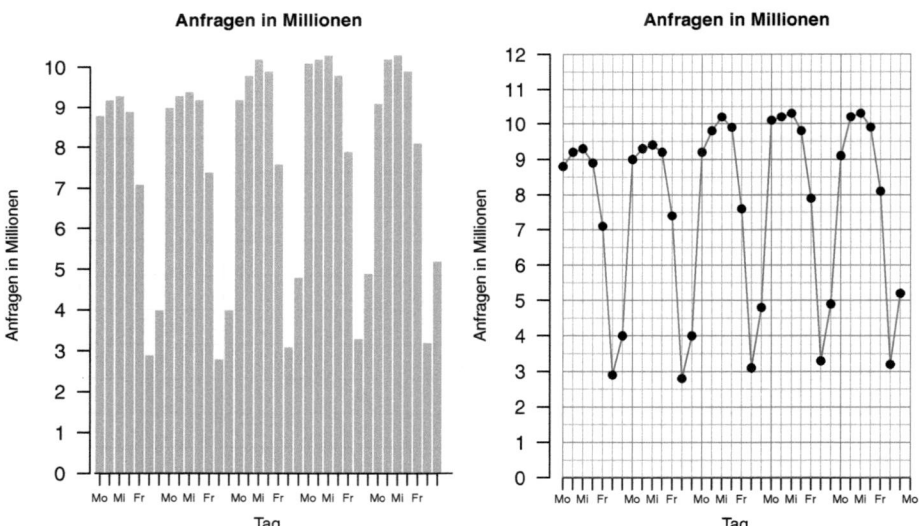

a) Welcher Filter ist hier für die Berechnung des Trends geeignet?
b) Vervollständigen Sie die obige Tabelle, indem Sie die fehlenden Werte für den Trend T_t und $x_t - T_t$ berechnen. Verwenden Sie die gerundeten Zahlen aus der Spalte „in Mio".

c) Zeichnen Sie den Trend in die obige rechte Abbildung ein, die die Zeitreihe in der bekannten Darstellungsform zeigt.

d) Berechnen Sie für jeden Wochentag die Saisonkomponente, indem Sie alle Differenzen $x_t - T_t$ in die folgende Tabelle eintragen und dann für jeden Tag die Summe und den Durchschnitt berechnen.

Tag						Summe	Durchschnitt
Mo							
Di							
Mi							
Do							
Fr							
Sa							
So							

e) Stellen Sie die Saisonkomponenten in der linken Grafik dar.

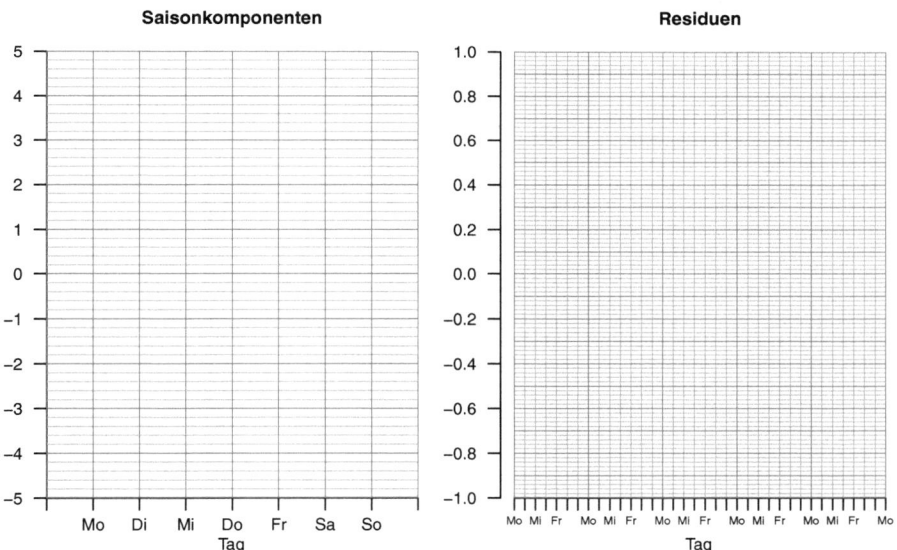

f) Berechnen Sie die in der obigen Tabelle fehlenden Residuen.

g) Stellen Sie die Residuen in der obigen rechten Grafik dar.

h) Zeichnen Sie ein Histogramm der Residuen.

[**13.8**]   Die folgenden Abbildungen zeigen die monatlichen Zugriffe auf die Seiten des Online-Wörterbuchs LEO (http://dict.leo.org/) bzw. die logarithmierte Anzahl der monatlichen Zugriffe.

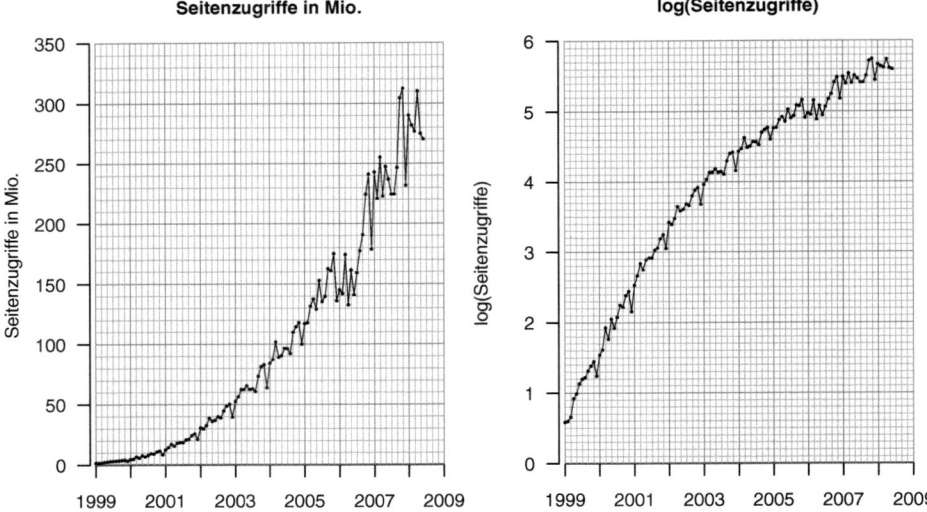

a) Würden Sie in diesem Fall das additive oder multiplikative Modell für die Zerlegung der Zeitreihe wählen? Begründen Sie Ihre Antwort.
b) Welcher Filter ist in diesem Fall für die Berechnung des Trends geeignet?
c) Die folgende Tabelle enthält die letzten 24 Beobachtungen der Zeitreihe. Berechnen Sie für die logarithmierten Beobachtungen die fehlenden Werte des Trends
   T_t und die Differenzen $x_t - T_t$.

Jahr	Monat	Zugriffe	$x_t = \log(\text{Zugriffe})$	T_t	$x_t - T_t$	e_t
2006	07	159190302	18.89	18.97	-0.08	-0.05
2006	08	177383253	18.99	19.01	-0.02	0.02
2006	09	190838123	19.07	19.04	0.03	0.01
2006	10	224604790	19.23	19.08	0.15	0.07
2006	11	241338215	19.30	19.12	0.18	0.09
2006	12	178558351	19.00	19.16	-0.16	0.04
2007	01	243125683	19.31			
2007	02	221025505	19.21			
2007	03	255252638	19.36			
2007	04	223004233	19.22			
2007	05	247498040	19.33			
2007	06	237110177	19.28			
2007	07	224613993	19.23			
2007	08	224603845	19.23			
2007	09	246714374	19.32			
2007	10	304682822	19.53			
2007	11	312511429	19.56			
2007	12	231952638	19.26			
2008	01	290163556	19.49	NA	NA	NA

2008	02	281938341	19.46	NA	NA	NA
2008	03	276733846	19.44	NA	NA	NA
2008	04	310243151	19.55	NA	NA	NA
2008	05	275019300	19.43	NA	NA	NA
2008	06	270322923	19.42	NA	NA	NA

d) Zeichnen Sie die fehlenden Werte des Trends für das Jahr 2007 in die untere linke Grafik ein.

e) Die folgende Tabelle zeigt die Differenzen $x_t - T_t$, sortiert nach den Monaten. Berechnen Sie die letzten 12 fehlenden Werte für das Jahr 2007.

Jan	Feb	Mär	Apr	Mai	Jun	Jul	Aug	Sep	Okt	Nov	Dez
NA	NA	NA	NA	NA	NA	0.10	0.05	0.04	0.02	0.00	-0.28
-0.04	-0.05	0.18	-0.06	0.14	-0.07	0.00	0.09	-0.01	0.07	0.05	-0.31
-0.01	0.05	0.15	0.01	0.08	0.03	-0.05	0.00	-0.03	0.04	0.03	-0.22
0.09	0.00	0.03	0.13	0.02	-0.02	0.02	-0.05	0.03	0.06	0.05	-0.24
0.01	0.04	0.10	0.06	0.07	-0.02	-0.05	-0.13	0.02	0.10	0.09	-0.21
0.03	0.04	0.15	-0.01	-0.03	0.01	-0.03	-0.10	0.06	0.07	0.06	-0.14
-0.01	-0.04	0.04	0.05	-0.04	0.10	-0.05	-0.04	0.11	0.09	0.16	-0.10
-0.04	-0.08	0.11	-0.19	-0.01	-0.17	-0.08	-0.02	0.03	0.15	0.18	-0.16
NA	NA	NA	NA	NA	NA						

f) Berechnen Sie die Saisonkomponenten S_t, die Saisonfaktoren sowie die Saisonfaktoren in Prozent. Schreiben Sie die Werte in die folgende Tabelle und interpretieren Sie die Saisonfaktoren.

	Jan	Feb	Mär	Apr	Mai	Jun	Jul	Aug	Sep	Okt	Nov	Dez
S_t												
e^{S_t}												
%												

g) Stellen Sie die Saisonkomponenten in der unteren rechten Grafik dar.

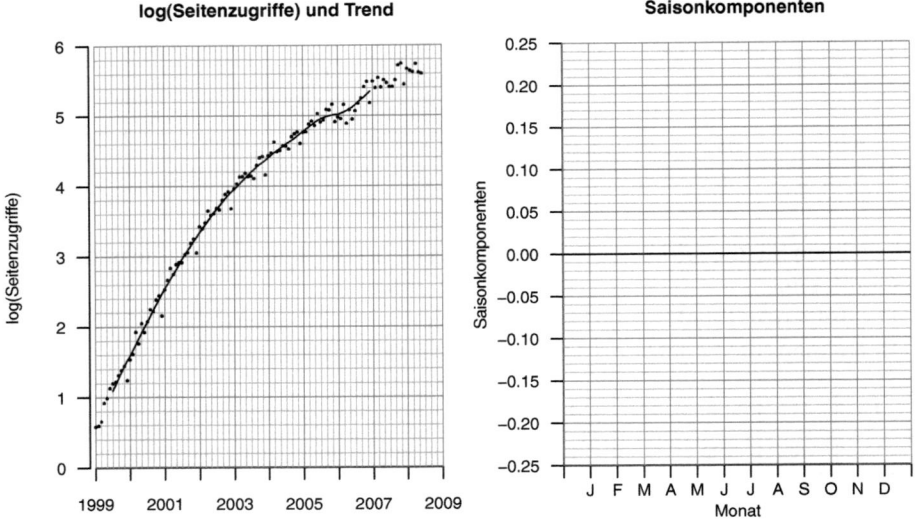

[**13.9**]   Die folgende Tabelle und linke Grafik enthalten die Zahl der Studierenden an der Universität Göttingen vom SS2004 bis zum WS 2008/2009:[47]

Semester	Anzahl	Trend	Anzahl - Trend	Saisonkomponente	Residuum
SS2004	23 446				
WS2004/2005	24 490				
SS2005	23 649				
WS2005/2006	24 680				
SS2006	23 619				
WS2006/2007	24 012				
SS2007	22 346				
WS2007/2008	23 983				
SS2008	22 759				
WS2008/2009	24 057				

[47] Quelle: Stadt Göttingen, Fachdienst Statistik und Wahlen, Göttinger Statistik Journal 4/2008.

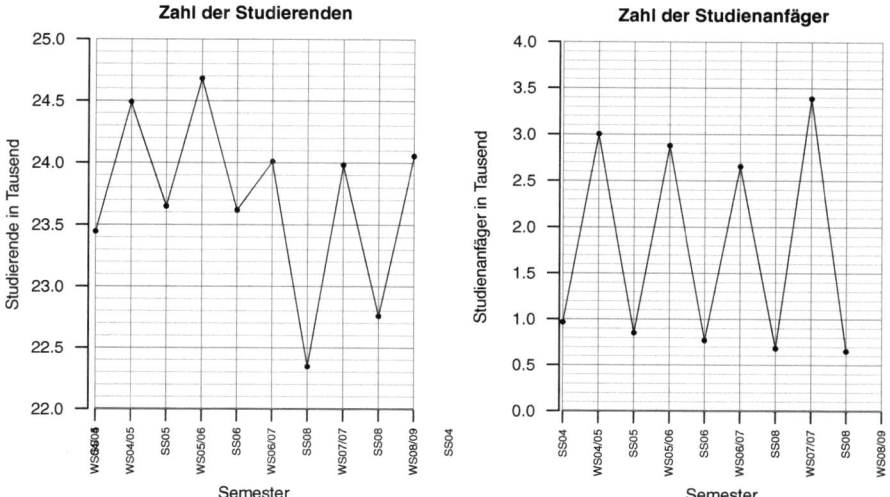

a) Berechnen Sie einen für diese Daten geeigneten Trend und zeichnen Sie diesen Trend in die obige linke Grafik ein.
b) Berechnen Sie die Saisonkomponente und die Residuen und stellen Sie die Residuen grafisch dar.
c) Machen Sie dasselbe für die Studienanfänger. (siehe obige rechte Grafik).

Semester	Anzahl	Trend	Anzahl - Trend	Saisonkomponente	Residuum
SS2004	966				
WS2004/2005	3003				
SS2005	851				
WS2005/2006	2879				
SS2006	768				
WS2006/2007	2654				
SS2007	681				
WS2007/2008	3387				
SS2008	651				

[**13.10**] Die im Folgenden betrachteten Daten sind aus *Milinski, Semmann und Krambeck, Reputation helps solve the 'tragedy of the commons', Nature, 415, 2002.* Gruppen von jeweils 6 Personen erhielten ein Startkapital von 20 DM. In jeder Spielrunde konnten sie abhängig von ihren und den Entscheidungen der anderen Spieler Geld gewinnen oder verlieren. Das aktuelle Spiel konnten sie über einen Bildschirm verfolgen. Alle Entscheidungen waren anonym und jeder Spieler erhielt für das Spiel einen Pseudonamen. Sie wurden darüber informiert, dass sie in zwei verschiedenen Situationen spielen, einem *indirect reciprocity game* (offene Symbole in der Abbildung) und einem *public goods game*. Im *indirect reciprocity game* kann jeder Spieler ein möglicher Geber oder ein möglicher Empfänger sein. Im *public goods game* werden die Einsätze aller Spieler vom Spielleiter verdoppelt und dann zu gleichen Teilen an die Spieler verteilt. Setzt ein Spieler 1 DM ein, während alle anderen nichts einsetzen, erhält er nur 0.50 DM zurück. Würden alle Spieler kooperieren, d.h. 1 DM einsetzen, erhielten alle 2 DM zurück. Gewöhnlich ist die Kooperation gering und geht im Spielverlauf zurück, wie der linken Abbildung (s.u.) zu entnehmen ist. Gemessen wurde die Kooperation in Prozent.

Die Kooperation bleibt jedoch etwa auf dem anfänglichen Niveau, wenn das *public goods game* im Wechsel mit dem *indirect reciprocity game* gespielt wird. Beim *indirect reciprocity game* wurde allen Spielern vor diesem Spiel das Verhalten der übrigen Spieler als Geber und Empfänger in allen bisherigen Spielen mitgeteilt; das Ergebnis ist rechts abgebildet.

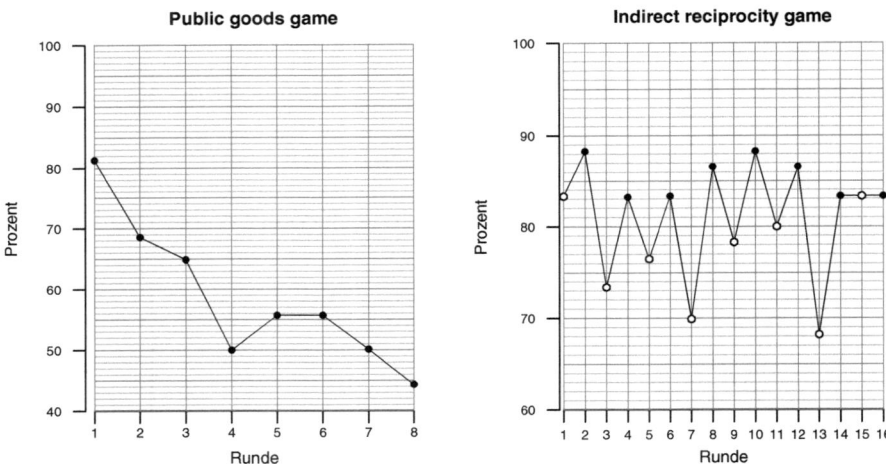

a) Berechnen Sie für die 8 Spielrunden, in denen nur das *public goods game* (PGG) gespielt wurde, einen Trend mit einem geeigneten einfachen gleitenden Durchschnitt. Tragen Sie den in die obige Grafik ein. Bestimmen Sie auch die Residuen.

Runde	1	2	3	4	5	6	7	8
Kooperation in %	81.33	68.56	64.89	50.00	55.67	55.67	50.11	44.33
Trend								
Residuen								

b) Berechnen Sie jetzt für die 16 Runden, in denen abwechselnd das *indirect reciprocity game* (IRG) und das *public goods game* (PGG) gespielt wurde, einen Trend T_t mit einem geeigneten Filter. Tragen Sie den Trend in die Grafik ein. Berechnen Sie die Saisonkomponente für die beiden Spielarten IRG und PGG. und bestimmen Sie die Residuen.

Runde	x_t = Kooperation in %	T_t	$x_t - T_t$	S_t	e_t
1 (IRG)	83.3				
2 (PGG)	88.3				
3 (IRG)	73.4				
4 (PGG)	83.2				
5 (IRG)	76.5				
6 (PGG)	83.3				
7 (IRG)	69.9				
8 (PGG)	86.6				
9 (IRG)	78.3				
10 (PGG)	88.3				
11 (IRG)	80.0				
12 (PGG)	86.6				
13 (IRG)	68.2				
14 (PGG)	83.3				
15 (IRG)	83.3				
16 (PGG)	83.3				

[13.11]   Preismessziffern: Wahr oder Falsch?

a) Eine Preismessziffer vergleicht die Preise zum Zeitpunkt t mit dem (   )
Preis in einer Basisperiode $t = 0$.

b) Ist die monatlich berechnete Preismessziffer zum Zeitpunkt t gleich (   )
1.30, so bedeutet dies, dass der Preis im Vergleich zum Vormonat um
30% gestiegen ist.

c) Ist die Preismessziffer zum Zeitpunkt t gleich 1.20, so bedeutet dies, (   )
dass der Preis im Vergleich zur Basisperiode um 20% gestiegen ist.

d) Preisindizes werden als gewichtete Durchschnitte der Preismessziffern (   )
berechnet, wobei der Gewichtungsfaktor als Anteil des Umsatzes des
Gutes am Gesamtumsatz zu interpretieren ist.

[13.12]   Preismessziffer für Milch: Wahr oder Falsch?

Der Datensatz `Milch`

```
[1] 39.523 39.212 38.487 36.124 34.800 34.998 34.934 34.949
[9] 34.685 33.885 32.262 30.204
```

enthält den Erzeugerpreis für Milch ab Hof in Baden-Württemberg bei 3.7% Fett,
3.4% Eiweiß (in Ct/kg, o. MwSt.) in den Monaten Januar 2008 bis Dezember 2008.

Mit dem folgenden Befehl wurde die Preismessziffer (in Prozent) mit dem Basismonat Januar 2008 berechnet.

```
round(Milch/Milch[1]*100,1)
 [1] 100.0  99.2  97.4  91.4  88.0  88.6  88.4  88.4  87.8
[10]  85.7  81.6  76.4
```

a) Die Milchpreise sind in dem betrachteten Zeitraum von Monat zu Monat weiter gefallen.　　　　　　　　　　　　　　　　　(　　)

b) Die Preise sind von Januar bis Dezember 2008 um 23.6% gefallen.　(　　)

c) Der Preis im Mai beträgt nur noch 88% des Preises im Januar.　(　　)

d) Der Milchpreis im Dezember ist im Vergleich zum Vormonatspreis um 5.2% gefallen.　　　　　　　　　　　　　　　　　　　(　　)

e) Die Preismessziffer für Dezember ist um 5.2-Prozentpunkte niedriger als die für November.　　　　　　　　　　　　　　(　　)

[13.13]　Preis-, Mengen-, Umsatz- und Aktienindizes: Wahr oder Falsch?

a) Der Verbraucherpreisindex ist ein gewichteter Durchschnitt der Umsätze der wichtigsten Verbrauchsgüter für einen typischen Haushalt.　(　　)

b) Preisindizes werden als gewichtete Durchschnitte der Preismessziffern berechnet, wobei der Gewichtungsfaktor als Umsatzanteil des Gutes am Gesamtumsatz zu interpretieren ist.　　　　　　　　　　(　　)

c) Beim Preisindex nach Laspeyres sind die Gewichtungsfaktoren der einzelnen Güter des Warenkorbes zeitlich konstant.　　　　　(　　)

d) Beim Preisindex nach Laspeyres bleiben Änderungen der Mengen mit der Zeit unberücksichtigt.　　　　　　　　　　　　　(　　)

e) Beim Preisindex nach Paasche sind die Gewichtungsfaktoren von der Zeit abhängig, weil die Gewichtungen die Preise zur Zeit t enthalten.　(　　)

f) Bildet man Mengenindizes, so erhält man die Formeln nach Laspeyres und Paasche, indem man in den entsprechenden Formeln für die Preisindizes die Rollen der Mengen und Preise vertauscht.　　　(　　)

g) Die Gewichtungsfaktoren beim Umsatzindex sind abhängig von der Zeit t.　　　　　　　　　　　　　　　　　　　　　　(　　)

h) Aktienindizes sind immer einfache arithmetische Mittelwerte.　(　　)

[13.14]　Die folgende Tabelle enthält Preise und Verbrauch (Inlandsabsatz) von Rohöl in den Jahren 1999 bis 2007. Berechnen Sie a) die Preismessziffern, b) die Mengenmessziffern, c) die Umsatzmessziffern für die Jahre 1999 - 2007, wenn das Basisjahr 2005 ist.

Jahr	Preis (€/Tonne)	Verbrauch (1000 Tonnen)	Umsatz
1999	123	128 176	
2000	227	126 610	
2001	202	128 339	
2002	191	123 710	
2003	190	121 241	
2004	222	119 727	
2005	314	118 415	
2006	379	118 678	
2007	390	108 110	

Quelle: S. 51 und 62 in:

`www.mwv.de/upload/Publikationen/dateien/JB}_2010_dNrnbxXn6f7j2mf.pdf`

[**13.15**]   Die Tabelle enthält die Abschlusskurse des PM.London Fix Goldpreises[48] in Euro pro Unze an den ersten 8 Freitagen des Jahres 2009, sowie die Kurse an den gleichen Tagen des Vorjahres. Die Preise wurden auf ganze Euro gerundet.

Datum	2009	PMZ_{09}	PMZ_{08}	2008	PMZ_{09}	PMZ_{08}
20.02.	771	100		627		
13.02.	727			617		
06.02.	707			617		
30.01.	718			622		
23.01.	675			609		
16.01.	627			608		
09.01.	629			598		
02.01.	628			575		100

a) Berechnen Sie die Preismessziffern mit der Basisperiode 20.02.2009. Schreiben Sie die Ergebnisse in die Spalten mit der Überschrift PMZ_{09}.

b) Berechnen Sie die Preismessziffern mit der Basisperiode 02.01.2008. Schreiben Sie die Ergebnisse in die Spalten mit der Überschrift PMZ_{08}.

c) Lesen Sie die Antworten zu den folgenden Fragen aus der obigen (in a) und b) vollständig ausgefüllten) Tabelle ab, ohne neue Berechnungen anzustellen. Um wieviel Prozent

   i) höher war der Goldpreis am 02.01.2009 im Vergleich zum 02.01.2008?

   ii) niedriger war der Goldpreis am 02.01.2009 im Vergleich zum 20.02.2009?

   iii) niedriger war der Goldpreis am 02.01.2008 im Vergleich zum 20.02.2009?

   iv) höher war der Goldpreis am 20.02.2009 im Vergleich zum 02.01.2008?

---

[48] Quelle: www.goldsammler.eu/aktuelle_goldkurse

[**13.16**]   Die folgenden Tabellen enthalten die durchschnittlichen Verbrauchs-mengen (pro Monat) sowie die Preise für Milch, Butter und Käse für Beamten- und Angestelltenhaushalte in den Jahren 1990 bis 1998.

Beamte:

Jahr	1990		1991		1992		1993		1994	
Gut i	q_0^i	p_0^i	q_1^i	p_1^i	q_2^i	p_2^i	q_3^i	p_3^i	q_4^i	p_4^i
Milch [l]	21.7	1.22	21.1	1.22	22.2	1.24	22.3	1.21	21.5	1.21
Butter [g]	1.839	7.69	1.72	7.58	1.761	7.75	1.721	7.58	1.574	7.46
Käse [g]	5.233	9.59	5.241	9.98	5.403	10.37	5.615	10.49	5.473	10.91

Jahr	1995		1996		1997		1998	
Gut i	q_5^i	p_5^i	q_6^i	p_6^i	q_7^i	p_7^i	q_8^i	p_8^i
Milch [l]	20.5	1.18	20.2	1.16	20.1	1.11	19.2	1.09
Butter [g]	1.524	7.57	1.475	7.55	1.459	7.48	1.331	7.76
Käse [g]	5.463	10.70	5.384	10.71	5.517	10.40	5.362	10.46

Angestellte:

Jahr	1990		1991		1992		1993		1994	
Gut i	q_0^i	p_0^i	q_1^i	p_1^i	q_2^i	p_2^i	q_3^i	p_3^i	q_4^i	p_4^i
Milch [l]	20.2	1.21	21.2	1.2	20.9	1.2	21.1	1.19	20.3	1.19
Butter [g]	1.557	7.69	1.439	7.54	1.378	7.69	1.395	7.55	1.358	7.41
Käse [g]	4.463	10.24	4.71	10.12	4.536	10.44	4.568	10.49	4.582	10.85

Jahr	1995		1996		1997		1998	
Gut i	q_5^i	p_5^i	q_6^i	p_6^i	q_7^i	p_7^i	q_8^i	p_8^i
Milch [l]	19.8	1.13	19.3	1.1	19.4	1.08	18.8	1.08
Butter [g]	1.413	7.47	1.425	7.41	1.364	7.4	1.332	7.75
Käse [g]	4.576	10.83	4.446	10.9	4.695	10.82	4.552	10.6

1990 sei das Basisjahr. Berechnen Sie je für Beamten- und Angestelltenhaushalte

a) den Preisindex nach Laspeyres und Paasche für die Jahre 1992 und 1996.
b) den Mengenindex nach Laspeyres und Paasche für die Jahre 1994 und 1995.
c) den Umsatzindex für die Jahre 1997 und 1998.

[**13.17**]   Die folgende Preis-Mengen-Tabelle sei gegeben:

Gut i	Preis p_t^i		Menge q_t^i	
	Basisjahr	Berichtsjahr	Basisjahr	Berichtsjahr
1	15	20	10	8
2	12	15	12	13
3	6	8	20	25
4	10	10	12	12

Berechnen Sie die Preisindizes und Mengenindizes nach Laspeyres und Paasche sowie den Umsatzindex. Geben Sie die Ergebnisse in Prozent als ganze Zahl an.

Kapitel 2
Lösungen

Dieser zweite Teil des Buches besteht aus der Sammlung der zumeist ausführlich dargestellten Lösungen zur Aufgabensammlung aus dem Aufgabenteil dieses Buches. Folglich ist sie ebenso in dieselben 13 Themen untergliedert.

Wie bereits mehrfach erwähnt, werden zu den meisten der Lösungen auch die entsprechenden in der Statistiksoftware **R** geschriebenen Programme zur Verfügung gestellt. Eine Einführung zu dieser Software finden Sie im Anhang dieses Buches und natürlich auch in der online-Hilfe der Software selbst. Um sich den Zugang zu dieser Statistiksoftware zu vereinfachen, lohnt es sich, **R** auch schlicht als Taschenrechner zu benutzen noch bevor man beginnt, komplexere Probleme damit zu lösen. Sie können die bereitgestellten Programme auch jederzeit beliebig modifizieren und somit spielend den Gebrauch dieser Software erlernen.

2.1 Einführende Konzepte und Grundbegriffe - Lösungen

[**1.1**]   a) $\approx 50;\ 80;\ 140;\ 175$ b) $\approx 700;\ 1\,100$ c) $(100, 125);\ (115, 165)$
d)

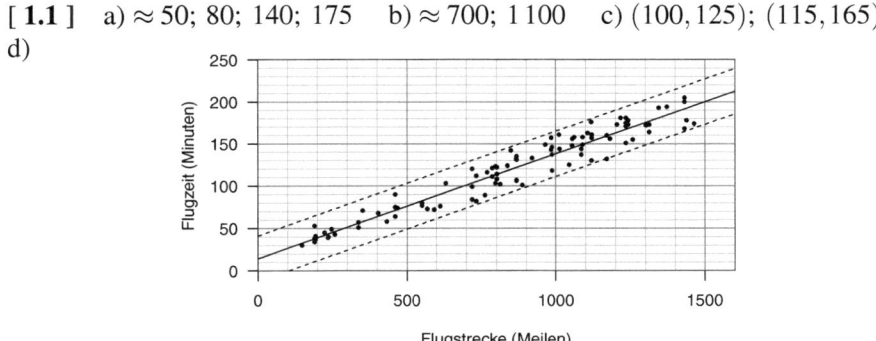

Die durchgezogene Linie verläuft etwa durch die Mitte der Punktwolke. Man könnte die Flugzeit bei gegebener Flugstrecke durch den Punkt (d.h. durch die y-Koordinate des Punktes) auf dieser Geraden vorhersagen. Die zwei Strichlinien bilden so etwas wie ein Vorhersage- oder Konfidenzband. Wir würden intuitiv sagen, dass wir

Abweichungen von der mittleren erwarteten Zeit zumeist innerhalb dieses Bands erwarten würden. Dieses Band ist im Grunde ein über die Flugzeitachse gleitendes Konfidenzintervall; für eine gegebene Flugstrecke vertrauen wir darauf, dass sich die Flugzeit auf einem bestimmten Intervall, ablesbar an den Strichlinien, beschränkt. Allerdings liegt diesem Band oder Intervallen (noch) kein Wahrscheinlichkeitsmodell zugrunde, so dass wir auch keine Wahrscheinlichkeitsaussagen machen können.

[**1.2**] a) Das zweite Rechteck hat die Höhe 0.001. Multiplizieren wir mit der Klassenbreite 200 ergibt sich für diese Klasse der Anteil $0.2 = 1/5$. Die Höhe des ersten und letzten Rechtecks ist jeweils ein Drittel der Höhe des zweiten Rechtecks, also ist der Anteil jeweils $1/15$. Die Höhe des vierten Rechtecks übersteigt die Höhe des zweiten Rechtecks um die Hälfte der Höhe des ersten Rechtecks, d.h. der Anteil ist $1/5 + 1/30 = 7/30$. Somit bleibt für das dritte Rechteck ein Anteil von $1 - 1/15 - 1/5 - 7/30 - 1/15 = (30 - 2 - 6 - 7 - 2)/30 = 13/30$. Die Anteile in den fünf Klassen sind also:

1	2	3	4	5
2/30	6/30	13/30	7/30	2/30

Selbstverständlich kann man auch alle Höhen direkt an der Skala der y-Achse ablesen.   i) $7/30 + 2/30 = 9/30 = 3/10$ ii) $2/30 + 6/30 = 8/30 = 4/15$
iii) $13/30 + 7/30 = 20/30 = 2/3$.   b) Man multipliziert die an a) berechneten Anteile mit der Stichprobengröße $n = 30$: i) 9   ii) 8   iii) 20.

[**1.3**] a) W   b) F   c) W   d) W   e) F

[**1.4**] a) W   b) F   c) W   d) W   e) W

[**1.5**] a) W   b) W   c) F   d) F   e) W   f) F

[**1.6**] a) F   b) F   c) W   d) W   e) W

[**1.7**] Der Begriff *Grundgesamtheit* ist in diesem Zusammenhang schwer einzugrenzen: Sind es

- alle Tageblattleser?
- die Tageblattleser vom 12.04.2008?

- die Tageblattleser vom 12.04.2008, die diese Frage gelesen haben?
- alle Bewohner im Einzugsbereich des Göttinger Tageblatts?
- zusätzlich alle, die Zugang zum Internet haben?
- alle, die Zugang zum Internet haben und dieses in der fraglichen Zeit von Stellung der Frage bis Auswertung der Antworten genutzt haben?

Stichprobe müssten dann alle sein, die die Frage beantwortet haben. Es ist keine zufällige Stichprobe, da nicht jeder Tageblattleser Zugang zum Internet hat. Nicht jeder Leser ist motiviert, die Frage zu beantworten. Vermutlich sind auch mehrfache Beantwortung dieser Fragen durch dieselbe Person möglich. Repräsentativität ist daher auch anzuzweifeln.

[**1.8**] a) W b) W c) W d) W e) F

[**1.9**] Zuerst bemerke man, dass $P(X > 10) = P(X \leq 10) = 0.5$ und offenbar $P(8 < X \leq 10) = P(10 < X \leq 12) = 0.25$. a) $P(6 < X \leq 8) = P(X \leq 10) - P(6 < X) - P(8 < X \leq 10) = 0.5 - 0.09 - 0.25 = 0.16$ und $P(12 < X \leq 14) = P(6 < X \leq 8) = 0.16$. Die weiteren Aufgaben löse man analog: b) 0.091 bzw. 0.25 c) jeweils 0.9 d) jeweils 0.75.

[**1.10**] a) $1 - 0.01 = 0.99$ b) $1 - 0.92 = 0.08$ c) $1 - 0.7 = 0.3$ d) $1 - 0.65 = 0.35$ e) $1 - 0.65 - 0.01 = 0.34$

[**1.11**] a) 0.5 b) $0.5 + 0.477 = 0.977$ c) $0.5 - 0.477 = 0.023$ d) 0.023 e) 0.954

2.2 Deskriptive Statistik - Lösungen

[**2.1**] a) nominal skaliert, b) ordinal skaliert, c) ordinal skaliert, d) nominal skaliert, e) nominal skaliert, f) metrisch, g) metrisch

[**2.2**] a) F b) F c) W d) W e) W f) F g) W h) W

[2.3]   a)

Alter	N_i	N_i/N	K_i	K_i/N
20	5	0.05	5	0.05
21	7	0.07	12	0.12
22	4	0.04	16	0.16
23	1	0.01	17	0.17
24	13	0.13	30	0.30
25	11	0.11	41	0.41
26	9	0.09	50	0.50
27	21	0.21	71	0.71
28	10	0.10	81	0.81
29	7	0.07	88	0.88
30	12	0.12	100	1.00

b) $\mu = 25.89$; $\sigma^2 = 8.0579$ c) Modalwert: 27; Median: 26.5; $Q_1 = 24$; $Q_3 = 28$
(siehe auch **R**-Programm)
d)

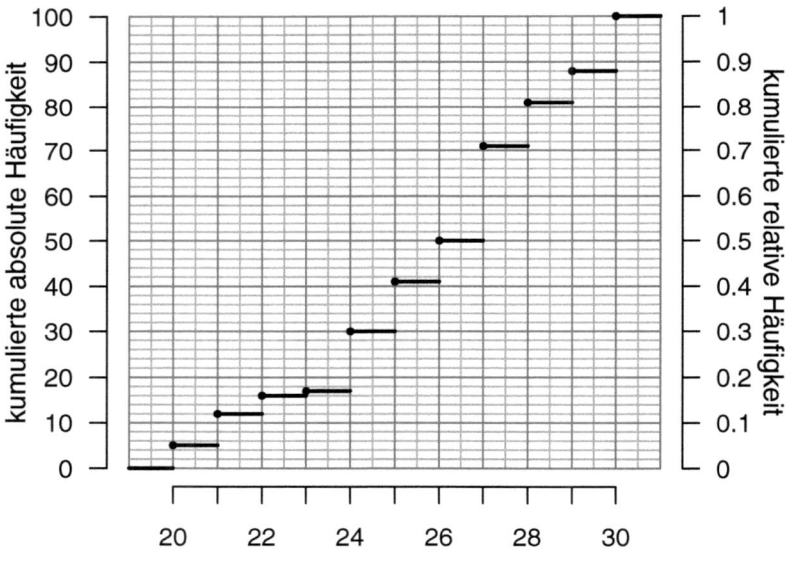

e)   i) 0.17 ii) 0.29 iii) 0.2 iv) 0.33 v) 0.54

[2.4]   a)

Anzahl Bücher		1	2	3	4	N
Gekauft	N_i	5	9	5	3	22
	N_i/N	5/22	9/22	5/22	3/22	
	K_i	5	14	19	22	
	K_i/N	5/22	14/22	19/22	1	
Geschenkt	N_i	19	8	2	1	30
	N_i/N	19/30	8/30	2/30	1/30	
	K_i	19	27	29	30	
	K_i/N	19/30	27/30	29/30	1	

b) linke Grafik   c) rechte Grafik.

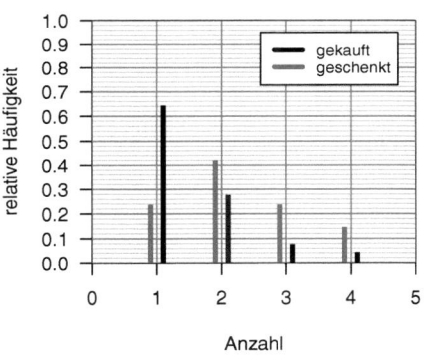 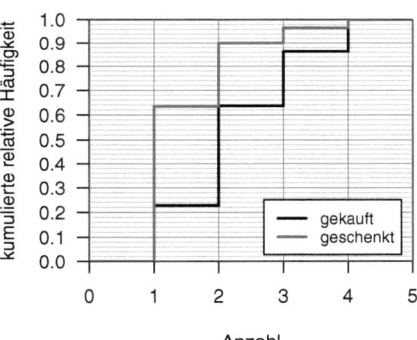

d)   i) 0.773 bzw. 0.367, ii) 0.364 bzw. 0.1, iii) 0.636 bzw. 0.9, iv) 0.864 bzw. 0.967
e)

Kennzahl	Gekauft	Geschenkt
Mittelwert	2.273	1.5
Median	2	1
Varianz	0.926	0.583
Standardabweichung	0.962	0.764

[2.5]   a) ordinal skaliertes Merkmal   b) siehe Tabelle:

	Mittelwert	Median	Modalwert	Spannweite	Varianz	Stand.ab.
TC Ludwigsburg	1.143	1	1	1	0.122	0.350
Braunschweiger TSC	1.857	2	2	1	0.122	0.350
Siemenstadt Berlin	4.429	5	5	2	0.531	0.728
Casino Nürnberg	3.286	3	3	1	0.204	0.452
Schwarz-Gold Göttingen	4.286	4	4 und 5	2	0.490	0.700

[2.6]

Kennzahl	gesamt	weiblich	männlich
Mittelwert	12	12	12
Modalwert	12	12	8, 16
Median	12	12	12
Spannweite	8	0	8
Varianz	8	0	16
Standardabweichung	2.828	0	4

[2.7] a)

	x_1	x_2	x_3	x_4	x_5	$\sum$	$\sum/N$	σ^2
Datensatz I:	5	9	7	8	6	35	7	–
x_i^2	25	81	49	64	36	255	51	2
Datensatz II:	15	19	17	18	16	85	17	–
x_i^2	225	361	289	324	256	1455	291	2

b) Die beiden Datensätze haben beide die Varianz 2. Datensatz II erhält man, indem zu den Werten aus Datensatz I jeweils die Zahl 10 addiert wird. Die Streuung verändert sich somit nicht und die Varianz ist gleich.

c)

	x_1	x_2	x_3	x_4	x_5	$\sum$	$\sum/N$	σ^2
Datensatz I:	5	9	7	8	6	35	7	–
$x_i - \mu$	−2	2	0	1	−1	0	–	–
$(x_i - \mu)^2$	4	4	0	1	1	10	–	2
Datensatz II:	15	19	17	18	16	85	17	–
$x_i - \mu$	−2	2	0	1	−1	0	–	–
$(x_i - \mu)^2$	4	4	0	1	1	10	–	2

d) Das Ergebnis ist natürlich das gleiche, da die Formeln äquivalent sind. Es wird deutlich, dass die Abstände der Ausprägungen beider Datensätze zum jeweiligen Mittelwert gleich sind.

e) Beide Datensätze haben die Varianz 2. Man erhält diese Datensätze, indem man zu den Daten aus I jeweils 5 subtrahiert bzw. 6 addiert. Dadurch ändert sich die Varianz nicht.

[2.8] a)

	x_1	x_2	x_3	x_4	x_5	$\sum$	$\sum/N$	σ^2
Datensatz I:	5	9	7	8	6	35	7	–
x_i^2	25	81	49	64	36	255	51	2
Datensatz II:	10	18	14	16	12	70	14	–
x_i^2	100	324	196	256	144	1020	204	8

b) Die Werte aus Datensatz II erhält man, indem man die Werte aus Datensatz I mit 2 multipliziert. Die Varianz von Datensatz II ist nun $2^2 = 4$–mal so groß wie die Varianz von Datensatz I.

c)

	x_1	x_2	x_3	x_4	x_5	$\sum$	$\sum/N$	σ^2
Datensatz I:	5	9	7	8	6	35	7	–
$x_i - \mu$	−2	2	0	1	−1	0	–	–
$(x_i - \mu)^2$	4	4	0	1	1	10	–	2
Datensatz II:	10	18	14	16	12	70	14	–
$x_i - \mu$	−4	4	0	2	−2	0	–	–
$(x_i - \mu)^2$	16	16	0	4	4	40	–	8

d) Es wird für Datensatz II deutlich, dass sich durch die Multiplikation mit 2 die Abstände der Ausprägungen zum Mittelwert ebenfalls verdoppelt haben. Durch Quadrieren ergibt sich somit eine 4–fach größere Varianz für Datensatz II.

e) Die Varianzen sind 18 und 32, denn Datensatz III, erhält man, indem man die Daten aus I mit 3 multipliziert und IV erhält man, indem man die Daten aus I mit 4 multipliziert, d.h. die Varianzen sind dann $3^2 = 9$- bzw. $4^2 = 16$-mal so groß.

[2.9] a) Rangskaliert, diskret.   b) Keine Beanstandung, Verwarnung, Ordnungs-widrigkeit   c) siehe unten   d) i) 0.66 ii) 0.96

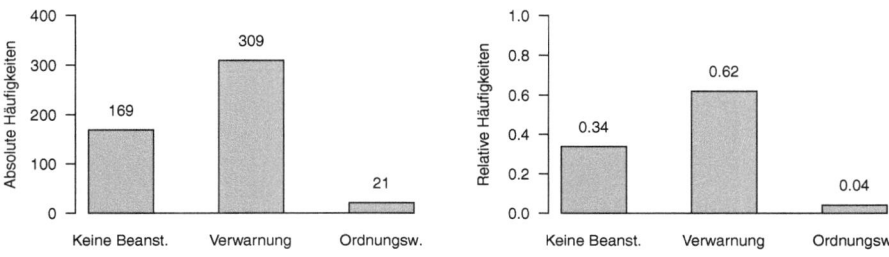

[2.10]   Die Ergebnisse können z.T. nur ungefähr abgelesen werden:

a) 43; 33; 54. Die Box geht von 33 bis 54, die Mittellinie ist bei 43.

b) i) Anteile: 0.1; 0.4; 0.7; 0.9   Anzahlen: $0.1 \cdot 200 = 20$; 80; 140; 180
   ii) Anteile: 0.9; 0.6; 0.3; 0.1   Anzahlen: 180; 120; 60; 20
   iii) Anteile: 0.6; 0.5   Anzahlen: 120; 100
c) 30; 40; 50

[**2.11**]   a) $\mu = 17 \cdot 0.05 + 25 \cdot 0.19 + 35 \cdot 0.22 + 45 \cdot 0.20 + 55 \cdot 0.20 + 70 \cdot 0.14 = 43.1$ (siehe auch **R**-Programm)   b) $\sigma^2 = (17)^2 \cdot 0.05 + (25)^2 \cdot 0.19 + (35)^2 \cdot 0.22 + (45)^2 \cdot 0.20 + (55)^2 \cdot 0.20 + (70)^2 \cdot 0.14 - (43.1)^2 = 241.09$ $\sigma = \sqrt{241.09} \approx 15.527$ (siehe auch **R**-Programm)   c) $Q_1 \in (30, 40)$; $Q_2 \in (40, 50)$; $Q_3 \in (50, 60)$

d)

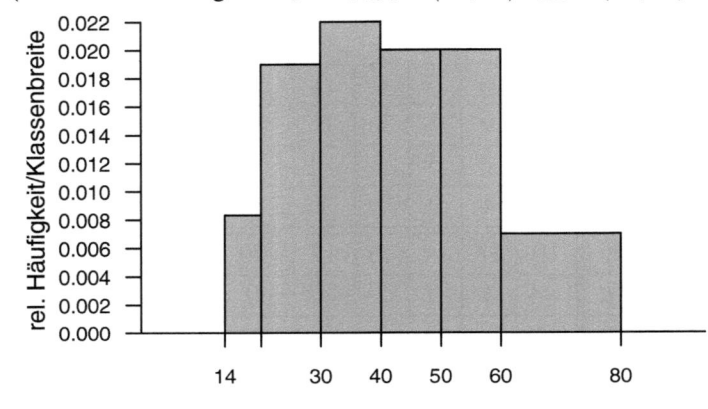

Alter

e) Wir benötigen die Höhen der Rechtecke

Alter	$14 - 20$	$20 - 30$	$30 - 40$	$40 - 50$	$50 - 60$	$60 - 80$
Anteil/Klassenbr.	$0.05/6 \approx 0.008$	0.019	0.022	0.020	0.020	0.007

Zu berechnen ist die Fläche des Histogramms von
i) 14 bis 25: $6 \cdot 0.05/6 + 5 \cdot 0.019 = 0.05 + 0.095 = 0.145$
ii) 55 bis 80: $5 \cdot 0.020 + 20 \cdot 0.007 = 0.24$
iii) 25 bis 45: $5 \cdot 0.019 + 10 \cdot 0.022 + 5 \cdot 0.020 = 0.095 + 0.220 + 0.100 = 0.415$

f)

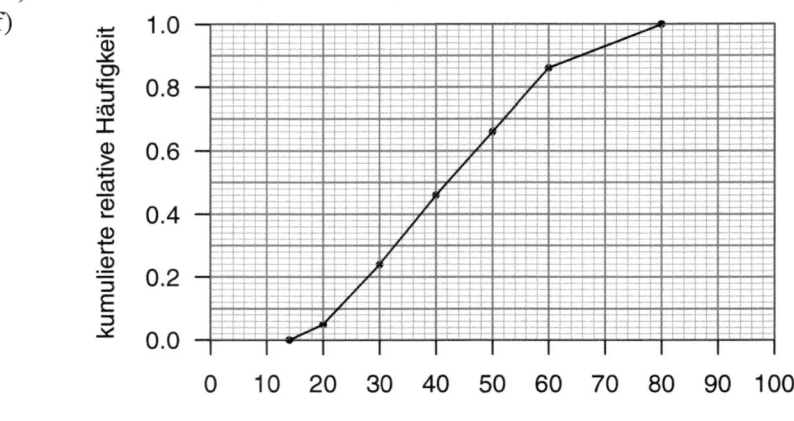

Alter

g) Aus der Grafik sind die Zahlen nur ungefähr abzulesen: $Q_1 \approx 31$; $Q_2 \approx 42$; $Q_3 \approx 54.5$.   h) i) ≈ 0.14 ii) ≈ 0.10 iii) $\approx 0.56 - 0.14 = 0.42$.

[2.12]   a) Qualitativ oder nominal bzw. metrisch in gruppierter Form
b) i) Stab- oder Säulendiagramm   ii) Histogramm mit unterschiedlichen Klassenbreiten   iii) Da wir die maximale Miete nicht kennen, kann man entweder diese
Klasse bis zum rechten Ende der Grafik zeichnen oder sie künstlich auf die gleiche
Intervallbreite des linken Nachbarn beschränken. Im Histogramm und in den folgenden Berechnungen haben wir die Klasse *über 500* durch $500 - 600$ ersetzt.
c) Wohnung (allein); $176 - 200$ d) Die Anteile sind (nach Division durch 97.8):
$0.049; 0.122; 0.077; 0.220; 0.421; 0.099; 0.010; 0.002$. Rechnet man mit diesen gerundeten Zahlen weiter, ergibt sich: i) 0.3215; ii) 0.9385; iii) 0.84 (siehe auch **R**-
Programm)   e) Summenkurve: siehe Grafik. Quartile: $Q_1 \approx 175$; $Q_2 \approx 210$; $Q_3 \approx 270$.

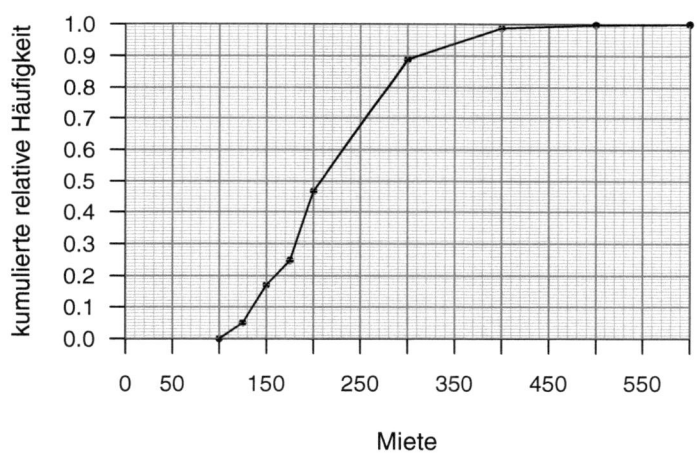

[2.13]   a) F   b) W   c) W   d) W   e) W   f) F

[2.14]   a) W   b) F   c) W   d) W   e) F   f) F

[2.15]   a) W   b) W   c) F   d) W   e) W   f) F   g) W   h) W

[2.16]   a) W   b) W   c) F   d) W   e) F   f) W   g) F   h) F   i) W   j) F

[2.17]   a) - d)

	Min	Max	Spannw.	Q_1	Med.	Q_3	$Q_3 - Q_1$	μ	σ^2	σ
F	153	193	40	167	170	174.3	7.3	170.3	49.2	7.0
M	151	201	50	178	183	189	11	182.7	60.8	7.8

Siehe **R**-programm. Dort erhält man zum Beispiel:

```
>summary(Groessef)
  Min.  1st Qu.  Median   Mean  3rd Qu.    Max.
 153.0   167.0   170.0   170.3   174.3    193.0
```

Beachten Sie, dass in **R** bei der Berechnung der Varianz und Standardabweichung durch $n - 1$ statt n geteilt wird.

e) Obere Tabelle für die weiblichen, untere für die männlichen Studierenden[1].

Intervall	N_i	N_i/N	K_i	K_i/N
$150 \leq x_i \leq 155$	2	0.019	2	0.019
$155 < x_i \leq 160$	10	0.093	12	0.111
$160 < x_i \leq 165$	9	0.083	21	0.194
$165 < x_i \leq 170$	40	0.370	61	0.565
$170 < x_i \leq 175$	25	0.231	86	0.796
$175 < x_i \leq 180$	16	0.148	102	0.944
$180 < x_i \leq 185$	3	0.028	105	0.972
$185 < x_i \leq 190$	2	0.019	107	0.991
$190 < x_i \leq 195$	1	0.009	108	1.000

Intervall	N_i	N_i/N	K_i	K_i/N
$150 \leq x_i \leq 155$	1	0.008	1	0.008
$155 < x_i \leq 160$	0	0.000	1	0.008
$160 < x_i \leq 165$	1	0.008	2	0.017
$165 < x_i \leq 170$	4	0.033	6	0.050
$170 < x_i \leq 175$	15	0.124	21	0.174
$175 < x_i \leq 180$	35	0.289	56	0.463
$180 < x_i \leq 185$	18	0.149	74	0.612
$185 < x_i \leq 190$	30	0.248	104	0.860
$190 < x_i \leq 195$	10	0.083	114	0.942
$195 < x_i \leq 200$	6	0.050	120	0.992
$200 < x_i \leq 205$	1	0.008	121	1.000

---

[1] Beachten Sie, dass es zu Rundungsungenauigkeiten kommen kann: Die kumulativen relativen Häufigkeiten wurden nach der Formel K_i/N berechnet und dies stimmt nicht unbedingt mit der Summe der (gerundeten) relativen Häufigkeiten überein.

f) Histogramme mit absoluten Häufigkeiten (oben) und g) normierte Histogramme
(unten: relative Häufigkeiten/Klassenbreite)

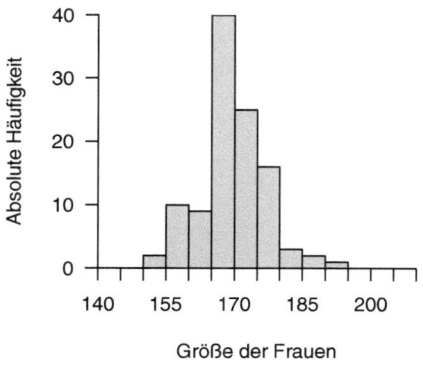 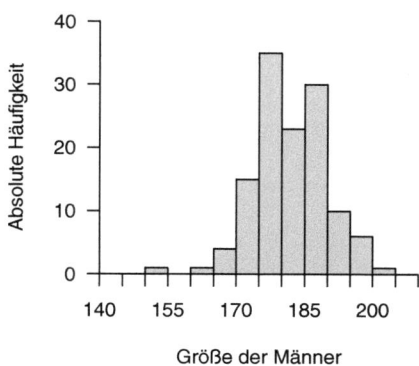

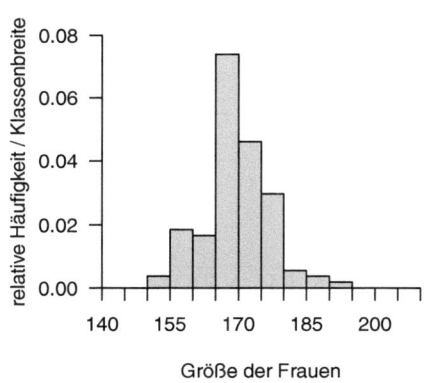 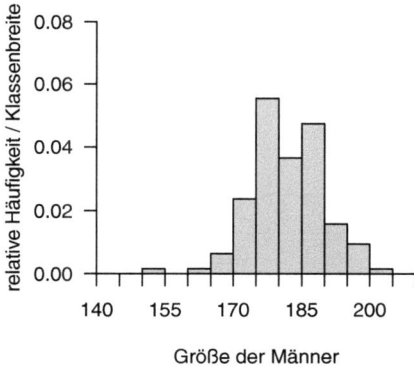

h) und i) Summenkurven und Boxplots

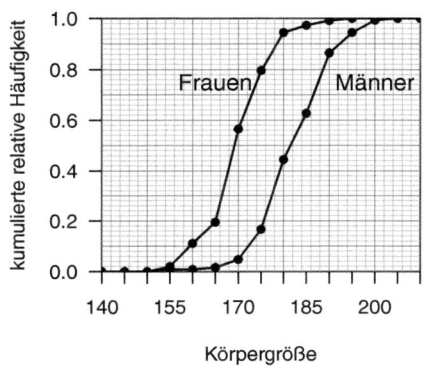 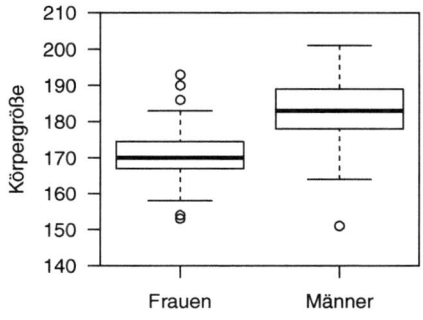

[**2.18**]   Diese Aufgabe kann weitgehend im Kopf und mit Taschenrechner gelöst werden. In **R** würde man zuerst Vektoren mit der Größe und Anzahl sowie dem Alter und Anzahl erstellen, mit denen analog zu vorangegangenen Aufgaben leicht die Tabellenwerte berechnet und die Kennzahlen bestimmt werden könnten. Ein Beispiel:

```
gross<-c(189,200,201,207,188,190,195,193,183,208,201,188,183,204)
> table(gross)                      # Berechnet Häufigkeitstabelle
gross
183 188 189 190 193 195 200 201 204 207 208
  2   2   1   1   1   1   1   2   1   1   1
> anzahl<-as.vector(table(gross))        # Vektor der Häufigkeiten
> anzahl
 [1] 2 2 1 1 1 1 1 2 1 1 1
round(anzahl/sum(anzahl),3)                   # relative Häufigkeiten
 [1] 0.143 0.143 0.071 0.071 0.071 0.071 0.071 0.143
 [9] 0.071 0.071 0.071
> cumsum(anzahl)                         # kumulierte Häufigkeiten
 [1]  2  4  5  6  7  8  9 11 12 13 14
> round(cumsum(anzahl)/sum(anzahl),3)   # kum.-relat. Häufigkeiten
 [1] 0.143 0.286 0.357 0.429 0.500 0.571 0.643 0.786
 [9] 0.857 0.929 1.000
> summary(gross)                         # Zusammenfassung
   Min. 1st Qu.  Median    Mean 3rd Qu.    Max.
  183.0   188.3   194.0   195.0   201.0   208.0
> var(gross)                         # Varianz in R (Nenner: n - 1!)
[1] 72.46154
```

a) i)–ii)

Größe in cm	N_i	N_i/N	K_i	K_i/N
183	2	0.143	2	0.14286
188	2	0.143	4	0.28572
189	1	0.071	5	0.35715
190	1	0.071	6	0.42858
193	1	0.071	7	0.50001
195	1	0.071	8	0.57144
200	1	0.071	9	0.64287
201	2	0.143	11	0.78573
204	1	0.071	12	0.85716
207	1	0.071	13	0.92859
208	1	0.071	14	1

Alter	N_i	N_i/N	K_i	K_i/N
18	1	0.071	1	0.0714
22	2	0.143	3	0.2143
23	3	0.214	6	0.4286
24	3	0.214	9	0.6429
25	2	0.143	11	0.7858
26	1	0.071	12	0.8572
27	1	0.071	13	0.9286
30	1	0.071	14	1.0000

Nationalität	N_i	N_i/N	K_i	K_i/N
D	5	0.357	–	–
US	9	0.643	–	–

iii)–vi)

Kennzahl	Größe	Alter	Nationalität
Mittelwert	195	24	–
Median	194	24	–
Modalwert(e)	183, 188, 201	23, 24	US
Minimum	183	18	–
Maximum	208	30	–
Spannweite	25	12	–
Varianz	67.286	7	–
Standardabweichung	8.203	2.646	–

b) i) 0.571, ii) 0.429, iii) 0.5, iv) 0.429, v) 0.571, vi) 0.429

c) i) 0.929, ii) 0.071, iii) 0.214, iv) 0.786   d) i) 0.143, ii) 0.143

e) 0.4; f) 0.143; g) 0.111; h) 0.071

[**2.19**]   Der erste Boxplot liegt wesentlich höher als die drei anderen. Diese wiederum steigen von links nach rechts an.

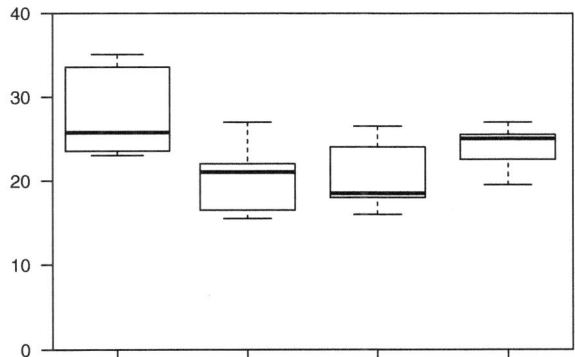

[2.20]   a)

Note	Punkte	N_i	N_i/N	x_i^M	$N_i x_i^M$	$N_i(x_i^M)^2$
5.0	$[0,31]$	83	0.234	15.5	1 286.5	19 940.75
4.0	$[32,35]$	32	0.090	33.5	1 072	35 912
3.7	$[36,40]$	34	0.096	38	1 292	49 096
3.3	$[41,44]$	33	0.093	42.5	1 402.5	59 606.25
3.0	$[45,49]$	28	0.079	47	1 316	61 852
2.7	$[50,53]$	25	0.071	51.5	1 287.5	66 306.25
2.3	$[54,58]$	27	0.076	56	1 512	84 672
2.0	$[59,62]$	21	0.059	60.5	1 270.5	76 865.25
1.7	$[63,67]$	27	0.076	65	1 755	114 075
1.3	$[68,72]$	15	0.042	70	1 050	73 500
1.0	$[73,90]$	29	0.082	76.5	2 218.5	169 715.25
Summe	–	354	1	–	15 462.5	811 540.8

Mittelwert ist $15462.5/354 \approx 43.679$, Varianz ist $811540.8/354 - (15462.5/354)^2 =$ 384.6.   b) Mittelwert Noten: $(5.0 \cdot 83 + 4.0 \cdot 32 + \ldots + 1.0 \cdot 29)/354 \approx 3.186$.

[2.21]   In der B-Klausur ist die Streuung etwas geringer, das dritte Quartil und das Maximum sind geringer.

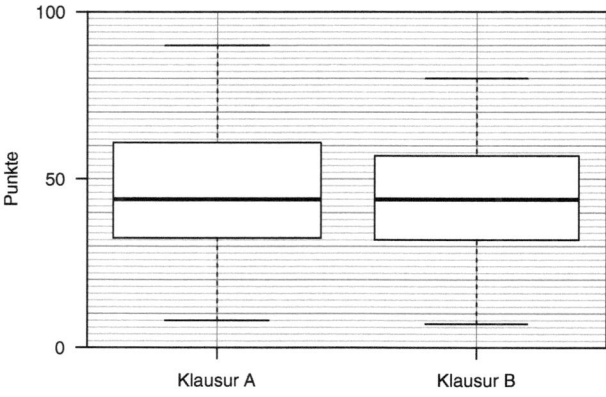

[2.22]   a) Die Tabelle der Häufigkeiten sieht wie folgt aus[2]

---

[2] Beachten Sie, dass es Ungenauigkeiten durch Rundung geben kann. Sie erhalten nicht immer dasselbe Ergebnis, wenn Sie anstelle K_i/N (exakt) die kumulierten Summen von N_i/N bilden.

Überschreitung	Strafe	N_i	N_i/N	K_i	K_i/N
$11 - 15$	20	3 204	0.453	3 204	0.453
$16 - 20$	30	1 806	0.255	5 010	0.708
$21 - 25$	40	963	0.136	5 973	0.844
$26 - 30$	50	536	0.076	6 509	0.920
$31 - 40$	75	436	0.062	6 945	0.981
$41 - 50$	100	99	0.014	7 044	0.965
$51 - 60$	150	24	0.003	7 068	0.999
$61 - 70$	275	6	0.001	7 074	1.000
> 70	375	3	0.000	7 077	1.000
Summe	−	7 077	1.000	−	−

b) Median (für Strafe) ist 30 und die Modalklasse ist die Klasse $11 - 15$ bzw. 20.

c) Überschreitung: Mittelwert: $\mu = (13 \cdot 3\,204 + 18 \cdot 1\,806 + 23 \cdot 963 + 28 \cdot 536 + 35.5 \cdot 436 + 45.5 \cdot 99 + 55.5 \cdot 24 + 65.5 \cdot 6 + 85.5 \cdot 3)/7\,077 = 133\,281/7\,077 = 18.83298 \approx 18.833.$

$\left(\sum_{i=1}^{9} \left(x_i^M\right)^2 \cdot N_i\right)/N = (13^2 \cdot 3\,204 + 18^2 \cdot 1\,806 + 23^2 \cdot 963 + 28^2 \cdot 536 + 35.5^2 \cdot 436 + 45.5^2 \cdot 99 + 55.5^2 \cdot 24 + 65.5^2 \cdot 6 + 85.5^2 \cdot 3)/7\,077 = 2\,932\,293/7\,077 = 414.3412 \approx 414.341 \Rightarrow$ Varianz: $\sigma^2 = \left(\sum_{i=1}^{9} \left(x_i^M\right)^2 \cdot N_i\right)/N - \mu^2 = 414.3412 - 18.83298^2 = 59.66011 \approx 59.660$

Strafe: Mittelwert: $\mu = (20 \cdot 3\,204 + 30 \cdot 1\,806 + 40 \cdot 963 + 50 \cdot 536 + 75 \cdot 436 + 100 \cdot 99 + 150 \cdot 24 + 275 \cdot 6 + 375 \cdot 3)/7\,077 = 232\,555/7\,077 = 32.86068 \approx 32.861$

$\left(\sum_{i=1}^{9} \left(x_i\right)^2 \cdot N_i\right)/N = (20^2 \cdot 3\,204 + 30^2 \cdot 1\,806 + 40^2 \cdot 963 + 50^2 \cdot 536 + 75^2 \cdot 436 + 100^2 \cdot 99 + 150^2 \cdot 24 + 275^2 \cdot 6 + 375^2 \cdot 3)/7\,077 = 10\,645\,925/7\,077 = 1\,504.299 \Rightarrow$ Varianz: $\sigma^2 = \left(\sum_{i=1}^{9} \left(x_i^M\right)^2 \cdot N_i\right)/N - \mu^2 = 1\,504.299 - 32.86068^2 = 424.4751 \approx 424.475$

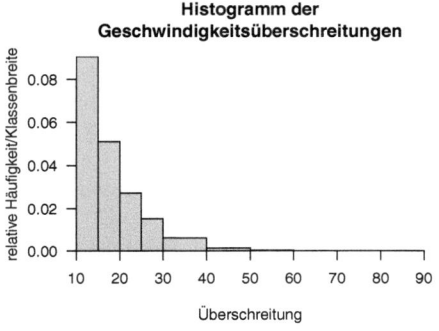

Histogramm der
Geschwindigkeitsüberschreitungen

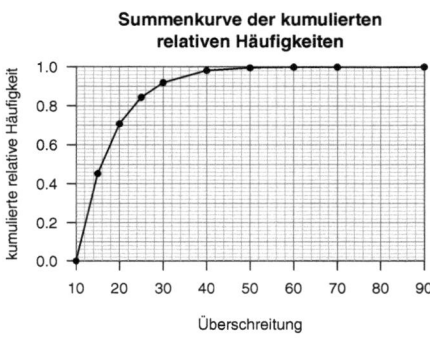

Summenkurve der kumulierten
relativen Häufigkeiten

[**2.23**]   Der Umgang mit der Klasse ≥ 12 kann sehr subjektiv erfolgen. Für die Lösung wählen wir für die Vorlesungszeit eine Klasse von 12 bis 20, für die vorlesungsfreie Zeit auch eine Klasse von 12 bis 20 (Alternative 1) aber zusätzlich eine Klasse von 12 bis 30 (Alternative 2).

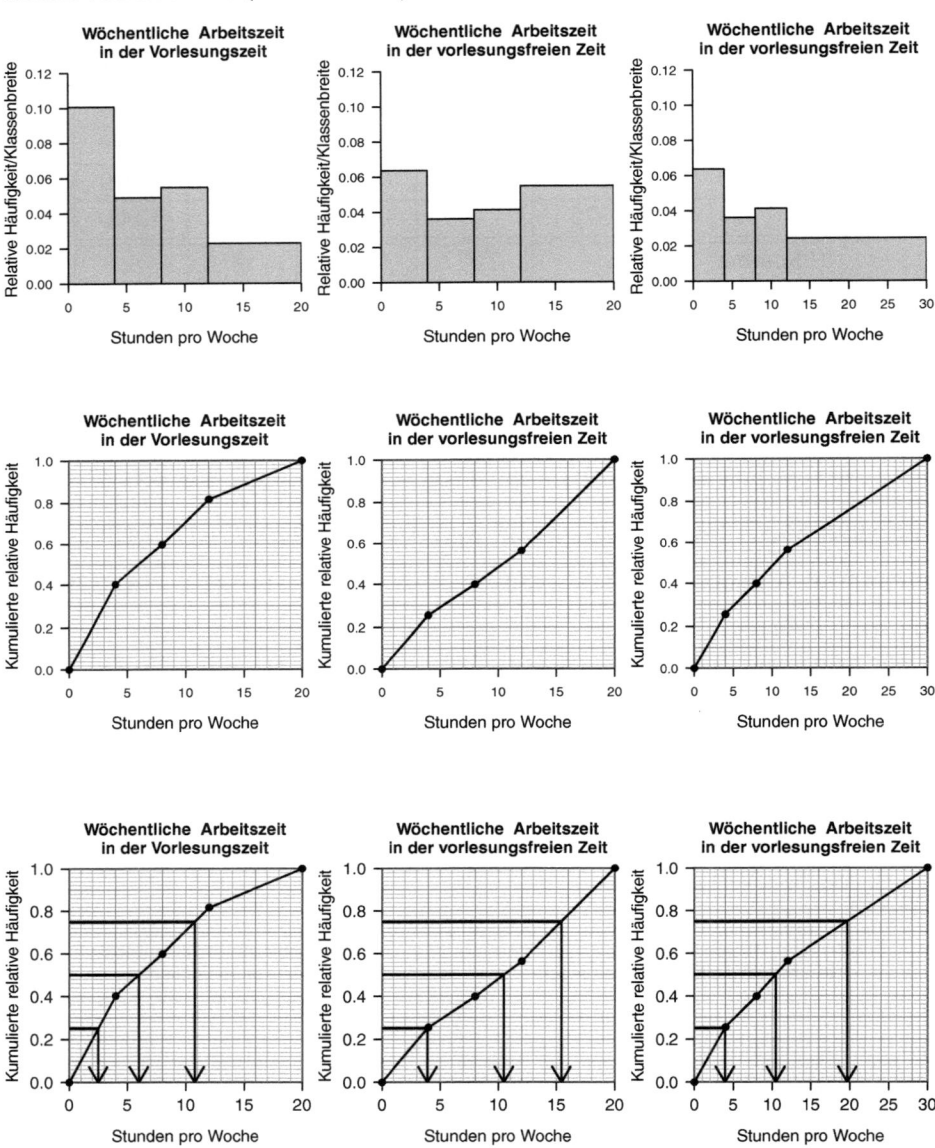

Vorlesungszeit: $Q_1 \approx 2.5$, Median ≈ 6, $Q_3 \approx 10.8$, Modalklasse: $[0;4]$
Vorlesungsfreie Zeit A1: $Q_1 \approx 3.8$, Median ≈ 10.4, $Q_3 \approx 15.5$, Modalklasse: $[0;4]$
Vorlesungsfreie Zeit A2: $Q_1 \approx 3.8$, Median ≈ 10.4, $Q_3 \approx 19.7$, Modalklasse: $[0,4]$
Vorlesungszeit: $\mu = 7.1$, $\sigma^2 = 27.1$; Vorlesungsfreie Zeit A1: $\mu = 10.0$, $\sigma^2 = 34.4$
Vorlesungsfreie Zeit A2: $\mu = 12.2$, $\sigma^2 = 66.7$

[**2.24**]   a) Vortest: $\mu = 261.5/75 \approx 3.487$; $\sigma^2 = 1\,410.75/75 - 3.487^2 \approx 6.651$; $\sigma \approx$ 2.579.   Nachtest: $\mu = 13.62$; $\sigma^2 \approx 8.239$; $\sigma \approx 2.870$
b) **R** verwendet bei der Berechnung der Varianz den Nenner $n-1 = 74$ statt $n = 75$.
c) Die Box für den Nachtest liegt wesentlich höher (Mitte der Box bei 14) als für den Vortest (Mitte bei 3). Das Maximum im Vortest war 11. Im Nachtest liegt die Box oberhalb von 11, so dass 75% mehr als 11 Punkte erreicht haben.

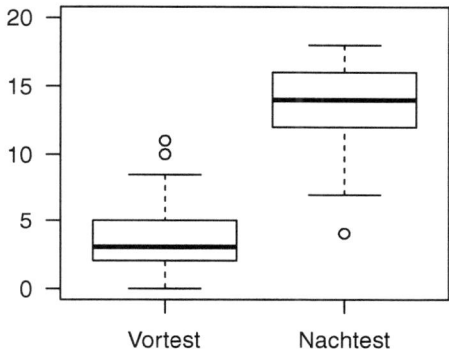

d) i) Im Vortest hatten 53 von 75 weniger als 5 Punkte, das ist ein Anteil von $53/75 = 0.707$ oder 70.7%. Weniger als 8: $70/75 = 0.933$ oder 93.3%. Weniger als 10: $72/75 = 0.96$ oder 96%.   ii) Nachtest: Mehr als 12: $55/75 = 0.733$ oder 73.3%. Mehr als 14: $29/75 = 0.36$ oder 36%. Mehr als 16: $13/75 = 0.173$ oder 17.3%.

[**2.25**]   a) $1517/10 = 151.7$ b) $188 - 117.8 = 70.2$ c) 83 d) $241\,299/10 - 151.7^2 = 1\,117.01$ e) $1\,241.122$ (in **R** wird der Nenner $n-1$ verwendet!)

2.3 Wahrscheinlichkeiten - Lösungen

[**3.1**]   a) W   b) F   c) F   d) W   e) W   f) F

[**3.2**]   a) W   b) W   c) F   d) W   e) W   f) F   g) F   h) F

[3.3]   a) F   b) F   c) W   d) W   e) F   f) W

[3.4]   a) Ja   b) 10   c) 1/10   d) i) $6/10 = 3/5$ bzw. $4/10 = 2/5$
ii) $4/10 = 2/5; 3/10; 2/20 = 1/5; 1/10$ iii) $1/10 \cdot 1/10 = 1/100 = 0.01$
iv) $\dfrac{3}{10} \cdot \dfrac{3}{10} \cdot \dfrac{3}{10} = \dfrac{27}{100} = 0.027$
e) i) $\dfrac{1/10}{9/10} = \dfrac{1}{9}$; es bleiben nur 9 Zahlen   ii) $\dfrac{1/9}{5/9} = \dfrac{1}{5}$; es bleiben nur 1,3,5,7,9
iii) $\dfrac{1/5}{2/5} = \dfrac{1}{2}$; es bleiben nur 3 und 9   iv) 1 denn nur 3 ist kleiner als 6

[3.5]

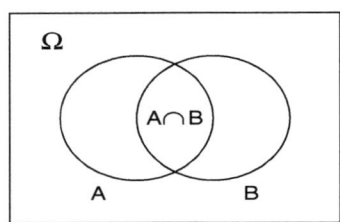

b) i) 0.4 ; ii) $P(A \cap B) = 0.1 \Rightarrow P(A) = 0.1 + 0.2 = 0.3$; iii) 0.6;
iv) $P(A \setminus B) = 0.3 \Rightarrow P(A) = 0.2 + 0.3 = 0.5$;
v) $P(A \cap B) = 0.4 \Rightarrow P(A) = 0.4 + 0.2 = 0.6$

[3.6]   a) F   b) W   c) W   d) F   e) F

[3.7]   a) W   b) W   c) W   d) W   e) F   f) F

[3.8]   a) W   b) W   c) W   d) F   e) F

[3.9]   a) i) $P(A \cap B) = P(A|B) \cdot P(B)$ ii) $P(A \cap B) = P(B|A) \cdot P(A)$
iii) $P(A) = \dfrac{P(A \cap B)}{P(B|A)} = \dfrac{P(A|B) \cdot P(B)}{P(B|A)}$ iv) $P(B) = \dfrac{P(A \cap B)}{P(A|B)} = \dfrac{P(B|A) \cdot P(A)}{P(A|B)}$
b) $\dfrac{P(A|B)}{P(B|A)} = \dfrac{P(A \cap B)/P(B)}{P(A \cap B)/P(A)} = \dfrac{P(A)}{P(B)} \Rightarrow P(A|B) = P(B|A) \cdot \dfrac{P(A)}{P(B)}$ und $P(B|A) =$
$P(A|B) \cdot \dfrac{P(B)}{P(A)}$

[**3.10**]   a) marginale oder unbedingte Wahrscheinlichkeit $P(A) = P(\text{Ja}) = 0.68$
b) bedingte Wahrscheinlichkeit $P(A|B) = P(\text{Ja}|\text{Alter} \leq 34) = 0.82$
c) bedingte Wahrscheinlichkeit $P(A|B) = P(\text{Ja}|\text{Alter} > 35) = 0.58$
d) bedingte Wahrscheinlichkeit $P(A|B) = P(\text{Ja}|\text{Ostdeutschland}) = 0.75$
e) bedingte Wahrscheinlichkeit $P(A|B) = P(\text{Ja}|\text{Westdeutschland}) = 0.66$
f) bedingte Wahrscheinlichkeit $P(A|B) = P(\text{Ja}|\text{Mutter}) = 0.39$

[**3.11**]   a) Tabelle der gemeinsamen Wahrscheinlichkeiten in Prozent:

	CDU/CSU	SPD	FDP	Linke	Grüne
Dalai Lama	11.84	14.43	5.82	5.50	8.34
Papst Benedikt	21.46	10.19	2.63	4.88	0.78

Die Werte werden analog zum obigen Beispiel berechnet, siehe auch **R**-Programm.
b) Tabelle der bedingten Wahrscheinlichkeiten in Prozent, dass eine Person, die den
Dalai Lama bzw. den Papst als Vorbild betrachtet, die gegebenen Parteien wählt:

gegeben Vorbild	CDU/CSU	SPD	FDP	Linke	Grüne
Dalai Lama	26.91	32.80	13.25	12.50	18.96
Papst Benedikt	51.10	24.26	6.27	11.61	1.85

Die Werte werden analog zum obigen Beispiel berechnet, siehe auch **R**-Programm.
c) Gemeinsame Wahrscheinlichkeiten $P(\text{Nein und Partei})$ in Prozent:

	CDU/CSU	SPD	FDP	Linke	Grüne
Nein	15.91	20.94	4.23	7.13	8.92

Tabelle der bedingten Wahrscheinlichkeiten in Prozent, dass eine Person, die *Nein*
gesagt hat, die gegebenen Parteien wählt:

gegeben	CDU/CSU	SPD	FDP	Linke	Grüne
Nein	25.66	33.78	6.82	11.49	14.39

[**3.12**]   a) $\frac{1}{365} \approx 0.002739726$ b) $\frac{1}{365^2} = \frac{1}{133\,225} \approx 0.0000075$

c) $\frac{1}{365^3} = \frac{1}{48\,627\,125} \approx 0.000000021$ d) Die Wahrscheinlichkeit, dass zwei zufällig

ausgewählte Personen am 7. Januar Geburtstag haben ist nach b) $\left(\frac{1}{365}\right)^2$. Entspre-

chend ist die Wahrscheinlichkeit, dass 9 zufällig ausgewählte Personen nicht am 7.

Januar Geburtstag haben $\left(\frac{364}{365}\right)^9$. Bei 11 Personen gibt es $\frac{11 \cdot 10}{2}$ Möglichkeiten

ein Paar von zwei Personen auszuwählen, denn die erste Person ist frei wählbar,
d.h. es gibt 11 Möglichkeiten. Für die zweite Person gibt es dann noch 10 Möglichkeiten, d.h. man hat $11 \cdot 10$ Möglichkeiten. Nun ist es bei einem Paar jedoch egal,

ob die Person als erste oder zweite ausgewählt wurde, d.h. es gibt bei 11 Personen $\frac{11 \cdot 10}{2} = 11 \cdot 5 = 55$ verschiedene Paare von zwei Personen. Diese Anzahl der Möglichkeiten 2 aus 11 auszuwählen wird mit $\binom{11}{2}$ bezeichnet, was wie '2 aus 11' oder im Englischen '11 choose 2' gelesen wird[3]. Die Wahrscheinlichkeit ist also

$$\binom{11}{2}\left(\frac{1}{365}\right)^2\left(\frac{364}{365}\right)^9 = 55 \cdot 0.002739726^2 \left(1 - 0.002739726\right)^9 = 0.0004027668$$

In **R**: `choose(11,2)/365^2*(364/365)^9`

e) $\binom{18}{3}\left(\frac{1}{365}\right)^3\left(\frac{364}{365}\right)^{15} = \frac{18 \cdot 17 \cdot 16}{1 \cdot 2 \cdot 3} \cdot 0.002739726^3 \left(1 - 0.002739726\right)^{15}$

$= 0.00001610421$ In **R**: `choose(18,3)/365^3*(364/365)^15`

[**3.13**] a) $P(S = 4 | X_1 = 2) = P(X_2 = 2) = 1/6$;

b) $P(S \leq 4 | X_1 = 2) = P(X_2 \leq 2) = P(X_2 = 1) + P(X_2 = 2) = 1/6 + 1/6 = 1/3$;

c) $P(S > 4 | X_1 = 2) = P(X_2 > 2) = \sum_{i=3}^{6} P(X_2 = i) = 4/6 = 2/3$;

d) $P(S = 4 | X_1 \leq 2) = \frac{P(S = 4, X_1 \leq 2)}{P(X_1 \leq 2)} = \frac{P(X_2 = 3, X_1 = 1) + P(X_2 = 2, X_1 = 2)}{1/3} =$

$\frac{(1/6) \cdot (1/6) + (1/6) \cdot (1/6)}{1/3} = 1/6$

e) $P(S \leq 4 | X_1 \leq 2) = \frac{P(S = 2, X_1 \leq 2) + P(S = 3, X_1 \leq 2) + P(S = 4, X_1 \leq 2)}{P(X_1 \leq 2)} =$

$\frac{1/36 + 2/36 + 2/36}{1/3} = \frac{5}{12}$

f) $P(S > 4 | X_1 \leq 2) = \frac{P(X_1 \leq 2, S > 4)}{P(X_1 \leq 2)} = \frac{P(X_1 = 1, X_2 \geq 4) + P(X_1 = 2, X_2 \geq 3)}{1/3} =$

$\frac{(1/6) \cdot (3/6) + (1/6) \cdot (4/6)}{1/3} = \frac{7}{12}$

g) $P(S = 6 | X_1 > 2) = \frac{P(X_1 > 2, S = 6)}{P(X_1 > 2)} = \frac{\sum_{i=3}^{5} P(X_1 = i, X_2 = 6 - i)}{2/3} = \frac{3 \cdot \frac{1}{6} \cdot \frac{1}{6}}{2/3} =$

$\frac{9}{72} = \frac{1}{8}$

h) $P(S \leq 6 | X_1 > 2) = \frac{\sum_{i=3}^{5} P(X_1 = i, S \leq 6)}{P(X_1 > 2)} = \frac{\frac{1}{6} \cdot \frac{3}{6} + \frac{1}{6} \cdot \frac{2}{6} + \frac{1}{6} \cdot \frac{1}{6}}{2/3} = \frac{18}{72} = \frac{1}{4}$

---

[3] Mathematisch handelt es sich um einen Binomialkoeffizienten. Diese und die folgende Teilaufgabe ist auch mit Hilfe der Binomialverteilung (siehe Kap. 5) zu lösen.

$$i)\ P(S>6|X_1>2) = \frac{\displaystyle\sum_{i=3}^{6}P(X_1=i,S>6)}{2/3} = \frac{\frac{1}{6}\cdot\left(\frac{3}{6}+\frac{4}{6}+\frac{5}{6}+\frac{6}{6}\right)}{2/3} = \frac{3}{4}$$

[**3.14**]   Es handelt sich hier um bedingte Wahrscheinlichkeiten. Wir interessieren uns für die Wahrscheinlichkeit des Ereignisses A (Pfeil landet in der Gewinnzone) unter der Bedingung, dass das Ereignis B bereits eingetreten ist.

a) Der Anteil der Gewinnzone beträgt unter der Bedingung, dass der Pfeil nicht in der linken oberen Kreishälfte stehen geblieben ist $30°/270°$, also $P(A|B)=1/9$. Genauer nach der Formel: $P(A|B) = \frac{P(A\cap B)}{P(B)}$ geht es so: Sei α der Winkel zwischen der positiven y-Achse und dem Pfeil, so ist $A=\{\alpha\le 30°\}$, während $B=\{\alpha\le 270°\}$. Dann ist $A\cap B=\{\alpha\le 30°, \alpha\le 270°\}=\{\alpha\le 30°\}$ und $\frac{P(A\cap B)}{P(B)} = \frac{30/360}{270/360} = 30/270 = 1/9$.

b) $P(A|B)=30/180=1/6$ c) $P(A|B)=30/90=1/3$ d) $P(A|B)=30/60=1/2$

e) $P(A|B)=30/45=2/3$ f) $P(A|B)=1$

[**3.15**]   a) $(1-0.92)^3=(0.08)^3=0.000512$ b) $(0.92)^3=0.778688\approx 0.779$

c) Mit der Notation $\{\circ\bullet\bullet\}$ deuten wir an, dass die erste Glühbirne nach 800 Stunden noch brennt, während die zweite und dritte schon dunkel sind, d.h. nicht mehr brennen. Die gesuchte Wahrscheinlichkeit[4] ist

$P(\{\circ\bullet\bullet\}\cup\{\bullet\circ\bullet\}\cup\{\bullet\bullet\circ\}) = P(\{\circ\bullet\bullet\})+P(\{\bullet\circ\bullet\})+P(\{\bullet\bullet\circ\})$.

Wegen der Unabhängigkeit ist dies $3\cdot(0.92\cdot 0.08\cdot 0.08)=0.017664\approx 0.018$.

d) $P(\{\circ\circ\bullet\}\cup\{\circ\bullet\circ\}\cup\{\bullet\circ\circ\}) = 3\cdot(0.92\cdot 0.92\cdot 0.08)=0.203136\approx 0.203$

[**3.16**]   a) $P(\text{dreimal }6)=(1/6)^3\approx 0.00463$

b) $P(\text{keinmal }6)=(5/6)^3\approx 0.57870$

c) $P(\text{alle gerade})=0.5^3=0.125$ d) Mit $\{6,\times,\times\}$ deuten wir an, dass der erste Würfel eine 6 zeigt, während die anderen beiden keine 6 zeigen.

$P(\text{einmal }6)=P(\{6,\times,\times\}\cup\{\times,6,\times\}\cup\{\times,\times,6\})=P(\{6,\times,\times\})+P(\{\times,6,\times\})$
$+P(\{\times,\times,6\})=3\cdot 1/6\cdot(5/6)^2\approx 0.34722$

e) Die Summe der drei Augenzahlen ist nur dann 17, wenn zweimal die 6 und einmal die 5 gewürfelt wird, d.h. die gesuchte Wahrscheinlichkeit ist $P(\{6,6,5\}\cup$ $\{6,5,6\}\cup\{5,6,6\})=P(\{6,6,5\})+P(\{6,5,6\})+P(\{5,6,6\})=3(1/6)^3\approx 0.01389$

f) Es gibt die 6 Möglichkeiten $\{1,1,3\}; \{1,3,1\}; \{3,1,1\}; \{1,2,2\}; \{2,1,2\}; \{2,2,1\}$ für die Augensumme 5 ist. Jede hat die Wahrscheinlichkeit $(1/6)^3$, d.h. die gesuchte Wahrscheinlichkeit ist $6\cdot(1/6)^3\approx 0.027778$.

---

[4] Diese und die folgende Teilaufgabe ist auch mit Hilfe der Binomialverteilung (siehe Kap. 5) zu lösen.

[**3.17**] Wir benutzen für 'nicht A' das Zeichen A^c (also 'A Komplement'). Man bedenke, dass die drei Ereignisse unabhängig voneinander auftreten; daher kann man einfach wie folgt rechnen:

a) $P(A_1^c \cap A_2^c \cap A_3^c) = (1 - 0.01) \cdot (1 - 0.02) \cdot (1 - 0.03) = 0.99 \cdot 0.98 \cdot 0.97 = 0.941094$

b) $P(A_1 \cap A_2 \cap A_3) = 0.01 \cdot 0.02 \cdot 0.03 = 0.000006$

c) $P(A_1 \cup A_2 \cup A_3) = P(A_1 \cap A_2 \cap A_3) + P(A_1 \cap A_2 \cap A_3^c) + P(A_1 \cap A_2^c \cap A_3) + P(A_1^c \cap A_2 \cap A_3) + P(A_1 \cap A_2^c \cap A_3^c) + P(A_1^c \cap A_2 \cap A_3^c) + P(A_1^c \cap A_2^c \cap A_3) = 0.01 \cdot 0.02 \cdot 0.03 + 0.01 \cdot 0.02 \cdot 0.97 + 0.01 \cdot 0.98 \cdot 0.03 + 0.99 \cdot 0.02 \cdot 0.03 + 0.01 \cdot 0.98 \cdot 0.97 + 0.99 \cdot 0.02 \cdot 0.97 + 0.99 \cdot 0.98 \cdot 0.03 \approx 0.0589$

d) Gesucht ist die Wahrscheinlichkeit, dass höchstens zwei Fehlerarten auftreten, d.h. dass nicht alle drei Fehlerarten auftreten, d.h. $1 - P(A_1 \cap A_2 \cap A_3) = 1 - 0.000006 = 0.999994$ (siehe b).

e) $P(A_1 \cap A_2^c \cap A_3^c) + P(A_1^c \cap A_2 \cap A_3^c) + P(A_1^c \cap A_2^c \cap A_3) = 0.01 \cdot 0.98 \cdot 0.97 + 0.99 \cdot 0.02 \cdot 0.97 + 0.99 \cdot 0.98 \cdot 0.03 = 0.057818$

f) $P(A_1 \cap A_2 \cap A_3^c) + P(A_1 \cap A_2^c \cap A_3) + P(A_1^c \cap A_2 \cap A_3) = 0.01 \cdot 0.02 \cdot 0.97 + 0.01 \cdot 0.98 \cdot 0.03 + 0.99 \cdot 0.02 \cdot 0.03 = 0.001082$

[**3.18**]   a) $0.16^3 = 0.004096$; b) $(1 - 2 \cdot 0.16)^3 = 0.68^3 = 0.314432$; c) 0.004096; d) $(1 - 0.16)^3 = 0.592704$; e) ebenso, also 0.592704; f) $0.16 \cdot 0.68 \cdot 0.16 = 0.017408$

2.4 Verteilungen und ihre Eigenschaften - Lösungen

[**4.1**]   a) F   b) W   c) F   d) W   e) F   f) W   g) F   h) W   i) W

[**4.2**]   a) F   b) F   c) W   d) W   e) F   f) W   g) F

[**4.3**]   a) W   b) W   c) F   d) W   e) F   f) W   g) F   h) F

[**4.4**]   a) F   b) W   c) W   d) F   e) W   f) W   g) F

[**4.5**]   In etwa sollten Sie die folgenden Werte erhalten.

a) $P(X = x) = \begin{cases} 0.06 & x = 0 \\ 0.20 & x = 1 \\ 0.29 & x = 2 \\ 0.25 & x = 3 \\ 0.14 & x = 4 \\ 0.05 & x = 5 \\ 0.01 & x = 6 \\ 0.00 & x = 7 \end{cases}$ b) $F_X(t) = \begin{cases} 0.00 & t < 0 \\ 0.06 & 0 \le t < 1 \\ 0.26 & 1 \le t < 2 \\ 0.55 & 2 \le t < 3 \\ 0.80 & 3 \le t < 4 \\ 0.94 & 4 \le t < 5 \\ 0.99 & 5 \le t < 6 \\ 1.00 & t \ge 6 \end{cases}$

Verteilungsfunktion

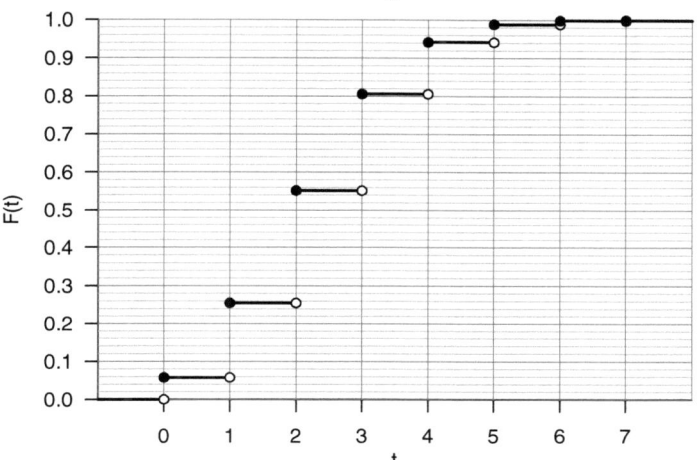

c) $E(X) = 2.4$; $E(X^2) = 7.46$; $\mathrm{Var}(X) = 1.7$

d) i) $P(X \ge a) = 1 - P(X < a) = 1 - P(X \le a-1) = 1 - F_X(a-1) = 0.74;\ 0.20;\ 0.01$

ii) $P(X > b) = 1 - P(X \le b) = 1 - F_X(b) = 0.45;\ 0.06;\ 0.00$

iii) $P(2 < X < 6) = P(2 < X \le 5) = F_X(5) - F_X(2) = 0.44$

iv) $P(2 \le X \le 6) = P(1 < X \le 6) = F_X(6) - F_X(1) = 0.74$

v) $P(2 < X \le 6) = F_X(6) - F_X(2) = 0.45$

vi) $P(2 \le X < 6) = P(1 < X \le 5) = F_X(5) - F_X(1) = 0.73$

[**4.6**]   a) $P_X(x) \ge 0$ für alle x und $\sum_{x=0}^{4} P_X(x) = \frac{1}{16} + \frac{4}{16} + \frac{6}{16} + \frac{4}{16} + \frac{1}{16} = 1$.

b) und h)

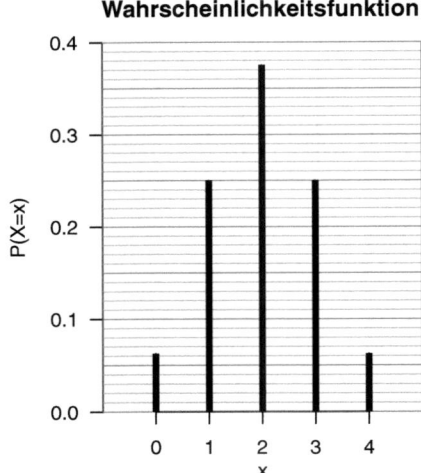

c) Schwerpunkt bei 2. Damit ist $E(X) = 2$.

d) $\mu = E(X) = 0 \cdot (\frac{1}{16}) + 1 \cdot (\frac{4}{16}) + 2 \cdot (\frac{6}{16}) + 3 \cdot (\frac{4}{16}) + 4 \cdot (\frac{1}{16}) = 2$

$E(X^2) = 0^2 \cdot (\frac{1}{16}) + 1^2 \cdot (\frac{4}{16}) + 2^2 \cdot (\frac{6}{16}) + 3^2 \cdot (\frac{4}{16}) + 4^2 \cdot (\frac{1}{16}) = 5 \Rightarrow$

$\sigma^2 = \text{Var}(X) = E(X^2) - E(X)^2 = 5 - 2^2 = 1$

$\alpha_3 = 0$ (Die Wahrscheinlichkeitsfunktion $P_X(x)$ ist symmetrisch).

$\alpha_4 = \frac{E(X-\mu)^4}{\sigma^4} = \frac{E(X-2)^4}{1^4} =$

$(0-2)^4 (\frac{1}{16}) + (1-2)^4 (\frac{4}{16}) + (2-2)^4 (\frac{6}{16}) + (3-2)^4 (\frac{4}{16}) + (4-2)^4 (\frac{1}{16}) = 2.5$

e) $P(X > 0) = \frac{4}{16} + \frac{6}{16} + \frac{4}{16} + \frac{1}{16} = \frac{15}{16}$ \qquad $P(X < 4) = \frac{1}{16} + \frac{4}{16} + \frac{6}{16} + \frac{4}{16} = \frac{15}{16}$

$\quad P(1 < X \leq 3) = \frac{6}{16} + \frac{4}{16} = \frac{5}{8}$ \qquad\qquad $P(2 \leq X < 4) = \frac{6}{16} + \frac{4}{16} = \frac{5}{8}$

$\quad P(X < 2) = \frac{1}{16} + \frac{4}{16} = \frac{5}{16}$ \qquad\qquad\quad $P(X \geq 2) = \frac{6}{16} + \frac{4}{16} + \frac{1}{16} = \frac{11}{16}$

$\quad P(X > 2) = \frac{4}{16} + \frac{1}{16} = \frac{5}{16}$

f)

t	$-\infty < t < 0$	$0 \leq t < 1$	$1 \leq t < 2$	$2 \leq t < 3$	$3 \leq t < 4$	$4 \leq t < \infty$
$F_X(t)$	$\frac{0}{16}$	$\frac{1}{16}$	$\frac{5}{16}$	$\frac{11}{16}$	$\frac{15}{16}$	$\frac{16}{16} = 1$

g) $P(X > 0) = 1 - P(X \leq 0) = 1 - F_X(0) = 1 - \frac{1}{16} = \frac{15}{16}$

$P(X < 4) = P(X \leq 3) = F_X(3) = \frac{15}{16}$

$P(1 < X \leq 3) = F_X(3) - F_X(1) = \frac{15}{16} - \frac{5}{16} = \frac{5}{8}$

$P(2 \leq X < 4) = P(1 < X \leq 3) = \frac{5}{8}$ (siehe oben)

$P(X < 2) = P(X \leq 1) = F_X(1) = \frac{5}{16}$

$P(X \geq 2) = 1 - P(X < 2) = 1 - P(X \leq 1) = 1 - F_X(1) = 1 - \frac{5}{16} = \frac{11}{16}$

$P(X > 2) = 1 - P(X \leq 2) = 1 - F_X(2) = 1 - \frac{11}{16} = \frac{5}{16}$

[**4.7**]   a)

$$P_X(x) = \begin{cases} 1/8 & x = -1 \\ 3/8 & x = 0 \\ 3/8 & x = 1 \\ 1/8 & x = 2 \\ 0 & \text{sonst} \end{cases} \qquad F_X(t) = \begin{cases} 0 & t < -1 \\ 1/8 & -1 \le t < 0 \\ 4/8 & 0 \le t < 1 \\ 7/8 & 1 \le t < 2 \\ 1 & 2 \le t \end{cases}$$

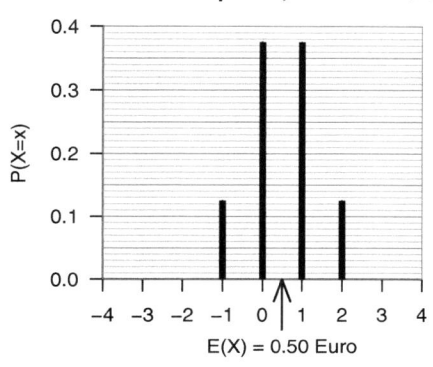

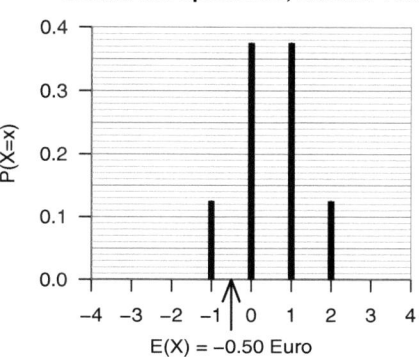

b) $E(X) = 1/2$; $\text{Var}(X) = 3/4$ c) $\approx 800 \cdot E(X) = 400$ Euro

d) $P_Y(y) = \begin{cases} 1/8 & y = -2 \\ 3/8 & y = -1 \\ 3/8 & y = 0 \\ 1/8 & y = 1 \\ 0 & \text{sonst} \end{cases}$ Die Grafik ist oben rechts.

e) $E(Y) = -1/2$; $\text{Var}(Y) = 3/4$.   Dies ist plausibel, da der erwartete Verlust dem erwarteten Gewinn des Spielers entsprechen muss, denn es gilt $X = -Y$.

f) Sei X_2 bzw. X_3 der Gewinn des Spielers bei 2 bzw. 3 Euro Einsatz.

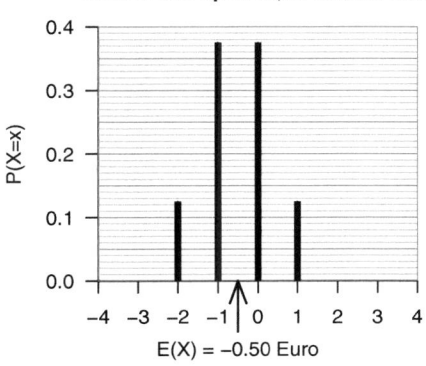

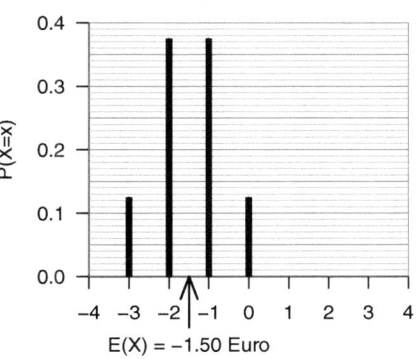

$$P_{X_2}(x) = \begin{cases} 1/8 & x = -2 \\ 3/8 & x = -1 \\ 3/8 & x = 0 \\ 1/8 & x = 1 \\ 0 & \text{sonst} \end{cases} \qquad P_{X_3}(x) = \begin{cases} 1/8 & x = -3 \\ 3/8 & x = -2 \\ 3/8 & x = -1 \\ 1/8 & x = 0 \\ 0 & \text{sonst} \end{cases}$$

Beachten Sie: Die Wahrscheinlichkeitsfunktion wird um eine bzw. zwei Einheiten nach links verschoben. Der Erwartungswert (Schwerpunkt der Wahrscheinlichkeitsfunktion) verschiebt sich auch, die Varianz verändert sich nicht.
$E(X_2) = -1/2$; $E(X_3) = -3/2$; $\text{Var}(X_2) = \text{Var}(X_3) = 3/4$.
g) Für den Spielleiter muss $E(Y) = 0$ sein, d.h. der Einsatz muss 1.5 Euro sein.

[**4.8**]   a) $P_X(3) = 0.2$.   b)

t	$-\infty < t < 1$	$1 \leq t < 2$	$2 \leq t < 3$	$3 \leq t < 4$	$4 \leq t < 5$	$5 \leq t < \infty$
$F_X(t)$	0	0.2	0.5	0.7	0.9	1

c) 0.5; 0.7; 0.5; 0.7   d) 0.8; 0.3
e) $E(X) = 2.7$; $E(X^2) = 8.9 \Rightarrow \sigma^2 = \text{Var}(X) = E(X^2) - E(X)^2 = 8.9 - 2.7^2 = 1.61$
Standardabweichung: $\sigma = \sqrt{1.61} \approx 1.27$.

[**4.9**]   a) $E(X) = \int_1^\infty x \cdot 3x^{-4}\, dx = \int_1^\infty 3x^{-3}\, dx = \left. \frac{3}{-2}x^{-2} \right|_1^\infty = \left. -\frac{3}{2x^2} \right|_1^\infty = 0 -$

$\left(-\frac{3}{2}\right) = \frac{3}{2}$; $E(X^2) = \int_1^\infty x^2 \cdot 3x^{-4}\, dx = \int_1^\infty 3x^{-2}\, dx = \left. \frac{3}{-1}x^{-1} \right|_1^\infty = \left. -\frac{3}{x} \right|_1^\infty = 0 -$

$(-3) = 3 \Rightarrow \sigma^2 = \text{Var}(X) = E(X^2) - (EX)^2 = 3 - \frac{9}{4} = \frac{3}{4}$; $\sigma = \sqrt{\frac{3}{4}} = \frac{\sqrt{3}}{2}$.

b) Für $t \geq 1$ ist $F_X(t) = \int_{-\infty}^t f_X(x)\, dx = \int_1^t 3x^{-4}\, dx = \left. -\frac{1}{x^3} \right|_1^t = 1 - t^{-3} = 1 - \frac{1}{t^3}$, d.h.

$F_X(t) = \begin{cases} 0 & t < 1 \\ 1 - t^{-3} & t \geq 1 \end{cases}$ c) $P(X \leq 3/2) = F(3/2) = 1 - (3/2)^{-3} =$

$1 - (2/3)^3 = 19/27$; $P(X \geq 3/2) = 1 - F(3/2) = 1 - 19/27 = 8/27$;

$P\left(\frac{3}{2} \leq X \leq \frac{3+\sqrt{3}}{2}\right) = F\left(\frac{3+\sqrt{3}}{2}\right) - F\left(\frac{3}{2}\right) \approx 0.9245 - 0.7037 = 0.2208$

[**4.10**]   a) Damit $f_X(x)$ eine Dichte ist, muss $f_X(x) \geq 0$ sein für alle $x \in \mathbb{R}$
und $\int_{-\infty}^\infty f_X(x)\, dx = 1$. Da $f_X(x) = 0$, für $x \leq 0$ und $x \geq 1 \Rightarrow \int_{-\infty}^\infty f_X(x)\, dx =$

$\int_0^1 f_X(x)\, dx = \int_0^1 ax^4\, dx = \left. \frac{ax^5}{5} \right|_0^1 = \frac{a}{5} = 1$ und damit $a = 5$.

b) $P(X < 0.5) = \int_0^{0.5} 5x^4 \, dx = x^5 \Big|_0^{0.5} = 0.5^5 = 0.03125; \quad P(X > 0.7) = \int_{0.7}^1 5x^4 \, dx$

$= x^5 \Big|_{0.7}^1 = 1 - 0.7^5 \approx 0.83193; \quad P(0.6 < X < 0.8) = \int_{0.6}^{0.8} 5x^4 \, dx = x^5 \Big|_{0.6}^{0.8} = 0.8^5 -$

$0.6^5 \approx 0.24992;$

c) $F_X(t) = \begin{cases} 0 & t < 0 \\ t^5 & 0 \le t \le 1 \\ 1 & 1 < t \end{cases}$ nach unseren obigen Rechnungen.

d) $P(X < 0.5) = F_X(0.5) = 0.5^5; \; P(X > 0.7) = 1 - F_X(0.7) = 1 - 0.7^5;$
$P(0.6 < X < 0.8) = F_X(0.8) - F_X(0.6) = 0.8^5 - 0.6^5.$

e)

```
> c(pbeta(0.5,5,1),1-pbeta(0.7,5,1),pbeta(0.8,5,1)-pbeta(0.6,5,1)
[1] 0.03125 0.83193 0.24992
```

f)

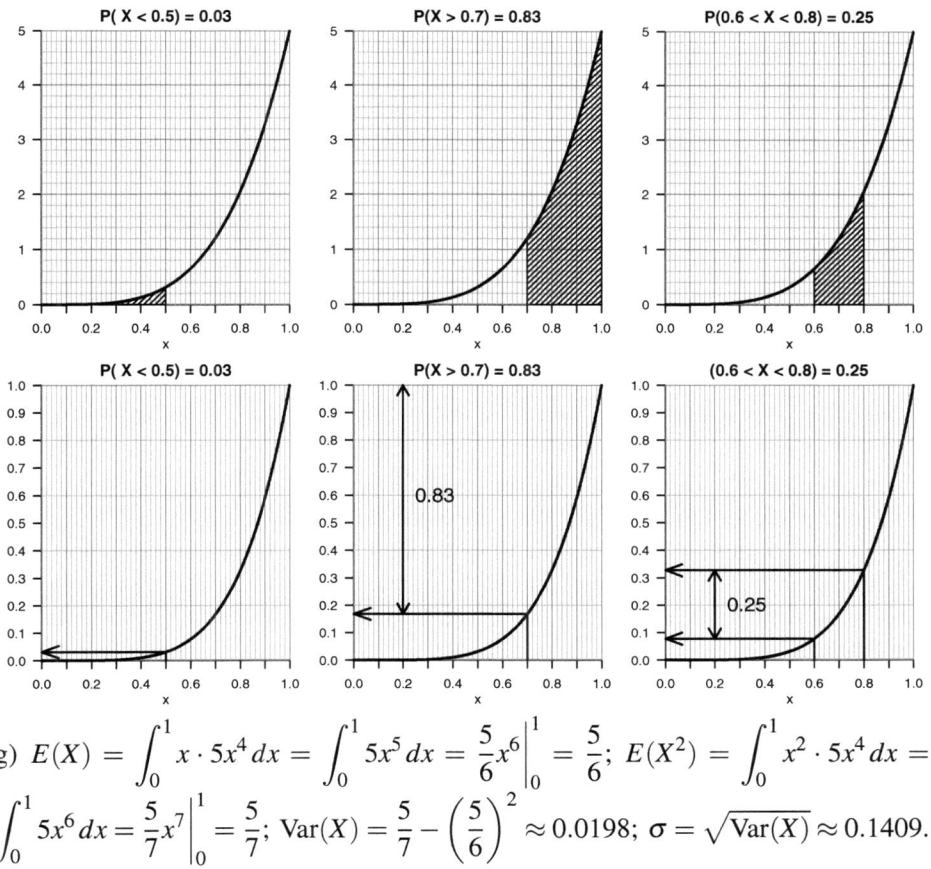

g) $E(X) = \int_0^1 x \cdot 5x^4 \, dx = \int_0^1 5x^5 \, dx = \frac{5}{6}x^6 \Big|_0^1 = \frac{5}{6}; \; E(X^2) = \int_0^1 x^2 \cdot 5x^4 \, dx =$

$\int_0^1 5x^6 \, dx = \frac{5}{7}x^7 \Big|_0^1 = \frac{5}{7}; \; \mathrm{Var}(X) = \frac{5}{7} - \left(\frac{5}{6}\right)^2 \approx 0.0198; \; \sigma = \sqrt{\mathrm{Var}(X)} \approx 0.1409.$

[**4.11**]   a) $F_X(t) = 0$ für $t \leq 0$. Für $t > 0$ ist $F_X(t) = \dfrac{1}{4}\displaystyle\int_0^t xe^{-x/2}dx$. Mit Hinweis

für $k = 1$ ist dies $\dfrac{1}{4}\left(-2xe^{-x/2}\Big|_0^t + 2\displaystyle\int_0^t e^{-x/2}\,dx\right) = \dfrac{1}{4}\left(-2te^{-t/2} - 4\left[e^{-x/2}\right]_0^t\right)$

$= -\dfrac{t}{2}e^{-t/2} - e^{-t/2} + 1$, d.h. $F_X(t) = 1 - e^{-t/2}(1 + t/2)$ für $t > 0$.

b) $P(X \leq 2) = F_X(2) = 1 - e^{-1}(1 + 2/1) \approx 0.2642$; $P(X > 5) = 1 - F_X(5) =$
$e^{-5/2}(1 + 5/2) \approx 0.2873$; $P(2 \leq X \leq 5) = F_X(5) - F_X(2) \approx (1 - 0.2873) - 0.2642 =$
0.4485

c)

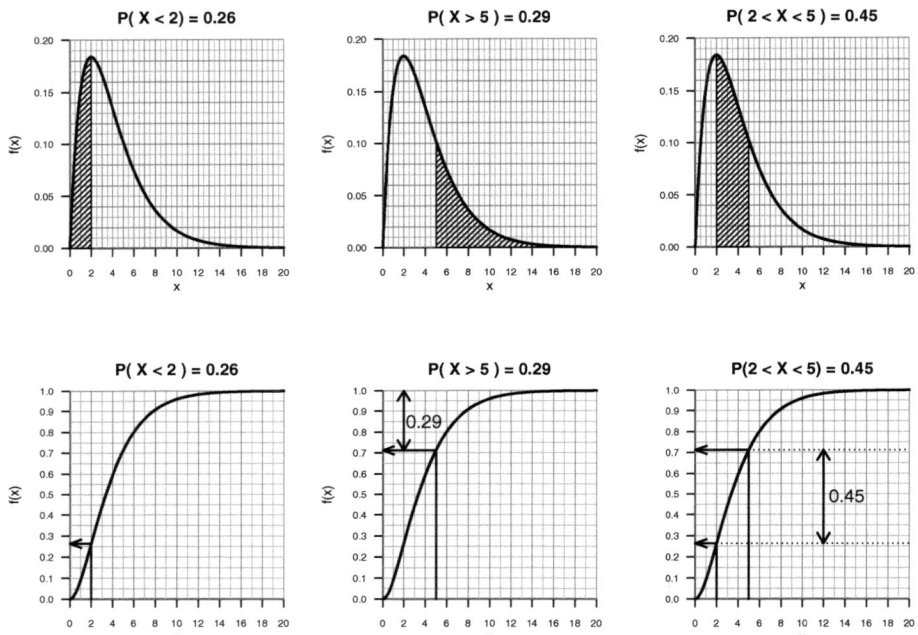

i) Für jeden Punkt t der x-Achse entspricht die Fläche unterhalb der Dichtefunktion von 0 bis zu diesem Punkt t dem Wert der Verteilungsfunktion $F_X(t) = P(X \leq t) = \int_0^t f_X(x)\,dx$. Damit ist $P(X \leq 2)$ die Fläche unterhalb der Dichtefunktion von 0 bis 2, während $P(X > 5)$ die Fläche unterhalb der Dichtefunktion rechts von 5, d.h. von 5 bis ∞ ist. Schließlich ist $P(2 \leq X \leq 5)$ die Fläche unterhalb der Dichtefunktion von 2 bis 5.

ii) Wir bestimmen die Stelle t, so dass die Verteilungsfunktion den Wert p annimmt, d.h. wir bestimmen die Umkehrfunktion der Verteilungsfunktion $F_X^{-1}(p)$. Für die Dichtefunktion bedeutet das: Wir bestimmen den Punkt t auf der x-Achse, so dass die Fläche links von t den Wert p hat.

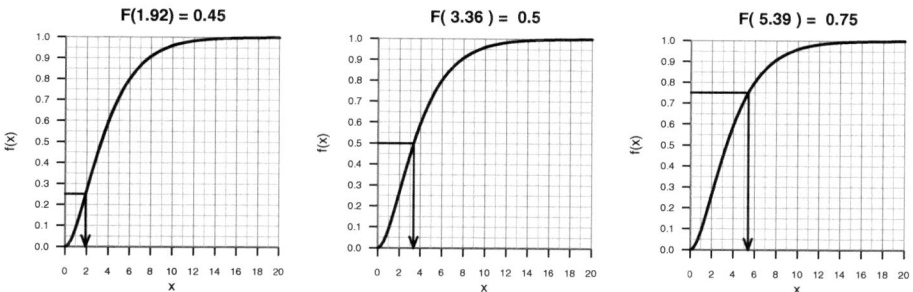

Die Ablesungen sind nur annähernd möglich: i) 0.25; 0.29; 0.44; ii) 1.9; 3.3; 5.5.

d) Mit dem Hinweis für $k = 2$ ist $E(X) = \dfrac{1}{4}\displaystyle\int_0^\infty x^2 e^{-x/2}dx = \left[-\dfrac{1}{2}x^2 e^{-x/2}\right]_0^\infty +$

$\displaystyle\int_0^\infty xe^{-x/2}dx = 0 + \int_0^\infty xe^{-x/2}dx$. Mit dem Hinweis für $k = 1$ ist $\displaystyle\int_0^\infty xe^{-x/2}dx =$

$-2xe^{-x/2}\Big|_0^\infty + 2\displaystyle\int_0^\infty e^{-x/2}dx = 0 - 4e^{-x/2}\Big|_0^\infty = 0 + 4 = 4$, d.h. $E(X) = 4$. Analog

ergibt sich $E(X^2) = \dfrac{1}{4}\displaystyle\int_0^\infty x^3 e^{-x/2}dx = 24$. Damit ist die Varianz $\sigma^2 = \mathrm{Var}(X) =$

$E(X^2) - E(X)^2 = 24 - 4^2 = 8$. Die Standardabweichung ist $\sigma = \sqrt{8} \approx 2.828$.

e) i) 0.4422; 0.7127; 0.8641 ii) 0.4060; 0.1991; 0.0916 iii) 0.2705; 0.3298; 0.3449.

[**4.12**] a) Der Schwerpunkt der Dichtefunktion liegt ungefähr bei 7.
b) i) $P(X > 7) = 0.43$; ii) $P(X < 7) = 0.57$ c) i) $P(X \le a) = 0.11$; 0.34; 0.75; 0.81;
0.96   ii) $P(X \ge b) = 0.96$; 0.78; 0.33; 0.19; 0.10   iii) $P(X \in (a,b]) = 0.47$; 0.62;
0.31   d) $t_1 = 2.2$; 2.8; 3.4; 3.8   e) $t_2 = 14.1$; 12.0; 10.7; 9.8
f) $\alpha = 0.05: t_1 = 1.7; t_2 = 16.0$. $\alpha = 0.10: t_1 = 2.2; t_2 = 14.1$. $\alpha = 0.20: t_1 =$
2.8; $t_2 = 12.0$. $P(t_1 \le X \le t_2) = 1 - \alpha = 0.95$; 0.9; 0.8.

[**4.13**] a) Aus $F_X(x) = \displaystyle\int_{-\infty}^x f_X(t)\,dt$ folgt: $F'_X(x) = f_X(x)$ und $F'_X(x) = ce^{cx}$.
b) i) $\approx 0.018; 0.050; 0.135; 0.368$ ii) $\approx 0.982; 0.950; 0.865; 0.632$ iii) 0.350; 0.233.

[**4.14**] a) Da $f_X(x) = 1/x \ge 0$ für $x \in [1,a]$ und $f_X(x) = 0$ für $x \notin [1,a]$, ist
$f_X(x) \ge 0$ für alle $x \in \mathbb{R}$. Zweitens, muss die Bedingung
$\int_{-\infty}^\infty f_X(x)dx = \int_1^a \frac{1}{x}dx = [\log x]_1^a = \log(a) - \log(1) = \log(a) = 1$
erfüllt[5] sein. Dies gilt genau dann, wenn $a = e \approx 2.718282$.

b) $F_X(t) = \begin{cases} 0 & -\infty < t \le 1 \\ \log(t) & 1 \le t \le e \\ 1 & e \le t < \infty \end{cases}$

---

[5] Mit log wird hier der natürliche Logarithmus bezeichnet.

c) $P(X < 2) = F_X(2) = \log(2) \approx 0.693$; $P(X > 2.5) = 1 - P(X \leq 2.5) = 1 - \log(2.5) \approx 0.084$; und $P(1.5 < X \leq 2.7) = \log(2.7) - \log(1.5) \approx 0.588$.

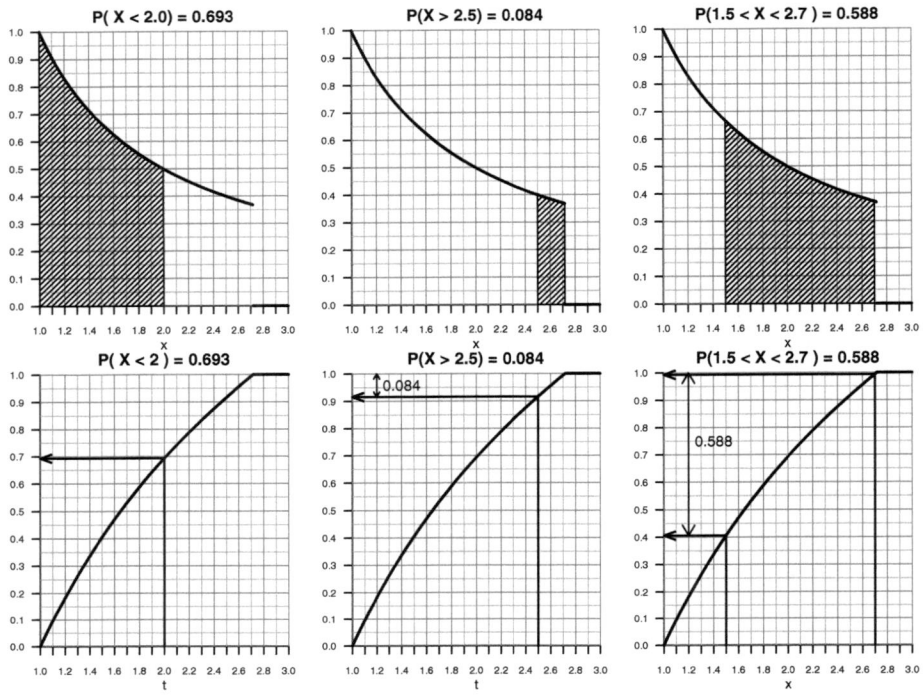

[**4.15**]   a) und b) linke Grafik, e) rechte Grafik

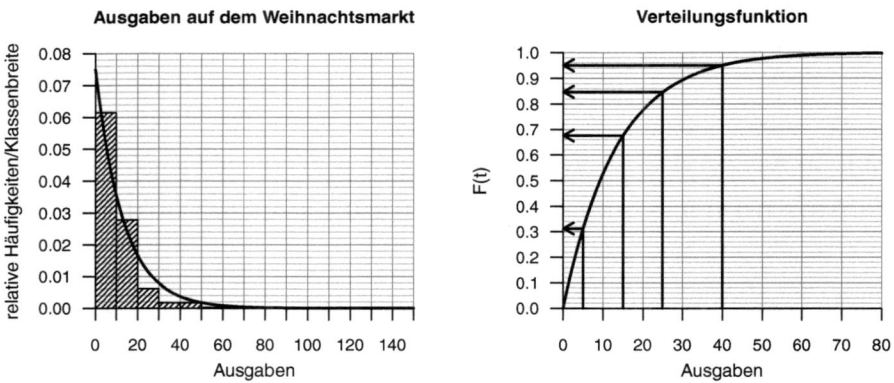

c) i) ≈ 0.777; ii) ≈ 0.367; iii) ≈ 0.024.   d) Anteile:
i) $(433 + 196)/704 \approx 0.893$; ii) $(196 + 43)/704 \approx 0.339$; iii) $8/704 \approx 0.011$
e) siehe rechte Grafik: i) ≈ 0.31; ii) $\approx 0.85 - 0.68 = 0.17$; iii) $\approx 1 - 0.95 = 0.05$.
f) i) 0.37; ii) $0.50 - 0.21 = 0.29$; iii) $1 - 0.68 = 0.32$.

[4.16]   a) $P(X < 0.3) = 0.09$; $P(X > 0.5) = 1 - 0.25 = 0.75$; $P(0.5 < X < 0.7) = 0.49 - 0.25 = 0.24$
b) und c)

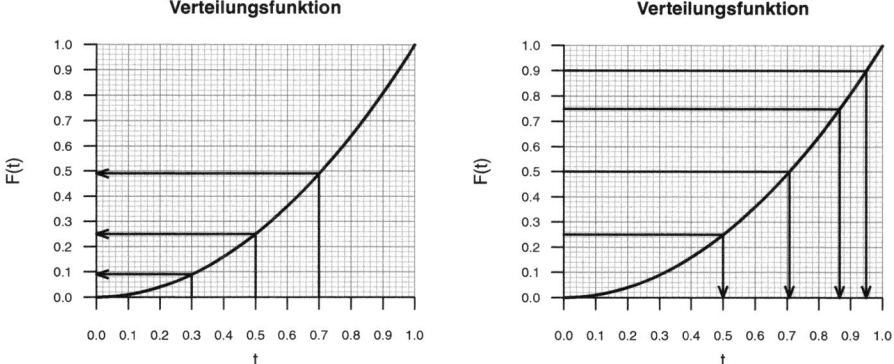

Die in c) gesuchten Werte sind auf der x-Achse abzulesen: 0.5, ≈ 0.71, ≈ 0.87, ≈ 0.95d) Für $t \in [0,1]$ und $p \in [0,1]$ gilt $F_X(t) = p \iff p = t^2 \iff t = \sqrt{p}$, d.h. für $p \in [0,1]$ gilt $F_X^{-1}(p) = \sqrt{p}$.   e) Fragen wie in c): Für welches t hat die Verteilungsfunktion den Wert p?   f) $\sqrt{0.05} \approx 0.2236$; $\sqrt{0.1} \approx 0.3162$, $\sqrt{0.25} = 0.5$ und $\sqrt{0.5} \approx 0.7071$.
g)   > qbeta(c(0.05,0.1,0.25,0.5),2,1)
[1] 0.2236068 0.3162278 0.5000000 0.7071068

h) $f_X(x) = \dfrac{dF_X(x)}{dx} = \begin{cases} 2x & 0 \leq x \leq 1 \\ 0 & \text{sonst} \end{cases}$

i)

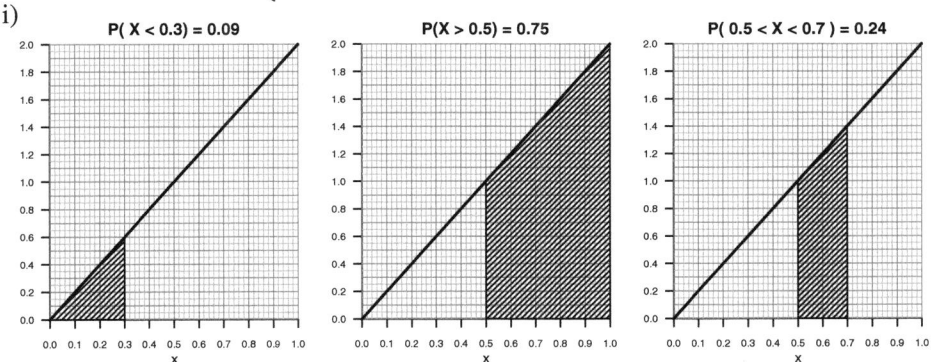

[4.17]   a) $f_X(x) = 3(1-x)^2 \geq 0$ (und 0 sonst) $\Rightarrow$ $f_X(x) \geq 0$ für alle $x \in \mathbb{R}$.
$\int_{-\infty}^{\infty} f_X(x)\, dx = \int_0^1 (3 - 6x + 3x^2)\, dx = 3x - 3x^2 + x^3 \big|_0^1 = 1$.
b) $P(X \leq 0.3) = \int_0^{0.3} (3 - 6x + 3x^2)\, dx = 3x - 3x^2 + x^3 \big|_0^{0.3} = 0.657$
$P(X > 0.5) = \int_{0.5}^1 (3 - 6x + 3x^2)\, dx = 3x - 3x^2 + x^3 \big|_{0.5}^1 = 0.125$
$P(0.25 < X \leq 0.75) = \int_{0.25}^{0.75} (3 - 6x + 3x^2)\, dx = 3x - 3x^2 + x^3 \big|_{0.25}^{0.75} = 0.40625$

c) $F_X(t) = \int_{-\infty}^{t} f_X(x)\,dx$. Es gibt drei Fälle: (A) $t < 0$, (B) $0 \le t \le 1$, (C) $t > 1$:

(A) $F_X(t) = \int_{-\infty}^{t} 0\,dx = 0$

(B) $F_X(t) = \int_{0}^{t}(3 - 6x + 3x^2)\,dx = 3x - 3x^2 + x^3\big|_0^t = (3t - 3t^2 + t^3) = 1 - (1-t)^3$

(C) $F_X(t) = \int_{-\infty}^{t} f_X(x)\,dx = \int_{-\infty}^{0} 0\,dx + \int_0^1 (3 - 6x + 3x^2)\,dx + \int_1^t 0\,dx = 0 + 1 + 0 = 1$

Alternativ: Die Ableitung der Verteilungsfunktion muss die Dichtefunktion ergeben.

d) `pbeta(0.3,1,3);1-pbeta(0.5,1,3);pbeta(0.75,1,3)-pbeta(0.25,1,3)`
$\Rightarrow$ `0.65700 0.12500 0.40625`

e) `qbeta(c(0.25,0.5,0.75),1,3)` $\Rightarrow$ `0.0914397 0.2062995 0.3700395`

[**4.18**]   a) $f_X(x) \ge 0$ und $\int_{-\infty}^{\infty} f_X(x)\,dx = \int_{-1}^{1} \frac{1}{2}\,dx = \frac{1}{2}x\big|_{-1}^{1} = \frac{1}{2} - \left(-\frac{1}{2}\right) = 1$.

b) Für $-1 \le t \le 1$ ist $F_X(t) = \int_{-1}^{t} \frac{1}{2}\,dx = \frac{1}{2}x\big|_{-1}^{t} = \frac{t}{2} + \frac{1}{2} = \frac{t+1}{2}$, d.h.

$$F_X(t) = \begin{cases} 0 & t < -1 \\ \frac{t+1}{2} & -1 \le t \le 1 \\ 1 & t > 1 \end{cases}$$

c) $EX = EX^3 = 0$ und $EX^2 = \frac{1}{3}$.

d) $\mathrm{Var}(X) = \frac{1}{3} - 0^2 = \frac{1}{3}$.

e) Für $0 \le y \le 1$: $P(X^2 \le y) = P(-\sqrt{y} \le X \le \sqrt{y}) = F_X(\sqrt{y}) - F_X(-\sqrt{y}) = \frac{\sqrt{y}+1}{2} - \frac{-\sqrt{y}+1}{2} = \sqrt{y}$, d.h.

$$F_Y(y) = \begin{cases} 0 & y < 0 \\ \sqrt{y} & 0 \le y \le 1 \\ 1 & y > 1 \end{cases}$$

f) $f_Y(y) = \begin{cases} \frac{1}{2\sqrt{y}} & 0 \le y \le 1 \\ 0 & \text{sonst} \end{cases}$

[**4.19**]   a)

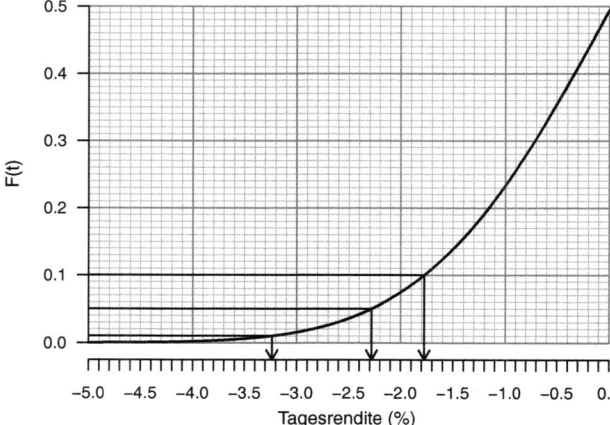

Linke Hälfte der Verteilungsfunktion der Tagesrendite

Quantile:$\approx -1.77; -2.28 - 3.24$ VaR: $\approx 1.8\%; 2.3\%; 3.2\%$

b)

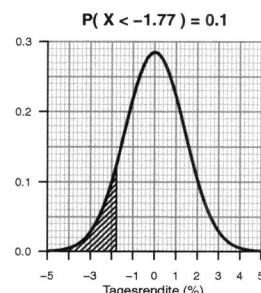
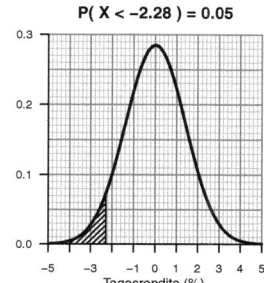
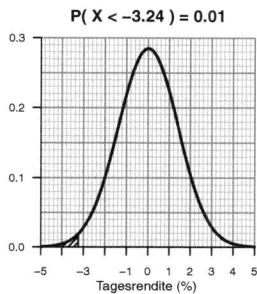

c) Mit Wahrscheinlichkeit $0.9; 0.95$ bzw. 0.99 wird der Verlust nicht größer als $5\,000 \cdot 0.0177 \approx 89$ Euro; $5\,000 \cdot 0.0228 = 114$ Euro bzw. $5\,000 \cdot 0.0324 = 162$ Euro.

[**4.20**] a) $E(a) = \int_{-\infty}^{\infty} a f_X(x)\,dx = a \int_{-\infty}^{\infty} f_X(x)\,dx = a \cdot 1 = a$.

b) Es gilt $E(aX^k) = \int_{-\infty}^{\infty} ax^k f_X(x)\,dx = a \cdot \int_{-\infty}^{\infty} x^k f_X(x)\,dx = a \cdot E(X^k)$ und damit $E(aX) = aE(X)$.

Allgemein gilt: $\mathrm{Var}(\heartsuit) = E(\heartsuit^2) - (E(\heartsuit))^2$.

Für $\heartsuit = aX$:

$\mathrm{Var}(aX) = E\big((aX)^2\big) - (E(aX))^2 = E(a^2 X^2) - E(aX) \cdot E(aX) =$ (siehe oben) $a^2 E(X^2) - aE(X) \cdot aE(X) = a^2 \big(E(X^2) - (E(X))^2\big) = a^2 \mathrm{Var}(X)$.

c) $E(X + b) = \int_{-\infty}^{\infty} (x + b) f_X(x)\,dx = \int_{-\infty}^{\infty} x f_X(x)\,dx + b \int_{-\infty}^{\infty} f_X(x)\,dx = E(X) + b$.

Für $\heartsuit = X + b$: $\mathrm{Var}(X + b) = E\big((X + b)^2\big) - \big(E(X + b)\big)^2$

$= E\big(X^2 + 2bX + b^2\big) - \big(E(X)^2 + 2bE(X) + b^2\big)$

$= E\big(X^2 - (E(X))^2\big) + \big(E(2bX) - 2bE(X)\big) + \big(E(b^2) - b^2\big)$

$= \mathrm{Var}(X) + \big(2bE(X) - 2bE(X)\big) + \big(b^2 - b^2\big) = \mathrm{Var}(X)$.

d) Kombinieren wir a) und b), erhalten wir die wichtigen allgemeinen Resultate:

$$\boxed{E(aX + b) = aE(X) + b} \quad \text{und} \quad \boxed{\mathrm{Var}(aX + b) = a^2 \mathrm{Var}(X)}.$$

e) Da unsere Berechnungen für die Varianz ohne Verwendung der Dichtefunktion, sondern direkt für die allgemeine Definition der Varianz durchgeführt wurden, genügt es, die Beweise für die Erwartungswerte zu wiederholen. Offenbar gilt

$E(aX^k) = \sum_i a x_i^k P(X = x_i) = a \cdot \sum_i x_i^k P(X = x_i) = a \cdot E(X^k)$ und

$E(X + b) = \sum_i (x_i + b) P(X = x_i) = \sum_i x_i P(X = x_i) + b \cdot \sum_i P(X = x_i) = E(X) + b$.

Also lassen sich diese allgemeinen Resultate auf diskrete Verteilungen übertragen.

[**4.21**] a) $\int_0^{\infty} x e^{-x}\,dx = 1! = 1$.

b) $\mu = E(X); \quad \sigma^2 = \mathrm{Var}(X) = E(X^2) - (E(X))^2$;

Schiefe: $\alpha_3 = \dfrac{E\big((X - \mu)^3\big)}{\sigma^3}$;

Kurtosis: $\alpha_4 = \dfrac{E\big((X - \mu)^4\big)}{\sigma^4}$.

Wir benötigen:

$E(X) = \int_0^\infty x^2 e^{-x} dx = 2! = 2$. $\quad E(X^2) = \int_0^\infty x^3 e^{-x} dx = 3! = 6$.

$E((X-\mu)^3) = \int_0^\infty (x-2)^3 x e^{-x} dx = \int_0^\infty x^4 e^{-x} - 6x^3 e^{-x} + 12x^2 e^{-x} - 8xe^{-x} dx$
$= 4! - 6 \cdot 3! + 12 \cdot 2! - 8 \cdot 1! = 4$.

$E((X-\mu)^4) = \int_0^\infty (x-2)^4 x e^{-x} dx$
$= \int_0^\infty x^5 e^{-x} - 8x^4 e^{-x} + 24x^3 e^{-x} - 32x^2 e^{-x} + 16xe^{-x} dx$
$= 5! - 8 \cdot 4! + 24 \cdot 3! - 32 \cdot 2! + 16 \cdot 1! = 24$.

Also $\mu = 2$; $\quad \sigma^2 = 6 - 2^2 = 2$; $\quad \alpha_3 = \frac{4}{2^{3/2}} = \sqrt{2}$; $\quad \alpha_4 = \frac{24}{2^2} = 6$.

c) $P(X \le E(X)) = P(X \le 2) = 0.59$; $\quad P(X \ge E(X)) = P(X \ge 2) = 0.41$. (Siehe unten linkes und mittleres Bild.)

d) $t \approx 0.95, 1.7, 2.7$ (Siehe rechtes Bild.)

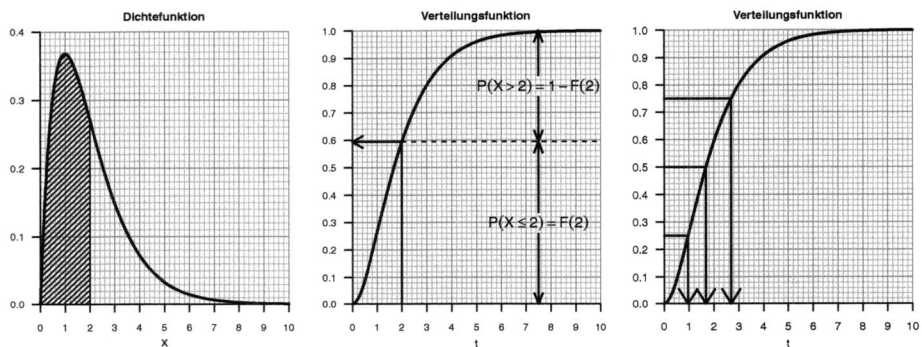

[**4.22**]　a) Es gilt $f_X(x) \ge 0$ für alle $x \in \mathbb{R}$, da $\lambda > 0$ und $e^{-\lambda x} > 0$ für $x \ge 0$. Ferner gilt $\int_{-\infty}^\infty f_X(x)\,dx = \int_0^\infty \lambda e^{-\lambda x}\,dx = -e^{-\lambda x}\Big|_0^\infty = 0 - (-1) = 1$.

b) Mit dem Hinweis aus der Fußnote folgt: $\mu = E(X) = \int_0^\infty x \lambda e^{-\lambda x}\,dx = \frac{1!}{\lambda} = \frac{1}{\lambda}$ und $E(X^2) = \int_0^\infty x^2 \lambda e^{-\lambda x}\,dx = \frac{2!}{\lambda^2} = \frac{2}{\lambda^2}$. $\quad \text{Var}(X) = E(X^2) - \mu^2 = \frac{2}{\lambda^2} - \frac{1}{\lambda^2} = \frac{1}{\lambda^2}$.
Für die Schiefe und Kurtosis benötigen wir ebenfalls das dritte und vierte Moment. Mit dem Hinweis aus der Aufgabenstellung erhalten wir $E(X^3) = 3!/\lambda^3 = 6/\lambda^3$ und $E(X^4) = 4!/\lambda^4 = 24/\lambda^4$. Mit dem Hinweis aus Aufg. 21 erhalten wir

$$
\begin{aligned}
E((X-\mu)^3) &= E(X^3 - 3X^2 \cdot \mu + 3X \cdot \mu^2 - \mu^3) \\
&= E(X^3) - 3E(X^2) \cdot \mu + 3\mu \cdot \mu^2 - \mu^3 \\
&= 3!/\lambda^3 - 3 \cdot (2/\lambda^2) \cdot (1/\lambda) + 3/\lambda^3 - 1/\lambda^3 = 2/\lambda^3 \\
E((X-\mu)^4) &= E(X^4 - 4X^3 \cdot \mu + 6X^2 \cdot \mu^2 - 4X \cdot \mu^3 + \mu^4) \\
&= E(X^4) - 4E(X^3) \cdot \mu + 6E(X^2) \cdot \mu^2 - 4\mu \cdot \mu^3 + \mu^4 = \\
&= 24/\lambda^4 - 24/\lambda^4 + 12/\lambda^4 - 4/\lambda^4 + 1/\lambda^4 = 9/\lambda^4
\end{aligned}
$$

Schiefe: $\alpha_3 = \frac{E((X-\mu)^3)}{\sigma^3} = \frac{2}{\lambda^3} \cdot \frac{\lambda^3}{1} = 2$ 　Kurtosis: $\alpha_4 = \frac{E((X-\mu)^4)}{\sigma^4} = \frac{9}{\lambda^4} \cdot \frac{\lambda^4}{1} = 9$

2.5 Diskrete Verteilungen - Lösungen

[**5.1**]   a) W   b) W   c) F   d) W   e) W

[**5.2**]   a) W   b) W   c) F   d) W   e) W   f) F   g) F

[**5.3**]   a) F   b) W   c) W   d) W   e) W   f) W   g) W   h) F

[**5.4**]   a) Die verschiedenen Ausgaben geben die Wahrscheinlichkeiten $P(X = k)$ für $k = 45, 46, ..., n$ einer $b(n, 0.9)$-Verteilung an mit $n = 51$ (erste Zeile) bis $n = 54$ (letzte Zeile). Daraus sehen wir $P(X > 50) = P(X \geq 51)$ und

$$
\begin{array}{lll}
P(X = 51) & = 0.005 & = 0.005 \\
P(X = 51) + P(X = 52) & = 0.024 + 0.004 & = 0.028 \\
P(X = 51) + P(X = 52) + P(X = 53) & = 0.064 + 0.022 + 0.004 & = 0.090 \\
P(X = 51) + P(X = 52) + P(X = 53) + P(X = 54) & = 0.115 + 0.06 + 0.02 + 0.003 & = 0.198
\end{array}
$$

Hier bezieht sich wieder die erste Zeile auf $n = 51$, die letzte auf $n = 54$.
Somit ist die Antwort auf a) 51 für $\alpha = 0.01$; 52 für $\alpha = 0.005$; und 53 für $\alpha = 0.1$.
b) Ebenso ergibt sich daraus unmittelbar für b) 0.05; 0.028; 0.090
c) $P(X > 50) = 0.028$; 0.090; 0.198 für $n = 52, 53, 54$

[**5.5**]   Die **R**-Ausgabe berechnet die Verteilungsfunktion $F_X(t) = P(X \leq t)$ einer $b(n, 0.9)$-verteilten Zufallsvariablen mit $n = 55, 56, ..., 65$ und $\pi = 0.9$ an den Stellen $t = 49$ und $t = 50$. Man kann daraus ablesen, dass die Unterbesetzungswahrscheinlichkeit $P(X \leq 49) = 0.476$ für $n = 55$ ist. Für $n = 59$ ist $P(X \leq 49) = 0.067$ erstmals ≤ 0.10. Für $\alpha = 0.05$; 0.01; 0.005 muss $n = 60$; 62; 63 sein.

[**5.6**]   a) Binomial $b(4, \pi_i)$ mit $\pi_i = 1/4$; 1/8; 1/36. $E(X_i) = n\pi_i = 1$; 1/2; 1/9.
$\text{Var}(X_i) = n\pi_i(1 - \pi_i) = 3/4$; 7/16; $(1/9) \cdot (35/36) = \approx 0.1080$
b)

π	n	x $\binom{n}{x}$	0	1	2	3	4
			1	4	6	4	1
1/4	4	$P(X_1 = x)$	0.3164	0.4219	0.2109	0.0469	0.0039
1/8	4	$P(X_2 = x)$	0.5862	0.3350	0.0718	0.0068	0.0002
1/36	4	$P(X_3 = x)$	0.8934	0.1021	0.0044	0.0001	0.0000

c)

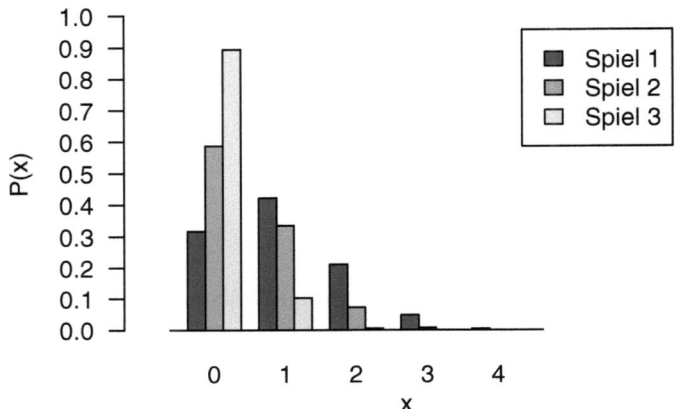

Wahrscheinlichkeitsfunktion für Anzahl(Pasch)

d)

i	$P(X_i \leq 0)$	$P(X_i \leq 1)$	$P(X_i \leq 2)$	$P(X_i \leq 3)$	$P(X_i \leq 4)$
1	0.3164	0.7383	0.9492	0.9961	1.0000
2	0.5862	0.9212	0.9930	0.9998	1.0000
3	0.8934	0.9955	0.9999	1.0000	1.0000

i	$P(X_i > 0)$	$P(X_i \geq 2)$	$P(1 \leq X_i \leq 3)$	$P(1 < X_i \leq 3)$	$P(0 < X_i < 3)$
1	0.6836	0.2617	0.6797	0.2578	0.6328
2	0.4138	0.0788	0.4136	0.0786	0.4068
3	0.1066	0.0045	0.1066	0.0045	0.1065

[**5.7**]　a) Es handelt sich um ein symmetrisches Zufallsexperiment, d.h. jede der 10 Ziffern wird mit Wahrscheinlichkeit $1/10 = 0.1$ als Superzahl gezogen.
b) In allen Aufgaben gibt die relevante Zufallsvariable X die Anzahl der Erfolge in $n = 10$ unabhängigen Ziehungen mit Erfolgswahrscheinlichkeit $\pi = 0.1$ an, d.h.

$X \sim b(10, 0.1)$, d.h. $P(X = k) = \dfrac{n!}{k!(n-k)!} \pi^k (1-\pi)^{n-k} = \binom{n}{k} \pi^k (1-\pi)^{n-k}$.

i) $P(X = 4) = \binom{10}{4} 0.1^4 0.9^6 \approx 0.0112$;　dbinom(4,10,0.1)

ii) $P(X = 0) = \binom{10}{0} 0.1^0 0.9^{10} \approx 0.3487$;　dbinom(0,10,0.1)

iii) $P(X = 2) = \binom{10}{2} 0.1^2 0.9^8 \approx 0.1937$;　dbinom(2,10,0.1)

iv) $P(X = 1) = \binom{10}{1} 0.1^1 0.9^9 \approx 0.3874$;　dbinom(1,10,0.1)

c) i) $X \sim b(3, 0.1) \Rightarrow P(X = 3) = \binom{3}{3} 0.1^3 0.9^0 = 0.001$; `dbinom(3,3,0.1)`

ii) $X \sim b(6, 0.1) \Rightarrow P(X = 4) = \binom{6}{4} 0.1^4 0.9^2 \approx 0.0012$; `dbinom(4,6,0.1)`

iii) $0.1 \cdot 0.1 = 0.01$; iv) $0.1 \cdot 0.1 \cdot 0.1 = 0.001$;   d) $0.1 \cdot 0.1 \cdot 0.1 = 0.001$;

e) $X \sim b(10, 0.1) \Rightarrow E(X) = n\pi = 10 \cdot 0.1 = 1$; $\text{Var}(X) = n\pi(1 - \pi) = 10 \cdot 0.1 \cdot 0.9 = 0.9$; Standardabweichung: $\sqrt{\text{Var}(X)} = \sqrt{0.9} \approx 0.9487$

[**5.8**]   Die Anzahl X der Linkshänder ist binomialverteilt mit $n = 24$ und $\pi = 0.1$ bzw. 0.15.   a) $\pi = 0.1 \Rightarrow P(X = 2) = \binom{24}{2} \cdot 0.1^2 \cdot 0.9^{22} \approx 0.272$; $\pi = 0.15 \Rightarrow P(X = 2) = \binom{24}{2} \cdot 0.15^2 \cdot 0.85^{22} \approx 0.174$.   `dbinom(2,24,c(0.1,0.15))`

b) $P(X \le 2) = P(X = 0) + P(X = 1) + P(X = 2) \approx 0.564$ für $\pi = 0.1$ bzw. ≈ 0.280 für $\pi = 0.15$. `pbinom(2,24,c(0.1,0.15))`

c) $P(X \ge 2) = 1 - (P(X = 0) + P(X = 1)) \approx 0.708$ für $\pi = 0.1$ bzw. ≈ 0.894 für $\pi = 0.15$.   `1- pbinom(1,24,c(0.1,0.15))`

d) $P(X > 2) = 1 - P(X \le 2) = 1 - (P(X = 0) + P(X = 1) + P(X = 2)) \approx 0.436$ für $\pi = 0.1$ bzw. ≈ 0.720 für $\pi = 0.15$.   `1- pbinom(2,24,c(0.1,0.15))`.

[**5.9**]   a) $b(100, 0.1)$; b) $E(X) = 100 \cdot 0.1 = 10$; $\text{Var}(X) = 100 \cdot 0.1 \cdot 0.9 = 9$; $\sigma = \sqrt{9} = 3$; c) Achtung: verwendet man durchgehend **R**, erhält man leicht andere Ergebnisse. Die Abweichungen erklären sich durch Rundungsfehler. $P(X = 6) = 0.060$; $P(X \le 6) = 0.118$; $P(X < 10) = P(X \le 9) = 0.451$; $P(X > 10) = 1 - P(X \le 10) = 0.416$.   `dbinom(6,100,0.1)`;
`pbinom(6,100,0.1); pbinom(9,100,0.1); 1-pbinom(10,100,0.1)`

[**5.10**]   a) W   b) W   c) F   d) F   e) W   f) F

[**5.11**]   a) W   b) W   c) W   d) F   e) W

[**5.12**]   a) Hypergeometrisch, zuerst mit (A) $N_e = 20, N_m = 30$, $n = 8$ und möglichen Werten $0, 1, \ldots, 8$; dann mit (B) $N_e = 6, N_m = 14, n = 8$ und möglichen Werten $0, 1, \ldots, 6$.

b) Im **R**-Ausdruck waren die Werte der Verteilungsfunktionen angegeben, demnach gilt für die Wahrscheinlichkeitsfunktionen:

x	0	1	2	3	4	5	6	7	8
$P(X_A = x)$	0.0109	0.0758	0.2102	0.3026	0.2473	0.1172	0.0314	0.0044	0.0002
$P(X_B = x)$	0.0238	0.1635	0.3576	0.3178	0.1192	0.0174	0.0007	0.0000	0.0000

c) Die Ergebnisse lassen sich aus der Tabelle unter b) ablesen, da nur die entsprechenden Wahrscheinlichkeiten summiert werden müssen, siehe auch **R**-Programm. Alternativ kann man natürlich die Verteilungsfunktion (siehe **R**-Ausdruck in der Aufgabenstellung) benutzen, d.h.

i) $P(X > a) = 1 - P(X \leq a) = 1 - F_X(a)$

ii) $P(X \geq a) = 1 - P(X < a) = 1 - P(X \leq a - 1) = 1 - F_X(a - 1)$

iii) $P(a \leq X \leq b) = P(X \leq b) - P(X < a) = F_X(b) - F_X(a)$

iv) $P(a \leq X < b) = P(a - 1 < X \leq b - 1) = F_X(b - 1) - F_X(a - 1)$

v) $P(a < X \leq b) = P(X \leq b) - P(X \leq a) = F_X(b) - F_x(a)$

vi) $P(a < X < b) = P(a < X \leq b - 1) = F_X(b - 1) - F_X(a)$

i) A: 0.7031; 0.0046   B: 0.4551; 0.0000   ii) A: 0.9133; 0.0360   B: 0.8127; 0.0007

iii) A: 0.8773; 0.4003   B: 0.8120; 0.1373   iv) A: 0.7601; 0.3959   B: 0.7946; 0.1373

v) A: 0.6671; 0.1530   B: 0.4544; 0.0181   vi) A: 0.5499; 0.1486   B: 0.4370; 0.0181

[5.13]   a) i) Mit der hypergeometrischen Verteilung mit den Parametern $N_e = 1$, $N_m = 48$, $n = 6$.   ii) Gesucht ist $P(X = 1) = \frac{\binom{1}{1} \cdot \binom{48}{5}}{\binom{49}{6}} = \frac{\frac{48 \cdot 47 \cdot 46 \cdot 45 \cdot 44}{5 \cdot 4 \cdot 3 \cdot 2 \cdot 1}}{\frac{49 \cdot 48 \cdot 47 \cdot 46 \cdot 45 \cdot 44}{6 \cdot 5 \cdot 4 \cdot 3 \cdot 2 \cdot 1}} = \frac{6}{49}$.

In **R**: `dhyper(1,1,48,6)`   Ausgabe: `0.1224490`

b) Mit Hilfe der Unabhängigkeit folgt: i) $\frac{1}{49}$; ii) $\frac{48}{49} \cdot \frac{1}{48} = \frac{1}{49}$; iii) $\frac{48}{49} \cdot \frac{47}{48} \frac{1}{47} = \frac{1}{49}$. Analog ergibt sich auch in den Fällen iv) - vi) jeweils $\frac{1}{49}$ und und somit ist die Summe: $6 \cdot \frac{1}{49} = \frac{6}{49}$.   c) Wenn $49 \cdot 6$ Zahlen gezogen wird, erwartet man die Lieblingszahl $\frac{49 \cdot 6}{49}$ mal, d.h. $49 \cdot \pi = \frac{49 \cdot 6}{49}$. Auflösen nach π ergibt $\pi = \frac{6}{49}$.   d) Es geht jeweils um die Anzahl X der Erfolge in $n = 10$ unabhängigen Versuchen mit Erfolgswahrscheinlichkeit $\pi = 6/49$, d.h. $X \sim b(10, 6/49)$.

i) $P(X = 1) = \binom{10}{1} \left(\frac{6}{49}\right)^1 \left(1 - \frac{6}{49}\right)^9 \approx 0.3779$; `dbinom(1,10,6/49)`

ii) $P(X = 0) = \left(1 - \frac{6}{49}\right)^{10} \approx 0.2708$; `dbinom(0,10,6/49)`

iii) $P(X = 4) = \binom{10}{4} \left(\frac{6}{49}\right)^4 \left(1 - \frac{6}{49}\right)^6 \approx 0.0216$; `dbinom(4,10,6/49)`

e) $b(10, 6/49)$ mit $E(X) = n\pi = 10 \cdot 6/49 \approx 1.224$; $\text{Var}(X) = n\pi(1 - \pi) \approx 1.075$.

[5.14]   a) Biomialverteilung mit $n = 8$ und $\pi = 250/1\,000 = 1/4 = 0.25$

b) $P(X = x) = \binom{8}{x} 0.25^x 0.75^{8-x}$. Für $x = 0, 1, 2$ ergibt sich 0.1001; 0.2670; 0.3115

oder in **R**: `round(dbinom(0:2,8,0.25),4)`

c) Hypergeom.: $F_X(t) = 0.0992$; 0.3662; 0.6789 `phyper(0:2,250,750,8)`

   Binomial: $F_X(t) = 0.1001$; 0.3671; 0.6786 `pbinom(0:2,8,0.25)`

[5.15]   a) Hypergeometrisch mit $N_e = 4, N_m = 16$ und $n = 5$, d.h. $h(4, 16, 5)$.

b)

x	0	1	2	3	4	sonst	**R**-Befehl
$P_X(x)$	0.2817	0.4696	0.2167	0.0310	0.0010	0	`dhyper(0:4,4,16,5)`

t	$t < 0$	$0 \leq t < 1$	$1 \leq t < 2$	$2 \leq t < 3$	$3 \leq t < 4$	$4 \leq t$	**R**-Befehl
$F_X(t)$	0	0.2817	0.7513	0.9680	0.9990	1	phyper$(0:4,4,16,5)$

Wahrscheinlichkeitsfunktion

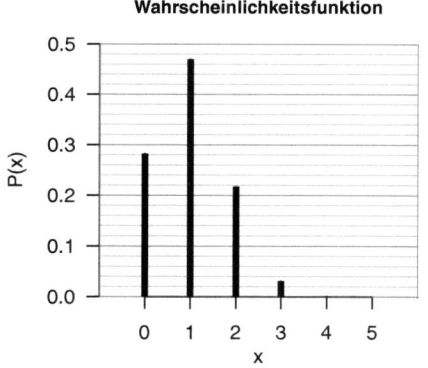

Verteilungsfunktion

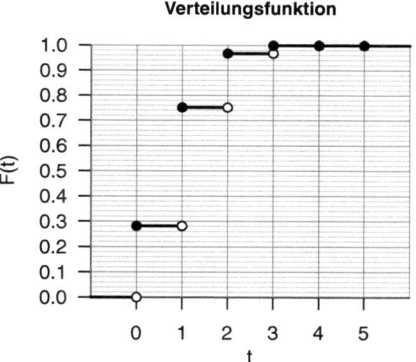

c) Schwerpunkt ≈ 1 d) $E(X) = 1 \cdot 0.4696 + 2 \cdot 0.2167 + 3 \cdot 0.0310 + 4 \cdot 0.0010 = 1$

```
sum(0:4*dhyper(0:4,4,16,5))
```

$E(X^2) = 1^2 \cdot 0.4696 + 2^2 \cdot 0.2167 + 3^2 \cdot 0.0310 + 4^2 \cdot 0.0010 = 1.6314$

```
sum((0:4)^2*dhyper(0:4,4,16,5))
```

$\text{Var}(X) = 1.6314 - 1^2 = 0.6314$; Standardabweichung: $\sqrt{0.6314} \approx 0.7946$

e) $h(16,4,5)$

[**5.16**]   a) F   b) W   c) W   d) F   e) W   f) W   g) F   h) F   i) F

[**5.17**]   a) W   b) W   c) W   d) F   e) W   f) W

[**5.18**]   a) $E(X) = \text{Var}(X) = \lambda \cdot t = 0.28$; 0.56; 0.84; 1.12
Für b) - f) siehe auch **R**-Programm.
b)

t	$\lambda \cdot t$	$P(N_t = 0)$	$P(N_t = 1)$	$P(N_t = 2)$	$P(N_t = 3)$
7	0.28	0.7558	0.2116	0.0296	0.0028
14	0.56	0.5712	0.3199	0.0896	0.0167
21	0.84	0.4317	0.3626	0.1523	0.0426
28	1.12	0.3263	0.3654	0.2046	0.0764

c)

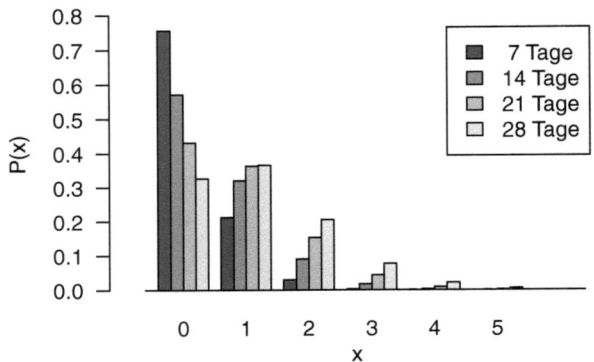

Wahrscheinlichkeitsfunktion für die Anzahl der Erdbeben

d)

t	$\lambda \cdot t$	$P(N_t \leq 0)$	$P(N_t \leq 1)$	$P(N_t \leq 2)$	$P(N_t \leq 3)$
7	0.28	0.7558	0.9674	0.9970	0.9998
14	0.56	0.5712	0.8911	0.9807	0.9974
21	0.84	0.4317	0.7943	0.9466	0.9892
28	1.12	0.3263	0.6917	0.8963	0.9727

e)

t	$\lambda \cdot t$	$P(N_t > 1)$	$P(N_t \geq 1)$	$P(N_t > 2)$	$P(N_t \geq 3)$
7	0.28	0.0326	0.2442	0.0030	0.0030
14	0.56	0.1089	0.4288	0.0193	0.0193
21	0.84	0.2057	0.5683	0.0534	0.0534
28	1.16	0.3083	0.6737	0.1037	0.1307

f)

t	$\lambda \cdot t$	$P(1 \leq N_t \leq 3)$	$P(1 \leq N_t < 3)$	$P(1 < N_t \leq 3)$	$P(1 < N_t < 3)$
7	0.28	0.2440	0.2412	0.0324	0.0296
14	0.56	0.4262	0.4095	0.1063	0.0896
21	0.84	0.5575	0.5149	0.1949	0.1523
28	1.16	0.6464	0.5700	0.2810	0.2046

[5.19] Die Poissonverteilung $Po(\lambda)$ hat die Wahrscheinlichkeitsfunktion

$$P_X(x) = \frac{\lambda^x}{x!} e^{-\lambda} \text{ für } x = 0, 1, 2, \ldots, \text{ und Verteilungsfunktion } F_X(x) = e^{-\lambda} \sum_{k=0}^{x} \frac{\lambda^k}{k!}.$$

Damit ergibt sich $P(Y = y) = P(X - 1 = y) = P((x = y - 1))$, da $Y = X + 1$. Für die Berechnungen vergleiche gegebenenfalls auch **R**-Befehle:

```
dpois(0:5,0.5)      # für a) und b)
ppois(0:5,0.5)      # für c)
1-ppois(0:5,0.5)    # für d)
1.0 ; 1-ppois(0:4,0.5)   # für e), da Y immer mindestens 1 ist
```

a) 0.6065;   b) 0.3033, 0.0758, 0.0126, 0.0016, 0.0002;   c) 0.6065, 0.9098, 0.9856, 0.9982, 0.9998, 1.0000;   d) 0.3935, 0.0902, 0.0144, 0.0018, 0.0002, 0.0000;   e) 1.000, 0.3935, 0.0902, 0.0144, 0.0018, 0.0002;   f) $E(Y) = E(X+1) = E(X) + 1 = \lambda + 1 = 1.5$; $\text{Var}(Y) = \text{Var}(X+1) = \text{Var}(X) = \lambda = 0.5$.

[**5.20**]   a) Wir wissen, dass $P(X_0 > 0) = 1 - P(X_0 = 0) = 1 - \frac{\lambda^0}{0!}e^{-\lambda} = 1 - e^{-\lambda}$, also $P_{X_1}(x) = \frac{P_{X_0}(x)}{1-e^{-\lambda}} = \frac{\frac{\lambda^x}{x!}e^{-\lambda}}{1-e^{-\lambda}}$ für $x = 1, 2, 3, \ldots$. Um zu zeigen, dass dies tatsächlich eine Wahrscheinlichkeitsfunktion definiert, ist zu prüfen, dass $P_{X_1}(x) \geq 0$ für alle $x = 1, 2, \ldots$ und $\sum_{x=1}^{\infty} P_{X_1}(x) = 1$. Da $P_{X_0}(x) \geq 0$ und $1 - e^{-\lambda} > 0$, ist $P_{X_1}(x) \geq 0$ für alle $x = 1, 2, \ldots$. Aus dem Hinweis folgt, dass $\sum_{x=1}^{\infty} P_{X_0}(x) = 1 - P_{X_0}(0) = 1 - e^{-\lambda}$. Damit gilt $\sum_{x=1}^{\infty} P_{X_1}(x) = \frac{1}{1-e^{-\lambda}} \sum_{x=1}^{\infty} P_{X_0}(x) = \frac{1-e^{-\lambda}}{1-e^{-\lambda}} = 1$.   b) $P_{X_1}(1) = \frac{\frac{\lambda^1}{1!}e^{-\lambda}}{1-e^{-\lambda}} = \frac{\lambda e^{-\lambda}}{1-e^{-\lambda}} = \frac{0.5 \cdot e^{-0.5}}{1-e^{-0.5}} \approx 0.7707$. `dpois(1,0.5)/(1-dpois(0,0.5))` $P_{X_1}(2) = \frac{\frac{\lambda^2}{2!}e^{-\lambda}}{1-e^{-\lambda}} = \frac{\frac{\lambda^2}{2}e^{-\lambda}}{1-e^{-\lambda}} = \frac{0.125 \cdot e^{-0.5}}{1-e^{-0.5}} = 0.1927$. `dpois(2,0.5)/(1-dpois(0,0.5))`

c) $E(X_1) = \sum_{x=1}^{\infty} x P_{X_1}(x) = \sum_{x=1}^{\infty} x \frac{P_{X_0}(x)}{1-e^{-\lambda}} = \frac{1}{1-e^{-\lambda}} \sum_{x=0}^{\infty} x P_{X_0}(x) = \frac{EX_0}{1-e^{-\lambda}} = \frac{\lambda}{1-e^{-\lambda}}$.
Für $\lambda = 0.5$ ist $E(X_0) = \lambda = 0.5$ und $E(X_1) = \frac{0.5}{1-e^{-0.5}} \approx 1.2707$.
Da die Anzahl der geschenkten Bücher mindestens 1 ist, muss auch der Erwartungswert mindestens 1 sein.

[**5.21**]   a) Es wird jeweils für $x = 0, 1, 2, 3$ die Wahrscheinlichkeitsfunktion der Binomialverteilung mit den Parametern $n = 40; \pi = 0.1$ bzw. $n = 80; \pi = 0.05$ bzw. $n = 160; \pi = 0.025$ berechnet.
b) Wenn n groß und π klein ist, kann die Binomialverteilung durch eine Poisonverteilung mit $\lambda = n \cdot \pi$ approximiert werden. In allen drei Fällen ist $n \cdot \pi = 4$.
c) Mithilfe der Formel $P(X = k) = \frac{\lambda^k}{k!}e^{-\lambda}$ wobei $\lambda = 4$ und $k = 0, 1, 2, 3$, erhalten wir 0.0183; 0.0733; 0.1465; 0.1954, oder mit **R**: `dpois(0:3,4)`.
d) Siehe Tabelle:

Verteilung	$F_X(t)$	$t=0$	$t=1$	$t=2$	$t=3$	R-Befehl
$b(40, 0.1)$	$\sum\limits_{x=0}^{t} \binom{40}{x} 0.1^x 0.9^{40-x}$	0.015	0.080	0.223	0.423	pbinom(0:3,40,0.1)
$b(80, 0.05)$	$\sum\limits_{x=0}^{t} \binom{80}{x} 0.05^x 0.95^{80-x}$	0.017	0.086	0.231	0.428	pbinom(0:3,80,0.05)
$b(160, 0.025)$	$\sum\limits_{x=0}^{t} \binom{160}{x} 0.025^x 0.975^{160-x}$	0.017	0.089	0.234	0.431	pbinom(0:3,160,0.025)
$Po(4)$	$\sum\limits_{x=0}^{t} \frac{4^x}{x!} e^{-4}$	0.018	0.092	0.238	0.434	ppois(0:3,4)

[5.22]   a) $1 - \alpha = 0.95 \Rightarrow x_{un} = 1; \ x_{ob} = 10$, d.h. $[1; 10]$ und $1 - \alpha = 0.99 \Rightarrow$ $x_{un} = 0; \ x_{ob} = 11$, d.h. $[0; 11]$.   b) $1 - \alpha = 0.95 \Rightarrow x_{un} = 2; \ x_{ob} = 9$, d.h. $[2; 14]$ und $[0; 9]$ und $1 - \alpha = 0.99 \Rightarrow x_{un} = 1; \ x_{ob} = 11$, d.h. $[1; 14]$ und $[0; 11]$.

2.6 Stetige Verteilungen - Lösungen

[6.1]   a) Eine Zufallsvariable X ist rechteckverteilt, wenn angenommen wird, dass die möglichen Ausprägungen von X im Intervall von a bis b gleichmäßig verteilt sind. Hier bietet sich, da das Intervall $[a, b]$ als $[0, 60]$ gegeben ist, eine Zeitmessung an, wobei nur die Minute betrachtet wird, in der ein zufälliges Ereignis eintritt, z.B. ein Anruf in einem Call-Center.
b)

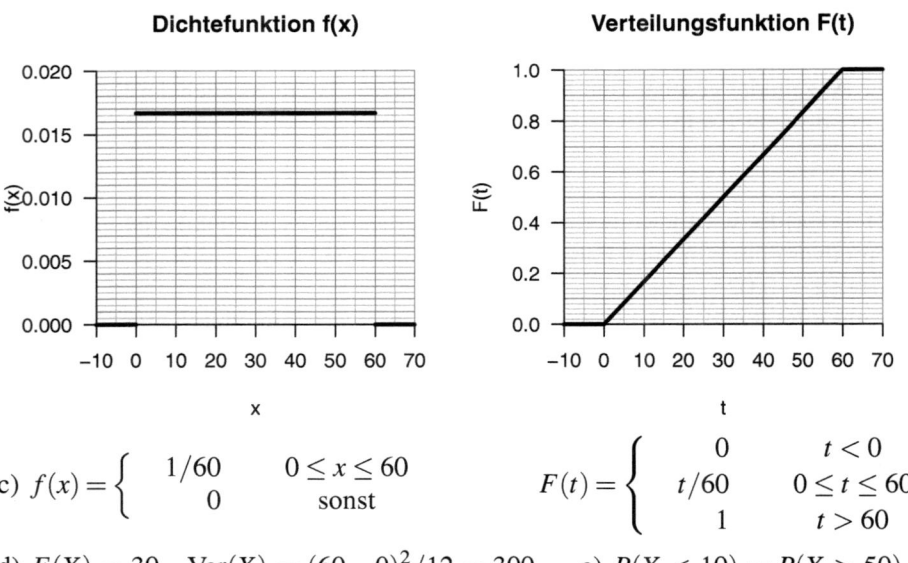

c) $f(x) = \begin{cases} 1/60 & 0 \le x \le 60 \\ 0 & \text{sonst} \end{cases}$ $\qquad F(t) = \begin{cases} 0 & t < 0 \\ t/60 & 0 \le t \le 60 \\ 1 & t > 60 \end{cases}$

d) $E(X) = 30 \quad Var(X) = (60 - 0)^2 / 12 = 300$.   e) $P(X < 10) = P(X > 50) =$ $P(20 < X \le 30) = 1/6; \ P(X < 15) = P(X > 45) = P(20 < X \le 35) = 1/4$. Wir sehen, Rechteck- oder Gleichverteilung meint, dass alle Intervalle gleicher

Länge im Wertebereich von X stets dieselbe Wahrscheinlichkeit haben. Mit **R**:

```
punif(10,0,60);1-punif(50,0,60);punif(30,0,60)-punif(20,0,60) bzw.
punif(15,0,60);1-punif(45,0,60);punif(35,0,60)-punif(20,0,60)
```

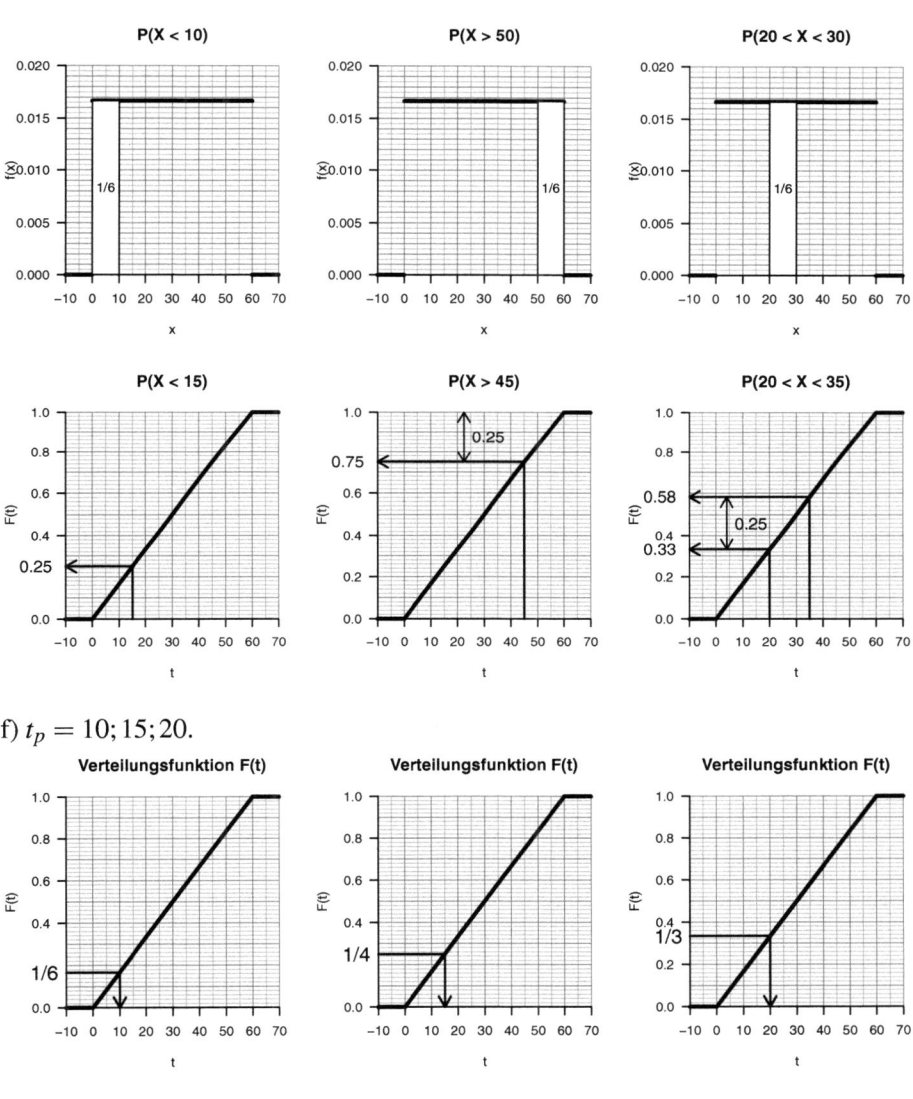

f) $t_p = 10; 15; 20.$

g) $F(t_p) = p \Leftrightarrow t_p/60 = p \Leftrightarrow t_p = 60 \cdot p$ für $0 \le p \le 1$.

[**6.2**]   a) W   b) F   c) W   d) F   e) F   f) F   g) W

[6.3]   a) $X \sim \text{Exp}(\lambda) \Rightarrow E(X) = 1/\lambda = 1/0.04 = 25;\ \text{Var}(X) = 1/\lambda^2 = 625$

b) i) $P(X \leq 25) = \int\limits_0^{25} f_X(x)\,dx = \int\limits_0^{25} 0.04 e^{-0.04x}\,dx = -e^{-0.04x}\Big|_0^{25} = 1 - e^{-0.04 \cdot 25} =$

$1 - e^{-1} \approx 0.632$. Entsprechend: $P(X < 50) \approx 0.865$ und $P(X < 75) \approx 0.950$.

ii) $P(X > 60) = \int\limits_{60}^{\infty} f(x)\,dx = -e^{-0.04x}\Big|_{60}^{\infty} = 0 + e^{-0.04 \cdot 60} = e^{-2.4} \approx 0.091$. Ent-

sprechend: $P(X > 90) \approx 0.027;\ P(X > 120) \approx 0.008$.   iii) $P(25 < X < 50) =$

$\int\limits_{25}^{50} f(x)\,dx = -e^{-0.04x}\Big|_{25}^{50} = -e^{-0.04 \cdot 50} + e^{-0.04 \cdot 25} = -e^{-2} + e^{-1} \approx 0.233$.

c) $F_X(t) = 0$ für $t < 0$. Für $t > 0$ ist $F_X(t) = \int\limits_0^t f_X(x)\,dx = \int\limits_0^t e^{-0.04x}\,dx = -e^{-0.04x}\Big|_0^t =$

$-e^{-0.04t} - (-1) = 1 - e^{-0.04t}$.   i) $P(X \leq 25) = F_X(25) = 1 - e^{-0.04 \cdot 25} = 1 -$

$e^{-1} \approx 0.632$. Entsprechend: $P(X \leq 50) = F_X(50);\ P(X \leq 75) = F_X(75)$. In **R**:

pexp(c(25,50,75),0.04)   ii) $P(X > 60) = 1 - P(X \leq 60) = 1 - F_X(60) =$

$1 - (1 - e^{-0.04 \cdot 60}) = e^{-2.4} \approx 0.091$. Entsprechend: $P(X > 90) = 1 - F_X(90);\ P(X > 120) = 1 - F_X(120)$. In **R**: 1-pexp(c(60,90,120),0.04)

iii) $P(25 < X < 50) = F_X(50) - F_X(25) = (1 - e^{-0.04 \cdot 50}) - (1 - e^{-0.04 \cdot 25}) = -e^{-2} + e^{-1} \approx 0.233$. In **R**: pexp(50,0.04)-pexp(25,0.04)

d) Für $t > 0$ gilt $P(X > t) = 1 - F_X(t) = 1 - (1 - e^{-0.04t}) = e^{-0.04t}$. Damit ergeben

sich für $t = 30, 60, 100, 200$ und 365 folgende Wahrscheinlichkeiten $0.3012; 0.0907;$

$0.0183; 0.0003; 0.0000$. In **R**: 1-pexp(c(30,60,100,200,365),0.04)

[6.4]   a) Die Überlebensfunktion ist $S(t) = P(X > t) = 1 - F(t) = e^{-\lambda t}$.

b) $F_X(t_p) = p \iff 1 - e^{-\lambda t_p} = p \iff 1 - p = e^{-\lambda t_p} \iff \log(1-p) = -\lambda t_p \iff$

$t_p = -\log(1-p)/\lambda \geq 0$ da $0 < 1 - p \leq 1$.

c) Mit b) folgt $t_{0.25} = t_{1/4} = -\log(3/4)/\lambda = (\log 4 - \log 3)/\lambda$

$t_{0.5} = t_{1/2} = -\log(1/2)/\lambda = (\log 2 - \log 1)/\lambda = \log 2/\lambda$

$t_{0.75} = t_{3/4} = -\log(1/4)/\lambda = (\log 4 - \log 1)/\lambda = \log 4/\lambda$.

d) Mit c) folgt $t_{1/4} = (\log 4 - \log 3)/0.1 = 10 \cdot (\log 4 - \log 3) \approx 2.877;\ t_{1/2} = 10 \cdot$

$\log 2 \approx 6.931;\ t_{3/4} = 10 \cdot \log 4 \approx 13.863$.

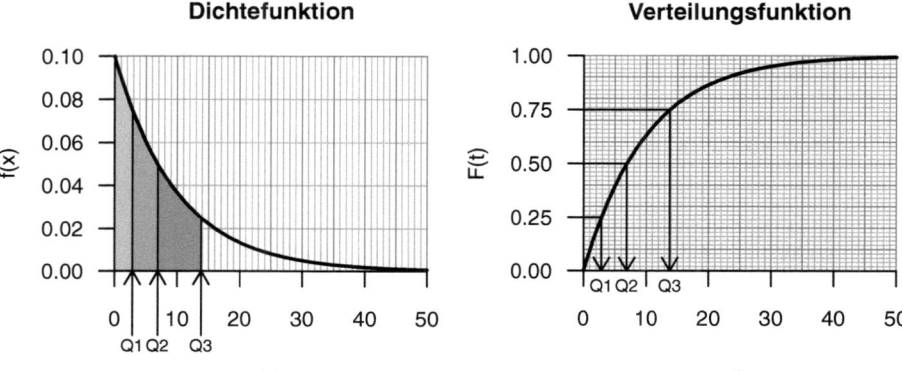

e) Nach c) gilt $t_{0.5} = \log 2/\lambda$. Dies gilt genau dann, wenn $\lambda = \log 2/t_{0.5}$. Aus den Grafiken liest man ab: $t_{0.5} = 10$ bzw. 25, d.h. $\lambda = \log 2/10 \approx 0.069$ bzw. $\lambda = \log 2/25 =\approx 0.028$.

[**6.5**]   a) W   b) F   c) W   d) F   e) W   f) W   g) F

[**6.6**]   a) Wir geben erst ein Beispiel für die grafische Lösung für Problemstellungen i)-iii) und danach die numerischen Lösungen.

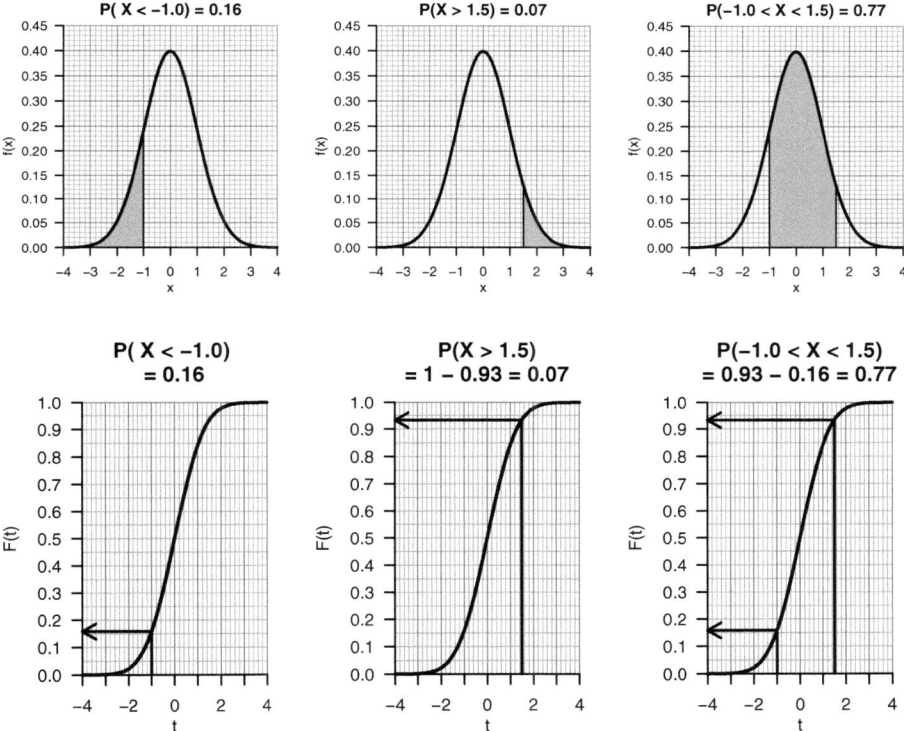

i) $0.02; 0.07; 0.16; 0.31; 0.50; 0.69; 0.84; 0.93; 0.98; 0.99; 1.00$
ii) $0.98; 0.84; 0.50; 0.16; 0.02$ iii) $0.82; 0.82; 0.98; 0.98; 0.95; 0.68$
b) $-1.64; -1.28; -1.04, -0.84$ c) $1.64; 1.28; 1.04, 0.84$
d) $(-1.96, 1.96); (-1.64, 1.64); (-1.28, 1.28);$
$P(t_1 \leq X \leq t_2) = 1 - \alpha = 0.95; 0.90; 0.80$

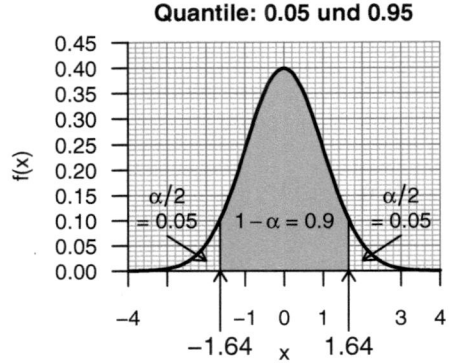

e) **R**-Programm:

```
alpha<-c(0.05,0.1,0.2)              # alpha Werte
qnorm(alpha/2);qnorm(1-alpha/2)     # t1 und t2 bestimmen
[1] -1.959964 -1.644854 -1.281552   (t1-Werte)
[1] 1.959964 1.644854 1.281552      (t2-Werte)
```

[**6.7**]

a) i) $P(X \leq 197) = \Phi\left(\dfrac{197-183}{14}\right) = \Phi(1) = 0.841$;

$P(X \leq 211) = \Phi\left(\frac{211-183}{14}\right) = \Phi(2) = 0.977$

ii) $P(X > 169) = 1 - \Phi\left(\dfrac{169-183}{14}\right) = 1 - \Phi(-1) = \Phi(1) = 0.841$;

$P(X > 155) = 1 - \Phi\left(\frac{155-183}{14}\right) = 1 - \Phi(-2) = \Phi(2) = 0.977$

iii) $P(169 < X \leq 197) = P(X \leq 197) - P(X \leq 169) = \Phi(1) - \Phi(-1)$
$= 0.841 - 0.159 = 0.682$

iv) $P(155 < X \leq 211) = P(X \leq 211) - P(X \leq 155) = \Phi(2) - \Phi(-2)$
$= 0.977 - 0.023 = 0.954$

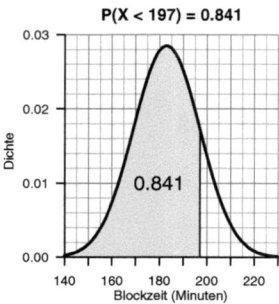
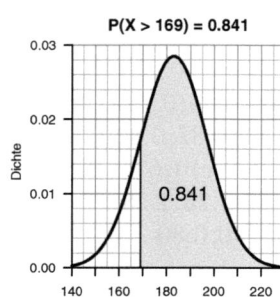
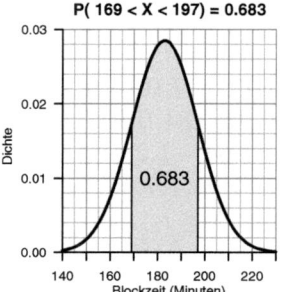

b) $P(X \leq t) = 0.95 \Leftrightarrow \Phi\left(\dfrac{t-183}{14}\right) = 0.95 \Leftrightarrow \dfrac{t-183}{14} = 1.64 \Leftrightarrow t = 205.96$,
wobei Tabelle A.2 benutzt wurde.

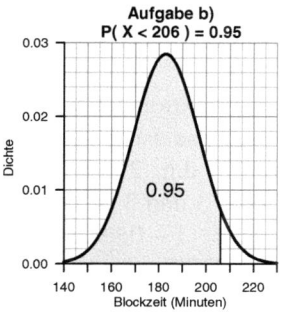
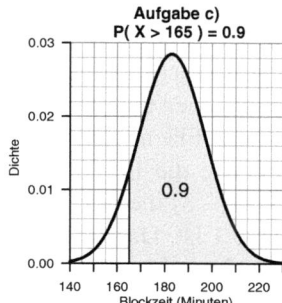
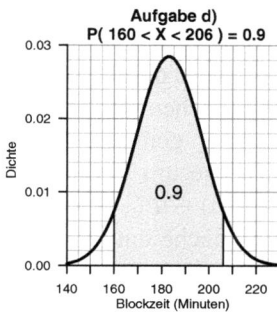

c) $P(X > t) = 0.90 \Leftrightarrow P(X \le t) = 0.1 \Leftrightarrow \Phi\left(\dfrac{t - 183}{14}\right) = 0.1 \Leftrightarrow \dfrac{k - 183}{14} =$ $-1.28 \Leftrightarrow k = 165.08$, wobei wieder Tabelle A.2 benutzt wurde.

d) $P(X < t_1) = 0.05 \Leftrightarrow \Phi\left(\dfrac{t_1 - 183}{14}\right) = 0.05 \Leftrightarrow \dfrac{t_1 - 183}{14} = -1.64 \Leftrightarrow t_1 =$ $160.04; P(X > t_2) = 0.05 \Leftrightarrow \Phi\left(\dfrac{t_2 - 183}{14}\right) = 0.95 \Leftrightarrow t_2 = 205.96$, siehe b)

e) $P(t_1 \le X \le t_2) = 0.9$

[6.8] a) `qnorm(c(0.005,0.025))` ergibt $z_{0.005} = $ -2.575829 und $z_{0.025} = $ -1.959964.
b) Warngrenzen:
$WG_U = 10 - 1.959964 \cdot 0.3/3 \approx 9.80; WG_O = 10 + 1.959964 \cdot 0.3/3 \approx 10.20$
Eingriffsgrenzen:
$EG_U = 10 - 2.575829 \cdot 0.3/3 \approx 9.74; EG_O = 10 + 2.575829 \cdot 0.3/3 \approx 10.26$

[6.9] Die Ausgabe ist mit **R** erzeugt und gibt die Verteilungsfunktion der Standardnormalverteilung $\Phi(t)$ für $t = -2, -1.5 - 1, -0.5, \ldots, 1.5, 2$ an.
$P(X \le 20) = F(20) = \Phi\left(\dfrac{20 - 15}{5}\right) = \Phi(1) = 0.8413; \quad P(12.5 < X \le 22.5) =$
$F(22.5) - F(12.5) = \Phi\left(\dfrac{22.5 - 15}{5}\right) - \Phi\left(\dfrac{12.5 - 15}{5}\right) = \Phi(1.5) - \Phi(-0.5) =$
$0.9332 - 0.3085 = 0.6247; \quad P(X > 10) = 1 - F(10) = 1 - \Phi\left(\dfrac{10 - 15}{5}\right) = 1 -$
$\Phi(-1) = 1 - 0.1587 = 0.8413.$

[6.10] a)

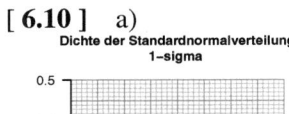
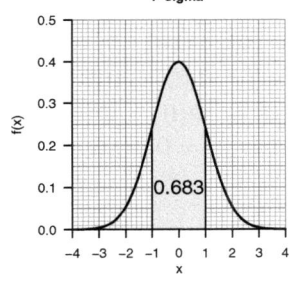
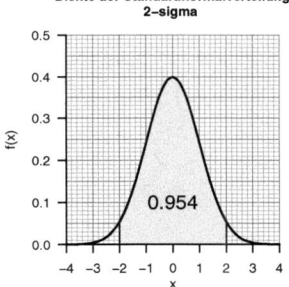
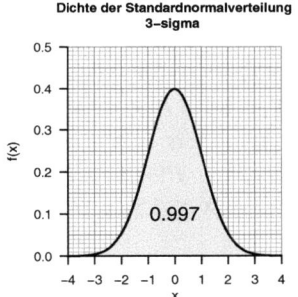

b) i) 0.6827; 0.9545; 0.9973, da $\Phi(q)$ mit `pnorm(q)` berechnet wird, d.h. $\Phi(1) - \Phi(-1)$ wird durch `pnorm(1)-pnorm(-1)` berechnet.

ii) Mit Flächen sind im folgenden Flächen unterhalb der Dichtefunktion der $N(0,1)$-Verteilung gemeint. $\Phi(-3)$ ist die Fläche links von -3. Diese ist wegen der Symmetrie um 0 genau so groß wie die Fläche rechts von 3, d.h. $2 \cdot \Phi(-3) = 1 - (\Phi(3) - \Phi(-3))$, da $\Phi(3) - \Phi(-3)$ die Fläche zwischen -3 und 3 ist und die Gesamtfläche unterhalb der Dichte 1 ist. Daraus folgt $\Phi(-3) = (1 - 0.9973)/2 = 0.00135$. Entsprechend folgt $\Phi(-2) = (1 - 0.9545)/2 = 0.02275$ und $\Phi(-1) = (1 - 0.6827)/2 = 0.15865$. Aus Symmetriegründen ist $\Phi(0) = 0.5$. Ferner ist $\Phi(1) + (1 - \Phi(1)) = 1$, wobei $1 - \Phi(1)$ die Fläche rechts von 1 ist, die genau so groß ist wie die Fläche links von -1 und diese ist $\Phi(-1)$, d.h. $\Phi(1) + \Phi(-1) = 1 \iff \Phi(1) = 1 - \Phi(-1) = 1 - 0.15865 = 0.84135$. Entsprechend ist $\Phi(2) = 1 - \Phi(-2) = 0.97725$ und $\Phi(3) = 1 - \Phi(-3) = 0.99865$.

c) Mit den Ergebnissen aus b) folgt

i) $P(-1 < Z < 1) = \Phi(1) - \Phi(-1) = 0.6827$; $P(0 < Z < 1) = \Phi(1) - \Phi(0) = 0.84135 - 0.5 = 0.34135$; $P(Z > 1) = 1 - \Phi(1) = \Phi(-1) = 0.15865$;
$P(Z > -1) = 1 - \Phi(-1) = \Phi(1) = 0.84135$; $P(Z \leq -1) = \Phi(-1) = 0.15865$;
$P(|Z| > 1) = \Phi(-1) + (1 - \Phi(1)) = 2 \cdot \Phi(-1) = 0.3173$

ii) $P(-2 < Z < 2) = \Phi(2) - \Phi(-2) = 0.9545$; $P(0 < Z < 2) = \Phi(2) - \Phi(0) = 0.47725$; $P(Z > 2) = 1 - \Phi(2) = 0.02275$; $P(Z > -2) = 1 - \Phi(-2) = \Phi(2) = 0.97725$; $P(Z \leq -2) = \Phi(-2) = 0.02275$; $P(|Z| > 2) = \Phi(-2) + (1 - \Phi(2)) = 2 \cdot \Phi(-2) = 0.0455$

iii) $P(-3 < Z < 3) = \Phi(3) - \Phi(-3) = 0.9973$; $P(0 < Z < 3) = \Phi(3) - \Phi(0) = 0.49865$; $P(Z > 3) = 1 - \Phi(3) = 0.00135$; $P(Z > -3) = 1 - \Phi(-3) = \Phi(3) = 0.99865$; $P(Z \leq -3) = \Phi(-3) = 0.00135$; $P(|Z| > 3) = \Phi(-3) + (1 - \Phi(3)) = 2 \cdot \Phi(-3) = 0.0027$

iv) $P(1 < Z < 2) = \Phi(2) - \Phi(1) = 0.97725 - 0.84135 = 0.1359$
$P(1 < |Z| < 3) = P(-3 < Z < -1) + P(1 < Z < 3) = 2 \cdot P(1 < Z < 3) = 2 \cdot (\Phi(3) - \Phi(1)) = 0.3146$ (dabei wurde die Symmetrie der Dichtefunktion benutzt).
$P(-1 < Z < 2) = \Phi(2) - \Phi(-1) = 0.97725 - 0.15865 = 0.8186$;
$P(-3 < Z < -2) = \Phi(-2) - \Phi(-3) = 0.02275 - 0.00135 = 0.0214$.

d) Wir verwenden stets: Wenn $X \sim N(\mu, \sigma^2)$, dann $Z = \dfrac{X - \mu}{\sigma} \sim N(0,1)$.

i) $\mu = 20; \sigma = 3 \Rightarrow P(17 < X < 23) = P\left(\dfrac{17-20}{3} < \dfrac{X-20}{3} < \dfrac{23-20}{3}\right) = P(-1 < Z < 1) = \Phi(1) - \Phi(-1) = 0.6827$. Entsprechend ist $P(14 < X < 26) = P(-2 < Z < 2) = \Phi(2) - \Phi(-2) = 0.9545$; $P(20 < X < 29) = P(0 < Z < 3) = \Phi(3) - \Phi(0) = 0.49865$; $P(X > 17) = P(Z > -1) = 1 - \Phi(-1) = 0.84135$

ii) $\mu = 10; \sigma = 2 \Rightarrow P(8 \leq X \leq 12) = P(-1 \leq Z \leq 1) = \Phi(1) - \Phi(-1) = 0.6827$; $P(6 \leq X \leq 14) = P(-2 \leq Z \leq 2) = \Phi(2) - \Phi(-2) = 0.9545$
$P(X \leq 8) = P(Z \leq -1) = \Phi(-1) = 0.15865$; $P(X > 10) = 1 - \Phi(0) = 0.5$

iii) $\mu = 5; \sigma = 5 \Rightarrow P(-5 \leq X \leq 5) = P(-2 \leq Z \leq 0) = \Phi(0) - \Phi(-2) = 0.47725$; $P(-5 \leq X \leq 10) = P(-2 \leq Z \leq 1) = \Phi(1) - \Phi(-2) = 0.8186$
$P(-5 \leq X \leq 15) = P(-2 \leq Z \leq 2) = \Phi(2) - \Phi(-2) = 0.9545$

[**6.11**] a) $X \sim U(a,b) \Rightarrow \mu = \dfrac{b-a}{2}$ und $\sigma = \dfrac{b-a}{\sqrt{12}} = \dfrac{b-a}{2\sqrt{3}}$. Das Intervall

$(\mu - \sigma, \mu + \sigma)$ hat die Länge $2\sigma = \dfrac{b-a}{\sqrt{3}}$ und damit die Wahrscheinlichkeit $\dfrac{1}{b-a} \cdot$

$\dfrac{b-a}{\sqrt{3}} = \dfrac{1}{\sqrt{3}} \approx 0.577$.   b) Das Intervall $(\mu - 2\sigma, \mu + 2\sigma)$ hat die Länge $4\sigma = $

$\dfrac{2}{\sqrt{3}}(b-a) > b-a$. Da es den gleichen Mittelpunkt wie (a,b) hat, überragt es (a,b),

so dass die gesuchte Wahrscheinlichkeit 1 ist.

[**6.12**] a) F   b) W   c) W   d) W   e) F   f) W   g) W   h) F

[**6.13**] Die $b(150,0.4)$ Verteilung wird approximiert durch die Normalverteilung
mit $\mu = 150 \cdot 0.4 = 60$ und $\sigma^2 = 150 \cdot 0.4 \cdot 0.6 = 36$.
a) Ohne Stetigkeitskorrektur:

$$P(X < a) = P(X \le a-1) = F_b(a-1) \approx F_N(a-1) = \Phi\left(\frac{a-1-60}{6}\right), \text{ wobei}$$

$(a-61)/6 \approx -2.17, -1.17, 0.83, 1.83$. Mit Tabelle A.1 folgt
$P(X < a) \approx 0.015, 0.121, 0.797, 0.966$.

```
a<-c(48,54,66,72)                # Werte von a
round(pbinom(a-1,150,0.4),4)  # Binomial, exakt
0.0176 0.1391 0.8206 0.9716
round(pnorm((a-1-60)/6),4)    # Normalapproximation
round(pnorm(a-1,60,6),4)      # andere Möglichkeit
0.0151 0.1217 0.7977 0.9666
```

Mit Stetigkeitskorrektur:

$$P(X < a) = F_b(a-1) \approx F_N(a-1+0.5) = F_N(a-0.5) = \Phi\left(\frac{a-0.5-60}{6}\right), \text{ wobei}$$

$(a-60.5)/6 \approx -2.08, -1.08, 0.92, 1.92$. Mit Tabelle A.1 folgt
$P(X < a) \approx 0.019, 0.140, 0.821, 0.973$.

```
round(pnorm(a-0.5,60,6),4)     # Appr. mit Korrektur
round(pnorm((a-0.5-60)/6),4)  # standardisiert
0.0186 0.1393 0.8203 0.9724
```

b) Ohne Stetigkeitskorrektur:

$$P(X \le a) = F_b(a) \approx F_N(a) = \Phi\left(\frac{a-60}{6}\right), \text{ wobei } (a-60)/6 = -2, -1, 1, 2. \text{ Mit}$$

Tabelle A.1 folgt $P(X \le a) \approx 0.023, 0.159, 0.841, 0.977$.

```
round(pbinom(a,150,0.4),4)     # Binomial, exakt
0.0265 0.1799 0.8605 0.9807
round(pnorm(a,60,6),4)         # Normalapproximation
```

```
round(pnorm((a-60)/6),4)        # andere Möglichkeit
0.0228 0.1587 0.8413 0.9772
```

Mit Stetigkeitskorrektur:

$$P(X \leq a) = F_b(a) \approx F_N(a + 0.5) = \Phi\left(\frac{a + 0.5 - 60}{6}\right), \text{ wobei } (a - 59.5)/6 \approx$$

$-1.92, -0.92, 1.08, 2.08$. Mit Tabelle A.1 folgt $P(X \leq a) \approx 0.027, 0.179, 0.860, 0.981$.

```
round(pnorm(a+0.5,60,6),4)      # Appr. mit Korrektur
round(pnorm((a+0.5-60)/6),4)    # standardisiert
0.0276 0.1797 0.8607 0.9814
```

c) Ohne Stetigkeitskorrektur:

$$P(X > a) = 1 - P(X \leq a) = 1 - F_b(a) \approx 1 - F_N(a) = 1 - \Phi\left(\frac{a - 60}{6}\right), \text{ wobei}$$

$(a - 60)/6 = -2, -1, 1, 2$. Mit Tabelle A.1 folgt $P(X > a) \approx 0.977, 0.841, 0.159, 0.023$.

```
round(1-pbinom(a,150,0.4),4)  # Binomial, exakt
0.9735 0.8201 0.1395 0.0193
round(1-pnorm(a,60,6),4)        # Normalapproximation
round(1-pnorm((a-60)/6),4)      # standardisiert
0.9772 0.8413 0.1587 0.0228
```

Mit Stetigkeitskorrektur:

$$P(X > a) = 1 - P(X \leq a) = 1 - F_b(a) \approx 1 - F_N(a + 0.5) = 1 - \Phi\left(\frac{a + 0.5 - 60}{6}\right),$$

wobei $(a - 59.5)/6 \approx -1.92, -0.92, 1.08, 2.08$. Mit Tabelle A.1 folgt
$P(X > a) \approx 0.973, 0.821, 0.140, 0.019$.

```
round(1-pnorm(a+0.5,60,6),4)    # Appr. mit Korrektur
round(1-pnorm((a+0.5-60)/6),4)  # standardisiert
0.9724 0.8203 0.1393 0.0186
```

d) Ohne Stetigkeitskorrektur:
$$P(\overline{X \geq a}) = 1 - P(X < a) = 1 - P(X \leq a - 1) = 1 - F_b(a - 1) \approx 1 - F_N(a - 1) =$$
$1 - \Phi\left(\dfrac{a - 1 - 60}{6}\right)$, wobei $(a - 61)/6 \approx -2.17, -1.17, 0.83, 1.83$. Mit Tabelle A.1
folgt $P(X \geq a) \approx 0.985, 0.879, 0.203, 0.034$.

```
round(1-pbinom(a-1,150,0.4),4)  # Binomial exakt
0.9824 0.87609 0.1794 0.0284
round(1-pnorm(a-1,60,6),4)        # Normalapproximation
round(1-pnorm((a-1-60)/6),4)      # standardisiert
0.9849 0.8783 0.2023 0.0334
```

Mit Stetigkeitskorrektur:

$$P(X \geq a) = 1 - F_b(a - 1) \approx 1 - F_N(a + 0.5 - 1) = 1 - \Phi\left(\frac{a - 0.5 - 60}{6}\right), \text{ wobei}$$

$(a - 60.5)/6 \approx -2.08, -1.08, 0.92, 1.92$. Mit Tabelle A.1 folgt
$P(X \geq a) \approx 0.981, 0.860, 0.179, 0.027$.

```
round(1-pnorm(a-0.5,60,6),4)     # Appr. mit Korrektur
round(1-pnorm((a-0.5-60)/6),4)   # standardisiert
0.9814 0.8607 0.1797 0.0276
```

e) **Ohne Stetigkeitskorrektur:**

$P(48 \le X \le 72) = P(47 < X \le 72) = F_b(72) - F_b(47) \approx F_N(72) - F_N(47) =$

$\Phi\left(\dfrac{72-60}{6}\right) - \Phi\left(\dfrac{47-60}{6}\right) \approx \Phi(2) - \Phi(-2.17) = 0.977 - 0.015 = 0.962$ (mit

Tabelle A.1).

```
round(pbinom(72,150,0.4)-pbinom(47,150,0.4),4) # exakt
0.9632
round(pnorm(72,60,6)-pnorm(47,60,6),4)         # Appr.
round(pnorm((72-60)/6)-pnorm((47-60)/6),4) # stand.
0.9621
```

Mit Stetigkeitskorrektur:

$P(48 \le X \le 72) = F_b(72) - F_b(47) \approx F_N(72+0.5) - F_N(47+0.5) = \Phi\left(\dfrac{72.5-60}{6}\right) -$

$\Phi\left(\dfrac{47.5-60}{6}\right) \approx \Phi(2.08) - \Phi(-2.08) = 0.981 - 0.019 = 0.962$ (Tabelle A.1)

```
round(pnorm(72.5,60,6)-pnorm(47.5,60,6),4)   # mit Korr.
round(pnorm((72.5-60)/6)-pnorm((47.5-60)/6),4) # stand.
0.9628
```

f) **Ohne Stetigkeitskorrektur:**

$P(48 < X \le 66) = F_b(66) - F_b(48) \approx F_N(66) - F_N(48) = \Phi\left(\dfrac{66-60}{6}\right) - \Phi\left(\dfrac{48-60}{6}\right)$

$= \Phi(1) - \Phi(-2) = 0.841 - 0.023 = 0.818$

```
round(pbinom(66,150,0.4)-pbinom(48,150,0.4),4) # exakt
0.834
round(pnorm(66,60,6)-pnorm(48,60,6),4)         # Normalappr.
round(pnorm((66-60)/6)-pnorm((48-60)/6),4) # stand.
0.8186
```

Mit Stetigkeitskorrektur:

$P(48 < X \le 66) = F_b(66) - F_b(48) \approx F_N(66.5) - F_N(48.5) = \Phi\left(\dfrac{66.5-60}{6}\right) -$

$\Phi\left(\dfrac{48.5-60}{6}\right) \approx \Phi(1.08) - \Phi(-1.92) = 0.860 - 0.027 = 0.833$

```
round(pnorm(66.5,60,6)-pnorm(48.5,60,6),4)
round(pnorm((66.5 - 60)/6)-pnorm((48.5-60)/6),4)
0.833
```

g) **Ohne Stetigkeitskorrektur:**

$P(54 \le X < 72) = P(53 < X \le 71) = F_b(71) - F_b(53) \approx F_N(71) - F_N(53) =$

$\Phi\left(\dfrac{71-60}{6}\right) - \Phi\left(\dfrac{53-60}{6}\right) \approx \Phi(1.83) - \Phi(-1.17) = 0.845$

```
round(pbinom(71,150,0.4)-pbinom(53,150,0.4),4) # exakt
0.8325
round(pnorm(71,60,6)-pnorm(53,60,6),4)    # Normalappr.
round(pnorm((71-60)/6)-pnorm((53-60)/6),4)
0.845
```

Mit Stetigkeitskorrektur:

$$P(54 \leq X < 72) = F_b(71) - F_b(53) \approx F_N(71.5) - F_N(53.5) = \Phi\left(\frac{71.5 - 60}{6}\right) -$$

$$\Phi\left(\frac{53.5 - 60}{6}\right) = \Phi(1.92) - \Phi(-1.08) = 0.973 - 0.140 = 0.833 \text{ (Tab. A.1)}$$

```
round(pnorm(71.5,60,6)-pnorm(53.5,60,6),4) # mit Korr.
round(pnorm((71.5-60)/6)-pnorm((53.5-60)/6),4)
0.833
```

h) Ohne Stetigkeitskorrektur:

$$P(\overline{54 < X < 66}) = P(54 < X \leq 65) = F_b(65) - F_b(54) \approx F_N(65) - F_N(54) =$$

$$\Phi\left(\frac{65 - 60}{6}\right) - \Phi\left(\frac{54 - 60}{6}\right) \approx \Phi(0.83) - \Phi(-1) = 0.797 - 0.159 = 0.638$$

```
round(pbinom(65,150,0.4)-pbinom(54,150,0.4),4) # exakt
0.6407
round(pnorm(65,60,6)-pnorm(54,60,6),4)             # Appr.
round(pnorm((65-60)/6)-pnorm((54-60)/6),4)         # stand.
0.639
```

Mit Stetigkeitskorrektur:

$$P(54 < X < 66) = F_b(65) - F_b(54) \approx F_N(65.5) - F_N(54.5) = \Phi\left(\frac{65.5 - 60}{6}\right) -$$

$$\Phi\left(\frac{54.5 - 60}{6}\right) \approx \Phi(0.92) - \Phi(-0.92) = 0.821 - 0.179 = 0.642$$

```
round(pnorm(65.5,60,6)-pnorm(54.5,60,6),4) # mit Korr.
round(pnorm((65.5-60)/6)-pnorm((54.5-60)/6),4)
0.6407
```

[6.14]   Die approximierende Normalverteilung hat die Parameter $\mu = 100 \cdot 0.5 = 50$ und $\sigma^2 = 100 \cdot 0.5 \cdot 0.5 = 25$, d.h. $\sigma = 5$. Sei F die Verteilungsfunktion der Biomialverteilung und Φ die Verteilungsfunktion der $N(0,1)$-Verteilung. Dann gilt mit Tabelle A.1:

a) $P(X \leq 40) = F(40) \approx \Phi\left(\frac{40.5 - 50}{5}\right) = \Phi\left(-\frac{9.5}{5}\right) = \Phi(-1.9) = 0.029$

$\quad P(X < 45) = P(X \leq 44) = F(44) \approx \Phi\left(\frac{44.5 - 50}{5}\right) = \Phi(-1.1) = 0.136$

b) $P(X > 52) = 1 - P(X \leq 52) = 1 - F(52) \approx 1 - \Phi\left(\dfrac{52.5 - 50}{5}\right) = 1 - \Phi(0.5) =$
  $1 - 0.691 = 0.309; \quad P(X \geq 55) = P(X > 54) = 1 - P(X \leq 54) = 1 - F(54) \approx$
  $1 - \Phi\left(\dfrac{54.5 - 50}{5}\right) = 1 - \Phi(0.9) = 1 - 0.816 = 0.184$

c) $P(45 < X \leq 52) = F(52) - F(45) \approx \Phi\left(\dfrac{52.5 - 50}{5}\right) - \Phi\left(\dfrac{45.5 - 50}{5}\right) = \Phi(0.5) -$
  $\Phi(-0.9) = 0.691 - 0.184 = 0.507; \quad P(47 < X < 53) = P(47 < X \leq 52) =$
  $F(52) - F(47) \approx \Phi\left(\dfrac{52.5 - 50}{5}\right) - \Phi\left(\dfrac{47.5 - 50}{5}\right) = \Phi(0.5) - \Phi(-0.5) =$
  $0.691 - 0.309 = 0.382$

d) $P(49 \leq X \leq 58) = P(48 < X \leq 58) = F(58) - F(48) \approx \Phi\left(\dfrac{58.5 - 50}{5}\right) -$
  $\Phi\left(\dfrac{48.5 - 50}{5}\right) = \Phi(1.7) - \Phi(-0.3) = 0.955 - 0.382 = 0.573; \quad P(43 \leq X <$
  $54) = P(42 < X \leq 53) = F(53) - F(42) \approx \Phi\left(\dfrac{53.5 - 50}{5}\right) - \Phi\left(\dfrac{42.5 - 50}{5}\right) =$
  $\Phi(0.7) - \Phi(-1.5) = 0.758 - 0.067 = 0.691$

[**6.15**]   a) F   b) W   c) F   d) F   e) W   f) W

[**6.16**]   a)

μ	σ^2	$E(X)$	$\text{Var}(X)$	α_3	α_4
0.5	1	4.482	12.696	6.185	113.936
1	1	7.389	34.513	6.185	113.936
1	0.25	3.490	2.695	1.750	8.898
2	0.25	9.488	19.912	1.750	8.898

A: Lognormal(μ=0.5, σ^2=1.0) Dichtefunktion

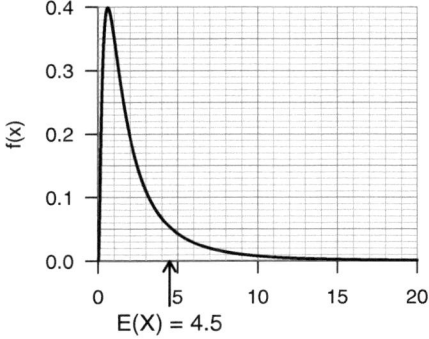

E(X) = 4.5

B: Lognormal(μ=1.0, σ^2=1.0) Dichtefunktion

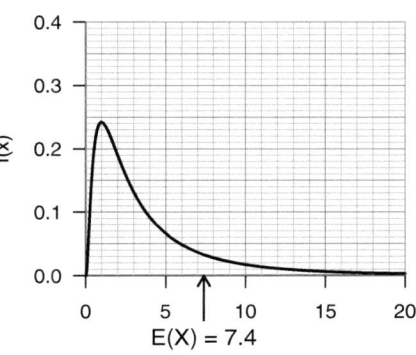

E(X) = 7.4

C: Lognormal(μ=1.0, σ^2=0.25) Dichtefunktion

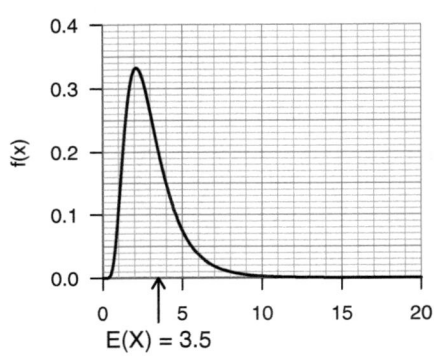

E(X) = 3.5

D: Lognormal(μ=2.0, σ^2=0.25) Dichtefunktion

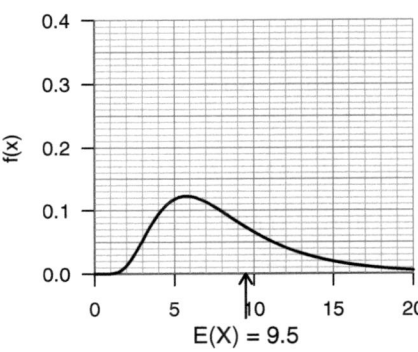

E(X) = 9.5

b) Beachtet man, dass $\log(X) \sim N(\mu, \sigma^2)$ und somit $(\log(X) - \mu)/\sigma \sim N(0,1)$, so folgt: $F_X(t) = P(X \le t) = P(\log(X) \le \log(t)) = P\left(\dfrac{\log(X) - \mu}{\sigma} \le \dfrac{\log(t) - \mu}{\sigma}\right) = \Phi\left(\dfrac{\log(t) - \mu}{\sigma}\right).$

c) In allen Teilaufgaben verwenden wir die in b) bewiesene Formel.

i) $P(X \le 5) = \Phi\left(\dfrac{\log(5) - \mu}{\sigma}\right)$, wobei $\dfrac{\log(5) - \mu}{\sigma} = 1.11(A); 0.61(B); 1.22(C);$ $-0.78(D)$. Mit Tabelle A.1 folgt $P(X \le 5) = 0.867(A); 0.729(B); 0.889(C);$ $0.218(D)$. (Mit **R** ergeben sich Abweichungen in der dritten Stelle nach dem Dezimalpunkt.)   ii) $P(X > 10) = 1 - P(X \le 10) = 1 - \Phi\left(\dfrac{\log(10) - \mu}{\sigma}\right)$, wobei $\dfrac{\log(10) - \mu}{\sigma} = 1.80(A); 1.30(B); 2.61(C); 0.61(D)$. Mit Tabelle A.1 folgt $P(X > 10) = 0.036(A); 0.097(B); 0.005(C); 0.271(D)$.

iii) $P(X \le e^{0.5}) = \Phi\left(\dfrac{\log(e^{0.5}) - 0.5}{1}\right) = \Phi(0.5 - 0.5) = \Phi(0) = 0.5$.

iv) Für B, C gilt $P(X > e) = 1 - P(X \le e) = 1 - \Phi\left(\dfrac{\log(e) - 1}{\sigma}\right) = 1 - \Phi(0) = 0.5$.

v) $P(X \le e^2) = \Phi\left(\dfrac{\log(e^2) - 2}{0.5}\right) = \Phi(0) = 0.5$.   vi) $P(X > e^{-0.5}) = 1 - P(X \le e^{-0.5}) = 1 - \Phi\left(\dfrac{\log(e^{-0.5}) - 0.5}{1}\right) = 1 - \Phi(-1) = 1 - 0.159 = 0.841$.   vii) $P(X \le 1) = \Phi\left(\dfrac{\log(1) - 1}{1}\right) = \Phi(-1) = 0.159$.

viii) $P(X \le e^{0.75}) = \Phi\left(\dfrac{\log(e^{0.75}) - 0.5}{0.5}\right) = \Phi(-0.5) = 0.309$.

ix) $P(X > e^{1.75}) = 1 - P(X \le e^{1.75}) = 1 - \Phi\left(\dfrac{\log(e^{1.75}) - 2}{0.5}\right) = 1 - \Phi(-0.5) = 0.691$.

d) ii) Ungefähr: $A: 0.8; 1.6; 3.2$ $B: 1.4; 2.7; 5.3$ $C: 1.9; 2.7; 3.8$ $D: 5.3; 7.4; 10.4$

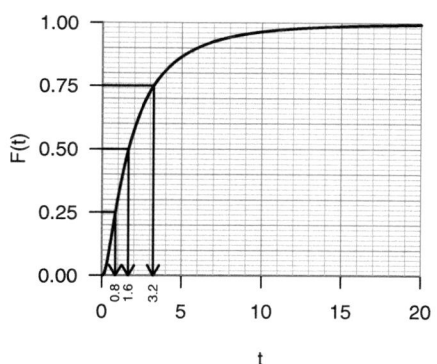

A: Lognormal(μ=0.5, σ^2=1.0) Verteilungsfunktion

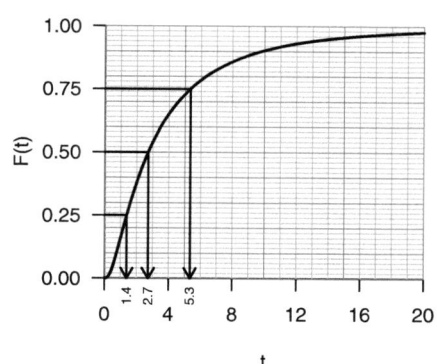

B: Lognormal(μ=1.0, σ^2=1.0) Verteilungsfunktion

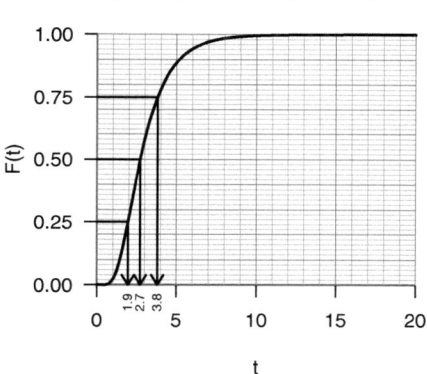

A: Lognormal(μ=1.0, σ^2=0.25) Verteilungsfunktion

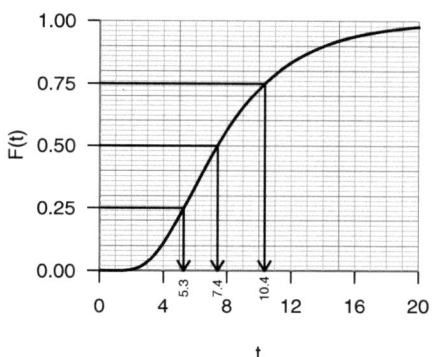

B: Lognormal(μ=2.0, σ^2=0.25) Verteilungsfunktion

[**6.17**]   a) W   b) W   c) F   d) W   e) F

2.7 Modellanpassung und Parameterschätzung - Lösungen

[**7.1**]   a) W   b) W   c) F   d) W   e) F   f) F

[**7.2**]   a) F   b) W   c) W   d) W   e) F   f) F   g) W   h) W

[**7.3**]   a) $E(X) = \int\limits_{1}^{\infty} x \alpha x^{-\alpha-1} dx = \int\limits_{1}^{\infty} \alpha x^{-\alpha} dx = \left[\frac{\alpha}{-\alpha+1} x^{-\alpha+1} \right]_{1}^{\infty} = 0 - \frac{\alpha}{-\alpha+1} = \frac{\alpha}{\alpha-1}$

b) Methode der Momente: $E(X) = \frac{\alpha}{\alpha-1} \Rightarrow \alpha = E(X)(\alpha-1) \Rightarrow \alpha(1-E(X)) =$

$-E(X) \Rightarrow \alpha = \frac{E(X)}{E(X)-1} \Rightarrow \hat{\alpha} = \frac{\bar{x}}{\bar{x}-1}$ c) ML-Methode: $L(\alpha) = \alpha^n \prod\limits_{i=1}^{n} x_i^{-\alpha-1}$

$$\log L(\alpha) = n\log(\alpha) - (\alpha + 1)\sum_{i=1}^{n}\log(x_i) \ \Rightarrow \ \frac{d\log L(\alpha}{d\alpha} = \frac{n}{\alpha} - \sum_{i=1}^{n}\log(x_i) = 0 \ \Rightarrow$$

$$\frac{n}{\hat{\alpha}} = \sum_{i=1}^{n}\log(x_i) \ \Rightarrow \ \hat{\alpha} = \frac{n}{\sum\limits_{i=1}^{n}\log x_i}; \quad \text{d) Meth. Momente: } \hat{\alpha} = \bar{x}/(\bar{x}-1) \approx 2.083$$

ML-Meth.: $\hat{\alpha} = n \Big/ \left(\sum\limits_{i=1}^{n}\log x_i\right) \approx 2.159$;   e) Der Fehler des Schätzers $(\hat{\alpha} - \alpha)$
beträgt für den Schätzer nach der Methode der Momente $2.083 - 2 = 0.083$ und für
den Schätzer nach der ML-Methode $2.159 - 2 = 0.159$.

[7.4]   a) $\lambda = 2/E(X)$ und somit $\hat{\lambda} = 2/\bar{x}$.   b) Die Likelihoodfunktion ist: $L(\lambda) =$

$$\prod_{i=1}^{n}f(x_i) = \lambda^{2n}\cdot\left(\prod_{i=1}^{n}x_i\right)\cdot e^{-\lambda\sum\limits_{i=1}^{n}x_i} \ \Rightarrow \ \log(L(\lambda)) = 2n\log(\lambda) + \sum_{i=1}^{n}\log(x_i) - \lambda\sum_{i=1}^{n}x_i$$

$$\Rightarrow \ \frac{d\log(L(\lambda))}{d\lambda} = \frac{2n}{\lambda} - \sum_{i=1}^{n}x_i = 0 \ \Longleftrightarrow \ \frac{\hat{\lambda}}{2n} = 1\Big/\sum_{i=1}^{n}x_i \ \Longleftrightarrow \ \hat{\lambda} = 2n\Big/\sum_{i=1}^{n}x_i = 2/\bar{x}.$$

c) $\hat{\lambda} \approx 0.380$

[7.5]   a) $\mu = \dfrac{\lambda}{1 - e^{-\lambda}} \ \Longleftrightarrow \ e^{-\lambda} = \dfrac{\mu - \lambda}{\mu} = 1 - \dfrac{\lambda}{\mu}$, d.h. für den Schätzer nach der

Methode der Momente gilt $e^{-\hat{\lambda}} = 1 - \dfrac{\hat{\lambda}}{\bar{x}}$.   b) Die Gerade $y = f(\lambda) = 1 - \dfrac{\lambda}{\bar{x}}$ schnei-

det nach a) den Graphen der Funktion $y = e^{-\lambda}$ an der Stelle $\hat{\lambda}$.   c) Zu zeichnen
sind die Geraden mit dem y-Achsenabschnitt 1 und den Steigungen $1/2; 1/3$ bzw.
$1/4$. Man liest als λ-Koordinate die Schnittpunkte der Geraden mit dem Graphen
der Funktion $e^{-\lambda}$, d.h. die Punkte $\hat{\lambda} = 1.6; 2.8$ bzw. 3.9 ab.

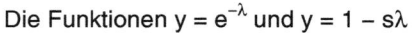

Die Funktionen $y = e^{-\lambda}$ und $y = 1 - s\lambda$

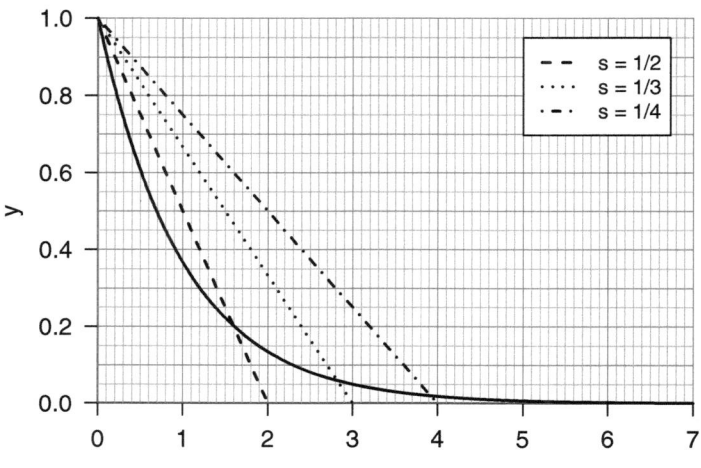

d) i)

x	N_i	N_i/N	$x \cdot N_i/N$	$\hat{P}_X(x)$
1	274	0.377	0.377	0.402
2	222	0.306	0.612	0.324
3	171	0.236	0.707	0.174
4	59	0.081	0.325	0.070
Σ	726	1.000	2.021	0.970

Der Mittelwert ist $\bar{x} = 2.021$.   ii) Die Steigung der Geraden ist $\dfrac{1}{\bar{x}} = \dfrac{1}{2.021} = 0.4948046 \approx 0.495$.   iii) $\hat{\lambda} \approx 1.6$.

iv) Siehe auch **R**-Programm. $\hat{P}(X > 4) = 1 - \sum_{j=1}^{4} P_X(j) \approx 0.02967319 \approx 0.0297$.

x	1	2	3	4	> 4
$\hat{P}_X(x)$	0.4048	0.3238	0.1727	0.0691	0.0297

[**7.6**]   a) W   b) F   c) W   d) W   e) F   f) F   g) F

[**7.7**]   a) $\hat{\pi} = 2/20 = 0.1$;   b) $\widehat{SE}(\hat{\pi}) = \sqrt{0.1 \cdot (1 - 0.1)/20} = 0.06708204 \approx 0.067$;   c) Da $\hat{\pi}$ ein erwartungstreuer Schätzer von π ist, ist der geschätzte mittlere quadratische Fehler gleich der geschätzten Varianz von $\hat{\pi}$, d.h. $0.1 \cdot 0.9/20 = 0.0045$.

[**7.8**] $\hat{\pi} = 4/39 = 0.1025641 \approx 0.1026$; $\widehat{Var}(\hat{\pi}) = \hat{\pi} \cdot (1 - \hat{\pi})/n = (4/39) \cdot (35/39)/39 = 0.002360121 \approx 0.0024$; $\widehat{SE}(\hat{\pi}) = \sqrt{\hat{\pi} \cdot (1 - \hat{\pi})/n} = 0.04858107 \approx 0.0486$; $\widehat{MQF}(\hat{\pi}) = \widehat{Var}(\hat{\pi}) = 0.0024$ da der Bias Null ist.

[**7.9**]   Im ersten Fall ist die Zustimmung 73%, d.h. $\hat{\pi} = 0.73$. Dann ist $\widehat{SE}(\hat{\pi}) = \sqrt{\hat{\pi}(1 - \hat{\pi})/n} = \sqrt{0.73(1 - 0.73)/10} = 0.1403923 \approx 0.1404 = 14.04\%$, falls $n = 10$ ist. Für $n = 100$ erhalten wir 4.44%, für $n = 1000$ noch 1.4% und für $n = 10000$ schließlich 0.44%. Analog erhält man für
$\hat{\pi} = 59\%$: 15.55%, 4.92%, 1.56%, 0.49%; für $\hat{\pi} = 56\%$: 15.70%, 4.96%, 1.57%, 0.50%; für $\hat{\pi} = 52\%$: 15.80%, 5.00%, 1.58%, 0.50% und für $\hat{\pi} = 49\%$: 15.81%, 5%, 1.58%, 0.50% .

[7.10]   a) Beachten Sie, dass $n = 775$ und $\widehat{\mathrm{SE}}(\hat{\pi}) = \sqrt{\hat{\pi}(1-\hat{\pi})/n}$ ist.

Eigenschaft	Zustimmung in %	$\hat{\pi}$	$\widehat{\mathrm{SE}}(\hat{\pi})$
heimatlich	91	0.91	0.0103
humorvoll	85	0.85	0.0128
gemütlich	79	0.79	0.0146
typisch norddeutsch	75	0.75	0.0156
gehört zum Ohnsorg-Theater	67	0.67	0.0169
stirbt aus	62	0.62	0.0174
sprechen auch junge Leute wieder	55	0.55	0.0179
kenne ich aus Talk op Platt	41	0.41	0.0177
nicht zeitgemäß	30	0.30	0.0165
grob	27	0.27	0.0159
nur für alte Menschen	21	0.21	0.0146

b) Für $\hat{\pi} = 0.55$;

c) $f'(\hat{\pi}) = 1 - 2\hat{\pi} = 0 \iff \hat{\pi} = 1/2 = 0.5$. Da $f''(\hat{\pi}) = -2 < 0$, handelt es sich in der Tat um ein Maximum.   d) Mit der Lösung in c) benutze man $\hat{\pi} = 0.5$. Damit erhält man für den maximalen geschätzten Standardfehler $\sqrt{0.5 \cdot (1-0.5)/n} = 0.5/\sqrt{n} = 0.5/\sqrt{775} = 0.01796053 \approx 0.018$.

e) Nach d) ist der maximale Wert $0.5/\sqrt{n}$. Wir rechnen mit **R**:

```
> n<-c(30,50,100,500,1000); round(0.5/sqrt(n),3)
[1] 0.091 0.071 0.050 0.022 0.016
```

f) Da $\widehat{\mathrm{var}}(\hat{\pi}) = \hat{\pi} \cdot (1-\hat{\pi})/n = (\widehat{\mathrm{SE}}(\hat{\pi}))^2$ nach d) maximal ist für $\hat{\pi} = 0.5$, muss gelten $(0.5 \cdot 0.5)/n \le (\mathrm{SE}_{max})^2 \iff n \ge \dfrac{0.25}{(\mathrm{SE}_{max})^2}$.

g) Mit **R** berechnen wir

```
> semax<-c(0.05,0.04,0.03,0.02,0.01)    # Maximalwert
> round(0.25/semax^2,1)
100.0  156.2  277.8  625.0 2500.0 # n nach Formel gerundet
> ceiling(0.25/semax^2)
100  157  278  625 2500 # nach oben auf ganze Zahl gerundet
```

[**7.11**]   a)-c)

Quelle	Z1	$\widehat{\pi}$	$\widehat{SE}(\widehat{\pi})$	Z1 + Z2	$\widehat{\pi}$	$\widehat{SE}(\widehat{\pi})$	Z1 + Z2 + Z3	$\widehat{\pi}$	$\widehat{SE}(\widehat{\pi})$
Radio	0	0.000	0.000	0	0.000	0.000	0	0.000	0.000
Zeit.	42	0.532	0.056	68	0.613	0.046	79	0.637	0.043
Blick	6	0.076	0.030	6	0.054	0.021	7	0.056	0.021
Eule	4	0.051	0.025	4	0.036	0.018	4	0.032	0.016
Hallo	1	0.013	0.013	1	0.009	0.009	1	0.008	0.008
Plakat.	8	0.101	0.034	10	0.090	0.027	11	0.089	0.026
Hand.	6	0.076	0.030	7	0.063	0.023	7	0.056	0.021
Bek.	4	0.051	0.025	6	0.054	0.021	6	0.048	0.019
Inter.	2	0.025	0.018	2	0.018	0.013	2	0.016	0.011
Sonst.	6	0.076	0.030	7	0.063	0.023	7	0.056	0.021
Gesamt	79			111			124		

Sowohl der geschätzte Anteil $\widehat{\pi}$ als auch der geschätzte Standardfehler von $\widehat{\pi}$ sind in den meisten Kategorien unwesentlich kleiner geworden, da n gestiegen ist und keine weiteren Beobachtungen in diesen Kategorien gemacht worden sind. Lediglich im Bereich Zeitung stieg $\widehat{\pi}$ an. Aufgrund der relativen kleinen Stichprobengröße von Z3 hätte man zumindest diese Umfrage weglassen können.

d) $SE_{max} = \sqrt{\dfrac{0.5 \cdot (1-0.5)}{n}} = \dfrac{0.5}{\sqrt{n}} = 0.0563$ (für $n = 79$), 0.0475 (für $n = 111$), 0.0449 (für $n = 124$);   i) von 79 auf 111: Verringerung: 0.0088, entspricht $\approx$ 15.64%;   von 111 auf 124: Verringerung: 0.0026, entspricht $\approx 5.39\%$.   ii) nein, der maximale Standardfehler ist bereits für $n = 79$ kleiner als 0.1.

[**7.12**] $\hat{\lambda} = \bar{x} = (1 \cdot 9 + 2 \cdot 5 + 3 \cdot 3)/22 = 28/22 \approx 1.273$; $Var(\hat{\lambda}) = \lambda/n$ und $\widehat{Var}(\hat{\lambda}) = \hat{\lambda}/n = (28/22)/22 = 0.05785124 \approx = 0.058$; $\widehat{SE}(\hat{\lambda}) = \sqrt{\widehat{Var}(\hat{\lambda})} = \sqrt{(28/22)/22} = 0.2405228 \approx 0.241$.   Da $\hat{\lambda}$ erwartungstreu, ist der geschätzte mittlere quadratische Fehler gleich der geschätzten Varianz, also ≈ 0.058.

[**7.13**]   Alle Rechenwege sind analog zur letzten Aufgabe: a$\hat{\lambda} = \bar{x} = 15/30 = 0.5$; $\widehat{Var}(\hat{\lambda}) = \widehat{MQF}[\hat{\lambda} = \hat{\lambda}/n = 0.5/30 \approx 0.017$ und $\widehat{SE}(\hat{\lambda}) = \sqrt{0.5/30} \approx 0.129$.

[**7.14**]   a) F   b) W   c) W   d) W   e) W   f) F

[**7.15**]   a) W   b) W   c) F   d) W   e) F   f) W   g) W

[7.16]   a) W   b) F   c) W   d) W   e) W

[7.17]   a) Die Grenzen des Konfidenzintervalls sind $\bar{x} \mp t_{n-1,\alpha/2} S_* / \sqrt{n}$.

Gruppe	ALLE	BERUF	STUD	ABLOS	RUHE	SONST
$\bar{x}$	22.69	29.09	10.46	20.07	46.86	14.18
S_*	43.78	51.05	20.66	28.04	68.95	22.78
n	659	306	213	14	49	67
$t_{n-1,0.025}$	1.964	1.968	1.971	2.160	2.011	1.997
C_-	19.34	23.35	7.67	3.88	27.06	8.62
C_+	26.04	34.83	13.25	36.26	66.66	19.74
$t_{n-1,0.005}$	2.583	2.592	2.599	3.012	2.682	2.652
C_-	18.28	21.53	6.78	−2.50	20.44	6.80
C_+	27.10	36.65	14.14	42.64	73.28	21.56

Die Quantile der t-Verteilung wurden mit **R** berechnet:

```
> n<-c(659,306,213,14,49,67)           # Stichprobengrößen
> round(qt(0.975,n-1),3)               # t-Quantile für 95%
[1] 1.964 1.968 1.971 2.160 2.011 1.997
> round(qt(0.995,n-1),3)               # t-Quantile für 99%
[1] 2.583 2.592 2.599 3.012 2.682 2.652
```

b)

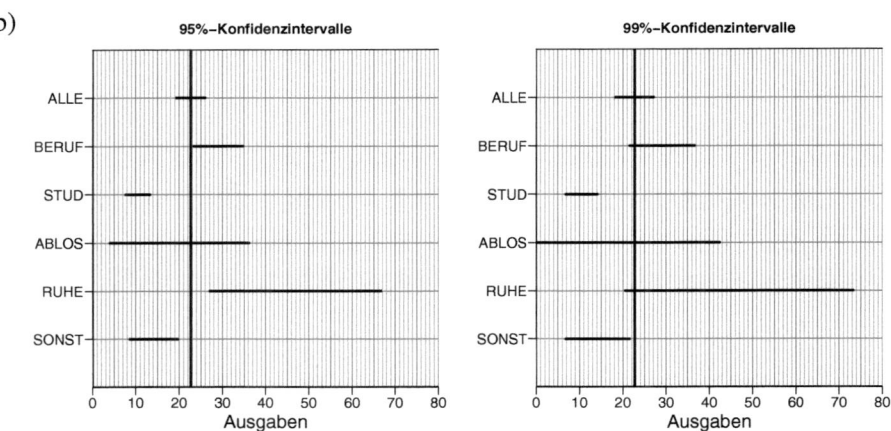

c) beim 95% Konfidenzintervall: ALLE, ABLOS; beim 99% Konfidenzintervall:
ALLE, BERUF, ABLOS, RUHE
d) Das Histogramm hat Ähnlichkeit mit der Dichte einer Normalverteilung, d.h. die
Mittelwerte sind annähernd normalverteilt.

[7.18]   a) F   b) F   c) W   d) F   e) F   f) W

[7.19] $\hat{\pi} = 4/16 = 0.25$; $1 - \alpha = 0.95 \Rightarrow \alpha/2 = 0.025 \Rightarrow$
$z_{\alpha/2} = 1.96$ (Tabelle A.2) $\Rightarrow C^- = 0.25 - 1.96 \cdot \sqrt{0.25 \cdot 0.75/16} \approx 0.0378$ und
$C^+ = 0.25 + 1.96 \cdot \sqrt{0.25 \cdot 0.75/16} \approx 0.4622$, d.h. $(C^-, C^+) = (0.0378, 0.4622)$.

[7.20]   a) Wir rechnen mit **R**:

```
pidach<-c(0.91,0.85,0.79,0.75,0.67,0.62,0.55,0.41,0.30,0.27,0.21)
se<-round(sqrt(pidach*(1-pidach)/775),4)  # schätzt SE
qua <- c(0.950,0.975)                      # qua=1-alpha/2
round(qnorm(qua),4)                        # gibt 1.6449 und 1.9600
Cmin90<-round(pidach-1.6449*se,3)          # Untere Grenze 90%
Cplus90<-round(pidach+1.6449*se,3)         # Obere Grenze 90%
Cmin95<-round(pidach-1.9600*se,3)          # Untere Grenze 95%
Cplus95<-round(pidach+1.9600*se,3)         # Obere Grenze 95%
```

Eigenschaft	$\hat{\pi}$	$\widehat{SE}(\hat{\pi})$	90%	95%
heimatlich	0.91	0.0103	$(0.893, 0.927)$	$(0.890, 0.930)$
humorvoll	0.85	0.0128	$(0.829, 0.871)$	$(0.825, 0.875)$
gemütlich	0.79	0.0146	$(0.766, 0.814)$	$(0.761, 0.819)$
typisch norddeutsch	0.75	0.0156	$(0.724, 0.776)$	$(0.719, 0.781)$
gehört zum Ohnsorg-Theater	0.67	0.0169	$(0.642, 0.698)$	$(0.637, 0.703)$
stirbt aus	0.62	0.0174	$(0.591, 0.649)$	$(0.586, 0.654)$
sprechen auch junge Leute wieder	0.55	0.0179	$(0.521, 0.579)$	$(0.515, 0.585)$
kenne ich aus Talk op Platt	0.41	0.0177	$(0.381, 0.439)$	$(0.375, 0.445)$
nicht zeitgemäß	0.30	0.0165	$(0.273, 0.327)$	$(0.268, 0.332)$
grob	0.27	0.0159	$(0.244, 0.296)$	$(0.239, 0.301)$
nur für alte Menschen	0.21	0.0146	$(0.186, 0.234)$	$(0.181, 0.239)$

b) 0.55;   c) Für 0.5, da dies den größten Standardfehler und damit das breiteste
Intervall gibt.   d) Die Breite der Intervalle ist $B = 2 \cdot z_{\alpha/2} \sqrt{\hat{\pi}(1 - \hat{\pi})/n}$, d.h. die
maximale Breite ist $B_{max} = 2 \cdot z_{\alpha/2} \sqrt{0.5^2/n} = z_{\alpha/2}/\sqrt{n} = 1.6449/\sqrt{775} \approx 0.059$
für $1 - \alpha = 0.9$ und $B_{max} = 1.96/\sqrt{775} \approx 0.070$.
e) Wir rechnen mit **R**:

```
> n<-c(30,50,100,500,1000)         # Stichprobengrößen
> round(qnorm(0.95)/sqrt(n),3)     # Max. Breite 90%
[1] 0.300 0.233 0.164 0.074 0.052
> round(qnorm(0.975)/sqrt(n),3)    # Max. Breite 95%
[1] 0.358 0.277 0.196 0.088 0.062
```

f) Nach d) gilt $B_{max} = z_{\alpha/2}/\sqrt{n} \iff \sqrt{n} = z_{\alpha/2}/B_{max} \iff n = (z_{\alpha/2}/B_{max})^2$. Wir rechnen mit **R**:

```
> Bmax<-c(0.1,0.05,0.02)          # Maximale Breiten
> ceiling((qnorm(0.95)/Bmax)^2)   # Nötiges n bei 90%
[1]  271 1083 6764
> ceiling((qnorm(0.975)/Bmax)^2)  # Nötiges n bei 95%
[1]  385 1537 9604
```

[7.21] a) Das ist gleichbedeutend mit dem Konfidenzintervall, dh. mit einer bestimmten Wahrscheinlichkeit werden die jeweiligen wahren Anteilswerte von einem Konfidenzintervall (hier der Länge *6 Prozentpunkte*) um den jeweiligen geschätzten Anteilswert überdeckt.   b) Da das Maximum für $\pi = 0.5$ angenommen wird, ist der maximale Standardfehler $\sqrt{0.5^2/1002} = 0.0157956 \approx 0.0158$. c) $0.03/0.0157956 = 1.899263$.   d) 1.899 entspricht in etwa dem 0.97 Quantil der Normalverteilung. Zu berechnen mit `pnorm(1.899)`. Das ergibt in etwa ein 94% Konfidenzintervall.

[7.22] a) Die allgemeinen Formeln lauten $C^- = \hat{\pi} - z_{\alpha/2} \cdot \sqrt{\hat{\pi} \cdot (1 - \hat{\pi})/n}$; $C^+ = \hat{\pi} + z_{\alpha/2} \cdot \sqrt{\hat{\pi} \cdot (1 - \hat{\pi})/n}$. Wir bestimmen $z_{\alpha/2}$ aus Tabelle A.2 zu $1.64; 1.96; 2.58$.
$C_{0.90}^- = 5/27 - 1.64\sqrt{(5/27 \cdot 22/27)/27} = 0.06258404 \approx 0.063$
$C_{0.90}^+ = 5/27 + 1.64\sqrt{(5/27 \cdot 22/27)/27} = 0.3077863 \approx 0.308$
$C_{0.95}^- = 5/27 - 1.96\sqrt{(5/27 \cdot 22/27)/27} = 0.03866186 \approx 0.039$
$C_{0.95}^+ = 5/27 + 1.96\sqrt{(5/27 \cdot 22/27)/27} = 0.3317085 \approx 0.332$
$C_{0.99}^- = 5/27 - 2.58\sqrt{(5/27 \cdot 22/27)/27} = -0.007687356$, d.h. $C^- = 0$
$C_{0.99}^+ = 5/27 + 2.58\sqrt{(5/27 \cdot 22/27)/27} = 0.3780577 \approx 0.378$

b) Ein Konfidenzintervall zum Niveau $1 - \alpha$ enthält den wahren Parameter mit einer Wahrscheinlichkeit von $1 - \alpha$. Wird die Wahrscheinlichkeit $1 - \alpha$ größer, muss also auch das Konfidenzintervall länger werden.
c) Bei Erhöhung des Stichprobenumfangs unter sonst gleichen Bedingungen wird das Konfidenzintervall für den Anteilswert π bei einem vorgegebenen Signifikanzniveau kleiner aufgrund der gewachsenen Information. Man bedenke, dass wir Wahrscheinlichkeiten berechnen, also Werte unter Unsicherheit; mehr Information vermindert die Unsicherheit. In der Formel drückt sich das durch den kleiner werden Standardfehler aus. Beispielhaft für $\alpha = 0.01$:
$C_{0.99}^- = 5/27 - 2.58\sqrt{(5/27 \cdot 22/27)/270} = 0.1241935 \approx 0.124$
$C_{0.99}^+ = 5/27 + 2.58\sqrt{(5/27 \cdot 22/27)/270} = 0.2461768 \approx 0.246$
Damit haben wir $(C_{0.99}^-, C_{0.99}^+) = (0.124; 0.246)$ im Vergleich zu $(0; 0.378)$.

[7.23] a) und b), zuerst für 95, dann für 99% Konfidenzintervall:

Gruppe	ALLE	BERUF	STUD	ABLOS	RUHE	SONST
n	659	306	213	14	49	67
S_*^2	1916.79	2605.65	426.98	786.23	4754.21	519.09
$nS^2 = (n-1)S_*^2$	1261248	794723	90520	10221	228202	34260
$\chi_{n-1,\alpha/2}^2$	730.98	355.27	254.22	24.74	69.02	90.35
C_-	1725.43	2236.94	356.07	413.21	3306.19	379.20
$\chi_{n-1,1-\alpha/2}^2$	588.81	258.51	173.57	5.01	30.76	45.43
C_+	2142.02	3074.20	521.52	2040.63	7420.12	754.10

Gruppe	ALLE	BERUF	STUD	ABLOS	RUHE	SONST
$nS^2 = (n-1)S_*^2$	1261248	794723	90520	10221	228202	34260
$\chi_{n-1,\alpha/2}^2$	755.20	372.37	268.79	29.82	76.97	99.33
C_-	1670.10	2134.24	336.77	342.76	2964.87	344.91
$\chi_{n-1,1-\alpha/2}^2$	568.32	245.14	162.72	3.57	26.51	40.16
C_+	2219.27	3241.92	556.30	2867.01	8607.96	853.12

c)

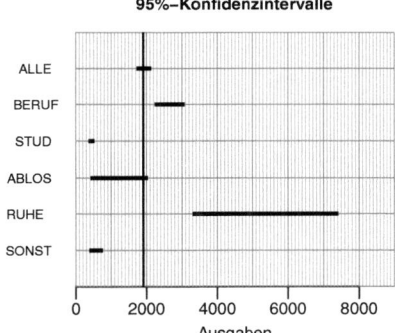 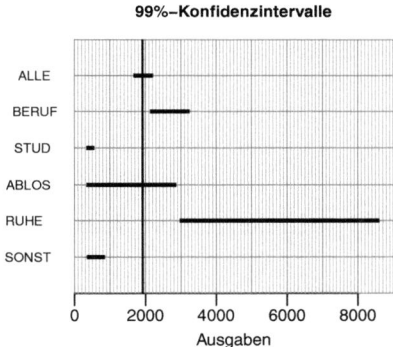

d) In beiden Fällen nur ALLE und ABLOS.

[7.24] **R** berechnet mit dem Befehl `var` den erwartungstreuen Schätzer S_*^2. Dies kann mit den Befehlen `?var` oder `help(var)` überprüft werden. Die hier angegebenen Ergebnisse wurden mit Taschenrechner berechnet. Das ebenso bereitgestellte **R**-Programm zu dieser Aufgabe hingegen rundet erst ganz am Ende, wodurch es zu numerischen Abweichungen kommen kann.

a) $C^- = \bar{x} - t_{n-1;\alpha/2} \cdot \frac{S_*}{\sqrt{n}}$ $C^+ = \bar{x} + t_{n-1;\alpha/2} \cdot \frac{S_*}{\sqrt{n}}$

$C_{0.90}^- = 5\,444.444 - 1.86 \cdot \frac{\sqrt{211893}}{\sqrt{9}} = 5\,159.047$ $C_{0.90}^+ = 5\,444.444 + 1.86 \cdot \frac{\sqrt{211893}}{\sqrt{9}} = 5\,729.841 \Rightarrow (C_{0.90}^-, C_{0.90}^+) = (5\,159.047, 5\,727.841)$

$C_{0.95}^- = 5\,444.444 - 2.31 \cdot \frac{\sqrt{211\,893}}{\sqrt{9}} = 5\,089.999 \quad C_{0.95}^+ = 5\,444.444 + 2.31 \cdot \frac{\sqrt{211\,893}}{\sqrt{9}} =$
$5\,798.889 \Rightarrow (C_{0.95}^-, C_{0.95}^+) = (5\,089.999, 5\,798.889)$

b) **n = 25**: $C_{0.95}^- = 5\,444.444 - 2.06 \cdot \frac{\sqrt{211\,893}}{\sqrt{25}} = 5\,254.793 \quad C_{0.95}^+ = 5\,444.444 +$
$2.06 \cdot \frac{\sqrt{211\,893}}{\sqrt{25}} = 5\,634.095 \Rightarrow (C_{0.95}^-, C_{0.95}^+) = (5\,254.793; 5\,634.095)$

n = 60: $C_{0.95}^- = 5\,444.444 - 2.00 \cdot \frac{\sqrt{211\,893}}{\sqrt{60}} = 5\,325.590 \quad C_{0.95}^+ = 5\,444.444 +$
$2.00 \cdot \frac{\sqrt{211\,893}}{\sqrt{60}} = 5\,563.298 \Rightarrow (C_{0.95}^-, C_{0.95}^+) = (5\,325.590, 5\,563.298)$:   i) Länge
des Konfidenzintervalls $= C^+ - C^- = 708.890$ für $n = 9$; 379.302 für $n = 25$;
237.708 für $n = 60$.   ii) Die Länge des Konfidenzintervalls wird mit zunehmendem Stichprobenumfang kleiner.

c) $C^- = \frac{n \cdot S^2}{\chi_{n-1;\alpha/2}^2} \qquad C^+ = \frac{n \cdot S^2}{\chi_{n-1;1-\alpha/2}^2} \qquad nS^2 = (n-1)S_*^2 = 8 \cdot 211\,893 = 1\,695\,144$

$C_{0.90}^- = 1\,695\,144/15.51 = 109\,293.617 \quad C_{0.90}^+ = 1\,695\,144/2.73 = 620\,931.868$
$\Rightarrow \quad (C_{0.90}^-, C_{0.90}^+) = (109\,293.617, 620\,931.868)$
$C_{0.98}^- = 1\,695\,144/20.09 = 84\,377.501 \quad C_{0.98}^+ = 1\,695\,144/1.65 = 1\,027\,360.000 \Rightarrow$
$(C_{0.98}^-, C_{0.98}^+) = (84\,377.501, 1\,027\,360.000)$. Das Konfidenzintervall zum Konfidenzniveau $1 - \alpha = 0.98$ ist breiter.

d) $nS^2 = (n-1)S_*^2 = 24 \cdot 211\,893 = 5\,085\,432$
$C_{0.90}^- = 5\,085\,432/36.42 = 139\,632.949 \quad C_{0.90}^+ = 5\,085\,432/13.85 = 367\,179.206 \Rightarrow$
$(C_{0.90}^-, C_{0.90}^+) = (139\,632.949, 367\,179.206)$. Die Breite des Konfidenzintervalls ist für $n = 25$ geringer als bei $n = 9$.

2.8 Hypothesentests - Lösungen

[**8.1**]   a) W   b) F   c) W   d) F   e) F   f) W   g) W

[**8.2**]   a) F   b) W   c) W   d) F   e) W   f) F   g) W

[**8.3**]   a) F   b) W   c) F   d) W   e) F   f) W   g) F

[**8.4**]   a) F   b) W   c) W   d) F

[**8.5**]   a) W   b) F   c) W   d) W   e) W

[**8.6**]   a) F   b) F   c) W   d) W   e) W   f) W   g) F   h) W

[**8.7**]   Die abzusichernde Aussage ist jeweils die Alternativhypothese.
a) Nullhypothese und Alternativhypothese: H_0: $\pi \geq \pi_0 = 0.55$ und H_1: $\pi < 0.55$.
Berechnung der Prüfgröße: Mit $X = 35$; $n = 104$ und $\pi_0 = 0.55$ ist

$$Z = \frac{X - n\pi_0}{\sqrt{n\pi_0(1-\pi_0)}} = \frac{35 - 104 \cdot 0.55}{104 \cdot 0.55 \cdot 0.45} \approx -4.376.$$

Bestimmung des Ablehnungsbereiches: Wenn die Alternativhypothese wahr ist, ist die Prüfgröße klein, d.h. der Ablehungsbereich liegt links, d.h. er geht von $-\infty$ bis zum kritischen Wert. Die kritischen Werte entnimmt man der Tabelle A.2: -1.28; -1.64; -2.33 für $\alpha = 0.1$; 0.05, 0.01. Alternativ kann man den **R**-Befehl `qnorm(c(0.1,0.05,0.01))` verwenden, was `[1] -1.281552 -1.644854 -2.326348` ergibt. Damit sind die Ablehnungsbreiche für $\alpha = 0.1$: $(-\infty, -1.28]$, für $\alpha = 0.05$: $(-\infty, -1.64]$, für $\alpha = 0.01$: $(-\infty, -2.33]$. Damit liegt $Z = -4.376$ für alle drei Werte von α im Ablehnungsbereich, d.h. die gegebene Aussage lässt sich auf allen drei Niveaus statistisch absichern.
Der P–Wert ist annähernd 0, wie man Tabelle A1 entnehmen kann oder mit dem **R**-Befehl `pnorm(-4.376)` berechnen kann.
b) Nullhypothese und Alternativhypothese: H_0: $\pi \leq \pi_0 = 0.47$ und H_1: $\pi > 0.47$.
Berechnung der Prüfgröße: Mit $X = 64$; $n = 106$ und $\pi_0 = 0.47$ ist

$$Z = \frac{X - n\pi_0}{\sqrt{n\pi_0(1-\pi_0)}} = \frac{64 - 106 \cdot 0.47}{106 \cdot 0.47 \cdot 0.53} \approx 2.760.$$

Bestimmung des Ablehnungsbereiches: Wenn die Alternativhypothese wahr ist, ist die Prüfgröße groß, d.h. der Ablehungsbereich liegt rechts, d.h. er geht vom kritischen Wert bis ∞. Die kritischen Werte nach Tabelle A.2 sind: 1.28; 1.64; 2.33 für $\alpha = 0.1$; 0.05, 0.01. Alternativ kann man den **R**-Befehl
`qnorm(c(0.9,0.95,0.99))` verwenden, was
`[1] 1.281552 1.644854 2.326348` ergibt.
Damit sind die Ablehnungsbreiche für $\alpha = 0.1$: $[1.28, \infty)$, für $\alpha = 0.05$: $[1.64, \infty)$, für $\alpha = 0.01$: $[2.33, \infty)$. Damit liegt $Z = 2.760$ für alle drei Werte von α im Ablehnungsbereich, d.h. die gegebene Aussage lässt sich auf allen drei Niveaus statistisch absichern.
Der P–Wert ist annähernd 0, wie man Tabelle A1 entnehmen kann oder mit dem **R**-Befehl `1-pnorm(2.760)` berechnen kann.
c) Nullhypothese und Alternativhypothese: H_0: $\pi = \pi_0 = 0.5$ und H_1: $\pi \neq 0.5$.
Berechnung der Prüfgröße: Mit $X = 68$; $n = 106$ und $\pi_0 = 0.5$ ist

$$Z = \frac{X - n\pi_0}{\sqrt{n\pi_0(1-\pi_0)}} = \frac{68 - 106 \cdot 0.5}{106 \cdot 0.5 \cdot 0.5} \approx 2.914.$$

Bestimmung des Ablehnungsbereiches: Die Alternativhypothese ist $\pi \neq 0.5$, d.h. die Nullhypothese wird abgelehnt, wenn die Prüfgröße sehr klein oder sehr groß ist. Die kritischen Werten sind $\pm z_{\alpha/2}$, welche man Tabelle A2 entnimmt oder mit dem **R**-Befehl `qnorm(c(0.95,0.975,0.995))` berechnet, was `1.644854 1.959964 2.575829` ergibt. Die Ablehnungsbereiche sind für $\alpha = 0.1$: $(-\infty, -1.64] \cup [1.64, \infty)$, für $\alpha = 0.05$: $(-\infty, -1.96] \cup [1.96, \infty)$, für $\alpha = 0.01$: $(-\infty, -2.58] \cup [2.58, \infty)$. Damit liegt $Z = 2.914$ für alle drei Werte von α im Ablehnungsbereich, d.h. die gegebene Aussage lässt sich auf allen drei Niveaus statistisch absichern.

Der P–Wert ist annähernd 0, wie man Tabelle A1 entnehmen kann oder mit `2*(1-pnorm(2.914))` berechnen kann. Beachten Sie dabei den Faktor 2!

d) Die Prüfgröße ist jetzt $Z = \frac{52-104 \cdot 0.55}{104 \cdot 0.55 \cdot 0.45} \approx -1.02$. Der P-Wert ist $P(Z < -1.02) = 0.154$ (nach Tabelle A1) oder `pnorm(-1.02)`

[8.8]   a) Test über den Mittelwert: H_0: $\mu \geq \mu_0 = 77$ und H_1: $\mu < 77$.

Prüfgröße: $T = \frac{\bar{x}-\mu_0}{\sqrt{S_*^2/n}} = \frac{59.57143-77}{\sqrt{87.46392/98}} \approx -18.448$. Unter H_0 gilt $T \sim t_{97}$ und unter H_1 ist die PG klein, d.h. der Ablehnungsbereich ist auf der linken Seite. Die kritischen Werte[6] erhält man mit `qt(c(0.1,0.05,0.01),97)`, was `-1.290340 -1.660715 -2.365407` ergibt. Damit folgen die Ablehnungsbereiche für $\alpha = 0.1$: $(-\infty; -1.290]$, für $\alpha = 0.05$: $(-\infty; -1.661]$, für $\alpha = 0.01$: $(-\infty; -2.365]$. Der Wert der Prüfgröße $T = -18.448$ liegt für alle drei α im Ablehnungsbereich, d.h. die gegebene Aussage lässt sich auf allen drei Niveaus statistisch absichern. Der P-Wert ist annähernd 0, siehe `pt(-18.448,97)`.

Test über die Varianz: H_0: $\sigma^2 \geq \sigma_0^2 = 157$ und H_1: $\sigma^2 < 157$.   Prüfgröße: $PG = nS^2/\sigma_0^2 = (n-1) \cdot S_*^2/\sigma_0^2 = 97 \cdot 87.46392/157 \approx 54.038$. Unter H_0 gilt $PG \sim \chi_{n-1}^2 = \chi_{97}^2$. Die Ablehnungsbereiche sind linksseitig mit den kritischen Werten $\approx 79.633; 75.282; 67.562$, die man mit `qchisq(c(0.1,0.05,0.01),n-1)` erhält. Die Ablehnungsbereiche sind für $\alpha = 0.1$: $[0, 79.633]$, für $\alpha = 0.05$: $[0, 75.282]$, für $\alpha = 0.01$: $[0, 67.562]$; 5%: $[0, 75.282]$; 10%: $[0, 79.633]$. Da $PG = 54.038$ für alle drei α im Ablehnungsbereich liegt, lässt sich die gegebene Aussage auf allen drei Niveaus statistisch absichern. Der P-Wert ist fast Null, siehe `pchisq(54.038,97)`, was `0.0001246892` ergibt.

b) Test über den Mittelwert: H_0: $\mu = \mu_0 = 69$ und H_1: $\mu \neq 69$.

Prüfgröße: $T = \frac{\bar{x}-\mu_0}{\sqrt{S_*^2/n}} = \frac{59.57143-69}{\sqrt{87.46392/98}} \approx -9.980$. Unter H_0 gilt $T \sim t_{n-1} = t_{97}$.

Der Ablehnungsbereich ist beidseitig. Die kritischen Werte sind gegeben durch $\pm t_{n-1,\alpha/2}$, was man z.B. mit `qt(c(0.05,0.025,0.005),97)` berechnen kann. Die gerundete Ausgabe ist `-1.661 -1.985 -2.627` und somit sind die Ablehnungsbereiche für $\alpha = 0.1$: $(-\infty, -1.661] \cup [1.661, \infty)$; für $\alpha = 0.05$: $(-\infty, -1.985] \cup [1.985, \infty)$; für $\alpha = 0.01$: $(-\infty, -2.627] \cup [2.627, \infty)$. Die Prüfgröße $T = -9.980$ liegt für alle drei α im Ablehnungsbereich, d.h. die gegebene Aussage lässt sich auf allen Niveaus statistisch absichern. Der P-Wert kann mit `2*pt(-9.980,97)` berechnet werden, was `1.480840e-16` ergibt, was $1.480840 \cdot 10^{-16}$ bedeutet, d.h. der P-Wert ist nahezu Null.

Test über die Varianz H_0: $\sigma^2 = \sigma_0^2 = 195$ gegen H_1: $\sigma^2 \neq 195$.

Prüfgröße: $PG = 97 \cdot 87.46392/195 \approx 43.507$. Unter H_0 gilt $PG \sim \chi_{97}^2$. Die kritischen Werte sind $\chi_{97;(1-\alpha/2)}^2$ und $\chi_{97;\alpha/2}^2$, die wir mit `round(qchisq(c(0.05,0.95,0.025,0.975,0.005,0.995),97),3)` berechnen:

`75.282 120.990 71.642 126.141 64.878 136.619`

---

[6] Mit Tabelle A3 lassen sich die kritischen Werte nur ungefähr bestimmen.

Die Ablehnungsbereiche sind für $\alpha = 0.1$: $[0, 75.282] \cup [120.990; \infty)$; für $\alpha = 0.05$: $[0, 71.642] \cup [126.141; \infty)$; für $\alpha = 0.01$: $[0, 64.878] \cup [136.619, \infty)$. Da $PG = 43.507$ in allen drei Ablehnungsbereichen liegt, lässt sich die gegebene Aussage auf allen drei Niveaus statistisch absichern.

Den P-Wert erhält man mit `2*pchisq(43.507,97)`, was ≈ 0 ergibt.

c) Test über den Mittelwert: H_0: $\mu \leq \mu_0 = 170$ gegen H_1: $\mu > 170$.

Prüfgröße: $T = \frac{182.6905 - 170}{\sqrt{61.30343/126}} \approx 18.194$. Unter H_0 gilt $T \sim t_{n-1} = t_{125}$.

Die Ablehnungsbereiche sind rechtsseitig mit den durch **R** berechneten kritischen Werten `round(qt(c(0.9,0.95,0.99),125),2)`, was `1.29 1.66 2.36` ergibt (vergleiche Tabelle A3). Ablehnungsbereiche: Für $\alpha = 0.1$: $[1.29, \infty)$; für $\alpha = 0.05$: $[1.66, \infty)$; für $\alpha = 0.01$: $[2.36, \infty)$. Da $T = 18.194$ in allen drei Ablehnungsbereichen liegt, lässt sich die gegebene Aussage auf allen drei Niveaus statistisch absichern. Der P-Wert ist ≈ 0, siehe `1-pt(18.194,125)`.

Test über die Varianz: H_0: $\sigma^2 \leq \sigma_0^2 = 50$ gegen H_1: $\sigma^2 > 50$. Prüfgröße: $PG = 125 \cdot 61.30343/50 \approx 153.259$. Unter H_0 gilt $PG \sim \chi_{125}^2$. Der Ablehnungsbereich ist rechts. Mit `round(qchisq(c(0.9,0.95,0.99),125),2)` erhalten wir die kritischen Werte `145.64 152.09 164.69`. Die Ablehnungsbereiche sind für $\alpha = 0.1$: $[145.64, \infty)$; für $\alpha = 0.05$: $[152.09, \infty)$; für $\alpha = 0.01$: $[164.69, \infty)$. Die Prüfgröße $PG = 153.259$ liegt für $\alpha = 0.1$ und $\alpha = 0.05$ im Ablehnungsbereich, d.h. für $\alpha = 0.1$ und $\alpha = 0.05$ lässt sich die Nullhypothese widerlegen und damit die Alternative statistisch absichern, jedoch nicht für $\alpha = 0.01$. Den P-Wert erhält man mit `round(1-pchisq(153.259,125),4)`, was 0.0437 ergibt.

[**8.9**]   a) Hier ist ein zweiseitiger Test mit der Nullhypotsese $H_0 : \pi = \pi_0 = 0.5$ gegen $H_1 : \pi \neq 0.5$ zu verwenden. Die Ablehnungsbereiche für $\alpha = 0.1, 0.05, 0.01$ sind aus der Ausgabe der Verteilungsfunktion der Binomialverteilung abzulesen:
$A = \{0, 1, \ldots, 105\} \cup \{132, 133, \ldots, 237\}$ für $\alpha = 0.1$;
$A = \{0, 1, \ldots, 102\} \cup \{135, 136, \ldots, 237\}$ für $\alpha = 0.05$;
$A = \{0, 1, \ldots, 98\} \cup \{139, 140, \ldots, 237\}$ für $\alpha = 0.01$.
Der Wert 74 für die Prüfgröße liegt jeweils im Ablehnungsbereich, d.h. die Nullhypothese wird verworfen. Der P–Wert für 74 ist `2*pbinom(74,237,0.5)`, d.h. ≈ 0 nach der **R**-Ausgabe in der Aufgabe.

b) $H_0 : \pi > 0.5$ gegen $H_1 : \pi \leq 0.5$ mit den Ablehnungsbereichen:
$A = \{0, 1, \ldots, 108\}$ für $\alpha = 0.1$; $A = \{0, 1, \ldots, 105\}$ für $\alpha = 0.05$;
$A = \{0, 1, \ldots, 100\}$ für $\alpha = 0.01$. P–Wert: `pbinom(74,237,0.5)`, d.h. ≈ 0.

c) $H_0 : \pi < 0.5$ gegen $H_1 : \pi \geq 0.5$ mit den Ablehnungsbereichen
$A = \{128, 129, \ldots, 237\}$ für $\alpha = 0.1$; $A = \{132, 133, \ldots, 237\}$ für $\alpha = 0.05$;
$A = \{136, 137, \ldots, 237\}$ für $\alpha = 0.01$. P–Wert: `1- pbinom(73,237,0.5)`, d.h. ≈ 1.

[**8.10**] $H_0 : \pi \leq \pi_0 = 0.23$ gegen $H_1 : \pi > 0.23$. Prüfgröße: $Z = \frac{433 - 1044 \cdot 0.23}{\sqrt{1044 \cdot 0.23 \cdot (1 - 0.23)}} \approx$ 14.185. Der P-Wert ist fast Null, siehe Tabelle A1 oder `1-pnorm(14.185)`. H_0 wird verworfen. Es ist statistisch abgesichert, dass die Anzahl der Drogenfahrten gestiegen ist.

[**8.11**] $H_0 : \pi \geq \pi_0 = 0.49$ gegen $H_1 : \pi < 0.49$. Prüfgröße: $Z = \frac{92 - 500 \cdot 0.49}{\sqrt{500 \cdot 0.49 \cdot (1 - 0.49)}} \approx$ -13.687. Der P-Wert ist laut Tabelle A1 ≈ 0, siehe auch in **R**: pnorm(-13.687). H_0 wird verworfen. Man hat damit statistisch abgesichert, dass der Anteil der Ökostrombezieher in Wiesbaden kleiner als 49% ist.

[**8.12**] $H_0 : \pi = \pi_0 = 0.167$ gegen $H_1 : \pi \neq 0.167$. Prüfgröße: $Z = \frac{0.22 - 0.167}{\sqrt{0.167 \cdot (1 - 0.167)/500}} \approx 3.177$. Der P-Wert ist laut Tabelle A1 ≈ 0, siehe auch in **R**: 2*(1-pnorm(3.177)). H_0 wird verworfen. Man hat statistisch abgesichert, dass die Anteil der *Ja*–Antworten in Wiesbaden und Mainz von 16.7% verschieden ist.

[**8.13**] a) Anzahl '+' (und Anzahl '−') $\sim b(12, 0.5)$.
b) Sei π die Wahrscheinlichkeit, dass „*unterschätzt*" wird. Dann: $H_0 : \pi \leq \pi_0 = 0.5$ gegen $H_1 : \pi > 0.5$.
c) Die Ablehnungsbereiche sind rechtsseitig. Mit **R** berechnen wir die Wahrscheinlichkeitsfunktion für $x \geq 6$:

```
> round(dbinom(6:12,12,0.5),3)
[1] 0.226 0.193 0.121 0.054 0.016 0.003 0.000
```

Ablehnungsbreich: $A = \{11, 12\}$ für $\alpha = 0.01$; $A = \{10, 11, 12\}$ für $\alpha = 0.05$; $A = \{9, 10, 11, 12\}$ für $\alpha = 0.10$. Es wurde 9-mal unterschätzt, d.h. die PG liegt im Ablehnungsbreich für $\alpha = 0.1$. Für $\alpha = 0.05$ und 0.01 kann H_0 nicht verworfen werden. Der P-Wert ist $P(PG \geq 9) = 1 - P(PG \leq 8) \approx 0.073$, was mit 1-pbinom(8,12,0.5) berechnet werden kann.

[**8.14**] a) $H_0 : \pi \geq \pi_0 = 0.5$ gegen $H_1 : \pi < 0.5$. Ablehnungsbereiche[7] für $\alpha = 0.01$: $\{0, 1, 2\}$; für $\alpha = 0.05$: $\{0, 1, 2, 3\}$; für $\alpha = 0.1$: $\{0, 1, 2, 3, 4\}$.
b) $H_0 : \pi \leq \pi_0 = 0.5$ gegen $H_1 : \pi > 0.5$. Ablehnungsbereiche: $\alpha = 0.01$: $\{13, 14, 15\}$; für $\alpha = 0.05$: $\{12, 13, 14, 15\}$; für $\alpha = 0.1$: $\{11, 12, 13, 14, 15\}$.
c) $H_0 : \pi = \pi_0 = 0.5$ gegen $H_1 : \pi \neq 0.5$. $A = \{0, 1, 2, 3\} \cup \{12, 13, 14, 15\}$.
d) (i) $P(PG \leq 5) \approx 0.15$, (ii) $P(PG \geq 10) = 1 - P(PG \leq 9) \approx 0.15$, (iii) $2 \cdot P(PG \leq 5) \approx 0.3$.

---

[7] Überprüfen Sie die Ergebnisse mit sum(dbinom(A,15,0.5)), wobei für A die Werte aus dem Ablehnungsbereich einzusetzen sind.

[**8.15**]   a) $\alpha = 0.05 : A = \{0,1\}; \quad \alpha = 0.1 : A = \{0,1,2\}.$
b) $\alpha = 0.05 : A = \{9,10\}; \quad \alpha = 0.1 : A = \{8,9,10\}.$
c) $\alpha = 0.01 : A = \{0\} \cup \{10\}; \quad \alpha = 0.05 : A = \{0,1\} \cup \{9,10\}.$
d) (i) $P(PG \leq 2) \approx 0.055;$ (ii) $P(PG \geq 7) \approx 0.17;$ (iii) $2 \cdot P(PG \geq 9) \approx 0.02.$

[**8.16**]   a)

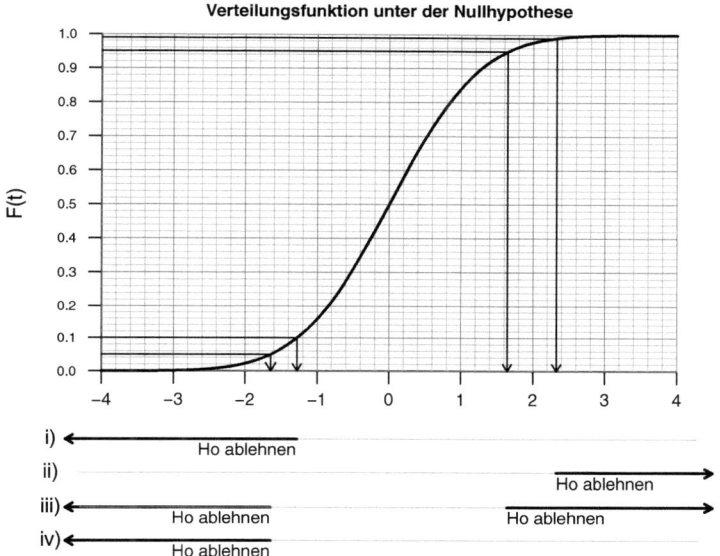

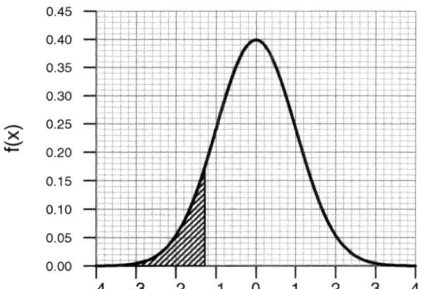

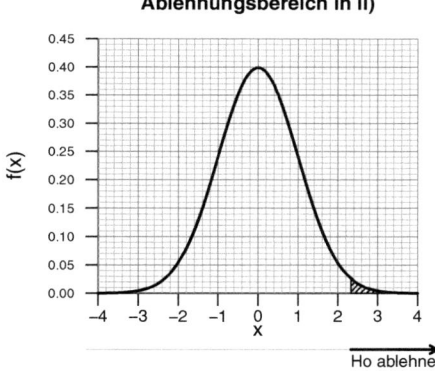

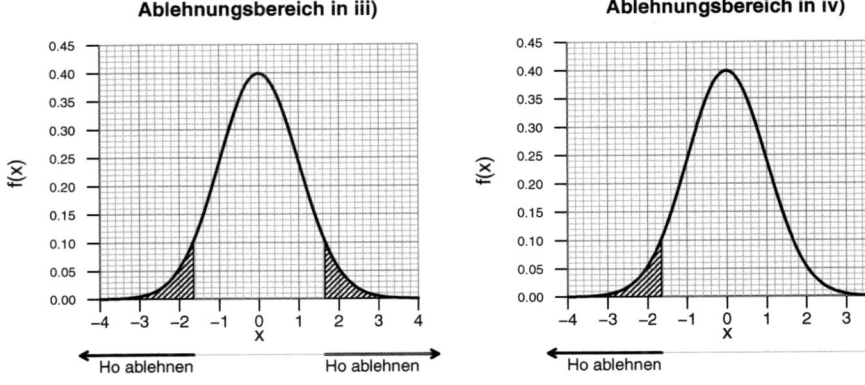

i) Links: $\alpha = 0.1 : A = (\infty, -1.28]$ kann mit `qnorm(0.1)` geprüft werden.

ii) Rechts: $\alpha = 0.01 : A = [2.32, \infty)$ kann mit `qnorm(0.99)` geprüft werden.

iii) Beidseitig: $\alpha = 0.1 : A = (-\infty, -1.64] \cup [1.64, \infty)$ kann mit `qnorm(0.05)` und `qnorm(0.95)` geprüft werden.

iv) Links: $\alpha = 0.05 : A = (-\infty, -1.64]$ kann mit `qnorm(0.05)` geprüft werden.

b)

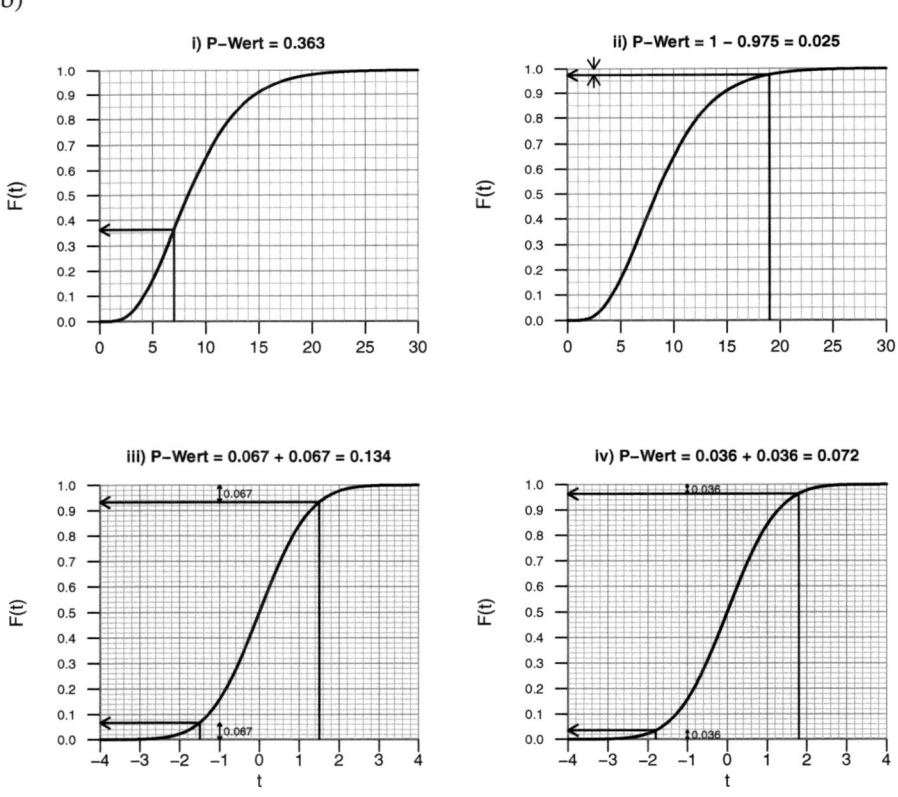

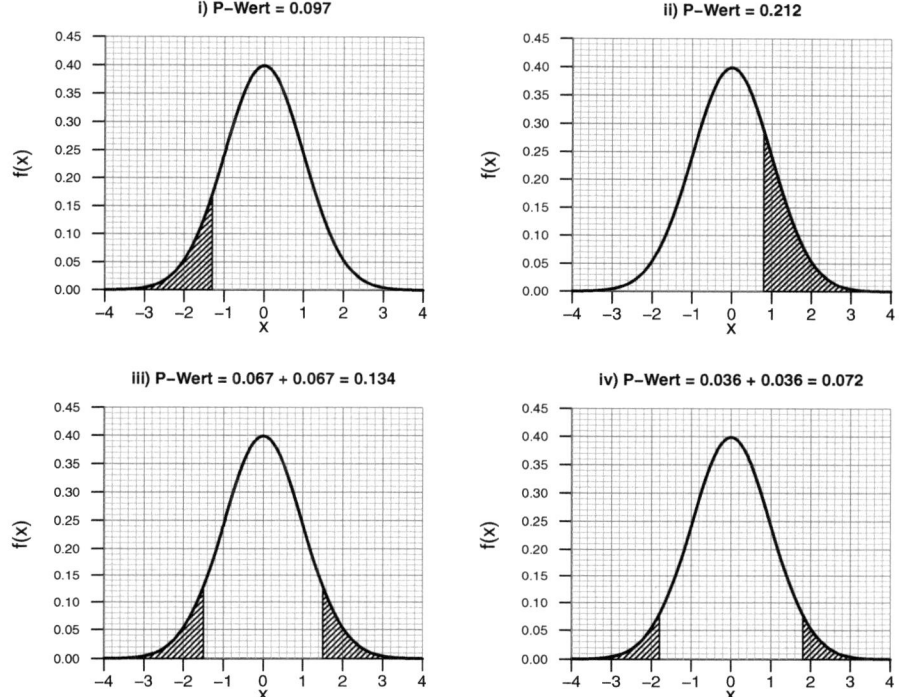

i) $P(PG \leq -1.3) = 0.097$ kann mit `pnorm(-1.3)` geprüft werden.

ii) $P(PG \geq 0.8) = 1 - P(PG \leq 0.8) = 0.212$. In **R**: `1-pnorm(0.8)`

iii) $P(PG \leq -1.5) + P(PG \geq 1.5) = P(PG \leq -1.5) + 1 - P(PG \leq 1.5) = 0.134$

kann mit `2*pnorm(-1.5)` oder `pnorm(-1.5)+1-pnorm(1.5)` geprüft werden.

iv) $P(PG \geq 1.8) + P(PG \leq -1.8) = 1 - P(PG \leq 1.8) + P(PG \leq -1.8) = 0.072$

kann mit `2*pnorm(-1.8)` oder `pnorm(-1.8)+1-pnorm(1.8)` geprüft werden.

[**8.17**]   a)

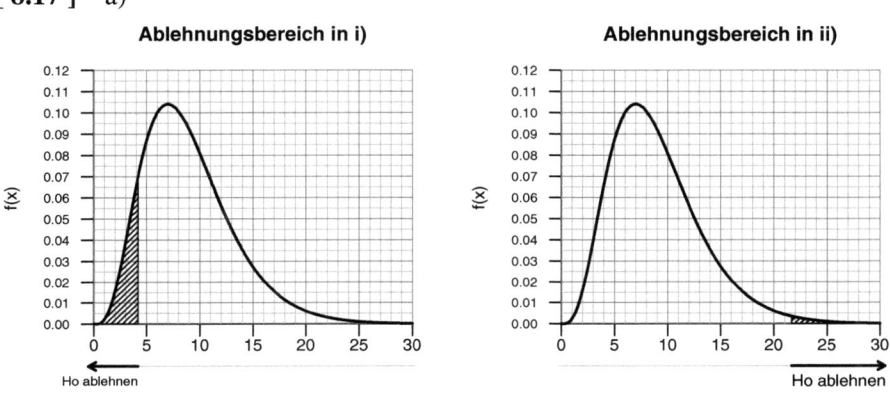

Ablehnungsbereich in iii)   **Ablehnungsbereich in iv)**

Verteilungsfunktion unter der Nullhypothese

i) Links: $\alpha = 0.05$; $A = [0, 3.33]$ kann mit `qchisq(0.05,9)` geprüft werden.
ii) Rechts: $\alpha = 0.01$: $A = [21.67, \infty)$ kann mit `qchisq(0.99,9)` geprüft werden.
iii) Beidseitig: $\alpha = 0.1$: $A = [0, 3.33] \cup [16.92, \infty)$; **R**: `qchisq(c(0.05,0.95),9)`
iv) Links: $\alpha = 0.1$: $A = [0; 4.17]$ kann mit `qchisq(0.1,9)` geprüft werden.
b)

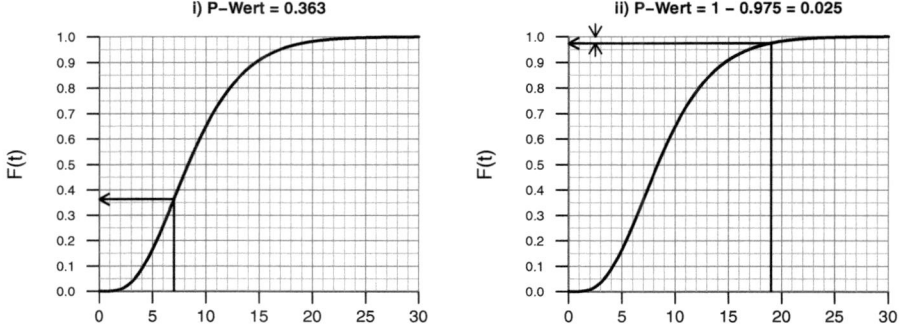

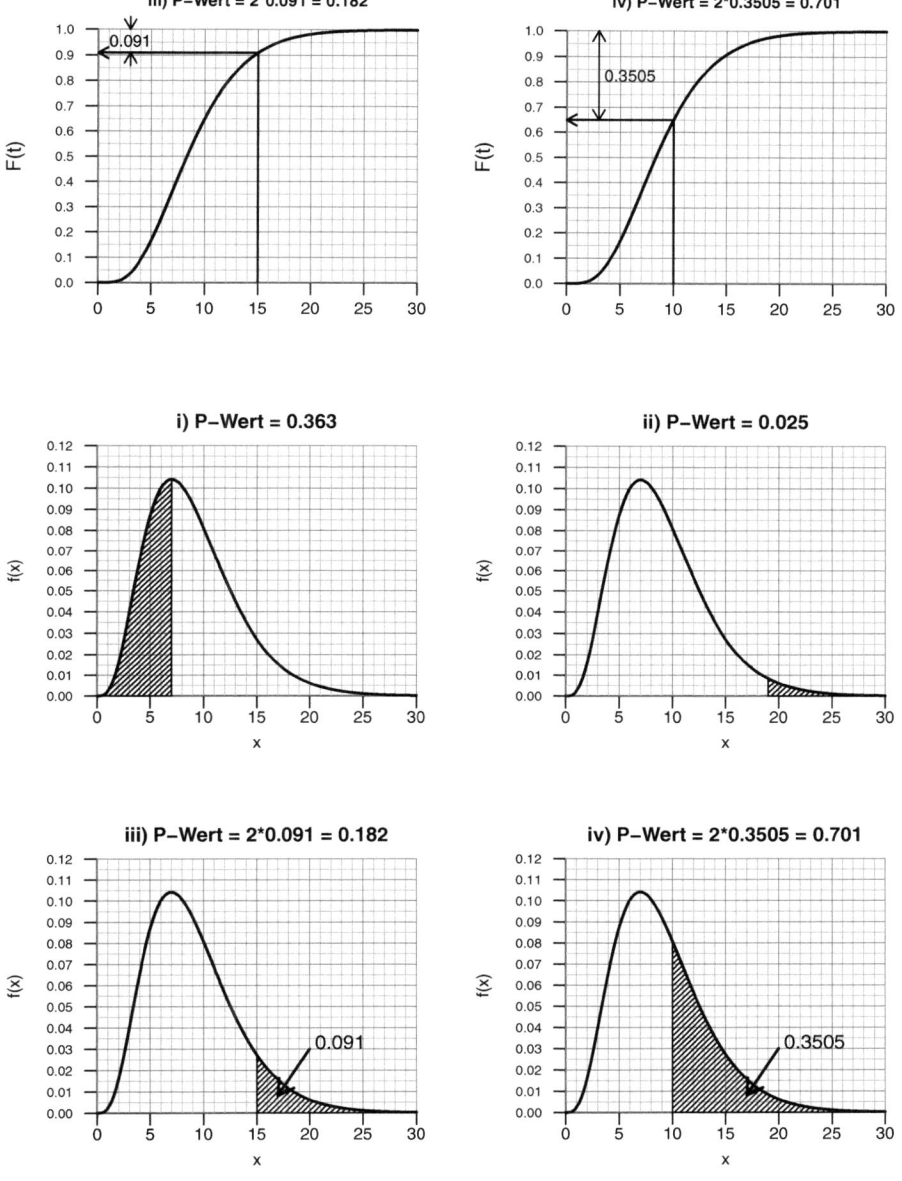

i) $P(PG \leq 7) = 0.363$, kann mit `pchisq(7,9)` geprüft werden.

ii) $P(PG \geq 19) = 0.025$, kann mit `1-pchisq(19,9)` geprüft werden.

iii) $2 \cdot P(PG \geq 15) = 0.182$, kann mit `2*(1-pchisq(15,9))` geprüft werden.

iv) $2 \cdot P(PG \geq 10) = 0.701$, kann mit `2*(1-pchisq(10,9)` geprüft werden.

[**8.18**]   a) Wie üblich ist die abzusichernde Hypothese die Alternativhypothese, d.h. H_0: $\pi \leq \pi_0 = 0.23$ gegen H_1: $\pi > 0.23$. Damit ist der Ablehnungsbereich rechts.

b) Die kritischen Werte erhalten wir aus dem Ausdruck. $\alpha = 0.1 : A = \{7, 8, \ldots, 17\}$. Beachten Sie $P(X \geq 7) = 1 - P(X < 7) = 1 - P(X \leq 6) = 1 - 0.926 = 0.074$. Für $\alpha = 0.05$ ist $A = \{8, 9, \ldots, 17\}$. Machen Sie die Probe mit `sum(dbinom(7:12,17,0.23)` und `sum(dbinom(8:12,17,0.23))`.

c) Der P-Wert ist $P(PG \geq 6) = 1 - P(PG \leq 5) = 1 - 0.823 = 0.177$ nach dem **R**-Ausdruck oder nach `1-pbinom(5,17,0.23)`.

d) Die Nullhypothese kann bei $\alpha = 0.1$ nicht verworfen werden. Wird die Nullhypothese verworfen, so ist die Irrtumswahrscheinlichkeit gleich dem P-Wert, d.h. 0.177.

[8.19]

a)

Gruppe	BERUF	STUD	ABLOS	RUHE	SONST
$\bar{x}$	29.09	10.46	20.07	46.86	14.18
S_*	$\sqrt{2605.65}$	$\sqrt{426.98}$	$\sqrt{786.23}$	$\sqrt{4754.21}$	$\sqrt{519.09}$
n	306	213	14	49	67
$PG = T$	2.193	-8.638	-0.350	2.454	-3.057
FG	305	212	13	48	66
$A_{0.05}$	$(-\infty; -1.96]$ $\cup [1.96; \infty)$	$(-\infty; -1.96]$ $\cup [1.96; \infty)$	$(-\infty; -2.16]$ $\cup [2.16; \infty)$	$(-\infty; -2.01]$ $\cup [2.01; \infty)$	$(-\infty; -2]$ $\cup [2; \infty)$
P-Wert	0.028	0.000	0.732	0.018	0.000

Die P-Werte können mit `2*pt(-2.193,305); 2*pt(-8.638,212); 2*pt(-0.350,13); 2*pt(-2.454,48); 2*pt(-0.3057,66)` in **R** geprüft werden.

b) Nur das Konfidenzintervall für die Arbeitslosen enthält μ_0. Dies ist die einzige Gruppe, für die die Nullhypothese nicht verworfen wird bei $\alpha = 0.05$.

c) H_0 wird für Studenten und Sonstige verworfen, nicht aber für die der Berufstätigen, der Arbeitslosen und der Ruheständler, da die Konfidenzintervalle für diese Gruppen μ_0 enthalten.

d) Rechtsseitiger Test auf Mittelwert.

   i) $T_{\text{Beruf}} = \frac{(\bar{x} - \mu_0)\sqrt{n}}{S_*} = \frac{(29.09 - 22.69)\sqrt{306}}{\sqrt{2605.65}} = 2.193$

   $T_{\text{Ruhe}} = \frac{(\bar{x} - \mu_0)\sqrt{n}}{S_*} = \frac{(46.86 - 22.69)\sqrt{49}}{\sqrt{4754.21}} = 2.454$

   ii) $P(PG \geq 2.193) = 0.015$ $P(PG \geq 2.454) = 0.009$, mit `1-pt(2.193,305)` und `1-pt(2.454,48)`. Mit steigender Stichprobengröße nähert sich die t-Verteilung der Standardnormalverteilung an. Die untere Dichtefunktion ist folglich etwas flacher.

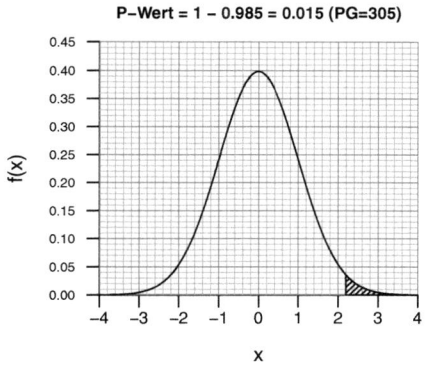

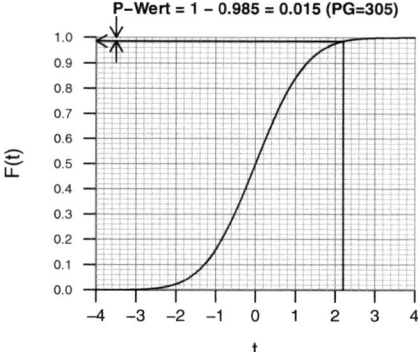

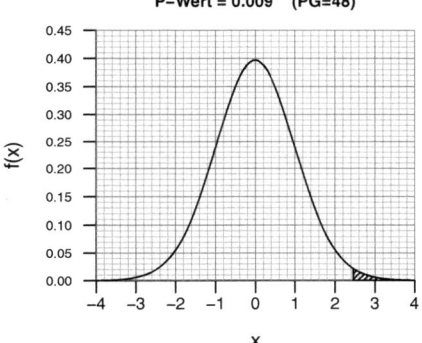

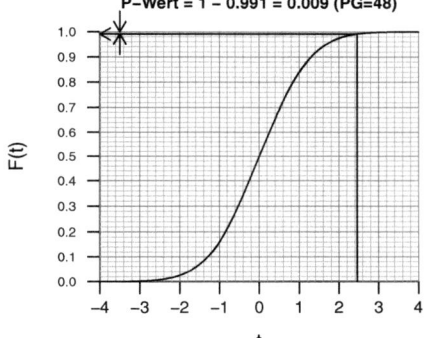

e) Linksssseitiger Test auf Mittelwert.

   i) $T_{\text{Stud}} = \dfrac{(\bar{x}-\mu_0)\sqrt{n}}{S_*} = \dfrac{(10.46-22.69)\sqrt{213}}{\sqrt{426.98}} = -8.638$

     $T_{\text{Ablos}} = \dfrac{(\bar{x}-\mu_0)\sqrt{n}}{S_*} = \dfrac{(20.07-22.69)\sqrt{14}}{\sqrt{768.23}} = -0.350$

  ii) STUD: $\alpha = 0.05 : A = (-\infty, -1.65]$ ABLOS: $\alpha = 0.05 : (-\infty, -1.77]$

                     $\alpha = 0.01 : A = (-\infty, -2.34]$ $\alpha = 0.01 : (-\infty, -2.65]$

 iii) $P(PG \leq -8.638) \approx 0, \quad P(PG \leq -0.350) = 0.366.$ (Mit **R**: `pt(-8.638,212)`
     und `pt(-0.350,13)`). Mit steigender Stichprobengröße nähert sich die t-
     Verteilung der Standardnormalverteilung an. Die untere Dichtefunktion ist
     folglich ein wenig flacher. Wir zeigen die Bilder nur für den 2. Fall, da der
     P-Wert im 1. Fall ≈ 0 ist.

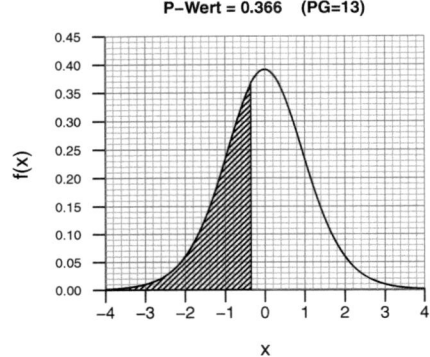

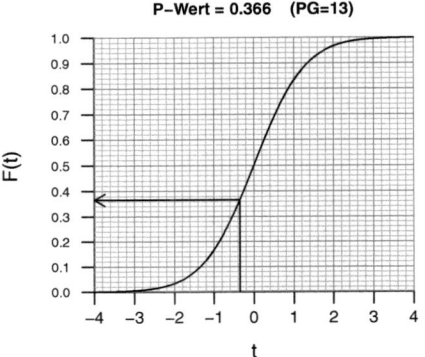

[8.20]   a) Bedenken Sie, dass $nS^2 = (n-1)S_*^2$.

Gruppe	BERUF	STUD	ABLOS	RUHE	SONST
S_*^2	2605.65	426.98	786.23	4754.21	519.09
n	306	213	14	49	67
nS^2	794723.2	90519.76	10220.99	228202.1	34259.94
PG	414.61	47.225	5.332	199.054	17.874
FG	305	212	13	48	66
H_0	$\sigma^2 = \sigma_0^{\,2}$	$\sigma^2 \geq \sigma_0^{\,2}$	$\sigma^2 = \sigma_0^{\,2}$	$\sigma^2 \leq \sigma_0^{\,2}$	$\sigma^2 \geq \sigma_0^{\,2}$
$A_{0.05}$	$[0;258.51] \cup$ $[355.27;\infty)$	$[0;179.30]$	$[0;5.01] \cup$ $[24.74;\infty)$	$[65.17;\infty)$	$[0;48.31]$
$A_{0.01}$	$[0;245.14] \cup$ $[372.37;\infty)$	$[0;167.06]$	$[0;3.57] \cup$ $[29.82;\infty)$	$[73.68;\infty)$	$[0;42.24]$
P-Wert	0.00	0.00	0.07	0.00	0.00

Die P-Werte können mit **R** wie folgt berechnet werden:

```
2*(1-pchisq(414.612,305)); pchisq(47.225,212); 2*pchisq(5,332,13);
1-pchisq(119.054,48); pchisq(17.874,66)
```

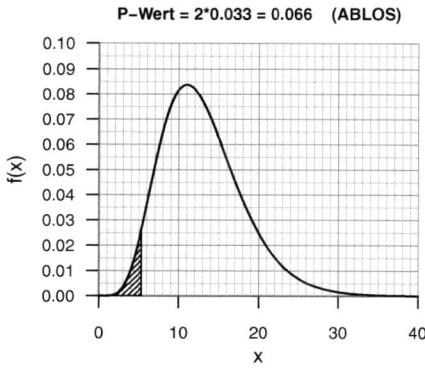
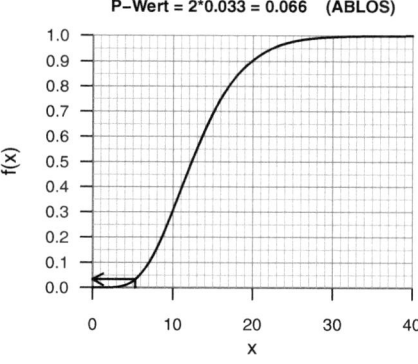

b) Die Ergebnisse der Tests sind anhand der Konfidenzintervalle zu erwarten. Das 95%- und 99%-KI der Arbeitslosen enthält jeweils σ_0^2, weshalb H_0 auf 5%- und 1%-Signifikanzniveau nicht verworfen werden kann. Bei den Berufstätigen ist σ_0^2 nicht in den Konfidenzintervallen enthalten, weshalb H_0 auf allen üblichen Niveaus verworfen werden kann. Die Nullhypothese wird für alle weiteren Gruppen, außer natürlich die alle umfassende, verworfen.

[**8.21**]   a) und c) [siehe auch **R**-Programm]

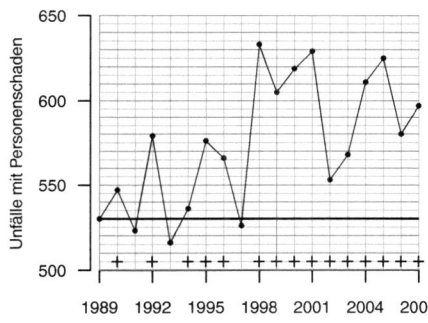
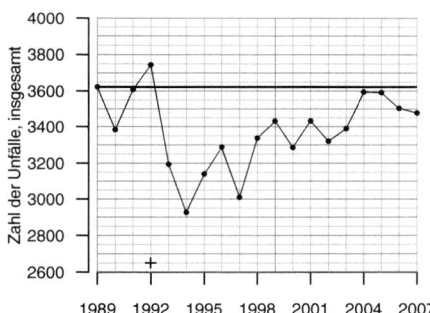

b) H_0: $\pi \leq \pi_0 = 0.5$ und H_1: $\pi > 0.5$. Wir haben 15 '+'–Zeichen gezählt, d.h. $PG = 15$. Ablehnungsbereich für $\alpha = 0.05$ ist $A = \{13, 14, \ldots, 18\}$ und für $\alpha = 0.01$ ist $A = \{15, 16, 17, 18\}$. Der P-Wert ist $P(PG \geq 15) = 0.004$. Die Nullhypothese ist bei $\alpha = 0.01$ abzulehnen.

c) H_0: $\pi \geq \pi_0 = 0.5$ und H_1: $\pi < 0.5$. Wir zählen nur ein '+'–Zeichen, d.h. $PG = 1$. Ablehnungsbereich für $\alpha = 0.05$ ist $A = \{0, 1, \ldots, 5\}$ und für $\alpha = 0.01$ ist $A = \{[0, 1, \ldots, 4\}$. Der P-Wert ist $P(PG \geq 1) \approx 0$, d.h. die Nullhypothese ist abzulehnen.

[**8.22**]   a) Nach Tabelle A2 ist $z_{0.005} = 2.58$ und $z_{0.025} = 1.96$. Oder `qnorm(0.995)` und `qnorm(0.975)`.

b) $EG_U = 10 - 2.58 \cdot 0.3/\sqrt{9} \approx 9.742$ $EG_O = 10 + 2.58 \cdot 0.3/\sqrt{9} \approx 10.258$
   $WG_U = 10 - 1.96 \cdot 0.3/\sqrt{9} \approx 9.804$ $WG_O = 10 + 1.96 \cdot 0.3/\sqrt{9} \approx 10.196$

c) Das Verfahren kann als zweiseitiger Hypothesentest zur Nullhypothese $H_0 : \mu = \mu_0$ gegen $H_1 : \mu \neq \mu_0$ bei bekannter Varinz σ^2 aufgefasst werden. Es wird gewarnt bzw. eingegriffen, wenn die Prüfgröße in den Ablehnungsbereich fällt.

d) Irrtümlich gewarnt wird mit einer Wahrscheinlichkeit von 0.05 . Die Wahrscheinlichkeit eines irrtümlichen Eingriffs beträgt 0.01.

[**8.23**]   a) Hypothesentest, über μ bei unbekannter Varianz σ^2, d.h. ein t-Test, wobei $\mu = E[X_A - 3 \cdot X_E]$. Die Prüfgröße ist t-verteilt mit 74 Freiheitsgraden (*degrees of freedom*, siehe `df`).

b) Es handelt sich um einen zweiseitigen Test mit H_0: $\mu = 0$ und H_1: $\mu \neq 0$.

c) H_0 kann bei allen drei Signifikanzniveaus verworfen werden, da der P-Wert jeweils geringer ist.

d) Das Intervall $[1.545436, 4.774654]$ ist ein Konfidenzintervall für μ, dass den wahren Mittelwert μ mit einer Warscheinlichkeit von $1 - \alpha = 0.95$ enthält.

e) Eigentlich interessiert uns H_1: $\mu > 0$. Das kann in **R** mit
`t.test(Ausgangstest-3*Eingangstest,alternative="greater", mu=0)`
ereicht werden.

f) Irrtumswahrscheinlichkeit = P-Wert = $P(PG \geq 3.8998) = 0.00021/2 = 0.000105$.

[**8.24**]   a) $H_0 : \sigma^2 \geq 1\,284\,955$ und $H_1 : \sigma^2 < 1\,284\,955$.

b) H_0 wird verworfen, wenn Prüfgröße $PG = \dfrac{n \cdot S^2}{\sigma_0^2}$ in den Ablehnungsbereich $[0, 1.15]$ fällt, der mit der χ_5^2-Verteilung (Tabelle A4) bestimmt wurde.

c) Aus den Daten erhalten wir $S^2 = 252\,568.9 \Rightarrow PG = \frac{n \cdot S^2}{\sigma_0^2} = \frac{6 \cdot 252568.9}{1284955} \approx 1.179$. Unter H_0 gilt $PG \sim \chi_5^2$.

d) Der P-Wert ist $P(PG \leq 1.179$, was zwischen 1.1 und 1.2 liegt. Damit liegt der P-Wert zwischen 0.046 und 0.055. Der genaue Wert beträgt 0.0531239 und kann mit `pchisq(1.179,5)` bestimmt werden.

e) Siehe auch **R**-Programm.

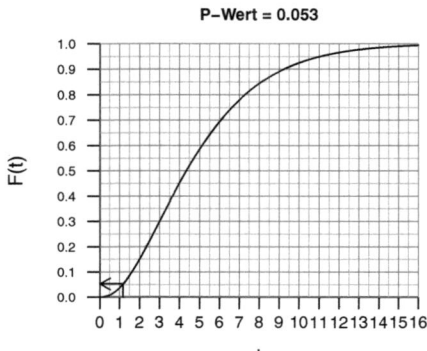

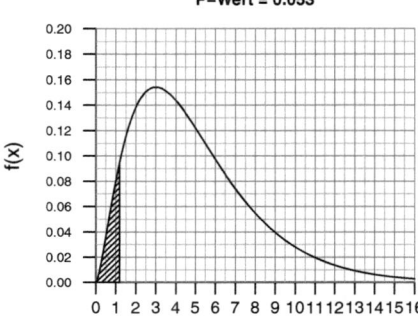

f) Da der P-Wert ungefähr 0.053 beträgt, wird die Nullhypothese bei $\alpha = 0.1$ abgelehnt und die Alternative gilt als statistisch abgesichert. Bei $\alpha = 0.05$ kann H_0 nicht verworfen werden.

[**8.25**]   a) $H_0\colon \sigma^2 \leq 1\,284\,955$ und $H_1\colon \sigma^2 > 1\,284\,955$.
b) Die Prüfgröße ist $PG = \frac{nS^2}{\sigma_0{}^2} = \frac{(n-1)S_*{}^2}{\sigma_0{}^2} = \frac{59 \cdot 1\,690\,277}{1\,284\,955} = 77.611$. (Beachten Sie: $nS^2 = (n-1)S_*^2$)
c) Unter H_0 gilt $PG \sim \chi_{59}^2$-Verteilung. Den kritischen Wert kann man einer Tabelle, der Grafik oder aus `qchisq(0.95,59)` ablesen: 77.931 und somit wird H_0 verworfen, wenn $PG \in A_{0.05} = [77.931, \infty)$. Hier ist $PG = 77.611 < 77.931$, d.h. H_0 kann bei $\alpha = 0.05$ nicht verworfen werden.
d) Der P-Wert ist $P(PG \geq 77.611) = 1 - P(PG \leq 77.611)$. Da $77.6 < PG < 77.7$, liegt der P-Wert nach der **R**-Ausgabe zwischen $1 - 0.948$ und $1 - 0.947$, d.h. zwischen 0.052 und 0.053. Genau bestimmen kann man ihn mit `1-pchisq(77.611,59)`.

[**8.26**]   a) $H_0\colon \mu \leq 6\,160.05$ und $H_1\colon \mu > 6\,160.05$.
b) $T = \frac{(\bar{x} - \mu_0)\sqrt{n}}{S_*} = \frac{(7314.85 - 6\,160.05) \cdot \sqrt{60}}{\sqrt{1\,690\,277}} = 6.880$. Unter H_0 gilt $PG \sim t_{59}$.
c) Für $\alpha = 0.05$ wird die Nullhypothese verworfen, wenn $T \in A_{0.05} = [1.67, \infty)$. Da $6.880 > 1.67$ wird H_0 verworfen.
d) Der P-Wert ist fast Null, siehe `1-pt(6.880,59)`.

2.9 Paare von Zufallsvariablen - Lösungen

[**9.1**]   a) F   b) W   c) W   d) W   e) F   f) W   g) W   h) W   i) W   j) W

[**9.2**]   a) F b) W c) W d) W e) F f) W g) W h) W i) F j) W k) W

[**9.3**]   a) W   b) F   c) F   d) W   e) W

[**9.4**]   a) W   b) W   c) F   d) W   e) W   f) F   g) W   h) F   i) W

[**9.5**]   a) W   b) W   c) W   d) W   e) W   f) W   g) F   h) W

[9.6] a) F b) W c) W d) W e) W f) F g) W h) W i) F j) W k) F

[9.7] a) i) $\frac{5}{32}$; $\frac{4}{32} = \frac{1}{8}$; $\frac{3}{32}$ ii) $\frac{2}{32} = \frac{1}{16}$; $\frac{3}{32}$; $\frac{6}{32} = \frac{3}{16}$ iii) $\frac{12}{32} = \frac{3}{8}$; $\frac{4}{32} = \frac{1}{8}$; $\frac{5}{32}$; $\frac{17}{32}$ iv) $\frac{13}{32}$; $\frac{7}{32}$; $\frac{7}{32}$

b)

$x \setminus y$	0	1	2	3	$P_X(x)$
0	3/32	2/32	2/32	1/32	8/32 = 1/4
1	2/32	2/32	1/32	3/32	8/32 = 1/4
2	2/32	1/32	3/32	2/32	8/32 = 1/4
3	1/32	3/32	2/32	2/32	8/32 = 1/4
$P_Y(y)$	8/32 = 1/4	8/32 = 1/4	8/32 = 1/4	8/32 = 1/4	32/32 = 1

c) $P_{Y|X}(y|X = x) = \dfrac{P(X = x, Y = y)}{P_X(x)}$; $P_{X|Y}(x|Y = y) = \dfrac{P(X = x, Y = y)}{P_Y(y)}$.

$$P_{Y|X}(y|X = 0) = \begin{cases} 3/8 & y = 0 \\ 1/4 & y = 1 \\ 1/4 & y = 2 \\ 1/8 & y = 3 \\ 0 & \text{sonst} \end{cases} \qquad P_{Y|X}(y|X = 1) = \begin{cases} 1/4 & y = 0 \\ 1/4 & y = 1 \\ 1/8 & y = 2 \\ 3/8 & y = 3 \\ 0 & \text{sonst} \end{cases}$$

$$P_{Y|X}(y|X = 2) = \begin{cases} 1/4 & y = 0 \\ 1/8 & y = 1 \\ 3/8 & y = 2 \\ 1/4 & y = 3 \\ 0 & \text{sonst} \end{cases} \qquad P_{Y|X}(y|X = 3) = \begin{cases} 1/8 & y = 0 \\ 3/8 & y = 1 \\ 1/4 & y = 2 \\ 1/4 & y = 3 \\ 0 & \text{sonst} \end{cases}$$

$$P_{X|Y}(x|Y = 0) = \begin{cases} 3/8 & x = 0 \\ 1/4 & x = 1 \\ 1/4 & x = 2 \\ 1/8 & x = 3 \\ 0 & \text{sonst} \end{cases} \qquad P_{X|Y}(x|Y = 1) = \begin{cases} 1/4 & x = 0 \\ 1/4 & x = 1 \\ 1/8 & x = 2 \\ 3/8 & x = 3 \\ 0 & \text{sonst} \end{cases}$$

$$P_{X|Y}(x|Y = 2) = \begin{cases} 1/4 & x = 0 \\ 1/8 & x = 1 \\ 3/8 & x = 2 \\ 1/4 & x = 3 \\ 0 & \text{sonst} \end{cases} \qquad P_{X|Y}(x|Y = 3) = \begin{cases} 1/8 & x = 0 \\ 3/8 & x = 1 \\ 1/4 & x = 2 \\ 1/4 & x = 3 \\ 0 & \text{sonst} \end{cases}$$

d)

$s \setminus t$	0	1	2	3
0	3/32	5/32	7/32	8/32
1	5/32	9/32	12/32	16/32
2	7/32	12/32	18/32	24/32
3	8/32	16/32	24/32	32/32

e) Aus der Tabelle in Lösung d) lesen wir ab: 12/32 ; 18/32 ; 12/32 ; 9/32

f) $\text{Kov}(X,Y) = E(X \cdot Y) - E(X) \cdot E(Y)$. Dabei ist

$E(X \cdot Y) = \sum_{i=0}^{3} \sum_{j=0}^{3} i \cdot j \cdot P(X = i, Y = j) = (1 \cdot 1 \cdot 2 + 1 \cdot 2 \cdot 1 + 1 \cdot 3 \cdot 3 +$

$2 \cdot 1 \cdot 1 + 2 \cdot 2 \cdot 3 + 2 \cdot 3 \cdot 2 + 3 \cdot 1 \cdot 3 + 3 \cdot 2 \cdot 2 + 3 \cdot 3 \cdot 2)/32 = 78/32$. $E(X) = E(Y) = \frac{0+1+2+3}{4} = \frac{6}{4} = \frac{3}{2} \Rightarrow \text{Kov}(X,Y) = 78/32 - (3/2) \cdot (3/2) = 3/16$;

$E(X^2) = E(Y^2) = \frac{0^2 + 1^2 + 2^2 + 3^2}{4} = \frac{14}{4} = \frac{7}{2} \Rightarrow \text{Var}(X) = \text{Var}(Y) = \frac{7}{2} - \left(\frac{3}{2}\right)^2 =$

$\frac{14-9}{4} = \frac{5}{4} \Rightarrow \rho = \frac{\text{Kov}(X,Y)}{\sqrt{\text{Var}(X) \cdot \text{Var}(Y)}} = \frac{3/16}{5/4} = \frac{3}{20} = 0.15$.

g) Nein, da die Kovarianz $\neq 0$ ist. Andere Möglichkeit: X und Y sind nicht unabhängig, da z.B. $P_X(0) \cdot P_Y(0) = 1/16 \neq P(0,0) = 3/32$.

[**9.8**] a) i) $\frac{1}{3}; \frac{1}{4}; \frac{1}{4}$; ii) $\frac{1}{4}$; $\frac{5}{12}$; $\frac{1}{3}$

b) $P_X(x) = \begin{cases} 7/12 & x = 0 \\ 5/12 & x = 1 \\ 0 & \text{sonst} \end{cases}$ $P_Y(y) = \begin{cases} 5/12 & y = 0 \\ 3/12 & y = 1 \\ 4/12 & y = 2 \\ 0 & \text{sonst} \end{cases}$

c) $P_{Y|X}(y|X=0) = \begin{cases} 3/7 & y = 0 \\ 2/7 & y = 1 \\ 2/7 & y = 2 \\ 0 & \text{sonst} \end{cases}$ $P_{Y|X}(y|X=1) = \begin{cases} 2/5 & y = 0 \\ 1/5 & y = 1 \\ 2/5 & y = 2 \\ 0 & \text{sonst} \end{cases}$

$P_{X|Y}(x|Y=0) = \begin{cases} 3/5 & x = 0 \\ 2/5 & x = 1 \\ 0 & \text{sonst} \end{cases}$ $P_{X|Y}(x|Y=1) = \begin{cases} 2/3 & x = 0 \\ 1/3 & x = 1 \\ 0 & \text{sonst} \end{cases}$

$P_{X|Y}(x|Y=2) = \begin{cases} 1/2 & x = 0 \\ 1/2 & x = 1 \\ 0 & \text{sonst} \end{cases}$

d)

$s \backslash t$	0	1	2
0	3/12	5/12	7/12
1	5/12	8/12	12/12

e) $\text{Kov}(X,Y) = E(XY) - E(X) \cdot E(Y) = 5/12 - 5/12 \cdot 11/12 = 5/144.$ $\text{Var}(X) = E(X^2) - E^2(X) = \frac{5}{12} - \frac{25}{144} = \frac{35}{144}$, $\text{Var}(Y) = E(Y^2) - E^2(Y) = \frac{19}{12} - \frac{121}{144} = \frac{107}{144}$, $\Rightarrow$ $\rho = \text{Kov}(X,Y)/\sqrt{\text{Var}(X) \cdot \text{Var}(Y)} = 0.0817$

f) Nein, da $\text{Kov}(X,Y) \neq 0$.

[9.9] Wegen der Unabhängigkeit ist die gemeinsame Wahrscheinlichkeitsfunktion das Produkt der beiden Randwahrscheinlichkeitsfunktionen:

$x \backslash y$	0	1	2
0	0.30	0.18	0.12
1	0.20	0.12	0.08

[9.10]   a)

$x \backslash y$	0	1	2	$P_X(x)$
0	2/12	1/12	1/12	1/3
1	1/12	2/12	1/12	1/3
2	1/12	1/12	2/12	1/3
$P_Y(y)$	1/3	1/3	1/3	1

X und Y sind nicht unabhängig, da z.B. $P_X(0) \cdot P_Y(0) = (1/3) \cdot (1/3) = 1/9 \neq 2/12 = P_{XY}(0,0)$.

b)

$s \backslash t$	0	1	2
0	2/12	3/12	4/12
1	3/12	6/12	8/12
2	4/12	8/12	12/12

c) $\text{Kov}(X,Y) = E(XY) - E(X)E(Y) = 7/6 - 1 \cdot 1 = 1/6$, $\text{Var}(X) = \text{Var}(Y) = 2/3$, $\rho = (1/6)/\sqrt{(2/3)^2} = 1/4$.

d) $P_{X|Y}(x|1) = 1/4$ für $x = 0$; $1/2$ für $x = 1$; $1/4$ für $x = 2$ und sonst Null.

e) $E(X|Y = 1) = 1$, $E(Y|X = 2) = 1.25$.

$\text{Var}(X|Y = 1) = E(X^2|Y = 1) - E^2(X|Y = 1) = 1.5 - 1 = 0.5$.

$\text{Var}(Y|X = 2) = E(Y^2|X = 2) - E^2(Y|X = 2) = 2.25 - 1.5625 = 0.6875$.

[9.11]   a) $P(X > 0, Y \leq 1) = 0.2 + 0.1 = 0.3$; $P(X > 0, Y > 0) = 0.1 + 0.1 = 0.2$; $P(X < 1, Y < 2) = 0.3 + 0.2 = 0.5$

b)

$x \backslash y$	0	1	2	$P_X(x)$
0	0.3	0.2	0.1	0.6
1	0.2	0.1	0.1	0.4
$P_Y(y)$	0.5	0.3	0.2	1

c) $P_{Y|X}(y|x=1) = \begin{cases} 1/2 & y = 0 \\ 1/4 & y = 1 \\ 1/4 & y = 2 \\ 0 & \text{sonst} \end{cases}$
d) $P_{X|Y}(x|y=1) = \begin{cases} 2/3 & x = 0 \\ 1/3 & x = 1 \\ 0 & \text{sonst} \end{cases}$

e) $E(Y|X = 1) = 3/4$ und $E(X|Y = 1) = 1/3$.

f)

$s \backslash t$	0	1	2
0	0.3	0.5	0.6
1	0.5	0.8	1.0

g) $\text{Kov}(X,Y) = 0.3 - 0.4 \cdot 0.7 = 0.02$

$\rho = \dfrac{0.02}{\sqrt{(0.4-0.16)\cdot(1.1-0.49)}} \approx 0.052$.

h) X und Y sind nicht unabhängig verteilt, da $\text{Kov}(X,Y) \neq 0$. oder $P(X = 1) \cdot P(Y = 1) = 0.4 \cdot 0.3 = 0.12 \neq 0.1 = P(X = 1, Y = 1)$.

[**9.12**]   a) Mithilfe des Hinweises berechnen wir für $x > 0$:

$$f_X(x) = \int_0^1 y e^{-yx}\, dy = \left[-\frac{y}{x}e^{-yx}\right]_0^1 + \frac{1}{x}\int_0^1 e^{-yx}\, dy = \frac{-1}{x}e^{-x} - \left[\frac{1}{x^2}e^{-yx}\right]_0^1 = \frac{1}{x^2} -$$

$\dfrac{e^{-x}}{x} - \dfrac{e^{-x}}{x^2}$. $f_Y(y) = \int_0^\infty y e^{-yx}\, dx = \left[1 - e^{-yx}\right]_0^\infty = 1$ für $0 < y < 1$, d.h. $Y \sim U(0,1)$;

Rechteckverteilung im Intervall $[0,1]$.

b) $f_{X|Y}(x|y) = f_{X,Y}(x,y)/f_Y(y) = y e^{-yx}$ für gegebenes y und $f_{Y|X}(y|x) = f_{X,Y}(x,y)/f_X(x)$

$= y e^{-yx} / \left(\frac{1}{x^2} - \frac{e^{-x}}{x} - \frac{e^{-x}}{x^2}\right)$ für gegebenes x.

c) Exponentialverteilt mit $\lambda = y = 0.5$

d) Die bedingte Erwartung ist $1/\lambda = 1/y = 3/2$ mit Varianz $9/4$, bzw. 3 mit der Varianz 9.

e) Für $x = 1$ ist die bedingte Dichte $f_{Y|X}(y|x) = y e^{-y} / \left(\frac{1}{x^2} - \frac{e^{-x}}{x} - \frac{e^{-x}}{x^2}\right) = y e^{-y}/(1 - 2 \cdot e^{-1})$ und somit keine der uns geläufigen Verteilungen. Es ist aber leicht zu prüfen, dass dies in der Tat eine Dichtefunktion ist. Bedingter Erwartungswert und Varianz berechnen sich mithilfe von $\int y f_{Y|1}(y|1)dy$ und $\int y^2 f_{Y|1}(y|1)dy$ woraus sich $E(Y|X = 1) = 14.530$ und $Var(Y|X = 1) = 0.431$ ergeben.

f) Zu i) Hier könnte man entweder direkt die Dichte benutzen oder die gemeinsame Verteilungsfunktion bestimmen durch ähnliche Integrationen wie oben durchgeführt.   Zu ii) Durch Einsetzen in die Randverteilung von X.   Zu iii) Durch

Einsetzen in die Randverteilung von Y. Da dies die Rechteckverteilung auf $[0,1]$ ist, folgt $P(Y \geq 0.5) = 0.5$ und $P(Y \leq 0.3) = 0.3$.   Zu iv) Hier verwenden wir die Exponentialverteilung mit $\lambda = 0.5$ bzw. $= 0.3$.

g) Offenbar nein, da das Produkt der Randdichten nicht die gemeinsame Dichte ergibt.

h) Wenn wir c) betrachten, dann wissen wir, dass der Erwartungswert von X gegeben Y invers proportional zu Y ist. Somit erwarten wir eine negative Korrelation.

i) $E(Y) = 0.5$ und $\text{Var}(Y) = 1/12$.

[9.13]   a) Exponentiell mit $\lambda = y$, z.B. $\lambda = y = 2$

b) $E(X|Y=2) = 1/2 = 0.5$, $\text{Var}(X|Y=2) = 1/2^2 = 0.25$.

c) $f_{X,Y}(x,y) = f_{X|Y}(x|y) \cdot f_y(y) = ye^{-yx} \cdot e^{-y} = ye^{-yx-y} = ye^{-y(x+1)}$ für $0 < x < \infty$ und $0 < x < \infty$

d) $F_{XY}(s,t) = \int_0^s \int_0^t ye^{-y(x+1)}\,dx\,dy = \int_0^s ye^{-y} \int_0^t e^{-xy}\,dx\,dy$
$= \int_0^s e^{-y}[-e^{-yx}]_0^t\,dy = \int_0^s e^{-y}(1-e^{-yt})\,dy = \int_0^s e^{-y}\,dy - \int_0^s e^{-y(t+1)}\,dy = (1-e^{-s}) - \frac{1}{t+1}(1-e^{-s(t+1)})$

e) $P(X \leq 1, Y \leq 1)$; mit R: $1-\exp(-1)-0.5*(1-\exp(-2)): 0.1997882$
$P(X \leq 2, Y \leq 3)$; mit R: $1-\exp(-2)-0.25*(1-\exp(-8)): 0.6147486$

f) $f_x(x) = \int_0^\infty ye^{-y(x+1)}\,dy = \frac{1}{(x+1)^2}$ für $x > 0$ (sonst Null).

g) $E(X) = \int_0^\infty \frac{x}{(x+1)^2}\,dx = 0.5$ und $E(X^2) = \int_0^\infty \frac{x^2}{(x+1)^2}\,dx = 1/3 \Rightarrow \text{Var}(X) = E(X^2) - (E(X))^2 = 1/3 - 1/4 = 1/12$.

h) $f_{Y|X}(y|x) = f_{XY}(x,y)/f_X(x) = ye^{-y(x+1)}/(x+1)^2$

i) Hierzu können Sie entweder die Kovarianz berechnen mit Hilfe der Formel $E(XY) - E(X)E(X)$ oder argumentativ über die bedingten Verteilungen vorgehen: An der bedingten Verteilung von X gegeben Y sehen wir, dass für wachsende Y der Erwartungswert für X kleiner wird. Daraus leiten wir eine negative Korrelation ab.

[9.14]   a) Damit f_{XY} eine gemeinsame Dichte ist, muss gelten

$$1 = a \int_0^1 \int_0^1 x^3(1-y)^2\,dx\,dy = a \int_0^1 (1-y)^2 \left(\int_0^1 x^3\,dx\right)dy =$$

$$a \int_0^1 (1-y)^2 \left[\frac{x^4}{4}\right]_0^1 dy = \frac{a}{4}\int_0^1 (1-y)^2\,dy = \frac{a}{4}\int_0^1 (1-2y+y^2)\,dy =$$

$$\frac{a}{4}\left[y-y^2+\frac{1}{3}y^3\right]_0^1 = \frac{a}{4}(1-1+\frac{1}{3}-0) = \frac{a}{12}, \text{ d.h. es muss gelten } \frac{a}{12} = 1 \Longleftrightarrow a = 12$$

$$f_{XY}(x,y) = \begin{cases} 12x^3(1-y)^2 & 0 < x < 1,\ 0 < y < 1 \\ 0 & \text{sonst} \end{cases}$$

b) $f_X(x) = 12x^3 \int_0^1 (1-y)^2\,dy = 12x^3 \int_0^1 (1-2y+y^2)\,dy = 12x^3\left[y-y^2+\frac{y^3}{3}\right]_0^1 =$

$$= 12x^3(1-1+1/3-0) = 4x^3, \text{ d.h.} \quad f_X(x) = \begin{cases} 4x^3 & 0 < x < 1 \\ 0 & \text{sonst} \end{cases}$$

$$f_Y(y) = 12(1-y)^2 \int_0^1 x^3 \, dx = 12(1-y)^2 \left[\frac{x^4}{4} \right]_0^1 = 12(1-y)^2 \cdot \left(\frac{1}{4} - 0 \right) = 3(1-y)^2,$$

d.h. $\quad f_Y(y) = \begin{cases} 3(1-y)^2 & 0 < y < 1 \\ 0 & \text{sonst} \end{cases}$

X und Y sind unabhängig, da $f_{XY}(x,y) = 12x^3(1-y)^2 = [4x^3] \cdot [3(1-y)^2] = f_X(x) \cdot f_Y(y)$.

c) Für $0 \le s \le 1$ gilt $F_X(s) = 4 \int_0^s x^3 \, dx = [x^4]_0^s = s^4$ und für $0 \le t \le 1$ gilt: $F_Y(t) =$

$3 \int_0^t (1-y)^2 \, dy = 3 \int_0^t (1-2y+y^2) \, dy = 3 \left[y - y^2 + y^3/3 \right]_0^t = 3t - 3t^2 + t^3 - 0 = t^3 -$
$3t^2 + 3t$, d.h.

$$F_X(s) = \begin{cases} 0 & s < 0 \\ s^4 & 0 \le s \le 1 \\ 1 & s > 1 \end{cases} \qquad F_Y(t) = \begin{cases} 0 & t < 0 \\ t^3 - 3t^2 + 3t & 0 \le t \le 1 \\ 1 & t > 1 \end{cases}$$

Wegen der Unabhängigkeit ist die gemeinsame Verteilungsfunktion das Produkt der beiden Randverteilungsfunktionen:

$$F_{XY}(s,t) = F_X(s) \cdot F_Y(t) = \begin{cases} 0 & s < 0 \text{ oder } t < 0 \\ s^4(t^3 - 3t^2 + 3t) & 0 \le s \le 1; 0 \le t \le 1 \\ s^4 & 0 \le s \le 1; t > 1 \\ t^3 - 3t^2 + 3t & s > 1; 0 \le t \le 1 \\ 1 & s > 1 \text{ und } t > 1 \end{cases}$$

d) $P\left(X < \frac{1}{2}, Y < \frac{1}{4} \right) = P\left(X < \frac{1}{2} \right) \cdot P\left(Y < \frac{1}{4} \right) = F_X\left(\frac{1}{2} \right) \cdot F_Y\left(\frac{1}{4} \right)$

$= \frac{1}{2^4} \cdot \left(\frac{1}{4^3} - \frac{3}{4^2} + \frac{3}{4} \right) = \frac{1}{16} \cdot \left(\frac{1}{64} - \frac{3}{16} + \frac{3}{4} \right) = \frac{1}{16} \cdot \frac{1-12+48}{64} = \frac{37}{16 \cdot 64} \approx 0.036;$

$P\left(X > \frac{1}{3}, Y < \frac{1}{2} \right) = P\left(X > \frac{1}{3} \right) \cdot P\left(Y < \frac{1}{2} \right) = \left(1 - F_X\left(\frac{1}{3} \right) \right) \cdot F_Y\left(\frac{1}{2} \right)$

$= \left(1 - \frac{1}{3^4} \right) \cdot \left(\frac{1}{2^3} - \frac{3}{2^2} + \frac{3}{2} \right) = \frac{80}{81} \cdot \frac{1-6+12}{8} = \frac{80 \cdot 7}{81 \cdot 8} \approx 0.864.$

e) Wegen der Unabhängigkeit $\text{Kov}(X;Y) = 0$.   f) Wegen der Unabhängigkeit stimmen die bedingten Dichten mit den Randdichten überein.

[9.15] Wegen der Unabhängigkeit gilt $P_{XY}(x,y) = P_X(x)P_Y(y)$. Daher folgt:
a) $P(Y > 0) = 0.28/0.7 = 0.4$; $P(X \leq 0) = 1 - 0.7 = 0.3$; $P(Y \leq 0) = 1 - 0.4 = 0.6$.
b) $P(X > 0, Y \leq 0) = 0.7 \cdot 0.6 = 0.42$; $P(X \leq 0, Y > 0) = 0.3 \cdot 0.4 = 0.12$; $P(X \leq 0, Y \leq 0) = 0.3 \cdot 0.6 = 0.18$

[9.16]
a) Wenn $X = 0.5$, dann ist $Y = 0.25$
b) Wenn $Y = 0.09$, dann $X \in \{-0.3; 0.3\}$
c) Es gilt

$$F_X(x) = \begin{cases} 0 & x < -1 \\ (1+x)/2 & -1 \leq x \leq 1 \\ 1 & x > 1 \end{cases} \qquad F_Y(y) = \begin{cases} 0 & y < 0 \\ \sqrt{y} & 0 \leq y \leq 1 \\ 1 & y > 1 \end{cases}$$

und somit $P(X > 0.8) = 1 - P(X \leq 0.8) = 1 - 0.9 = 0.1$ und $P(Y < 0.25) = 0.5$
d) Wenn $X > 0.8$, dann ist $Y = X^2 > 0.64$. Somit ist die gesuchte Wahrscheinlichkeit gleich Null.
e) $Kov(X,Y) = Kov(X,X^2) = E(X^3) - E(X)E(X^2) = 0 - 0 \cdot \frac{1}{3} = 0$, denn für $k \in \mathbb{N}$ gilt

$$E(X^k) = \int_{-1}^{1} \frac{1}{2} x^k dx = [\frac{1}{2(k+1)} x^{k+1}]_{-1}^{1} = \frac{1}{k+1}$$

wenn k gerade und sonst Null. Dennoch sind X und Y offensichtlich abhängig, da Y als Funktion von X definiert ist. Man kann z.B. prüfen, dass das Produkt der Randdichten nicht die gemeinsame Dichte ergibt und ebenso das Produkt der Randwahrscheinlichkeiten nicht die gemeinsame etc., vergleiche etwa d).

[9.17] Die Dichte der Exponentialverteilung ist $f(x) = \lambda e^{-\lambda x}$ für $x \geq 0$ und sonst Null mit Erwartungswert $1/\lambda$ und Varianz $1/\lambda^2$. Die Verteilungsfunktion ist $F(t) = (1 - e^{-\lambda t})$ für $t > 0$ und sonst Null.

a) Wenn $E(B_1) = 1/\lambda = 5$ ist, folgt $\lambda = 1/5 = 0.2$; $f_{B_1}(b) = 0.2e^{-0.2b}$ für $b \geq 0$
und Null sonst. $F_{B_1}(t) = \begin{cases} 0 & \text{für} \quad t < 0 \\ 1 - e^{-0.2t} & \text{für} \quad t \geq 0 \end{cases}$
$Var(B_1) = 1/\lambda^2 = 1/(1/5)^2 = 25$. Die Wahrscheinlichkeiten berechnet man durch Integration der Dichtefunktion, einfacher jedoch mit der Verteilungsfunktion oder in **R** mit `pexp(t,0.2)` bzw. `1-pexp(t,0.2)`: 0.451, 0.865, 0.819, 0.368

b) Dieselben Ergebnisse wie in a), da es die gleiche Verteilung ist.
c) Wegen der Unabhängigkeit ist die gemeinsame Dichte das Produkt der Randdichten:
$$f_{B_1,B_2}(b_1,b_2) = \begin{cases} 0 & b_1 < 0 \text{ oder } b_2 < 0 \\ 0.04e^{-0.2b_1 - 0.2b_2} & b_1 \geq 0 \text{ und } b_2 \geq 0 \end{cases}$$

d) Wegen der Unabhängigkeit ist die gemeinsame Verteilungsfunktion das Produkt der Randverteilungsfunktionen: $F_{B_1,B_2}(s,t) = F_{B_1}(s)F_{B_2}(t) =$

$$\begin{cases} 0 & s < 0 \text{ oder } t < 0 \\ 1 + e^{-0.2s-0.2t} - e^{-0.2s} - e^{-0.2t} & s \geq 0 \text{ und } t \geq 0 \end{cases}$$

e) Man erhält in beiden Fällen die gleichen Ergebnisse, da wegen der Unabhängigkeit die (oben berechneten) Wahrscheinlichkeiten der univariaten Verteilungen multipliziert die gemeinsame ergeben:[8] $0.204, 0.748, 0.390, 0.390, 0.369, 0.318$.

f) Man verwende die Formel für die Verteilungsfunktion oder berechne gemeinsame Verteilungsfunktion $F_{X_1,X_2}(x_1,x_2)$ mit **R**.

```
2*pexp(x1,0.2)*pexp(x2,0.2)-pexp(x1,0.2)^2
```

i) $0.204, 0.748$; ii) $0.577, 0.367$; iii) $0.204, 0.748$.
Bei iii) ist zu beachten, dass $P(X_1 \leq 10, X_2 \leq 3) = P(X_1 \leq 3, X_2 \leq 3)$ und $P(X_1 \leq 15, X_2 \leq 10) = P(X_1 \leq 10, X_2 \leq 10)$, denn das Minimum kann nicht größer als das Maximum sein.

g) Integration mit den in der Aufgabenstellung gegebenen Hinweisen ergibt:

$$f_{X_1}(x_1) = \begin{cases} 2\lambda e^{-2\lambda x_1} & 0 \leq x_1 < \infty \\ 0 & \text{sonst} \end{cases}$$

$$f_{X_2}(x_2) = \begin{cases} 2\lambda e^{-\lambda x_2}(1 - e^{-\lambda x_2}) & 0 \leq x_2 < \infty \\ 0 & \text{sonst} \end{cases}$$

i) Exponential; Parameter $(2\lambda) = 0.4$; $E(X_1) = 2.5$; $\text{Var}(X_1) = 6.25$;
$$F_{X_1}(t) = \begin{cases} 0 & t < 0 \\ 1 - e^{-0.4t} & t \geq 0 \end{cases} \quad \text{und somit}$$

ii) $P(X_1 \leq 3) = 1 - e^{-0.4 \cdot 3} = 0.699$; $P(X_1 > 5) = 1 - P(X_1 \leq 5) = 0.135$; $P(3 < X_1 \leq 10) = P(X_1 \leq 10) - P(X_1 \leq 3) = 0.283$.

iii) $F_{X_2}(t) = \int_0^t f_{X_2}(x)dx = \int_0^t 2\lambda e^{-\lambda x} - 2\lambda e^{-2\lambda x}dx = 2 - 2e^{-\lambda t} - (1 - e^{-2\lambda t}) = 1 - 2e^{-\lambda t} + e^{-2\lambda t}$

iv) Mit Hilfe von $F_{X_2}(t)$ ergibt sich leicht: 0.204; 0.600; 0.544

h) $f_{X_2|X_1}(x_2|x_1) = \dfrac{2\lambda^2 e^{-\lambda x_1}e^{-\lambda x_2}}{2\lambda e^{-2\lambda x_1}} = \lambda e^{-\lambda(x_2-x_1)}$ für $x_2 \geq x_1$.

i) $\int_{x_1}^t \lambda e^{-\lambda(x_2-x_1)}dx_2 = 1 - e^{-\lambda(t-x_1)}$ für $t \geq x_1$.

j) 0.181; 0.368; 0.148.

[**9.18**]   In **R** mit `cor(X1,X3)` bzw. `cor(X2,X6)` mit den Ergebnissen[9] `0.8689758` bzw. `0.2978948`.
Oder nach der Formel: $\widehat{\text{Kov}}(X_i,X_j)/\sqrt{\widehat{\text{Var}}(X_i)\widehat{\text{Var}}(X_j)}$

---

[8] Es kann hier Ungenauigkeiten durch Rundungen geben: Obige Ergebnisse wurden mit **R** berechnet und erst am Ende gerundet.

[9] Es spielt hier keine Rolle, dass **R** bei der Berechnung der Kovarianz und der Varianzen den Nenner $n - 1$ verwendet, denn bei der Berechnung der Korrelation kürzen sich diese Nenner weg.

Generell erwartet man in beiden Kombinationen eher positive Korrelationen, da die Kombination X1 und X3 beide eng mit der Preis-Leistungsfrage im Moment der Anschaffung (positiv) verbunden sind, während X2 und X6 für Vielfahrer von besonderer Bedeutung sind. Da allerdings X2 für alle preisbewussten Kunden wichtig ist, ist der Fahrkomfort auch für Kunden wichtig, die beim Auto weniger aufs Geld schauen. Daher sollte hier die Korrelation niedriger sein, was sie auch ist.

2.10 Anpassungs- und Unabhängigkeitstest - Lösungen

[10.1]   a) F   b) F   c) W   d) W   e) W   f) W   g) F   h) W   i) F   j) F   k) F

[10.2]   a) F   b) W   c) F   d) W   e) F   f) W

[10.3]   a) Die Prüfgröße ist: $\sum_{i=1}^{K}(f_{i,o}-f_{i,e})^2/f_{i,e}$ wobei K die Anzahl der gewählten Klassen ist, $f_{i,o}$ die Anzahl der Beobachtungen (also die Häufigkeit) in Klasse i und $f_{i,e}$ die laut Nullhypothese erwartete Anzahl. So wie die Aufgabenstellung formuliert ist, würde man als Nullhypothese formulieren, dass die jeweilige Prognose annähernd der tatsächlichen Stimmenverteilung folgt (insgesamt 4 getrennte Hypothesen). Somit setzt man stets $f_{i,o}$ =beobachtete Stimmenzahl in der Wahl und $f_{i,e}$ =prognostizierte Prozentzahl$\cdot\frac{1}{100}\cdot$insgesamt beobachtete Stimmenzahl. Die insgesamt beobachtete Stimmenzahl ist 3 426 593. Wir erhalten die PGs: 69 930.5 (ARD), 129 920.6 (ZDF), 210 877.9 (NDR), 165 439.5 (BILD).
Mit den kritischen Werten aus Tabelle A4 erhalten wir für die χ^2_5-Verteilung (alternativ mit **R**: `qchisq(c(0.9,0.95,0.99),5)`) die Ablehungsbereiche: für $\alpha=0.1$: $[9.24,\infty)$; für $\alpha=0.05$: $[11.07,\infty)$; für $\alpha=0.01$: $[15.09,\infty)$.
b) Sämtliche Prüfgrößen fallen deutlich in den Ablehnungsbereich. So dass alle Modelle abzulehnen sind.
c) χ^2-Kriterium$=PG/FG$. Dann ist die Reihenfolge:
ARD 13 986.09 , ZDF 25 984.12, Bild 33 087.91, NDR 42 175.58.

[10.4]   a) Mit einem Chi-Quadrat-Anpassungstest. H_0: Bei den Daten der zweiten Zeile handelt es sich um eine echte Stichprobe aus der in Zeile 3 angegebenen Verteilung.
b) PG$=\sum_{i=1}^{K}(f_{i,o}-f_{i,e})^2/f_{i,e}$ mit K Anzahl der Klassen, wobei $f_{i,o}$ die beobachteten Häufigkeiten und $f_{i,e}$ die unter H_0 erwarteten Häufigkeiten sind, d.h. $f_{i,e}=$ 3.7, 5.3, 7.4, 9.0, 10.2, 11.5, 11.8, 11.3, 10.9, 9.8, 9.2. Es folgt PG$=21.183$. Unter H_0 gilt $PG\sim Chi^2_{10}$. Die kritischen Werte erhalten wir aus Tabelle A4 oder mit `qchisq(c(0.9,0.95,0.99),K-1))` und damit die Ablehnungsbereiche für $\alpha=$

0.1: $[15.99; \infty)$; für $\alpha = 0.05$: $[18.31; \infty)$; für $\alpha = 0.01$: $[23.21; \infty)$. Die Prüfgröße fällt bei $\alpha = 0.1$ und 0.05 in den Ablehnungsbereich, d.h. die Nullhypothese ist zu verwerfen. Bei $\alpha = 0.01$ kann die Nullhypothese nicht verworfen werden. Laut Tabelle liegt der P-Wert zwischen 0.01 und 0.05 und mit `1-pchisq(21.183,10)` erhalten wir ≈ 0.0199.

[10.5]   Nach der Methode der Momente ist $\hat{\lambda} = 2/\bar{x} = 0.38$.

a) Bei 20 Beobachtungen sind die erwarteten Häufigkeiten in Klassen mit der Wahrscheinlichkeit 0.25 jeweils $f_{i,e} = 20 \cdot 0.25 = 5$. Die vier Klassen sind: $(0; 2.530)$, $[2.530; 4.417)$, $[4.417; 7.086)$, und $[7.086; \infty)$. Wir zählen die beobachteten Häufigkeiten ab: $f_{i,o} = 5, 7, 4, 4$. Damit erhalten wir $PG = 1.2$. Unter H_0 gilt $PG \sim \chi^2_{K-1-1=2}$ (man bedenke, dass ein Parameter geschätzt wurde). Tabelle A4 entnimmt man, dass die PG für die üblichen Signikanzniveaus nicht in den Ablehnungsbereich fällt. Den P-Wert kann man mit `1-pchisq(1.2,2)` bestimmen, was ≈ 0.549 ergibt.

b) Für $\lambda = 0.5$ sind die vier Klassen: $(0; 1.923)$, $[1.923; 3.357)$, $[3.357; 5.385)$, und $[5.385; \infty)$, so dass wir $f_{i,o} = 4, 2, 7, 7$ und damit die $PG = 3.6$ erhalten Unter H_0 gilt $PG \sim \chi^2_{K-1=3}$, da wir keinen Parameter geschätzt haben. Der P-Wert ist ≈ 0.308 (`1-pchisq(3.6,3)`), so dass wir auch diese Nullhypothese nicht verwerfen können.

c) Nein, denn die erwarteten Häufigkeiten sollten in jeder Klasse mindestens 5 sein.

[10.6]   a) $n = 93$; $f_{ie} = 93/10 = 9.3$

$$PG = \sum_{i=1}^{K} \frac{(f_{io} - f_{ie})^2}{f_{ie}} = \frac{(1-9.3)^2}{9.3} + \frac{(2-9.3)^2}{9.3} + \ldots + \frac{(10-9.3)^2}{9.3} \approx 30.118 \,.$$

Die Prüfgröße ist unter der Nullhypothese χ^2-verteilt mit 9 Freiheitsgraden.

b) Mit Tabelle A4 ergeben sich die Ablehnungsbereiche: $\alpha = 0.10 : A = [14.68, \infty)$; $\alpha = 0.05 : A = [16.92, \infty)$; $\alpha = 0.01 : A = [21.67, \infty)$. Die Nullhypothese wird demnach für alle drei α verworfen.

c) Außer für $\alpha = 0.0001$ wird die Prüfgröße für alle α verworfen.

d) Der P-Wert liegt zwischen 0.0005 und 0.0001. Mit `1-pchisq(30.118,9)` kann der P-Wert berechnet werden, was ≈ 0.0004 ergibt. Die Nullhypothese wird verworfen und es gilt als statistisch abgesichert, dass die zehn Ziffern mit unterschiedlicher Wahrscheinlichkeit genannt werden.

[10.7]   a) (Siehe auch **R**-Programm.) $\hat{\lambda} = (19 \cdot 0 + 8 \cdot 1 + 2 \cdot 2 + 1 \cdot 3)/30 = 0.5$.

Anzahl Bücher -1	0	1	2	3	Summe
Beobachtete Häufigkeiten	19	8	2	1	30
Wahrscheinlichkeit nach Modell	0.607	0.303	0.076	0.014	1

Anzahl Bücher -1	0	1	≥ 2	Summe
Beobachtete Häufigkeiten	19	8	3	30
Erwartete Häufigkeiten	18.21	9.09	2.7	30
Beobachtet - Erwartet	0.79	-1.09	0.30	$--$
(Beobachtet - Erwartet)^2	0.6241	1.1881	0.0900	$--$
(Beobachtet - Erwartet)^2/Erwartet	0.0343	0.1307	0.0333	0.1983

b) Da wir nur mit $K = 3$ Klassen arbeiten und zudem einen Parameter der Verteilung geschätzt haben, ist $FG = K - 2 = 1$ und die Verteilung der Teststatistik (PG) ist unter H_0 demnach χ_1^2. Mit Tabelle A4 erhalten wir die kritischen Werte nach der χ_1^2-Verteilung und damit $A_{0.1} = [2.71, \infty)$, $A_{0.05} = [3.84, \infty)$ und $A_{0.01} = [6.63, \infty)$.

c) H_0 kann bei keinem der üblichen Signifikanzniveaus verworfen werden.

d) Aus der **R**-Ausgabe folgt mit PG ≈ 0.2; $FG = 1$ der P-Wert$\approx 1 - 0.345 = 0.655$.

[**10.8**] a) Laut **R**-Ausgabe ist $\hat{\mu} = 16.93$ und $\hat{\sigma}^2 = 18.12$.

b) Vergleiche **R**-Programm und beachten Sie dabei, dass wir in der folgenden Tabelle mit gerundeten Werten arbeiten. Die exakten Werte, die man mit dem **R**-Programm erhält, weichen von diesen ab.

Zeit	$t \leq 10$	$10 < t \leq 14$	$14 < t \leq 18$	$18 < t \leq 22$	$t > 22$
Beob. Häuf.	2	19	22	23	12
Erw. Häuf.	3.90	15.60	27.30	21.84	9.36
Beob. - Erw.	-1.90	3.40	-5.30	1.16	2.64
(Beob. - Erw.)^2	3.6100	11.5600	28.0900	1.3456	6.9696
(Beob. - Erw.)^2/Erw.	0.926	0.741	1.029	0.062	0.745

Die Summe der Werte der unteren Zeile ergibt $PG = 3.503$. Unter H_0 gilt $PG \sim \chi^2$ mit $K - r - 1 = 5 - 2 - 1 = 2$ Freiheitsgraden. Mit Tabelle A4 erhalten wir $A_{0.10} = [4.61, \infty)$; $A_{0.05} = [5.99, \infty)$ und $A_{0.01} = [9.21, \infty)$. Der P-Wert kann mit `1-pchisq(3.503,2)` berechnet werden und ist ≈ 0.1735.

c) Vergleiche **R**-Programm: Die unter H_0 erwartete Häufigkeit für jede der 10 Klassen ist $= 78/10 = 7.8$.

Intervall	Beob.	Erw.	(Beob. - Erw.)^2/Erw.
$t \leq 11.47$	11	7.8	1.313
$11.47 < t \leq 13.34$	9	7.8	0.185
$13.34 < t \leq 14.70$	4	7.8	1.851
$14.70 < t \leq 15.85$	7	7.8	0.082
$15.85 < t \leq 16.93$	8	7.8	0.005
$16.93 < t \leq 18.01$	4	7.8	1.851
$18.01 < t \leq 19.16$	8	7.8	0.005
$19.16 < t \leq 20.52$	8	7.8	0.005
$20.52 < t \leq 22.39$	14	7.8	4.928
$t > 22.39$	5	7.8	1.005

Die Summe der Werte der letzten Spalte ergibt $PG = 11.23$. Unter H_0 gilt $PG \sim$ χ^2 mit $K - r - 1 = 10 - 2 - 1 = 7$ Freiheitsgraden. Mit Tabelle A4 erhalten wir $A_{0.10} = [12.02, \infty)$; $A_{0.05} = [14.07, \infty)$ und $A_{0.01} = [18.48, \infty)$. Der P-Wert kann mit `1-pchisq(11.23,7)` berechnet werden und ist≈ 0.1289.

[**10.9**]   a) In der Tabelle sind die zu $\Phi(z) = 0.1, 0.2, 0.3, \ldots, 0.9$ gehörigen z-Werte zu bestimmen, die jedoch nicht immer eindeutig sind. Genauer geht es mit **R**:

```
> round(qnorm((1:9)/10),digits=3)
[1] -1.282 -0.842 -0.524 -0.253  0.000  0.253  0.524  0.842  1.282
```

Dazu kommen $-\infty$ und ∞ als erste bzw. letzte Klassengrenze. Die erwartete Häufigkeit pro Klasse ist $0.1 \cdot 100 = 10$. Unter H_0 gilt $PG \sim \chi^2_9$.   Ablehnungsbereiche: $A_{0.10} = [14.68; \infty)$; $A_{0.05} = [16.92; \infty)$; $A_{0.01} = [21.67; \infty)$.

b) $PG = \big((13-10)^2 + (10-10)^2 + (15-10)^2 + (6-10)^2 + (9-10)^2 + (6-10)^2 + (7-10)^2 + (16-10)^2 + (10-10)^2 + (8-10)^2\big)/10 = 11.6$.
P-Wert $= 1 - P(PG \leq 11.6) \approx 0.237$. (`1 - pchisq(11.6,9)`) Die Nullhypothese H_0: *Die Beobachtungen sind $N(0,1)$-verteilt* kann auf keinem der drei üblichen Signifikanzniveaus verworfen werden.
c) Nun ist $PG = 8.6$ und H_0 kann nicht verworfen werden.
d) Die PG bleibt 11.6. Die Freiheitsgrade ändern sich, da zwei Parameter geschätzt wurden, d.h. die Prüfgröße ist unter H_0 jetzt $\chi^2_{9-2} = \chi^2_7$-verteilt. Die Ablehnungsbereiche sind jetzt: $A_{0.10} = [12.02 ; \infty)$; $A_{0.05} = [14.07 ; \infty)$; $A_{0.01} = [18.48 ; \infty)$. Mit (`1 - pchisq(11.6,7)` erhält man als P-Wert ≈ 0.115. H_0 kann auf keinem der drei üblichen Signifikanzniveaus verworfen werden.
In **R** lassen sich die Rechnungen und Lösungen wie folgt überprüfen

```
> beob1 <- c(13,10,15,6,9,6,7,16,10,8)   # Beobachtete Häuf. b)
> Erw <- rep(10,10)                       # Erwartete Häuf.
> diff <- beob1-Erw                       # Beobachtet - Erwartet
> diff; diff^2; diff^2/Erw;
> PG1 <- sum(diff^2/Erw)                  # Prüfgröße
> 1-pchisq(PG1,10-1)                       # P-Wert
> qchisq(c(0.9,0.95,0.99),9)              # kritische Werte

> beob2 <- c(15,13,9,8,9,9,4,12,9,12)     # Beobachtete Häuf. c)
> diff <- beob2-Erw                       # Beobachtet - Erwartet
> diff; diff^2; diff^2/Erw;
> PG <- sum(diff^2/Erw)                   # Prüfgröße
> 1-pchisq(PG,10-1)                        # P-Wert

> 1-pchisq(PG1,10-3)                        # P-Wert für d)
> qchisq(c(0.9,0.95,0.99),7)              # kritische Werte
```

[**10.10**] a) Die folgenden Ergebnisse hängen davon ab, an welcher Stelle gerundet wird. Hier wurden zunächst die Wahrscheinlichkeiten mit **R** oder einem Taschenrechner berechnet und dann auf drei Dezimalstellen gerundet. Die gerundeten Wahrscheinlichkeiten wurden mit 96 multipliziert, um die erwarteten Häufigkeiten zu berechnen, die auf eine Dezimalstelle gerundet wurde. Es wurde mit diesen gerundeten Werten weiter gerechnet. Auch die Beiträge zur Prüfgröße (letzte Zeile) wurden gerundet und mit diesen Zahlen wurde weiter gerechnet. Wenn man ein exaktes Ergebnis benötigt, sollte man keine Zwischenrundungen vornehmen.

Erfolge	0	1	2	3
Beobachtet	37	30	19	10
Wahrscheinlichkeit	0.287	0.444	0.229	0.039
Erwartet	27.6	42.6	22.0	3.7
Beobachtet - Erwartet	9.4	-12.6	-3.0	6.3
(Beobachtet - Erwartet)^2	88.36	158.76	9.00	39.69
(Beobachtet - Erwartet)^2/Erwartet	3.201	3.727	0.409	10.727

Die Prüfgröße ist die Summe der Werte in der letzten Zeile: $PG = 18.064$. Unter H_0 gilt $PG \sim \chi^2_{4-1-1} = \chi^2_2$. Mit Tabelle A4 ergibt sich $A_{0.05} = [5.99 ; \infty)$ und $A_{0.01} = [9.21 ; \infty)$. Der P-Wert ist $P(PG \geq 18.064) \approx 0.0001$, was mit `1 - pchisq(18.064,2)` berechnet werden kann. Die Nullhypothese H_0: „Die Daten sind $b(3, 0.3)$ verteilt" kann bei allen üblichen Signifikanzniveaus verworfen werden.

b) Die Daten sind nicht unabhängig identisch binomialverteilt. Jede Versuchsperson hat ein anderes π, d.h. wir haben hier mehrere Verteilungen bzw. eine Mischverteilung.

[**10.11**] Die 5 Klassen haben jeweils die Wahrscheinlichkeit 0.2, so dass die erwarteten Häufigkeiten $0.2 \cdot (13 + 9 + 5 + 11 + 2) = 0.2 \cdot 40 = 8$ sind. Damit folgt $PG = ((13-8)^2 + (9-8)^2 + (5-8)^2 + (11-8)^2 + (2-8)^2)/8 = (25 + 1 + 9 + 9 + 36)/8 = 10$. Unter H_0 gilt $PG \sim \chi^2_3$, da $FG = K - 1 - 1 = 5 - 2 = 3$. Die kritischen Werte sind nach Tabelle A4 7.81 und 11.34. Für $\alpha = 0.05$ wird die Nullhypothese also verworfen, für $\alpha = 0.01$ kann die Nullhypothese nicht verworfen werden. Der P-Wert ist nach der **R**-Ausgabe $1 - 0.981 = 0.019$.

[**10.12**] a) W   b) W   c) F   d) W   e) F   f) W   g) F

[**10.13**] a) F   b) F   c) W   d) W   e) F   f) W   g) W   h) F

[10.14] Es wurden jeweils die Klassen von unten nach oben bzw. von rechts nach links soweit zusammengefasst, bis die erwarteten Häufigkeiten mindestens 5 pro Klasse waren. Die Teststatistik ist $PG = \sum_i \sum_j \frac{n_{ij} - m_{ij}}{m_{ij}}$, wobei n_{ij} die beobachteten Häufigkeiten und $m_{ij} = n_i.n_{.j}/n$ die unter Unabhängigkeit erwarteten Häufigkeiten sind. Dabei ist n die Stichprobengröße und n_i. bzw. $n_{.j}$ sind die Randhäufigkeiten.
`table(Mathe,Deutsch)`:
In **R** können wir die unter Unabhängigkeit erwarteten Häufigkeiten mit folgendem Befehl berechnen:

```
> round(chisq.test(table(Mathe,Deutsch))$expected,1)
     Deutsch
Mathe   1    2    3    4    5
    1  4.5 18.0 14.9 2.4 0.2
    2  9.3 37.4 31.0 5.0 0.4
    3  7.6 30.6 25.4 4.1 0.3
    4  4.2 17.1 14.2 2.3 0.2
    5  0.4  1.8  1.5 0.2 0.0
```

Wir fassen jeweils die Klassen $3, 4, 5$ zusammen und erhalten:

Mathe	Deutsch			$\sum$	Erwartete Häufigkeiten		
	1	2	≥ 3		1	2	≥ 3
1	9	17	14	40	4.464	18.026	17.511
2	10	46	27	83	9.262	37.403	36.335
≥ 3	7	42	61	110	12.275	49.571	48.155
$\sum$	26	105	102	233			

Es folgt $PG = 16.654$. Unter H_0 gilt $PG \sim \chi_4^2$ mit Ablehnungsbereichen $A_{0.10} = [7.78, \infty)$; $A_{0.05} = [9.49, \infty)$; $A_{0.01} = [13.28, \infty)$.
H_0 kann auf allen drei Signifikanzniveaus verworfen werden. Es ist statistisch abgesichert, dass die Merkmale abhängig sind. Der P-Wert ist $P(PG \geq 16.654) < 0.01$. Mit `1-pchisq(16.654,4)` erhält man ≈ 0.0023.
`table(Kunst,Sport)`:

Kunst	Sport		$\sum$	Erw. Häufigkeiten	
	1	≥ 2		1	≥ 2
1	19	21	40	17.674	22.326
2	38	64	102	45.070	56.930
≥ 3	38	35	73	32.256	40.744
$\sum$	95	120	215		

$PG = 3.998$; $PG \sim \chi_2^2$ mit $A_{0.10} = [4.61, \infty)$; $A_{0.05} = [5.99, \infty)$; $A_{0.01} = [9.21, \infty)$.

Die Nullhypothese der Unabhängigkeit kann auf keinem der drei üblichen Signifikanzniveaus verworfen werden. Für den P-Wert gilt $0.1 < P(PG \geq 3.998) < 0.5$.
Mit `1-pchisq(3.998,2)` ergibt sich ≈ 0.1355

`table(Geschlecht,Mathe):`

	Mathe					Erwartete Häufigkeiten			
Geschlecht	1	2	3	≥ 4	$\sum$				
0	18	40	40	26	124	21.026	44.748	36.122	22.104
1	21	43	27	15	106	17.974	38.252	30.878	18.896
$\sum$	39	83	67	41	230				

$PG = 4.431$; $PG \sim \chi_3^2$ mit $A_{0.10} = [6.25, \infty)$; $A_{0.05} = [7.81, \infty)$; $A_{0.01} = [11.34, \infty)$.
H_0 kann bei keinem der üblichen Signifikanzniveaus verworfen werden. Für den
P-Wert gilt $0.1 < P(PG \geq 4.431) < 0.5$. Mit `1-pchisq(4.431,3)` ergibt sich $\approx$
0.2185.

`table(Geschlecht,Sport):`

	Sport				Erwartete Häufigkeiten		
Geschlecht	1	2	≥ 3	$\sum$			
0	67	40	14	121	54.853	51.627	14.52
1	35	56	13	104	47.174	44.373	12.48
$\sum$	102	96	27	225			

$PG = 11.525$; $PG \sim \chi_2^2$ mit $A_{0.10} = [4.61, \infty)$; $A_{0.05} = [5.99, \infty)$; $A_{0.01} = [9.21, \infty)$.
H_0 kann auf allen drei Signifikanzniveaus verworfen werden. Es ist statistisch abge-
sichert, dass die beiden Merkmale abhängig sind. Für den P-Wert gilt
$P(PG \geq 11.525) < 0.01$. Mit `1-pchisq(11.525,2)` ergibt sich ≈ 0.0031.

[**10.15**]

	Erwartet		Beob. - Erw.		(Beob. - Erw.)^2/Erw.	
Qualität\Geschlecht	Männer	Frauen	Männer	Frauen	Männer	Frauen
sehr gut	58.79	63.21	-3.79	3.79	0.24	0.23
gut	111.80	120.20	8.20	-8.20	0.60	0.56
mäßig	124.82	134.18	5.18	-5.18	0.21	0.20
nur einige Wörter	53.97	58.03	-6.97	6.97	0.90	0.84
gar nicht	23.61	25.39	-2.61	2.61	0.29	0.27

$PG = 4.34$; $PG \sim \chi_4^2$. Die kritischen Werte sind 7.78, 9.49 bzw. 13.28, d.h. H_0 kann auf keinem der drei Signifikanzniveaus verworfen werden. Der P-Wert ist $P(PG \geq 4.34 \approx 0.36$.

[**10.16**]   a)

	Bild F	Bild E	Bild D	Bild C	Bild B	Bild A
Frau	0.520	3.121	23.409	43.177	26.530	6.242
Mann	0.480	2.879	21.591	39.823	24.470	5.758

b) Nein, sie sollten ≥ 5 sein.   c) Die erwarteten Häufigkeiten für die neuen zusammengelegten Klassen sind bei Frau: 3.641 bzw. bei Mann: 3.359.
d) $PG = 1.719$ und $PG \sim \chi^2$ mit $(r-1) \cdot (s-1) = (5-1) \cdot (2-1) = 4$ Freiheitsgraden. Damit ist nach Tabelle A4: $A_{0.1} = [7.78 \; ; \; \infty)$. Die PG fällt nicht in den Ablehnungsbereich. Die Nullhypothese der Unabhängigkeit kann nicht verworfen werden. Der P-Wert beträgt ≈ 0.787.

[**10.17**]
Den nach der Formel des Buches zu berechnenden Test erhält man mit **R**

```
chisq.test(as.table(matrix(c(6,1,5,17),2,byrow=T)),correct=F)
        Pearson's Chi-squared test
data:  as.table(matrix(c(6, 1, 5, 17), 2, byrow = T))
X-squared = 8.9486, df = 1, p-value = 0.002777
```

Nun ist $PG = 8.9486$; $PG \sim \chi_1^2$ und $A_{0.05} = [3.84; \infty)$; $A_{0.01} = [6.63; \infty)$. In beiden Fällen wird somit die Nullhypothese verworfen. Der P-Wert ist 0.002777.
Im Fall einer 2×2-Kontingenztafel führt **R** einen `Pearson's Chi-squared test with Yates' continuity correction` durch, wenn das Argument `correct = F` nicht verwendet wird. Dann ergibt sich ein anderer Wert für PG.

2.11 Einfache Regressionsanalyse - Lösungen

[**11.1**] $\hat{\theta}_1 \approx 17.945$, $\hat{\theta}_2 \approx 0.03$, d.h. $y = 17.945 + 0.03x$.

[11.2]   a) und b)

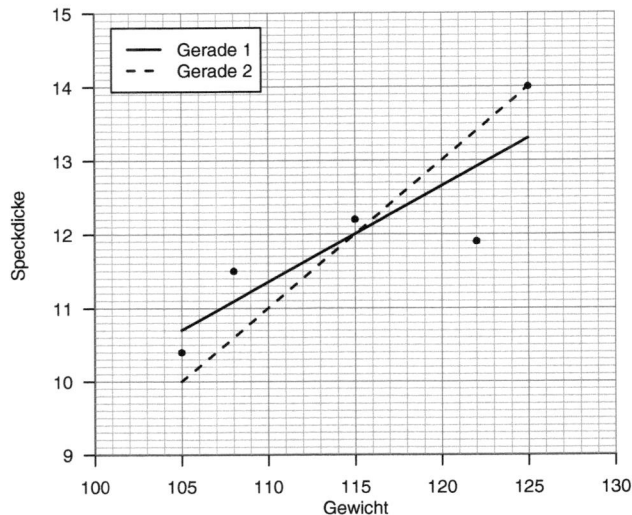

c) Gerade 1 liegt näher an den Beobachtungen.
d) Gerade 1:

Schwein	1	2	3	4	5	Summe
Gewicht x	105	108	115	122	125	575
Speckdicke y	10.4	11.5	12.2	11.9	14.0	60.0
$\hat{y}$	10.70	11.09	12.00	12.91	13.30	–
e_i	−0.30	0.41	0.20	−1.01	0.70	–
e_i^2	0.0900	0.1681	0.0400	1.0201	0.4900	1.8082

Gerade 2:

Schwein	1	2	3	4	5	Summe
Gewicht x	105	108	115	122	125	575
Speckdicke y	10.4	11.5	12.2	11.9	14.0	60.0
$\hat{y}$	10.0	10.6	12.0	13.4	14.0	–
e_i	0.4	0.9	0.2	−1.5	0.0	–
e_i^2	0.16	0.81	0.04	2.25	0.00	3.26

Summe der Quadrate der Residuen für Gerade 1: 1.8082, für Gerade 2: 3.26. Somit ist SQ für Gerade 1 kleiner und Gerade 1 die bessere.
e) Beste Gerade nach der Methode der kleinsten Quadrate: $\hat{y} = -2.973 + 0.130x$.

[**11.3**] a) Die Lösungsgrafik ist in Aufg. 23 verwendet worden.

b) $\hat{\theta}_2 = \dfrac{\text{sum}(\text{Kuend}*\text{Ablos}) - \text{sum}(\text{Kuend})*\text{sum}(\text{Ablos})/\text{n}}{\text{sum}(\text{Kuend}*\text{Kuend}) - \text{sum}(\text{Kuend})*\text{sum}(\text{Kuend})/\text{n}} \approx 2.132$ und

$\hat{\theta}_1 = \text{sum}(\text{Ablos})/\text{n} - \hat{\theta}_2\,\text{sum}(\text{Kuend})/\text{n} \approx 1.864$.

c) Den Verlauf der Beobachtungen (oder der Residuen) betrachtend, scheint eine Parabel das bessere Modell zu sein.

[**11.4**] a) Gerade durch den Ursprung $(0,0)$. b) Zu minimieren ist die Summe der quadrierten Residuen: $\sum_{i=1}^{n}(y_i - \theta x_i)^2$. Nullsetzen der Ableitung nach θ ergibt: $0 = -2\sum_{i=1}^{n} x_i(y_i - \theta x_i) = -2\sum_{i=1}^{n} x_i y_i + 2\theta \sum_{i=1}^{n} x_i^2$. Damit folgt $\hat{\theta} = \sum_{i=1}^{n} x_i y_i \Big/ \sum_{i=1}^{n} x_i^2$.

c) $\hat{\theta} = \dfrac{19.6}{10} = 1.96$

d)

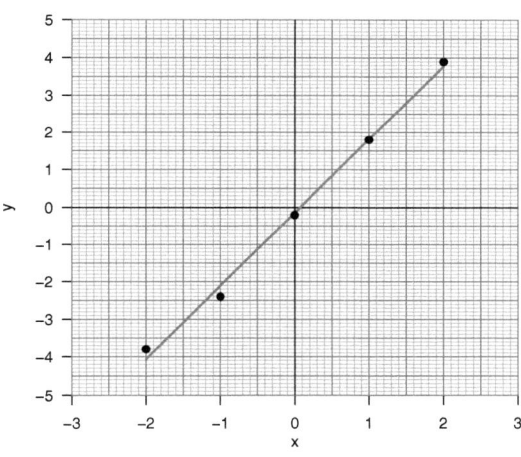

[**11.5**] a) Parabel ohne konstanten und linearen Term durch den Ursprung $(0,0)$.

b) Zu minimieren ist die Summe der quadrierten Residuen: $\sum_{i=1}^{n}(y_i - \theta x_i^2)^2$.

Nullsetzen der Ableitung nach θ ergibt:

$$0 = -2\sum_{i=1}^{n} x_i^2(y_i - \theta x_i^2) = -2\left(\sum_{i=1}^{n} x_i^2 y_i - \theta \sum_{i=1}^{n} x_i^4\right) \;\Rightarrow\; \hat{\theta} = \sum_{i=1}^{n} x_i^2 y_i \Big/ \sum_{i=1}^{n} x_i^4.$$

c) $\hat{\theta} = 37.9/34 \approx 1.115$

d)

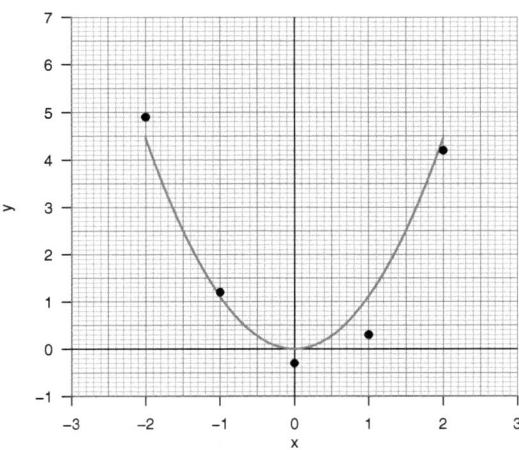

[**11.6**]   a) Parabel ohne konstanten aber mit linearem Term, d.h. Parabel durch $(0,0)$.

b) i) Zu minimieren ist die Summe der quadrierten Residuen. Nullsetzen der partiellen Ableitungen nach θ_1 und θ_2 führt zu

$$\sum_{i=1}^{n} x_i \cdot \theta_1 + \sum_{i=1}^{n} x_i^3 \cdot \theta_2 = \sum_{i=1}^{n} x_i y_i \qquad \sum_{i=1}^{n} x_i^3 \cdot \theta_1 + \sum_{i=1}^{n} x_i^4 \cdot \theta_2 = \sum_{i=1}^{n} x_i^2 y_i$$

ii) $\hat{\theta}_1 = \dfrac{\sum_{i=1}^{n} x_i y_i \cdot \sum_{i=1}^{n} x_i^4 - \sum_{i=1}^{n} x_i^3 \cdot \sum_{i=1}^{n} x_i^2 y_i}{\sum_{i=1}^{n} x_i^2 \cdot \sum_{i=1}^{n} x_i^4 - \left(\sum_{i=1}^{n} x_i^3\right)^2} \qquad \hat{\theta}_2 = \dfrac{\sum_{i=1}^{n} x_i^2 \cdot \sum_{i=1}^{n} x_i^2 y_i - \sum_{i=1}^{n} x_i y_i \cdot \sum_{i=1}^{n} x_i^3}{\sum_{i=1}^{n} x_i^2 \cdot \sum_{i=1}^{n} x_i^4 - \left(\sum_{i=1}^{n} x_i^3\right)^2}$

c) $\hat{\theta}_1 = \dfrac{2513.2}{1456} \approx 1.726 \qquad \hat{\theta}_2 = \dfrac{1294}{1456} \approx 0.889$

d)

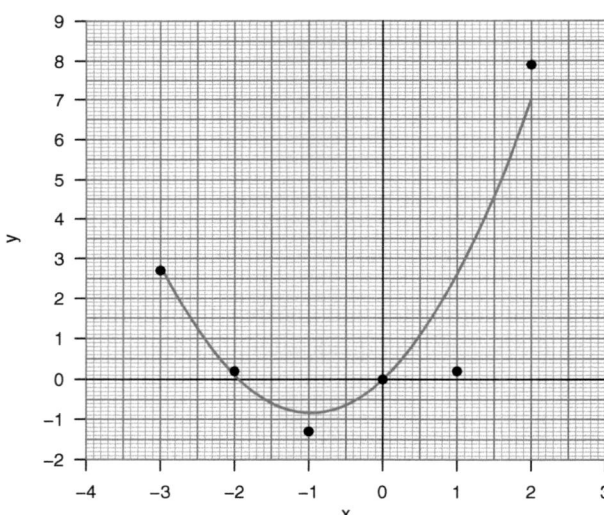

[**11.7**]   a) Logarithmische Funktion, auch semi-log-Modell genannt, da nur eine Seite der Modellgleichung logarithmiert ist.

b) Wir ersetzen in den Formeln für die einfache lineare Regression x durch $\log(x)$:

Steigung: $\hat{\theta}_2 = \dfrac{\sum_{i=1}^{n} (\log(x_i)y_i) - \frac{1}{n} \sum_{i=1}^{n} \log(x_i) \sum_{i=1}^{n} y_i}{\sum_{i=1}^{n} (\log(x_i))^2 - \frac{1}{n} \left(\sum_{i=1}^{n} \log(x_i)\right)^2} = \dfrac{\sum_{i=1}^{n} (\log(x_i)y_i) - n\overline{\log(x)}\bar{y}}{\sum_{i=1}^{n} (\log(x_i))^2 - n(\overline{\log(x)})^2}$

Achsenabschnitt: $\hat{\theta}_1 = \frac{1}{n}\sum_{i=1}^{n} y_i - \hat{\theta}_2 \cdot \left(\frac{1}{n}\sum_{i=1}^{n} \log(x_i)\right) = \bar{y} - \hat{\theta}_2 \overline{\log(x)}$

Beachten Sie die Notation: $\overline{\log(x)}$ bedeutet $\frac{\sum_{i=1}^{n}\log(x_i)}{n}$ anaolog zu $\bar{x} = \frac{\sum_{i=1}^{n} x_i}{n}$.

c) $\hat{\theta}_2 \approx 2.225$; $\hat{\theta}_1 \approx 0.670$.

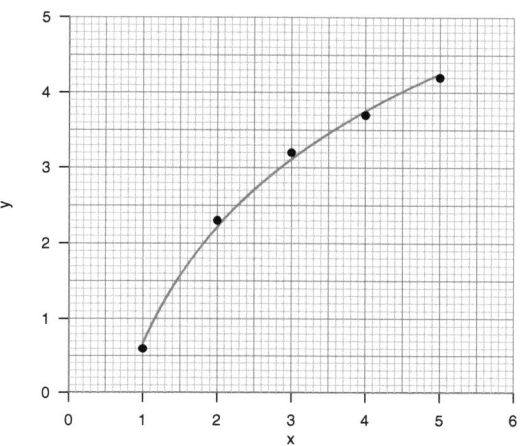

[**11.8**]   a) Exponentialfunktion ohne konstanten Term. Es wird ebenfalls semi-log Modell genannt, da man auch $\log(y) = \log(\theta_1) + \theta_2 x$ schreiben kann, also ein lineares Modell in x für $\log(y)$.   b) Wir erhalten die Schätzer für θ_2 und $\log(\theta_1)$, indem wir in den Formeln für die einfache lineare Regression y durch $\log(y)$ ersetzen.

Steigung: $\hat{\theta}_2 = \dfrac{\sum_{i=1}^{n}(x_i \log(y_i)) - \frac{1}{n}\sum_{i=1}^{n} x_i \sum_{i=1}^{n}\log(y_i)}{\sum_{i=1}^{n} x_i^2 - \frac{1}{n}\left(\sum_{i=1}^{n} x_i\right)^2} = \dfrac{\sum_{i=1}^{n}(x_i \log(y_i)) - n\bar{x}\overline{\log(y)}}{\sum_{i=1}^{n}(x_i)^2 - n\bar{x}^2}$

Achsenabschnitt: $\widehat{\log(\theta_1)} = \frac{1}{n}\sum_{i=1}^{n}\log(y_i) - \hat{\theta}_2 \cdot \left(\frac{1}{n}\sum_{i=1}^{n} x_i\right) = \overline{\log y} - \hat{\theta}_2 \bar{x}$

Daraus folgt:[10] $\hat{\theta}_1 = \exp(\overline{\log y} - \hat{\theta}_2 \bar{x})$

c) Steigung: $\hat{\theta}_2 \approx 0.931$;   Achsenabschnitt: $\widehat{\log(\theta_1)} \approx 0.834$; $\hat{\theta}_1 = \approx 2.302$

---

[10] Für die Notation $\overline{\log(y)}$ siehe Lösung zu Aufg. 7.

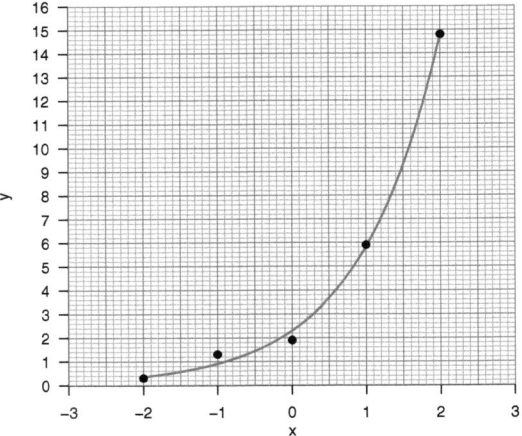

[**11.9**]   a) Konstante: $\hat{\theta}_1 \approx 16.051$; Steigung $\hat{\theta}_2 \approx 0.617$ (siehe auch **R**-Programm)

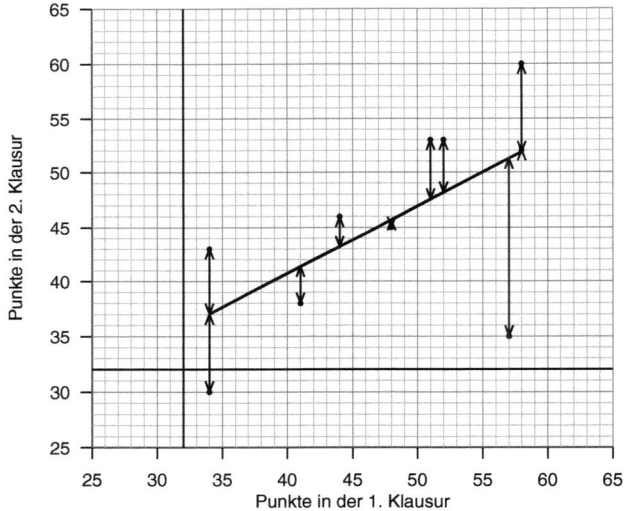

c) Vorhersage: $16.051 + 0.617 \cdot 40 = 40.731$

d) Der geschätzte Standardfehler der Vorhersage ist $\sqrt{\hat{\sigma}^2 \left(1 + \frac{1}{n} + \frac{(x_0 - \bar{x})^2}{\sum_{i=1}^{n} x_i^2 - n\bar{x}^2} \right)} \approx$

8.476. Beachten Sie: Die Punkte $\hat{y}_i$ auf der Geraden (zur Berechnung von $\hat{\sigma}^2$) wurden mit den oben angegeben gerundeten Werten für $\hat{\theta}_1$ und $\hat{\theta}_2$ berechnet. Danach wurde erst ganz zum Schluss gerundet.

e) Mit dem Quantil $t_{8,0.05} = 1.86$ und obigen Resultaten erhalten wir das Prognoseintervall $[40.731 - 8.476 \cdot 1.86; 40.731 + 8.476 \cdot 1.86] \approx [24.97; 56.50]$.

[**11.10**]   a) Die Gerade wurde nach der Methode der kleinsten Quadrate angepasst, d.h. die Summe der Quadrate der Residuen (das sind die senkrechten Abstände der

Punkte von der Geraden) wird minimiert. Optisch allerdings hat man den Eindruck, als müsste die Gerade steiler sein, d.h. die Steigung müsste größer sein.

b) Ein Problem der Regression, das den Widerspruch zwischen bester Anpassung nach der Methode der kleinsten Quadrate einerseits und dem optischen Eindruck andererseits etwas erklären kann, ist die Tatsache, dass die Beobachtungen sowohl nach unten als auch nach oben zensiert (beschränkt) sind, d.h. die x- und y-Werte sind nach unten durch 0 und nach oben durch 18 beschränkt. Man sieht an der linken Abbildung, dass die Streuung um die Gerade mit wachsendem x abnimmt.

c) Nein. Mit zunehmendem x nimmt die Anzahl der Punkte oberhalb der waagerechten Gerade ab, d.h. die Residuen sind nicht zufällig um 0 herum verteilt.

d) Das Histogramm deutet auf eine leichte Linksschiefe. Die rechte Grafik zeigt eine klare Veränderung der Streuung mit wachsenden x-Werten (Werten im Eingangstest). Man spricht von Heteroskedastizität. Hier nimmt mit zunehmender Punktzahl im Eingangstest die Residuenstreuung ab. Auch dies ist typisch für von unten zensierte Daten (keine Werte kleiner Null in unserem Fall).

e) i) Steigung: ≈ 0.49; Achsenabschnitt: ≈ 11.91. Dies stimmt mit der Grafik überein.

ii) Residualvarianz ist das Quadrat des `Residual standard error`, d.h. $2.613^2 \approx 6.83$.

iii) Den `Residual standard error` kann man am ehesten vom Histogramm ablesen. Da die Residuenverteilung uns leicht an eine zentrierte Normalverteilung erinnert, sollten etwa 68% der Fläche des Histogramms im Intervall $[-\sigma;\sigma]$ bzw. 95% im Intervall $[-2\sigma;2\sigma]$ liegen.

iv) Der Prozentsatz der Variation, der durch die Regression erklärt wird, ist $R^2 = 0.1933$ (siehe `Multiple R-Squared: 0.1933`).

v) Bei einer einfachen linearen Regression entspricht R^2 dem Quadrat des Korrelationskoeffizienten zwischen den beiden Variablen, d.h. $\hat{\rho} = +\sqrt{0.1933} \approx 0.4397$. Beachten Sie, dass die Korrelation wegen der steigenden Geraden positiv ist.

vi) Die `F-statistic` prüft im Falle der einfachen linearen Regression die Nullhypothe, dass der Koeffizient der erklärenden Variablen `Eingangstest` Null ist. Er ist äquivalent zum zweiseitigen t-Test für `Eingangstest`.

vii) H_0 wird für große Werte verworfen, d.h. der P-Wert ist $P(PG \geq 17.49)$. Somit ist $P(PG \leq 17.49) = 1 - 0.00007935 \approx 1$.

[**11.11**] Siehe **R**-Programm, Abweichungen sind wegen Rundungen möglich.

a) Vorhersage für Lesen: $\hat{y} = 76.8329 + 0.8282 \cdot 510 \approx 499$
für Naturwissenschaften: $\hat{y} = -31.42409 + 1.08915 \cdot 510 \approx 524$

b) $\widehat{SF}(\text{Vorhersage}) = \hat{\sigma}\sqrt{1 + \frac{1}{n} + \frac{(x_0-\bar{x})^2}{nx^2-n(\bar{x})^2}} =$

$5.178\sqrt{1 + \frac{1}{16} + \frac{(510-8007/16)^2}{4\,009\,187 - 16 \cdot (8007/16)^2}} \approx 5.442$ für Lesen

$4.433\sqrt{1 + \frac{1}{16} + \frac{(510-8007/16)^2}{4\,009\,187 - 16 \cdot (8007/16)^2}} \approx 4.659$ für Naturwissenschaften

c) Prognoseintervalle: $1 - \alpha = 0.95$:
Lesen: $[499.2149 - 5.441509 \cdot 2.14; 499.2149 + 5.441509 \cdot 2.14] \approx [488; 511]$
Naturwiss.: $[524.0424 - 4.658596 \cdot 2.14; 524.0424 + 4.658596 \cdot 2.14] \approx [514; 534]$

$1 - \alpha = 0.99$:
Lesen: $[499.2149 - 5.441509 \cdot 2.98; 499.2149 + 5.441509 \cdot 2.98] \approx [483; 515]$
Naturwiss.: $[524.0424 - 4.658596 \cdot 2.98; 524.0424 + 4.658596 \cdot 2.98] \approx [510; 538]$.

[**11.12**] Für die meisten Aufgabenteile und Grafiken siehe auch **R**-Programm.
a) $\hat{y} \approx 122.043 - 10.218x$ b) Residuen: $y_i - \hat{y}_i = 1.775; -2.307; -0.989; 0.229;$
$2.447; -0.735; -0.417$. Das ergibt $SQ(Res) = \sum_{i=1}^{7}(y_i - \hat{y}_i)^2 \approx 16.205$.
c) $SQ(Total) = \sum_{i=1}^{7}(y_i - \bar{y})^2 = 2\,939.534$.
d) $SQ(Regression) = \sum_{i=1}^{7}(\hat{y}_i - \bar{y})^2 = SQ(Total) - SQ(Res) = 2\,939.534 - 16.205 = 2\,923.329$.
e) $R^2 = SQ(Regression)/SQ(Total) = 2\,923.329/2\,939.534 \approx 0.994$. Damit werden 99.4% der Variation durch die Regression erklärt. 0.6% bleiben unerklärt.
f) $|\hat{\rho}| = \sqrt{R^2} \approx 0.997$. Da die Korrelation hier eindeutig negativ ist (siehe Abbildung), beträgt $\hat{\rho} \approx -0.997$.
g) Nein, da wir keine kausal erklärende Variable haben, sondern nur die Zeit, obwohl man manchmal Voraussagen in die Zukunft unter der Annahme macht, dass sich der gegenwärtige Trend in die Zukunft fortsetzt.
h) $\widehat{Var}(\hat{\theta}_1) = \dfrac{\hat{\sigma}^2}{n}\left(1 + \dfrac{(\bar{x})^2}{\hat{\sigma}_x^2}\right)$ $\widehat{Var}(\hat{\theta}_2) = \dfrac{\hat{\sigma}^2}{n\hat{\sigma}_x^2}$ wobei $\hat{\sigma}^2 = SQ(Res)/(n-2) =$

$16.205/5 = 3.241$, $\bar{x} = \frac{1}{7}\sum_{i=1}^{7} i = 4$ und $\hat{\sigma}_x^2 = \frac{1}{7}\sum_{i=1}^{7} i^2 - (\bar{x})^2 = 20 - 16 = 4$.

$\widehat{Var}(\hat{\theta}_1) = \dfrac{3.241}{7}\left(1 + \dfrac{16}{4}\right) = 2.315$ und $\widehat{Var}(\hat{\theta}_2) = \dfrac{3.241}{7 \cdot 4} \approx 0.116$.

i) Die Konfidenzintervalle sind $[\hat{\theta}_i - t_{n-2,\alpha/2}\widehat{SE}(\hat{\theta}_i), \hat{\theta}_i + t_{n-2,\alpha/2}\widehat{SE}(\hat{\theta}_i)]$, wobei die hier vorkommenden geschätzten Standardfehler die Quadratwurzeln aus den in h) berechneten geschätzten Varianzen sind. Es ist $t_{5,0.05} = 2.02$. Damit sind die Konfidenzintervalle für

θ_1: $[122.043 - 2.02 \cdot \sqrt{2.315}, 122.043 + 2.02 \cdot \sqrt{2.315}] \approx [119.0, 125.1]$
θ_2: $[-10.218 - 2.02 \cdot \sqrt{0.116}, -10.218 + 2.02 \cdot \sqrt{0.116}] \approx [-10.9, -9.5]$

[**11.13**] a)

Modell	FG	SQ	DQ	F
Differenz	1	263.4	263.400	7.7515
M_1	90	3058.8	33.987	
M_2	91	3322.2		

b) Die Prüfgröße ist F-verteilt mit 1 und 90 Freiheitsgraden.

c) Der P-Wert ist kleiner als $0.006541 < 0.01$, so dass die Nullhypothese (Modell der Geraden) verworfen wird. Damit ist die Parabel besser zur Beschreibung der Daten geeignet.

[**11.14**]   a) $\hat{y} = -131 + 127.2x$. Die Grafik mit der eingezeichneten Geraden wird in Aufg. 24 verwendet. Die Residuen sind dann: $y_i - \hat{y}_i = 19.8; -14.4; -30.6; 25.2$. Die Summe der Quadrate ist $SQ(Res) = 2\,170.8$.
b) Für die Parabel ist $SQ(Res) = 145.8$.
c)

Modell	FG	SQ	DQ	F
Differenz	1	2 025.0	2 025.0	13.889
M_1: Parabel	1	145.8	145.8	
M_2 Gerade	2	2 170.8		

d) Mit Tabelle A5 oder `qf(0.9,1,1)` ergibt sich als Ablehnungsbereich $A = [39.86, \infty)$. Die Nullhypothese kann nicht verworfen werden, d.h. man würde das Modell der Geraden verwenden. Der P-Wert lässt sich mit `1-pf(13.889,1,1)` berechnen und ist ≈ 0.167.

[**11.15**]   a)

Modell	FG	FG·DQ=SQ	DQ	F
Differenz	2	49.14	24.57	5.571
M_1	12	52.92	$2.1^2 = 4.41$	
M_2	14	102.06	$2.7^2 = 7.29$	

b) $\alpha = 0.05 \Rightarrow A = [3.89, \infty)$, d.h. die Nullhypothese wird verworfen und man würde die kubische Funktion verwenden. $\alpha = 0.01 \Rightarrow A = (6.93, \infty)$, d.h. die Nullhypothese kann nicht verworfen werden und man würde die Gerade verwenden.
c) Der P-Wert liegt zwischen 0.01 und 0.05 Er kann mit `1-pf(5.571,2,12)` in **R** berechnet werden.

[**11.16**]   a) $\hat{y} = -110.919 + 1.026 \cdot x$, wobei x die Körpergröße und y das Gewicht ist.
b) Einsetzen der Werte für x in die Formel unter a) ergibt 73.761 bzw. 84.021.
c) Die $1 - \alpha$ Vorhersageintervalle sind $[\hat{y}_0 - \widehat{SF} \cdot t_{n-p;\alpha/2} \; ; \; \hat{y}_0 + \widehat{SF} \cdot t_{n-p;\alpha/2}]$, wobei p die Anzahl der geschätzten Parameter und $\widehat{SF}^2 = \hat{\sigma}^2 \left(1 + \frac{1}{n} + \frac{(x_0 - \bar{x})^2}{\sum_{i=1}^{n} x_i^2 - n\bar{x}^2}\right)$.
Mit $\alpha = 0.05$, $\widehat{SF} \approx 9.70$ und $t_{123;0.025} = 1.98$ ergibt sich etwa [54.50, 92.92] bzw. [64.75, 103.18] (bis auf Rundungsfehler).
d) Aus der **R**-Ausgabe liest man (gerundet) ab: $\hat{y} = 486.334 - 5.575x + 0.018x^2$

e)

Modell	FG	SQ	DQ	F
Differenz	1	454.47	454.47	5.025
M_1	122	11033.69	90.44	
M_2	123	11488.16		

wobei SQ(M_2) in der Aufgabe gegeben war, SQ(M_1)= $DF \cdot (Res.stand.error)^2 =$ $122 \cdot 9.51^2 = 11033.69$ und der Rest sich daraus errechnen lässt.

i) Der Ablehnungsbereich ist rechtsseitig. Die untere Grenze kann in **R** mit dem Befehl qf(0.95,1,122) berechnet werden. In der **R**-Ausgabe findet man dafür den Wert $F_{1,122}(0.95) = 3.92$. Damit ist $A_{0.05} = [3.92; \infty)$.

ii) Da die Prüfgröße im Ablehnungsbereich liegt, wird die Nullhypothese bei $\alpha =$ 0.05 verworfen und es gilt als statistisch abgesichert, dass die Parabel besser zur Beschreibung der Daten geeignet ist. Der P-Wert liegt zwischen 0.02 und 0.03.

[**11.17**]

Modell	FG	SQ	DQ	F
Differenz	1	513.1	513.1	5.7228
M_1	121	10848.4	10848.4/121	
M_2	122	11361.5		

[**11.18**] a) Die steigende Gerade.

b) i) $\hat{y} = -7995 + 4.289x$

ii) Es wird die Nullhypothese geprüft, dass der Achsenabschnitt bzw. die Steigung der Geraden Null ist. Die PG ist t-verteilt mit $n - 2 = 17$ Freiheitsgraden.

iii) Es wird die Nullhypothese geprüft, dass die Steigung der Geraden Null ist, d.h. dass das Modell der waagerechten Geraden gilt. Alternative: Das Modell der nicht waagerechten Geraden gilt. Die F-Prüfgröße ist das Quadrat der zweiten t-Prüfgröße. Beachten Sie die Übereinstimmung der P-Werte. Die Behauptung der Grünen ist bei allen gängigen Signifikanzniveaus abzusichern. Der P-Wert ist 0.004329, so dass die Nullhypothese sogar bei $\alpha = 0.005$ verworfen wird. Die Irrtumswahrscheinlichkeit ist gleich dem P-Wert 0.004329.

iv) 38.89% ergibt sich aus Multiple R-Squared: 0.3889.

c) i)

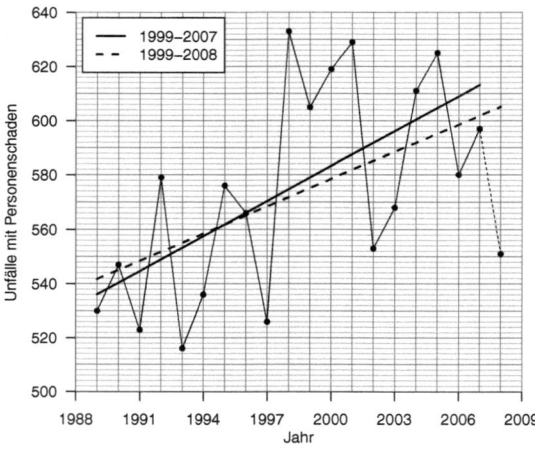

ii) Die gestrichelte Gerade in der obigen Abbildung ist flacher als die bisherige Gerade.

iii) 0.019 oder 1.9%; 26.95%. Die t-Prüfgrößen haben jetzt 18 Freiheitsgrade, die F-Prüfgröße hat 1 und 18 Freiheitsgrade.

[**11.19**] a) W   b) W   c) F   d) W   e) W   f) W   g) W   h) F

[**11.20**] a) W   b) W   c) W   d) F   e) W   f) W   g) W   h) F

Modell	FG	SQ	DQ	F
Differenz	2	40	20	2
M_1	20	200	10	
M_2	22	240		

[**11.21**] a) F   b) F   c) W   d) W   e) F

[**11.22**] a) W   b) W   c) F   d) W   e) F

[**11.23**] a) W   b) W   c) W   d) W   e) F

[**11.24**] a) F   b) W   c) F   d) W   e) F   f) W   g) W

2.12 Varianzanalyse - Lösungen

[**12.1**] a) W   b) W   c) W   d) F   e) W   f) W   g) W

[**12.2**]

Modell	FG	SQ	DQ	F
Differenz	4	40	10	1
M_1	20	200	10	
M_2	24	240		

a) W   b) F   c) W   d) W   e) F   f) W   g) W

[12.3]   a) W   b) W   c) F   d) F   e) W

[12.4]   a) W   b) F   c) F   d) W   e) F   f) W   g) W   h) F   i) F

[12.5]   a) $\hat{\mu}_1 = \bar{y}_1 = 12$; $\hat{\mu}_2 = \bar{y}_2 = 11$; $\hat{\mu}_1 = \bar{y}_1 = 13$ und $\hat{\mu} = \bar{y}_{..} = 12$.
b)

Modell	FG	SQ	DQ	F
Differenz	2	8	4	3
M_1	9	12	4/3	
M_2	11	20		

c) $A = (4.26, \infty)$.   d) Man würde M_2 verwenden, da die Nullhypothese (keine signifikanten Gruppenunterschiede) nicht verworfen wird.   e) Er liegt leicht über 0.1, denn laut Tabelle ist der kritische Wert für $\alpha = 0.1$ gleich 3.01.

[12.6]   a) Mean Sq: $126/3 = 42$ und $2800/100 = 28$.   F value: $42/28 = 1.5$.
b) Der Wert der Verteilungsfunktion für 1.5 ist 0.78. Der P-Wert ist $1 - 0.78 = 0.22$.
c) Die Nullhypothese kann nicht verworfen werden, wenn $\alpha = 0.1$, d.h. man würde sich für das einfachere Modell $M_2 : y_{ij} = \mu + e_{ij}$ mit einem gemeinsamen Erwartungswert μ entscheiden.
d)

Modell	FG	SQ	DQ	F
Differenz	3	126	42	1.5
M_1	100	2800	28	
M_2	103	2926		

[12.7]   Mit den folgenden Berechnungen in **R**

```
>be<-rep(c(1:5),6)
>MM<-c(5849,4916,5518,5535,5200,6830,4305,5031,5659,5545,
       5233,5018,5253,4853,6114,5752,4599,4656,5020,5442,
       6332,5935,6059,5691,5940,5653,4936,4939,5564,6356)
>anova(aov(MM ~ factor(be)))

Response: MM
           Df  Sum Sq Mean Sq F value  Pr(>F)
factor(be)  4 3820142  955036  4.0306 0.01173 *
Residuals  25 5923647  236946
```

ergibt sich für die Tabelle

Modell	FG	SQ	DQ	F
Differenz	4	3820142	955036	4.0306
M_1	25	5923647	236946	
M_2	29	9743789		

Wir erhalten als Wert der Prüfgröße $F \approx 4.031$ und einen P-Wert von 0.01173 (F-Verteilung mit 4 und 25 Freiheitsgraden; `1-pf(4.0306,4,25)`), d.h. für jedes Signifikanzniveau $\alpha > 0.01173$ (entsprechend 1.173%) schließen wir, dass der Betrieb einen Einfluss auf die Milchmenge hat.

[**12.8**]

Modell	FG	SQ	DQ	F
Differenz	3	115 533 032	38 511 011	37.93842
M_1	206	209 109 102	1 015 093	
M_2	209	324 642 134		

Unter der Nullhypothese ist die Teststatistik F-verteilt mit 3 und 206 Freiheitsgraden. Der **R**-Befehl `1-pf(37.93842,3,206))` ergibt 0, d.h. der P-Wert ist 0. Die Nullhypothese wird verworfen.

[**12.9**]   a) i)

Behandlung	1	2	3	4	5	$y_{i.}$	$\bar{y}_{i.}$
Unbehandelt	34	36	31	31	18	150	30
Präparat 1	33	38	45	35	22	173	34.6
Präparat 2	37	38	42	32	23	172	34.4
Präparat 3	38	36	38	32	30	174	34.8
Präparat 4	35	31	41	42	26	175	35

$$\bar{y}_{..} = 844/25 = 33.76$$

ii) Residuen für Modell 1:

Behandl.	1	2	3	4	5
Unbeh.	4	6	1	1	−12
Präparat 1	−1.6	3.4	10.4	0.4	−12.6
Präparat 2	2.6	3.6	7.6	−2.4	−11.4
Präparat 3	3.2	1.2	3.2	−2.8	−4.8
Präparat 4	0	−4	6	7	−9

iii) Residuen für Modell 2:

1	2	3	4	5
0.24	2.24	−2.76	−2.76	−15.76
−0.76	4.24	11.24	1.24	−11.76
3.24	4.24	8.24	−1.76	−10.76
4.24	2.24	4.24	−1.76	−3.76
1.24	−2.76	7.24	8.24	−7.76

iv) $SQ(Res; M_1) = 927.2$; $SQ(Res, M_2) = 1\,016.56$. FG: 20 für M_1 und 24 für M_2

v)

	FG	$SQ(Res)$	$DQ(Res)$	$F\,(\text{oder}PG)$
Differenz	4	89.36	22.34	0.481881
Modell 1	20	927.2	46.36	
Modell 2	24	1\,016.56		

b) F-verteilt mit 4 und 20 Freiheitsgraden. $\alpha = 0.05 \Rightarrow A = [2.87, \infty)$ und $\alpha = 0.01 \Rightarrow A = [4.43, \infty)$. Die Nullhypothese kann nicht verworfen werden, d.h, es kann kein Unterschied in den Behandlungen nachgewiesen werden.

c) $F = PG = \dfrac{\frac{1}{4}\sum_{i=1}^{I} 5(\bar{y}_{i.} - \bar{y}_{..})^2}{\frac{1}{20}927.2} =$

$$\frac{1.2 \cdot \left((30-33.76)^2 + (34.6-33.76)^2 + (34.4-33.76)^2 + (34.8-33.76)^2 + (35-33.76)^2\right)}{46.36} = 0.482$$

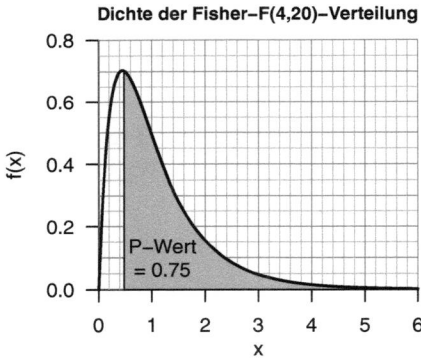

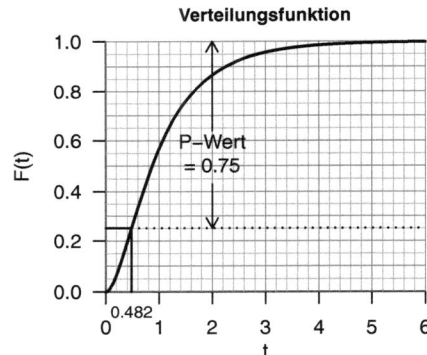

[12.10]   a) i) $\bar{y}_{1.} = 27.75$ $\bar{y}_{2.} = 20.4$ $\bar{y}_{3.} = 20.6$ $\bar{y}_{4.} = 23.9$ $\bar{y}_{i.} = 23.381$

ii) Residuen Modell 1: $y_{ij} - \bar{y}_{..}$

Sem./Kand.	1	2	3	4	5	6
3.	−0.75	5.75	7.25	−3.25	−4.25	−4.75
4.	6.6	−4.9	−3.9	0.6	1.6	−
5.	−4.6	3.4	−2.1	−2.6	5.9	−
6.; 7.	−4.4	1.6	3.1	1.1	−1.4	−

Residuen Modell 2: $y_{ij} - \bar{y}_{..} = y_{ij} - 23.381$

Sem./Kand.	1	2	3	4	5	6
3.	3.619	10.119	11.619	1.119	0.119	−0.381
4.	3.619	−7.881	−6.881	−2.381	−1.381	−
5.	−7.381	0.619	−4.881	−5.381	3.119	−
6. oder 7.	−3.881	2.119	3.619	1.619	−0.881	−

iii) $SQ(Res;M_1) = 336.475$ $SQ(Res;M_2) = 535.4524 \approx 535.452$

$FG(M_1) = 21 - 4 = 17$ $FG(M_2) = 21 - 1 = 20$

iv)

	FG	$SQ(Res)$	$DQ(Res)$	$F(oderPG)$
Differenz	3	198.977	66.32567	3.351
Modell 1	17	336.475	19.79265	
Modell 2	20	535.452		

b) $PG \sim F_{3;17}$ Ablehnungsbereich: $[3.20; \infty)$ bzw. $[5.18; \infty)$

Bei einem Signifikanzniveau von 5% fällt die Prüfgröße in den Ablehnungsbereich und es gilt als statistisch abgesichert, dass ein Unterschied zwischen den vier Gruppen besteht. Bei einem Signifikanzniveau von 1% kann die Nullhypothese ($H_0 : \mu_1 = \mu_2 = \mu_3 = \mu_4 = \mu$) nicht verworfen werden, da die Prüfgröße außerhalb des Ablehnungsbereichs liegt.

c) $PG = \dfrac{\frac{1}{3}\left(6(27.75-23.381)^2+5(20.4-23.381)^2+5(20.6-23.381)^2+5(23.9-23.381)^2\right)}{\frac{1}{17}336.475} = 3.351$

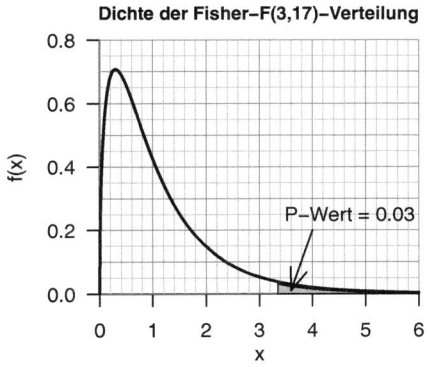

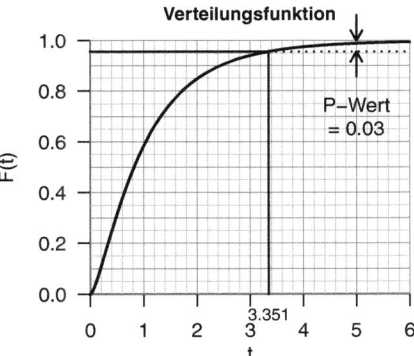

[12.11]

a) Es gibt deutliche Unterschiede, die Gruppen $2, 3, 7$ und 9 liegen deutlich tiefer.

b) Es wird die Nullypothese geprüft, dass die Mittelwerte in den Gruppen gleich sind: $\mu_1 = \mu_2 = \ldots = \mu_{10}$

c) Bei $\alpha = 0.0005$ wird die Nullhypothese abgelehnt, da der P-Wert kleiner als 0.0005 ist. Bei $\alpha = 0.0001$ kann die Nullhypothese nicht verworfen werden, weil der P-Wert größer als 0.0001 ist.

d) Dies entspricht dem P-Wert, also 0.0003661.

e) Der P-Wert ist die Fläche rechts von 4.0574. Es ist nichts mehr zu erkennen, deshalb zeigen wir hier keine Abbildung.

f)

	FG	$SQ(Res)$	$DQ(Res)$	F (oder PG)
Differenz	9	226.14	25.13	4.0574
Modell 1	65	402.53	6.19	
Modell 2	74	628.67		

2.13 Zeitreihen und Indizes - Lösungen

[**13.1**]   a) W   b) F   c) W   d) W   e) W   f) F

[**13.2**]   a) W   b) F   c) W   d) W   e) W

[**13.3**]
a) und b)

Jahr	Höchstpreis	a =1	a = 3	a= 5
1990	424			
1991	404	396.000		
1992	360	390.333		
1993	407	388.333	400.857	
1994	398	400.667	392.857	
1995	397	403.667	380.143	375.636
1996	416	393.667	375.286	363.727
1997	368	366.333	362.429	358.727
1998	315	336.333	347.429	363.909
1999	326	319.333	340.571	368.364
2000	317	312.000	340.714	381.091
2001	293	319.667	353.286	411.000
2002	349	353.000	385.143	449.727
2003	417	407.333	442.286	509.364
2004	456	470.333	517.286	
2005	538	573.333	621.714	
2006	726	702.000		
2007	842	864.000		
2008	1024			

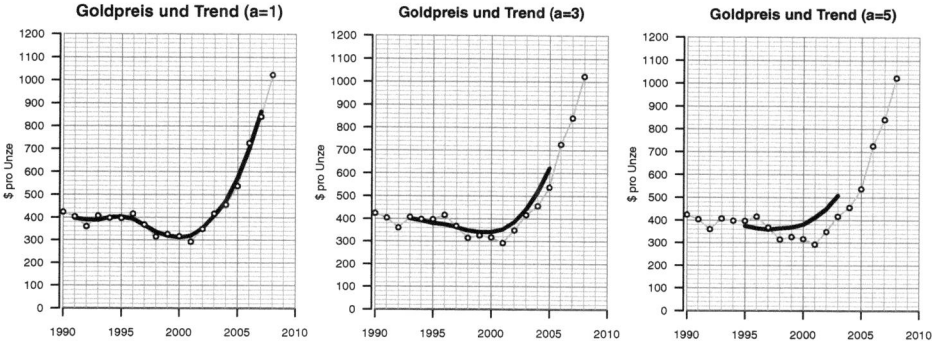

[**13.4**]   Siehe auch **R**-Programm und beachten Sie, dass es Ungenauigkeiten wegen Rundungen geben kann.

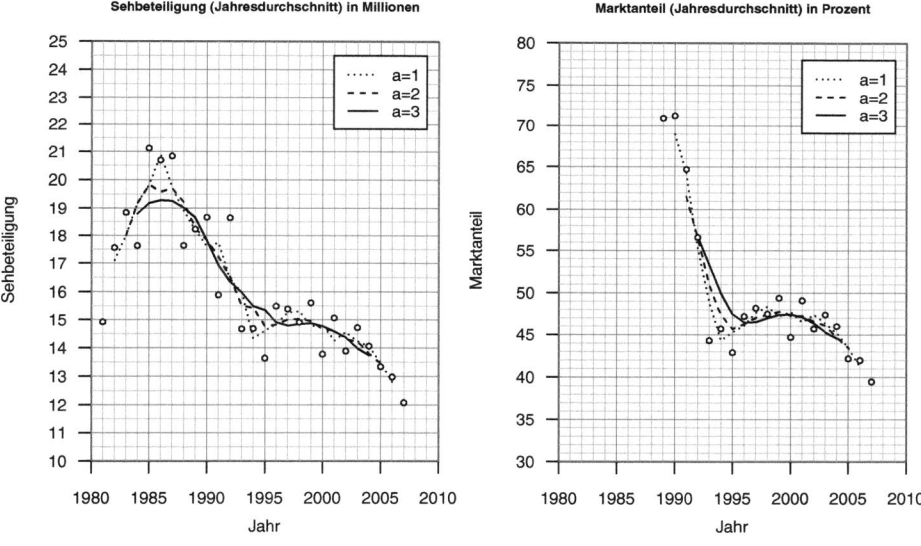

Jahr	Sehb.	$a = 1$	$a = 2$	$a = 3$	Markta.	$a = 1$	$a = 2$	$a = 3$
1981	14.92							
1982	17.56	17.11						
1983	18.84	18.01	18.01					
1984	17.63	19.20	19.17	18.80				
1985	21.12	19.81	19.82	19.19				
1986	20.69	20.88	19.58	19.28				
1987	20.84	19.72	19.70	19.26				
1988	17.64	18.90	19.21	19.01				
1989	18.23	18.18	18.25	18.66	70.9			
1990	18.67	17.60	17.82	17.80	71.2	68.93		
1991	15.89	17.74	17.22	16.92	64.7	64.17	61.54	
1992	18.65	16.40	16.51	16.35	56.6	55.20	56.50	56.61

1993	14.67	16.00	15.51	15.96	44.3	48.87	50.84	53.23
1994	14.68	14.33	15.43	15.49	45.7	44.30	47.34	49.94
1995	13.64	14.60	14.77	15.35	42.9	45.27	45.66	47.49
1996	15.49	14.84	14.82	14.91	47.2	46.10	46.30	46.46
1997	15.39	15.26	15.01	14.79	48.2	47.63	47.04	46.51
1998	14.91	15.30	15.04	14.84	47.5	48.37	47.40	47.00
1999	15.61	14.77	14.95	14.88	49.4	47.20	47.78	47.40
2000	13.78	14.82	14.65	14.77	44.7	47.73	47.28	47.43
2001	15.07	14.25	14.61	14.58	49.1	46.50	47.26	47.11
2002	13.89	14.56	14.30	14.35	45.7	47.40	46.58	46.36
2003	14.72	14.22	14.22	13.98	47.4	46.37	46.08	45.30
2004	14.06	14.04	13.80	13.73	46.0	45.20	44.66	44.56
2005	13.34	13.46	13.44		42.2	43.40	43.42	
2006	12.98	12.80			42.0	41.23		
2007	12.08				39.5			

[**13.5**] $T_t = \frac{1}{24}\left(y_{t-6} + 2\sum_{j=-5}^{5} y_{t+j} + y_{t+6}\right)$ ergibt für die neuen Werte 90.7 und 89.1.

[**13.6**]   a) Siehe auch **R**-Programm und beachten Sie dabei, dass es Ungenauigkeiten wegen Rundungen geben kann.

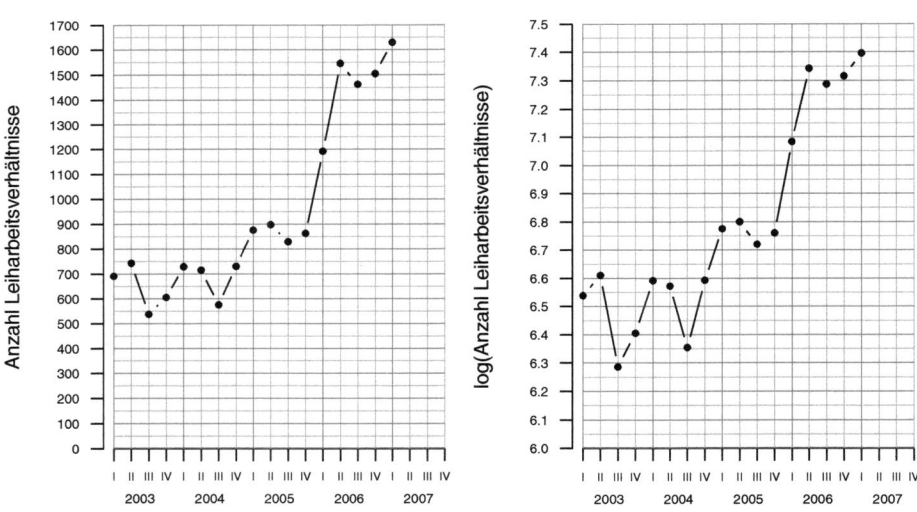

b) additives Modell:

Quartal	Daten	Trend	Daten-Trend	Saisonkomponente	Residuum
*II*03	691				
III	743				
IV	537	648.750	−111.750	−84.438	−27.312
*I*04	605	650.000	−45.000	−75.083	30.083
II	729	651.250	77.750	52.625	25.125
III	715	671.625	43.375	96.958	−53.583
IV	575	705.625	−130.625	−84.438	−46.187
*I*05	730	746.875	−16.875	−75.083	58.208
II	876	801.500	74.500	52.625	21.875
III	898	849.875	48.125	96.958	−48.833
IV	829	906.000	−77.000	−84.438	7.438
*I*06	863	1026.375	−163.375	−75.083	−88.292
II	1192	1186.375	5.625	52.625	−47.000
III	1545	1345.625	199.375	96.958	102.417
IV	1462	1480.375	−18.375	−84.438	66.063
*I*07	1504				
II	1629				

multiplikatives Modell:

Quartal	log(Daten)	Trend	log(Daten)-Trend	Saisonkomponente	Residuum
*II*03	6.54				
III	6.61				
IV	6.29	6.469	−0.179	−0.117	−0.062
*I*04	6.41	6.470	−0.060	−0.073	0.013
II	6.59	6.473	0.117	0.085	0.032
III	6.57	6.502	0.068	0.092	−0.024
IV	6.35	6.549	−0.199	−0.117	−0.082
*I*05	6.59	6.601	−0.011	−0.073	0.062
II	6.78	6.676	0.104	0.085	0.019
III	6.80	6.744	0.056	0.092	−0.036
IV	6.72	6.803	−0.083	−0.117	0.034
*I*06	6.76	6.907	−0.147	−0.073	−0.074
II	7.08	7.046	0.034	0.085	−0.051
III	7.34	7.187	0.153	0.092	0.061
IV	7.29	7.297	−0.007	−0.117	0.110
*I*07	7.32				
II	7.40				

c) Die Saisonfaktoren sind beginnend mit dem I. Quartal ≈ 0.930, 1.089, 1.096, 0.890, d.h. 93.0%, 108.9%, 109.6%, 89.0%. Bedeutung: Der Wert für das erste Quartal beträgt 93.0% des Trendwertes, für das zweite Quartal 108.9% des Trends usw.

[13.7] a) Einfacher gleitender Durchschnitt mit $a = 3$.

b)

Tag	Monat		Jahr	Anzahl	in Mio	T_t	$x_t - T_t$
Do	Aug	21	2008	8 855 458	8.9	7.2	1.7
Fr	Aug	22	2008	7 091 353	7.1	7.2	−0.1
Di	Aug	26	2008	9 322 135	9.3	7.3	2
So	Aug	31	2008	3 985 565	4.0	7.5	−3.5
Mi	Sep	3	2008	10 245 704	10.2	7.7	2.5
Mo	Sep	8	2008	10 093 619	10.1	8.0	2.1
Sa	Sep	13	2008	3 338 575	3.3	7.9	−4.6
Do	Sep	18	2008	9 873 709	9.9	8.0	1.9

c) und e), siehe **R**-Programm, Abweichungen zur Tabelle wegen Rundungen.

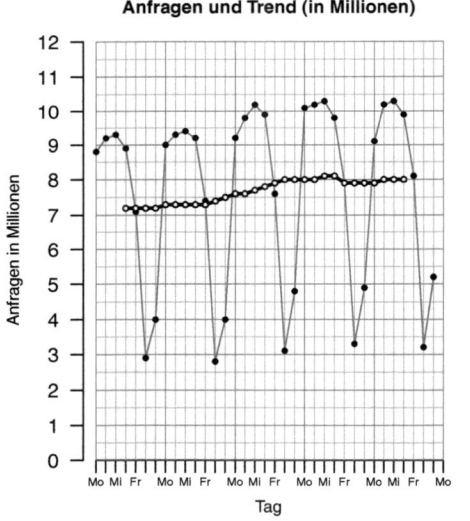

Anfragen und Trend (in Millionen)

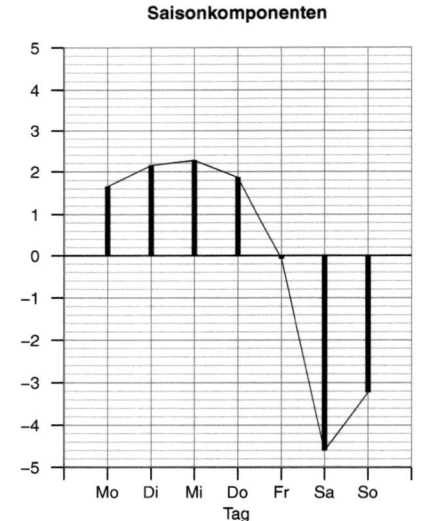

Saisonkomponenten

d)

Tag						Summe	Durchschnitt
Mo	— —	1.7	1.6	2.1	1.2	6.6	1.650
Di	— —	2.0	2.2	2.2	2.2	8.6	2.150
Mi	— —	2.1	2.5	2.2	2.3	9.1	2.375
Do	1.7	1.9	2.1	1.7	1.9	9.3	1.860
Fr	−0.1	0.1	−0.3	0.0	— —	−0.3	−0.075
Sa	−4.3	−4.6	−4.9	−4.6	— —	−18.4	−4.600
So	−3.2	−3.5	−3.2	−3.0	— —	−12.9	−3.225

f)

Tag	Monat		Jahr	Anzahl	in Mio	T_t	e_t
Do	Aug	21	2008	8 855 458	8.9	7.2	0.160
Fr	Aug	22	2008	7 091 353	7.1	7.2	−0.025
Di	Aug	26	2008	9 322 135	9.3	7.3	−0.150
So	Aug	31	2008	3 985 565	4.0	7.5	−0.275
Mi	Sep	3	2008	10 245 704	10.2	7.7	0.225
Mo	Sep	8	2008	10 093 619	10.1	8.0	0.450
Sa	Sep	13	2008	3 338 575	3.3	7.9	0.000
Do	Sep	18	2008	9 873 709	9.9	8.0	0.040

g) und h), siehe **R**-Programm

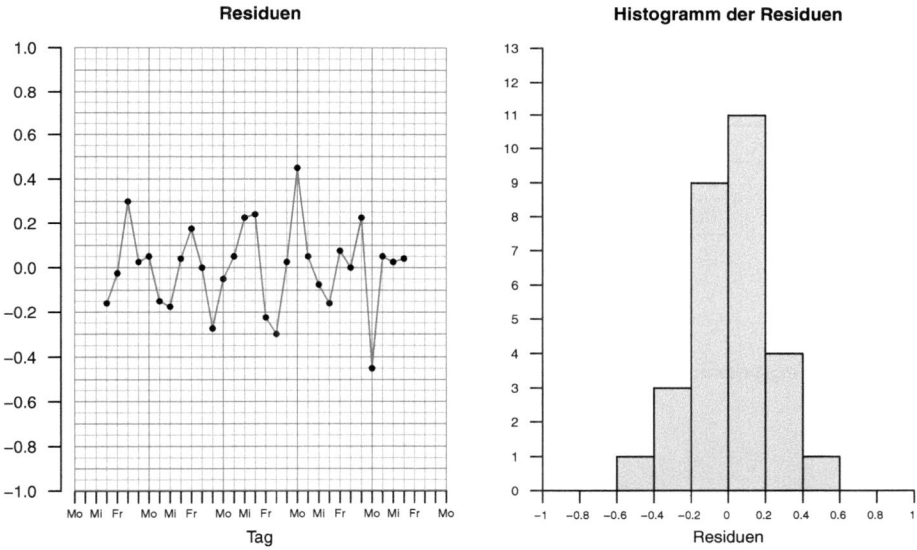

[**13.8**]   a) Wir verwenden ein multiplikatives Modell, da die Saisonschwankungen mit steigenden Niveau ansteigen.
b) Der zentrierte gleitende Durchschnitt für monatliche Daten.
c)

Jahr	Monat	Zugriffe	$x_t = \log(\text{Zugriffe})$	T_t	$x_t - T_t$	e_t
2006	07	159190302	18.89	18.97	-0.08	-0.05
2006	08	177383253	18.99	19.01	-0.02	0.02
2006	09	190838123	19.07	19.04	0.03	0.01
2006	10	224604790	19.23	19.08	0.15	0.07
2006	11	241338215	19.30	19.12	0.18	0.09
2006	12	178558351	19.00	19.16	-0.16	0.04

2007	01	243125683	19.31	19.20	0.11	0.09
2007	02	221025505	19.21	19.22	-0.01	0.00
2007	03	255252638	19.36	19.24	0.12	0.01
2007	04	223004233	19.22	19.26	-0.04	-0.03
2007	05	247498040	19.33	19.29	0.04	0.01
2007	06	237110177	19.28	19.31	-0.03	-0.01
2007	07	224613993	19.23	19.33	-0.10	-0.07
2007	08	224603845	19.23	19.35	-0.12	-0.08
2007	09	246714374	19.32	19.36	-0.04	-0.06
2007	10	304682822	19.53	19.38	0.15	0.07
2007	11	312511429	19.56	19.39	0.17	0.08
2007	12	231952638	19.26	19.40	-0.14	0.06
2008	01	290163556	19.49	NA	NA	NA
2008	02	281938341	19.46	NA	NA	NA
2008	03	276733846	19.44	NA	NA	NA
2008	04	310243151	19.55	NA	NA	NA
2008	05	275019300	19.43	NA	NA	NA
2008	06	270322923	19.42	NA	NA	NA

d) und g)

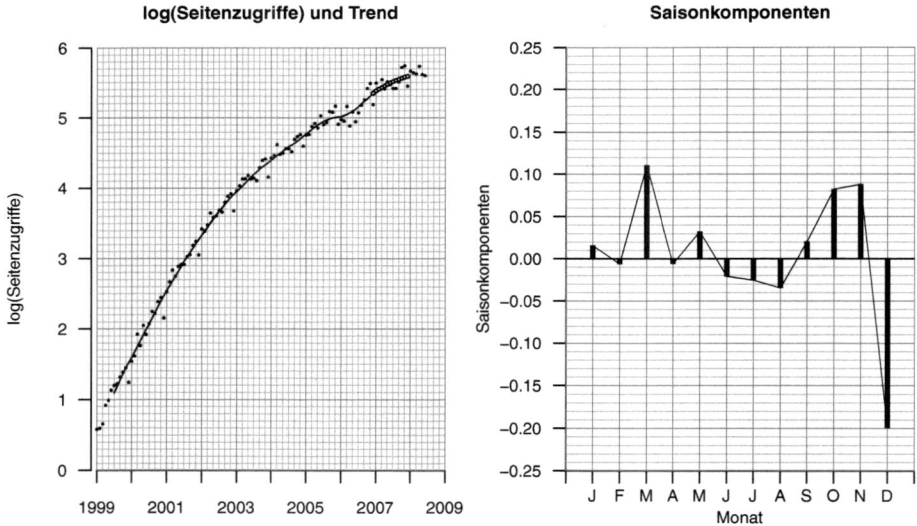

e)

Jan	Feb	Mär	Apr	Mai	Jun	Jul	Aug	Sep	Okt	Nov	Dez
NA	NA	NA	NA	NA	NA	0.10	0.05	0.04	0.02	0.00	-0.28
-0.04	-0.05	0.18	-0.06	0.14	-0.07	0.00	0.09	-0.01	0.07	0.05	-0.31
-0.01	0.05	0.15	0.01	0.08	0.03	-0.05	0.00	-0.03	0.04	0.03	-0.22
0.09	0.00	0.03	0.13	0.02	-0.02	0.02	-0.05	0.03	0.06	0.05	-0.24
0.01	0.04	0.10	0.06	0.07	-0.02	-0.05	-0.13	0.02	0.10	0.09	-0.21
0.03	0.04	0.15	-0.01	-0.03	0.01	-0.03	-0.10	0.06	0.07	0.06	-0.14
-0.01	-0.04	0.04	0.05	-0.04	0.10	-0.05	-0.04	0.11	0.09	0.16	-0.10
-0.04	-0.08	0.11	-0.19	-0.01	-0.17	-0.08	-0.02	0.03	0.15	0.18	-0.16
0.11	-0.01	0.12	-0.04	0.04	-0.03	-0.10	-0.12	-0.04	0.15	0.17	-0.14
NA	NA	NA	NA	NA	NA						

f)

	Jan	Feb	Mär	Apr	Mai	Jun	Jul	Aug	Sep	Okt	Nov	Dez
S_t	0.0175	−0.0063	0.1100	−0.0063	0.0337	−0.0212	−0.0267	−0.0356	0.0233	0.0833	0.0878	−0.2000
e^{S_t}	1.018	0.994	1.116	0.994	1.034	0.979	0.974	0.965	1.024	1.087	1.092	0.819
%	101.8	99.4	111.6	99.4	103.4	97.9	97.4	96.5	102.4	108.7	109.2	81.9

[**13.9**]   a) - b)[11]

Semester	Anzahl	Trend	Anzahl - Trend	Saisonkomponente	Residuum
SS2004	23 446				
WS2004/2005	24 490	24018.75	471.25	556.0625	−84.8125
SS2005	23 649	24117.00	−468.00	−571.9375	103.9375
WS2005/2006	24 680	24157.00	523.00	556.0625	−33.0625
SS2006	23 619	23982.50	−363.50	−571.9375	208.4375
WS2006/2007	24 012	23497.25	514.75	556.0625	−41.3125
SS2007	22 346	23171.75	−825.75	−571.9375	−253.8125
WS2007/2008	23 983	23267.75	715.25	556.0625	159.1875
SS2008	22 759	23389.50	−630.50	−571.9375	−58.5625
WS2008/2009	24 057				

---

[11] Normalerweise würde man stärker runden. Wir haben dies hier nicht getan, um Ungenauigkeiten zu vermeiden.

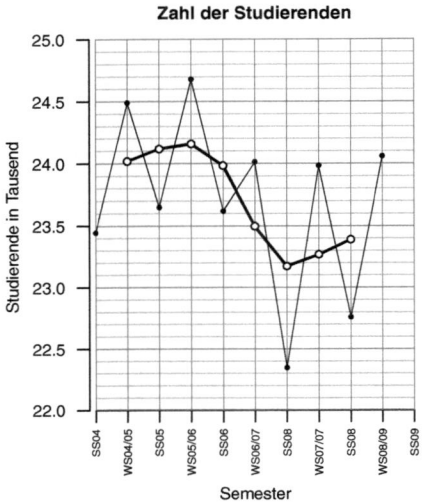

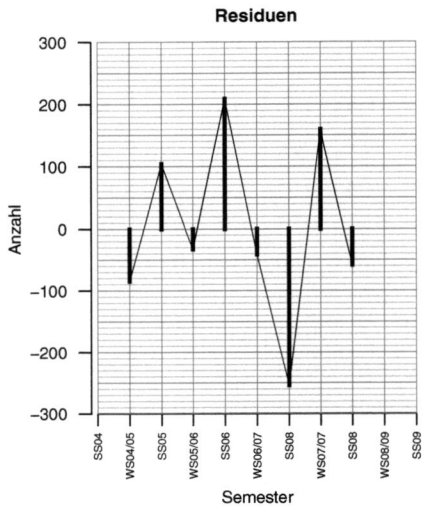

c) Siehe folgende Tabelle:

Semester	Anzahl	Trend	Anzahl - Trend	Saisonkomponente	Residuum
SS2004	966				
WS2004/2005	3 003	1955.75	1047.25	1101.813	−54.563
SS2005	851	1896.00	−1045.00	−1071.333	26.333
WS2005/2006	2 879	1844.25	1034.75	1101.813	−67.063
SS2006	768	1767.25	−999.25	−1071.333	72.083
WS2006/2007	2 654	1689.25	964.75	1101.813	−137.063
SS2007	681	1850.75	−1169.75	−1071.333	−98.417
WS2007/2008	3 387	2026.50	1360.50	1101.813	258.687
SS2008	651				

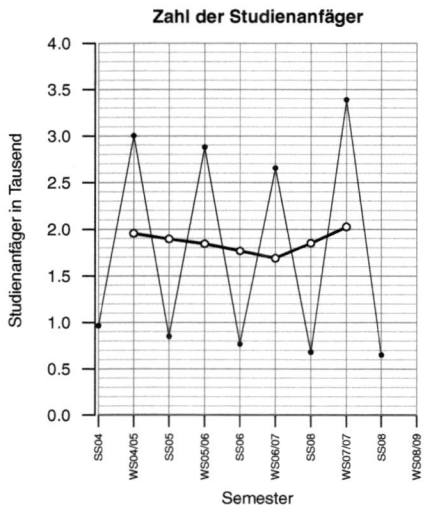

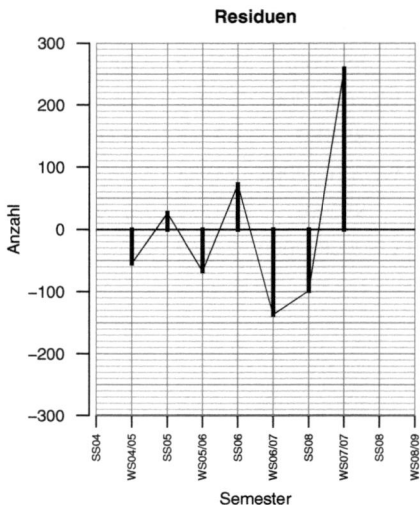

[**13.10**]   a) Der Trend wird mit einem einfachen gleitenden Durchschnitt mit $a = 1$ berechnet: (Anmerkung: Bei derart kleinem Stichprobenumfang, d.h. wenigen Daten, macht ein größeres a keinen Sinn.)

Runde	1	2	3	4	5	6	7	8
Kooperation in %	81.33	68.56	64.89	50.00	55.67	55.67	50.11	44.33
Trend	–	71.59	61.15	56.85	53.78	53.82	50.04	–
Residuen	–	−3.03	3.74	−6.85	1.89	1.85	0.07	–

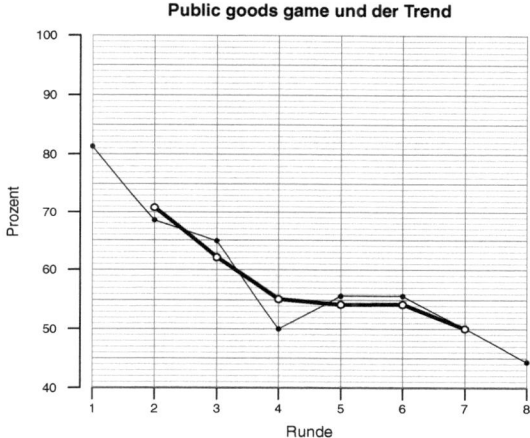

b) Der Trend wird jetzt mit einem zentrierten Filter berechnet, analog zu dem für halbjährliche Daten: $1/4, 1/2, 1/4$:

Runde	x_t = Kooperation in %	T_t	$x_t - T_t$	S_t	e_t
1 (IRG)	83.3	–	–	–	–
2 (PGG)	88.3	83.3	5.0	5.029	−0.029
3 (IRG)	73.4	79.6	−6.2	−4.829	−1.371
4 (PGG)	83.2	79.1	4.1	5.029	−0.929
5 (IRG)	76.5	79.9	−3.4	−4.829	1.429
6 (PGG)	83.3	78.2	5.1	5.029	0.071
7 (IRG)	69.9	77.4	−7.5	−4.829	−2.671
8 (PGG)	86.6	80.3	6.3	5.029	1.271
9 (IRG)	78.3	82.9	−4.6	−4.829	0.229
10 (PGG)	88.3	83.7	4.6	5.029	−0.429
11 (IRG)	80.0	83.7	−3.7	−4.829	1.129
12 (PGG)	86.6	80.3	6.3	5.029	1.271
13 (IRG)	68.2	76.6	−8.4	−4.829	−3.571
14 (PGG)	83.3	79.5	3.8	5.029	−1.129
15 (IRG)	83.3	83.3	0.0	−4.829	4.829
16 (PGG)	83.3	–	–	–	–

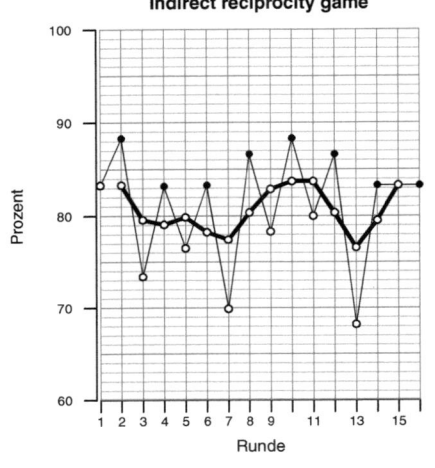

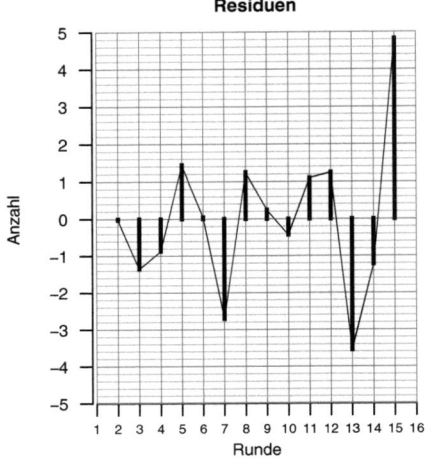

[**13.11**]   a) W   b) F   c) W   d) W

[**13.12**]   a) F   b) W   c) W   d) F   e) W

[**13.13**]   a) F   b) W   c) W   d) W   e) F   f) W   c) F   d) F

[**13.14**]   Den Umsatz erhält man als Produkt aus Preis und Verbrauch. Für die Messziffer zum Basisjahr müssen Preis, Verbrauch und Umsatz durch ihren Wert im Basisjahr geteilt werden.
a) 0.392, 0.723, 0.643, 0.608, 0.605, 0.707, 1, 1.207, 1.242
b) 1.082, 1.069, 1.084, 1.045, 1.024, 1.011, 1, 1.002, 0.913
c) 0.424, 0.773, 0.697, 0.635, 0.620, 0.715, 1, 1.210, 1.134

[**13.15**]   Für die Messziffer zum Basisjahr muss der Goldpreis durch den Wert der jeweiligen Basisperiode geteilt werden.

Datum	2009	PMZ_{09}	PMZ_{08}	2008	PMZ_{09}	PMZ_{08}
20.02.	771	100.00	134.09	627	81.32	109.04
13.02.	727	94.29	126.43	617	80.03	107.30
06.02.	707	91.70	122.96	617	80.03	107.30
30.01.	718	93.13	124.87	622	80.67	108.17
23.01.	675	87.55	117.39	609	78.99	105.91
16.01.	627	81.32	109.04	608	78.86	105.74
09.01.	629	81.58	109.39	598	77.56	104.00
02.01.	628	81.45	109.22	575	74.58	100.00

c) i) um 9.22%, ii) um 18.55%; iii) um 25.42%; iv) um 34.09%

[**13.16**]   a) Laspeyres: B: 1.051, 1.047; A: 1.008, 1.004.   Paasche: B: 1.052, 1.053; A: 1.008, 1.005   b) Laspeyres: B: 1.000, 0.981; A: 0.998, 0.995.   Paasche: B: 1.004, 0.986; A: 0.999, 0.996.   c) B: 0.998, 0.962; A: 0.997, 0.961

[**13.17**] $P_t^L = 100 \cdot \frac{20 \cdot 10 + 15 \cdot 12 + 8 \cdot 20 + 10 \cdot 12}{15 \cdot 10 + 12 \cdot 12 + 6 \cdot 20 + 10 \cdot 12} \approx 124$; $P_t^P = 100 \cdot \frac{20 \cdot 8 + 15 \cdot 13 + 8 \cdot 25 + 10 \cdot 12}{15 \cdot 8 + 12 \cdot 13 + 6 \cdot 25 + 10 \cdot 12} \approx 124$

$Q_t^L = 100 \cdot \frac{15 \cdot 8 + 12 \cdot 13 + 6 \cdot 25 + 10 \cdot 12}{15 \cdot 10 + 12 \cdot 12 + 6 \cdot 20 + 10 \cdot 12} \approx 102$; $Q_t^P = 100 \cdot \frac{20 \cdot 8 + 15 \cdot 13 + 8 \cdot 25 + 10 \cdot 12}{20 \cdot 10 + 15 \cdot 12 + 8 \cdot 20 + 10 \cdot 12} \approx 102$

$U_t = 100 \cdot \frac{675}{534} \approx 126$

Anhang A
Verteilungstabellen

Tabelle A.1 Verteilungsfunktion der Standardnormalverteilung.

Die Tabelle gibt $\Phi(z)$, die Wahrscheinlichkeit, dass eine $N(0,1)$-verteilte Zufallsvariable kleiner oder gleich z ist.

z	$\Phi(z)$	z	$\Phi(z)$	z	$\Phi(z)$	z	$\Phi(z)$	z	$\Phi(z)$	z	$\Phi(z)$	z	$\Phi(z)$	z	$\Phi(z)$	z	$\Phi(z)$
−3.00	0.001	−2.40	0.008	−1.80	0.036	−1.20	0.115	−0.60	0.274	0.00	0.500	0.60	0.726	1.20	0.885	1.80	0.964	2.40	0.992
−2.99	0.001	−2.39	0.008	−1.79	0.037	−1.19	0.117	−0.59	0.278	0.01	0.504	0.61	0.729	1.21	0.887	1.81	0.965	2.41	0.992
−2.98	0.001	−2.38	0.009	−1.78	0.038	−1.18	0.119	−0.58	0.281	0.02	0.508	0.62	0.732	1.22	0.889	1.82	0.966	2.42	0.992
−2.97	0.001	−2.37	0.009	−1.77	0.038	−1.17	0.121	−0.57	0.284	0.03	0.512	0.63	0.736	1.23	0.891	1.83	0.966	2.43	0.992
−2.96	0.002	−2.36	0.009	−1.76	0.039	−1.16	0.123	−0.56	0.288	0.04	0.516	0.64	0.739	1.24	0.893	1.84	0.967	2.44	0.993
−2.95	0.002	−2.35	0.009	−1.75	0.040	−1.15	0.125	−0.55	0.291	0.05	0.520	0.65	0.742	1.25	0.894	1.85	0.968	2.45	0.993
−2.94	0.002	−2.34	0.010	−1.74	0.041	−1.14	0.127	−0.54	0.295	0.06	0.524	0.66	0.745	1.26	0.896	1.86	0.969	2.46	0.993
−2.93	0.002	−2.33	0.010	−1.73	0.042	−1.13	0.129	−0.53	0.298	0.07	0.528	0.67	0.749	1.27	0.898	1.87	0.969	2.47	0.993
−2.92	0.002	−2.32	0.010	−1.72	0.043	−1.12	0.131	−0.52	0.302	0.08	0.532	0.68	0.752	1.28	0.900	1.88	0.970	2.48	0.993
−2.91	0.002	−2.31	0.010	−1.71	0.044	−1.11	0.133	−0.51	0.305	0.09	0.536	0.69	0.755	1.29	0.901	1.89	0.971	2.49	0.994
−2.90	0.002	−2.30	0.011	−1.70	0.045	−1.10	0.136	−0.50	0.309	0.10	0.540	0.70	0.758	1.30	0.903	1.90	0.971	2.50	0.994
−2.89	0.002	−2.29	0.011	−1.69	0.046	−1.09	0.138	−0.49	0.312	0.11	0.544	0.71	0.761	1.31	0.905	1.91	0.972	2.51	0.994
−2.88	0.002	−2.28	0.011	−1.68	0.046	−1.08	0.140	−0.48	0.316	0.12	0.548	0.72	0.764	1.32	0.907	1.92	0.973	2.52	0.994
−2.87	0.002	−2.27	0.012	−1.67	0.047	−1.07	0.142	−0.47	0.319	0.13	0.552	0.73	0.767	1.33	0.908	1.93	0.973	2.53	0.994
−2.86	0.002	−2.26	0.012	−1.66	0.048	−1.06	0.145	−0.46	0.323	0.14	0.556	0.74	0.770	1.34	0.910	1.94	0.974	2.54	0.994
−2.85	0.002	−2.25	0.012	−1.65	0.049	−1.05	0.147	−0.45	0.326	0.15	0.560	0.75	0.773	1.35	0.911	1.95	0.974	2.55	0.995
−2.84	0.002	−2.24	0.013	−1.64	0.051	−1.04	0.149	−0.44	0.330	0.16	0.564	0.76	0.776	1.36	0.913	1.96	0.975	2.56	0.995
−2.83	0.002	−2.23	0.013	−1.63	0.052	−1.03	0.152	−0.43	0.334	0.17	0.567	0.77	0.779	1.37	0.915	1.97	0.976	2.57	0.995
−2.82	0.002	−2.22	0.013	−1.62	0.053	−1.02	0.154	−0.42	0.337	0.18	0.571	0.78	0.782	1.38	0.916	1.98	0.976	2.58	0.995
−2.81	0.002	−2.21	0.014	−1.61	0.054	−1.01	0.156	−0.41	0.341	0.19	0.575	0.79	0.785	1.39	0.918	1.99	0.977	2.59	0.995
−2.80	0.003	−2.20	0.014	−1.60	0.055	−1.00	0.159	−0.40	0.345	0.20	0.579	0.80	0.788	1.40	0.919	2.00	0.977	2.60	0.995
−2.79	0.003	−2.19	0.014	−1.59	0.056	−0.99	0.161	−0.39	0.348	0.21	0.583	0.81	0.791	1.41	0.921	2.01	0.978	2.61	0.995
−2.78	0.003	−2.18	0.015	−1.58	0.057	−0.98	0.164	−0.38	0.352	0.22	0.587	0.82	0.794	1.42	0.922	2.02	0.978	2.62	0.996
−2.77	0.003	−2.17	0.015	−1.57	0.058	−0.97	0.166	−0.37	0.356	0.23	0.591	0.83	0.797	1.43	0.924	2.03	0.979	2.63	0.996
−2.76	0.003	−2.16	0.015	−1.56	0.059	−0.96	0.169	−0.36	0.359	0.24	0.595	0.84	0.800	1.44	0.925	2.04	0.979	2.64	0.996
−2.75	0.003	−2.15	0.016	−1.55	0.061	−0.95	0.171	−0.35	0.363	0.25	0.599	0.85	0.802	1.45	0.926	2.05	0.980	2.65	0.996
−2.74	0.003	−2.14	0.016	−1.54	0.062	−0.94	0.174	−0.34	0.367	0.26	0.603	0.86	0.805	1.46	0.928	2.06	0.980	2.66	0.996
−2.73	0.003	−2.13	0.017	−1.53	0.063	−0.93	0.176	−0.33	0.371	0.27	0.606	0.87	0.808	1.47	0.929	2.07	0.981	2.67	0.996
−2.72	0.003	−2.12	0.017	−1.52	0.064	−0.92	0.179	−0.32	0.374	0.28	0.610	0.88	0.811	1.48	0.931	2.08	0.981	2.68	0.996
−2.71	0.003	−2.11	0.017	−1.51	0.066	−0.91	0.181	−0.31	0.378	0.29	0.614	0.89	0.813	1.49	0.932	2.09	0.982	2.69	0.996
−2.70	0.003	−2.10	0.018	−1.50	0.067	−0.90	0.184	−0.30	0.382	0.30	0.618	0.90	0.816	1.50	0.933	2.10	0.982	2.70	0.997
−2.69	0.004	−2.09	0.018	−1.49	0.068	−0.89	0.187	−0.29	0.386	0.31	0.622	0.91	0.819	1.51	0.934	2.11	0.983	2.71	0.997
−2.68	0.004	−2.08	0.019	−1.48	0.069	−0.88	0.189	−0.28	0.390	0.32	0.626	0.92	0.821	1.52	0.936	2.12	0.983	2.72	0.997
−2.67	0.004	−2.07	0.019	−1.47	0.071	−0.87	0.192	−0.27	0.394	0.33	0.629	0.93	0.824	1.53	0.937	2.13	0.983	2.73	0.997
−2.66	0.004	−2.06	0.020	−1.46	0.072	−0.86	0.195	−0.26	0.397	0.34	0.633	0.94	0.826	1.54	0.938	2.14	0.984	2.74	0.997
−2.65	0.004	−2.05	0.020	−1.45	0.074	−0.85	0.198	−0.25	0.401	0.35	0.637	0.95	0.829	1.55	0.939	2.15	0.984	2.75	0.997
−2.64	0.004	−2.04	0.021	−1.44	0.075	−0.84	0.200	−0.24	0.405	0.36	0.641	0.96	0.831	1.56	0.941	2.16	0.985	2.76	0.997
−2.63	0.004	−2.03	0.021	−1.43	0.076	−0.83	0.203	−0.23	0.409	0.37	0.644	0.97	0.834	1.57	0.942	2.17	0.985	2.77	0.997
−2.62	0.004	−2.02	0.022	−1.42	0.078	−0.82	0.206	−0.22	0.413	0.38	0.648	0.98	0.836	1.58	0.943	2.18	0.985	2.78	0.997
−2.61	0.005	−2.01	0.022	−1.41	0.079	−0.81	0.209	−0.21	0.417	0.39	0.652	0.99	0.839	1.59	0.944	2.19	0.986	2.79	0.997
−2.60	0.005	−2.00	0.023	−1.40	0.081	−0.80	0.212	−0.20	0.421	0.40	0.655	1.00	0.841	1.60	0.945	2.20	0.986	2.80	0.997
−2.59	0.005	−1.99	0.023	−1.39	0.082	−0.79	0.215	−0.19	0.425	0.41	0.659	1.01	0.844	1.61	0.946	2.21	0.986	2.81	0.998
−2.58	0.005	−1.98	0.024	−1.38	0.084	−0.78	0.218	−0.18	0.429	0.42	0.663	1.02	0.846	1.62	0.947	2.22	0.987	2.82	0.998
−2.57	0.005	−1.97	0.024	−1.37	0.085	−0.77	0.221	−0.17	0.433	0.43	0.666	1.03	0.848	1.63	0.948	2.23	0.987	2.83	0.998
−2.56	0.005	−1.96	0.025	−1.36	0.087	−0.76	0.224	−0.16	0.436	0.44	0.670	1.04	0.851	1.64	0.949	2.24	0.988	2.84	0.998
−2.55	0.005	−1.95	0.026	−1.35	0.089	−0.75	0.227	−0.15	0.440	0.45	0.674	1.05	0.853	1.65	0.951	2.25	0.988	2.85	0.998
−2.54	0.006	−1.94	0.026	−1.34	0.090	−0.74	0.230	−0.14	0.444	0.46	0.677	1.06	0.855	1.66	0.952	2.26	0.988	2.86	0.998
−2.53	0.006	−1.93	0.027	−1.33	0.092	−0.73	0.233	−0.13	0.448	0.47	0.681	1.07	0.858	1.67	0.953	2.27	0.988	2.87	0.998
−2.52	0.006	−1.92	0.027	−1.32	0.093	−0.72	0.236	−0.12	0.452	0.48	0.684	1.08	0.860	1.68	0.954	2.28	0.989	2.88	0.998
−2.51	0.006	−1.91	0.028	−1.31	0.095	−0.71	0.239	−0.11	0.456	0.49	0.688	1.09	0.862	1.69	0.954	2.29	0.989	2.89	0.998
−2.50	0.006	−1.90	0.029	−1.30	0.097	−0.70	0.242	−0.10	0.460	0.50	0.691	1.10	0.864	1.70	0.955	2.30	0.989	2.90	0.998
−2.49	0.006	−1.89	0.029	−1.29	0.099	−0.69	0.245	−0.09	0.464	0.51	0.695	1.11	0.867	1.71	0.956	2.31	0.990	2.91	0.998
−2.48	0.007	−1.88	0.030	−1.28	0.100	−0.68	0.248	−0.08	0.468	0.52	0.698	1.12	0.869	1.72	0.957	2.32	0.990	2.92	0.998
−2.47	0.007	−1.87	0.031	−1.27	0.102	−0.67	0.251	−0.07	0.472	0.53	0.702	1.13	0.871	1.73	0.958	2.33	0.990	2.93	0.998
−2.46	0.007	−1.86	0.031	−1.26	0.104	−0.66	0.255	−0.06	0.476	0.54	0.705	1.14	0.873	1.74	0.959	2.34	0.990	2.94	0.998
−2.45	0.007	−1.85	0.032	−1.25	0.106	−0.65	0.258	−0.05	0.480	0.55	0.709	1.15	0.875	1.75	0.960	2.35	0.991	2.95	0.998
−2.44	0.007	−1.84	0.033	−1.24	0.107	−0.64	0.261	−0.04	0.484	0.56	0.712	1.16	0.877	1.76	0.961	2.36	0.991	2.96	0.998
−2.43	0.008	−1.83	0.034	−1.23	0.109	−0.63	0.264	−0.03	0.488	0.57	0.716	1.17	0.879	1.77	0.962	2.37	0.991	2.97	0.999
−2.42	0.008	−1.82	0.034	−1.22	0.111	−0.62	0.268	−0.02	0.492	0.58	0.719	1.18	0.881	1.78	0.962	2.38	0.991	2.98	0.999
−2.41	0.008	−1.81	0.035	−1.21	0.113	−0.61	0.271	−0.01	0.496	0.59	0.722	1.19	0.883	1.79	0.963	2.39	0.992	2.99	0.999

Tabelle A.2 Prozentpunkte der Standardnormalverteilung.

α	0.15	0.10	0.05	0.025	0.01	0.005	0.0005
z_α	1.04	1.28	1.64	1.96	2.33	2.58	3.29

Tabelle A.3 Prozentpunkte der Student-t-Verteilung.

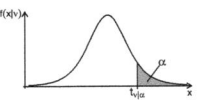

Die Tabelle gibt die oberen Prozentpunkte $t_{\nu|\alpha}$ in Abhängigkeit von α und den Freiheitsgraden ν an.

ν \ α	0.15	0.1	0.05	0.025	0.01	0.005	ν \ α	0.15	0.1	0.05	0.025	0.01	0.005
1	1.96	3.08	6.31	12.71	31.82	63.66	16	1.07	1.34	1.75	2.12	2.58	2.92
2	1.39	1.89	2.92	4.30	6.96	9.92	17	1.07	1.33	1.74	2.11	2.57	2.90
3	1.25	1.64	2.35	3.18	4.54	5.84	18	1.07	1.33	1.73	2.10	2.55	2.88
4	1.19	1.53	2.13	2.78	3.75	4.60	19	1.07	1.33	1.73	2.09	2.54	2.86
5	1.16	1.48	2.02	2.57	3.36	4.03	20	1.06	1.33	1.72	2.09	2.53	2.85
6	1.13	1.44	1.94	2.45	3.14	3.71	21	1.06	1.32	1.72	2.08	2.52	2.83
7	1.12	1.41	1.89	2.36	3.00	3.50	22	1.06	1.32	1.72	2.07	2.51	2.82
8	1.11	1.40	1.86	2.31	2.90	3.36	23	1.06	1.32	1.71	2.07	2.50	2.81
9	1.10	1.38	1.83	2.26	2.82	3.25	24	1.06	1.32	1.71	2.06	2.49	2.80
10	1.09	1.37	1.81	2.23	2.76	3.17	25	1.06	1.32	1.71	2.06	2.49	2.79
11	1.09	1.36	1.80	2.20	2.72	3.11	26	1.06	1.31	1.71	2.06	2.48	2.78
12	1.08	1.36	1.78	2.18	2.68	3.05	27	1.06	1.31	1.70	2.05	2.47	2.77
13	1.08	1.35	1.77	2.16	2.65	3.01	28	1.06	1.31	1.70	2.05	2.47	2.76
14	1.08	1.35	1.76	2.14	2.62	2.98	29	1.06	1.31	1.70	2.05	2.46	2.76
15	1.07	1.34	1.75	2.13	2.60	2.95	30	1.05	1.31	1.70	2.04	2.46	2.75
							40	1.05	1.30	1.68	2.02	2.42	2.70
							60	1.05	1.30	1.67	2.00	2.39	2.66
							120	1.04	1.29	1.66	1.98	2.36	2.62

Tabelle A.4 Prozentpunkte der χ^2-Verteilung.

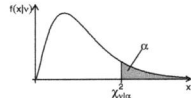

Die Tabelle gibt die oberen Prozentpunkte $\chi^2_{\nu;\alpha}$ in Abhängigkeit von α und den Freiheitsgraden ν an.

ν \ α	0.99	0.95	0.90	0.50	0.10	0.05	0.01	ν \ α	0.99	0.95	0.90	0.50	0.10	0.05	0.01
1	0.00	0.00	0.02	0.45	2.71	3.84	6.63	16	5.81	7.96	9.31	15.34	23.54	26.30	32.00
2	0.02	0.10	0.21	1.39	4.61	5.99	9.21	17	6.41	8.67	10.09	16.34	24.77	27.59	33.41
3	0.11	0.35	0.58	2.37	6.25	7.81	11.34	18	7.01	9.39	10.86	17.34	25.99	28.87	34.81
4	0.30	0.71	1.06	3.36	7.78	9.49	13.28	19	7.63	10.12	11.65	18.34	27.20	30.14	36.19
5	0.55	1.15	1.61	4.35	9.24	11.07	15.09	20	8.26	10.85	12.44	19.34	28.41	31.41	37.57
6	0.87	1.64	2.20	5.35	10.64	12.59	16.81	21	8.90	11.59	13.24	20.34	29.62	32.67	38.93
7	1.24	2.17	2.83	6.35	12.02	14.07	18.48	22	9.54	12.34	14.04	21.34	30.81	33.92	40.29
8	1.65	2.73	3.49	7.34	13.36	15.51	20.09	23	10.20	13.09	14.85	22.34	32.01	35.17	41.64
9	2.09	3.33	4.17	8.34	14.68	16.92	21.67	24	10.86	13.85	15.66	23.34	33.20	36.42	42.98
10	2.56	3.94	4.87	9.34	15.99	18.31	23.21	25	11.52	14.61	16.47	24.34	34.38	37.65	44.31
11	3.05	4.57	5.58	10.34	17.28	19.68	24.72	26	12.20	15.38	17.29	25.34	35.56	38.89	45.64
12	3.57	5.23	6.30	11.34	18.55	21.03	26.22	27	12.88	16.15	18.11	26.34	36.74	40.11	46.96
13	4.11	5.89	7.04	12.34	19.81	22.36	27.69	28	13.56	16.93	18.94	27.34	37.92	41.34	48.28
14	4.66	6.57	7.79	13.34	21.06	23.68	29.14	29	14.26	17.71	19.77	28.34	39.09	42.56	49.59
15	5.23	7.26	8.55	14.34	22.31	25.00	30.58	30	14.95	18.49	20.60	29.34	40.26	43.77	50.89

Tabelle A.5 Obere 10%-Punkte $F_{[v_1;v_2;\alpha=0.1]}$ der F-Verteilung.

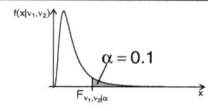

Die Tabelle gibt die oberen Prozentpunkte $F_{[v_1;v_2;\alpha=0.1]}$ in Abhängigkeit von den Freiheitsgraden v_1 und v_2 an.

v_2 \ v_1	1	2	3	4	5	6	7	8	9	10	12	15	20	24	30	40	60	120	∞
1	39.86	49.50	53.59	55.83	57.24	58.20	58.91	59.44	59.86	60.19	60.71	61.22	61.74	62.00	62.26	62.53	62.79	63.06	63.33
2	8.53	9.00	9.16	9.24	9.29	9.33	9.35	9.37	9.38	9.39	9.41	9.42	9.44	9.45	9.46	9.47	9.47	9.48	9.49
3	5.54	5.46	5.39	5.34	5.31	5.28	5.27	5.25	5.24	5.23	5.22	5.20	5.18	5.18	5.17	5.16	5.15	5.14	5.13
4	4.54	4.32	4.19	4.11	4.05	4.01	3.98	3.95	3.94	3.92	3.90	3.87	3.84	3.83	3.82	3.80	3.79	3.78	3.76
5	4.06	3.78	3.62	3.52	3.45	3.40	3.37	3.34	3.32	3.30	3.27	3.24	3.21	3.19	3.17	3.16	3.14	3.12	3.10
6	3.78	3.46	3.29	3.18	3.11	3.05	3.01	2.98	2.96	2.94	2.90	2.87	2.84	2.82	2.80	2.78	2.76	2.74	2.72
7	3.59	3.26	3.07	2.96	2.88	2.83	2.78	2.75	2.72	2.70	2.67	2.63	2.59	2.58	2.56	2.54	2.51	2.49	2.47
8	3.46	3.11	2.92	2.81	2.73	2.67	2.62	2.59	2.56	2.54	2.50	2.46	2.42	2.40	2.38	2.36	2.34	2.32	2.29
9	3.36	3.01	2.81	2.69	2.61	2.55	2.51	2.47	2.44	2.42	2.38	2.34	2.30	2.28	2.25	2.23	2.21	2.18	2.16
10	3.29	2.92	2.73	2.61	2.52	2.46	2.41	2.38	2.35	2.32	2.28	2.24	2.20	2.18	2.16	2.13	2.11	2.08	2.06
11	3.23	2.86	2.66	2.54	2.45	2.39	2.34	2.30	2.27	2.25	2.21	2.17	2.12	2.10	2.08	2.05	2.03	2.00	1.97
12	3.18	2.81	2.61	2.48	2.39	2.33	2.28	2.24	2.21	2.19	2.15	2.10	2.06	2.04	2.01	1.99	1.96	1.93	1.90
13	3.14	2.76	2.56	2.43	2.35	2.28	2.23	2.20	2.16	2.14	2.10	2.05	2.01	1.98	1.96	1.93	1.90	1.88	1.85
14	3.10	2.73	2.52	2.39	2.31	2.24	2.19	2.15	2.12	2.10	2.05	2.01	1.96	1.94	1.91	1.89	1.86	1.83	1.80
15	3.07	2.70	2.49	2.36	2.27	2.21	2.16	2.12	2.09	2.06	2.02	1.97	1.92	1.90	1.87	1.85	1.82	1.79	1.76
16	3.05	2.67	2.46	2.33	2.24	2.18	2.13	2.09	2.06	2.03	1.99	1.94	1.89	1.87	1.84	1.81	1.78	1.75	1.72
17	3.03	2.64	2.44	2.31	2.22	2.15	2.10	2.06	2.03	2.00	1.96	1.91	1.86	1.84	1.81	1.78	1.75	1.72	1.69
18	3.01	2.62	2.42	2.29	2.20	2.13	2.08	2.04	2.00	1.98	1.93	1.89	1.84	1.81	1.78	1.75	1.72	1.69	1.66
19	2.99	2.61	2.40	2.27	2.18	2.11	2.06	2.02	1.98	1.96	1.91	1.86	1.81	1.79	1.76	1.73	1.70	1.67	1.63
20	2.97	2.59	2.38	2.25	2.16	2.09	2.04	2.00	1.96	1.94	1.89	1.84	1.79	1.77	1.74	1.71	1.68	1.64	1.61
21	2.96	2.57	2.36	2.23	2.14	2.08	2.02	1.98	1.95	1.92	1.87	1.83	1.78	1.75	1.72	1.69	1.66	1.62	1.59
22	2.95	2.56	2.35	2.22	2.13	2.06	2.01	1.97	1.93	1.90	1.86	1.81	1.76	1.73	1.70	1.67	1.64	1.60	1.57
23	2.94	2.55	2.34	2.21	2.11	2.05	1.99	1.95	1.92	1.89	1.84	1.80	1.74	1.72	1.69	1.66	1.62	1.59	1.55
24	2.93	2.54	2.33	2.19	2.10	2.04	1.98	1.94	1.91	1.88	1.83	1.78	1.73	1.70	1.67	1.64	1.61	1.57	1.53
25	2.92	2.53	2.32	2.18	2.09	2.02	1.97	1.93	1.89	1.87	1.82	1.77	1.72	1.69	1.66	1.63	1.59	1.56	1.52
30	2.88	2.49	2.28	2.14	2.05	1.98	1.93	1.88	1.85	1.82	1.77	1.72	1.67	1.64	1.61	1.57	1.54	1.50	1.46
40	2.84	2.44	2.23	2.09	2.00	1.93	1.87	1.83	1.79	1.76	1.71	1.66	1.61	1.57	1.54	1.51	1.47	1.42	1.38
60	2.79	2.39	2.18	2.04	1.95	1.87	1.82	1.77	1.74	1.71	1.66	1.60	1.54	1.51	1.48	1.44	1.40	1.35	1.29
120	2.75	2.35	2.13	1.99	1.90	1.82	1.77	1.72	1.68	1.65	1.60	1.55	1.48	1.45	1.41	1.37	1.32	1.26	1.19
∞	2.71	2.30	2.08	1.94	1.85	1.77	1.72	1.67	1.63	1.60	1.55	1.49	1.42	1.38	1.34	1.30	1.24	1.17	1.00

Tabelle A.6 Obere 5%-Punkte $F_{[v_1;v_2;\alpha=0.05]}$ der F-Verteilung.

$\alpha = 0.05$

Die Tabelle gibt die oberen Prozentpunkte $F_{[v_1;v_2;\alpha=0.05]}$
in Abhängigkeit von den Freiheitsgraden v_1 und v_2 an.

v_2 \ v_1	1	2	3	4	5	6	7	8	9	10	12	15	20	24	30	40	60	120	∞
1	161.45	199.50	215.71	224.58	230.16	233.99	236.77	238.88	240.54	241.88	243.91	245.95	248.01	249.05	250.10	251.14	252.20	253.25	254.31
2	18.51	19.00	19.16	19.25	19.30	19.33	19.35	19.37	19.38	19.40	19.41	19.43	19.45	19.45	19.46	19.47	19.48	19.49	19.50
3	10.13	9.55	9.28	9.12	9.01	8.94	8.89	8.85	8.81	8.79	8.74	8.70	8.66	8.64	8.62	8.59	8.57	8.55	8.53
4	7.71	6.94	6.59	6.39	6.26	6.16	6.09	6.04	6.00	5.96	5.91	5.86	5.80	5.77	5.75	5.72	5.69	5.66	5.63
5	6.61	5.79	5.41	5.19	5.05	4.95	4.88	4.82	4.77	4.74	4.68	4.62	4.56	4.53	4.50	4.46	4.43	4.40	4.36
6	5.99	5.14	4.76	4.53	4.39	4.28	4.21	4.15	4.10	4.06	4.00	3.94	3.87	3.84	3.81	3.77	3.74	3.70	3.67
7	5.59	4.74	4.35	4.12	3.97	3.87	3.79	3.73	3.68	3.64	3.57	3.51	3.44	3.41	3.38	3.34	3.30	3.27	3.23
8	5.32	4.46	4.07	3.84	3.69	3.58	3.50	3.44	3.39	3.35	3.28	3.22	3.15	3.12	3.08	3.04	3.01	2.97	2.93
9	5.12	4.26	3.86	3.63	3.48	3.37	3.29	3.23	3.18	3.14	3.07	3.01	2.94	2.90	2.86	2.83	2.79	2.75	2.71
10	4.96	4.10	3.71	3.48	3.33	3.22	3.14	3.07	3.02	2.98	2.91	2.85	2.77	2.74	2.70	2.66	2.62	2.58	2.54
11	4.84	3.98	3.59	3.36	3.20	3.09	3.01	2.95	2.90	2.85	2.79	2.72	2.65	2.61	2.57	2.53	2.49	2.45	2.40
12	4.75	3.89	3.49	3.26	3.11	3.00	2.91	2.85	2.80	2.75	2.69	2.62	2.54	2.51	2.47	2.43	2.38	2.34	2.30
13	4.67	3.81	3.41	3.18	3.03	2.92	2.83	2.77	2.71	2.67	2.60	2.53	2.46	2.42	2.38	2.34	2.30	2.25	2.21
14	4.60	3.74	3.34	3.11	2.96	2.85	2.76	2.70	2.65	2.60	2.53	2.46	2.39	2.35	2.31	2.27	2.22	2.18	2.13
15	4.54	3.68	3.29	3.06	2.90	2.79	2.71	2.64	2.59	2.54	2.48	2.40	2.33	2.29	2.25	2.20	2.16	2.11	2.07
16	4.49	3.63	3.24	3.01	2.85	2.74	2.66	2.59	2.54	2.49	2.42	2.35	2.28	2.24	2.19	2.15	2.11	2.06	2.01
17	4.45	3.59	3.20	2.96	2.81	2.70	2.61	2.55	2.49	2.45	2.38	2.31	2.23	2.19	2.15	2.10	2.06	2.01	1.96
18	4.41	3.55	3.16	2.93	2.77	2.66	2.58	2.51	2.46	2.41	2.34	2.27	2.19	2.15	2.11	2.06	2.02	1.97	1.92
19	4.38	3.52	3.13	2.90	2.74	2.63	2.54	2.48	2.42	2.38	2.31	2.23	2.16	2.11	2.07	2.03	1.98	1.93	1.88
20	4.35	3.49	3.10	2.87	2.71	2.60	2.51	2.45	2.39	2.35	2.28	2.20	2.12	2.08	2.04	1.99	1.95	1.90	1.84
21	4.32	3.47	3.07	2.84	2.68	2.57	2.49	2.42	2.37	2.32	2.25	2.18	2.10	2.05	2.01	1.96	1.92	1.87	1.81
22	4.30	3.44	3.05	2.82	2.66	2.55	2.46	2.40	2.34	2.30	2.23	2.15	2.07	2.03	1.98	1.94	1.89	1.84	1.78
23	4.28	3.42	3.03	2.80	2.64	2.53	2.44	2.37	2.32	2.27	2.20	2.13	2.05	2.01	1.96	1.91	1.86	1.81	1.76
24	4.26	3.40	3.01	2.78	2.62	2.51	2.42	2.36	2.30	2.25	2.18	2.11	2.03	1.98	1.94	1.89	1.84	1.79	1.73
25	4.24	3.39	2.99	2.76	2.60	2.49	2.40	2.34	2.28	2.24	2.16	2.09	2.01	1.96	1.92	1.87	1.82	1.77	1.71
30	4.17	3.32	2.92	2.69	2.53	2.42	2.33	2.27	2.21	2.16	2.09	2.01	1.93	1.89	1.84	1.79	1.74	1.68	1.62
40	4.08	3.23	2.84	2.61	2.45	2.34	2.25	2.18	2.12	2.08	2.00	1.92	1.84	1.79	1.74	1.69	1.64	1.58	1.51
60	4.00	3.15	2.76	2.53	2.37	2.25	2.17	2.10	2.04	1.99	1.92	1.84	1.75	1.70	1.65	1.59	1.53	1.47	1.39
120	3.92	3.07	2.68	2.45	2.29	2.18	2.09	2.02	1.96	1.91	1.83	1.75	1.66	1.61	1.55	1.50	1.43	1.35	1.25
∞	3.84	3.00	2.60	2.37	2.21	2.10	2.01	1.94	1.88	1.83	1.75	1.67	1.57	1.52	1.46	1.39	1.32	1.22	1.00

Tabelle A.7 Obere 1%-Punkte $F_{[v_1;v_2;\alpha=0.01]}$ der F-Verteilung.

Die Tabelle gibt die oberen Prozentpunkte $F_{[v_1;v_2;\alpha=0.01]}$ in Abhängigkeit von den Freiheitsgraden v_1 und v_2 an.

v_2 \ v_1	1	2	3	4	5	6	7	8	9	10
1	4052.18	4999.50	5403.35	5624.58	5763.65	5858.99	5928.36	5981.07	6022.47	6055.85
2	98.50	99.00	99.17	99.25	99.30	99.33	99.36	99.37	99.39	99.40
3	34.12	30.82	29.46	28.71	28.24	27.91	27.67	27.49	27.35	27.23
4	21.20	18.00	16.69	15.98	15.52	15.21	14.98	14.80	14.66	14.55
5	16.26	13.27	12.06	11.39	10.97	10.67	10.46	10.29	10.16	10.05
6	13.75	10.92	9.78	9.15	8.75	8.47	8.26	8.10	7.98	7.87
7	12.25	9.55	8.45	7.85	7.46	7.19	6.99	6.84	6.72	6.62
8	11.26	8.65	7.59	7.01	6.63	6.37	6.18	6.03	5.91	5.81
9	10.56	8.02	6.99	6.42	6.06	5.80	5.61	5.47	5.35	5.26
10	10.04	7.56	6.55	5.99	5.64	5.39	5.20	5.06	4.94	4.85
11	9.65	7.21	6.22	5.67	5.32	5.07	4.89	4.74	4.63	4.54
12	9.33	6.93	5.95	5.41	5.06	4.82	4.64	4.50	4.39	4.30
13	9.07	6.70	5.74	5.21	4.86	4.62	4.44	4.30	4.19	4.10
14	8.86	6.51	5.56	5.04	4.69	4.46	4.28	4.14	4.03	3.94
15	8.68	6.36	5.42	4.89	4.56	4.32	4.14	4.00	3.89	3.80
16	8.53	6.23	5.29	4.77	4.44	4.20	4.03	3.89	3.78	3.69
17	8.40	6.11	5.18	4.67	4.34	4.10	3.93	3.79	3.68	3.59
18	8.29	6.01	5.09	4.58	4.25	4.01	3.84	3.71	3.60	3.51
19	8.18	5.93	5.01	4.50	4.17	3.94	3.77	3.63	3.52	3.43
20	8.10	5.85	4.94	4.43	4.10	3.87	3.70	3.56	3.46	3.37
21	8.02	5.78	4.87	4.37	4.04	3.81	3.64	3.51	3.40	3.31
22	7.95	5.72	4.82	4.31	3.99	3.76	3.59	3.45	3.35	3.26
23	7.88	5.66	4.76	4.26	3.94	3.71	3.54	3.41	3.30	3.21
24	7.82	5.61	4.72	4.22	3.90	3.67	3.50	3.36	3.26	3.17
25	7.77	5.57	4.68	4.18	3.85	3.63	3.46	3.32	3.22	3.13
30	7.56	5.39	4.51	4.02	3.70	3.47	3.30	3.17	3.07	2.98
40	7.31	5.18	4.31	3.83	3.51	3.29	3.12	2.99	2.89	2.80
60	7.08	4.98	4.13	3.65	3.34	3.12	2.95	2.82	2.72	2.63
120	6.85	4.79	3.95	3.48	3.17	2.96	2.79	2.66	2.56	2.47
∞	6.63	4.61	3.78	3.32	3.02	2.80	2.64	2.51	2.41	2.32

v_2 \ v_1	12	15	20	24	30	40	60	120	∞
1	6106.32	6157.28	6208.73	6234.63	6260.65	6286.78	6313.03	6339.39	6365.86
2	99.42	99.43	99.45	99.46	99.47	99.47	99.48	99.49	99.50
3	27.05	26.87	26.69	26.60	26.50	26.41	26.32	26.22	26.13
4	14.37	14.20	14.02	13.93	13.84	13.75	13.65	13.56	13.46
5	9.89	9.72	9.55	9.47	9.38	9.29	9.20	9.11	9.02
6	7.72	7.56	7.40	7.31	7.23	7.14	7.06	6.97	6.88
7	6.47	6.31	6.16	6.07	5.99	5.91	5.82	5.74	5.65
8	5.67	5.52	5.36	5.28	5.20	5.12	5.03	4.95	4.86
9	5.11	4.96	4.81	4.73	4.65	4.57	4.48	4.40	4.31
10	4.71	4.56	4.41	4.33	4.25	4.17	4.08	4.00	3.91
11	4.40	4.25	4.10	4.02	3.94	3.86	3.78	3.69	3.60
12	4.16	4.01	3.86	3.78	3.70	3.62	3.54	3.45	3.36
13	3.96	3.82	3.66	3.59	3.51	3.43	3.34	3.25	3.17
14	3.80	3.66	3.51	3.43	3.35	3.27	3.18	3.09	3.00
15	3.67	3.52	3.37	3.29	3.21	3.13	3.05	2.96	2.87
16	3.55	3.41	3.26	3.18	3.10	3.02	2.93	2.84	2.75
17	3.46	3.31	3.16	3.08	3.00	2.92	2.83	2.75	2.65
18	3.37	3.23	3.08	3.00	2.92	2.84	2.75	2.66	2.57
19	3.30	3.15	3.00	2.92	2.84	2.76	2.67	2.58	2.49
20	3.23	3.09	2.94	2.86	2.78	2.69	2.61	2.52	2.42
21	3.17	3.03	2.88	2.80	2.72	2.64	2.55	2.46	2.36
22	3.12	2.98	2.83	2.75	2.67	2.58	2.50	2.40	2.31
23	3.07	2.93	2.78	2.70	2.62	2.54	2.45	2.35	2.26
24	3.03	2.89	2.74	2.66	2.58	2.49	2.40	2.31	2.21
25	2.99	2.85	2.70	2.62	2.54	2.45	2.36	2.27	2.17
30	2.84	2.70	2.55	2.47	2.39	2.30	2.21	2.11	2.01
40	2.66	2.52	2.37	2.29	2.20	2.11	2.02	1.92	1.80
60	2.50	2.35	2.20	2.12	2.03	1.94	1.84	1.73	1.60
120	2.34	2.19	2.03	1.95	1.86	1.76	1.66	1.53	1.38
∞	2.18	2.04	1.88	1.79	1.70	1.59	1.47	1.32	1.00

Anhang B
Eine Einführung in die Statistiksoftware R

B.1 Warum soll man R lernen?

Eine effiziente und angenehme Weise statistische Methoden zu lernen, ist die Anwendung dieser Methoden. Sie werden dann nicht nur mit den Konzepten vertraut, sondern eignen sich auch die Fähigkeit an, sie in die Praxis umzusetzen. Heutzutage braucht man dazu ein statistisches Softwarepaket. Die Übungen in diesem Buch beziehen sich auf das Statistikprogrammpaket **R**. Diese Wahl hat bedeutende Vorteile:

- **R** ist frei verfügbar und leicht zu installieren (für Windows, Unix oder Mac OS).
- Es wird nicht nur in der Lehre verwendet, sondern es wird auch von professionellen Statistikern in der ganzen Welt zur Datenanalyse und zu Forschungszwecken verwendet.
- Eine Vielzahl von Standard- und erweiterten Methoden ist in **R** implementiert: von der Berechnung eines Mittelwertes bis zur Anpassung eines komplizierten Modells für Finanzzeitreihen.
- Zahlreiche Forscher und Institutionen bieten ihre neuesten Methoden in Form von frei verfügbaren **R**-Zusatzpaketen an.
- **R** ermöglicht zahlreiche grafische Darstellungen (Histogramme, Boxplots, Scatterplots usw.). Es bietet auch die Hilfsmittel, um benutzerspezifische grafische Darstellungen zu erzeugen. Sie haben die vollständige Kontrolle über die Gestalt der Graphik.
- Sie sind nicht beschränkt auf eine fest vorgegebene Menge statistischer Methoden. **R** kann auch für das Programmieren eigener Funktionen und somit zum Lösen anwenderspezifischer Probleme verwendet werden.

Mit anderen Worten: Indem Sie lernen, **R** zu benutzen, erwerben Sie nützliche Fähigkeiten.

Durch die folgende Einführung soll das erste Arbeiten mit **R** ermöglicht und erleichtert werden — sie kann allerdings selbständiges Üben und das Sammeln von Erfahrungen durch Ausprobieren nicht ersetzen. Die in den einzelnen Abschnitten behandelten wichtigen Befehle und Konzepte werden eingerahmt, um ein schnelleres Wiederholen und eine bessere Übersicht zu gewährleisten.

B.2 Installation von R auf Ihrem Computer

Herunterladen von R

Für diverse **Linux** Distributionen existieren vorgefertigte Pakete, u.a. das 'r-base' Paket für Debian (`http://www.debian.org`).

Für **Microsoft Windows** und **Apple Macintosh** Systeme kann **R** von der Homepage `www.r-project.org` heruntergeladen werden.

- Klicken Sie auf 'download R'.
- Wählen Sie ein 'mirror', z.B. Germany, GWDG Göttingen.
- Unter 'Download and Install R' klicken Sie auf den Button für Ihr Betriebsystem.
- ▷ Für **Windows** klicken Sie 'base' und dann
  'Download R <version> for Windows'.
  (<version> ist zum Zeitpunkt des Abdrucks 2.13.1.)
- ▷ Für **MacOS** klicken Sie (unter 'Files') 'R-<version>.pkg'.

Installation des Basis-Paketes für Microsoft Windows

- Ausführen von 'R-<version>-win'.
- Bei der Sprachauswahl, wählen Sie lieber *english*.
- Bei allen weiteren Auswahlmöglichkeiten (Installationspfad ⇒ Komponenten ⇒ Startoptionen ⇒ Startmenü) empfiehlt es sich einfach die Standardeinstellungen zu übernehmen.
- Warten bis die Installation vollendet ist und auf Fertigstellen klicken.

Installation von Zusatzpaketen

Auf `www.r-project.org` kann man sich über zusätzliche Packages informieren.

- Die Installation eines Paketes erfolgt in **R** über 'Packages' und dann 'Install package(s)'.
- Beim ersten Aufruf muss jetzt noch der 'mirror' ausgewählt werden.
- Es erscheint ein Dialog mit einer großen Liste von Paketnahmen. Wählen Sie aus, was Sie brauchen. Es ist alles kostenlos.

Die Installation ist einmalig. Um ein Paket einsetzen zu können, muss es geladen werden, indem man in der Eingabekonsole 'library(packetname)' eintippt. Das Paket bleibt geladen, bis Sie **R** verlassen. Eingabe von 'library(foreign)' z.B. lädt ein Paket, dass Dateien liest, die in Formaten anderer Softwarepakete, wie z.B. SAS, STATA oder SPSS gespeichert sind.

B.3 Erste Schritte

B.3.1 Starten und Beenden

Beim Starten von **R**, wird auf dem Bildschirm eine neues Fenster geöffnet. Dieses enthält Informationen über das Copyright und die Versionsnummer, gefolgt vom **R**-Prompt-Zeichen $\boxed{>}$.

Immer wenn $\boxed{>}$ erscheint, ist **R** bereit, Befehle entgegenzunehmen und zu verarbeiten. Im folgenden Text werden wir dieses Symbol nach dem nächsten Unterkapitel weglassen.

Um **R** zu beenden, schließen Sie entweder das **R**-Fenster oder geben den Befehl $\boxed{\texttt{q()}}$ ein. In beiden Fällen erscheint die Frage, ob der Inhalt des Arbeitsbereichs (workspace) gespeichert werden soll.

B.3.2 Einfache Berechnungen

Man kann **R** als Taschenrechner verwenden.

Beispiel: Indem Sie 3+5 (und dann die Enter-Taste) eingeben, erhalten Sie

```
>3+5
[1] 8
```

Anmerkungen:

- Die `[1]` zeigt an, dass die Zahl `8` der erste Eintrag der Ausgabe ist. Manche Operationen führen zu zahlreichen Einträgen in der Ausgabe und es ist zweckmäßig, wenn sie nummeriert sind.
- Die Symbole $\boxed{\texttt{() ^ * / + -}}$ sind nötig für einfache arithmetische Operationen.
- Die obige Liste gibt auch die Reihenfolge an, in der die Operationen ausgeführt werden. Man muss die Klammern genau richtig setzen, um sicher zu stellen, dass der gewünschte Wert ausgerechnet wird. Mit `(5/2)^3` z.B. wird $2.5^3 = 15.625$ berechnet. Und mit `5/2^3` wird $5/8 = 0.625$ berechnet.

Beispiel: Der Ausdruck $1000(1 + \frac{1.3}{100})^4 - 1000$ kann wie folgt berechnet werden:

```
>1000*(1+1.3/100)^4-1000
[1] 53.02282
```

Der Term in der Klammer wird zuerst berechnet. Die Operationen werden in der folgenden Reihenfolge ausgeführt:

$1.3/100 \rightarrow 1 + 1.3/100 \rightarrow (1 + 1.3/100)^4 \rightarrow 100(1.3/100 + 1)^4 \rightarrow 100(1.3/100 + 1)^4 - 1000.$

Man kann Zahlen als $\boxed{\textbf{R}\text{-Objekte}}$ unter einem Namen speichern:

Beispiel: Zwei Werte speichern, ihr Produkt berechnen und speichern.

```
> x <- 75.41              # x einen Wert zuweisen
> y <- 51.34              # y einen Wert zuweisen
> Pd <- x*y               # Produkt berechnen und mit Pd bezeichnen
> Pd                      # Pd anzeigen
[1] 3871.549
```

Anmerkungen:

- Das Symbol $\boxed{\#}$ leitet einen Kommentar ein. Der in der Zeile folgende Text wird ignoriert.
- Das Symbol $\boxed{<-}$ ist der "Zuweisungs-Operator". Es bewirkt, dass der rechts stehende Ausdruck unter dem links stehenden Namen gespeichert wird. Bestehende Objekte mit demselben Namen werden überschrieben.
- Das Symbol $\boxed{=}$ kann anstelle von $\boxed{<-}$ verwendet werden.
- **R** unterscheidet Groß- und Kleinschreibung, d.h. die Namen summe und Summe z.B. werden als zwei verschiedene Objekte behandelt.
- Die Funktion $\boxed{\texttt{ls()}}$ listet die Namen der **R**-Objekte, die zur Zeit im Workspace abgespeichert sind.
- Die Funktion $\boxed{\texttt{rm()}}$ entfernt Objekte, z.B. entfernt rm(x,y) die Elemente x und y aus dem Arbeitsverzeichnis.

Hier sind einige mathematische Funktionen: $\boxed{\texttt{sqrt() exp() log() sin() cos() ...}}$

Beispiel: Berechnung des Wertes der Funktion

$$\frac{1}{\sqrt{(2\pi}\sigma}e^{-(x-\mu)^2/2\sigma^2} \quad \text{für } x = 90 \text{ und } x = 95, \text{ wenn } \mu = 100.2, \sigma = 5.3.$$

```
> mu <- 100.2; sigma <- 5.3                        # Bestimme mu und sigma
> x <- 90                                          # Bestimme x
> (1/(sqrt(2*pi)*sigma)*exp(-(x-mu)^2/(2*sigma^2)))  # Berechne Funktionswert
[1] 0.01181306
> x <- 95                                          # Bestimme x
> (1/(sqrt(2*pi)*sigma)*exp(-(x-mu)^2/(2*sigma^2)))  # Berechne Funktionswert
[1] 0.04651616
```

Anmerkungen:

- Das Symbol $\boxed{;}$ (Zeile 1) trennt Ausdrücke in derselbe Zeile.
- Indem man die „Pfeil nach oben"-Taste der Tastatur drückt, erhält man frühere Befehle zurück. Um den langen Befehl in Zeile 3 nicht ein zweites Mal in Zeile 6 eintippen zu müssen, kann man $\boxed{\uparrow}$ verwenden, um Zeile 3 zurück zu erhalten.
- Eine Möglichkeit mit **R** zu arbeiten ist, die Befehle in eine separate Textverarbeitungsanwendung (Z.B. "Open Office" oder "Microsoft WORD") zu schreiben und sie dann mit „copy" und „paste" in **R** zu übertragen. Umgekehrt kann man auch Resultate und Grafiken aus dem **R**-Fenster in die Textverarbeitung übertragen. Auf diese Weise erhalten Sie eine Aufzeichnung der verwendeten Befehle, der Ergebnisse sowie eventueller Kommentare. Viele **R**-Implementierungen bieten einen installierten Editor an.

B.4 Hilfefunktionen

`help(topic)` oder äquivalent `?topic` werden vornehmlich benutzt, um Informationen über Funktionen zu erhalten.

Beispiel: Dieses Beispiel bezieht sich auf die Funktion `log`. Geben Sie `help(log)` oder `?log` ein, um uns zu folgen. Die Hilfe-Dokumentation ist wie folgt aufgebaut:

Description: enthält eine Kurzbeschreibung, was die Funktion macht. Die Dokumentation enthält nicht nur `log`, sondern auch mehrere verwandte Funktionen.
Usage: beschreibt, wie die Funktion zu benutzen ist, z.B. `log(x, base = exp(1))`. Beachten Sie, dass das Argument `base` gleich $\exp(1) = e^1 \approx 2.718282$ gesetzt ist. Damit wird ein Standard-Vorgabe (Default-Wert) für das Argument `base` festgelegt, wenn das Argument nicht explizit angegeben wird. In diesem Fall wird der natürliche Logarithmus berechnet, den man in der Mathematik als $\ln(x)$ kennt. Will man eine andere Basis verwenden, gibt man das Argument explizit an (z.B. `log(x,base=10)`).
Arguments: beschreibt alle Argumente der Funktion.
Details: erklärt Details der Theorie und Implementation.
Value: beschreibt, was die Funktion ausgibt. In diesem Beispiel wird einfach ein Vektor mit derselben Länge wie `x` ausgegeben. Bei vielen Funktion besteht 'Value' aus einer Liste, die viele verschiedene Objekte wie Vektoren, Matrizen und auch Funktionen enthält.
References: Literaturangaben
See Also: gibt Links zu ähnlichen Funktionen. Manchmal ist eine dieser Funktionen für Ihre Zwecke besser geeignet.Es kann auch genutzt werden, um den Namen einer ähnlichen Funktion zu finden, deren Namen Sie vergessen haben.
Examples: illustriert die Anwendung der Funktion. Dies ist besonders nützlich, um mit einer bislang ungewohnten Funktion vertraut zu werden. Oft demonstrieren diese Beispiele Anwendungsmöglichkeiten der Funktion, die auf Grund der Beschreibung nicht so offensichtlich sind.

Man kann auch Informationen über Datensätze erhalten. Geben Sie z.B. `help(USArrests)` ein.
Ein Problem kann `help()` nicht lösen. Sie können die Hilfe nicht benutzen, wenn Sie den Namen der Funktion nicht wissen. Ferner können Benutzer, die nicht mit einem perfekten Gedächtnis gesegnet sind, es schwierig finden, sich die Namen so vieler verfügbarer Funktionen zu merken.

`help.search(pattern)` oder gleichwertig `??pattern` kann dabei helfen, dieses Problem zu lösen. Es sucht das Hilfe-System der Dokumentation nach einer übereinstimmenden Zeichenfolge in den (Datei) Namen, Alias, Titel, Begriffen oder Schlagwörtern ab. Namen und Titel der übereinstimmenden Hilfe-Einträge werden angezeigt. Zum Beispiel `help.search(log)` gibt eine Liste von Funktionen aus, in denen die Zeichenfolge 'log' in einem der erwähnten Punkte vorkommt. Unter diesen ist die Funktion `log`.

Außerdem gibt es:

- `help.start(topic)` Dies bewirkt eine Hypertext-Version einer Online-Dokumentation von `topic`. Geben Sie z.B. `help.start(log)` ein.
- `example(topic)` startet **R**-Code aus dem Example-Teil der Online-Hilfe von **R**.
- `demo()` demo startet einige Demonstrations-**R**-Skripte. `demo()` zeigt die Liste der verfügbaren Themen. Geben Sie z.B. `demo(graphics)` ein.

Wenn Sie versuchen, herauszufinden, ob es ein **R**-Paket gibt, dass eine bestimmte statistische Methode, z.B. die Korrespondenzanalyse implementiert, können Sie unter Umständen Erfolg haben, wenn Sie eine Suchmaschine wie Google benutzen. Suchen Sie z.B unter "Correspondence Analysis" und dem Buchstaben "R". Der letzte Abschnitt dieses Kapitels "Wo findet man mehr über **R**" listet einige der vielen Informationsquellen über **R** auf.

B.5 Vektoren and Indizes

R arbeitet mit *Objekten*, die einen Namen haben. Das einfachste Objekt ist ein Vektor, wobei ein Vektor eine geordnete Menge von Elementen ist, wie Zahlen, Zeichenketten oder logischen Werten.

B.5.1 Numerische, logische und Zeichenketten Vektoren

`c()` erzeugt einen Vektor mit den angegebenen Werten. Z. B. `x <- c(1.2,1.5,3.4)` erzeugt einen Vektor `x`, der die Elemente 1.2, 1.5 und 3.4 in dieser Reihenfolge enthält. **R**-Funktionen können auf Vektoren insgesamt angewendet werden. Sogar Skalare werden wie Vektoren der Länge 1 behandelt.

Beipiele: Der Anfänger fühle sich aufgefordert, die Vektoroperationen in den folgenden Beispielen auszuprobieren und damit zu experimentieren.

```
x<-c(1.2,1.5,3.4)                          # erzeugt einen Vektor x
y<-c(5.1,2,4)                              # erzeugt einen Vektor y
u<-c(1,2)                                  # erzeugt einen Vektor u
z<-c(x,3.5)                                # erzeugt Vektor z aus x und 3.5
x;y;u;z                                    # Ausgabe: x, y, u und z
   [1] 1.2 1.5 3.4                              (x)
   [1] 5.1 2.0 4.0                              (y)
   [1] 1 2                                      (u)
   [1] 1.2 1.5 3.4 3.5                          (z)
xsq <- x^2                                 # x Quadrat (Anmerkung 1)
xin <- 1/x                                 # Kehrwert von x
xpy <- x+y                                 # x+y (Anmerkung 2)
xpu <- x+u                                 # Anmerkung 3
  Warning message:
   x + u : longer object length is not a multiple of shorter object length
xdy <- x/y                                 # x/y
```

```
xty <- x^y                            # x hoch y y
sqx <- sqrt(x)                        # Quadratwurzel aus x
etx <- exp(y)                         # e-Funktion an der Stelle y
lgx <- log(z)                         # natürlicher Logarithmus von z
xsq;xin;xpy;xdy;xty;sqx;etx;lgx       # Ausgabe des obigen
   [1]  1.44  2.25 11.56                 (xsq)
   [1] 0.8333333 0.6666667 0.2941176     (xin)
   [1] 6.3 3.5 7.4                       (xpy)
   [1] 0.2352941 0.7500000 0.8500000     (xdy)
   [1] 2.534104   2.250000 133.633600    (xty)
   [1] 1.095445 1.224745 1.843909        (sqx)
   [1] 164.021907   7.389056 54.598150   (etx)
   [1] 0.1823216 0.4054651 1.2237754 1.2527630 (lgx)
```

Anmerkungen:

1. Die Operation (Quadrieren) wird auf jedes Element des Vektors x, der die Länge 3 hat, angewendet. So hat auch der als Ergebnis ausgegebene Vektor die Länge 3, nämlich (1.2^2 1.5^2 3.4^2) und somit hat der Vektor, den wir xsq genannt haben, die Elemente (1.44 2.25 11.56).
2. Die einzelnen Einträge von x und y werden addiert. Das Ergebnis wird unter dem Namen xpy abgespeichert.
3, Diese Operation ist nicht definiert, da x die Länge 3 und y die Länge 2 hat. Deshalb wird eine Warnung ausgegeben. In **R** wird der kürzere Vektor (hier u) so oft wie nötig (vielleicht nur teilweise) wiederholt, bis die Länge mit der des längeren Vektors (hier x) übereinstimmt. Dann wird die Operation mit diesem verlängerten Vektor ausgeführt. Insbesondere wird eine Konstante einfach wiederholt, z.B. das Ergebnis von x+10 ist der Vektor (11.2 11.5 13.4).

Vektoren können andere *Arten* von Information enthalten, wie Zeichenketten oder logische Werte. Letztere haben die Werte TRUE oder FALSE.

Beispiel:

```
x <- c(30,29,27,27)                   # numerischer Vektor der Länge 4
y <- c("Leon","Julia","Laura","Lars") # Vektor von Zeichenketten (Anmerkung 1)
z <- c(TRUE,FALSE,FALSE,TRUE)         # logischer Vektor der Länge 4
x;y;z                                 # Ausgabe x,y,z
   [1] 30 29 27 27
   [1] "Leon"  "Julia" "Laura" "Lars"
   [1]   TRUE FALSE FALSE   TRUE
# The next 3 logical vectors are of length 4 ===============================
u <- x>27                             # Anmerkung 2
v <- y<="K"                           # Anmerkung 3
w <- x==29                            # Anmerkung 4
u;v;w                                 # print u,v,w
   [1]  TRUE  TRUE FALSE FALSE           (u)
   [1] FALSE  TRUE FALSE FALSE           (v)
   [1] FALSE  TRUE FALSE FALSE           (w)
```

Anmerkungen:

1. Die Einträge von Zeichenketten-Vektoren sind in Anführungszeichen zu setzen.
2. Die Operation x>27 gibt einen logischen Vektor mit derselben Länge wie x, d.h. mit der Länge 4 aus. Das *i-te* Element ist TRUE, falls das *i-te* Element von x größer als 27 ist; andernfalls ist es FALSE.

3. Dies ist analog zu 2., abgesehen davon, dass man Buchstabenfolgen anstelle von Zahlen vergleicht. Das *i-te* Element von v ist TRUE, falls das *i-te* Element von x "kleiner oder gleich" (interpretiert in alphabetischer Reihenfolge) dem Buchstaben "K" ist; andernfalls ist es FALSE.

4. Dies ist analog zu 2., wobei zu beachten ist, dass ein "doppeltes Gleichheitszeichen" == zu verwenden ist, um Gleichheit zu überprüfen.

B.5.2 Spezielle Werte

NA NaN Inf -Inf sind spezielle Werte in **R**.

– NA, was für "not available" steht, wird für einen fehlenden Wert verwendet,
– NaN, steht für "not a number", d.h. keine Zahl,
– Inf und -Inf steht für "infinity" bzw. "minus infintiy", d.h. ∞ bzw. $-\infty$.

Beispiel:

```
c(12,23,NA,24)      # Das dritte Element ist nicht verfügbar (fehlt)
 [1] 12 23 NA 24
0/0                 # Keine Zahl (nicht definiert)
 [1] NaN
1.4/0               # Das Ergebnis ist unendlich
 [1] Inf
-exp(1000)          # negative Zahl, zu groß zum Speichern
 [1] -Inf
1/Inf               # Als Ergebnis wird  0 ausgegeben
 [1] 0
exp(c(Inf,1,-Inf))  # Inf und -Inf als Argumente in Funktionen erlaubt
 [1]  Inf 2.718282 0.000000
```

B.5.3 Objekte und ihre Attribute

Vektoren bilden eine Klasse von Objekten, mit denen **R** arbeitet; es gibt viele andere, wie matrix, array, list, data.frame, die später dargestellt werden.

mode() length() numeric() character() logical()

– mode(*object*) gibt den Datentyp des Vektors an, z.B. ob die Elemente Zahlen, komplexe Zahlen, Zeichenketten usw. sind. Es ist nicht erlaubt verschiedene Modes in einem Vektor zu haben.
– length(*object*) gibt die Länge des Objekts an.
– numeric() erzeugt Vektor mit Mode numeric, d.h. mit numerischen Werten.
– character() erzeugt Vektor mit Mode character, d.h. mit character-Werten.
– logical() erzeugt Vektor mit Mode logical, d.h. mit logischen Werten.

Beispiel:

```
x <- c(30,29,27,27)             # numerischer Vektor, Länge 4
y <- c("Leon","Julia","Laura","Lars") # Zeichenketten-Vektor, Länge 4
z <- c(TRUE,FALSE,FALSE,TRUE)   # logischer Vektor, Länge 4
mode(x);mode(y);mode(z);length(x)  # gibt Modes von x,y,z und Länge von x
  [1] "numeric"
  [1] "character"
  [1] "logical"
  [1] 4
v <- numeric(4)                 # numerischer Vekt., Länge 4 (Anm. 1)
u <-character(3)                # Zeichenketten-Vekt., Länge 3
w <- logical(2)                 # logischer Vekt., Länge 2
p <- character()                # Zeichenketten-Vekt., Länge 0 (Anm. 2)
v;u;w;p                         # gibt obiges aus
  [1] 0 0 0 0
  [1] "" "" ""
  [1] FALSE FALSE
  character(0)
```

Anmerkungen:

1. Den Einträgen der Vektoren `v`, `u` und `w` werden Defaultwerte zugewiesen und zwar Null, die leere Zeichenkette bzw. `FALSE`.

2. `p` ist ein Zeichenketten-Vektor der Länge 0. Es mag sinnlos erscheinen, einen solchen Vektor zu definieren. Manchmal ist es jedoch nützlich, es so zu tun. Nehmen Sie z.B. an, dass `p` eine Liste von Namen enthalten soll, die Schritt für Schritt, z.B. in einer Schleife aufgefüllt werden soll, z.B. `p <- c(p, nextname)`. Der Vektor `p` muss existieren, bevor *nextname* hinzugefügt werden kann.

Manchmal möchte man den Mode in einen anderen Mode umwandeln oder man möchte wissen, ob ein Objekt einen bestimmten Mode hat. Funktionen, die das leisten, sind z.B. `as.numeric is.numeric() as.character() is.character() ...`

Beispiel:

```
x <- c(1,2,3,4,5)            # Erzeugt numerischen Vektor x
is.numeric(x)                # Hat x Mode numeric?
  [1] TRUE                   (Ja)
is.character(x)              # Hat x Mode character?
  [1] FALSE                  (Nein)
as.character(x)              # Ausgabe im Mode character
  [1] "1" "2" "3" "4" "5"    (Beachten Sie die Anführungszeichen)
as.numeric(c("Joe","Lily"))  # Ausgabe der Inhalte im Mode numeric
  [1] NA NA                  (Keine sinnvollen Werte, deshalb
  Warning message:           gibt es eine Warnung
  NAs introduced by coercion und es werden NAs ausgegeben.)
as.numeric(c("45",Inf,NA,"12")) # Ausgabe im Mode numeric
  [1]   45 Inf  NA  12       (Hier macht die Umwandlung Sinn.)
```

B.5.4 Erzeugung regulärer Folgen

Die folgenden Funktionen werden zur Erzeugung von Vektoren benutzt, die reguläre Folgen darstellen.

— `rep(x,times)` erzeugt einen Vektor, in dem `x` `times`-mal wiederholt wird.

- $\boxed{\text{seq(from, to, by)}}$ erzeugt eine reguläre Folge mit dem Anfangswert `from`, der Schrittweite `by` und dem (maximalen) Endwert `to`.
- $\boxed{\text{from:to}}$ ist eine alternative Form des vorigen mit `by=1`.
- $\boxed{\text{seq(from, to, length)}}$ erzeugt einen reguläre Folge der Länge `length`, die mit `from` beginnt und mit `to` endet.

Beispiel:

```
rep(9.1,3)                      # Vektor mit 3 Elementen gleich 9.1
  [1] 9.1 9.1 9.1
rep(c(1,8),4)                   # Vektor der Länge 6 mit Einträgen 1 und 8
  [1] 1 8 1 8 1 8
seq(0,1,by=0.2)                 # erzeugt reguläre Folge der Länge 6
  [1] 0.0 0.2 0.4 0.6 0.8 1.0
seq(0,1,by=0.4)                 # Beachte: "to"(=1) wird nicht erreicht
  [1] 0.0 0.4 0.8
seq(0,1,length=3)               # Mit  "length" wird  "to"(=1) erreicht
  [1] 0.0 0.5 1.0
seq(1.7,-0.2,by=-0.5)            # Schrittweite  "by" ist negativ
  [1] 1.7 1.2 0.7 0.
seq(-1,7)                       # Defaultwert "by" ist 1.
  [1] -1 0 1 2 3 4 5 6 7
-1:7                            # Ergibt dasselbe
  [1] -1 0 1 2 3 4 5 6 7
-(1:7)                          # Beachten Sie den Unterschied zu   "-1:7"
  [1] -1 -2 -3 -4 -5 -6 -7
5:1                             # Default-Schrittweite ist -1
  [1] 5 4 3 2 1
```

B.5.5 Indizierung von Vektoreinträgen

$\boxed{\text{[ ]}}$ Oft wollen wir nur einen Teil eines bestehenden Vektors verwenden, ersetzen oder ändern, z.B. die ersten 10 Einträge, jeden zweiten Eintrag oder alle Einträge, die $\neq 0$ sind. Eckige Klammern werden verwendet, um die Elemente eines Vektors zu kennzeichnen, auf die wir uns beziehen. Es gibt verschiedene Möglichkeiten eine Teilmenge der Vektorelemente zu kennzeichnen, wie das folgende Beispiel zeigt.

Beispiel:

```
x <- c(-1,1,-3,3,5,0,3,-2,20,0)    # erzeugt x, einen Vektor der Länge 10
# Elemente eines Vektors auswählen ------------------------------------
x1 <- x[3]                      # wählt drittes Element aus
x2 <- x[3:5]                    # wählt Einträge 3 bis 5 (Anmerkung 1)
x3 <- x[seq(2,10,2)]            # wählt jedes 2. Element von x
x4 <- x[-c(1,10)]               # alle Einträge außer 1 und 10 (Anmerkung 2)
x5 <- x[x>0]                    # Anmerkung 3
x;x1;x2;x3;x4;x5                # Ausgabe der Vektoren
  [1] -1  1 -3  3  5  0  3 -2 20  0   (x)
  [1] -3                              (x1)
  [1] -3  3  5                        (x2)
  [1] -1  1 -3  3  5  0  3 -2  0       (x3)
  [1]  1 -3  3  5  0  3 -2 20          (x4)
  [1]  1  3  5  3 20                   (x5)
# Ersetzen und Ändern der Elemente eines Vektors ---------------------
x[3] <- -5                      # ersetzt Element 3 durch -5 (Anmerkung 4)
x[seq(2,10,2)] <- 0             # ersetzt jedes 2. Element von x durch 0
x[c(1,3)] <- c(9,-7)            # ersetzt Element 1 und 3 durch 9 und -7
x[x<0] <- 0                     # ersetzt negative Elemente durch 0
x[x<0] <- x[x<0] + 20           # addiert 20 zu negativen Elementen (Anm. 5)
```

Anmerkungen:

1. Der Ausdruck `3:5` erzeugt einen Vektor der Länge 3 mit den Einträgen 3, 4, 5. Die eckigen Klammern bewirken nun, dass der 3., 4. und 5. Eintrag von x ausgewählt werden.
2. Negative Werte in eckigen Klammern werden als Indizes von Einträgen interpretiert, die *nicht* ausgewählt werden sollen. Hier werden alle Einträge von x *außer* dem ersten und letzten ausgewählt.
3. Der Ausdruck `x>0` in den eckigen Klammern erzeugt einen Vektor der Länge 10 mit logischen Variablen, die im nächsten Abschnitt behandelt werden. Jedes Element diese Vektors ist entweder TRUE oder FALSE, d.h Wahr oder Falsch. Hier ist das erste Element FALSE (da das erste Element von x gleich -1 ist, d.h. negativ); das zweite Element ist TRUE (da das zweite Element von x gleich 1 ist, was positiv ist. Die Einträge von x, die zu dem Wert TRUE gehören, werden ausgewählt.
4. Der Wert des dritten Elements von x (d.h. `-3`) wird durch `-5` ersetzt, eine Operation, die nicht rückgängig gemacht werden kann. Bevor man Einträge eines bestehenden Vektors überschreibt, ist es oft sinnvoll eine Kopie (z.B. `xbak <- x`) anzufertigen.
5. Dieselben Einträge von x treten auf beiden Seiten des Zuweisungsoperators auf. Die Absicht ist hier, die relevanten Einträge zu ändern.

B.6 Nützliche einfache Funktionen

Es lohnt sich, sich die Namen der folgenden Funktionen zu merken, deren Zweck und Anwendung in den Beispielen illustriert wird:

```
min() max() sum()    sort() order() rank()    cumsum() diff()
round() ceiling() floor()
```

Beispiel: Betrachten Sie den Vektor $x = (8.91\ \ 1.25\ \ 1.25\ \ 22.00)$ der Länge 4.

```
x<-c(8.91,1.25,1.25,22.00);x  # Vektor x, Länge 4
[1]  8.91  1.25  1.25 22.00
min(x);max(x);sum(x)          # Minimum, Maximum und Summe von x
  [1] 1.25
  [1] 22
  [1] 33.41
sort(x)                       # ordnet x (siehe help(sort) für weitere Optionen)
  [1]  1.25  1.25  8.91 22.00
order(x)                      # die Permutation, die x der Größe nach ordnet
  [1] 2 3 1 4
rank(x)                       # der Rang der Elemente von x
  [1] 3.0 1.5 1.5 4.0
cumsum(x)                     # kumulative Summe von x
  [1]  8.91 10.16 11.41 33.41
diff(x)                       # Differenz aufeinanderfolgender Werte von x
  [1] -7.66  0.00 20.75
round(x);round(x,1)           # rundet x; rundet x auf eine Dezimalstelle
  [1]  9  1  1 22
  [1]  8.9 1.2  1.2 22.0
floor(x);ceiling(x)           # rundet x "ab"; rundet x "auf"
  [1]  8  1  1 22
  [1]  9  2  2 22
```

B.7 Matrizen, Listen und Data Frames

Es ist oft zweckmäßig, Information in Form einer Matrix (eine zweidimensionale Anordnung) anzuordnen, oder noch allgemeiner als ein Datenfeld mit zwei oder mehr Dimensionen. **R** macht dies, indem es einem Vektor das Attribut `dim` ("Dimension") gibt. Wir werden uns auf Matrizen beschränken. Wenn Sie verstanden haben, wie man damit arbeitet, ist es nicht schwierig zu lernen, wie man mit einem `array()` arbeitet.

- `matrix()` erzeugt eine Matrix.
- `as. matrix()` versucht das Argument in eine Matrix umzuwandeln.
- `is.matrix()` testet, ob das Argument eine (strikte) Matrix ist.
- `dim()` gibt Dimension einer Matrix (oder Arrays) aus oder setzt diese fest.
- `colnames()` gibt Spaltennamen einer Matrix aus.
- `rownames()` gibt Zeilennamen einer Matrix aus.
- `cbind() rbind()` fügt Vektoren oder Matrizen zu Matrix zusammen.

Beispiel:

```
x1<-matrix(1:6,ncol=3,nrow=2);x1          # numerische Matrix  (Anm. 1)
     [,1] [,2] [,3]
 [1,]   1    3    5
 [2,]   2    4    6
x2<-matrix(c(1,2,3,4),ncol=3,nrow=2);x2 # numerische Matrix  (Anm. 2)
     [,1] [,2] [,3]
 [1,]   1    3    1
 [2,]   2    4    2
y1<-matrix(month.abb,nrow=3);y1           # Zeichenketten-Matr. (Anm. 3)
      [,1]  [,2]  [,3]  [,4]
 [1,] "Jan" "Apr" "Jul" "Oct"
 [2,] "Feb" "May" "Aug" "Nov"
 [3,] "Mar" "Jun" "Sep" "Dec"
y2<-matrix(month.abb,nrow=3,byrow=TRUE);y2 # Zeichenketten-Matr. (Anm. 4)
      [,1]  [,2]  [,3]  [,4]
 [1,] "Jan" "Feb" "Mar" "Apr"
 [2,] "May" "Jun" "Jul" "Aug"
 [3,] "Sep" "Oct" "Nov" "Dec"
dim(y1)                                   # Dimensionen von y1 (Anm. 5)
 [1] 3 4
colnames(y1)<-c("Winter","Spring","Summer","Autumn");y2  # (Anm. 6)
      Winter Spring Summer Autumn
 [1,] "Jan"  "Apr"  "Jul"  "Oct"
 [2,] "Feb"  "May"  "Aug"  "Nov"
 [3,] "Mar"  "Jun"  "Sep"  "Dec"
rbind(1:3,c(10,20,30),c(3:1))             # (Anm. 7)
      [,1] [,2] [,3]
 [1,]    1    2    3
 [2,]   10   20   30
 [3,]    3    2    1
```

Anmerkungen:

1. Der Vektor `1:6` der Länge 6 wird als Matrix mit `ncol=3` Spalten und `nrow=2` Zeilen angeordnet. Beachten Sie die Reihenfolge, in der die Elemente des Vektors in die Matrix geschrieben werden.

2. Dies ist auch eine 2×3-Matrix. Der Vektor, der die Einträge festlegt, hat jedoch nur die Länge 4. In diesem Fall werden die Elemente des Vektors "recycled", bis die Matrix aufgefüllt ist. (Manchmal wird eine oben nicht gezeigte Warnmeldung ausgegeben. Experimentieren Sie, um herauszufinden, wann solch eine Meldung ausgegeben wird und wann nicht.)

3. `month.abb` ist ein installierter Vektor der Länge 12, der Abkürzungen für die Monate des Jahres enthält. Siehe auch `LETTERS letters month.name pi` — Nutzen Sie die Hilfefunktion. Beachten Sie, dass das Argument `ncol` nicht verwendet wird. Es darf weggelassen werden, da **R** den Wert bestimmen kann. (Es gibt 12 Elemente, die in eine Matrix mit 3 Zeilen zu schreiben sind.)

4. Der Defaultwert des Parameters `byrow` ist `FALSE`. Setzt man es gleich `TRUE`, werden die Elementen des Vektors zeilenweise in die Matrix geschrieben. Vergleichen Sie `y1` und `y2`.

5. Der Wert, der durch `dim(y1)` ausgegeben wird, ist ein Vektor der Länge 2. Das Dimensionsattribut kann auch geändert werden. Probieren Sie aus, was mit `y1` passiert, wenn Sie `dim(y1)<-c(6,2)` eingeben.

6. Spalten- und Zeilennamen sind nützliche Erinnerungshilfen, was die Spalten und Zeilen enthalten.

7. `rbind()` für "row bind" verbindet die Vektoren zeilenweise zu einer Matrix, d.h. die Vektoren bilden Zeilen der Matrix. `cbind()` für "column bind" verbindet die Vektoren spaltenweise zu einer Matrix. Man kann diese beiden Operationen auch auf Matrizen oder Kombinationen von Vektoren und Matrizen anwenden. (Probieren Sie das aus!)

B.7.1 Indizierung von Matrix-Elementen

`[ , ]`   Spezielle Elemente einer Matrix können in einer ähnlichen Art wie bei Vektoren ausgewählt, überschrieben oder geändert werden. Jedoch sind hier jetzt zwei Indizes und nicht mehr nur einer. Der erste Index bezieht sich auf die Zeilennummer(n) und der zweite auf die Spaltennummer(n).

Beispiel:

```
x<-matrix(1:12,nrow=2,byrow=TRUE);x        # numerische 2x6-Matrix
     [,1] [,2] [,3] [,4] [,5] [,6]
 [1,]    1    2    3    4    5    6
 [2,]    7    8    9   10   11   12
y<-matrix(month.abb,nrow=2,byrow=TRUE);y # kategorische 2x6-Matrix
     [,1] [,2] [,3] [,4] [,5] [,6]
 [1,] "Jan" "Feb" "Mar" "Apr" "May" "Jun"
 [2,] "Jul" "Aug" "Sep" "Oct" "Nov" "Dec"
y[2,3]                                     # Element in Zeile 2, Spalte 3
 [1] "Sep"
y[2,]                                      # (komplette) Zeile 2
 [1] "Jul" "Aug" "Sep" "Oct" "Nov" "Dec"
y[,c(1,3,5)]                               # Spalten 1,3,5
     [,1] [,2] [,3]
 [1,] "Jan" "Mar" "May"
 [2,] "Jul" "Sep" "Nov"
x<=5                                       # logische Matrix (Anmerkung 1)
```

```
            [,1]   [,2]   [,3]   [,4]   [,5]   [,6]
    [1,]    TRUE   TRUE   TRUE   TRUE   TRUE   FALSE
    [2,]   FALSE  FALSE  FALSE  FALSE  FALSE  FALSE
y[x<=5]                                    # ausgewählte Elemente von y (Anmerkung 2)
    [1] "Jan" "Feb" "Mar" "Apr" "May"
y[1,c(1,3)]<-c("January","March");y # überschreibe Elem. (1,1) und (1,3) von y
            [,1]   [,2]   [,3]   [,4]   [,5]   [,6]
[1,] "---"  "Feb" "---"  "Apr" "May" "Jun"
[2,] "Jul"  "Aug" "Sep"  "Oct" "Nov" "Dec"
```

Anmerkungen:

1. "x<=5" ist eine Matrix mit logischen Werten derselben Dimension wie x, deren Elemente TRUE, d.h. Wahr sind für die Elemente von x, die kleiner oder gleich 5 sind, und sonst FALSE, d.h. Falsch.
2. Gibt die Elemente von y aus, für die die entsprechenden Elemente von x<=5 TRUE sind.

B.7.2 Matrixoperationen

Es ist nötig zwischen (der üblichen) Matrizenmultiplikation und der *elementweisen* Matrizenmultiplikation zu unterscheiden.

a) `+ - * /` sind Operationen, die **elemenentweise** auf Matrizen *derselben Ordnung* angewendet werden.

b) `%*%` wird für die übliche Matrizenmultiplikation verwendet. Das Produkt a%*%b ist nur dann definiert, wenn a so viele Spalten hat wie b Zeilen hat.

c) `t(x)` bildet die Transponierte von x.

d) `diag()` kann verwendet werden, um die Diagonale einer Matrix zu extrahieren oder zu ändern oder um eine Diagonalmatrix zu bilden. (Siehe help(diag) für eine vollständige Liste der Optionen.)

e) `solve()` löst lineare Gleichungen a%*% x = b für x, wobei b ein Vektor oder eine Matrix sin kann. Verwendet man nur solve(a), wird die **Inverse** von a berechnet.

Beispiel: Sei $\quad a = \begin{pmatrix} 1 & 2 \\ 3 & 4 \end{pmatrix} \quad b = \begin{pmatrix} 10 & 20 \\ 30 & 40 \end{pmatrix} \quad c = \begin{pmatrix} 2 & 4 & 6 \\ 8 & 10 & 12 \end{pmatrix}.$

Achten Sie besonders auf (i) den Unterschied zwischen a*b und a%*%b, (ii) die zwei verschiedenen Anwendungen von diag() und (iii) den Unterschied zwischen solve(a,b) und solve(a).

```
> a+b                  > a*b                  >a%*%b                 > a%*%c
      [,1] [,2]              [,1] [,2]              [,1] [,2]              [,1] [,2] [,3]
[1,]    11   22       [1,]    10   40       [1,]    70  100       [1,]    18   24   30
[2,]    33   44       [2,]    90  160       [2,]   150  220       [2,]    38   52   66


> t(c)                 > diag(c(3,12,2))             > diag(3)
      [,1] [,2]              [,1] [,2] [,3]                [,1] [,2] [,3]
[1,]     2    8       [1,]     3    0    0       [1,]     1    0    0
[2,]     4   10       [2,]     0   12    0       [2,]     0    1    0
[3,]     6   12       [3,]     0    0    2       [3,]     0    0    1
```

```
> solve(a,d)        > solve(a)           > solve(c)
      [,1]               [,1] [,2]
[1,]    3          [1,] -2.0  1.0        Error in solve.default(c) :
[2,]   -1          [2,]  1.5 -0.5        only square matrices can be inverted
```

B.7.3 Listen und Data Frames

`list()` wird verwendet, um eine geordnete Zusammenfassung von Komponenten zu bilden, die eine "list" (eine Liste) genannt wird. Die einzelnen Komponenten, die einen Namen haben können, müssen nicht vom selben Typ und Mode sein. Das folgende Beispiel zeigt, wie solche Komponenten mit dem Symbol "$" abgerufen werden können und wie man auf Elemente solcher Komponenten mit eckigen Klammern zugreifen kann.

Beispiel:

```
h<-list(results=c("Grade","Credits"),
        subject=c("Math","Stat","Macro"))                          # Anmerkung 1
student<-list(name="Dent, Arthur", semester= 6, male = TRUE,
        score=matrix(c(1.3,8,1.3,8,2.7,6),nrow=2,dimnames=h)) # Anmerkung 2
h                                                                  # Anmerkung 3
  $results
  [1] "Grade"   "Credits"
  $subject
  [1] "Math"  "Stat"  "Macro"
student                                                            # Anmerkung 3
  $name
  [1] "Dent, Arthur"
  $semester
  [1] 6
  $male
  [1] TRUE
  $score
           subject
  results  Math Stat Macro
    Grade   1.3  1.3   2.7
    Credits 8.0  8.0   6.0
student$name                                                       # Anmerkung 4
  [1] "Dent, Arthur"
student$sc                                                         # Anmerkung 5
           subject
  results  Math Stat Macro
    Grade   1.3  1.3   2.7
    Credits 8.0  8.0   6.0
student$sc[1,]                                                     # Anmerkung 6
  Math  Stat Macro
   1.3   1.3   2.7
```

Anmerkungen:

1. Die Liste `h` enthält zwei Zeichenketten-Vektoren , die `results` und `subject` heißen und die Länge 2 bzw. 3 haben. Diese werden für die Zeilen- und Spaltennamen der Matrix `student`in der nächsten Liste verwendet.
2. Die Liste `student` enthält vier Komponenten: einen Zeichenketten-Vektor `name` (der Länge 1), einen numerischen Vektor `semester` (der Länge 1), einen logischen

Vektor `male` (der Länge 1) und eine numerische 2×3-Matrix mit den in der Liste `h` gegebenen Zeilen- und Spaltennamen.

3. Jede Komponente der Liste wird unter einer Überschrift `$<component name>` ausgegeben.

4. Eine Komponente wird durch Namen der Gestalt `<list name>$<component name>` identifiziert. Im Beispiel gibt `student$names` den Wert `"Dent, Arthur"` aus.

5. Man kann den Namen der Komponente abkürzen, sofern dies nicht zu Zweideutigkeiten führen kann. Z.B. `student$score` kann als `student$sc` abgekürzt werden, aber nicht als `student$s`, da dies sich auch auf die Komponente `student$semester` beziehen könnte.

6. Die Komponenten einer Liste behalten ihren Mode und andere Attribute. Z.B. `student$score` ist eine 2×3-Matrix; `student$score[1,]` ist die erste Zeile dieser Matrix.

Listen sind besonders nützlich, um die Ausgabe einer Funktion zusammenzufügen, wenn diese Ausgabe aus einer Anzahl von Objekten, möglicherweise von verschiedenem Typ, z.B einem Vektor von Schätzern, ihren Standardfehlern, einer Matrix von Ergebnissen, etwas Text usw. besteht.
`data.frame()` kann verwendet werden, um ein Objekt, ähnlich einer Matrix, zu erzeugen, bei dem die Einträge nicht alle vom selben Typ sein müssen. Viele wichtige **R**-Funktionen für statistische Berechnungen setzen voraus, dass die Beobachtungen in einem Data Frame vorliegen. Die gebräuchlichste Art, Daten aus einer Datei in **R** einzulesen (siehe nächsten Abschnitt) speichert die Daten in einem Data Frame.
`attach() detach()` Wie in dem Beispiel illustriert wird, erlaubt die erste dieser Funktionen, dass man auf die Variablen in einem Data Frame mit ihren Namen zugreifen kann, während die zweite diese Möglichkeit wieder aufhebt.

Beispiel:

```
n<-c("Luke","Anne","James")                          # ein Zeichenketten-Vekt.
a<-c(10,8,4)                                          # ein numerischer Vekt.
g<-c("male","female","male")                          # ein Zeichenketten-Vekt.
s<-c(TRUE,TRUE,FALSE)                                 # ein logischer Vektor
kids<-data.frame(name=n,age=a,gender=g,in.school=s)   # Anmerkung 1
kids                                                  # gibt "kids" aus
      name ae gender in.school
  1   Luke  10   male       TRUE
  2   Anne   8 female       TRUE
  3  James   4   male      FALSE
attach(kids);gender                                   # Anmerkung 2
  [1] male    female male
  Levels: female male
detach(kids);gender                                   # Anmerkung 3
  Error: object 'gender' not found
```

Anmerkungen:

1. Beachten Sie, dass man jeder Spalte des Data Frames einen neuen (zweckmäßigen) Namen geben kann.
2. Indem man das Data Frame (hier `kids` „attached", kann man auf seine Einträge mit den neuen Namen, z.B. `gender` zugreifen.
3. Nach dem „Detachen" sind die neuen Namen nicht mehr verfügbar.

B.8 Einlesen der Daten aus einer Datei und Datenaufbereitung

`read.table()` liest eine Datei in Tabellenformat und erzeugt daraus ein Data Frame, wobei die Fälle mit den Zeilen und die Variablen mit den Spalten der Datei übereinstimmen. Z.B. im letzten Beispiel sind die Variablen „name", „age", „gender" und „in.school", und die Zeilen bilden die drei Fälle. `read.table` hat viele Argumente, wobei alle außer das erste Defaultwerte haben. So wird z.B durch
`dat<-read.table(file="C:/Veranstaltungen/Stat/Dat01.txt")` ein Data Frame mit dem Namen `dat` erzeugt, dessen Inhalte aus `Dat01.txt` gelesen werden.
Die Datendatei kann oder kann auch nicht die Namen der Variablen und Fälle enthalten, wobei folgende etwas komplizierte Regel gilt: Wenn die erste Zeile der Datendatei *einen Eintrag weniger* enthält als die folgenden Zeilen, dann werden die Einträge der ersten Zeile als Variablennamen verwendet und der erste Eintrag in den folgenden Zeilen wird als Fall- oder Zeilenname aufgefasst. Wenn die Anzahl der Einträge in der ersten Zeile *gleich* der Anzahl in den folgenden Zeilen ist, wird standardmäßig angenommen, dass die erste Zeile Daten und keine Namen enthält. Um anzuzeigen, dass die erste Zeile tatsächlich Variablennamen enthält, muss man das Argument `header=TRUE` setzen.
`read.csv()`, was ähnlich zu `read.table()` ist, ist nützlich, um Tabellen aus einem „Spreadsheet" einzulesen. Das Spreadsheet muss im „csv" Format gespeichert sein.
`scan()` kann auch verwendet werden, um Daten aus einer Datei einzulesen.
`foreign` ist ein vorinstalliertes Paket, dass verwendet werden kann, um Dateien zu lesen, die im Format einiger anderer Software-Pakete, wie SAS, STATA oder SPSS gespeichert sind.
`edit(object)` ruft einen Editor mit dem **R**-Objekt in einem separaten Fenster auf. Dies ermöglicht es, die Inhalte des Objektes, z.B. ein Vektor, eine Matrix, eine Funktion usw. zu verändern. Welcher Editor genau aufgerufen wird, hängt von Ihrem Betriebssystem ab.

B.9 Zufallsstichproben und einfache statistische Berechnungen

Um Zufallsstichproben zu ziehen oder Simulationen durchzuführen, ist es notwendig Zufallszahlen zu erzeugen. Da Computer deterministische Bauteile sind, können sie nur sogenannte „Pseudo-Zufallszahlen" erzeugen, d.h. die in Wirklichkeit deterministisch sind, sich aber wie zufällig verhalten.

`sample(x,size,replace=FALSE,prob)` zieht eine Zufallsstichprobe der Größe `size` aus einer gegebenen Menge (Population) `x`.

- `x` ist der Vektor von Werten, aus dem gezogen werden soll.
- `size` ist die Größe der Stichprobe, die von `x` gezogen werden soll.
- `replace` sollte auf `TRUE` gesetzt werden, falls *mit Zurücklegen* gezogen werden soll. Der Defaultwert ist `replace=FALSE`, d.h. Ziehen *ohne Zurücklegen*.

– `prob` ein Vektor von Gewichten der Wahrscheinlichkeiten, die Elemente des Vektors zu erhalten. Standardmäßig sind alle Werte gleich wahrscheinlich.

Beispiel: Wir ziehen Zufallsstichproben von den Elementen der folgenden drei Vektoren `Pop`, `Muenze` und `Wuerfel`. Die Funktion `table()` wird verwendet, um den Inhalt der Zufallsstichprobe zusammenzufassen. (Siehe `help(table)`).

```
Pop<-c("Leon","Julia","Laura","Lars")   # erzeugt den Vektor 'Pop'
Muenze<-c("K","Z")                       # erzeugt den Vektor 'Muenze'
Wuerfel<-1:6                             # erzeugt den Vektor 'Wuerfel'
sample(Pop,size=2)                       # zieht zuf. 2 Namen ohne Zurückl.
  [1] "Lars"  "Laura"
sample(Muenze,size=1)                    # zieht zuf. 1 Element ohne Zurückl.
  [1] "Z"
sample(Muenze,size=8)                    # zieht zuf. 8 Elemente ohne Zurückl.
  Error in sample(Muenze, size = 8):        (Siehe Anmerkung 1)
sample(Muenze,8,replace=TRUE)            # zieht zuf. 8 Elemente mit Zurückl.
  [1] "Z" "Z" "K" "Z" "K" "Z" "Z" "K"
M100<-sample(Muenze,100,TRUE,prob=c(4,1))# 100 Wurf, gefälschte Münze (Anm. 2)
table(M100)                              # Tabelle der Häufigkeiten (Anm. 3)
  K  Z
 78 22
W6000<-sample(1:6,6000,TRUE)             # 6000 Würfe eines fairen Würfels
table(W6000)                             # Tabelle der Häufigkeiten
    1    2    3    4    5    6
  986 1004  985 1016  984 1025
```

Anmerkungen:

1. Dies führt zu einer Fehlermeldung, da eine Stichprobe, die *ohne Zurücklegen* gezogen wird, nicht größer als die Population sein kann.
2. Der Vektor der Wahrscheinlichkeitsgewichte, `prob=c(4,1)`, gibt an, dass das Element `"K"` viermal so häufig wie `"Z"` gezogen werden sollte, d.h. P($"K"$)$= \frac{4}{5}$ und P($"Z"$)$= \frac{1}{5}$.
3. `table(M100)` gibt eine Tabelle mit den Häufigkeiten von `"K"` und `"Z"` in der erzeugten Stichprobe `M100` aus. (Siehe `help(table)`). Beachten Sie, dass die relative Häufigkeit von `"K"` gleich $\frac{78}{100} \approx \frac{4}{5}$ ist.

`set.seed(seed)`, wobei *seed* eine ganze Zahl ist, wird verwendet, wenn man eine spezifische Zufallsfolge reproduzieren möchte. Dies ist nützlich in Simulationen, die Zufallszahlen verwenden. Es ermöglicht genau dieselben Resultate zu reproduzieren, wenn die Simulation wiederholt wird.

Beispiel: Das Setzen desselben *seed* führt zur selben Stichprobe.

```
set.seed(123)                    # setzt seed=123
sample(Wuerfel,12,TRUE)          # wirft 12-mal einen Würfel
  [1] 2 5 3 6 6 1 4 6 4 3 6 3
sample(Wuerfel,12,TRUE)          # dasselbe; Stichprobe ist verschieden
  [1] 5 4 1 6 2 1 2 6 6 5 4 6
set.seed(123)                    # setzt seed=123
sample(Wuerfel,12,TRUE)          # dasselbe;  Stichprobe ist wie oben
  [1] 2 5 3 6 6 1 4 6 4 3 6 3
```

B.10 Statistische Funktionen

B.10.1 Wahrscheinlichkeitsverteilungen

In der Vergangenheit benötigte man „Normalverteilungstabellen", um Wahrschein-lichkeiten wie $P(X \leq 5)$ zu berechnen, wenn $X \sim N(10, 4^2)$. **R** bietet Funktionen für die Normalverteilung und viele andere Verteilungen, die man anstelle der ge-druckten Tabellen verwenden kann. Geben Sie `help(Distributions)` für eine Liste der vorhandenen Verteilungen ein. Die folgende Tabelle gibt **R**-Ausdrücke zum Be-rechnen einiger Dichte- bzw. Wahrscheinlichkeitsfunktionen an.

Distribution	Notation	**R** function & parameters	**R** parameters
Normal	$N(\mu, \sigma^2)$	`dnorm(x,mean=0,sd=1)`	`mean`$= \mu$; `sd`$= \sigma$; beachte [a]
Uniform	$U(a,b)$	`dunif(x,min=0,max=1)`	`min`$= a$; `max`$= b$
Exponential	$\text{Exp}(\lambda)$	`dexp(x,rate=1)`	`rate`$= \lambda$
Chi-squared	$\chi^2(\nu)$	`dchisq(x,df,ncp=0)`	`df`$= \nu$ (ignore `ncp`)
Student-t	$t(\nu)$	`dt(x,df,ncp)`	`df`$= \nu$ (omit `ncp`)
Fisher-F	$F(\nu_1, \nu_2)$	`df(x,df1,df2,ncp)`	`df1`$= \nu_1$, `df2`$= \nu_2$ (omit `ncp`)
Lognormal	$LN(\mu, \sigma^2)$	`dlnorm(x,meanlog=0,sdlog=1)`	`meanlog`$= \mu$; `sdlog`$= \sigma$)
Binomial	$b(n,\pi)$	`dbinom(x,size,prob)`	`size`$= n$; `prob`$= \pi$
Poisson	$Po(\lambda)$	`dpois(x,lambda)`	`lambda`$= \lambda$
Hypergeom.	$h(N_e, N_m, n)$	`dhyper(x,m,n,k)`	`m`$= N_e$,`n`$= N_m$,`k`$= n$; beachte[b]

[a] `sd` ist die Standardabweichung σ und nicht σ^2

[b] Die Notation der Parameter in **R** weicht von der sonst in diesem Buch verwendeten Notation ab.

Beachten Sie, dass die Namen der **R**-Funktionen in der Tabelle mit dem Buchstaben „d" beginnen, gefolgt von dem (abgekürzten) Namen der Verteilung. Das „d" ist einer von vier Buchstaben, die vor dem Namen der Verteilung stehen dürfen:

`d` — z.B. `dnorm(x,mean=0,sd=1)` — gibt den Wert der Dichtefunktion, $f(x)$ an, wenn die Verteilung stetig ist; den Wert der Wahrscheinlichkeitsfunktion, $P(x)$, wenn die Verteilung diskret ist (z.B. Poisson).

`p` — z.B. `pnorm(q,mean=0,sd=1)` — gibt den Wert der Verteilungsfunktion an der Stelle des Arguments `q`, d.h. $F(q)$ an.

`q` — z.B. `qnorm(p,mean=0,sd=1)` — gibt den Wert der Quantilfunktion, d.h. den Wert der Umkehrfunktion von F an der Stelle p an. Für stetige Verteilungen berechnet es das x, für das $F(x) = p$ für ein gegebenes $p \in [0,1]$ gilt; für diskrete Verteilun-gen berechnet es das kleinste x, für das $F(x) > p$ gilt.

`r` — z.B. `rnorm(n,mean=0,sd=1)` — ein Vektor mit `n` (Pseudo-)Zufallszahlen. Beach-ten Sie, dass jedes Mal, wenn die Funktion verwendet wird, verschiedene Werte erzeugt werden. Wenn Sie dieselbe Folge von Werten in späteren Durchläufen wieder erzeugen wollen, müssen Sie `set.seed()` verwenden.

Beispiel:

```
dnorm(c(6,10,14),mean=10,sd=4)    # Dichte N(10,4^2) für x=6,10,14
  [1] 0.06049268 0.09973557 0.06049268
pnorm(5,10,4)                     # P(X <= 5), wenn X wie N(10,4^2)
  [1] 0.1056498
qnorm(0.1,10,4)                   # berechnet q, so dass P(X<=q)=0.1
  [1] 4.873794
rnorm(3,10,4)                     # 3 Zufallszahlen aus N(10,4^2)-Verteilung
  [1] 12.394435  9.376472 17.118572
dbinom(0:4,size=4,prob=0.3)       # Wfkt. einer b(4,0.3)-Verteilung
  [1] 0.2401 0.4116 0.2646 0.0756 0.0081
rpois(5,lambda=0.2)               # 5 Zufallszahlen aus Po(0.2)-Verteilung
  [1] 0 1 0 0 1
dhyper(0:4,2,5,4)                 # Wfkt. einer h(2,5,4)-Verteilung
  [1] 0.1428571 0.5714286 0.2857143 0.0000000 0.0000000 (Übung: Überprüfen!)
```

B.10.2 Funktionen zum Berechnen einfacher Statistiken

Es ist lohnend, sich die Namen der folgenden sehr nützlichen Funktionen zu merken:

- `mean(x)` berechnet den Mittelwert des Vektors x.
- `var(x)` berechnet die Varianz von x. Beachten Sie, dass der erwartungstreue Schätzer berechnet wird, d.h. $\frac{1}{n-1}\sum_{i=1}^{n}(x_i-\bar{x})^2$.
- `sd(x)` berechnet die Standardabweichung von x, d.h. die Quadratwurzel aus `var(x)`.
- `cor(x,y)` berechnet die Korrelation zwischen x und y.
- `median(x)` berechnet den Median von x.
- `quantile(x,probs=seq(0,1,0.25))` berechnet Quantile der Werte in dem Vektor x, wie durch das Argument `probs` bestimmt. Standardmäßig ist `probs` gleich (0 0.25 0.5 0.75 1), so dass die Funktion das Minimum, das 1. Quartil, den Median, das 3. Quartile und das Maximum der Werte in x berechnet.
- `summary(object)` gibt die Zusammenfassung eines Datenobjektes aus. Das folgende Beispiel zeigt die Ausgabe dieser Funktion, wenn *object* einfach ein Vektor ist.
- `table(x)` gibt eine Tabelle mit den Häufigkeiten für die verschiedenen Elemente in x aus. (Siehe `help(table)`, um zu sehen, was dies Funktion kann.)

`na.rm=TRUE` — Die Werte der obigen Funktionen sind nicht definiert, wenn das Argument x fehlende Werte hat (d.h. einige der Elemente von x sind NA). Um die Berechnung mit den nichtfehlenden Werten auszuführen, muss das Argument `na.rm`, das den Defaultwert FALSE hat, gleich TRUE gesetzt werden. Z.B. führt die Eingabe von `median(c(2,NA,3,4))` zu einer Fehlermeldung, während bei der Eingabe `median(c(2,3,4,NA),na.rm=TRUE)` der Wert 3 ausgegeben wird.

Beispiel:

```
set.seed(82);x<-rchisq(1000,2)  # erzeugt 100 chiquadrat (nu=2) Zufallszahlen
mean(x);median(x);sd(x)          # Mittelwert, Median, Standardabweichung von x
  [1] 1.939235
  [1] 1.378548
  [1] 1.916602
quantile(x)                      # Defaultquantile
          0%          25%          50%          75%         100%
  0.002394918  0.544983380  1.378547625  2.752505984  14.524687678
quantile(x,probs=c(0.1,0.9))     # 10- und 90-Prozentpunkt
       10%        90%
  0.1925191  4.3909091
summary(x)                       # Summary-Statistiken
      Min.   1st Qu.    Median      Mean   3rd Qu.      Max.
  0.002395  0.545000  1.379000  1.939000  2.753000  14.520000

table(round(x))                  # Häufigkeitstabelle der gerundeten x-Werte
    0    1    2    3    4    5    6    7    8    9   10   11   12   13   15
  235  298  178  115   79   47   20    7    7    7    2    1    1    2    1
```

B.10.3 Beispiel einer Modellanpassung

Es gibt Hunderte von **R**-Funktionen zur Modellanpassung, Modellüberprüfung, Hypothesenprüfung, explorativen Datenanalyse usw.. Wir geben ein Beispiel nur einer solchen Funktion, um eine Anzahl von Möglichkeiten zu zeigen, die in vielen anderen Funktionen verfügbar sind.

Beispiel — Die Funktion `lm` : Die folgende Tabelle enthält den Durchmesser und das Volumen einer Stichprobe von 10 Kirschbäumen. Die Beobachtungen werden als offene Kreise in der Abbildung dargestellt. Die Funktion `lm` passt *lineare Modelle* an. Ein Beispiel dafür ist das einfache Regressionsmodell $y_i = \theta_1 + \theta_2 x_i + e_i$, $i = 1, \ldots, 10$, das mit dem unten gegebenen **R**-Code angepasst wird.

Durchmesser	Volumen
8.6	10.3
11.4	21.4
11.2	19.9
18.0	51.0
11.3	24.2
10.5	16.4
14.2	31.7
12.9	22.2
16.0	38.3
17.3	55.4

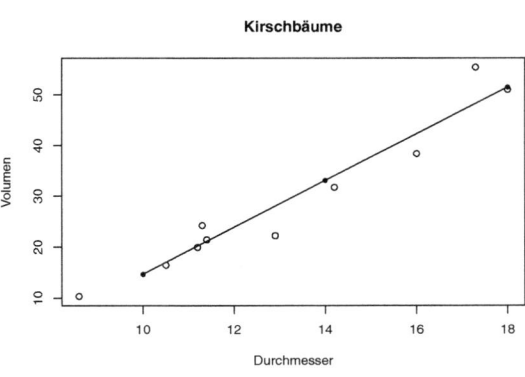

```
KB<-read.table("<Pfad>/Kirschbaeume.txt",head=TRUE) # Anmerkung 1
attach(KB)                              # attached das Data Frame
MeinMod<-lm(Volumen~Durchmesser)  # passt ein Modell an (Anmerkung 2)
```

```
names(MeinMod)                    # Namen der Komponenten (Anmerkung 3)
   [1] "coefficients"  "residuals"    "effects"      "rank"
   [5] "fitted.values" "assign"       "qr"           "df.residual"
   [9] "xlevels"       "call"         "terms"        "model"
MeinMod$coeff                     # Ausgabe der Koeffizienten (Anmerkung 4)
   (Intercept) Durchmesser
   -31.469306    4.608014
MeinMod$res                       # Ausgabe der Residuen
         1         2         3         4         5
   2.1403844  0.3379447 -0.2404525 -0.4749489  3.5987461
         6         7         8         9        10
  -0.5148426 -2.2644950 -5.7740766 -3.9589205  7.1506610
summary(MeinMod)                  # Zusammenfassung MeinMod (Anmerkung 5)
   Call:
   lm(formula = Volumen ~ Durchmesser)
   Residuals:
       Min     1Q Median     3Q     Max
   -5.7741 -1.8271 -0.3577 1.6898  7.1507
   Coefficients:
               Estimate Std. Error t value Pr(>|t|)
   (Intercept)  -31.4693     5.6400   -5.58 0.000522 ***
   Durchmesser    4.6080     0.4187   11.01 4.13e-06 ***
   ---
   Signif. codes:  0 "***" 0.001 "**" 0.01 "*" 0.05 "." 0.1 " " 1
   Residual standard error: 3.929 on 8 degrees of freedom
   Multiple R-squared: 0.938, Adjusted R-squared: 0.9303
   F-statistic: 121.1 on 1 and 8 DF,  p-value: 4.132e-06
neu<-data.frame(Durchmesser=c(10,14,18))    # Vorhersagepunkte (Anm. 6 u. 7)
KBpred<-predict(MeinMod,neu)                 # berechnet Vorhersage (Anm. 7)
plot(Durchmesser,Volumen,main="Kirschbäume") # zeichnet das Bild (Anmerkung 8)
lines(c(10,14,18),KBpred)                    # fügt Gerade hinzu
points(c(10,14,18),KBpred,pch=20)            # zeichnet die Vorhersagen ein
```

Anmerkungen

1. Die Beobachtungen (einschließlich der Variablennamen) werden aus der Datei `Kirschbaeume.txt` gelesen, wobei angenommen wird, dass die Datei dasselbe zweispaltige Layout hat wie die obige Tabelle. Das resultierende Data Frame `KB` wird dann in der nächsten Zeile „attached", um die Variablennamen `Durchmesser` und `Volumen` verfügbar zu machen.

2. Dies ist die einfachste Anwendung der Funktion `lm`. Der Leser sei ermutigt, die Dokumentation zu `lm` zu lesen und dann mit dieser Funktion zu experimentieren. Beachten Sie die Syntax „`Volumen ~ Durchmesser`", die verwendet wird, um anzugeben, dass „Volumen" die abhängige und `Durchmesser` die Kovariable, d.h. die unabhängige Variable ist. Es kann mehr als eine Kovariable geben, wenn man z.B. auch Beobachtungen über eine Kovariable `Hoehe` hätte, könnte man ein Modell mit beiden Kovariablen mit dem Befehl „`Volumen ~ Durchmesser + Hoehe`" anpassen.

3. Das durch `lm` ausgegebene Objekt, das in diesem Beispiel unter dem Namen `MeinMod` gespeichert ist, ist eine Liste mit mehreren Komponenten. Die Funktion `names` gibt die Namen der Komponenten an.

4. Die Komponenten können mit dem „$"-Symbol aufgerufen werden. So enthält z.B. `MeinMod$coeff` die geschätzten Koeffizienten des Modells (hier den Achsenabschnitt $\hat{\theta}_1 = -31.469306$ und die Steigung $\hat{\theta}_2 = 4.608014$. Ähnlich (siehe nächste Zeile) enthält `MeinMod$res` die Residuen.

5. In einem früheren Beispiel verwendeten wir die Funktion `summary`, um die Statistiken für die Elemente eines Vektors zusammenfassend darzustellen. Hier wird

eine Zusammenfassung (ausgewählter) Aspekte der Liste `MeinMod` ausgegeben, einschließlich einiger Eigenschaften der Residuen, der geschätzten Koeffizienten und ihrer Standardfehler, Ergebnisse von Hypothesentests usw.. Im allgemeinen verhält sich `summary` verschieden in Abhängigkeit von dem besonderen Typ des untersuchten Objekts.

6. Dies erzeugt ein Data Frame mit drei „neuen" Werten der Variable `Durchmesser`, nämlich denjenigen Werten, für die wir das zugehörige `Volumen` vorhersagen wollen. Wir schreiben diese in ein Data Frame, weil `predict` das in dieser Form verlangt.

7. Die Funktion `predict` gibt die durch das Modell vorhergesagten Werte der abhängigen Variable für die angegebenen Werte der Kovariablen aus. In dem Beispiel verwenden wir das Modell, um das `Volumen` für Bäume mit einem `Durchmesser` von 8, 14 bzw. 18 cm vorherzusagen. Die vorhergesagten Werte werden als kleine ausgefüllte Kreise in der Abbildung dargestellt. (`predict`, sowie `summary` können in verschiedenen Modellanpassungssituationen verwendet werden, nicht nur in Verbindung mit `lm`.)

8. Diese und die nächsten beiden Zeilen erzeugen das oben gezeigte Bild. Einzelheiten von Plot-Funktionen werden im nächsten Abschnitt behandelt.

B.11 Grafiken

R bietet eine wunderbare Fülle an Werkzeugen, um grafische Darstellungen zu erzeugen. Um Daten zu untersuchen, kann man sehr schnell Standard-Grafiken erzeugen. Man kann auch Darstellungen in Publikationsqualität erzeugen, wobei der Benutzer jedes Detail bestimmen kann. Der Befehl `demo(graphics)` zeigt einige mögliche grafische Darstellungen. Beachten Sie, dass der für die Darstellung dieser Grafiken notwendige Code im **R**-Fenster aufgelistet wird.

Das Online-"*R Graphical manual*" (`http://rgm2.lab.nig.ac.jp/RGM2`) von Osamu Ogasawara und IMS Lab Inc. Japan, enthält eine eindrucksvolle Sammlung von Bildern (2 277 zur Zeit des Schreibens), die mit **R** hergestellt wurden. Die Datensätze, Pakete und der zur Herstellung der Bilder verwendete Code werden bereitgestellt. Wenn Sie also ein existierendes Bild finden, das für Ihre Zwecke geeignet ist, können Sie den Code kopieren und für Ihre Daten modifizieren. Natürlich müssen Sie mit den Grundideen der Plotfunktionen vertraut sein, um solche Modifikationen vornehmen zu können.

Wir beginnen mit den Funktionen `par() hist() boxplot() plot() legend()` .

`par()` legt Details der grafischen Darstellung fest, z.B. den Typ, die Größe und die Farbe von Punkten oder Linien, die Achsenbeschriftungen, die Überschrift oder anderen Text, die dabei jeweils verwendete Schriftgröße, die Anzahl und das Layout der Abbildungen, usw. . Wir werden nur einige der verfügbaren Optionen erwähnen. Um die vollständige Liste zu sehen, verwenden Sie `help(par)`. Der Befehl `par(cex.main=2)` z.B. verdoppelt die Schriftgröße der Überschriften in allen folgenden Grafiken. Um die Schriftgöße nur in der aktuellen Grafik zu verändern, wird der Term `cex.main=2` innerhalb des aktuellen Befehls verwendet, wie das folgende Beispiel zeigt. Siehe auch `help(hist)`.

`hist(x)` zeichnet ein Histogramm der Werte in dem Vektor `x`. Standardmäßig ist das Histogramm nicht normiert, d.h. die y-Achse zeigt die Anzahlen. Die Klassengrenzen werden automatisch berechnet.

Beispiel: Das erste der beiden folgenden Bilder zeigt das Default-Histogramm von 50 Beobachtungen, die von einer $N(10, 2^2)$-Verteilung erzeugt wurden. Das zweite Bild zeigt ein normiertes Histogramm derselben Beobachtungen, wobei zahlreiche der verfügbaren Optionen zur Verbesserung der Darstellung benutzt wurden.

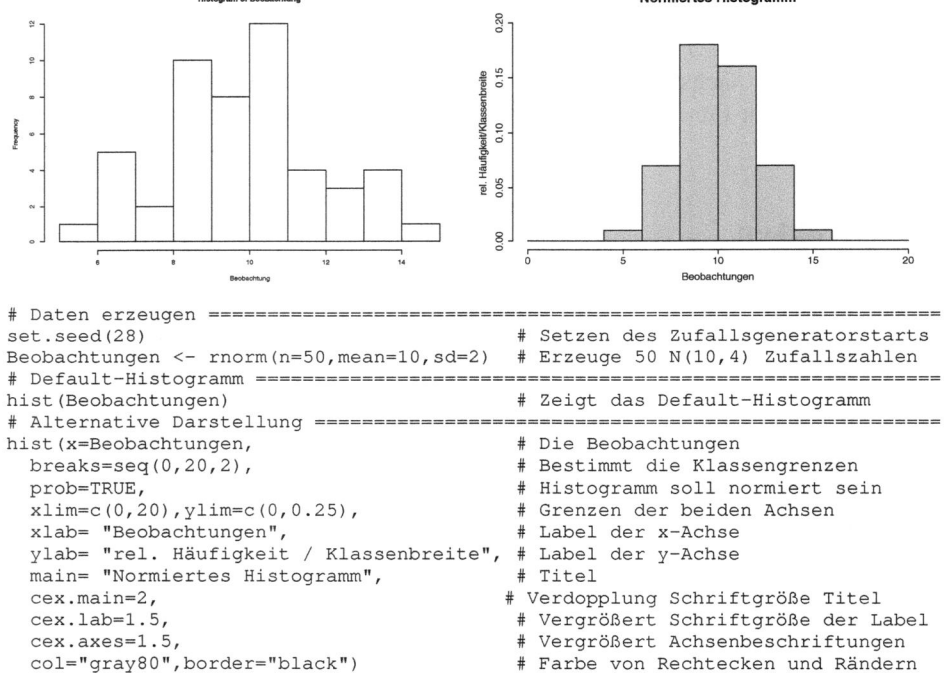

```
# Daten erzeugen ==================================================
set.seed(28)                             # Setzen des Zufallsgeneratorstarts
Beobachtungen <- rnorm(n=50,mean=10,sd=2) # Erzeuge 50 N(10,4) Zufallszahlen
# Default-Histogramm ==============================================
hist(Beobachtungen)                      # Zeigt das Default-Histogramm
# Alternative Darstellung =========================================
hist(x=Beobachtungen,                    # Die Beobachtungen
  breaks=seq(0,20,2),                    # Bestimmt die Klassengrenzen
  prob=TRUE,                             # Histogramm soll normiert sein
  xlim=c(0,20),ylim=c(0,0.25),           # Grenzen der beiden Achsen
  xlab= "Beobachtungen",                 # Label der x-Achse
  ylab= "rel. Häufigkeit / Klassenbreite", # Label der y-Achse
  main= "Normiertes Histogramm",         # Titel
  cex.main=2,                            # Verdopplung Schriftgröße Titel
  cex.lab=1.5,                           # Vergrößert Schriftgröße der Label
  cex.axes=1.5,                          # Vergrößert Achsenbeschriftungen
  col="gray80",border="black")           # Farbe von Rechtecken und Rändern
```

`boxplot()` zeichnet Boxplots von einer oder mehreren Stichproben. Wir werden nur eine einfache Anwendung dieser Funktion zeigen. Für weitere Einzelheiten siehe `help(boxplot)`.

Beispiel: Das erste der beiden folgenden Bilder zeigt Default-Boxplots der drei erzeugten Stichproben. Das zweite Bild zeigt einige der verfügbaren Optionen zur Verbesserung des Plots.

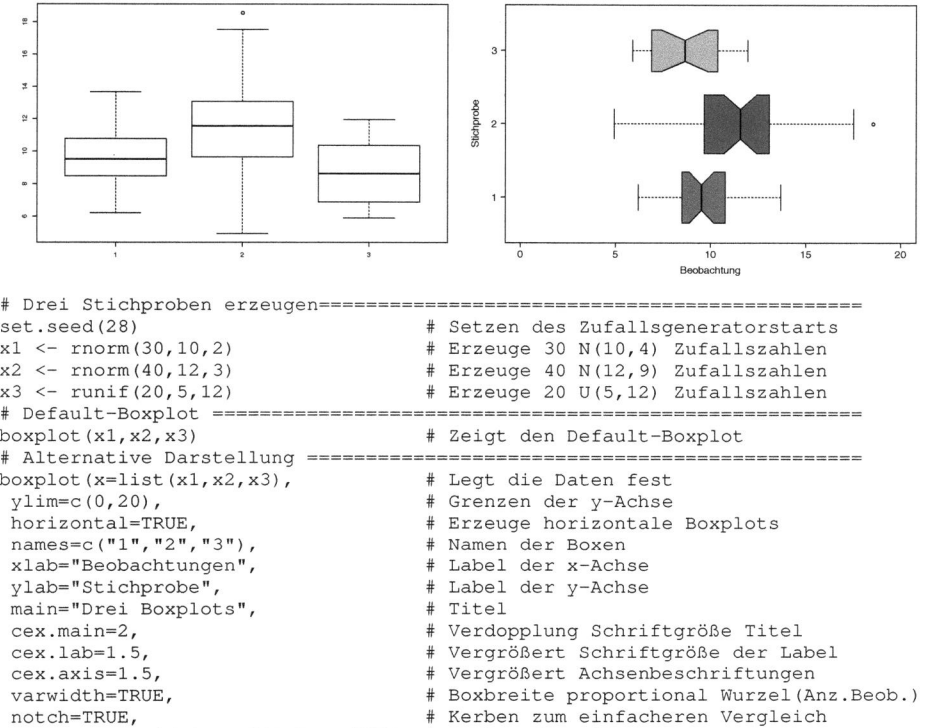

```
# Drei Stichproben erzeugen==================================================
set.seed(28)                          # Setzen des Zufallsgeneratorstarts
x1 <- rnorm(30,10,2)                  # Erzeuge 30 N(10,4) Zufallszahlen
x2 <- rnorm(40,12,3)                  # Erzeuge 40 N(12,9) Zufallszahlen
x3 <- runif(20,5,12)                  # Erzeuge 20 U(5,12) Zufallszahlen
# Default-Boxplot ===========================================================
boxplot(x1,x2,x3)                     # Zeigt den Default-Boxplot
# Alternative Darstellung ===================================================
boxplot(x=list(x1,x2,x3),             # Legt die Daten fest
  ylim=c(0,20),                       # Grenzen der y-Achse
  horizontal=TRUE,                    # Erzeuge horizontale Boxplots
  names=c("1","2","3"),               # Namen der Boxen
  xlab="Beobachtungen",               # Label der x-Achse
  ylab="Stichprobe",                  # Label der y-Achse
  main="Drei Boxplots",               # Titel
  cex.main=2,                         # Verdopplung Schriftgröße Titel
  cex.lab=1.5,                        # Vergrößert Schriftgröße der Label
  cex.axis=1.5,                       # Vergrößert Achsenbeschriftungen
  varwidth=TRUE,                      # Boxbreite proportional Wurzel(Anz.Beob.)
  notch=TRUE,                         # Kerben zum einfacheren Vergleich
  col=c("gray40","gray30","gray70"),  # Farben der  3 Boxen
  las=1)                              # Vertikale Achsenbeschriftung
```

`plot()` wird hauptsächlich für eine Darstellung zweidimensionaler Daten verwendet, ist jedoch eine sehr flexible Funktion und kann für eine Vielzahl anderer Darstellungen verwendet werden. Siehe `help(plot)`

Beispiel: Das erste der beiden folgenden Bilder zeigt einen Default-Scatterplot von erzeugten Daten. Das zweite Bild zeigt mögliche Modifikationen zur Verbesserung des Plots einschließlich einer Legende.

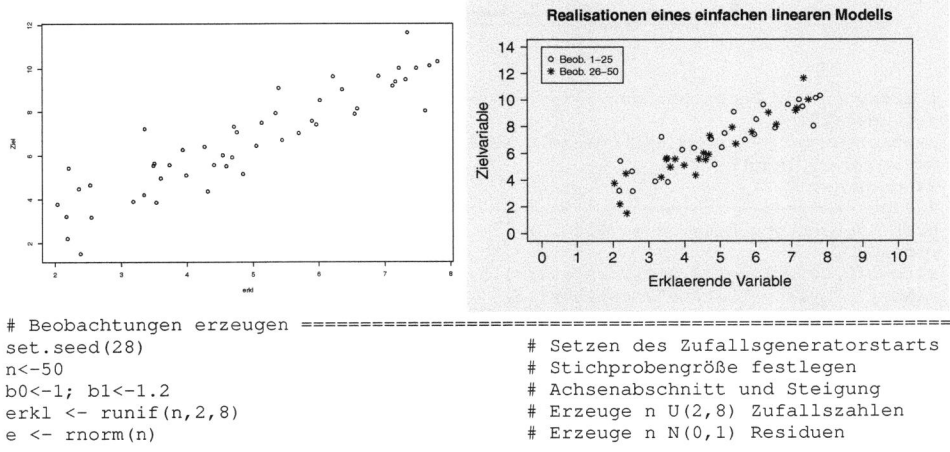

```
# Beobachtungen erzeugen ====================================================
set.seed(28)                          # Setzen des Zufallsgeneratorstarts
n<-50                                 # Stichprobengröße festlegen
b0<-1; b1<--1.2                       # Achsenabschnitt und Steigung
erkl <- runif(n,2,8)                  # Erzeuge n U(2,8) Zufallszahlen
e <- rnorm(n)                         # Erzeuge n N(0,1) Residuen
```

```
Ziel <- b0 + b1*erkl + e                      # Berechne y-Werte

# Default Plot (linke Darstellung) =========================================
plot(erkl,Ziel)                               # Default-Plot
# Alternative (right-hand display) =========================================
# Set global parameters
par(las=1,                                    # Vertikale Achsenbeschriftung
   cex=1.5,                                    # Vergrößert Punktgröße
   cex.axis=1.5,                               # Vergrößert Achsenbeschriftung
   cex.lab=1.5,                                # Vergrößert Schriftgröße der Label
   cex.main=1.5,                              # Schriftgröße Titel
   bg="gray90",                               # Farbe Hintergrund
   lab=c(11,8,2))                             # (ungefähr) Zahl Achsenteilstriche
# Plot
plot(x=erkl,y=Ziel,                           # Zu plottende Variablen
xlim=c(0,10),ylim=c(0,14),                    # Grenzen der Achsen
xlab="Erklaerende Variable",                  # Label x-Achse
ylab="Zielvariable",                          # Label y-Achse
main="Realisationen eines einfachen linearen Modells", # Titel
pch=c(rep(1,n/2),rep(8,n/2)))                 # Punktsymbole für 1-25 und 26-50
legend(x=0,y=14,                              # Legende positionieren
   legend=c("Beob. 1-25","Beob, 26-50"),      # Text für Legende
   pch=c(1,8))                                # Punkt-Symbole für Legende
```

`lines() points() text() arrows() abline()` sind Funktionen, um Kurven, Punkte, Text, Pfeile und Geraden in einen vorhandenen Plot einzufügen.

Beispiel: Das folgende Bild zeigt ein normiertes Histogramm von $n = 50$ Beobachtungen aus einer $N(10, 2^2)$-Verteilung. Es wurden dann die Dichtefunktion dieser Verteilung sowie Text und Pfeile eingefügt.

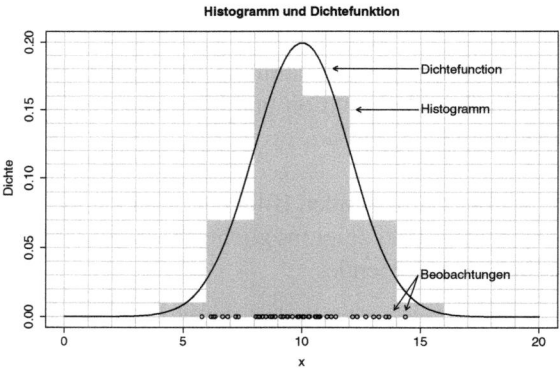

```
# Erzeugen der Beobachtungen =======================================
set.seed(28)                                  # Setzen des Zufallsgeneratorstarts
Beobachtungen <- rnorm(n=50,mean=10,sd=2)     # Erzeuge 50 N(10,2^2) Zufallszahlen
x<-seq(0,20,length=100)                       # Erzeuge Folge von  x-Werten
d<-dnorm(x,10,2)                              # Wert der N(10,2^2)-Dichte in x
# Plot =============================================================
hist(Beobachtung,breaks=seq(0,20,2),          # Zeichne ein Histogram
prob=TRUE,                                    # Normiertes Histogramm
xlim=c(0,20),ylim=c(0,0.2),cex.axis=1.5,      # Achsen: Grenzen und Schriftgröße
xlab= "x",ylab= "Dichte",cex.lab=1.5,         # Label der Achsen, Schriftgröße
main= "Histogramm und Dichtefunktion",        # Titel
cex.main=1.5,                                 # Titel: Schriftgröße
col="gray80",border="white")                  # Farben
abline(h=seq(0,0.2,0.01),col="gray80")        # Zeichne horizontale Linien
abline(v=seq(0,20,1),col="gray80")            # Zeichne vertikale Linien
lines(x,d,lwd=2)                              # Zeichne Dichte, doppelte Dicke
```

```
points(Beobachtung,rep(0,n))                    # Zeichne Punkte
text(15,0.18,"Dichtefunction",adj=0,cex=1.5)    # Text einfügen, linksbündig
arrows(14.9,0.18,11.3,0.18,length=0.1)          # Pfeil, Länge Spitze 0.1 inch
text(15,0.15,"Histogramm",adj=0,cex=1.5)        # Text einfügen, linksbündig
arrows(14.9,0.15,12.3,0.15,length=0.1)          # Pfeil, Länge Spitze 0.1 inch
text(15,0.03,"Beobachtungen",adj=0,cex=1.5)     # Text einfügen, linksbündig
arrows(14.9,0.03,14.4,0.005,length=0.1)         # Pfeil, Länge Spitze 0.1 inch
arrows(14.9,0.03,13.9,0.005,length=0.1)         # Pfeil, Länge Spitze 0.1 inch
box()                                            # Zeichne Box um den Graphen
```

`axis() paste() segments() polygon() rect()` sind weitere Plot-Funktionen.
`cex type lwd col bg lty las adj xpd` sind nützliche Optionen beim Erstellen von Grafiken.

Beispiel: Das folgende Bild besteht aus vier Feldern. Die beiden oberen zeigen die Dichte und Verteilungsfunktion einer $N(10,2^2)$-verteilten Zufallsvariablen und die beiden unteren zeigen die Wahrscheinlichkeits- und Verteilungsfunktion einer binomial $b(10,0.35)$-verteilten Zufallsvariablen. Der zur Erzeugung des Bildes verwendete Code folgt weiter unten. Um den genauen Effekt jeder Zeile des Codes zu verstehen, führen Sie diese zeilenweise aus.

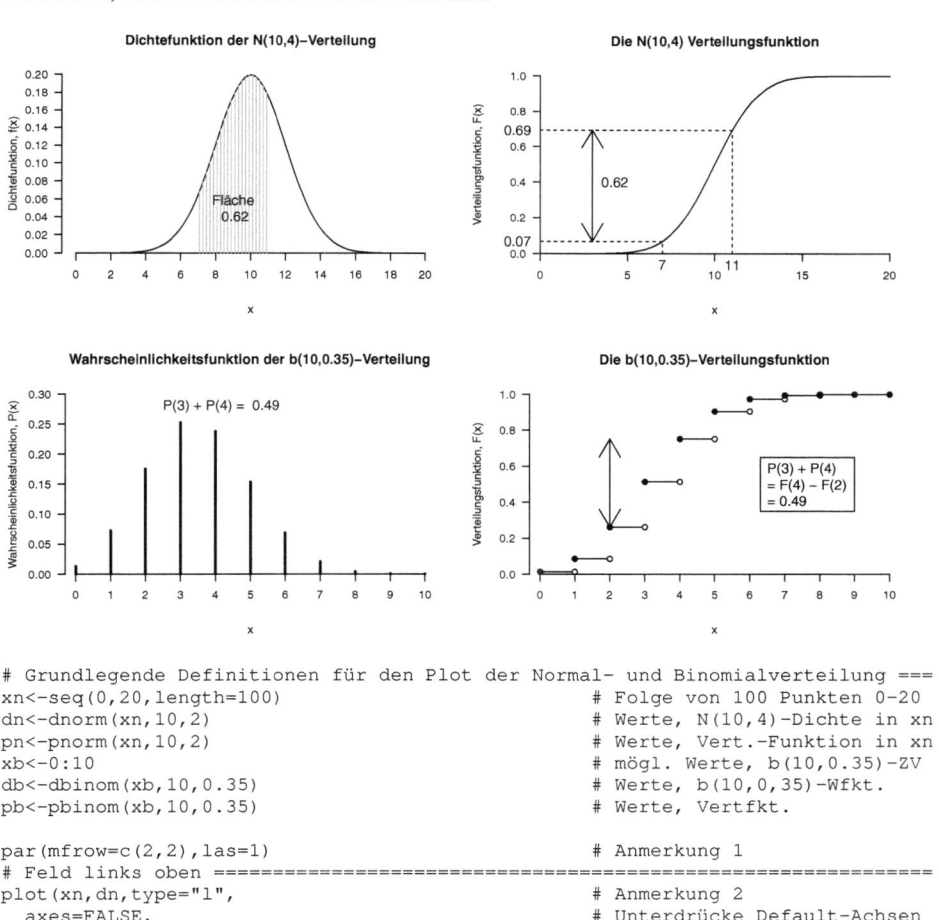

```
# Grundlegende Definitionen für den Plot der Normal- und Binomialverteilung ===
xn<-seq(0,20,length=100)                        # Folge von 100 Punkten 0-20
dn<-dnorm(xn,10,2)                               # Werte, N(10,4)-Dichte in xn
pn<-pnorm(xn,10,2)                               # Werte, Vert.-Funktion in xn
xb<-0:10                                         # mögl. Werte, b(10,0.35)-ZV
db<-dbinom(xb,10,0.35)                           # Werte, b(10,0,35)-Wfkt.
pb<-pbinom(xb,10,0.35)                           # Werte, Vertfkt.

par(mfrow=c(2,2),las=1)                          # Anmerkung 1
# Feld links oben =============================================================
plot(xn,dn,type="l",                             # Anmerkung 2
  axes=FALSE,                                    # Unterdrücke Default-Achsen
```

```
    xlab="x",ylab="Dichtefunktion, f(x)",           # Achsen-Label
    main="Dichtefunktion der N(10,4)-Verteilung")   # Titel
axis(1,at=seq(0,20,2))                              # x-Achse, Siehe ?axis
axis(2,at=seq(0,0.2,0.02))                          # y-Achse
xlo<-7; xhi<-11                                     # x-Grenzen für Schraffur
plo<-pnorm(xlo,10,2);phi<-pnorm(xhi,10,2)           # zugeh. Werte der Vertfkt.
p<-phi-plo                                          # schraffierter Bereich
ind <- xn>xlo & xn<=xhi                             # Anmerkung 3
lines(xn[ind],dn[ind],type="h",col="gray")          # Anmerkung 4
text(9,0.05,paste("Fläche\n",round(p,2)),cex=1.2)   # Anmerkung 5


# Feld rechts oben ===============================================================
plot(xn,pn,type="l",axes=FALSE,                     # Plot der Verteilungsfkt.
    xlab="x",ylab="Verteilungsfunktion, F(x)",      # Achsen-Label
    main="Die N(10,4) Verteilungsfunktion")         # Titel
axis(1,at=seq(0,20,5),pos=0)                        # x-Achse, Siehe ?axis
axis(2,at=seq(0,1,0.2),pos=0)                       # y-Achse
segments(c(xlo,xlo),c(0,plo),c(xlo,0),c(plo,plo),   # Strecke -> ?segments
    lty=2)                                          # Linientyp, Siehe ?par
segments(c(xhi,xhi),c(0,phi),c(xhi,0),c(phi,phi),   # Strecke -> ?segments
    lty=2)                                          # Linientyp, Siehe ?par
text(xlo,-0.06,paste(xlo),xpd=TRUE,cex=1.2)         # Anmerkung 6
text(xhi,-0.06,paste(xhi),xpd=TRUE,cex=1.2)
text(-1.3,plo,paste(round(plo,2)),xpd=TRUE,cex=1.2)
text(-1.3,phi,paste(round(phi,2)),xpd=TRUE,cex=1.2)
arrows(3,plo,3,phi,code=3)                          # Doppelpfeil -> ?arrows
text(3.5,0.4,paste(round(p,2)),adj=0,cex=1.2)       # adj=0: Text linksb. -> ?par


# Feld links unten ===============================================================
plot(xb,db,type="h",axes=FALSE,                     # Vertik. Linien, keine Achsen
    xlim=c(0,10),ylim=c(0,0.3),                     # Grenzen der Achsen
    xlab="x",                                       # Label x-Achse
    ylab="Wahrscheinlichkeitsfunktion, P(x)",       # Label y-Achse
    main="Wahrscheinlichkeitsfunktion der b(10,0.35)-Verteilung", # Titel
    lwd=3)                                          # Liniendicke
axis(1,at=seq(0,10,1),pos=0)                        # x-Achse, Siehe ?axis
axis(2,at=seq(0,0.3,0.05),pos=-0.3)                 # y-Achse
text(2.5,0.28,                                      # Text einfügen
paste("P(3) + P(4) = ",round(db[4]+db[5],2))        # Anmerkung 5
,cex=1.2,adj=0)                                     # adj=0: Text linksb. -> ?par


# Feld rechts unten ==============================================================
plot(xb,pb,axes=FALSE,                              # Keine Default-Achsen
    xlim=c(0,10),ylim=c(0,1),                       # Grenzen der Achsen
    xlab="x",ylab="Verteilungsfunktion, F(x)",      # Label der Achsen
    main="Die b(10,0.35)-Verteilungsfunktion",      # Titel
    pch=19)                                         # Punkttyp: gefüllt -> ?par
axis(1,at=seq(0,10,1),pos=0)                        # x-Achse, Siehe ?axis
axis(2,at=seq(0,1,0.2),pos=-0.3)                    # y-Achse
points(xb[2:11],pb[1:10])                           # Punkttyp: offen (Default)
segments(xb[-11],pb[-11],xb[-1]-0.1,pb[-11])        # Strecke -> ?segments
arrows(2,pb[3],2,pb[5],code=3)                      # Doppelpfeil -> ?arrows
text(6.5,0.5,                                       # Text einfügen
paste("P(3) + P(4)\n= F(4) - F(2)\n=",round(pb[5]-pb[3],2)) # Anmerkung 5
,cex=1.2,adj=0)                                     # adj=0: Text linksb. -> ?par
rect(6.3,0.35,9,0.65)                               # Zeichne Rechteck -> ?rect
```

Anmerkungen

1. `mfrow=c(nr,nc)` teilt das Grafikfenster wie eine Matrix mit `nr` Zeilen und `nc` Spalten. Die Felder werden zeilenweise gefüllt. Mit `mfcol=c(nr,nc)` werden die Felder spaltenweise gefüllt.

2. Der Parameter $\boxed{\texttt{type}}$ bestimmt den zu zeichnenden Plottyp; der Buchstabe "l" steht für: Linien zeichnen zwischen den Punkten. Siehe $\texttt{help(plot)}$ für eine Liste weiterer $\texttt{type}$-Optionen.

3. Der Vektor $\texttt{ind}$ besteht aus logischen Variablen mit den Einträgen $\texttt{TRUE}$ für solche Werte von $\texttt{xn}$, die größer als $\texttt{xlo}$ <u>und</u> kleiner oder gleich $\texttt{xhi}$; sonst sind die Einträge $\texttt{FALSE}$.

4. Zeichnet vertikale Linien (von Null bis zum Funktionswert der Dichte) für die in Anmerkung 3 ausgewählten Punkte

5. Die Funktion $\boxed{\texttt{paste()}}$ wandelt die übergebenen Argumente in eine einzige Zeichenkette um. Das $\boxed{\texttt{\\n}}$ erzeugt eine neue Zeile.

6. Der Parameter $\boxed{\texttt{xpd=TRUE}}$ erlaubt, dass außerhalb der Plot-Region gezeichnet werden darf, was sonst unterdrückt würde.

Abschließende Bemerkungen zu Grafiken

Der Leser kann einen Eindruck von den zahlreichen hier nicht illustrierten Plotoptionen erhalten, indem er die $\texttt{help(par)}$-Dokumentation überfliegt. Es gibt auch viele weitere Funktionen wie $\boxed{\texttt{layout() split.screen()}}$ um komplexe Plot-Arrangements zu definieren, oder die Funktionen $\boxed{\texttt{persp() image() contour()}}$ für dreidimensionale Grafiken. Für eine ausführlichere Darstellung sei auf die auf der CRAN-Seite: $\texttt{http://cran.r-project.org/}$ herunterladbare Dokumentation verwiesen.

Zusätzlich gibt es viele veröffentlichte Pakete, die grafische Unterstützung für spezielle Zwecke anbieten. Das Paket $\boxed{\texttt{rgl}}$ z.B. bietet Unterstützung für Echtzeit interaktive 3D-Grafiken. Obwohl die CRAN-Seite eine Suchoption anbietet, ist es manchmal sehr schwierig, heraus zu finden, welches (wenn überhaupt eins) der existierenden Pakete, die spezielle Aufgabe anbietet, die man lösen möchte. Ein Klick auf den Button **Task Views** im linken Feld der CRAN Homepage und dann auf **Graphics** auf der folgenden Seite führt zu einem Überblick der zur Zeit verfügbaren Grafikpakete.

B.12 Das Schreiben von Funktionen

Die Form zum Schreiben einer Funktion ist $\boxed{\textit{name} \texttt{ <- function(}\textit{arguments}\texttt{) }\textit{expression}}$ wobei

- *name*   ist der Name der Funktion,
- *arguments* sind die Argumente, für die die Funktion durchgeführt werden soll,
- *expression* ist der für die Ausführung der Funktion verwendete Code.

Wahlweise können Argumenten Defaultwerte zugewiesen werden.

Beispiel: Der (zukünftige) Wert eines Betrages A, der zu einem jährlichen Zinssatz von $z\%$ für n Jahre angelegt ist, ist $A(1 + z/100)^n$. Drei Argumente sind nötig für die Berechnung, nämlich z, A und n. Die unten stehende Funktion `invest` setzt die Defaultwerte $A = 1$ und $n = 1$. Wenn A nicht spezifiziert wird, rechnet die Funktion mit $A = 1$. Das Resultat wird auf zwei Stellen nach dem Dezimalpunkt gerundet.

```
invest<-function(z,A=1,n=1)  round(A*(1+z/100)^n,2)
invest(5)                                  # z=5%, A=1, n=1
  [1] 1.05
invest(5,100,2)                            # z=5%, A=100, n=2
  [1] 110.25
invest(A=100,z=5,n=2)                      # Siehe Anmerkung 1
  [1] 110.25
invest(z=5,A=100,n=1:12)                   # z=5%, A=100, n=1,..,10 (Anmerk. 2)
  [1] 105.00 110.25 115.76 121.55 127.63
  [6] 134.01 140.71 147.75 155.13 162.89
invest(z=c(5,6,7),A=100,n=20)              # z=5%,6%,7%, A=100, n=20
  [1] 265.33 320.71 386.97
```

Anmerkungen:

1. Die Argumente können in beliebiger Reihenfolge angegeben werden, sofern sie mit Namen angegeben werden.

2. Die Argumente dürfen Vektoren sein, wie in zwei der obigen Beispiele. (Eine nicht so einfache Übung: Betrachten Sie sorgfältig, was die Funktion berechnet, wenn mehr als eins der Argumente Vektoren sind. Experiment!)

Die obige Funktion benötigt nur einen einzeiligen Code. Die meisten Funktionen benötigen mehrere Zeilen an Code, um die Ergebnisse zu berechnen. In diesem Fall wird der Code zwischen geschweiften Klammern platziert $\boxed{\{...\}}$. Der aus der letzten Zeile des Codes der Funktion resultierende Wert wird ausgegeben.

Beispiel: Nehmen Sie an, dass wir die Funktion `invest` so verändern wollen, dass Sie eine Fehlermeldung ausgibt, wenn $z < 0$ ist. Dazu kann $\boxed{\texttt{stop()}}$ verwendet werden.

```
invest.a<-function(z,A=1,n=1){
  if(min(z)<0) stop("\nInterest rate invalid.")    # Kleinstes z ist ungültig
  round(A*(1+z/100)^n,2)
  }
invest.a(z=c(5,7),A=100,n=20)                       # Zinssätze 5% und 7%
  [1] 265.33 386.97
invest.a(z=c(-1,3),A=100,n=20)                      # Zinssätze -1% und 3%
  Error in invest.a(z = c(-1, 3), A = 100, n = 20) :
  Interest rate invalid.
```

Anmerkungen:

1. Beachten Sie, dass der Ablauf der Funktion in geschweifte Klammern eingeschlossen ist. Der Wert wird in der letzten Zeile des Codes bestimmt, wenn der Zinssatz nicht ungültig ist.

2. Der Befehl $\boxed{\texttt{if (condition) expression}}$ führt `expression` nur dann aus, wenn `condition` zu dem logischen Wert `TRUE` führt. Hier ist die Bedingung `min(z) < 0` entweder `TRUE` oder `FALSE`. Wenn sie `TRUE` ist, gibt die Funktion die gegebene Fehlermeldung aus.

$\boxed{\texttt{return(value)}}$ beendet die Funktion und gibt den berechneten `value` aus, wobei `value` eine Liste sein kann.

Beispiel: Nehmen Sie an, dass Sie jeweils zum Beginn der nächsten n Jahre einen Betrag der Höhe $A_1, A_2, \ldots, A_n$ auf ein Bankkonto einzahlen, wobei der Zinssatz von Jahr zu Jahr variiert, gemäß $z_1\%, z_2\%, \ldots, z_n\%$. Die Funktion `invest.v` berechnet das am Ende des n-ten Jahres vorhandene Kapital, wofür es keine allgemeine Formel gibt. Diese Funktion illustriert die Verwendung des Befehls `for() expression`, mit dem man Schleifen erzeugen kann.

```
invest.v<-function(z,A=1){            # "{" Beginn der Funktion
  n<-length(A)                        # Anzahl der Jahre
  r<-z/100                            # z%=z/100=r (Zinsrate)
  Summe<-0                            # Anfangswert
  for (i in 1:n){                     # Schleife über Jahre (Anm.1)
    Summe<-(Summe+A[i])*(1+r[i])      # Anmerkung 2
  }                                   # Ende Schleife (Anmerkung 1)
  B<-round(Summe,2)                   # Ergebnis runden
  foo<-list(rate=z,amounts=A,years=n,capital=B)   # Anmerkung 3
  return(foo)                         # Ergebnis ausgeben
}                                     # Ende Funktionsablauf

am<-c(100,100,200,200,200,rep(0,5))   # Einzahlungen über 10 Jahre
ra<-c(rep(3,4),rep(4,6))              # Die 10 Zinssätze
y<-invest.v(z=ra,A=am)                # Funktion ausführen
y                                     # Wert ausgeben
  $rate
  [1] 3 3 3 3 4 4 4 4 4 4
  $amounts
  [1] 100 100 200 200 200   0   0   0   0   0
  $years
  [1] 10
  $capital
  [1] 1062.87

y$amounts                             # Nur die Beträge ausgeben
  [1] 100 100 200 200 200   0   0   0   0   0
y$capital                             # Nur Endkapital ausgeben
  [1] 1062.87
```

Anmerkungen:

1. Der Ausdruck `for(i in 1:n)` bewirkt, dass der Code in geschweiften Klammern nacheinander für $i = 1, 2, \ldots, n$ ausgeführt wird. Siehe `help(for)` für weitere Optionen, z.B. `for(k in seq(0,1,by=0.1)) expression`, auch `while(condition) expression`.
2. Das Objekt `Summe` wird in jeder Iteration der Schleife mit den relevanten Werten des Betrages und des Zinssatzes neu berechnet.
3. Eine `list`, d.h. eine Liste mit dem Namen `foo` wird erzeugt. Sie enthält die Werte der Funktion, die wie in diesem Fall aus mehreren Objekten bestehen kann.

Beispiel: Die folgende Funktion wird in einigen Abbildungen dieses Buches zur Erzeugung eines Koordinatennetzes verwendet.

```
gridw<-function (xlo, xhi, xdels, xdell, ylo, yhi, ydels, ydell,
  cols = "grey60", coll = "grey40", lwds = 0.5, lwdl = 0.5, ...){ # Anmerkung 1
  nxs <- ceiling((xhi - xlo)/xdels)                               # Anmerkung 2
  nxl <- ceiling((xhi - xlo)/xdell)
  nys <- ceiling((yhi - ylo)/ydels)
  nyl <- ceiling((yhi - ylo)/ydell)
  segments(rep(xlo, nys), seq(ylo, yhi, ydels), rep(xhi, nys),    # Anmerkung 3
    seq(ylo, yhi, ydels), col = cols, lwd = lwds)
  segments(seq(xlo, xhi, xdels), rep(ylo, nxs), seq(xlo, xhi,
    xdels), rep(yhi, nxs), col = cols, lwd = lwds)
  segments(rep(xlo, nyl), seq(ylo, yhi, ydell), rep(xhi, nyl),
```

```
      seq(ylo, yhi, ydell), col = coll, lwd = lwdl)
    segments(seq(xlo, xhi, xdell), rep(ylo, nxl), seq(xlo, xhi,
      xdell), rep(yhi, nxl), col = coll, lwd = lwdl)
    }                                                      # Ende
```

Anmerkungen:

1. Die Argumente der Funktion werden unten beschrieben. Die zur y-Achse gehören-
   den Argumente werden wegen der Analogie zu denen der x-Achse nicht aufgeführt.

   `xlo`   Untere Grenze des Koordinatennetzes
   `xhi`   Obere Grenze des Koordinatennetzes
   `xdels` Abstand der Linien des feineren Gitters, x-Achse
   `xdell` Abstand der Linien des gröberen Gitters, x-Achse
   `cols`   Farbe der Linien des feineren Gitters (Default: grey60)
   `coll`   Farbe der Linien des gröberen Gitters (Default: grey40)
   `lwds`   Linienstärke im feineren Gitter (Default: 0.5)
   `lwdl`   Linienstärke im gröberen Gitter (Default: 0.5)

   Die drei Punkte `...` am Ende erlauben dem Benutzer zusätzliche grafische Optionen oder andere Argumente zu verwenden.

2. Berechnet die Anzahl der vertikalen und horizontalen Linien für das feine und
   das grobe Gitter. Die folgenden drei Zeilen sind analog.

3. Zeichnet vertikale und horizontale Linien für das feine und grobe Gitter.

Die folgende Abbildung illustriert die Anwendung von `gridw`.

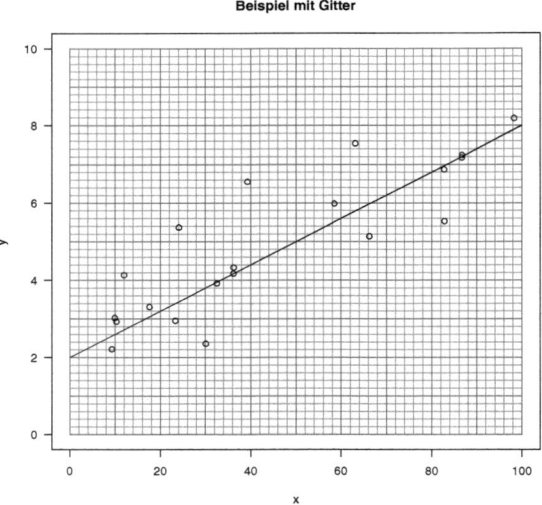

```
# Erzeugung einiger Daten ==========================================
set.seed(29)
x<-runif(20,0,100)
y<--2+0.06*x+rnorm(20)
# plot          ==========================================
plot(x,y,las=1,xlim=c(0,100),ylim=c(0,10))
  title("Beispiel mit Gitter")
  gridw(0,100,2,10,0,10,0.2,1)                 # gridw ausführen
```

```
points(x,y)                           # Siehe Anmerkung unten
lines(c(0,100),c(2,8))                # Zeichnet die Gerade
```

Anmerkung: Die Punkte werden noch einmal gezeichnet, damit sie oberhalb und nicht unterhalb des Gitters erscheinen. (Übung: Versuchen Sie den Code mit helleren Punkten auszuführen, ohne die Punkte noch einmal einzuzeichnen.)

Einige der folgenden für die „Ablaufsteuerung" verwendeten Ausdrücke sind bereits weiter oben erwähnt worden, andere noch nicht. Ihr Verwendungszweck und die Anwendung finden Sie in der **R**-Hilfe.

`if (condition) code` code wird nur ausgeführt, wenn der Wert von condition gleich TRUE ist.

`if (condition) {code 1} else {code 2}` Wenn der Wert von condition gleich TRUE ist, dann wird code1 ausgeführt; wenn er FALSE ist, dann wird code 2 ausgeführt.

`for (variable in vector) {code}` code wird wiederholt ausgeführt, wobei variable durch die sukzessiven Einträge von vector läuft. Siehe auch `while`.

`ifelse (test, code 1, code 2)` gibt einen Wert mit derselben Gestalt wie test aus, wobei die einzelnen Elemente nach code 1 berechnet werden, wenn das entsprechende Element von test gleich TRUE (also wahr) und nach code 2, wenn es FALSE (d.h. falsch) ist.

Beispiel: Der Wert von `ifelse(x>=0,x,NA)` ist ein Vektor mit derselben Länge wie x. Die Einträge werden wie folgt bestimmt: Die nichtnegativen Einträge von x werden in die entsprechenden Positionen des Ergebnisses kopiert, die übrigen Einträge werden gleich NA gesetzt.

```
# Erzeugung einiger Daten ===============================================
x <- c(8,3,-2,0,-4,9);x                # Erzeuge und Druck einen Vektor x
  [1]  8  3 -2  0 -4  9
ifelse(x>=0,x,NA)                      # Funktion ausführen
  [1]  8  3 NA  0 NA  9
```

Anmerkung: Das obige Resultat kann man nicht mit `if` erhalten. Zum Beispiel `if (x>=0) x else NA` funktioniert nicht. Versuchen Sie es als Übung und finden Sie heraus, warum es nicht funktioniert. Beginnen Sie mit der Untersuchung des Wertes `x>=0`. Hier ist eine Alternative, die in diesem Beispiel dasselbe Resultat liefert.

```
y<-x                                   # Kopiere x in y
y[x<0] <- NA                           # Ersetze die negativen Werte durch NA
y
  [1]  8  3 NA  0 NA  9
```

`typeof() str()` Wir haben jetzt mehrere Arten von verschiedenen Objekten gesehen, wie Vektoren, Matrizen, Listen, Funktionen und andere, die wir hier nicht erwähnen. Manchmal muss man wissen, von welcher Art ein Objekt ist, das unter einem gewissen Namen gespeichert ist. Zwei für diesen Zweck nützliche Funktionen sind `typeof()` und `str()`. Die erste bestimmt den Typ des Objekts, die zweite zeigt die Struktur und eine abgekürzte Zusammenfassung des Inhalts des Objekts.

Beispiel: Dieses Beispiel illustriert die von `typeof` und `str` ausgegebenen Ergebnisse, wenn sie auf verschiedene Objekte angewendet werden:

```
# Definition einiger Objekte ==============================================
a <- c(2,3,5,7)                          # Vektor mit numerischen Werten
b<-c("hi",letters[7:10],"bye")           # Vektor mit Zeichenfolgen
c<-c(TRUE,TRUE,FALSE,TRUE)               # Vektor mit logischen Werten
f<-function(x) x^2                       # Funktion
A<-matrix(a,nrow=2,ncol=2)               # 2x2-Matrix mit Zahlen
B<-matrix(b,nrow=3,ncol=2)               # 3x2-Matrix mit Zeichenfolgen
C<-matrix(c,nrow=2,ncol=2)               # 2x2-Matrix mit logischen Werten
D<-list(a,b,c,A,B,C,f)                   # Liste mit allen obigen Objekten
# Anwendung von typeof() auf jedes Objekt =================================
typeof(a);typeof(b);typeof(c);typeof(f)
    [1] "double"                         # Anmerkung 1
    [1] "character"
    [1] "logical"
    [1] "closure"                        # Anmerkung 2
typeof(A);typeof(B);typeof(C);typeof(D)
    [1] "double"
    [1] "character"
    [1] "logical"
    [1] "list"
# Anwendung von str() auf jedes Objekt ====================================
str(a)                                   # Numerischer Vektor der Länge 4
    num [1:4] 2 3 5 7
str(b)                                   # Character-Vektor der Länge 6
    chr [1:6] "hi" "g" "h" "i" "j" ...
str(f)                                   # Funktion
  function (x)
   - attr(*, "source")= chr "function(x) x^2"
str(B)                                   # Anmerkung 3
    chr [1:3, 1:2] "hi" "g" "h" "i" ...
str(C)                                   # Anmerkung 3
    logi [1:2, 1:2] TRUE TRUE FALSE TRUE
str(D)                                   # Anmerkung 4
  List of 7
    $ : num [1:4] 2 3 5 7
    $ : chr [1:6] "hi" "g" "h" "i" ...
    $ : logi [1:4] TRUE TRUE FALSE TRUE
    $ : num [1:2, 1:2] 2 3 5 7
    $ : chr [1:3, 1:2] "hi" "g" "h" "i" ...
    $ : logi [1:2, 1:2] TRUE TRUE FALSE TRUE
    $ :function (x)
    ..- attr(*, "source")= chr "function(x) x^2"
```

Anmerkungen:

1. "double", was eine Abkürzung für "double precision" ist, bezieht sich auf den Datentyp, hier eine Flieskommazahl.
2. "closure" ist der Datentyp von **R**-Funktionen. (Siehe `help(typeof)`)
3. Der Wert von `str(B)` zeigt, dass B ein Vektor mit Zeichenfolgen ist, dessen vier ersten Werte angezeigt werden. Die Symbole `[1:3, 1:2]` zeigen, dass der Vektor ein Dimensionsattribut hat, d.h. er wird als 3×2-Matrix betrachtet. Analog ist c ein Vektor mit logischen Werte, dessen 4 Werte aufgelistet werden. Der Vektor wird als 2×2-Matrix betrachtet.
4. Jede der 7 Komponenten der Liste D wird kurz beschrieben.

B.13 Wo man *noch viel mehr* über R findet

Es gibt *sehr viel* Material über **R**, sowohl für Anfänger als auch für fortgeschrittene Anwender. Sehr viel davon ist im Web verfügbar. *The R Project for Statistical Computing* (`http://www.R-project.org/`) enthält links zu den folgenden Dokumentationen:

▷ **Manuals:** Einige von diesen sind Nachschlagewerke, die Definitionen und genaue Details enthalten. Sie sind jedoch weniger für den Anfänger geeignet, der **R** lernen will. Sehr zu empfehlen ist **An Introduction to R**, was sehr viel umfangreicher ist als diese kurze Darstellung hier. Es lohnt sich auch, das Dokument zu überfliegen, um die Fülle der Möglichkeiten und Funktionen in **R** kennen zu lernen. Natürlich (auch für Anfänger) ist auch **Data Import/Export**. Die Default-Installation von **R** lädt diese beiden Handbücher auf Ihren Computer, so dass Sie für den Zugang zu ihnen nicht online sein müssen:

   – Für MacOS: klicken Sie auf '*Help*', dann '*R Help*' und auf '*Manuals*'.
   – Für Windows: klicken Sie auf "*Help*, dann auf "*Manuals*'.

▷ **FAQs:** (Frequently Asked Questions) Viele der Probleme, auf die Sie als neuer Nutzer stoßen, sind auch vorher schon bei anderen aufgetreten.

   – **R FAQ** ist die allgemeine Sammlung und enthält nützliche Informationen für Anwender auf allen Plattformen (Linux, Mac, Unix, Windows),
   – **R MacOS X FAQ** ist für Apple-Betriebssysteme.
   – **R Windows FAQ** ist für Microsoft-Betriebssysteme.

▷ **The R Journal** ist ein Online-Journal mit interessanten Artikeln für Anwender und Entwickler von **R**.
▷ **R Wiki** ist geeignet für gemeinschaftliche Schreiben von **R**-Dokumentationen. Es bietet auch eine Einführung in **R**.
▷ **Books** enthält eine mit Kommentaren versehene Liste von Büchern in verschiedenen Sprachen.
▷ **mailing list** ist beabsichtigt für Fragen und Diskussionen über die **R**-Software. Es enthält ein Archiv mit Fragen und Antworten von Anwendern aus der ganzen Welt. Sie können auch Fragen stellen. Vorher sollten Sie jedoch auf den "*posting guide*" auf der *mailing list*-Seite gehen und den "*Posting Guide: How to ask good questions that prompt useful answers*" lesen. Insbesondere sollten Sie die Liste mit dem Titel **Do your homework before posting** lesen.
▷ **Other** enthält weitere **R**-Dokumentation, darunter ein Link auf "*contributed documentation*", geschrieben in einer Vielzahl von Sprachen, einschließlich Deutsch.

Zu empfehlen ist auch Rob Kabacoff's Seite **Quick R**. Es bietet Einführungsmaterial, u. a. auch Links, Bücher und Empfehlungen für Tutorien.
(`http://www.statmethods.net/index.html`)
Schließlich bietet die **R Bloggers**-Seite (`http://www.r-bloggers.com/`) tägliche Neuigkeiten und Tutorien von **R**-Bloggern an.

Anhang C
Formelsammlung

C.2 Deskriptive Statistik - Formeln

Ein **Merkmal** heißt

- **diskret**, wenn es nur endlich oder höchstens abzählbar unendlich viele Ausprägungen besitzt.
- **stetig**, wenn alle Werte eines Intervalls (oder auch mehrerer Intervalle) mögliche Ausprägungen sind. Es gibt also überabzählbar unendliche viele verschiedene Auspägungen innerhalb eines Intervalls.
- **nominalskaliert** oder **qualitativ**, wenn die Ausprägungen Namen sind, wobei keine Ordnung (Rangfolge) möglich ist.
- **ordinalskaliert** oder **rangskaliert**, wenn die Ausprägungen geordnet werden können, wobei die Abstände aber nicht interpretiert werden können.
- **quantitativ**, wenn die Ausprägungen Zahlen darstellen (häufig Messungen oder Zählungen).

Häufigkeiten:

- Die *unterschiedlichen beobachten Werte* eines Merkmals werden mit x_i; $i = 1, 2, \ldots, k$ bezeichnet.
- **Absolute Häufigkeit** N_i: Häufigkeit, mit der x_i beoabachtet wurde.
- **Gesamtanzahl** der Beoachtungen: $N = N_1 + N_2 + \ldots + N_k$
- **Relative Häufigkeit**: Anteil N_i/N. Summe der relativen Häufigkeiten: $N_1/N + N_2/N + \ldots + N_k/N = 1$
- **Kumulierte absolute Häufigkeit**: $K_1 = N_1$; $K_2 = N_1 + N_2$; $K_3 = N_1 + N_2 + N_3$; $\ldots$; $K_k = N_1 + N_2 + \ldots N_k = N$, d.h. $K_i = \sum_{j=1}^{i} N_j$ ist Anzahl der Beobachtungen kleiner oder gleich x_i, wenn die x_i der Größe nach sortiert sind.
- **Kumulierte relative Häufigkeiten** K_i/N ist Anteil der Beobachtungen kleiner oder gleich x_i, wenn die x_i der Größe nach sortiert sind.

Grafische Darstellungen:

- **Säulendiagramm** der **absoluten Häufigkeiten**: Auf x-Achse mögliche Werte, auf y-Achse die absoluten Häufigkeiten
- **Säulendiagramm** der **relativen Häufigkeiten**: Auf x-Achse mögliche Werte, auf y-Achse die relativen Häufigkeiten
- **Kumulierte absolute** und **relative Häufigkeiten** werden als **Treppenkurve** dargestellt.

Statistik: Kennzahl zur zusammenfassenden Beschreibung einer Grundgesamtheit oder Stichprobe

Lage-Statistiken

- **Mittelwert**: μ oder M_a: Arithmetisches Mittel: $\mu = (N_1 x_1 + N_2 x_2 + \ldots + N_k x_k)/N = \left(\sum_{i=1}^{k} N_i x_i \right) \Big/ N$ bei k möglichen Werten $x_1, x_2, \ldots, x_k$ mit absoluten Häufigkeiten $N_1, N_2, \ldots, N_k$.

  Sind $z_1, z_2, \ldots, z_N$ die in einer Stichprobe der Größe N beobachteten Werte, so ist $\mu = \left(\sum_{i=1}^{N} z_i \right) \Big/ N$, d.h. man setze $N_i = 1$ und $x_i = z_i$ in obiger Formel.

  Beachten Sie den Unterschied zwischen x_i und z_i: Während $x_1, x_2, \ldots, x_k$ die unterschiedlichen möglichen Werte sind, sind $z_1, z_2, \ldots, z_N$ die (in der Regel der Reihe nach) beobachteten Werte, die nicht notwendig verschieden sind.

  Der Mittelwert ist der Schwerpunkt der Werte in der Grundgesamtheit oder in der Stichprobe.
- **Modalwert** M_M: Wert mit der größten Häufigkeit, wobei es mehrere Werte mit der größten Häufigkeit geben kann.
- **Median** oder **Zentralwert** M_Z: Wert, der in der Mitte liegt, wenn alle Werte der Größe nach geordnet sind.

  Eindeutig bestimmt, wenn N ungerade, Mittelwert der zwei Werte, die in der Mitte liegen, wenn N gerade ist.

  Median ist **robust**, d.h. er ist unempfindlich gegenüber **Ausreißern** (extremen Werten).

Statistiken zur Beschreibung der Streuung, Streuungsparameter

- **Spannweite** oder **Spanne**: $\max(x_i) - \min(x_i)$
- **Summe der quadratischen Abweichungen vom Mittelwert** SQ: Sind $z_1, z_2, \ldots, z_N$ die beoachteten Werte in einer Stichprobe, so ist $SQ = \sum_{i=1}^{N}(z_i - \mu)^2$.

  Die Summe der Abweichungen vom Mittelwert ist: $\sum_{i=1}^{N}(z_i - \mu) = 0$
- **Varianz**: $\sigma^2 = SQ/N = \frac{1}{N}\sum_{i=1}^{N}(z_i - \mu)^2 = \left(\frac{1}{N}\sum_{i=1}^{N} z_i^2\right) - \mu^2$.

  Sind $x_1, x_2, \ldots, x_k$ die möglichen Werte, so gilt $\sigma^2 = \frac{1}{N}\sum_{i=1}^{k} N_i(x_i - \mu)^2 = \left(\frac{1}{N}\sum_{i=1}^{N} N_i x_i^2\right) - \mu^2$.
- **Standardabweichung**: $\sigma = \sqrt{\text{Varianz}} = \sqrt{\sigma^2}$

Deskriptive Statistik für stetige Merkmale

Häufigkeiten für gruppierte Daten, Histogramm und Summenkurve

- **Klassen** oder **Gruppen**: Es seien Intervalle $I_1 = (c_0, c_1]; I_2 = (c_1, c_2]; \ldots; I_k = (c_{k-1}, c_k]$ gegeben.
- **Absolute** und **relative Häufigkeiten** für die i-te Klasse werden mit N_i bzw. N_i/N bezeichnet, wobei $N = N_1 + N_2 + \ldots + N_k$.
- **Kumulierte absolute Häufigkeit**: $K_1 = N_1; K_2 = N_1 + N_2; K_3 = N_1 + N_2 + N_3; \ldots; K_k = N$, d.h. $K_i = \sum_{j=1}^{i} N_j$ ist Anzahl der Beobachtungen kleiner oder gleich c_i, $i = 1, 2, \ldots, k$.

- **Kumulierte relative Häufigkeiten** K_i/N ist Anteil der Beobachtungen kleiner oder gleich c_i, $i = 1, 2, \ldots, k$.
- **Histogramm**: Auf der x-Achse werden die Klassen (Intervalle) abgetragen, auf der y-Achse die relativen Häufigkeiten N_i/N. Bei unterschiedlichen Klassenbreiten ist die relative Häufigkeit N_i/N durch die Klassenbreite $b_i = c_i - c_{i-1}$ zu dividieren, denn ein *Histogramm ist eine flächenproportionale Darstellung der Häufigkeiten*. Die **Gesamtfläche** unter dem Histogramm ist Eins, deshalb spricht man von einem **normierten Histogramm**.
- **Histogramm mit absoluten Häufigkeiten**: Auf der x-Achse werden die Klassen (Intervalle) abgetragen, auf der y-Achse die absoluten Häufigkeiten N_i. Bei unterschiedlichen Klassenbreiten ist die absolute Häufigkeit N_i durch die Klassenbreite $b_i = c_i - c_{i-1}$ zu dividieren. Gesamtfläche ist N.
- **Summenkurve**: Auf der x-Achse werden wie beim Histogramm die Klassen (Intervalle) abgetragen, auf der y-Achse die kumulierten relativen Häufigkeiten K_i/N, d.h. diese werden an der Stelle c_i abgetragen. Die so erhaltenen Punkte werden linear verbunden. Der Wert der Summenkurve an der Stelle x entspricht der Fläche unter einem normierten Histogramm von $-\infty$ bis x; Anteil der Werte $\leq x$.
  Möglich ist auch eine Summenkurve mit absoluten Häufigkeiten. Der Wert der Summenkurve an der Stelle x entspricht dann der Fläche unter einem Histogramm (mit absoluten Häufigkeiten) von $-\infty$ bis x; Anzahl der Werte $\leq x$.

Statistiken für gruppierte Daten, Boxplot

- **Modalklasse**: Klasse (oder Klassen) mit den meisten Beobachtungen je x-Einheit, d.h. die Klasse mit dem höchsten Rechteck des Histogramms, wobei durch die Klassenbreite dividiert sein muss, wenn unterschiedliche Klassenbreiten vorliegen. Nicht eindeutig bestimmt.
- **Median** Q_2: Nur annähernd zu bestimmen: Der x-Wert, für den die Summenkurve den Wert 0.5 annimmt.
- **1. Quartil** Q_1: Der x-Wert, für den die Summenkurve den Wert 0.25 annimmt.
- **3. Quartil** Q_3: Der x-Wert, für den die Summenkurve den Wert 0.75 annimmt.
- **p-Quantil** für $0 < p < 1$: Der x-Wert, für den die Summenkurve den Wert p annimmt, d.h. der Median Q_2 ist das 0.5- oder 50%-Quantil, das 1. Quartil Q_1 ist das 0.25- oder 25%-Quantil und Q_3 ist das 0.75- oder 75%-Quantil.
- **Boxplot**: Auf der y-Achse werden die möglichen Werte der Beobachtungen dargestellt. Die Box wird vom 1. Quartil Q_1 bis zum 3. Quartil Q_3 gezeichnet. Der Median wird durch eine waagerechte Linie im Innern der Box dargestellt. Außerdem werden Minimum und Maximum dargestellt. Häufig werden die senkrechten Linien nur bis zum 1.5-fachen des Quartilsabstandes $Q_3 - Q_1$ gezeichnet, jedoch höchstens bis zum Minimum bzw. Maximum. Extreme Beobachtungen (Ausreißer) werden dann als Punkte dargestellt.
- **Mittelwert**, wenn die Daten nur gruppiert vorliegen: Bezeichnet man mit x_i^M die Mitte der i-ten Klasse, so berechnet sich der Mittelwert ungefähr durch: $\mu = (N_1 x_1^M + N_2 x_2^M + \ldots + N_k x_k^M)/N = \left(\sum_{i=1}^{k} N_i x_i^M\right) \Big/ N$. Dabei wird x_i^M als

Repräsentant der i-ten Klasse aufgefasst. Bei der ersten und letzten Klasse sind evtl. andere (individuell datenabhängige) Entscheidungen für die Auswahl eines Repräsentanten nötig.

- **Varianz**, wenn die Daten nur gruppiert vorliegen: $\sigma^2 = \frac{1}{N} \sum_{i=1}^{k} N_i \left(x_i^M - \mu \right)^2 = \left(\frac{1}{N} \sum_{i=1}^{N} N_i \left(x_i^M \right)^2 \right) - \mu^2$.

Unterschiedliche Notationen in Grundgesamtheit und Stichprobe

- **Mittelwert**: μ in der Grundgesamtheit, $\hat{\mu}$ oder $\bar{x}$ in der Stichprobe
- **Varianz**: σ^2 in der Grundgesamtheit, $\hat{\sigma}^2$ oder S^2 in der Stichprobe

C.3 Wahrscheinlichkeiten - Formeln

Zufallsexperiment, Ergebnisse, Ergebnismenge, Ereignisse

- **Zufallsexperiment**: Gedachtes oder tatsächliches Experiment, dessen Ausgang nicht mit Sicherheit vorausgesagt werden kann.
- **Ergebnismenge** Ω: Menge aller möglichen Ausgänge eines Zufallsexperiments.
- **Ergebnis**: Element der Ergebnismenge Ω
- **Zufälliges Ereignis** A: Teilmenge der Ergebnismenge, $A \subset \Omega$
- **Endliche Ergebnismenge**: $\Omega = \{e_1, e_2, \ldots e_n\}$
- **Elementarereignis**: Zufälliges Ereignis, das nur aus einem Element besteht: $\{e_1\}, \{e_2\}, \ldots, \{e_n\}$
- **Unmögliches Ereignis**: Leere Menge $\emptyset$
- **Sicheres Ereignis**: Ergebnismenge Ω
- **Komplementäres Ereignis** $\bar{A}$: Komplement von A, tritt genau dann ein, wenn A **nicht** eintritt.
- **Ereignis** A **impliziert Ereignis** B, wenn $A \subset B$, d.h. wenn $a \in A$, gilt **auch** $a \in B$.
- **Durchschnitt zweier Ereignisse** $A \cap B$ tritt genau dann ein, wenn A **und** B gleichzeitig eintreten.
- **Vereinigung zweier Ereignisse** $A \cup B$ tritt genau dann ein, wenn A **oder** B eintritt.
- **Differenz zweier Ereignisse** $A \setminus B$ tritt genau dann ein, wenn A, **aber nicht** B eintritt.
- **Disjunkte Ereignisse**, wenn $A \cap B = \emptyset$, d.h. wenn A und B sich gegenseitig ausschließen.

Wahrscheinlichkeit

- **Definition**: Wahrscheinlichkeit ist eine Funktion P, die allen Ereignissen $A \subset \Omega$ eine reelle Zahl zuordnet und die folgenden Axiome erfüllt:

A1: $0 \le P(A) \le 1$
A2: $P(\Omega) = 1$

A3: Wenn $A \cap B = \emptyset$, gilt $P(A \cup B) = P(A) + P(B)$.

Bei unendlich vielen Ereignissen muss A3 verallgemeinert werden:

A3: Wenn $A_1, A_2, A_3, \ldots$ alle disjunkt sind, d.h. $A_i \cap A_j = \emptyset$ für alle i, j; $i \neq j$, so
    gilt $P(A_1 \cup A_2 \cup A_3 \cup \ldots) = P(A_1) + P(A_2) + P(A_3) + \ldots$

- **Folgerungen**:

    Wahrscheinlichkeit des Komplements: $P(\bar{A}) = 1 - P(A)$
    Wahrscheinlichkeit einer Teilmenge: $B \subset A \Rightarrow P(B) \leq P(A)$
    Wahrscheinlichkeit der Vereinigung: $P(A \cup B) = P(A) + P(B) - P(A \cap B)$

- **Symmetrisches Zufallsexperiment**: Zufallsexperiment mit einer endlichen Ergebnismenge, bei dem alle Elementarereignisse dieselbe Wahrscheinlichkeit haben. Es gilt für $A \subset \Omega$:

$$P(A) = \frac{\text{Anzahl der Elementarereignisse in } A}{\text{Anzahl der Elementarereignisse in } \Omega}$$

- **Interpretation**: Zufallsexperiment werde n-mal wiederholt. Für ein Ereignis A sei $n(A)$ die absolute Häufigkeit von A und $h_n(A) = n(A)/n$ die relative Häufigkeit von A, wobei für h_n die Axiome einer Wahrscheinlichkeit erfüllt sind:

    a1) $0 \leq h_n(A) \leq 1$ a2) $h_n(\Omega) = 1$ a3) $h_n(A \cup B) = h_n(A) + h_n(B)$, wenn $A \cap B = \emptyset$

    Wahrscheinlichkeit für das Eintreten des Ereignisses A ist der Wert $P(A)$, auf den sich die relative Häufigkeit $h_n(A)$ mit wachsendem n einpendelt.

Bedingte Wahrscheinlichkeit und Unabhängigkeit

- **Bedingte Wahrscheinlichkeit**: Wenn $A, B \subset \Omega$ mit $P(B) > 0$, dann $P(A|B) = P(A \cap B)/P(B)$ bedingte Wahrscheinlichkeit von A gegeben, dass B eingetreten ist.
- $P(A \cap B) = P(A|B)P(B) = P(B|A)P(A)$
- **Unabhängigkeit**: A und B sind unabhängig, wenn $P(A|B) = P(A)$.
- A und B sind **genau dann unabhängig**, wenn $P(A \cap B) = P(A)P(B)$.

C.4 Verteilungen und ihre Eigenschaften - Formeln

Zufallsvariable: Funktion, die jedem möglichen Ergebnis eines Zufallesexperiments eine reelle Zahl zuordnet.

Stetige Zufallsvariablen

- **Wahrscheinlichkeiten** für stetige Zufallsvariablen erhält man als Flächen unterhalb der Dichtefunktion.

$$P(a < X \leq b) = \int\limits_a^b f(x)\,dx$$

- **Dichtefunktion** einer stetigen Zufallsvariablen muss zwei Eigenschaften haben:

  1.) $f(x) \geq 0$ für alle $x \in \mathbb{R}$ 2.) $\int\limits_{-\infty}^{\infty} f(x)\,dx = 1$

- **Berechnung von Wahrscheinlichkeiten**: Für eine stetige Zufallsvariable X und $x_0 \in \mathbb{R}$ gilt $P(X = x_0) = 0$ und damit

$$P(a < X < b) = P(a < X \leq b) = P(a \leq X < b) = P(a \leq X \leq b) = \int\limits_{a}^{b} f(x)\,dx$$

$$P(a < X) = P(a \leq X) = \int\limits_{a}^{\infty} f(x)\,dx$$

$$P(X < b) = P(X \leq b) = \int\limits_{-\infty}^{b} f(x)\,dx$$

- **Verteilungsfunktion**: Für $t \in \mathbb{R}$ ist $F(t) = P(X \leq t) = \int\limits_{-\infty}^{t} f(x)\,dx$, d.h. die Verteilungsfunktion gibt die Wahrscheinlichkeit an, dass X einen Wert kleiner oder gleich t annimmt, was der Fläche unterhalb der Dichtefunktion links von t entspricht.

- **Berechnung von Wahrscheinlichkeiten mit Hilfe der Verteilungsfunktion**:

$$P(a < X < b) = P(a < X \leq b) = P(a \leq X < b) = P(a \leq X \leq b) = F(b) - F(a)$$
$$P(a < X) = P(a \leq X) = 1 - F(a)$$
$$P(X < b) = P(X \leq b) = F(b)$$

- **Eigenschaften der Verteilungsfunktion**:
  1.) $F(t) = P(X \leq t)$ 2.) $0 \leq F(t) \leq 1$ 3.) $F(t)$ ist nichtfallend
  4.) $\lim\limits_{t \to -\infty} F(t) = 0$ 5.) $\lim\limits_{t \to \infty} F(t) = 1$

- **Berechnung der Dichtefunktion aus der Verteilungsfunktion**: $f(x) = F'(x)$.

Diskrete Zufallsvariablen

- **Wahrscheinlichkeitsfunktion $P(x)$**: Gibt für jeden möglichen Wert x der Zufallsvariablen X die Wahrscheinlichkeit $P(X = x)$ an, dass X den Wert x annimmt.

- **Eigenschaften der Wahrscheinlichkeitsfunktion**:

  o $0 \leq P(x) \leq 1$ für alle $x \in \mathbb{R}$
  o Wenn $x_1, x_2, \ldots, x_n$ die möglichen Werte von X sind, so gilt
    $P(x_1) + P(x_2) + \ldots + P(x_n) = 1$ oder $\sum_{i=1}^{n} P(x_i) = 1$.
  o wenn es unendlich viele mögliche Werte $x_1, x_2, x_3, \ldots$ von X gibt, so gilt
    $P(x_1) + P(x_2) + P(x_3) + \ldots = 1$ oder $\sum_{i=1}^{\infty} P(x_i) = 1$.

- **Berechnung von Wahrscheinlichkeiten**:
$$P(a < X < b) = \sum_{a < x < b} P(x) \qquad P(a < X \leq b) = \sum_{a < x \leq b} P(x)$$
$$P(a \leq X < b) = \sum_{a \leq x < b} P(x) \qquad P(a \leq X \leq b) = \sum_{a \leq x \leq b} P(x)$$

- **Verteilungsfunktion**: Für $t \in \mathbb{R}$ ist $F(t) = P(X \leq t) = \sum_{x \leq t} P(x)$, d.h. die Verteilungsfunktion gibt die Wahrscheinlichkeit an, dass X einen Wert kleiner oder gleich t annimmt.
- **Berechnung der Verteilungsfunktion**, wenn X die Werte $x_1, x_2, \ldots, x_n$ annimmt, wobei $x_1 < x_2 < \ldots < x_n$:

$$F(t) = \begin{cases} 0 & t < x_1 \\ P(x_1) & x_1 \leq t < x_2 \\ P(x_1) + P(x_2) & x_2 \leq t < x_3 \\ P(x_1) + P(x_2) + P(x_3) & x_3 \leq t < x_4 \\ \vdots & \\ P(x_1) + P(x_2) + P(x_3) + \ldots + P(x_n) & x_n \leq t < \infty \end{cases}$$

- **Berechnung von Wahrscheinlichkeiten mit Hilfe der Verteilungsfunktion**:

$$P(a < X \leq b) = F(b) - F(a)$$
$$P(X > a) = 1 - P(X \leq a) = 1 - F(a)$$
$$P(X \leq b) = F(b)$$

- **Eigenschaften der Verteilungsfunktion**:
  1.) $F(t) = P(X \leq t)$ 2.) $0 \leq F(t) \leq 1$ 3.) $F(t)$ ist nichtfallend
  4.) $\lim\limits_{t \to -\infty} F(t) = 0$ 5.) $\lim\limits_{t \to \infty} F(t) = 1$

Erwartungswert einer Zufallsvariablen

- **Erwartungswert einer diskreten Zufallsvariablen**
  Wahrscheinlichkeitsfunktion $P(x)$, mögliche Werte $x_1, x_2, \ldots, x_n$

$$\mu = E(X) = x_1 P(x_1) + x_2 P(x_2) + \ldots + x_n P(x_n) = \sum_{i=1}^{n} x_i P(x_i)$$

  Wahrscheinlichkeitsfunktion $P(x)$, unendlich viele mögliche Werte $x_1, x_2, x_3, \ldots$

$$\mu = E(X) = x_1 P(x_1) + x_2 P(x_2) + x_3 P(x_3) + \ldots = \sum_{i=1}^{\infty} x_i P(x_i)$$

- **Erwartungswert einer stetigen Zufallsvariablen** mit Dichtefunktion $f(x)$

$$\mu = E(X) = \int_{-\infty}^{\infty} x f(x) \, dx$$

- **Interpretationen des Erwartungswertes**:

  1) Der Erwartungswert $E(X)$ ist die x-Koordinate des Schwerpunktes der Wahrscheinlichkeitsfunktion bzw. der Dichtefunktion von X.
  2) Der Erwatungswert ist der Mittelwert sehr vieler Realisationen von X.

Varianz einer Zufallsvariablen

- **Varianz einer diskreten Zufallsvariablen**
  Wahrscheinlichkeitsfunktion $P(x)$, mögliche Werte $x_1, x_2, \ldots, x_n$
  $$\sigma^2 = \text{Var}(X) = \sum_{i=1}^{n} (x_i - E(X))^2 P(x_i)$$
  Wahrscheinlichkeitsfunktion $P(x)$, unendlich viele mögliche Werte $x_1, x_2, x_3, \ldots$
  $$\sigma^2 = \text{Var}(X) = \sum_{i=1}^{\infty} (x_i - E(X))^2 P(x_i)$$

- **Varianz einer stetigen Zufallsvariablen** mit Dichtefunktion $f(x)$
  $$\sigma^2 = \text{Var}(X) = \int_{-\infty}^{\infty} (x - E(X))^2 f(x)\, dx$$

- Oft einfachere **Berechnung der Varianz**: $\sigma^2 = \text{Var}(X) = E(X^2) - \left(E(X)\right)^2$,
  wobei $E(X^2) = \sum_{i=1}^{n} x_i^2 P(x_i)$ bzw. $E(X^2) = \sum_{i=1}^{\infty} x_i^2 P(x_i)$ im diskreten Fall und
  $E(X^2) = \int_{-\infty}^{\infty} x^2 f(x)\, dx$ im stetigen Fall.

- **Interpretation der Varianz**: Die Varianz ist ein Maß für die Breite der Wahrscheinlichkeitsfunktion bzw. der Dichtefunktion von X und somit ein Maß für die Streuung der Zufallsvariablen.
- **Standardabweichung**: $\sigma = \sqrt{\sigma^2} = \sqrt{\text{Var}(X)}$

Schiefe einer Zufallsvariablen

- **Definition der Schiefe**: $\alpha_3 = \dfrac{E(X - \mu)^3}{\sigma^3} = E\left[\left(\dfrac{X - \mu}{\sigma}\right)^3\right]$

  Dabei ist $\sigma = \sqrt{\sigma^2}$ die Standardabweichung und $E(X - \mu)^3 = \sum_{i=1}^{n} (x_i - \mu)^3 P(x_i)$

  bzw. $E(X - \mu)^3 = \sum_{i=1}^{\infty} (x_i - \mu)^3 P(x_i)$ im diskreten Fall und

  $E(X - \mu)^3 = \int_{-\infty}^{\infty} (x - \mu)^3 f(x)\, dx$ im stetigen Fall.

- **Eigenschaften der Schiefe**: Wahrscheinlichkeitsfunktion bzw. Dichtefunktion von X symmetrisch, so ist $\alpha_3 = 0$. Falls $\alpha_3 > 0$, ist die Wahrscheinlichkeitsfunktion bzw. die Dichtefunktion **rechtsschief**. Falls $\alpha_3 < 0$, ist die Wahrscheinlichkeitsfunktion bzw. die Dichtefunktion **linksschief**.

Kurtosis (Wölbung) einer Zufallsvariablen

- **Definition der Kurtosis**: $\alpha_4 = \dfrac{E(X - \mu)^4}{\sigma^4} = E\left[\left(\dfrac{X - \mu}{\sigma}\right)^4\right]$

  Dabei ist $\sigma = \sqrt{\sigma^2}$ die Standardabweichung und $E(X - \mu)^4 = \sum_{i=1}^{n} (x_i - \mu)^4 P(x_i)$

bzw. $E(X-\mu)^4 = \sum\limits_{i=1}^{\infty}(x_i-\mu)^4 P(x_i)$ im diskreten Fall und

$E(X-\mu)^4 = \int\limits_{-\infty}^{\infty}(x-\mu)^4 f(x)\,dx$ im stetigen Fall.

- **Eigenschaften der Kurtosis**: Kurtosis einer beleibigen Normalverteilung ist 3. Ist $\alpha_4 < 3$, so ist die Dichte flacher als die einer Normalverteilung mit derselben Varianz. Ist $\alpha_4 > 3$, so ist die Dichte spitzer als die einer Normalverteilung mit derselben Varianz. Daher definiert man auch $\alpha_4^N = \alpha_4 - 3$.

Momente einer Zufallsvariablen

- **j-tes Moment**: $E(X^j)$, $j = 1, 2, 3, \ldots$
- **j-tes zentriertes Moment**: $E(X-\mu)^j$, $j = 1, 2, 3, \ldots$

Value at Risk

- **Value at Risk** zum Niveau $1 - \alpha$ ist der Verlust (Wertänderung), der mit Wahrscheinlichkeit $1 - \alpha$ nicht eintritt. Beschreibt die Zufallsvariable X die Wertänderung (Rendite), so ist $\mathrm{VaR}_\alpha(X) = F_X^{-1}(\alpha)$, wobei F_X^{-1} die Umkehrfunktion der Verteilungsfunktion F_X ist.

C.5 Diskrete Verteilungen - Formeln

Bernoulli-Verteilung

- **Parameter**: π mit $0 < \pi < 1$ (**Erfolgswahrscheinlichkeit**)
- **Mögliche Werte**: $0, 1$, wobei $0 = $ Misserfolg, $1 = $ Erfolg
- **Wahrscheinlichkeitsfunktion**: $P(x) = \begin{cases} \pi & x = 1 \\ 1 - \pi & x = 0 \\ 0 & \text{sonst} \end{cases}$
- **Verteilungsfunktion**: $F(t) = \begin{cases} 0 & t < 0 \\ 1 - \pi & 0 \le t < 1 \\ 1 & t \ge 1 \end{cases}$
- **Notation**: $X \sim Be(\pi)$, d.h. X ist Bernoulliverteilt mit dem Parameter π.
- **Erwartungswert**: $E(X) = \pi$
- **Varianz**: $\sigma^2 = \mathrm{Var}(X) = \pi(1-\pi)$

Binomialkoeffizienten

- **Fakultät**: Für $n \in \mathbb{N}$ ist $n!$ (n Fakultät) definiert durch: $n! = n \cdot (n-1) \cdot (n-2) \cdot$
  $\ldots \cdot 2 \cdot 1$, Produkt aller natürlichen Zahlen von 1 bis n. Und $0! := 1$.
- **Binomialkoeffizienten**: Wenn n und x ganze Zahlen mit $n > 0$ und $0 \leq x \leq n$,
  dann ist $\binom{n}{x}$ (gelesen: n über x) definiert durch $\binom{n}{x} = \dfrac{n!}{x!(n-x!)}$.
- **Rechenregeln**: $\binom{n}{x} = \dfrac{n \cdot (n-1) \cdot \ldots \cdot (n-x+1)}{x!} = \dfrac{n \cdot (n-1) \cdot \ldots \cdot (n-x+1)}{1 \cdot 2 \cdot \ldots (x-1) \cdot x}$,
  d.h. im Zähler und Nenner stehen jeweils x natürliche Zahlen: Im Zähler von n
  jeweils um 1 abwärts bis $n - x + 1$ und im Nenner aufwärts von 1 bis x.

$$\binom{n}{0} = 1 \quad \binom{n}{1} = n \quad \binom{n}{n} = 1 \quad \binom{n}{x} = \binom{n}{n-x} \quad \binom{n+1}{x+1} = \binom{n}{x} + \binom{n}{x+1}$$

Binomialverteilung

- **Parameter**: n mit $n \in \mathbb{N}$ (**Anzahl der Versuche**) und π mit $0 < \pi < 1$ (**Erfolgs-wahrscheinlichkeit**)
- **Mögliche Werte**: $0, 1, \ldots, n$. Dabei ist X die Anzahl der Erfolge in n unabhängi-gen Bernoulli-Experimenten mit Erfolgswahrscheinlichkeit π.
- **Wahrscheinlichkeitsfunktion**: $P(x) = \begin{cases} \binom{n}{x} \pi^x (1-\pi)^{n-x} & x = 0, 1, 2, \ldots, n \\ 0 & \text{sonst} \end{cases}$
- **Notation**: $X \sim b(n, \pi)$, d.h. X ist binomialverteilt mit den Parametern n und π.
- **Bedingungen für Binomialverteilung**:

  a) Das Zufallsexperiment besteht aus n unabhängigen Versuchen.
  b) Jeder Versuch hat zwei mögliche Ausgänge: Erfolg und Misserfolg
  c) Die Wahrscheinlichkeit für einen Erfolg ist in jedem Versuch die gleiche.

- **Interpretation**: X ist die Anzahl der Erfolge in n unabhängigen Versuchen mit Erfolgswahrscheinlichkeit π.
- **Erwartungswert**: $E(X) = n\pi$
- **Varianz**: $\sigma^2 = \text{Var}(X) = n\pi(1-\pi)$

Hypergeometrische Verteilung

- **Parameter** N_e, N_m, n:

  ○ N_e mit $N_e \in \mathbb{N}$, die Anzahl der Erfolge in der Grundgesamtheit
  ○ N_m mit $N_m \in \mathbb{N}$, die Anzahl der Misserfolge in der Grundgesamtheit
  ○ n mit $n \in \mathbb{N}$, die Anzahl der Versuche

  $N_e + N_m = N$ ist die Anzahl der Individuen in der Grundgesamtheit.
- **Interpretation**: X ist die Anzahl der Erfolge, wenn man eine zufällige Stichpro-be der Größe n **ohne Zurücklegen** aus einer Grundgesamtheit mit N_e Erfolgen und N_m Misserfolgen zieht.

- **Notation**: $X \sim h(N_e, N_m, n)$, d.h. X ist hypergeometrisch verteilt mit den Parametern N_e, N_m und n.
- **Mögliche Werte**: $\max(0, n - N_m) \leq X \leq \min(n, N_e)$
- **Wahrscheinlichkeitsfunktion**:

$$P(x) = \begin{cases} \dfrac{\binom{N_e}{x}\binom{N_m}{n-x}}{\binom{N}{n}} & \max(0, n - N_m) \leq x \leq \min(n, N_e) \\[2ex] 0 & \text{sonst} \end{cases}$$

- **Erwartungswert**: $E(X) = n \cdot \dfrac{N_e}{N}$
- **Varianz**: $\sigma^2 = \text{Var}(X) = n \cdot \frac{N_e}{N} \cdot \left(1 - \frac{N_e}{N}\right) \cdot \frac{N-n}{N-1}$
- **Approximation durch Binomialverteilung**: $X \sim h(N_e, N_m, n)$. Wenn N_e und N_m groß sind im Vergleich zu n, gilt *ungefähr* $X \sim b(n, \pi)$ mit $\pi = N_e/N$. Faustregel: n sollte kleiner als 5% des Minimums von N_e und N_m sein. (Es gibt andere Faustregeln in der Literatur.)

Ziehen mit und ohne Zurücklegen

- **Ausgangssituation**: Grundgesamtheit mit N_e Erfolgen und N_m Misserfolgen, aus der eine zufällige Stichprobe der Größe n gezogen wird.
- **Anzahl der Erfolge** in der Stichprobe sei X.
- Bei **Ziehen mit Zurücklegen** gilt $X \sim b(n, \pi)$ mit $\pi = \dfrac{N_e}{N_e + N_m}$.
- Bei **Ziehen ohne Zurücklegen** gilt $X \sim h(N_e, N_m, n)$.

Poissonverteilung

- **Parameter**: λ mit $\lambda > 0$
- **Mögliche Werte**: $0, 1, 2, \ldots$
- **Wahrscheinlichkeitsfunktion**: $P(x) = \begin{cases} \dfrac{\lambda^x}{x!} e^{-\lambda} & x = 0, 1, 2, \ldots \\[2ex] 0 & \text{sonst} \end{cases}$
- **Notation**: $X \sim Po(\lambda)$
- **Erwartungswert**: $E(X) = \lambda$
- **Varianz**: $\sigma^2 = \text{Var}(X) = \lambda$

Poisson-Approximation der Binomialverteilung

- X sei binomialverteilt mit den Parametern n und π, d.h. $X \sim b(n, \pi)$. Wenn n groß und π klein ist, gilt annähernd $X \sim Po(\lambda)$ mit $\lambda = n\pi$. Faustregel: $n \geq 30$ und $\pi \leq 0.1$.

C.6 Stetige Verteilungen - Formeln

Rechteckverteilung

- **Parameter**: a und b mit $a, b \in \mathbb{R}$ und $a < b$.
- **Mögliche Werte**: $a \leq x \leq b$, d.h. $x \in [a, b]$.
- **Dichtefunktion**: $f(x) = \begin{cases} \frac{1}{b-a} & a \leq x \leq b \\ 0 & \text{sonst} \end{cases}$

- **Verteilungsfunktion**: $F(t) = \begin{cases} 0 & -\infty < t < a \\ \frac{t-a}{b-a} & a \leq t \leq b \\ 1 & b < t < \infty \end{cases}$

- **Erwartungswert**: $E(X) = \dfrac{a+b}{2}$
- **Varianz**: $\sigma^2 = \mathrm{Var}(X) = \dfrac{(b-a)^2}{12}$
- **Notation**: $X \sim U(a, b)$, wobei U für *uniform* steht.

Exponentialverteilung

- **Parameter**: λ mit $\lambda \in \mathbb{R}$ und $\lambda > 0$.
- **Mögliche Werte**: $x \in \mathbb{R}_+ = [0, \infty)$, d.h. $0 \leq x < \infty$.
- **Dichtefunktion**: $f(x) = \begin{cases} \lambda e^{-\lambda x} & x \geq 0 \\ 0 & \text{sonst} \end{cases}$

- **Verteilungsfunktion**: $F(t) = \begin{cases} 0 & t < 0 \\ 1 - e^{-\lambda t} & t \geq 0 \end{cases}$
- **Erwartungswert**: $E(X) = 1/\lambda$
- **Varianz**: $\sigma^2 = \mathrm{Var}(X) = 1/\lambda^2$
- **Notation**: $X \sim \mathrm{Exp}(\lambda)$.

Standardnormalverteilung

- **Dichtefunktion**: $f(x) = \dfrac{1}{\sqrt{2\pi}} e^{-\frac{x^2}{2}} \quad -\infty < x < \infty$
  Die Dichtefunktion ist **symmetrisch** um $x = 0$.
- **Mögliche Werte**: $x \in \mathbb{R} = (-\infty, \infty)$.
- **Erwartungswert**: $E(X) = 0$
- **Varianz**: $\mathrm{Var}(X) = 1$
- **Standardabweichung**: 1
- **Notation**: $X \sim N(0, 1)$
- **3σ-Regeln**: Für die $N(0, 1)$-Verteilung gilt: Ungefähr

- 68% der Fläche unter der Dichtefunktion liegen zwichen -1 und 1.
- 95% der Fläche unter der Dichtefunktion liegen zwichen -2 und 2.
- 99% der Fläche unter der Dichtefunktion liegen zwichen -3 und 3.

- **Verteilungsfunktion** der Standardnormalverteilung: $\Phi(t) = \int\limits_{-\infty}^{t} \frac{1}{\sqrt{2\pi}} e^{-\frac{x^2}{2}} \, dx$

  Es gibt keine vereinfachende Formel für diesen Ausdruck. Die Verteilungsfunktion ist tabelliert.
- **Berechnung von Wahrscheinlichkeiten** mit der Verteilungsfunktion $\Phi(t)$:
  $P(X \le b) = \Phi(b) \quad P(X \ge a) = 1 - \Phi(a) \quad P(a \le X \le b) = \Phi(b) - \Phi(a)$
  Symmetrieeigenschaft: $\Phi(-a) = 1 - \Phi(a)$, d.h. wenn $X \sim N(0,1)$ gilt: $P(X \le -a) = 1 - P(X \le a) = P(X \ge a)$.

Normalverteilung

- **Parameter**: μ und σ^2 mit $\mu \in \mathbb{R}$ und $\sigma^2 > 0$.
- **Mögliche Werte**: $x \in \mathbb{R} = (-\infty, \infty)$.
- **Dichtefunktion**: $f(x) = \dfrac{1}{\sqrt{2\pi}\sigma} e^{-\frac{(x-\mu)^2}{2\sigma^2}} \quad -\infty < x < \infty$
  Die Dichtefunktion ist **symmetrisch** um $x = \mu$.
- **Erwartungswert**: $E(X) = \mu$
- **Varianz**: $\mathrm{Var}(X) = \sigma^2$
- **Standardabweichung**: σ
- **Notation**: $X \sim N(\mu, \sigma^2)$
- **3σ-Regeln**: Für die $N(\mu, \sigma^2)$-Verteilung gilt: Ungefähr

  - 68% der Fläche unter der Dichtefunktion liegen zwichen $\mu - \sigma$ und $\mu + \sigma$.
  - 95% der Fläche unter der Dichtefunktion liegen zwichen $\mu - 2\sigma$ und $\mu + 2\sigma$.
  - 99% der Fläche unter der Dichtefunktion liegen zwichen $\mu - 3\sigma$ und $\mu + 3\sigma$.

- **Standardisierung**: Wenn $X \sim N(\mu, \sigma^2)$, gilt $Z = \dfrac{X - \mu}{\sigma} \sim N(0,1)$.

- **Verteilungsfunktion** $F(t)$, wenn $X \sim N(\mu, \sigma^2)$: $F(t) = \Phi\left(\dfrac{t - \mu}{\sigma}\right)$

- **Berechnung von Wahrscheinlichkeiten** mit der Verteilungsfunktion:

  - $P(X \le b) = F(b) = \Phi\left(\frac{b-\mu}{\sigma}\right)$
  - $P(X \ge a) = 1 - F(a) = 1 - \Phi\left(\frac{a-\mu}{\sigma}\right)$
  - $P(a \le X \le b) = F(b) - F(a) = \Phi\left(\frac{b-\mu}{\sigma}\right) - \Phi\left(\frac{a-\mu}{\sigma}\right)$

Normalapproximation der Binomialverteilung

- Wenn $X \sim b(n, \pi)$ mit großem n und π nicht zu nah bei 0 oder 1, so gilt approximativ (ungefähr) $X \sim N(\mu, \sigma^2)$ mit $\mu = n\pi$ und $\sigma^2 = n\pi(1-\pi)$.
- **Berechnung von Wahrscheinlichkeiten**, wenn $X \sim b(n, \pi)$:

- **Ohne Stetigkeitskorrektur**: $P(X \leq t) = \Phi\left(\frac{t-\mu}{\sigma}\right)$ mit $\mu = n\pi$ und $\sigma = \sqrt{n\pi(1-\pi)}$.
- **Mit Stetigkeitskorrektur**: $P(X \leq t) = \Phi\left(\frac{t+0.5-\mu}{\sigma}\right)$ mit $\mu = n\pi$ und $\sigma = \sqrt{n\pi(1-\pi)}$.

χ^2-Verteilung

- **Parameter (Freiheitsgrade)**: ν mit $\nu \in \mathbb{N} = \{1,2,3,\ldots\}$.
- **Mögliche Werte**: $x \in \mathbb{R}_+ = [0,\infty)$
- **Erwartungswert**: $E(X) = \nu$
- **Varianz**: $\sigma^2 = \text{Var}(X) = 2\nu$
- **Notation**: $X \sim \chi^2(\nu)$
- Wenn $X_1, X_2, \ldots X_\nu$ unabhängig $N(0,1)$-verteilt sind, so gilt: $\sum_{i=1}^{\nu} X_i^2 \sim \chi^2(\nu)$.

F-Verteilung

- **Parameter (Freiheitsgrade)**: ν_1 (Freiheitsgrade des Zählers) und ν_2 (Freiheitsgrade des Nenners), wobei $\nu_1, \nu_2 \in \mathbb{N} = \{1,2,3,\ldots\}$.
- **Mögliche Werte**: $x \in \mathbb{R}_+ = [0,\infty)$
- **Notation**: $X \sim F(\nu_1, \nu_2)$
- Wenn $X_1 \sim \chi^2(\nu_1)$ und $X_2 \sim \chi^2(\nu_2)$ unabhängig sind, so gilt
  $\frac{X_1/\nu_1}{X_2/\nu_2} = \frac{\nu_2 X_1}{\nu_1 X_2} \sim F(\nu_1, \nu_2)$.

t-Verteilung

- **Parameter (Freiheitsgrade)**: ν mit $\nu \in \mathbb{N} = \{1,2,3,\ldots\}$.
- **Mögliche Werte**: $x \in \mathbb{R} = (-\infty,\infty)$
- **Erwartungswert**: 0
- **Varianz**: $\sigma^2 = \text{Var}(X) = \nu/(\nu-2)$ für $\nu \geq 3$.
- **Notation**: $X \sim t(\nu)$
- **Symmetrie**: Die Dichtefunktion ist symmetrisch um $x = 0$. Daher gilt: $P(X \leq -a) = 1 - P(X \leq a) = P(X \geq a)$.
- Wenn $X \sim t(\nu)$, so gilt $X^2 \sim F(1,\nu)$.
- Für großes ν nähert sich die Dichte der $t(\nu)$-Verteilung der Dichte der $N(0,1)$-Verteilung.

Lognormalverteilung

- X ist lognormalverteilt, wenn $Y = \log(X) \sim N(\mu, \sigma^2)$.
- **Parameter**: μ und σ^2 mit $\mu \in \mathbb{R}$ und $\sigma^2 > 0$.
- **Mögliche Werte**: $x \in (0,\infty)$

- **Dichtefunktion**: $f(x) = \dfrac{1}{x\sqrt{2\pi\sigma^2}}e^{-\frac{(\log(x)-\mu)^2}{2\sigma^2}}$ $0 < x < \infty$
- **Verteilungsfunktion**: $F(t) = \Phi\left(\dfrac{\log(t)-\mu}{\sigma}\right)$ $t > 0$

C.7 Modellanpassung und Parameterschätzung - Formeln

Histogramm als Schätzer der Dichtefunktion

- **Normiertes Histogramm** hat alle Eigenschaften einer Dichtefunktion:

  - **Nichtnegativ**
  - **Gesamtfläche** unter der Kurve ist **Eins**.

- Histogramm **schätzt** die Dichtefunktion f, daher $\hat{f}$ für die Schätzung.
- **Wahrscheinlichkeit** $P(a < X \le b)$ kann durch die Fläche des normierten Histogramms von a bis b **geschätzt** werden.
- **Parameter** eines Histogramms sind die Höhen der Rechtecke.
- **Freie Parameter** des Histogramms = Anzahl der Klassen minus Eins = $K - 1$, wenn das Histogramm K Klassen hat.
- **Form des Histogramms** gibt Hinweise auf das anzupassende Modell: Dichtefunktion des Modells ähnlich dem Histogramm.
- **Klassenanzahl** für ein Histogramm nach der Faustregel (es gibt andere in der Literatur): $K = \frac{L \cdot n^{1/3}}{3.49 \cdot S}$, wobei L die Länge eines geeigneten Intervalls ist, das alle Beobachtungen enthält und S ist die Standardabweichung, d.h. $S = \sqrt{S^2}$ mit $S^2 = \frac{1}{n}\sum_{i=1}^{n}(x_i - \bar{x})^2$. Dabei ist $\bar{x} = \frac{1}{n}\sum_{i=1}^{n}x_i$ der Mittelwert der Beobachtungen.
- **Approximation** der wahren Dichtefunktion (**Grundmodell**) durch ein Histogramm (einer Totalerhebung) führt zu **Fehler durch Approximation**.

  - Je größer die Anzahl der Parameter, desto kleiner wird der Fehler durch Approximation.

- **Schätzung** des Histogramms durch Beobachtungen aus einer Stichprobe, führt zu **Fehler durch Schätzung**.

  - Je größer die Anzahl der Parameter, desto größer kann der Fehler durch Schätzung werden.
  - Je größer der Stichprobenumfang n, desto kleiner wird der Fehler durch Schätzung.

- **Gesamtfehler** setzt sich aus dem Fehler durch Approximation und dem Fehler durch Schätzung zusammen.

  - Je größer der Stichprobenumfang n, desto kleiner wird der Gesamtfehler (bei konstanter Parameterzahl).

Schätzung von Parameter nach der Methode der Momente

- Bei Verteilungen mit einem Parameter θ:

  1) Schreibe den **Erwartungswert μ als Funktion des Parameters θ**.
  2) Schreibe die **gleiche Funktion** für den **Mittelwert $\bar{x}$ in der Stichprobe** und den **Schätzer $\hat{\theta}$ des Parameters**.
  3) Löse die Gleichung aus 2) nach $\hat{\theta}$ auf.

- **Schätzer des Parameters** nach der Methode der Momente:

Verteilung	$\mu = E(X)$	Schätzer
$Exp(\lambda)$	$1/\lambda$	$\hat{\lambda} = 1/\bar{x}$
$Po(\lambda)$	λ	$\hat{\lambda} = \bar{x}$
$Be(\pi)$	π	$\hat{\pi} = \bar{x}$ Anteil der Erfolge
$b(n, \pi)$	$n\pi$	$\hat{\pi} =$ Anteil der Erfolge
Beliebig	μ	$\hat{\mu} = \bar{x}$

- Bei Verteilungen mit zwei Parametern θ_1 und θ_2

  1) Stelle die folgenden zwei Gleichungen auf:
     (A) den **Erwartungswert μ als Funktion der Parameter θ_1 und θ_2**.
     (B) die **Varianz σ^2 als Funktion der Parameter θ_1 und θ_2**.
  2) Schreibe die **gleichen Funktionen** für
     (A) den **Mittelwert $\bar{x}$ in der Stichprobe** und und die **Schätzer der Parameter $\hat{\theta}_1$ und $\hat{\theta}_2$**.
     (B) die **Varianz in der Stichprobe** $S^2 = \frac{1}{n}\sum_{i=1}^{n}(x_i - \bar{x})^2$ und die **Schätzer der Parameter $\hat{\theta}_1$ und $\hat{\theta}_2$**.
  3) Löse die Gleichungen aus 2) nach $\hat{\theta}_1$ und $\hat{\theta}_2$ auf.

Maximum-Likelihood-Methode: Methode der maximalen Wahrscheinlichkeit

- **Maximum-Likelihood-Schätzer** eines Parameters θ ist der Wert von θ, der den Beobachtungen (im diskreten Fall) die größte Wahrscheinlichkeit zuordnet bzw. (im stetigen Fall) die gemeinsame Dichtefunktion maximiert.
- **Likelihoodfunktion**: Gegeben seien unabhängige Beobachtungen $x_1, x_2, \ldots, x_n$. Dann ist die Likelihoodfunktion, betrachtet als Funktion des Parameters bzw. der Parameter im

  - **diskreten Fall**: $L(\text{Parameter}; x_1, x_2, \ldots, x_n) = P(x_1) \cdot P(x_2) \cdot \ldots \cdot P(x_n)$, wobei $P(x)$ die Wahrscheinlichkeitsfunktion ist.
  - **stetigen Fall**: $L(\text{Parameter}; x_1, x_2, \ldots, x_n) = f(x_1) \cdot f(x_2) \cdot \ldots \cdot f(x_n)$, wobei $f(x)$ die Dichtefunktion ist.

- **Log-Likelihoodfunktion**: Natürlicher Logarithmus der Likelihoodfunktion: $\log(L)$
- **Maximum-Likelihood-Schätzer** des Parameters θ, ist der Wert $\hat{\theta}$, der die Likelihoodfunktion oder äquivalent die Log-Likelihoodfunktion maximiert.
- **Bestimmung des Schätzers**: Man bilde die Ableitung der Log-Likelihood nach θ und setze die Ableitung Null und löse auf nach θ. Bei mehreren Parametern sind die partiellen Ableitungen nach allen Parametern zu bilden, gleich Null zu setzen und nach den Parametern aufzulösen.
- **Schätzer des Parameters** nach der Maximum-Likelihood-Methode:

Verteilung	Schätzer
$Exp(\lambda)$	$\hat{\lambda} = 1/\bar{x}$
$Po(\lambda)$	$\hat{\lambda} = \bar{x}$
$Be(\pi)$	$\hat{\pi} = \bar{x}$ Anteil der Erfolge
$b(n, \pi)$	$\hat{\pi} =$ Anteil der Erfolge
$N(\mu, \sigma^2)$	$\hat{\mu} = \bar{x} \quad \hat{\sigma}^2 = S^2 = \frac{1}{n} \sum_{i=1}^{n} (x_i - \bar{x})^2$

Eigenschaften von Schätzern

- Ein Schätzer ist eine **Zufallsvariable** und hat somit eine Verteilung, einen Erwartungswert, eine Varianz usw.
- **Standardfehler des Schätzers**: Wurzel aus der Varianz des Schätzers
$$\text{Standardfehler}(\hat{\theta}) = SE(\hat{\theta}) = \sqrt{\text{Var}(\hat{\theta})}$$
- **Interpretation des Standardfehlers** eines Schätzers: Maß für die Breite der Verteilung eines Schätzers.

  - Standardfehler groß, Verteilung des Schätzers breit.
  - Standardfehler klein, Verteilung des Schätzers schmal.

  Mit steigender Stichprobengröße wird der Standardfehler des Schätzers kleiner.
- **Geschätzter Standardfehler** $\widehat{SE}(\hat{\theta})$: Der Standardfehler hängt vom zu schätzenden Parameter θ ab und wird geschätzt, indem θ durch $\hat{\theta}$ ersetzt wird.

Verteilung	Parameter	Schätzer	$SE(\hat{\theta})$	$\widehat{SE}(\hat{\theta})$
Normal	μ	$\bar{x}$	$\sigma/\sqrt{n}$	$S/\sqrt{n}$
	σ^2	S^2	$\sigma^2\sqrt{2(n-1)/n^2}$	$S^2\sqrt{2(n-1)/n^2}$
Exponential	$\mu = 1/\lambda$	$\bar{x}$	$\mu/\sqrt{n}$	$\bar{x}/\sqrt{n}$
Binomial	π	x/n	$\sqrt{\pi(1-\pi)/n}$	$\sqrt{\hat{\pi}(1-\hat{\pi})/n}$
Poisson	λ	$\bar{x}$	$\sqrt{\lambda/n}$	$\sqrt{\bar{x}/n}$
Beliebig	$\mu = E(X)$	$\bar{x}$	$\sigma/\sqrt{n}$	$S/\sqrt{n}$

- **Fehler eines Schätzers**: $\hat{\theta} - \theta$
- **Bias** oder **Verzerrung** des Schätzers $\hat{\theta}$: $\text{Bias}(\hat{\theta}) = E(\hat{\theta} - \theta) = E(\hat{\theta}) - \theta$

- **Erwartungstreue**: $\hat{\theta}$ heißt **erwartungstreu** oder **unverfälscht** oder **unverzerrt** (unbiased), wenn Bias$(\hat{\theta}) = 0$, d.h. wenn $E(\hat{\theta}) = \theta$. Im Mittel wird der Parameter weder über- noch unterschätzt.

Verteilung	Parameter	Schätzer	$E(\hat{\theta})$	Bias$(\hat{\theta})$
Normal	μ	$\bar{x}$	μ	0
	σ^2	S^2	$\frac{n-1}{n}\sigma^2$	$-\frac{1}{n}\sigma^2$
	σ^2	$S_*^2 = \frac{1}{n-1}\sum_{i=1}^{n}(x_i - \bar{x})^2$	σ^2	0
Exponential	$\mu = 1/\lambda$	$\bar{x}$	$\mu = 1/\lambda$	0
Binomial	π	x/n	π	0
Poisson	λ	$\bar{x}$	λ	0
Beliebig	$\mu = E(X)$	$\bar{x}$	μ	0

- **Erwartungstreuer Schätzer der Varianz** im Fall der **Normalverteilung**:

$$S_*^2 = \frac{1}{n-1}\sum_{i=1}^{n}(x_i - \bar{x})^2 = \frac{n}{n-1}S^2$$

Es gilt: $(n-1)S_*^2 = nS^2 = \sum_{i=1}^{n}(x_i - \bar{x})^2$

- **Mittlerer quadratischer Fehler** $MQF(\hat{\theta})$ oder $MSE(\hat{\theta})$ (*mean squared error*):

$$MQF(\hat{\theta}) = E\left[(\hat{\theta} - \theta)^2\right] = \left[\text{Bias}(\hat{\theta})\right]^2 + \text{Var}(\hat{\theta}) = \left[\text{Bias}(\hat{\theta})\right]^2 + \left[SE(\hat{\theta})\right]^2$$

Für **erwartungstreue** Schätzer gilt: $MQF(\hat{\theta}) = \text{Var}(\hat{\theta})$

Schätzung der Varianz im Fall der **Normalverteilung**

- $S^2 = \frac{1}{n}\sum_{i=1}^{n}(x_i - \bar{x})^2$ $E(S^2) = \frac{n-1}{n}\sigma^2$ Bias$(S^2) = -\frac{1}{n}\sigma^2$

- $S_*^2 = \frac{1}{n-1}\sum_{i=1}^{n}(x_i - \bar{x})^2$ $E(S_*^2) = \sigma^2$ Bias$(S_*^2) = 0$

- **Vergleich der beiden Schätzer**

  - **Bias**: S_*^2 hat keinen Bias, ist also erwartungstreu, während S^2 einen Bias hat, also nicht erwartunstreu ist.
  - **Standardfehler**: $SE(S^2) < SE(S_*^2)$, d.h. S^2 hat den kleineren Standardfehler.
  - **Mittlerer quadratischer Fehler** = Bias^2 + Standardfehler^2: $MQF(S^2) < MQF(S_*^2)$, d.h. S^2 hat den kleineren mittleren quadratischen Fehler.

Verteilung des Mittelwerts $\bar{x}$

- **unter Normalverteilungsannahme**, d.h. $x_1, x_2, \ldots, x_n$ seien unabhängige Beobachtungen aus einer normalverteilten Grundgesamtheit mit den Parametern μ und σ^2.

  - **Verteilung** von $\hat{\mu} = \bar{x}$: $\bar{x} \sim N\left(\mu, \frac{\sigma^2}{n}\right)$

- **Erwartungstreue**: $E(\bar{x}) = \mu \quad \text{Bias}(\bar{x}) = E(\hat{\mu}) - \mu = \mu - \mu = 0$
- **Standardfehler**: $SE(\hat{\mu}) = SE(\bar{x}) = \sigma/\sqrt{n}$
- **Mittlerer quadratischer Fehler**:
  $MQF(\hat{\mu}) = MQF(\bar{x}) = \text{Bias}^2 + \text{Standardfehler}^2 = \text{Var}(\bar{x}) = \sigma^2/n$

- **für andere Verteilung**, d.h. $x_1, x_2, \ldots, x_n$ seien unabhängige Beobachtungen aus einer beliebig verteilten Grundgesamtheit mit Erwartungswert μ und Varianz σ^2.

  - **Erwartungstreue**: $E(\bar{x}) = \mu \quad \text{Bias}(\bar{x}) = E(\hat{\mu}) - \mu = \mu - \mu = 0$
  - **Varianz**: $\text{Var}(\bar{x}) = \sigma^2/n$
  - **Standardfehler**: $SE(\hat{\mu}) = SE(\bar{x}) = \sigma/\sqrt{n}$
  - **Mittlerer quadratischer Fehler**:
    $MQF(\hat{\mu}) = MQF(\bar{x}) = \text{Bias}^2 + \text{Standardfehler}^2 = \text{Var}(\bar{x}) = \sigma^2/n$
  - **Verteilung** von $\hat{\mu} = \bar{x}$: $\quad \bar{x} \overset{a}{\sim} N\left(\mu, \frac{\sigma^2}{n}\right)$, d.h. $\bar{x}$ ist asymptotisch (d.h. für große n) normalverteilt (**Zentraler Grenzwertsatz**).

Konfidenzintervall

- **Interpretation**: Ein Konfidenzintervall (Vertrauensintervall) für einen Parameter θ ist ein Intervall (C^-, C^+), dass den wahren Parameter mit einer Wahrscheinlichkeit $1 - \alpha$ enthält.
- **Konfidenzniveau**, auch Konfidenz-, Sicherheits- oder Überdeckungswahrscheinlichkeit, häufig auch nur kurz Niveau: $1 - \alpha$, wobei $0 < 1 - \alpha < 1$, die Wahrscheinlichkeit, mit der das Intervall den wahren Parameter enthält. Übliche Werte für $1 - \alpha = 0.90, 0.95, 0.99$, d.h. $\alpha = 0.1, 0.05, 0.01$.
- **Berechnung von Konfidenzintervallen**
  Wir gehen immer davon aus, dass eine Stichprobe der Größe n von unabhängigen Beobachtungen $x_1, x_2, \ldots, x_n$ gegeben ist. Wir verwenden die üblichen Notationen: $\bar{x} = \frac{1}{n}\sum_{i=1}^{n} x_i$; $S^2 = \frac{1}{n}\sum_{i=1}^{n}(x_i - \bar{x})^2$; $S_*^2 = \frac{1}{n-1}\sum_{i=1}^{n}(x_i - \bar{x})^2$.

  - **für den Erwartungswert μ bei unbekannter Varianz**:
    $$C^- = \bar{x} - t_{n-1;\alpha/2} \cdot S_*/\sqrt{n} \qquad C^+ = \bar{x} + t_{n-1;\alpha/2} \cdot S_*/\sqrt{n}$$

    Äquivalent ist:
    $$C^- = \bar{x} - t_{n-1;\alpha/2} \cdot S/\sqrt{n-1} \qquad C^+ = \bar{x} + t_{n-1;\alpha/2} \cdot S/\sqrt{n-1}$$

    Dabei ist $t_{n-1,\alpha/2}$ ein Quantil der t-Verteilung mit $n-1$ Freiheitsgraden, wobei $t_{n-1;\alpha/2}$ so definiert ist, dass die Fläche unter der Dichtefunktion rechts von $t_{n-1;\alpha/2}$ gleich $\alpha/2$ ist, d.h. $P(X > t_{n-1;\alpha/2}) = \alpha/2 \iff P(X \leq t_{n-1;\alpha/2}) = 1 - \alpha/2 \iff F(t_{n-1;\alpha/2}) = 1 - \alpha/2 \iff t_{n-1;\alpha/2} = F^{-1}(1 - \alpha/2)$, wobei F die Verteilungsfunktion der t_{n-1}-Verteilung bezeichnet und F^{-1} deren Umkehrfunktion.
  - **für den Erwartungswert μ bei bekannter Varianz σ^2**:
    $$C^- = \bar{x} - z_{\alpha/2} \cdot \sigma/\sqrt{n} \qquad C^+ = \bar{x} + z_{\alpha/2} \cdot \sigma/\sqrt{n}$$

Dabei ist $z_{\alpha/2}$ das Quantil der Standardnormalverteilung, so dass die Fläche unter der Dichte der $N(0,1)$-Verteilung rechts von $z_{\alpha/2}$ gleich $\alpha/2$ ist.

- **für den Anteilswert** π: Mit dem geschätzten Anteilswert $\hat{\pi}$ ist

$$C^- = \hat{\pi} - z_{\alpha/2} \cdot \sqrt{\hat{\pi}(1-\hat{\pi})/n} \qquad\qquad C^+ = \hat{\pi} + z_{\alpha/2} \cdot \sqrt{\hat{\pi}(1-\hat{\pi})/n}$$

Dabei ist $z_{\alpha/2}$ wieder das Quantil der Standardnormalverteilung, so dass die Fläche unter der Dichte der $N(0,1)$-Verteilung rechts von $z_{\alpha/2}$ gleich $\alpha/2$ ist.

- **für die Varianz** σ^2:

$$C^- = nS^2/\chi^2_{n-1;\alpha/2} \qquad\qquad C^+ = nS^2/\chi^2_{n-1;1-\alpha/2}$$

Äquivalent ist:

$$C^- = (n-1)S^2_*/\chi^2_{n-1;\alpha/2} \qquad\qquad C^+ = (n-1)S^2_*/\chi^2_{n-1;1-\alpha/2}$$

Dabei sind $\chi^2_{n-1;\alpha/2}$ bzw. $\chi^2_{n-1;1-\alpha/2}$ Quantile der χ^2-Verteilung mit $n-1$ Freiheitsgraden, so dass die Fläche unter der Dichtefunktion rechts von diesen Quantilen gleich $\alpha/2$ bzw. $1-\alpha/2$ ist.

C.8 Hypothesentests - Formeln

Klassischer Signifikanztest

- **Hypothesentest**: Hypothese (Aussage) über eine Grundgesamtheit wird mit Hilfe einer Stichprobe überprüft.
- **Nullhypothese** H_0: Die zu überprüfende Hypothese.
- **Alternativhypothese** H_1: Das Gegenteil (Komplement) der Nullhypothese.
- **Prüfgröße** PG: Aus den Stichprobendaten berechnete Statistik, mit der die Nullhypothese überprüft wird.
- **Entscheidungsprinzip im klassischen Signifikanztest**: Nullhypothese H_0 wird nur dann verworfen, wenn es sehr unwahrscheinlich ist, dass sie wahr ist.
- **Verwerfungsbereich** oder **Ablehnungsbereich** A: Bereich möglicher Werte der Prüfgröße, für die die Nullhypothese verworfen wird. Falls $PG \in A$, wird H_0 verworfen, falls $PG \notin A$, wird H_0 nicht verworfen.
- α-**Fehler** oder **Fehler 1. Art**: Nullhypothese wird verworfen, obwohl sie wahr ist.
- β-**Fehler** oder **Fehler 2. Art**: Nullhypothese wird nicht verworfen, obwohl sie falsch ist.
- **Klassischer Signifikanztest**: Nicht möglich, beide Fehler klein zu halten. Der α-Fehler wird klein gehalten, während der β-Fehler groß werden kann.
- **Signifikanzniveau** α: Maximale Wahrscheinlichkeit für den α-Fehler.
- **Übliche Signifikanzniveaus**: $\alpha = 0.01, 0.05, 0.10$ oder $1\%, 5\%, 10\%$.
- **Irrtumswahrscheinlichkeit** für das Verwerfen der Nullhypothese gleich Signifikanzniveau α.

- **Niemals** sagt man: *Die Nullhypothese wird angenommen.* Sondern: *Die Nullhypothese kann nicht verworfen werden.*
- **Einseitiger Test**, wenn der Ablehnungsbereich A sich auf einer Seite des Bereichs der möglichen Werte der Prüfgröße befindet.
- **Zweiseitiger Test**, wenn der Ablehnungsbereich A sich auf beiden Seiten des Bereichs der möglichen Werte der Prüfgröße befindet.
- **Wahl der Null- und Alternativhypothese**: Die Hypothese, die statistisch abgesichert werden soll, ist als Alternativhypothese zu formulieren. Die Nullhypothese kann nicht bewiesen werden. Wenn sie abgelehnt wird, kann man ziemlich sicher sein, dass sie falsch ist.
- **P-Wert**: Wahrscheinlichkeit, unter der Nullhypothese einen Wert für die PG zu erhalten, der mindestens genau so extrem ist wie der gerade für PG erhaltene Wert.
  ODER: Der **P-Wert** ist die **Irrtumswahrscheinlichkeit**, wenn man die Nullhypothese bei dem gerade für PG berechneten Wert ablehnen würde, d.h. wenn man PG als kritischen Wert (d.h. als Grenze des Ablehnungsbereiches) verwenden würde.
  Nullhypothese wird **abgelehnt**, wenn der **P-Wert klein** ist.
  Nullhypothese wird für alle **Signifikanzniveaus α abgelehnt**, die **größer als der P-Wert** sind.

Hypothesen über den Anteilswert π

- **Exakter Test: Binomialtest**
  Annahmen: $X \sim b(n, \pi)$
  Prüfgröße: $X \sim b(n, \pi_0)$ unter Gültigkeit der Nullhypothese H_0.
  Mögliche Werte der PG: $0, 1, 2, \ldots, n$.

  - **Nullhypothese**: $H_0 : \pi = \pi_0$ **Alternativhypothese**: $H_1 : \pi \neq \pi_0$
    Ablehnungsbereich ist **beidseitig**: H_0 wird verworfen, wenn $X \leq k_1$ oder $X \geq k_2$, wobei die kritischen Werte k_1 und k_2 mit Hilfe der $b(n, \pi_0)$-Verteilung so bestimmt werden, dass $P(X \leq k_1) \leq \alpha/2$ und $P(X \geq k_2) \leq \alpha/2$, wenn α das vorgegebene Signifikanzniveau ist.
    P-Wert: $2 \cdot \min\big(P(X \leq PG), P(X \geq PG)\big)$, wobei PG der Wert der berechneten Prüfgröße ist. Die Wahrscheinlichkeiten sind mit der $b(n, \pi_0)$-Verteilung zu berechnen.
  - **Nullhypothese**: $H_0 : \pi \geq \pi_0$ **Alternativhypothese**: $H_1 : \pi < \pi_0$
    Ablehnungsbereich ist **linksseitig**: H_0 wird verworfen, wenn $X \leq k$ wobei der kritische Wert k mit Hilfe der $b(n, \pi_0)$-Verteilung so bestimmt wird, dass $P(X \leq k) \leq \alpha$, wenn α das vorgegebene Signifikanzniveau ist.
    P-Wert: $P(X \leq PG)$, wobei PG der Wert der berechneten Prüfgröße ist. Die Wahrscheinlichkeit ist mit der $b(n, \pi_0)$-Verteilung zu berechnen.
  - **Nullhypothese**: $H_0 : \pi \leq \pi_0$ **Alternativhypothese**: $H_1 : \pi > \pi_0$
    Ablehnungsbereich ist **rechtsseitig**: H_0 wird verworfen, wenn $X \geq k$ wobei der kritische Wert k mit Hilfe der $b(n, \pi_0)$-Verteilung so bestimmt wird, dass

$P(X \geq k) \leq \alpha$, wenn α das vorgegebene Signifikanzniveau ist.

P-Wert: $P(X \geq PG)$, wobei PG der Wert der berechneten Prüfgröße ist. Die Wahrscheinlichkeit ist mit der $b(n, \pi_0)$-Verteilung zu berechnen.

- **Standardisierte Prüfgröße** Z, wenn n groß ist
  Asymptotische Verteilung von X: Wenn $X \sim b(n, \pi)$ und n groß ist, dann ist X annähernd $N(\mu, \sigma^2)$-verteilt mit $\mu = n\pi$ und $\sigma^2 = n\pi(1 - \pi)$ und $Z = \frac{X-\mu}{\sigma} = \frac{X-n\pi}{\sqrt{n\pi(1-\pi)}} \sim N(0,1)$.

  Prüfgröße: $Z = \frac{X-n\pi_0}{\sqrt{n\pi_0(1-\pi_0)}} \sim N(0,1)$ unter Gültigkeit der Nullhypothese H_0.

  Äquivalente Schreibweise für PG: $Z = \frac{\hat{\pi}-\pi_0}{\sqrt{\pi_0(1-\pi_0)/n}}$, wobei $\hat{\pi} = X/n$ der Schätzer von π.

  Mögliche Werte der PG: $Z \in \mathbb{R} = (-\infty, \infty)$

  - **Nullhypothese**: $H_0 : \pi = \pi_0$ **Alternativhypothese**: $H_1 : \pi \neq \pi_0$
    Ablehnungsbereich ist **beidseitig**: H_0 wird verworfen, wenn $Z \leq -z_{\alpha/2}$ oder $Z \geq z_{\alpha/2}$. Dabei ist $z_{\alpha/2}$ das Quantil der Standardnormalverteilung, so dass die Fläche unter der Dichte der $N(0,1)$-Verteilung rechts von $z_{\alpha/2}$ gleich $\alpha/2$ ist, wenn α das vorgegebene Signifikanzniveau ist.
    P-Wert: $2 \cdot \min\big(P(Z \leq PG), P(Z \geq PG)\big)$, wobei PG der Wert der berechneten Prüfgröße ist. Die Wahrscheinlichkeiten sind mit der $N(0,1)$-Verteilung zu berechnen.

  - **Nullhypothese**: $H_0 : \pi \geq \pi_0$ **Alternativhypothese**: $H_1 : \pi < \pi_0$
    Ablehnungsbereich ist **linksseitig**: H_0 wird verworfen, wenn $Z \leq -z_\alpha$. Dabei ist z_α das Quantil der Standardnormalverteilung, so dass die Fläche unter der Dichte der $N(0,1)$-Verteilung rechts von z_α gleich α ist, wenn α das vorgegebene Signifikanzniveau ist. (Äquivalent: Die Fläche links von $-z_\alpha$ ist α.)
    P-Wert: $P(Z \leq PG)$, wobei PG der Wert der berechneten Prüfgröße ist. Die Wahrscheinlichkeit ist mit der $N(0,1)$-Verteilung zu berechnen.

  - **Nullhypothese**: $H_0 : \pi \leq \pi_0$ **Alternativhypothese**: $H_1 : \pi > \pi_0$
    Ablehnungsbereich ist **rechtsseitig**: H_0 wird verworfen, wenn $Z \geq z_\alpha$.
    P-Wert: $P(Z \geq PG)$, wobei PG der Wert der berechneten Prüfgröße ist. Die Wahrscheinlichkeit ist mit der $N(0,1)$-Verteilung zu berechnen.

Transformation der Grenzen des Ablehnungsbereiches für Z in Grenzen des Ablehnungsbereiches für X: Es gilt

$$Z = \frac{X-n\pi_0}{\sqrt{n\pi_0(1-\pi_0)}} \geq z \iff X \geq z \cdot \sqrt{n\pi_0(1-\pi_0)} + n\pi_0$$

und

$$Z = \frac{X-n\pi_0}{\sqrt{n\pi_0(1-\pi_0)}} \leq z \iff X \leq z \cdot \sqrt{n\pi_0(1-\pi_0)} + n\pi_0$$

Hypothesen über den Erwartungswert μ

- **bei unbekannter Varianz σ^2 (t-Test)**
  Annahmen: $x_1, x_2, \ldots, x_n$ sind unabhängige Beobachtungen aus einer $N(\mu, \sigma^2)$-verteilten Grundgesamtheit.
  Aufgrund des zentralen Grenzwertsatzes (asymptotische Normalverteilung des Mittelwerts $\bar{x}$) sind die folgenden **schwächeren Annahmen** meist ausreichend: $x_1, x_2, \ldots, x_n$ sind unabhängige Beobachtungen aus Grundgesamtheit mit Erwartungswert μ und Varianz σ^2.
  Prüfgröße: $T = \dfrac{\bar{x} - \mu_0}{\sqrt{S_*^2/n}} = \dfrac{\bar{x} - \mu_0}{S_*/\sqrt{n}} = \dfrac{(\bar{x} - \mu_0)\sqrt{n}}{S_*} \sim t(n-1)$ unter Gültigkeit der Nullhypothese.
  Äquivalente Schreibweise für PG: $T = \dfrac{\bar{x} - \mu_0}{\sqrt{S^2/(n-1)}} = \dfrac{\bar{x} - \mu_0}{S/\sqrt{n-1}} = \dfrac{(\bar{x} - \mu_0)\sqrt{n-1}}{S}$
  Mögliche Werte der PG: $T \in \mathbb{R} = (-\infty, \infty)$

  - **Nullhypothese**: $H_0 : \mu = \mu_0$ **Alternativhypothese**: $H_1 : \mu \neq \mu_0$
    Ablehnungsbereich ist **beidseitig**: H_0 wird verworfen, wenn $T \leq -t_{n-1, \alpha/2}$ oder $T \geq t_{n-1, \alpha/2}$. Dabei ist $t_{n-1, \alpha/2}$ das Quantil der t-Verteilung mit $n-1$ Freiheitsgraden , so dass die Fläche unter der Dichte rechts von $t_{n-1, \alpha/2}$ gleich $\alpha/2$ ist, wenn α das vorgegebene Signifikanzniveau ist.
    P-Wert: $2 \cdot \min\big(P(T \leq PG), P(T \geq PG)\big)$, wobei PG der Wert der berechneten Prüfgröße ist. Die Wahrscheinlichkeiten sind mit der $t(n-1)$-Verteilung zu berechnen.
  - **Nullhypothese**: $H_0 : \mu \geq \mu_0$ **Alternativhypothese**: $H_1 : \mu < \mu_0$
    Ablehnungsbereich ist **linksseitig**: H_0 wird verworfen, wenn $T \leq -t_{n-1, \alpha}$. Dabei ist $t_{n-1, \alpha}$ das Quantil der t-Verteilung mit $n-1$ Freiheitsgraden, so dass die Fläche unter der Dichte rechts von $t_{n-1, \alpha}$ gleich α ist, wenn α das vorgegebene Signifikanzniveau ist. (Äquivalent: Die Fläche links von $-t_{n-1, \alpha}$ ist α.)
    P-Wert: $P(T \leq PG)$, wobei PG der Wert der berechneten Prüfgröße ist. Die Wahrscheinlichkeit ist mit der $t(n-1)$-Verteilung zu berechnen.
  - **Nullhypothese**: $H_0 : \mu \leq \mu_0$ **Alternativhypothese**: $H_1 : \mu > \mu_0$
    Ablehnungsbereich ist **rechtsseitig**: H_0 wird verworfen, wenn $T \geq t_{n-1, \alpha}$.
    P-Wert: $P(T \geq PG)$, wobei PG der Wert der berechneten Prüfgröße ist. Die Wahrscheinlichkeit ist mit der $t(n-1)$-Verteilung zu berechnen.

- **bei bekannter Varianz σ^2 (Gauß-Test)**
  Annahmen: wie oben, jedoch σ^2 ist bekannt.
  Prüfgröße: $Z = \dfrac{\bar{x} - \mu_0}{\sqrt{\sigma^2/n}} = \dfrac{\bar{x} - \mu_0}{\sigma/\sqrt{n}} = \dfrac{(\bar{x} - \mu_0)\sqrt{n}}{\sigma} \sim N(0, 1)$ unter Gültigkeit der Nullhypothese.
  Mögliche Werte der PG: $Z \in \mathbb{R} = (-\infty, \infty)$

  - **Nullhypothese**: $H_0 : \mu = \mu_0$ **Alternativhypothese**: $H_1 : \mu \neq \mu_0$
    Ablehnungsbereich ist **beidseitig**: H_0 wird verworfen, wenn $Z \leq -z_{\alpha/2}$ oder $Z \geq z_{\alpha/2}$. Dabei ist $z_{\alpha/2}$ das Quantil der Standardnormalverteilung, so dass

die Fläche unter der Dichte der $N(0,1)$-Verteilung rechts von $z_{\alpha/2}$ gleich $\alpha/2$ ist, wenn α das vorgegebene Signifikanzniveau ist.

P-Wert: $2 \cdot \min\big(P(Z \leq PG), P(Z \geq PG)\big)$, wobei PG der Wert der berechneten Prüfgröße ist. Die Wahrscheinlichkeiten sind mit der $N(0,1)$-Verteilung zu berechnen.

– **Nullhypothese**: $H_0 : \mu \geq \mu_0$ **Alternativhypothese**: $H_1 : \mu < \mu_0$
   Ablehnungsbereich ist **linksseitig**: H_0 wird verworfen, wenn $Z \leq -z_\alpha$. Dabei ist z_α das Quantil der Standardnormalverteilung, so dass die Fläche unter der Dichte der $N(0,1)$-Verteilung rechts von z_α gleich α ist, wenn α das vorgegebene Signifikanzniveau ist. (Äquivalent: Die Fläche links von $-z_\alpha$ ist α.)
   P-Wert: $P(Z \leq PG)$, wobei PG der Wert der berechneten Prüfgröße ist. Die Wahrscheinlichkeit ist mit der $N(0,1)$-Verteilung zu berechnen.

– **Nullhypothese**: $H_0 : \mu \leq \mu_0$ **Alternativhypothese**: $H_1 : \mu > \mu_0$
   Ablehnungsbereich ist **rechtsseitig**: H_0 wird verworfen, wenn $Z \geq z_\alpha$.
   P-Wert: $P(Z \geq PG)$, wobei PG der Wert der berechneten Prüfgröße ist. Die Wahrscheinlichkeit ist mit der $N(0,1)$-Verteilung zu berechnen.

Hypothesen über die Varianz einer Population

Annahmen: wie oben bei den Tests über den Erwartungswert

Prüfgröße: $PG = \dfrac{nS^2}{\sigma_0^2} = \dfrac{(n-1)S_*^2}{\sigma_0^2} = \dfrac{\sum_{i=1}^{n}(x_i - \bar{x})^2}{\sigma_0^2} \sim \chi^2(n-1)$ unter Gültigkeit der Nullhypothese.

Mögliche Werte: $PG \in (0, \infty)$

– **Nullhypothese**: $H_0 : \sigma^2 = \sigma_0^2$ **Alternativhypothese**: $H_1 : \sigma^2 \neq \sigma_0^2$
   Ablehnungsbereich ist **beidseitig**: H_0 wird verworfen, wenn $PG \leq \chi^2_{n-1,\alpha/2}$ oder $PG \geq \chi^2_{n-1,\alpha/2}$. Dabei ist $\chi^2_{n-1,1-\alpha/2}$ das Quantil der χ^2-Verteilung mit $n-1$ Freiheitsgraden, so dass die Fläche unter der Dichte rechts von $\chi^2_{n-1,1-\alpha/2}$ gleich $1 - \alpha/2$ ist, wenn α das vorgegebene Signifikanzniveau ist. Entsprechend ist $\chi^2_{n-1,\alpha/2}$ das Quantil der χ^2-Verteilung mit $n-1$ Freiheitsgraden, so dass die Fläche unter der Dichte rechts von $\chi^2_{n-1,\alpha/2}$ gleich $\alpha/2$ ist.
   P-Wert: $2 \cdot \min\big(P(\chi^2 \leq PG), P(\chi^2 \geq PG)\big)$, wobei PG der Wert der berechneten Prüfgröße ist. Die Wahrscheinlichkeiten sind mit der $\chi^2(n-1)$-Verteilung zu berechnen.

– **Nullhypothese**: $H_0 : \sigma^2 \geq \sigma_0^2$ **Alternativhypothese**: $H_1 : \sigma^2 < \sigma_0^2$
   Ablehnungsbereich ist **linksseitig**: H_0 wird verworfen, wenn $PG \leq \chi^2_{n-1,1-\alpha}$. Dabei ist $\chi^2_{n-1,1-\alpha}$ das Quantil der χ^2-Verteilung, so dass die Fläche unter der Dichte rechts von $\chi^2_{n-1,1-\alpha}$ gleich $1 - \alpha$ ist, wenn α das vorgegebene Signifikanzniveau ist. (Äquivalent: Die Fläche links von $\chi^2_{n-1,1-\alpha}$ ist α.)
   P-Wert: $P(\chi^2 \leq PG)$, wobei PG der Wert der berechneten Prüfgröße ist. Die Wahrscheinlichkeit ist mit der $t(n-1)$-Verteilung zu berechnen.

- **Nullhypothese**: $H_0 : \sigma^2 \leq \sigma_0^2$ **Alternativhypothese**: $H_1 : \sigma^2 > \sigma_0^2$
  Ablehnungsbereich ist **rechtsseitig**: H_0 wird verworfen, wenn $PG \geq \chi^2_{n-1,\alpha}$.
  P-Wert: $P(\chi^2 \geq PG)$, wobei PG der Wert der berechneten Prüfgröße ist. Die
  Wahrscheinlichkeit ist mit der $\chi^2(n-1)$-Verteilung zu berechnen.

C.9 Paare von Zufallsvariablen - Formeln

Paare diskreter Zufallsvariablen

- **Gemeinsame Wahrscheinlichkeitsfunktion**: $P(x,y) = P(X = x; Y = y)$ gibt für
  alle möglichen Wertepaare der diskreten Zufallsvariablen X und Y die gemeinsame Wahrscheinlichkeit an, dass $X = x$ und gleichzeitig $Y = y$ ist. Auch: $P_{XY}(x,y)$
- **Eigenschaften der gemeinsamen Wahrscheinlichkeitsfunktion**:

$$P(x,y) \geq 0 \text{ für alle } (x,y)$$

$$\sum_x \sum_y P(x,y) = 1$$

$$P(x,y) \leq 1 \text{ für alle } (x,y)$$

- **Berechnung von Wahrscheinlichkeiten**:
  $$P(a < X \leq b, c < Y \leq d) = \sum_{a<x\leq b} \sum_{c<y\leq d} P(x,y)$$
- **Randwahrscheinlichkeitsfunktion von** X: $P_X(x)$ oder $P_1(x) = \sum_y P(x,y)$

- **Randwahrscheinlichkeitsfunktion von** Y: $P_Y(y)$ oder $P_2(y) = \sum_x P(x,y)$

- **Bedingte Wahrscheinlichkeitsfunktion von** X, **gegeben** $Y = y$:
  $P_{X|Y}(x|y)$ oder $P_{1|2}(x|y) = \dfrac{P(x,y)}{P_2(y)}$, falls $P_2(y) > 0$.
  Falls $P_2(y) = 0$, ist $P_{1|2}(x|y)$ nicht definiert.
- **Bedingte Wahrscheinlichkeitsfunktion von** Y, **gegeben** $X = x$:
  $P_{Y|X}(y|x)$ oder $P_{2|1}(y|x) = \dfrac{P(x,y)}{P_1(x)}$, falls $P_1(x) > 0$.
  Falls $P_1(x) = 0$, ist $P_{2|1}(y|x)$ nicht definiert.

- **Bedingte Erwartung**

  - von X, gegeben $Y = y$: $E(X|Y = y) = \sum_x x P_{1|2}(x|y)$

  - von Y, gegeben $X = x$: $E(Y|X = x) = \sum_y y P_{2|1}(y|x)$

- **Bedingte Varianz**

  - von X, gegeben $Y = y$: $\mathrm{Var}(X|Y = y) = \sum_x (x - E(X|Y = y))^2 P_{1|2}(x|y) =$
    $E(X^2|Y = y) - \left(E(X|Y = y)\right)^2$

  - von Y, gegeben $X = x$: $\mathrm{Var}(Y|X = x) = \sum_y (y - E(Y|X = x))^2 P_{2|1}(y|x) =$
    $E(Y^2|X = x) - \left(E(Y|X = x)\right)^2$

- **Gemeinsame Verteilungsfunktion**: $F(s,t) = P(X \le s, Y \le t) = \displaystyle\sum_{x \le s} \sum_{y \le t} P(x,y)$

Paare stetiger Zufallsvariablen

- **Gemeinsame Dichtefunktion**: $f(x,y)$ oder auch $f_{XY}(x,y)$ gibt für alle möglichen Wertepaare der diskreten Zufallsvariablen X und Y die
- **Eigenschaften der gemeinsamen Dichtefunktion**:

  $f(x,y) \ge 0$ für alle $x, y \in \mathbb{R}$

  $\displaystyle\int_{-\infty}^{\infty} \int_{-\infty}^{\infty} f(x,y) = 1$

- **Berechnung von Wahrscheinlichkeiten**:
  $P(a < X < b, c < Y < d) = \displaystyle\int_c^d \int_a^b f(x,y)\,dx\,dy$

- **Randdichtefunktion von** X: $f_X(x)$ oder $f_1(x) = \displaystyle\int_{-\infty}^{\infty} f(x,y)\,dy$

- **Randdichtefunktion von** Y: $f_Y(y)$ oder $f_2(y) = \displaystyle\int_{-\infty}^{\infty} f(x,y)\,dx$

- **Bedingte Dichtefunktion von** X, **gegeben** $Y = y$:
  $f_{X|Y}(x|y)$ oder $f_{1|2}(x|y) = \dfrac{f(x,y)}{f_2(y)}$, falls $f_2(y) > 0$.

- **Bedingte Dichtefunktion von** Y, **gegeben** $X = x$:
  $f_{Y|X}(y|x)$ oder $f_{2|1}(y|x) = \dfrac{f(x,y)}{f_1(x)}$, falls $f_1(x) > 0$.

- **Bedingte Erwartung**

  - von X, gegeben $Y = y$: $E(X|Y = y) = \displaystyle\int_{-\infty}^{\infty} x f_{1|2}(x|y)\,dx$

  - von Y, gegeben $X = x$: $E(Y|X = x) = \displaystyle\int_{-\infty}^{\infty} y f_{2|1}(y|x)\,dy$

- **Bedingte Varianz**

  - von X, gegeben $Y = y$: $\mathrm{Var}(X|Y = y) = \int\limits_{-\infty}^{\infty} \big(x - E(X|Y = y)\big)^2 f_{1|2}(x|y)\,dx =$
    $E(X^2|Y = y) - \big(E(X|Y = y)\big)^2$

  - von Y, gegeben $X = x$: $\mathrm{Var}(Y|X = x) = \int\limits_{-\infty}^{\infty} \big(y - E(Y|X = x)\big)^2 f_{2|1}(y|x)\,dy =$
    $E(Y^2|X = x) - \big(E(Y|X = x)\big)^2$

- **Gemeinsame Verteilungsfunktion**: $F(s,t) = P(X \leq s, Y \leq t) = \int\limits_{-\infty}^{s} \int\limits_{-\infty}^{t} f(x,y)\,dy\,dx$

Zusammenhang zwischen Zufallsvariablen

- **Kovarianz**: $\mathrm{Kov}(X,Y) = E\big((X - E(X))(Y - E(Y))\big) = E(XY) - E(X)E(Y)$

  - **Diskreter Fall**: $\mathrm{Kov}(X,Y) = \sum\limits_{x}\sum\limits_{y}(x - E(X))(y - E(Y))P(x,y)$

  - **Stetiger Fall**: $\mathrm{Kov}(X,Y) = \int\limits_{-\infty}^{\infty}\int\limits_{-\infty}^{\infty}(x - E(X))(y - E(Y))f(x,y)\,dx\,dy$

- **Korrelationskoeffizient**: $\rho = \dfrac{\mathrm{Kov}(X,Y)}{\sqrt{\mathrm{Var}(X) \cdot \mathrm{Var}(Y)}}$

  Der Korrelationskoeffizient ist ein Maß für die Stärke des linearen Zusammenhangs. Es gilt: $-1 \leq \rho \leq 1$
  X und Y sind **positiv korreliert**, wenn $\rho > 0$. Sie sind **negativ korreliert**, wenn $\rho < 0$. Sie sind **unkorreliert**, wenn $\rho = 0$.

- **Unabhängigkeit**: Zwei Zufallsvariablen X und Y heißen **unabhängig**, wenn im

  - **diskreten Fall**: $P(x,y) = P_1(x) \cdot P_2(y)$
  - **stetigen Fall**: $f(x,y) = f_1(x) \cdot f_2(y)$

- X und Y sind **genau dann unabhängig**, wenn im

  - **diskreten Fall**: $P_1(x) = P_{1|2}(x|y)$ und $P_2(y) = P_{2|1}(y|x)$
  - **stetigen Fall**: $f_1(x) = f_{1|2}(x|y)$ und $f_2(y) = f_{2|1}(y|x)$

- Wenn X und Y unabhängig sind, dann folgt:

  $P(X \in A, Y \in B) = P(X \in A) \cdot P(Y \in B)$
  $E(X \cdot Y) = E(X) \cdot E(Y)$ und damit
  $\mathrm{Kov}(X,Y) = 0$ und $\rho(X,Y) = 0$. Die Umkehrung gilt i.a. **nicht**, d.h. aus Unabhängigkeit folgt Unkorreliertheit, jedoch nicht umgekehrt.
  $F_{XY}(s,t) = F_X(s) \cdot F_Y(t)$

Die zweidimensionale Normalverteilung

- **Parameter**: $\mu_X, \mu_Y, \sigma_X^2, \sigma_Y^2, \rho$ mit $\mu_X, \mu_y \in \mathbb{R} = (-\infty, \infty); \sigma_X^2, \sigma_Y^2 > 0$ und $-1 < \rho < 1$.
- **Mögliche Werte**: $(x, y) \in \mathbb{R}^2$.
- **Dichtefunktion**: Für $-\infty < x < \infty$ und $-\infty < y < \infty$ ist

$$f(x,y) = \frac{1}{2\pi\sigma_x\sigma_Y\sqrt{1-\rho^2}} e^{-\frac{1}{2(1-\rho^2)}\left[\left(\frac{x-\mu_X}{\sigma_X}\right)^2 - 2\rho\frac{x-\mu_X}{\sigma_X}\cdot\frac{y-\mu_Y}{\sigma_Y} + \left(\frac{y-\mu_Y}{\sigma_Y}\right)^2\right]}$$

- **Erwartungswerte**: $E(X) = \mu_X$; $E(Y) = \mu_Y$
- **Varianzen**: $\mathrm{Var}(X) = \sigma_X^2$; $\mathrm{Var}(Y) = \sigma_Y^2$
- **Korrelationskoeffizient** von X und Y: ρ
- **Notation**: $X \sim N(\mu_X, \mu_Y, \sigma_X^2, \sigma_Y^2, \rho)$
- **Randverteilungen** von X und Y: $X \sim N(\mu_X, \sigma_X^2)$ und $Y \sim N(\mu_Y, \sigma_Y^2)$
- **Unabhängigkeit**: Wenn X und Y gemeinsam normalverteilt sind, sind sie **genau dann unabhängig**, wenn $\rho = 0$, d.h. im Fall der geminsamen Normalverteilung gilt: X und Y sind genau dann unabhängig, wenn sie unkorreliert sind.
- **Bedingte Verteilungen** von X, gegeben $Y = y$ ist **Normalverteilung** mit $\mu = \mu_x + \rho\,\sigma_x(y - \mu_y)/\sigma_Y$ und $\sigma^2 = \sigma_X^2(1-\rho^2)$.
- **Bedingte Verteilungen** von Y, gegeben $X = x$ ist **Normalverteilung** mit $\mu = \mu_y + \rho\,\sigma_y(x - \mu_x)/\sigma_X$ und $\sigma^2 = \sigma_Y^2(1-\rho^2)$.
- **Maximum-Likelihood-Schätzer** der Parameter

$$\hat{\mu}_X = \bar{x} = \frac{1}{n}\sum_{i=1}^{n} x_i \qquad \hat{\mu}_Y = \bar{y} = \frac{1}{n}\sum_{i=1}^{n} y_i$$

$$\hat{\sigma}_X^2 = \frac{1}{n}\sum_{i=1}^{n}(x_i - \bar{x})^2 \qquad \hat{\sigma}_Y^2 = \frac{1}{n}\sum_{i=1}^{n}(y_i - \bar{y})^2$$

$$\hat{\rho} = \frac{\frac{1}{n}\sum_{i=1}^{n}(x_i - \bar{x})(y_i - \bar{y})}{\sqrt{\hat{\sigma}_X^2\hat{\sigma}_Y^2}} = \frac{\frac{1}{n}\sum_{i=1}^{n}x_i y_i - \bar{x}\bar{y}}{\sqrt{\hat{\sigma}_X^2\hat{\sigma}_Y^2}}$$

C.10 Anpassungs- und Unabhängigkeitstest - Formeln

χ^2-Anpassungstest

- **Nullhypothese**: H_0: Das vorgeschlagene Modell trifft zu.
- **Alternativhypothese**: H_1: Das vorgeschlagene Modell trifft nicht zu.
- **Klassen**: Die Beobachtungen sind in K **Klassen** gegeben.
- **Beobachtete Häufigkeiten**: f_{io} ist die für Klasse i beobachtete Häufigkeit. o für „observed".
- **Erwartete Häufigkeiten**: f_{ie} ist die für Klasse i erwartete Häufigkeit. e für „expected".
Berechnung der erwarteten Häufigkeiten:

– **Berechnung der Wahrscheinlichkeit** P_i für jede Klasse i; $i = 1, 2, \ldots, K$.
– **Berechnung der erwarteten Häufigkeit** als Produkt der Wahrscheinlichkeit P_i und der Anzahl n der Beobachtungen: $f_{ie} = n \cdot P_i$, $i = 1, 2, \ldots, K$.

- **Prüfgröße**: $PG = \sum_{i=1}^{K} \dfrac{(f_{io} - f_{ie})^2}{f_{ie}} =$

$$\sum_{i=1}^{K} \frac{(\text{in Klasse i beobachtete Häufigkeit - in Klasse i unter } H_0 \text{ erwartete Häufigkeit})^2}{\text{in Klasse i unter } H_0 \text{ erwartete Häufigkeit}}$$

Oder kurz: $PG = \sum_{i=1}^{K} \dfrac{(\text{Beobachtet - Erwartet})^2}{\text{Erwartet}}$

- **Mögliche Werte**: $PG \in [0, \infty)$.
- **Verteilung der Prüfgröße unter** H_0: $PG \overset{a}{\sim} \chi^2(K - r - 1)$, wobei K die Anzahl der Klassen und r die Anzahl der im Modell geschätzten Parameter ist. $\nu = K - r - 1$ ist die **Anzahl der Freiheitsgrade**.
- **Ablehnungsbereich**: Rechtsseitig, d.h. bei gegebenem Signifikanzniveau α wird H_0 abgelehnt, wenn $PG \geq \chi^2_{K-r-1, \alpha}$, wobei $\chi^2_{K-r-1, \alpha}$ das Quantil der χ^2-Verteilung mit $K - r - 1$ Freiheitsgraden ist, so dass die Fläche rechts von $\chi^2_{K-r-1, \alpha}$ gleich α ist.
- **P-Wert**: $P(\chi^2(K - r - 1) \geq PG) = 1 - P(\chi^2(K - r - 1) < PG)$, wobei PG der Wert der berechneten Prüfgröße ist. Es ist die Verteilungsfunktion der χ^2-Verteilung mit $K - r - 1$ Freiheitsgraden zu verwenden.
- **Wahl der Klassen**:

  – Die Wahl der Klassen hat Einfluss auf das Ergebnis. Es kann passieren, dass dieselbe Nullhypothese für manche Klasseneinteilungen verworfen wird, für andere jedoch nicht.
  – Die **erwartete Häufigkeit** sollte für jede Klasse **mindestens 5** sein.

- χ^2**-Kriterium** $= PG/FG$, wobei $FG = K - r - 1$ die Anzahl der Freiheitsgrade ist. Bei mehreren Modellen zur Auswahl passt das mit dem kleinsten Wert des Kriteriums am besten.

χ^2-Unabhängigkeitstest

- **Kontingenztafel**: Tabelle, die die Häufigkeiten enthält, mit der die Kombinationen von zwei oder mehr Merkmalen gemeinsam beobachtet wurden.
- **Nullhypothese**: Zwei gegebene Merkmale sind unabhängig verteilt.
- **Alternativhypothese**: Die beiden Merkmale sind nicht unabhängig verteilt.
- **Beobachtete Häufigkeiten**: Das Merkmal X habe die Ausprägungen x_i; $i = 1, 2, \ldots, r$, das Merkmal Y habe die Ausprägungen y_j; $j = 1, 2, \ldots s$. Dann ist n_{ij} die **beobachtete gemeinsame Häufigkeit** des Ereignisses $\{X = x_i, Y = y_j\}$.
- **Kontingenztafel der beobachteten Häufigkeiten**:
  Dabei steht n_{ij} in der i-ten Zeile und j-ten Spalte.

$$
\begin{array}{ccccc|c}
n_{11} & n_{12} & n_{13} & \cdots & n_{1s} & n_{1.} \\
n_{21} & n_{22} & n_{23} & \cdots & n_{2s} & n_{2.} \\
\vdots & \vdots & \vdots & & \vdots & \vdots \\
n_{r1} & n_{r2} & n_{r3} & \cdots & n_{rs} & n_{r.} \\
\hline
n_{.1} & n_{.2} & n_{.3} & \cdots & n_{.s} & n
\end{array}
$$

- **Randsummen** oder **Randhäufigkeiten**:

$$n_{i.} = \sum_{j=1}^{s} n_{ij} \text{ Häufigkeit, mit der das Ereignis } X = x_i \text{ beobachtet wurde.}$$

$$n_{.j} = \sum_{i=1}^{r} n_{ij} \text{ Häufigkeit, mit der das Ereignis } Y = y_j \text{ beobachtet wurde.}$$

- **Gesamtanzahl der Beobachtungen**: $n = \sum_{i=1}^{r} \sum_{j=1}^{s} n_{ij} = \sum_{i=1}^{r} n_{i.} = \sum_{j=1}^{s} n_{.j}$

- **Bei Unabhängigkeit erwartete Häufigkeiten**:

$$m_{ij} = \frac{n_{i.} \cdot n_{.j}}{n}; \ i = 1, 2, \ldots, r; j = 1, 2, \ldots, s$$

- **Kontingenztafel der erwarteten Häufigkeiten**:

$$
\begin{array}{ccccc|c}
m_{11} & m_{12} & m_{13} & \cdots & m_{1s} & m_{1.} \\
m_{21} & m_{22} & m_{23} & \cdots & m_{2s} & m_{2.} \\
\vdots & \vdots & \vdots & & \vdots & \vdots \\
m_{r1} & m_{r2} & m_{r3} & \cdots & m_{rs} & m_{r.} \\
\hline
m_{.1} & m_{.2} & m_{.3} & \cdots & m_{.s} & n
\end{array}
$$

- **Prüfgröße**: $PG = \sum_{i=1}^{r} \sum_{j=1}^{s} \frac{(n_{ij} - m_{ij})^2}{m_{ij}}$

Oder kurz: $\quad PG = \sum \sum \frac{(\text{Beobachtet - Erwartet})^2}{\text{Erwartet}}$

- **Mögliche Werte**: $PG \in [0, \infty)$.
- **Verteilung der Prüfgröße unter** H_0: $PG \overset{a}{\sim} \chi^2(\nu)$, wobei $\nu = (r-1) \cdot (s-1)$ die Anzahl der **Freiheitsgrade** ist.
- **Ablehnungsbereich**: Rechtsseitig, d.h. bei gegebenem Signifikanzniveau α wird H_0 abgelehnt, wenn $PG \geq \chi^2_{\nu, \alpha}$, wobei $\chi^2_{\nu, \alpha}$ das Quantil der χ^2-Verteilung mit ν Freiheitsgraden ist, so dass die Fläche rechts von $\chi^2_{\nu, \alpha}$ gleich α ist.
- **P-Wert**: $P(\chi^2(\nu) \geq PG) = 1 - P(\chi^2(\nu) < PG)$, wobei PG der Wert der berechneten Prüfgröße ist. Es ist die Verteilungsfunktion der χ^2-Verteilung mit $\nu = (r-1) \cdot (s-1)$ Freiheitsgraden zu verwenden.

C.11 Einfache Regressionsanalyse - Formeln

Bedingter Erwartungswert und das lineare Modell

- **Regressionsfunktion** schätzt die bedingte Erwartung von Y, gegeben $X = x$.
- **Vorhersage** von Y, wenn $X = x$ gegeben ist: Y wird durch den Wert auf der Regressionsgeraden an der Stelle x vorhergesagt.
- **Vorhersagefehler** = wahrer Wert von $Y-$ vorhergesagter Wert von Y.
- **Genauigkeit der Vorhersage** wird beurteilt durch das Quadrat des Vorhersagefehlers, daher
- **Gütekriterium für die Vorhersage**: $E(\text{Vorhersagefehler})^2$
- **Optimale Vorhersage**: Bedingte Erwartung $E(Y|X = x)$ ist optimal, d.h. keine andere Vorhersagemethode hat einen kleineren Erwartungswert des quadrierten Vorhersagefehlers.
- **Einfaches lineares Modell**: $E(Y|X = x) = \theta_1 + \theta_2 x$ mit den Parametern θ_1 (Achsenabschnitt) und θ_2 (Steigung)
- **Beschreibung des Zusammenhangs zwischen zwei Zufallsvariablen** X und Y in zwei Schritten:

  - **Auswahl der Form** der Funktion von $E(Y|X = x)$
    - **Funktionstypen für die Regressionsanalyse**

Form	Formel	Anzahl der Parameter
Gerade	$\theta_1 + \theta_2 x$	2
Parabel	$\theta_1 + \theta_2 x + \theta_3 x^2$	3
Kubik	$\theta_1 + \theta_2 x + \theta_3 x^2 + \theta_4 x^3$	4
Exponentialfunktion	$\theta_1 + \theta_2 e^{\theta_3 x}$	3
Logarithmische Funktion	$\theta_1 + \theta_2 \log(x)$	2
Treppenfunktion	θ_1 für $x < x_0$	2
	θ_2 für $x \geq x_0$	

  - **Schätzen der Parameter** der ausgewählten Funktion

- **Allgemeines zufälliges Modell**: $Y = m(X) + e$ mit $m(X) = E(Y|X = x)$ und e ist der additive Fehlerterm (Vorhersagefehler)
- **Einfache lineare Regressionsanalyse**: Modell der Geraden: $E(Y|X = x) = \theta_1 + \theta_2 x$
- **Polynomiale Regression**: $E(Y|X) = \theta_1 + \theta_2 x + \theta_3 x^2 + \ldots + \theta_{k+1} x^k$ Polynom vom Grad k

$k = 0$:	$E(Y|X) = \theta_1$	**Konstante, waagerechte Gerade**
$k = 1$:	$E(Y|X) = \theta_1 + \theta_2 x$	**Gerade**
$k = 2$:	$E(Y|X) = \theta_1 + \theta_2 x + \theta_3 x^2$	**Parabel**
$k = 3$:	$E(Y|X) = \theta_1 + \theta_2 x + \theta_3 x^2 + \theta_4 x^3$	**Kubik**

Alle Modelle sind **linear** in den zu schätzenden Parametern θ_j.

Die Methode der kleinsten Quadrate

- **Einfache lineare Regression**: $E(Y|X=x) = \theta_1 + \theta_2 x$.
- **Beobachtungen** bestehen aus einem **deterministischem** Teil $\theta_1 + \theta_2 x_i$ und einem **stochastischen** Teil e_i, d.h. $y_i = \theta_1 + \theta_2 x_i + e_i, \quad i = 1, 2, \ldots, n$
- **Fehler, Residual** oder **Residuum**: $e_i = y_i - \theta_1 - \theta_2 x_i, \quad i = 1, 2, \ldots, n$
  Die Residuen sind die senkrechten Abstände der Beoabachtungen y_i von der Geraden.
- **Summe der quadrierten Residuen**: $SQ(\theta_1, \theta_2) = \sum\limits_{i=1}^{n} e_i^2$
- **Methode der kleinsten Quadrate** bestimmt die Gerade, die die Summe der quadrierten Residuen $SQ(\theta_1, \theta_2)$ minimiert.
- **Schätzer der Parameter** nach der **Methode der kleinsten Quadrate**:

  - **Steigung:**
  $$\hat{\theta}_2 = \frac{\sum\limits_{i=1}^{n} x_i y_i - \frac{1}{n}\sum\limits_{i=1}^{n} x_i \sum\limits_{i=1}^{n} y_i}{\sum\limits_{i=1}^{n} x_i^2 - \frac{1}{n}\left(\sum\limits_{i=1}^{n} x_i\right)^2} = \frac{\sum\limits_{i=1}^{n} x_i y_i - n\bar{x}\bar{y}}{\sum\limits_{i=1}^{n} x_i^2 - n\bar{x}^2}$$

  - **Achsenabschnitt:** $\hat{\theta}_1 = \bar{y} - \hat{\theta}_2 \bar{x}$

- **Herleitung der Schätzer** (auf andere Modelle übertragbar):

  - Man schreibe die **Summe der Quadrate in Abhängigkeit von den Parametern** θ_1 und θ_2: $\quad SQ(\theta_1, \theta_2) = \sum\limits_{i=1}^{n} e_i^2 = \sum\limits_{i=1}^{n} (y_i - \theta_1 - \theta_2 x_i)^2$
  - Man setze die **partiellen Ableitungen der Summe der Quadrate** nach θ_1 und θ_2 gleich **Null**: $\quad \dfrac{\partial SQ(\theta_1, \theta_2)}{\partial \theta_1} = 0 \quad$ und $\quad \dfrac{\partial SQ(\theta_1, \theta_2)}{\partial \theta_2} = 0$
  - Man **löse diese Gleichungen** nach θ_1 und θ_2 auf.

- **Eigenschaften der Kleinste-Quadrate-Schätzer**

  - **Konsistenz**: Mit steigendem Stichprobenumfang $n \to \infty$ konvergieren Bias und Varianz gegen Null. Schätzer nach der Methode der kleinsten Quadrate sind also **asymptotisch erwartungstreu**.
  - Zu unterscheiden ist, ob das gewählte Modell
    - den Zusammenhang zwischen X und Y korrekt beschreibt,
    - nur eine Approximation ist. In diesem Fall spricht man von der **besten linearen Vorhersage**.
  - **Annahmen**:
    - **Stichprobe** repräsentativ und groß genug, d.h. insbesondere $n > p$, wobei p die Anzahl der Parameter ist.
    - **Fehlerterm**: $E(e|X) = 0$ und $\text{Var}(e|X) < \infty$
    - **Keine (Multi-)Kollinearität** unter den erklärenden Variablen inklusive der Konstanten 1. (Multi-)Kollinearität ist gegeben, wenn sich eine der Variablen bzw. eine ihrer im Modell auftauchenden Potenzen x^j als Linearkombination der anderen Variablen darstellen lässt. Im Falle eines Polynoms

$p-1$-ten Grades ist Multikollinearität gegeben, wenn es $\alpha_j \in \mathbb{R}$ gibt, so dass $1 = \sum\limits_{j=1}^{p-1} \alpha_j x_i^j$ für alle $i = 1, \ldots, n$.

· **Unabhängigkeit**: Die Fehlerterme e_i sind unabhängig.

- **BLUE** = best linear unbiased estimator: Unter der Annahme der **Homoskedastizität**, d.h. $\text{Var}(e|X) = \sigma^2$ konstant, haben die Schätzer nach der Methode der kleinsten Quadrate unter allen **linearen erwartungstreuen Schätzern** die **kleinste Varianz**. Resultat auch als **Gauß-Markov Theorem** bekannt.

- **Asymptotische Normalverteilung**: Schätzer $\hat{\theta}_j$ sind asymptotisch normalverteilt mit Erwartungswert θ_j.

- **Varianzen** der Schätzer im Fall der einfachen linearen Regression:

  · **Achsenabschnitt**: $\text{Var}(\hat{\theta}_1) = \dfrac{\sigma^2}{n}\left(1 + \dfrac{\bar{x}^2}{\hat{\sigma}_x^2}\right)$

  · **Steigung**: $\quad\quad\quad \text{Var}(\hat{\theta}_2) = \dfrac{\sigma^2}{n\hat{\sigma}_x^2}$

  Dabei ist $\hat{\sigma}_x^2 = \frac{1}{n}\sum\limits_{i=1}^{n} x_i^2 - \bar{x}^2$ die Stichprobenvarianz von X.

- **Konfidenzintervalle** für die Parameter im Fall der einfachen linearen Regression:

  · für θ_1: $\left[\hat{\theta}_1 - t_{n-2,\alpha/2}\dfrac{\hat{\sigma}\sqrt{1+\bar{x}^2/\hat{\sigma}_x^2}}{\sqrt{n}},\ \hat{\theta}_1 + t_{n-2,\alpha/2}\dfrac{\hat{\sigma}\sqrt{1+\bar{x}^2/\hat{\sigma}_x^2}}{\sqrt{n}}\right]$

  · für θ_2: $\left[\hat{\theta}_2 - t_{n-2,\alpha/2}\dfrac{\hat{\sigma}}{\sqrt{n}\hat{\sigma}_x},\ \hat{\theta}_2 + t_{n-2,\alpha/2}\dfrac{\hat{\sigma}}{\sqrt{n}\hat{\sigma}_x}\right]$

  Dabei ist $\hat{\sigma} = \sqrt{\hat{\sigma}^2}$ und $\hat{\sigma}^2$ ist die aus den Residuen geschätzte Varianz der Fehlerterme e, d.h. $\hat{\sigma}^2 = \dfrac{1}{n-2}\sum\limits_{i=1}^{n} \hat{e}_i^2$ mit $\hat{e}_i = y_i - \hat{\theta}_1 - \hat{\theta}_2 x_i$.

- **Korrelationskoeffizient und Bestimmtheitsmaß** im einfachen linearen Regressionsmodell: $Y = \theta_1 + \theta_2 X + e$

$$\theta_2 = \frac{\text{Cov}(X,Y)}{\text{Var}(X)} = \sqrt{\frac{\text{Var}(Y)}{\text{Var}(X)}} \cdot \rho$$

$$\rho^2 = \frac{\theta_2^2 \text{Var}(X)}{\text{Var}(Y)} = \frac{\text{Var}(\theta_1 + \theta_2 X)}{\text{Var}(Y)} = \frac{\text{erklärte Varianz}}{\text{totale Varianz}} = R^2$$

Dabei ist ρ der **Korrelationskoeffizient** und R^2 das **Bestimmtheitsmaß**, das den Anteil der Varianz von Y angibt, der durch das Modell erklärt wird.

$$R^2 = \frac{\text{Var}\big(E(Y|X)\big) + \text{Var}(e)}{\text{Var}(Y)} - \frac{\text{Var}(e)}{\text{Var}(Y)} = 1 - \frac{\text{nicht erklärte Varianz}}{\text{totale Varianz}}$$

- **Summe der Quadrate Total**: $SQ(\text{Total}) = \sum\limits_{i=1}^{n}(y_i - \bar{y})^2$ misst die Variation der Beobachtungen y_i um ihren Mittelwert $\bar{y}$.

- **Summe der Quadrate Regression**: $SQ(\text{Regression}) = \sum_{i=1}^{n} (\hat{y}_i - \bar{y})^2$ misst die Variation der angepassten Werte (Punkte auf der Geraden) $\hat{y}_i$ um den Mittelwert der Beobachtungen $\bar{y}$.

- **Summe der Quadrate Residuale**: $SQ(\text{Residuale}) = SQ(Res) = \sum_{i=1}^{n} (y_i - \hat{y}_i)^2$ misst die Variation der Beobachtungen y_i um die angepasste Gerade.

- **Zerlegung der Summe der Quadrate Total**:
$$SQ(\text{Total}) = SQ(\text{Regression}) + SQ(\text{Residuale})$$

- **Erklärter Anteil der Variation**:

  Da $\dfrac{SQ(\text{Regression})}{SQ(\text{Total})} + \dfrac{SQ(\text{Residuale})}{SQ(\text{Total})} = 1$, folgt:

  $\dfrac{SQ(\text{Regression})}{SQ(\text{Total})} = \hat{R}^2$ ist der erklärte Anteil der Variation (Bestimmtheitsmaß)

  $\dfrac{SQ(\text{Residuale})}{SQ(\text{Total})} = 1 - \hat{R}^2$ ist der unerklärte Anteil der Variation

- **Geschätzte Residuen**: $\hat{e}_i = y_i - \hat{\theta}_1 - \hat{\theta}_2 x_i$ im Fall der einfachen linearen Regression und allgemein: $\hat{e}_i = y_i - \hat{y}_i$.

- **Heteroskedastizität**: Unterschiedliche Varianzen der Residuen im Gegenteil zur **Homoskedastizität**: gleiche Varianz der Residuen

- **Durchschnittsquadrat der Residuen**: $DQ(Res) = \dfrac{1}{n-p} SQ(Res) = \dfrac{1}{n-p} \sum_{i=1}^{n} \hat{e}_i^2 =$

  $\dfrac{1}{n-p} \sum_{i=1}^{n} (y_i - \hat{y}_i)^2$. Dabei ist p die Anzahl der geschätzten Parameter und $n-p$ sind die **Freiheitsgrade**.

- **Schätzung der Varianz der Residuen**: $\hat{\sigma}^2 = DQ(Res)$ ist **erwartungstreuer Schätzer** der Varianz σ^2.

- **Voraussage** von y für einen gegebenen Wert x_0 im Fall der einfachen linearen Regression: $\hat{y}_0 = \hat{\theta}_1 + \hat{\theta}_2 x_0$.

  - **Geschätzter Standardfehler der Vorhersage**:

  $$\widehat{SF}(\text{Vorhersage}) = \sqrt{\hat{\sigma}^2 \left(1 + \frac{1}{n} + \frac{(x_0 - \bar{x})^2}{\sum_{i=1}^{n} x_i^2 - n\bar{x}^2}\right)} = \hat{\sigma} \cdot \sqrt{1 + \frac{1}{n} + \frac{(x_0 - \bar{x})^2}{\sum_{i=1}^{n} x_i^2 - n\bar{x}^2}}$$

  - **Vorhersage-** oder **Prognoseintervall** zur Konfidenzwahrscheinlichkeit $1 - \alpha$:
  $$\left[\hat{y}_0 - \widehat{SF}(\text{Vorhersage}) \cdot t_{n-2;\alpha/2} \; ; \; \hat{y}_0 + \widehat{SF}(\text{Vorhersage}) \cdot t_{n-2;\alpha/2}\right]$$

  Dabei ist $t_{n-2,\alpha/2}$ das Quantil der t-Verteilung mit $n-2$ Freiheitsgraden, so dass die Fläche rechts von $t_{n-2,\alpha/2}$ gleich $\alpha/2$ ist.

- **Modellauswahl in der Regressionsrechnung**
  - **Fehler durch Approximation**: Die Anpassung an die Beobachtungen wird mit zunehmender Zahl der Parameter besser. Der Fehler durch Approximation verringert sich.
  - **Fehler durch Schätzung** wird mit zunehmender Zahl der Parameter größer. Die beste Strategie ist, das einfachste Modell zu verwenden, das plausibel ist, das also nicht offensichtlich inkorrekt ist.
  - **Entscheidung zwischen zwei Modellen**:
    - M_1 ist das Modell mit der größeren Anzahl an Parametern.
    - M_2 ist das Modell mit der kleineren Anzahl an Parametern.
  - **Nullhypothese** H_0: Das Modell mit weniger Parametern, M_2, ist korrekt.
    - Wenn die Nullhyothese verworfen wird, wird das Modell M_1 verwendet.
    - Wenn die Nullhypothese nicht verworfen werden kann, wird das Modell M_2 verwendet.
  - **Entscheidungsregel**: Verwende das Modell mit weniger Parametern, wenn nicht bewiesen werden kann, dass es falsch ist. Das heißt: Wähle das einfachere Modell M_2, außer wenn H_0 verworfen wird.
  - **Notation zur Berechnung der Prüfgröße**: Für $j = 1, 2$ ist
    - $SQ(Res, M_j)$ die Summe der Quadrate der Residuale für Modell M_j
    - $FG(M_j)$ die Anzahl der Freiheitsgrade für Modell M_j, d.h. Anzahl der Beobachtungen minus Anzahl der geschätzten Parameter
    - $R^2(M_j)$ das aus den geschätzten Residuen berechnete Bestimmtheitsmaß für Modell M_j, d.h. $\dfrac{SQ(\text{Regression})}{SQ(\text{Total})}$
  - **Prüfgröße**: $PG = F = \dfrac{\big(SQ(Res, M_2) - SQ(Res, M_1)\big) / \big(FG(M_2) - FG(M_1)\big)}{SQ(Res, M_1)/FG(M_1)}$

    $= \dfrac{\big(R^2(M_1) - R^2(M_2)\big) / \big(FG(M_2) - FG(M_1)\big)}{1 - R^2(M_1)/FG(M_1)}$
  - **Mögliche Werte**: $PG \in [0, \infty)$
  - **Verteilung der Prüfgröße unter der Nullhypothese**: $PG \sim F(\nu_1, \nu_2)$ mit $\nu_1 = FG(M_2) - FG(M_1)$ und $\nu_2 = FG(M_1)$
  - **Ablehnungsbereich**: Rechtsseitig, d.h. die Nullhypothese wird bei gegebenem Signifikanzniveau α abgelehnt, wenn $PG \geq F_{\nu_1, \nu_2, \alpha}$, wobei $F_{\nu_1, \nu_2, \alpha}$ das Quantil der F-Verteilung mit ν_1 und ν_2 Freiheitsgraden ist, so dass die Fläche rechts von $F_{\nu_1, \nu_2, \alpha}$ gleich α ist.
  - **P-Wert**: $P(F \geq PG) = 1 - P(F \leq PG)$, wobei die Verteilungsfunktion der F-Verteilung mit ν_1 und ν_2 Freiheitsgraden zu verwenden ist und PG der für die Prüfgröße berechnete Wert ist.

– **Arbeitstabelle zur Berechnung der Prüfgröße**:

Modell	FG	SQ	DQ	F
Differenz	$FG(M_2) - FG(M_1)$	$SQ(M_2) - SQ(M_1)$	$SQ(\text{Diff})/FG(\text{Diff})$	$DQ(\text{Diff})/DQ(M_1)$
M_1	$FG(M_1)$	$SQ(M_1)$	$SQ(M_1)/FG(M_1)$	
M_2	$FG(M_2)$	$SQ(M_2)$		

– **Spezialfall: Einfacheres Modell enthält genau einen Parameter weniger**:
Mit dem F-Test wird die Nullhypothese geprüft, dass der zusätzliche Parameter θ_* Null ist, d.h. $H_0 : \theta_* = 0$ gegen $H_1 : \theta_* \neq 0$.

· **Alternative Prüfgröße**: $PG = t = \hat{\theta}_* / \widehat{SF}(\hat{\theta}_*)$
· **Mögliche Werte**: $PG \in (-\infty, \infty)$
· **Verteilung der Prüfgröße unter der Nullhypothese**: $PG \sim t_{v_2}$, wobei $v_2 = FG(M_1)$
· **Ablehnungsbereich**: Beidseitig, d.h. die die Nullhypothese wird bei gegebenem Signifikanzniveau α abgelehnt, wenn $PG \leq -t_{v_2, \alpha/2}$ oder $PG \geq t_{v_2, \alpha/2}$, wobei $t_{v_2, \alpha/2}$ das Quantil der t-Verteilung mit v_2 Freiheitsgraden ist, so dass die Fläche unter der Dichtefunktion der t-Verteilung mit v_2 Freiheitsgraden rechts von $t_{v_2, \alpha/2}$ gleich $\alpha/2$ ist.
· **P-Wert**: $2 \cdot \min\big(P(t \leq PG); P(t \geq PG)\big)$, wobei PG der berechnete Wert der Prüfgröße ist und die Verteilungsfunktion der t-Verteilung mit v_2 Freiheitsgraden zu verwenden ist.
· **Überprüfung der Nullhypothese mit Hilfe eines Konfidenzintervalls**: Enthält das Konfidenzintervall für θ_* zum Konfidenzniveau $1 - \alpha$ die Null, so kann die Nullhypothese $\theta_* = 0$ nicht verworfen werden. Im anderen Fall ist θ_* signifikant, d.h. es wird das kompliziertere Modell verwendet.
· **Zusammenhang mit dem F-Test**: Für die Prüfgrößen t und F gilt $t^2 = F$.
· **Zusammenhang zwischen t- und F-Verteilung**: Wenn $X \sim t_v$, dann gilt $X^2 \sim F_{1,v}$.

C.12 Varianzanalyse - Formeln

Einfache Varianzanalyse

• **Ausgangssituation**: Eine Grundgesamtheit bestehe aus I Teilgesamtheiten. In allen Teilgesamtheiten wird ein stetiges Merkmal untersucht. Die Dichtefunktion für dieses Merkmal sei $f_i(x)$ in der i-ten Teilgesamtheit.
• **Fragestellung**: Gilt $f_1(x) = f_2(x) = \ldots = f_I(x)$?
• **Notation der Beobachtungen**: y_{ij} ist die j-te Beobachtung in der i-ten Teilgesamtheit, wobei $i = 1, 2, \ldots, I$ und $j = 1, 2, \ldots, J$
• **Datentabelle in der Einweg-Varianzanalyse**, wobei (hier zunächst) gleiche Beobachtungszahlen in den Teilgesamtheiten angenommen werden:

$j \setminus i$	1	2	$\ldots$	I
1	y_{11}	y_{21}	$\ldots$	y_{I1}
2	y_{12}	y_{22}	$\ldots$	y_{I2}
$\vdots$	$\vdots$	$\vdots$	$\ddots$	$\vdots$
J	y_{1J}	y_{2J}	$\ldots$	y_{IJ}

- **Teilsummen der Beobachtungen in den Teilgesamtheiten**:
$$y_{i.} = y_{i1} + y_{i2} + \ldots + y_{iJ} = \sum_{j=1}^{J} y_{ij} \qquad i = 1, 2, \ldots, I$$

- **Teilmittelwerte der Beoabachtungen in den Teilgesamtheiten**:
$$\bar{y}_{i.} = (y_{i1} + y_{i2} + \ldots + y_{1J})/J = y_{i.}/J \qquad i = 1, 2, \ldots, I$$

- **Gesamtsumme aller Beobachtungen**:
$$y_{..} = y_{11} + y_{12} + \ldots + y_{IJ} = \sum_{i=1}^{I} \sum_{j=1}^{J} y_{ij}$$

- **Gesamtmittelwert aller Beobachtungen**:
$$\bar{y}_{..} = (y_{11} + y_{12} + \ldots + y_{IJ})/IJ = y_{..}/IJ$$

- **Modelle in der Varianzanalyse**:

  - **Modell 1** mit I **unterschiedlichen Erwartungswerten**:
  $$y_{ij} = \mu_i + e_{ij} \qquad i = 1, \ldots, I; j = 1, \ldots, J$$
  Dabei sind die Residuen e_{ij} unabhängig und $N(0, \sigma^2)$ verteilt.

  - **Modell 2** mit **einem gemeinsamen Erwartungswert**:
  $$y_{ij} = \mu + e_{ij} \qquad i = 1, \ldots, I; j = 1, \ldots, J$$
  Dabei sind die Residuen e_{ij} unabhängig und $N(0, \sigma^2)$ verteilt.

- **Residuen** oder **Residuale**: e_{ij} sind die Abweichungen der Beobachtungen y_{ij} vom Erwartungswert in dem Modell.

- **Schätzung der Erwartungswerte** in den beiden Modellen:

  - **Modell 1**: $\hat{\mu}_1 = \bar{y}_{1.}, \ldots, \hat{\mu}_{I.} = \bar{y}_{I.}$, d.h. die Parameter (Erwartungswerte) μ_i werden durch die Mittelwerte in der i-ten Teilgesamtheit geschätzt.

  - **Modell 2**: $\hat{\mu} = \bar{y}_{..}$, d.h. der Parameter (der gemeinsame Erwartungswert) μ wird durch den Gesamtmittelwert aller Beobachtungen geschätzt.

- **Summen der Quadrate**:

  - **Summe der Quadrate Total**: $SQ(Total) = \sum_{i=1}^{I} \sum_{j=1}^{J} (y_{ij} - \bar{y}_{..})^2$

  Gesamtstreuung um den Gesamtmittelwert

– **Summe der Quadrate Modell 1**: $SQ(M_1) = \sum\limits_{i=1}^{I} \sum\limits_{j=1}^{J} (\bar{y}_{i.} - \bar{y}_{..})^2 =$

$J \sum\limits_{i=1}^{I} (\bar{y}_{i.} - \bar{y}_{..})^2$ Durch das Modell 1 erklärte Streuung. Streuung der Teilmittelwerte um den Gesamtmittelwert.

– **Summe der Quadrate der Residuen für Modell 1**:

$SQ(Res;M_1) = \sum\limits_{i=1}^{I} \sum\limits_{j=1}^{J} (y_{ij} - \bar{y}_{i.})^2 = \sum\limits_{i=1}^{I} \sum\limits_{j=1}^{J} \hat{e}_{ij}^2(M_1)$ mit $\hat{e}_{ij}(M_1) = y_{ij} - \bar{y}_{i.}$

Reststreuung, die nicht durch das Modell 1 erklärt werden kann.

– **Summe der Quadrate der Residuen für Modell 2**:

$SQ(Res;M_2) = \sum\limits_{i=1}^{I} \sum\limits_{j=1}^{J} (y_{ij} - \bar{y}_{..})^2 = \sum\limits_{i=1}^{I} \sum\limits_{j=1}^{J} \hat{e}_{ij}^2(M_2)$ mit $\hat{e}_{ij}(M_2) = y_{ij} - \bar{y}_{..}$

$SQ(Res;M_2) = SQ(Total)$ Nicht durch Modell 2 erklärte Streuung.

- **Identität der Varianzanalyse**

$$SQ(Total) \quad = \quad SQ(M_1) \quad + \quad SQ(Res;M_1)$$

$$\sum\limits_{i=1}^{I} \sum\limits_{j=1}^{J} (y_{ij} - \bar{y}_{..})^2 \quad = \quad \sum\limits_{i=1}^{I} \sum\limits_{j=1}^{J} (\bar{y}_{i.} - \bar{y}_{..})^2 \quad + \quad \sum\limits_{i=1}^{I} \sum\limits_{j=1}^{J} (y_{ij} - \bar{y}_{i.})^2$$

Zerlegung der Gesamtstreuung in erklärte und nicht erklärte Streuung
- **Freiheitsgrade** eines Modells gleich

$FG = n - p =$ Anzahl Beobachtungen $-$ Anzahl Parameter $= IJ - p$

$FG(M_1) = n - I = IJ - I = I(J-1)$ und $FG(M_2) = n - 1 = IJ - 1$

- **Durchschnittsquadrat der Residuen**: $DQ(Res) = SQ(Res)/FG$
- **Nullhypothese** H_0 : $\mu_1 = \mu_2 = \ldots = \mu_I$, d.h. Modell 2 gilt.
- **Alternativhypothese** H_1 : Nicht alle μ_i sind gleich, d.h. Modell 1 gilt.
- **Prüfgröße**:

$$
\begin{aligned}
F \quad &= \quad \frac{\frac{1}{I-1} \sum\limits_{i=1}^{I} \sum\limits_{j=1}^{J} (\bar{y}_{i.} - \bar{y}_{..})^2}{\frac{1}{n-I} \sum\limits_{i=1}^{I} \sum\limits_{j=1}^{J} (y_{ij} - \bar{y}_{i.})^2} = \frac{SQ(M_1)/(I-1)}{SQ(Res;M_1)/(n-I)} = \frac{SQ(M_1)/(I-1)}{DQ(Res;M_1)} \\[2ex]
&= \quad \frac{\big(SQ(Total) - SQ(Res;M_1)\big)/\big((n-1)-(n-I)\big)}{SQ(Res;M_1)/(n-I)} \\[2ex]
&= \quad \frac{\big(SQ(Res;M_2) - SQ(Res;M_1)\big)/\big(FG(M_2)-FG(M_1)\big)}{SQ(Res;M_1)/FG(M_1)} \\[2ex]
&= \quad \frac{SQ(\text{Differenz})/FG(\text{Differenz})}{DQ(Res,M_1)} = \frac{DQ(\text{Differenz})}{DQ(Res,M_1)}
\end{aligned}
$$

Dabei ist $SQ(\text{Differenz}) = SQ(Res;M_2) - SQ(Res;M_1)$ die Differenz der Summen der Quadrate der Residuen und $FG(\text{Differenz}) = FG(M_2) - FG(M_1)$ die Differenz der Freiheitsgrade.

- **Arbeitstabelle zur Berechnung der Prüfgröße**:

Modell	FG	$SQ(Res)$	$DQ(Res)$	F
Differenz	$I-1$	$SQ(\text{Diff})$	$SQ(\text{Diff})/(I-1)$	$DQ(Res;\text{Diff})/DQ(Res;M_1)$
M_1	$n-I$	$SQ(Res;M_1)$	$SQ(Res;M_1)/(n-I)$	
M_2	$n-1$	$SQ(Res;M_2)$		

- **Mögliche Werte**: $PG \in [0,\infty)$
- **Verteilung der Prüfgröße unter der Nullhypothese**: $PG \sim F(\nu_1, \nu_2)$ mit $\nu_1 = FG(M_2) - FG(M_1) = I - 1$ und $\nu_2 = FG(M_1) = n - I = I(J-1)$
- **Ablehnungsbereich**: Rechtsseitig, d.h. die Nullhypothese wird bei gegebenem Signifikanzniveau α abgelehnt, wenn $PG \geq F_{\nu_1, \nu_2, \alpha}$, wobei $F_{\nu_1, \nu_2, \alpha}$ das Quantil der F-Verteilung mit $\nu_1 = I - 1$ und $\nu_2 = n - I = I(J-1)$ Freiheitsgraden ist, so dass die Fläche rechts von $F_{\nu_1, \nu_2, \alpha}$ gleich α ist.
- **P-Wert**: $P(F \geq PG) = 1 - P(F \leq PG)$, wobei die Verteilungsfunktion der F-Verteilung mit $\nu_1 = I - 1$ und $\nu_2 = n - I = I(J-1)$ Freiheitsgraden zu verwenden ist und PG der für die Prüfgröße berechnete Wert ist.

Erweiterungen der Einfachen Varianzanalyse:

- **Beobachtungen in den Teilgesamtheiten**:
  J_i Beobachtungen in der i-ten Teilgesamtheit: $y_{i1}, y_{i2}, \ldots, y_{iJ_i}$
- **Teilsummen der Beobachtungen in den Teilgesamtheiten**:
$$y_{i.} = y_{i1} + y_{i2} + \ldots + y_{iJ_i} = \sum_{j=1}^{J_i} y_{ij} \qquad i = 1, 2, \ldots, I$$
- **Teilmittelwerte der Beoabachtungen in den Teilgesamtheiten**:
$$\bar{y}_{i.} = (y_{i1} + y_{i2} + \ldots + y_{1J})/J_i = y_{i.}/J_i \qquad i = 1, 2, \ldots, I$$
- **Gesamtsumme aller Beobachtungen**:
$$y_{..} = y_{11} + y_{12} + \ldots + y_{IJ_i} = y_{1.} + y_{2.} + \ldots + y_{I.} = \sum_{i=1}^{I} \sum_{j=1}^{J_i} y_{ij}$$
- **Gesamtmittelwert aller Beobachtungen**:
  $\bar{y}_{..} = y_{..}/(J_1 + J_2 + \ldots + J_I) = y_{..}/n$, wobei $n = J_1 + J_2 + \ldots + J_I$ die Gesamtanzahl der Beobachtungen ist.
- **Summen der Quadrate**:

  - **Summe der Quadrate Total**: $SQ(Total) = \sum_{i=1}^{I} \sum_{j=1}^{J_i} (y_{ij} - \bar{y}_{..})^2$

  - **Summe der Quadrate Modell 1**:
  $$SQ(M_1) = \sum_{i=1}^{I} \sum_{j=1}^{J_i} (\bar{y}_{i.} - \bar{y}_{..})^2 = \sum_{i=1}^{I} J_i (\bar{y}_{i.} - \bar{y}_{..})^2$$

  - **Summe der Quadrate der Residuen für Modell 1**:
  $$SQ(Res;M_1) = \sum_{i=1}^{I} \sum_{j=1}^{J_i} (y_{ij} - \bar{y}_{i.})^2 = \sum_{i=1}^{I} \sum_{j=1}^{J_i} \hat{e}_{ij}^2(M_1) \text{ mit } \hat{e}_{ij}(M_1) = y_{ij} - \bar{y}_{i.}$$

– **Summe der Quadrate der Residuen für Modell 2:**

$$SQ(Res;M_2) = \sum_{i=1}^{I}\sum_{j=1}^{J_i}(y_{ij}-\bar{y}_{..})^2 = \sum_{i=1}^{I}\sum_{j=1}^{J_i}\hat{e}_{ij}^2(M_2) \text{ mit } \hat{e}_{ij}(M_2) = y_{ij}-\bar{y}_{..}$$

$$SQ(Res;M_2) = SQ(Total)$$

• **Prüfgröße:**

$$F = \frac{\frac{1}{I-1}\sum_{i=1}^{I}\sum_{j=1}^{J_i}(\bar{y}_{i.}-\bar{y}_{..})^2}{\frac{1}{n-I}\sum_{i=1}^{I}\sum_{j=1}^{J_i}(y_{ij}-\bar{y}_{i.})^2} = \frac{SQ(M_1)/(I-1)}{SQ(Res;M_1)/(n-I)} = \frac{SQ(M_1)/(I-1)}{DQ(Res;M_1)}$$

$$= \frac{\left(SQ(Res;M_2)-SQ(Res;M_1)\right)/\left(FG(M_2)-FG(M_1)\right)}{SQ(Res;M_1)/FG(M_1)}$$

$$= \frac{SQ(\text{Differenz})/FG(\text{Differenz})}{DQ(Res,M_1)} = \frac{DQ(\text{Differenz})}{DQ(Res,M_1)}$$

Schätzung der Varianz der Residuen:

• **Modell 1:** $\hat{\sigma}_{M_1}^2 = DQ(Res;M_1) = \dfrac{SQ(Res;M_1)}{FG(M_1)} = \dfrac{SQ(Res;M_1)}{n-I}$

• **Modell 2:** $\hat{\sigma}_{M_2}^2 = DQ(Res;M_2) = \dfrac{SQ(Res;M_2)}{FG(M_2)} = \dfrac{SQ(Res;M_2)}{n-1}$

C.13 Zeitreihen und Indizes - Formeln

Klassische Zeitreihenanalyse

• **Zeitreihe:** Zeitlich geordnete Folge von Beobachtungen $x_1, x_2, \ldots, x_n$ eines Merkmals zu den Zeitpunkten $t = 1, 2, \ldots, n$.
• **Ziel** der klassischen Zeitreihenanalyse: Zerlegung der Zeitreihe in die Komponenten: **Trend, Saisonkomponente** und **Residuen**.

  – **Trend:** Langfristige Entwicklung der Zeitreihe
  – **Saisonkomponente:** Konstantes, periodenweise sich wiederholendes Muster
  – **Residuen:** Verbleibende Abweichungen nach Berücksichtigung von Trend und Saisonkomponente

• **Additives Modell:** $x_t = T_t + S_t + e_t, \quad t = 1, 2, \ldots, n$, wobei T_t der Trend, S_t die Saisonkomponente und $e_t = x_t - T_t - S_t$ das Residuum zur Zeit t, d.h. die Abweichung der Beobachtung x_t von der Summe aus Trend T_t und Saisonkomponente S_t
• **Multiplikatives Modell:** $x_t = T_t \cdot S_t \cdot e_t, \quad t = 1, 2, \ldots, n$

  – **Logarithmieren:** $\log(x_t) = \log(T_t) + \log(S_t) + \log(e_t)$

- **Transformation**: Die Daten werden logarithmiert, um die Saisonschwankungen etwa gleich groß zu machen. Es wird ein additives Modell an die Logarithmen der Beobachtungen angepasst.

- **Zerlegung von Zeitreihen ohne Saisonschwankungen**

  - **Berechnung des Trends mit einfachen gleitenden Durchschnitten**
    - $$D_t = \frac{x_{t-a} + x_{t-a+1} + \ldots + x_t + x_{t+1} + \ldots + x_{t+a}}{2a+1} = \frac{1}{2a+1} \sum_{i=-a}^{a} x_{t+i}$$
      für $t = a+1, a+2, \ldots, n-a$
    - **nicht definiert** ist der einfache gleitende Durchschnitt für $t = 1, 2, \ldots, a$ und für $t = n-a+1, n-a+2, \ldots, n$
    - **große** a führen zu **glatten** Trends
    - **kleinere** a führen zu **weniger glatten** Trends
  - **Gewichteter gleitender Duchschnitt**:
    $$D_t = \sum_{i=-a}^{b} \lambda_i x_{t+i} \quad \text{für} \quad t = a+1, \ldots, n-b \quad \text{mit}$$

    $$\sum_{i=-a}^{b} \lambda_i = 1 \quad \text{(Summe der Gewichte gleich Eins)}$$
    - Beim **einfachen gleitenden Durchschnitt** ist $a = b$ und $\lambda_i = 1/(2a+1)$.
  - **Filterung**: Der Übergang von x_t zu D_t wird Filterung genannt. Die Gewichte λ_i, $i = -a, \ldots, b$ werden auch Filter genannt.

- **Zerlegung von Zeitreihen mit Saisonschwankungen**

  - Ein **einfacher gleitender Durchschnitt** ist für **Monatsdaten nicht geeignet**, um den Trend zu schätzen, denn er eliminiert die Saisonschwankungen nicht.
  - **Geeigneter Filter** für
    - **monatliche Daten**: $\lambda_{-6} = \frac{1}{24}$; $\lambda_{-5} = \lambda_{-4} = \ldots = \lambda_5 = \frac{1}{12}$; $\lambda_6 = \frac{1}{24}$
    - **vierteljährliche Daten**: $\lambda_{-2} = \frac{1}{8}$; $\lambda_{-1} = \lambda_0 = \lambda_1 = \frac{1}{4}$; $\lambda_2 = \frac{1}{8}$
    - **halbjährliche Daten**: $\lambda_{-1} = \frac{1}{4}$; $\lambda_0 = \frac{1}{2}$; $\lambda_1 = \frac{1}{4}$
  - **Trend**: $T_t = D_t$
  - **Berechnung der Saisonkomponente**
    - Für jedes t bestimme man $S_t + e_t = x_t - T_t$
    - Für jede Periode (bei monatlichen Daten für jeden Monat, bei vierteljährlichen Daten für jedes Quartal, bei halbjährlichen Daten für jedes Halbjahr) bilde man den Mittelwert aller zur Verfügung stehenden Werte von $S_t + e_t$. Die Saisonkomponente ist gleich diesem Mittelwert.
  - **Berechnung der Residuen**: $e_t = x_t - T_t - S_t$
  - **Zerlegung der ursprünglichen Reihe im multiplikativen Modell**:
    Wenn x_t die Reihe der logarithmierten Daten und $x_t = T_t + S_t + e_t$, dann ist
    $$e^{x_t} = e^{T_t + S_t + e_t} = e^{T_t} e^{S_t} e^{e_t}$$
  - **Saisonfaktor** e^{S_t} gibt Anteil des Wertes am Trend

Indizes

- **Messziffern**: Bei einer Zeitreihe x_t; $t = 0, 1, 2, \ldots$ mit jährlichen Daten bezeichnet man den Zeitpunkt $t = 0$ als **Basisjahr**, die Quotienten x_t / x_0 als **Messziffern**, die die Veränderung gegenüber dem Basisjahr anzeigen und häufig in Prozent angegeben werden. Das Basisjahr hat den Wert 1 bzw. 100%.

- **Warenkorb** enthält die Güter des täglichen Bedarfs entsprechend ihrer Menge.

- **Verbraucherpreisindex für Deutschland** repräsentiert alle privaten Haushalte entsprechend ihrem Anteil an der Gesamtbevölkerung und spiegelt die allgemeine Entwicklung der Lebenshaltungskosten wider.

- **Notationen für die Mengen und Preise der Güter im Warenkorb**

  $p_0^{(1)}, p_0^{(2)}, \ldots, p_0^{(n)}$ für die **Preise in der Basisperiode** 0,

  $p_t^{(1)}, p_t^{(2)}, \ldots, p_t^{(n)}$ für die **Preise in der Berichtsperiode** t,

  $q_0^{(1)}, q_0^{(2)}, \ldots, q_0^{(n)}$ für die **Mengen in der Basisperiode** 0,

  $q_t^{(1)}, q_t^{(2)}, \ldots, q_t^{(n)}$ für die **Mengen in der Berichtsperiode** t.

- **Preismessziffern** für die n Güter des Warenkorbs: $\dfrac{p_t^{(i)}}{p_0^{(i)}}$, $\quad i = 1, 2, \ldots, n$

- **Preisindex**: Gewichtetes arithmetisches Mittel der Preismessziffern: $P_t = \displaystyle\sum_{i=1}^{n} \dfrac{p_t^{(i)}}{p_0^{(i)}} g_i$

  mit den Gewichtungsfaktoren g_i, wobei $\displaystyle\sum_{i=1}^{n} g_i = 1$.

- **Umsatz des Gutes** i **in der Basisperiode**: $p_0^{(i)} q_0^{(i)}$

- **Gesamtumsatz aller Produkte in der Basisperiode**: $\displaystyle\sum_{j=1}^{n} p_0^{(j)} q_0^{(j)}$

- **Anteil des** i**-ten Gutes am Gesamtumsatz in der Basisperiode**: $\dfrac{p_0^{(i)} q_0^{(i)}}{\displaystyle\sum_{j=1}^{n} p_0^{(j)} q_0^{(j)}}$

- **Preisindex nach Laspeyres**:

  - **Gewichtungsfaktoren**: $g_i = \dfrac{p_0^{(i)} q_0^{(i)}}{\displaystyle\sum_{j=1}^{n} p_0^{(j)} q_0^{(j)}}$

  - **Preisindex**: $P_t^L = \displaystyle\sum_{i=1}^{n} \dfrac{p_t^{(i)}}{p_0^{(i)}} g_i = \dfrac{\displaystyle\sum_{i=1}^{n} p_t^{(i)} q_0^{(i)}}{\displaystyle\sum_{i=1}^{n} p_0^{(i)} q_0^{(i)}}$ oder kurz: $P_t^L = \dfrac{\sum p_t q_0}{\sum p_0 q_0}$

- **Preisindex nach Paasche**:

  - **Gewichtungsfaktoren**: $g_i^t = \dfrac{p_0^{(i)} q_t^{(i)}}{\displaystyle\sum_{j=1}^{n} p_0^{(j)} q_t^{(j)}}$

- **Preisindex**: $P_t^P = \sum\limits_{i=1}^{n} \dfrac{p_t^{(i)}}{p_0^{(i)}} g_i^t = \dfrac{\sum\limits_{i=1}^{n} p_t^{(i)} q_t^{(i)}}{\sum\limits_{i=1}^{n} p_0^{(i)} q_t^{(i)}}$ oder kurz: $P_t^P = \dfrac{\sum p_t q_t}{\sum p_0 q_t}$

- **Mengenmessziffern** für die n Güter des Warenkorbs: $\dfrac{q_t^{(i)}}{q_0^{(i)}}$, $i = 1, 2, \ldots, n$

- **Mengenindex**: Gewichtetes arithmetisches Mittel der Mengenmessziffern: $Q_t = \sum\limits_{i=1}^{n} \dfrac{q_t^{(i)}}{q_0^{(i)}} g_i$ mit den Gewichtungsfaktoren g_i, wobei $\sum\limits_{i=1}^{n} g_i = 1$.

- **Mengenindex nach Laspeyres**:

  - **Gewichtungsfaktoren**: $g_i = \dfrac{p_0^{(i)} q_0^{(i)}}{\sum\limits_{j=1}^{n} p_0^{(j)} q_0^{(j)}}$

  - **Mengenindex**: $Q_t^L = \sum\limits_{i=1}^{n} \dfrac{q_t^{(i)}}{q_0^{(i)}} g_i = \dfrac{\sum\limits_{i=1}^{n} p_0^{(i)} q_t^{(i)}}{\sum\limits_{i=1}^{n} p_0^{(i)} q_0^{(i)}}$ oder kurz: $Q_t^L = \dfrac{\sum p_0 q_t}{\sum p_0 q_0}$

- **Mengenindex nach Paasche**:

  - **Gewichtungsfaktoren**: $g_i^t = \dfrac{p_0^{(i)} q_t^{(i)}}{\sum\limits_{j=1}^{n} p_t^{(j)} q_0^{(j)}}$

  - **Mengenindex**: $Q_t^P = \sum\limits_{i=1}^{n} \dfrac{q_t^{(i)}}{q_0^{(i)}} g_i^t = \dfrac{\sum\limits_{i=1}^{n} p_t^{(i)} q_t^{(i)}}{\sum\limits_{i=1}^{n} p_t^{(i)} q_0^{(i)}}$ oder kurz: $Q_t^P = \dfrac{\sum p_t q_t}{\sum p_t q_0}$

- **Umsatzmessziffern** für die n Güter des Warenkorbs: $\dfrac{p_t^{(i)} q_t^{(i)}}{p_0^{(i)} q_0^{(i)}}$, $i = 1, 2, \ldots n$

- **Gewichtungsfaktoren**: $g_i = \dfrac{p_0^{(i)} q_0^{(i)}}{\sum\limits_{j=1}^{n} p_0^{(j)} q_0^{(j)}}$ (Anteil des Umsatzes des $i$ten Gutes am Gesamtumsatz in der Basisperiode)

- **Umsatzindex**: $U_t = \sum\limits_{i=1}^{n} \dfrac{p_t^{(i)} q_t^{(i)}}{p_0^{(i)} q_0^{(i)}} g_i = \dfrac{\sum\limits_{i=1}^{n} p_t^{(i)} q_t^{(i)}}{\sum\limits_{i=1}^{n} p_0^{(i)} q_0^{(i)}}$ oder kurz: $U_t = \dfrac{\sum p_t q_t}{\sum p_0 q_0}$

Aktienindizes

- ### Deutscher Aktienindex (DAX)

  - **Basiszeitpunkt**: 30.12.1987
  - **Basiswert**: 1 000 Punkte
  - Der aktuelle Wert des DAX beschreibt die **Veränderung des deutschen Aktienmarktes** im Vergleich zu obigem Basiszeitpunkt.
  - **Berechnung** aus 30 deutschen Aktienwerten:

$$DAX_t = \frac{\sum_{i=1}^{30} p_t^{(i)} q_T^{(i)} f\!f_T^{(i)} c_t^{(i)}}{\sum_{i=1}^{30} p_0^{(i)} q_0^{(i)}} \cdot K_T \cdot 1\,000$$

Dabei ist

$p_0^{(i)}$ = Kurs der Aktie i am Tag vor der Aufnahme in den Index

$p_t^{(i)}$ = Kurs der Aktie i zum Zeitpunkt t

$q_0^{(i)}$ = Anzahl der Aktien der Gesellschaft i am Tag vor der Aufnahme in den Index

$q_T^{(i)}$ = Anzahl der Aktien der Gesellschaft i zum Zeitpunkt T (Verkettungstermin)

$f\!f_T^{(i)}$ = Freefloat-Faktor der Aktie i zum Zeitpunkt T

$c_t^{(i)}$ = Korrekturfaktor der Aktie i zum Zeitpunkt t

K_T = Indexspezifischer Verkettungsfaktor zum Zeitpunkt T

$$DAX_t = \frac{\sum_{i=1}^{30} \text{Marktkapitalisierung der Gesellschaft } i \text{ im Zeitpunkt } t}{\sum_{i=1}^{30} \text{Marktkapitalisierung der Gesellschaft } i \text{ im Zeitpunkt } 0} \cdot K_T \cdot 1\,000$$

- ### Dow Jones Industrial Average (Dow Jones)

$$DJIA_t = \frac{\sum_{i=1}^{30} p_t^{(i)}}{c \cdot 30}$$

Dabei ist

$p_t^{(i)}$ = Kurs der Aktie i zum Zeitpunkt t

c = Korrekturfaktor